U0098915

2022~2023

3ds Max

室內設計速繪與 V-Ray絕佳亮眼展現

從基礎到案例技法實作，
全面感受超擬真的設計表現！

Foreword

推薦序

不論是室內空間、商業空間皆與人相關，室內空間是為了居住者的生活機能而設計，必須在價格與設計之間抉擇，來來回回與業主溝通出最符合業主理想的家，業主通常不會有相關的室內背景，可能對於將室內平面圖轉換到 3D 空間的想像力不足，較難與設計師溝通，因此，準備 3D 效果圖能達到最大溝通效益，製作 3D 空間已然成為基本需求。

現在製作 3D 空間的軟體非常多，每種軟體各有其特性，而 3ds Max 使用非常廣泛，非常適合呈現室內、商業空間、建築…等展示空間，業主與設計師溝通完成後，設計師將肩負業主與施工師傅之間的橋樑，製作施工圖面給木工師傅、系統櫃師傅等，並監工使工作如期完成。

3ds Max 的英文介面容易使不擅長英文的人退卻，但其實常使用的功能不多，操作方式也有其規則性，相信經由這本書由簡入深的學習，就能夠快速的畫出 3D 空間，再練習純熟之後，就能夠畫出不同的設計空間。在此，也順便推薦邱老師的另一本 SketchUp 的書，也是一本很棒的用於建立 3D 空間的圖文並茂的學習教材。

盧錦融

台南應用科技大學

室內設計系教授

Preface

序

室內設計是有別於一般設計的一門藝術，因為它是藝術與工程的完美結合。從圖面或草繪，一直演變成 3D 立體效果圖的出現，整個流程寄託著人們對於居住環境的視覺與感受需求，以及對於美感與空間的結合。本書撰寫的目的就是在於協助想自行規劃與設計的電腦繪圖愛好者，或是專長於 2D 圖面繪製但是卻苦手於 3D 空間擬真製作的設計者。

因為書面頁數有限，本書以快速建模、簡單實用且能夠呈現工具特性的家具為主要範例，且提供多樣的空間案例，包括客廳、臥室、書房之室內常見空間，完整呈現室內設計效果圖的建模、材質、彩現的標準作業流程，讓您期望的空間影像運用 3D 技術呈現，或更進一步，以 360 全景空間呈現。

本團隊長久以來，致力於將複雜的軟體功能簡單化，期望更多的讀者能夠重複書中的操作步驟，配合光碟中的教學影片，由簡單的手繪畫面，或者是空間丈量尺寸，進而完成設計師級的空間視覺效果。有書中或空間製作上的任何疑問，歡迎聯絡我們，我們也會儘快的協助您解決設計與學習上的問題，感謝。

eelshop@yahoo.com.tw

Contents

目錄

01 3ds Max 介面及基本操作

接觸陌生軟體的第一步驟就是必須認識介面，瞭解常用工具的位置、滑鼠的操作、3ds Max 基本建模概念…等，才能開始進入狀況並感受到 3ds Max 的魅力。

1-1 3ds Max 介面設定 1-2
1-2 介面介紹 1-5
工具列消失 1-6
檔案儲存 1-7
開新檔案 1-8
開啟舊檔 1-8
視圖與視覺型式 1-9
命令面板 1-11
1-3 快捷鍵介紹 1-14
滑鼠基本操作 1-14
線框快捷鍵 1-16
視圖切換 1-17
物件編輯 1-22
其他快捷鍵 1-24
1-4 複製的應用 1-28
Copy 1-28
Instance 1-30
Reference 1-32
1-5 建立基本物件 1-35
Geometry（幾何物件）........ 1-35
Box 方塊 1-35

Cylinder 圓柱 1-36
Cone 圓錐 1-37
1-6 選取的運用 1-39
1-7 繪製簡易桌椅 1-42

02 室內建模常用工具介紹

要想將軟體應用自如，必須打好基礎，學習 2D 線段與 3D 物件的繪製、物件鎖點、物件的軸心設定…等，並能夠利用這些工具製作出各種造型。

2-1 軸心設定 2-2
2-2 常用修改器介紹 2-9
Extrude（擠出）與 Shell（殼）........ 2-9
修改器的管理 2-13
MeshSmooth（網格平滑）........ 2-15
FFD（自由變形）........ 2-18
Taper（錐形）........ 2-22
Symmetry（對稱）........ 2-25
Lathe（車削）........ 2-28
2-3 物件鎖點 2-32
2.5D 鎖點 2-32
3D 鎖點 2-34
簡易樓梯繪製 2-36
2-4 Line（線）的應用 2-43
Line（線）的四大點型式 2-46
轉換可編輯線段 2-48

渲染線 2-51
2-5 布林運算 2-54
Union 聯集 2-54
Intersection 交集 2-56
Subtraction 差集 2-59
2-6 範例一：多邊形櫃 2-61
2-7 範例二：吧臺 2-66
吧檯組成物件 2-66
吧臺繪製 2-68
椅子繪製 2-73
酒杯繪製 2-83
2-8 群組 2-88

03 多邊形建模工具介紹

建模是 3D 的基本，通常每個空間結構與櫃體的配置都不同，為了能夠應對不同的造型，除了使用上一章節的基本造型，還需要轉換為本章節所介紹的多邊形模型，此類模型可以進一步編輯方塊、圓柱…等幾何造型，做更細緻的修改。

3-1 多邊形模型介紹 3-2
如何轉換多邊形模型 3-2
常見問題解答 3-8
3-2 Poly 常用指令介紹 3-10
Extrude（擠出）........ 3-10
Inset（插入面）........ 3-18
Connect（連接）........ 3-21
Bridge（橋接）........ 3-26
【Chamfer（倒角）】- 製作圓角 3-28

【Chamfer（倒角）】- 製作櫃體 3-31
Attach（附加）、Detach（分離）........ 3-33
Slice（切割）........ 3-37
Weld（焊接）........ 3-40
Target Weld（目標點焊接）........ 3-42
Remove（刪除）........ 3-43
Cap（補孔）........ 3-45
Cut（切割）........ 3-47
使用 Cut 修補面........ 3-49
Create（建立面）........ 3-51
3-3 家具設計 - 綜合指令範例........ 3-53
沙發........ 3-53
餐椅........ 3-58

04 編輯器與 Arnold 渲染器

本章節將介紹重要的材質編輯器，學習如何創建與編輯材質，並介紹 3ds Max 內建的 Arnold 渲染器，學習 Arnold 材質參數、燈光與渲染設定。

4-1 以 Arnold 為基礎的設定 4-2
4-2 材質編輯器介紹 4-3
4-3 Arnold 材質設定........ 4-8
Base Color 基礎顏色 4-8
Specular 高光效果........ 4-12
Transmission 透射效果 4-16
Emission 發光效果 4-17
Special Features 特殊功能 4-18

4-4 Arnold 燈光設定 4-21
燈光設定 4-21
其他類型的燈光 4-26
4-5 Arnold 渲染 4-29
彩現視窗 4-29
AA 抗鋸齒 4-30
Arnold 即時彩現 4-36
Arnold 天空與太陽 4-38

05 書房空間

本章節會說明如何以正確尺寸放置 AutoCAD 平面圖，並依照平面圖位置來建立書房結構與櫃體，最後再套用材質與燈光，並使用 Arnold 渲染書房的效果圖。

5-1 匯入書房平面圖 5-2
單位設定 5-2
匯入書房平面圖 5-3
5-2 牆面結構繪製 5-7
牆面繪製 5-7
門窗繪製 5-11
5-3 書桌與書櫃 5-14
圖層分類 5-14
書桌 5-16
書櫃 5-22
5-4 匯入模型與相機建立 5-32
匯入模型 5-32
相機建立 5-34

5-5 Arnold 材質 5-36
牆面 5-36
門窗 5-37
書櫃與 UVW Map 修改器 5-39
5-6 Arnold 燈光 5-43
嵌燈燈光 5-43
戶外光線 5-44
HDR 環境光 5-45
5-7 Arnold 渲染 5-48
Arnold 降噪器 5-48
匯入與放置家具 5-51
Photoshop 後製 5-54

06 VRay 材質

室內空間建模完成後，為了更貼近施工完成的成品，可以渲染（彩現）模型，也就是將模型貼上材質、增加燈光並計算出擬真的效果圖，而使用 3ds Max 內建的渲染方式較難呈現，必須使用另外安裝的 VRay 渲染外掛，能以較快的速度設定材質與燈光，本章主要介紹 VRay 常用的材質與設定方式，能夠設定材質的反射與玻璃透明折射的效果。

6-1 以 VRay 為基礎的設定 6-2
6-2 VRay 材質設定 6-7
Diffuse 漫射 6-7
Reflection 反射 6-12
Refraction 折射效果 6-15
Emission 發光效果 6-18

07 VRay 燈光

本章節將介紹 VRay 的燈光類型，包括平面光與太陽光等常見照明效果，幫助您建立各種燈具的光影效果。

7-1 VRay 燈光設定 7-2
Plane Light（平面光）.......... 7-2
Dome Light（半球燈）.......... 7-5
Sphere Light（球型光）.......... 7-10
IES 光 7-12
Sun（太陽）.......... 7-16

08 VRay 渲染與相機

本章節將學習 VRay 的渲染技巧，調整影響畫質的重要參數，目標是在有限的時間內，盡量渲染較高畫質的效果圖，配合 VRay 的圖片後製工具，快速產出成品。同時，也將介紹如何建立相機與調整相機視角。

8-1 VRay 渲染 8-2
彩現視窗 8-2
彩現設定 - Antialiasing 抗鋸齒 8-5
彩現設定 - Global illumination 全局照明 8-7
彩現設定 - Ambient Occlusion（AO）.......... 8-9
彩現設定 - Denoiser 降噪 8-11
簡易後製 8-14
彩現尺寸 8-16
8-2 物理相機 8-18
建立方式 8-18

09 臥室空間設計

本章節將介紹在 3ds Max 中建立一個臥室場景的流程。從匯入 AutoCAD 平面圖，到建立臥室結構，包括衣櫃和梳妝台的繪製，以及建立相機視角，設置臥室的材質和燈光效果，並使用 VRay 彩現臥室場景。

9-1 匯入臥室平面圖 9-2

匯入 CAD 平面圖 9-2

9-2 臥室結構 9-5

牆面繪製 9-5

窗戶繪製 9-7

9-3 櫃體製作 9-16

衣櫃 9-16

梳妝台 9-21

匯入家具 9-26

9-4 天花板與相機 9-28

天花板與地面 9-28

建立相機 9-32

9-5 材質設定 9-34

牆面、天花板與地板 9-34

落地窗與玻璃 9-35

梳妝台 9-36

地板 9-38

9-6 燈光設定與彩現 9-39

檯燈 9-39

層板燈 9-41

嵌燈 9-43

太陽光 9-47

彩現 9-49

10 客廳空間（PDF 格式電子書）

本章節會以 AutoCAD 平面圖的線段快速建立空間結構，匯入家具來快速完成一個客廳空間，也會使用鎖點技巧修改尺寸，最後再套用 VRay 材質與燈光並渲染客廳的效果圖。

10-1 匯入客廳平面圖 10-2

- 單位設定 10-2
- 匯入客廳平面圖 10-3

10-2 牆面結構繪製 10-5

- 牆面繪製 10-5
- 門窗匯入 + 軸向約束 10-12

10-3 陽台繪製 10-19

- 陽台 10-19
- 地板 10-22

10-4 客廳空間 10-25

- 沙發區 10-25
- 地毯與 VRayFur 10-27
- 天花板 10-29

10-5 客廳材質 10-32

- 牆面材質 10-32
- 地板與木紋材質 10-33
- 地毯材質 10-33

10-6 建立相機 10-34

10-7 燈光與渲染設定 10-37

- 嵌燈 10-37
- 太陽光 10-40

A 360 全景圖與 VR 虛擬實境(PDF 格式電子書)

A-1 360 全景圖 A-2
A-2 VR 虛擬實境 A-8

下載說明

本書提供 270 分鐘教學影片 (包含 VR 虛擬實境及 360 實景照片)、完整範例素材檔及完成檔、電子書章節:CH10 客廳空間、附錄 A 全景圖與 VR 虛擬實境。請至 http://books.gotop.com.tw/download/AEU017100 下載,檔案為 ZIP 格式,請讀者自行解壓縮即可。其內容僅供合法持有本書的讀者使用,未經授權不得抄襲、轉載或任意散佈。

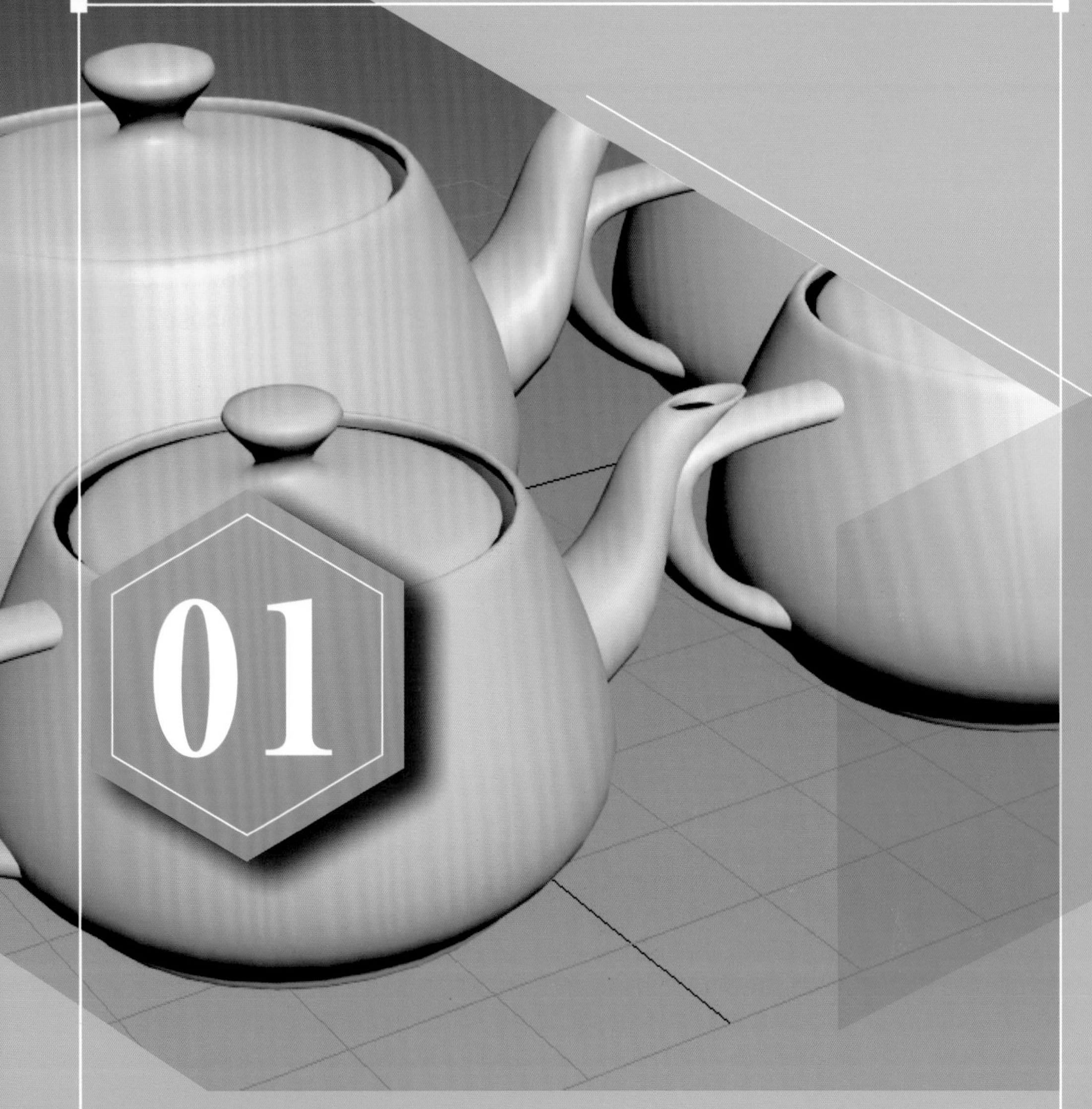

3ds Max 介面及基本操作

1-1 3ds Max 介面設定
1-2 介面介紹
1-3 快捷鍵介紹
1-4 複製的應用
1-5 建立基本物物件
1-6 選取的運用
1-7 繪製簡易桌椅

1-1 3ds Max 介面設定

① 安裝 3ds Max 軟體後，從【開始】→【Autodesk】→【3ds Max2023-English】開啟英文版，也可以開啟【3ds Max2023-Simplified Chinese】簡體中文版輔助學習。

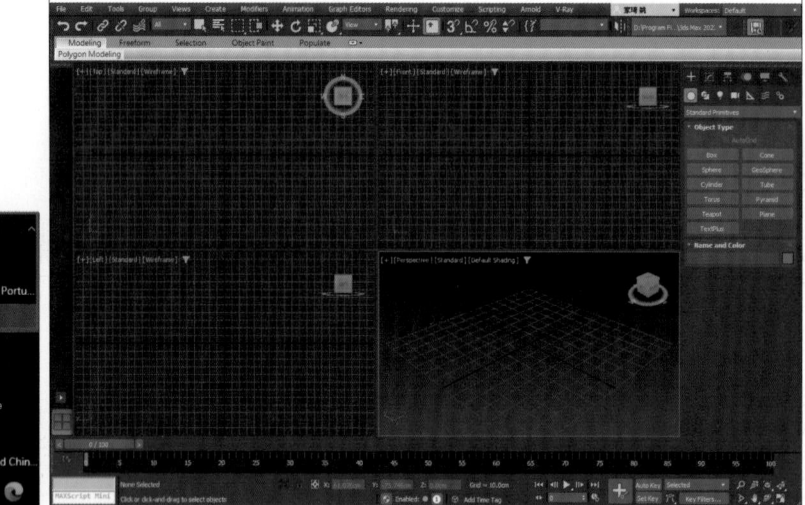

② 點擊功能表【Customize（自訂）】→【Custom Defaults Switcher（自訂預設介面）】。

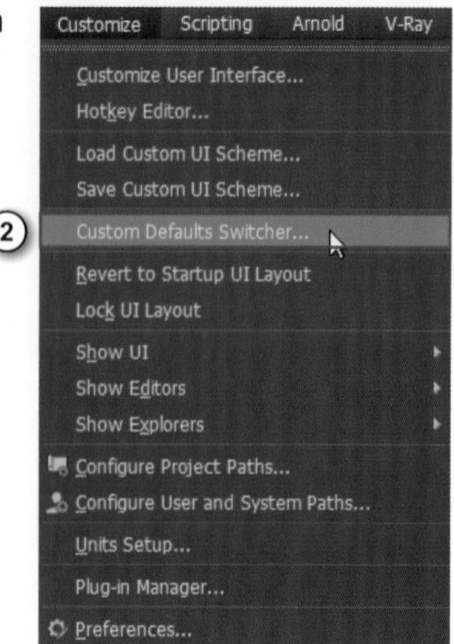

③【Default setting（預設設定）】常見設定如下：

★ Max（預設）

★ Max.Vray（3ds Max 外掛渲染器，室內設計、建築設計常用）

④【User interface schemes（介面設定）】。

★ DefaultUI（預設）

★ ame-light（淡色）

★ ame-dark（暗色）

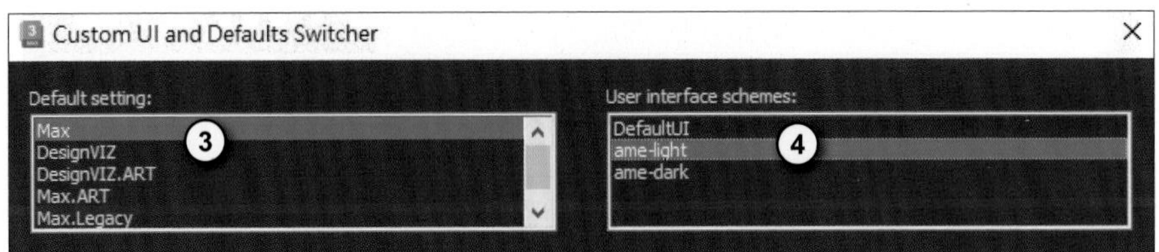

TIPS

2018 版前的 3ds Max 有內建的 NVIDIA mental ray 渲染軟體，但到了 2018 版 mental ray 渲染軟體，變成外掛軟體，不再內建於 3ds Max，使用者若有需要，需另行下載。

⑤ 在左邊欄位選【Max（預設）】，右邊欄位選【ame-light（淡色）】。

⑥ 點選【Set】即可將介面更改為淡色，並使用【Max】這組預設設定。

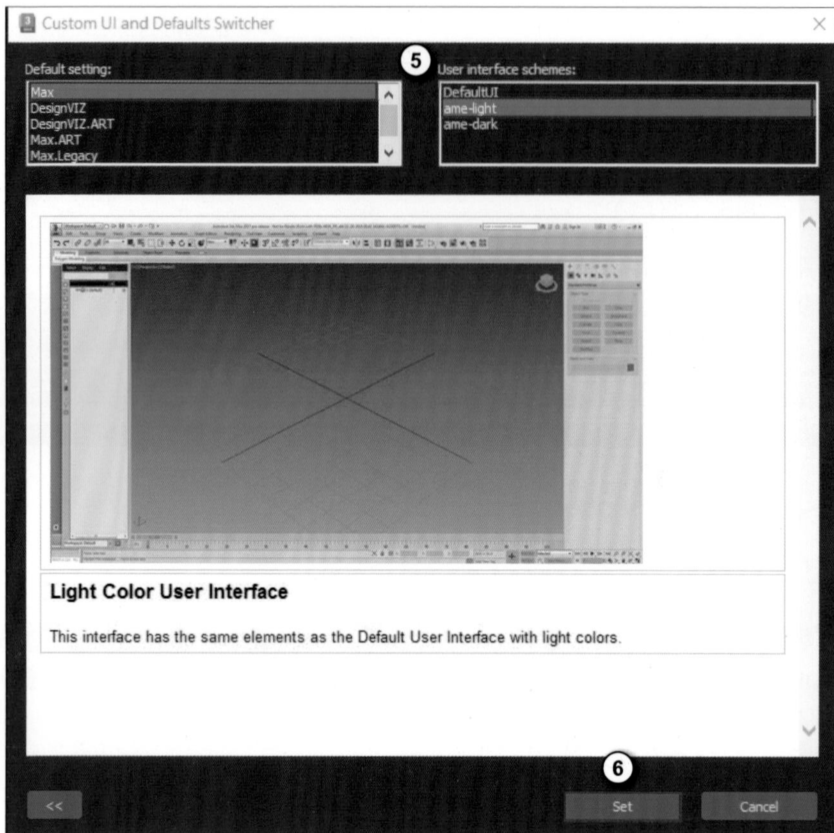

⑦ 更換完成後會跳出 restart（重新啟動）的提示視窗，點擊【確定】後需重新開啟 3ds Max 即完成設定。

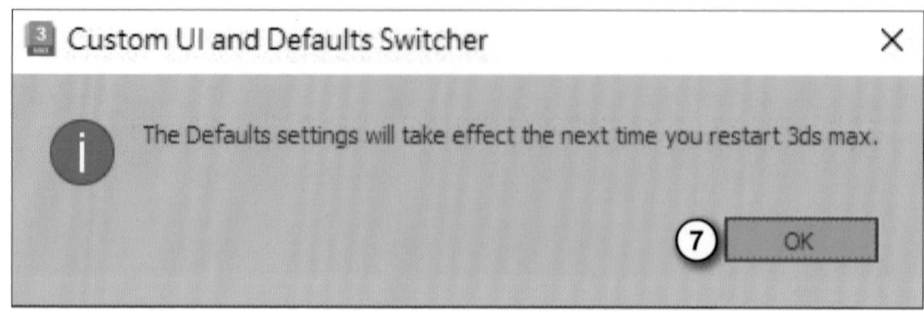

1-2 介面介紹

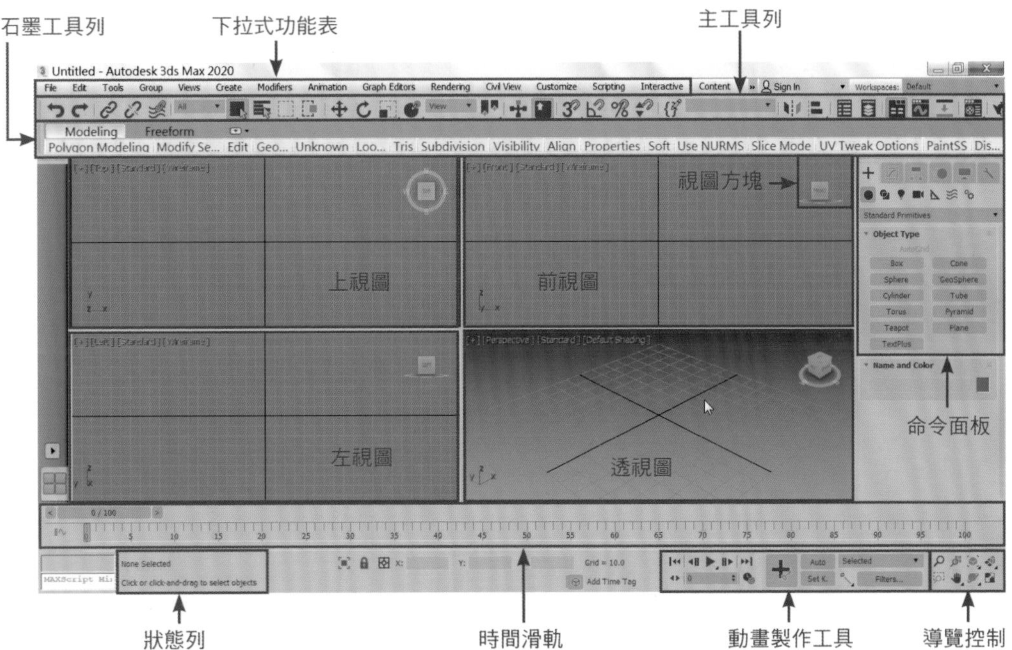

- **下拉式功能表**：3ds Max 所有的功能都可以在這裡找到。
- **主工具列**：主工具列有 移動、 旋轉、 比例、材質…等許多常用的指令。
- **石墨工具列**：多邊形建模專用。
- **視圖方塊**：方塊表示目前視角的方向，拖曳方塊可以旋轉視角。
- **命令面板**：此處有 Max 最重要的六大面板，分別為 Create（創建）、 Modify（修改）、 Hierarchy（階層）、 Motion（動作）、 Display（顯示）、 Utilities（公用 程式）面板，創建與修改最常使用。
- **時間滑軌**：製作動畫展示與調整動畫影格時使用。
- **狀態列**：説明與提示目前應進行的動作。

- **動畫製作工具**：此處有 Auto（自動記錄）、播放、暫停…等製作動畫的功能。
- **導覽控制**：這裡有控制攝影機的按鈕，3D 環轉、平移畫面、拉近畫面…等。

工具列消失

❶ 若工具列消失，可以點擊【Customize（自訂）】→【Show UI（顯示介面）】→勾選【Main Toolbar（主工具列）】。

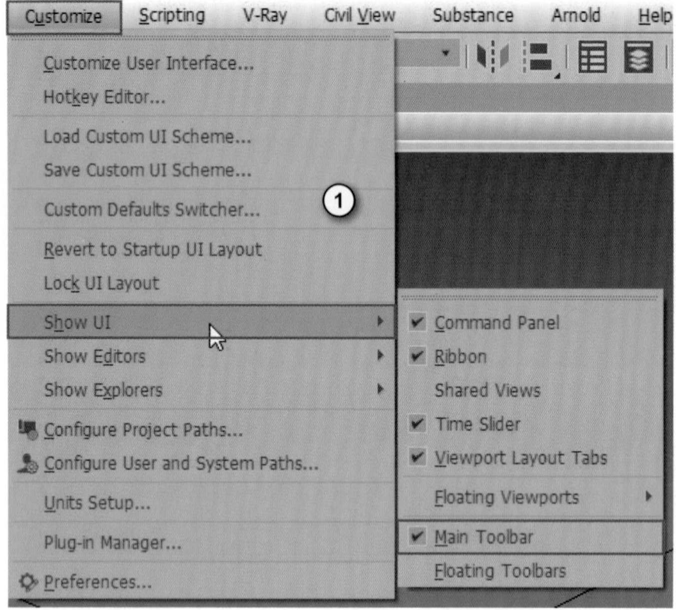

❷ 也可以點擊【Customize（自訂】→【Revert to Startup UI Layout】恢復預設介面位置。

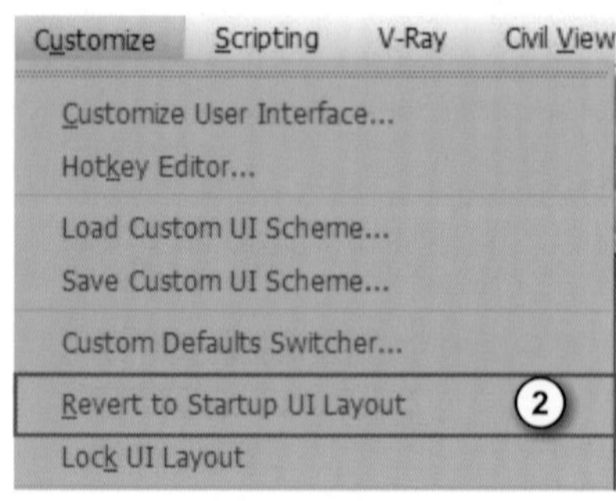

檔案儲存

❶ 點選下拉式功能表【File】→【Save】可儲存檔案。

❷ 點選下拉式功能表【File】→【Save As】可另存新檔。

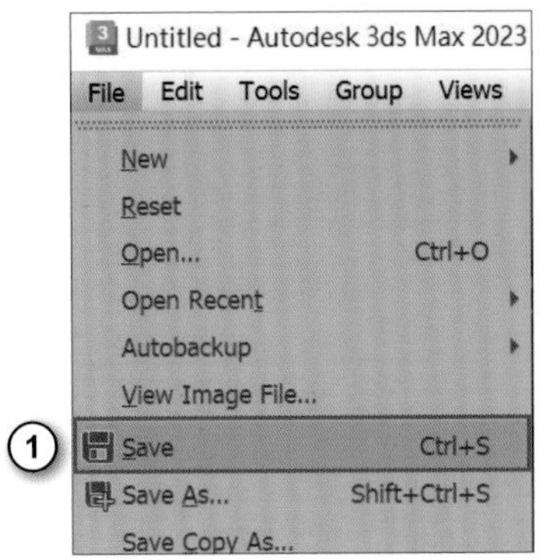

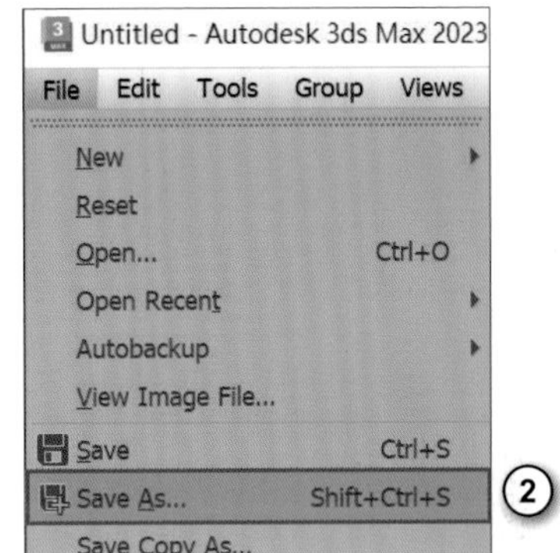

TIPS

3ds Max 版本檔案為向下相容，所以存檔時要注意儲存的版本，

例如：若安裝的版本為 2019 版，則 2020 版的檔案將無法開啟。

在【save as type】中可選擇要儲存的版本，最多只能存到前三年的版本。

例如：2020 只能存 2019、2018、2017。

2018 只能存 2017、2016、2015，其他版本以此類推。

3ds Max(*.max) 表示儲存為目前使用的版本。

開新檔案

1. 點擊【File】→【New】→【New All】可以開新檔案，但沒有重置所有設定。
2. 點擊【File】→【Reset】可以開新檔案，且恢復預設設定。

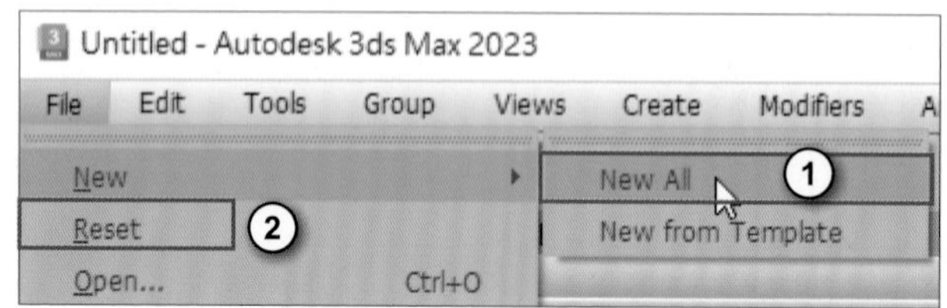

3. 【Reset】時，會詢問是否儲存目前檔案，選【Save】存檔，選【Don't Save】不存檔，選【Cancel】取消。

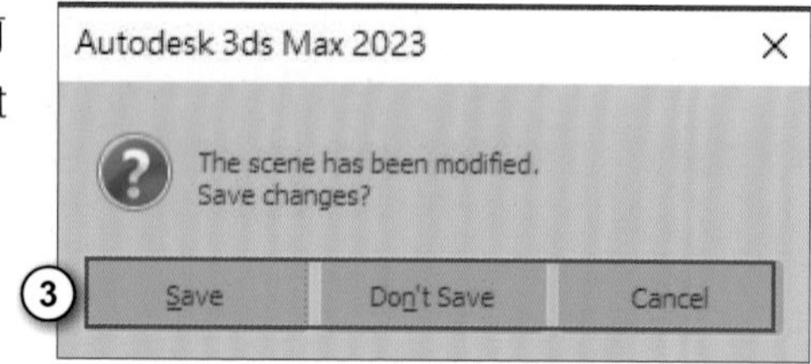

4. 也會再確認是否重置檔案，選【Yes】重置，選【No】取消。

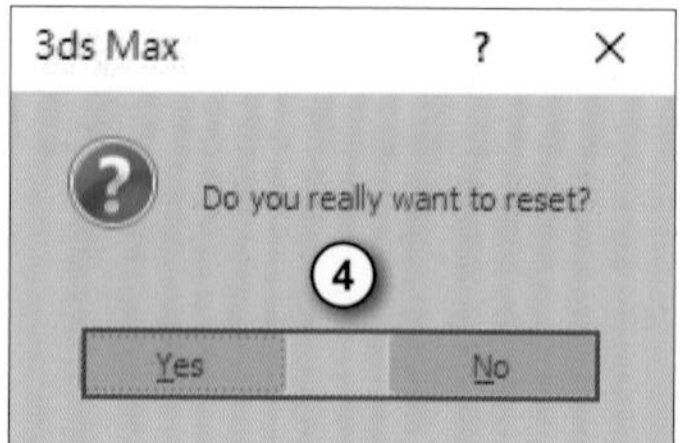

開啟舊檔

點擊【File】→【Open】，選取範例檔〈茶壺 .max〉，可以開啟茶壺的檔案。

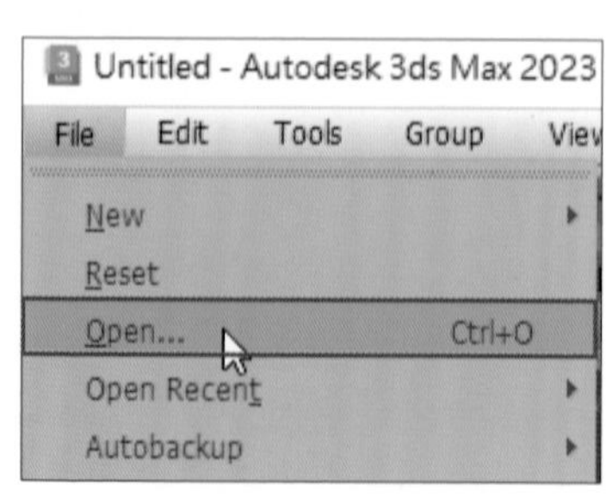

視圖與視覺型式

選左上角有 Perspective 的畫面中央，外框會變成黃色，按下鍵盤「Alt+W」鍵，會從四個畫面變成一個畫面。

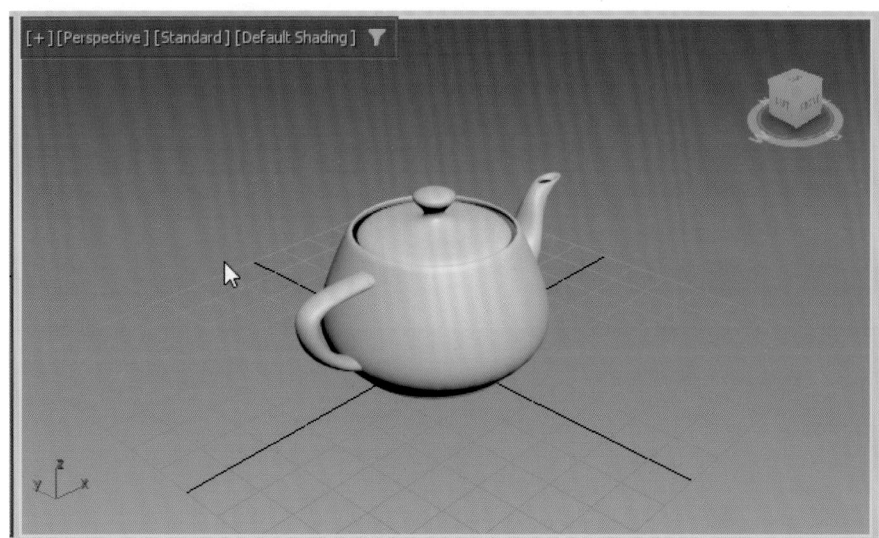

❶ 點擊畫面左上角【Perspective】在此可以切換視窗視角，例如上視圖（Top）、左視圖（Left）、前視圖（Front）、透視（Perspective）…等。

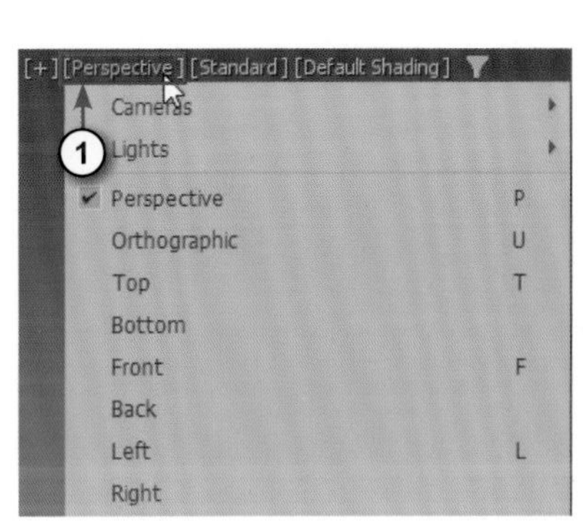

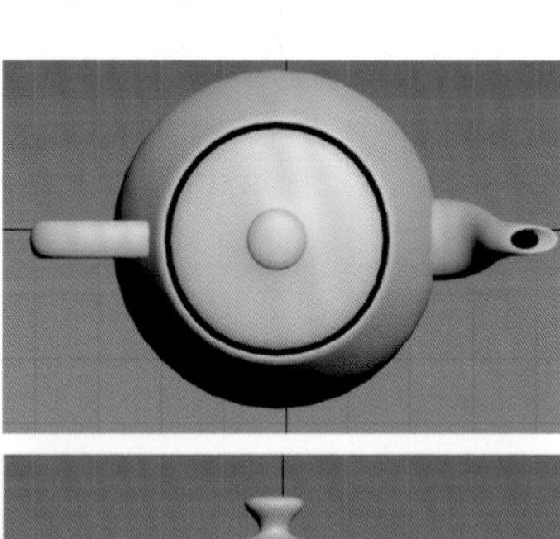

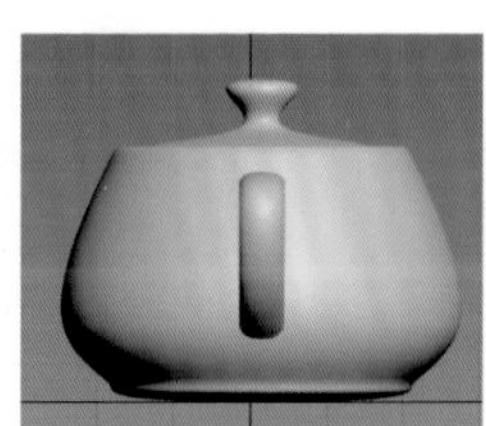

❷ 點擊畫面左上角【Standard】可以切換模型的品質。

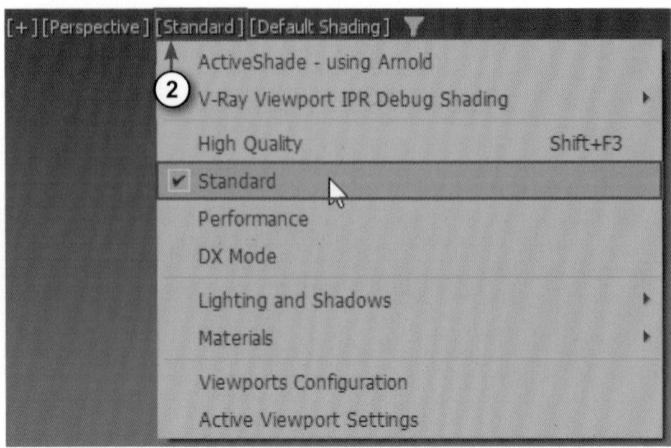

Standard 為常用的標準品質（如左圖），High Quality 為高品質（如右圖）：

❸ 點擊【Default Shading】可以切換視覺型式。

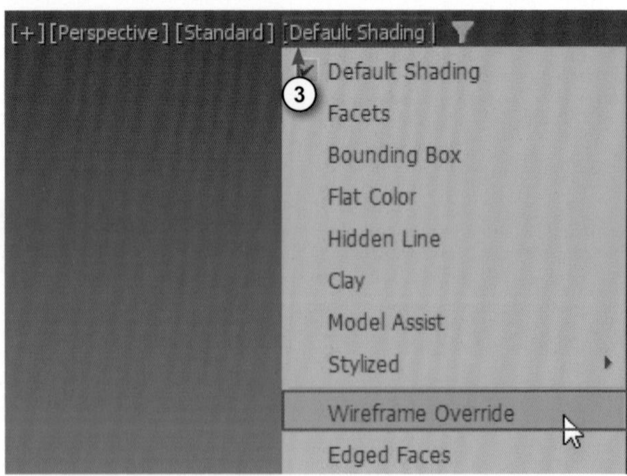

Default Shading 為著色模式（如左圖），Wireframe Override 為線框模式（如右圖）：

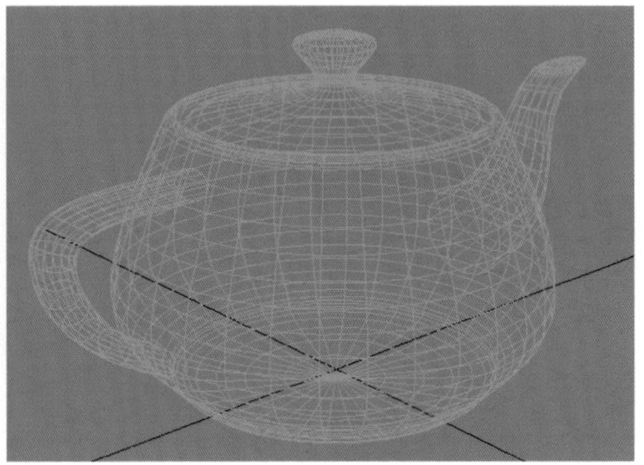

命令面板

最常使用的面板為【Create（創建面板）】與【Modify（修改面板）】，以下針對 這兩個面板來介紹。

❶ ＋【Create（創建面板）】底下分為：

★ ● Geometry（幾何物件）：
用來建立 3D 物件。

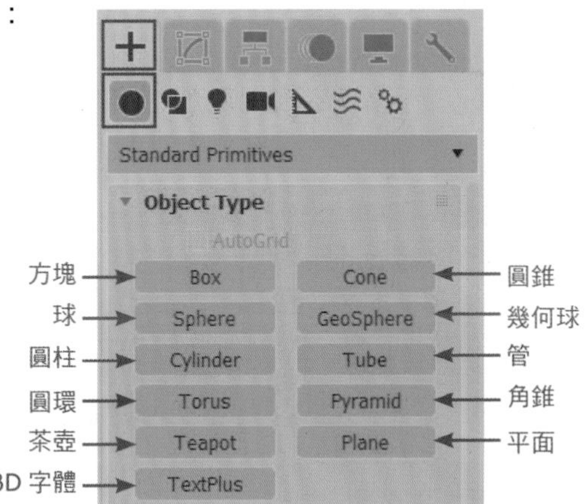

★ Shapes（形狀）：用來繪製 2D 物件。

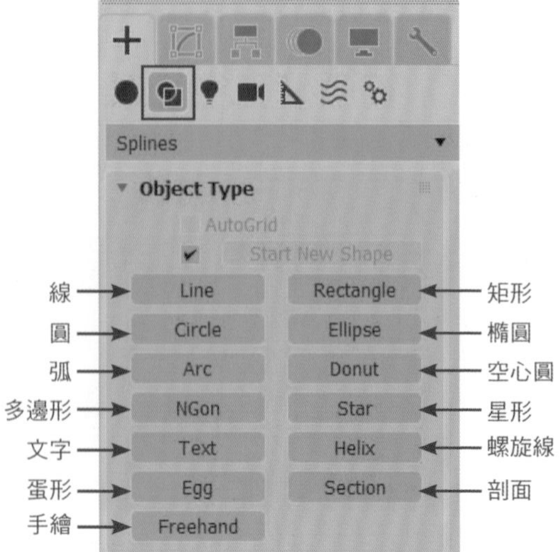

★ Light（燈光）：建立燈光，來營造場景中的明暗氣氛。

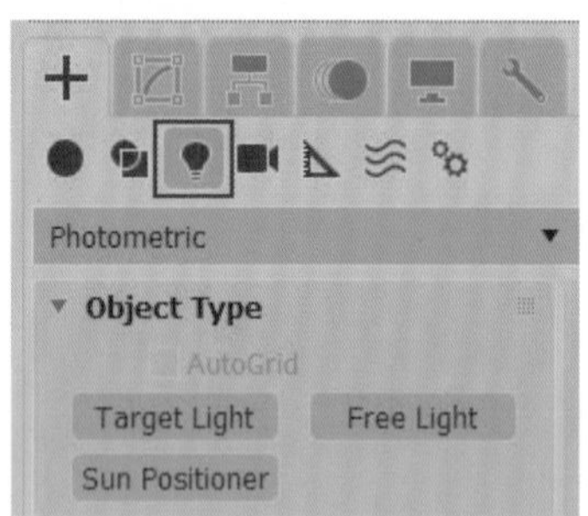

★ Cameras（攝影機）：建立攝影機來取得場景中所需的視角。

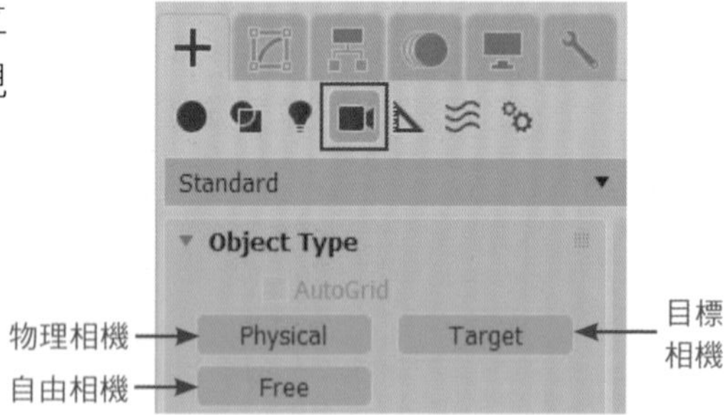

★ Helpers（輔助工具）：提供虛擬物件、尺寸度量、照度…等工具。

★ Space Warps（空間扭曲）：通常運用在分子系統與虛擬的力場。

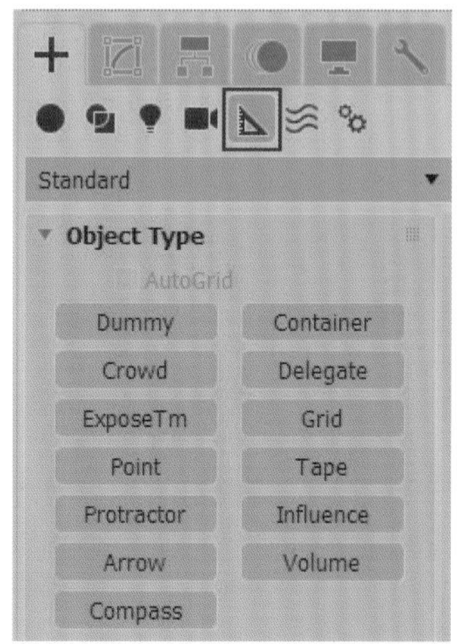

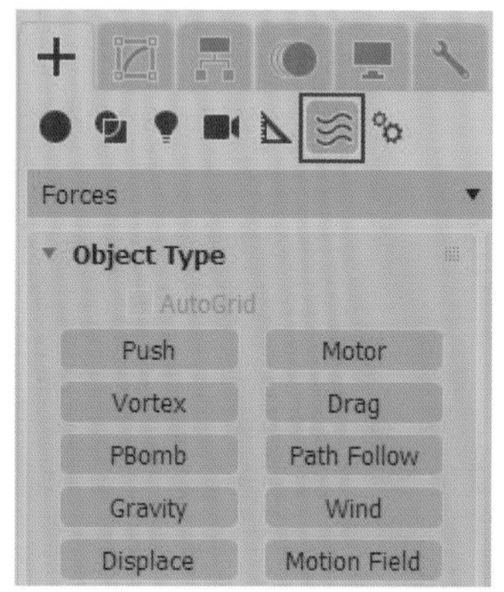

★ Systems（系統）：提供骨骼動畫工具與日光照明系統。

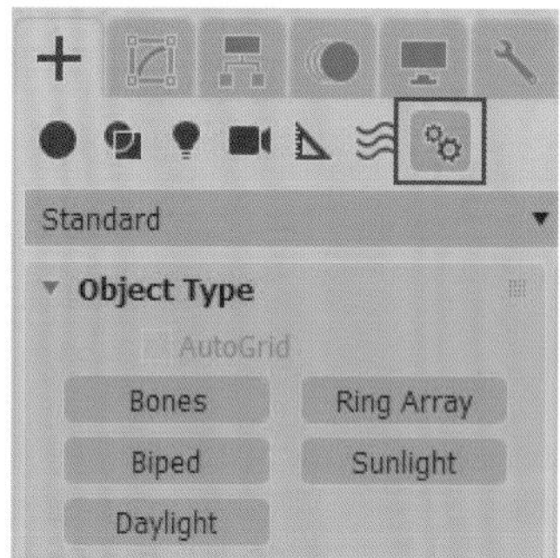

❷ 【Modify（修改面板）】：利用【Create（創建面板）】建立物件後，可到【Modify（修改面板）】來修改物件的特性及參數。也可利用【Modifier List（修改器清單）】，將模型加入修改器做彎曲、光滑化…等變化。

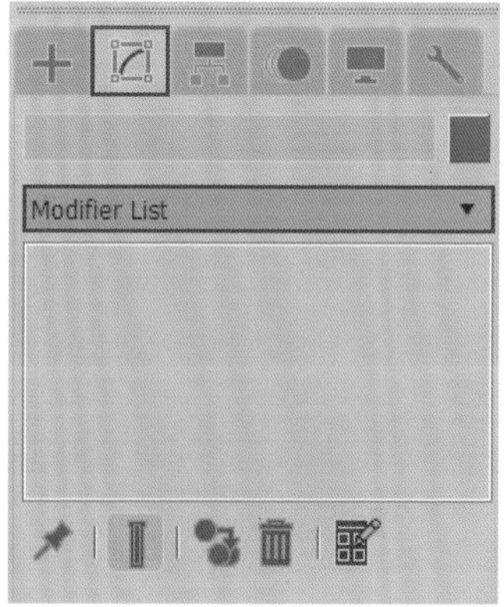

1-3 快捷鍵介紹

滑鼠基本操作

名稱	快捷鍵	功能
平移	滑鼠中鍵	按住滑鼠中鍵移動，可以平移畫面
縮放	滑鼠滾輪	向前滾動可放大畫面，向後滾動可縮小畫面
3D 環轉	Alt + 滑鼠中鍵	按住 Alt + 滑鼠中鍵，移動滑鼠可做 3D 旋轉
選取 / 定位	滑鼠左鍵	選取物件 / 定位要繪製的位置
四向功能表 / 結束	滑鼠右鍵	開啟四向功能表 / 結束指令

① 點擊【Create（創建面板）】→【Geometry（幾何物件）】→【Standard Primitives（標準物件）】→【Teapot（茶壺）】。

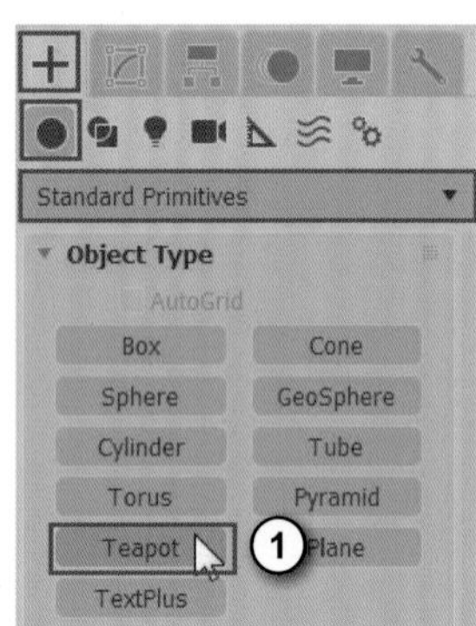

② 在畫面中拖曳滑鼠左鍵，建立數個不同大小的茶壺，按一下滑鼠右鍵結束指令。

③ 滑鼠滾輪向後滾動可將畫面縮小。

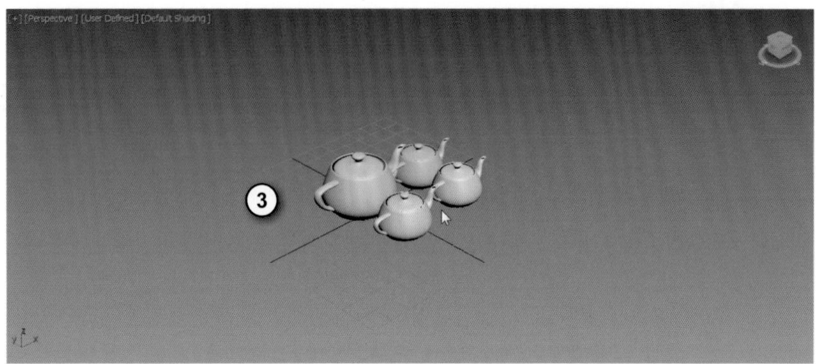

④ 滑鼠滾輪向前滾動可將畫面放大。(以滑鼠位置為中心來縮放)

⑤ 按住 Alt + 滑鼠中鍵，此時移動滑鼠可以做 3D 的視角環轉。

TIPS

若沒有選取物件，則以視窗中央為中心來環轉畫面。若有選取物件，則是以物件位置為中心來環轉畫面。

6 滑鼠移至整個畫面右上角，點擊視圖方塊的小房子，就可以將畫面轉回至預設等角視圖。

線框快捷鍵

名稱	快捷鍵	功能
著色 / 線框	F3	切換著色模式與線框模式
線框顯示 / 隱藏	F4	在著色模式時，顯示或隱藏線框

1 按下「F3」可切換成線框模式。

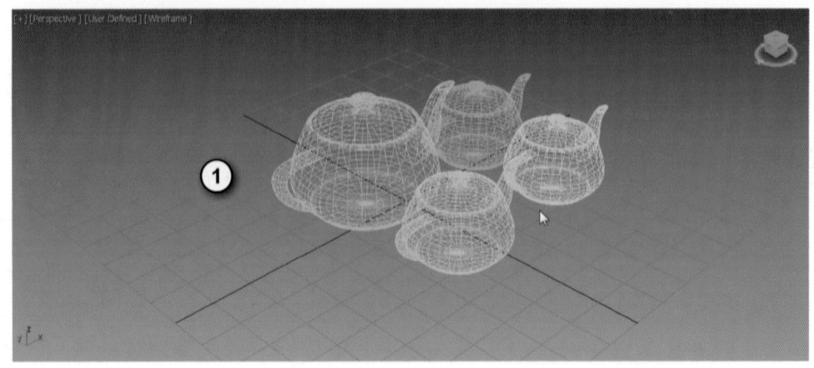

② 再次按下「F3」則切換回著色模式。

③ 在著色模式下，按下「F4」可開啟或關閉模型表面的邊框。

視圖切換

名稱	快捷鍵	功能
視窗互換	Alt+W	可切換成一個或四個視窗
上視圖	T	切換至上視圖（Top）
前視圖	F	切換至前視圖（Front）
左視圖	L	切換至左視圖（Left）
底視圖	B	切換至底視圖（Bottom）

名稱	快捷鍵	功能
透視圖	P	切換至透視圖（Perspective）與離開攝影機視角
攝影機視圖	C	切換至攝影機視角（Carema）
建立攝影機	Ctrl+C	以目前的透視視角建立 Physical Camera 物理攝影機
視埠選單	V	開啟視埠選單（Viewport），切換至其他視角
物件放大檢視	Z	將選取的物件放大檢視

① 利用建立好的茶壺物件來操作，按下「Alt+W」可切換一個或四個視窗來檢視物件。

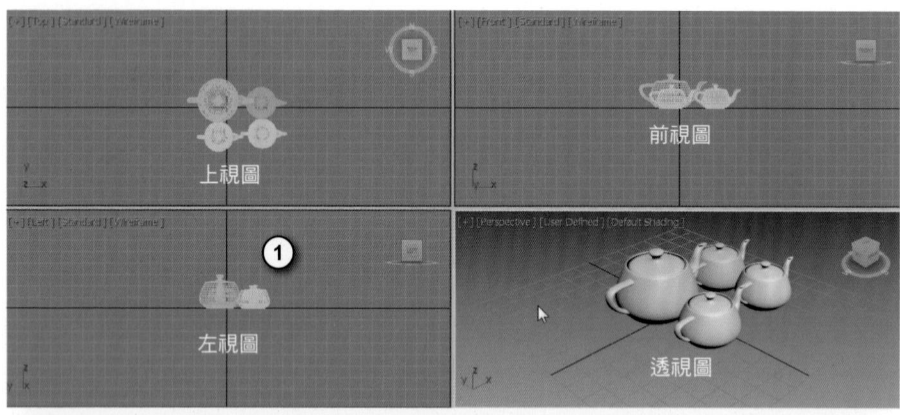

❷ 按下「T」鍵可切換至上視圖來檢視物件，此時可看到茶壺的蓋子。按下「F3」切換著色模式。（使用注音輸入法按下「T」鍵無效，請切換到英文輸入法）

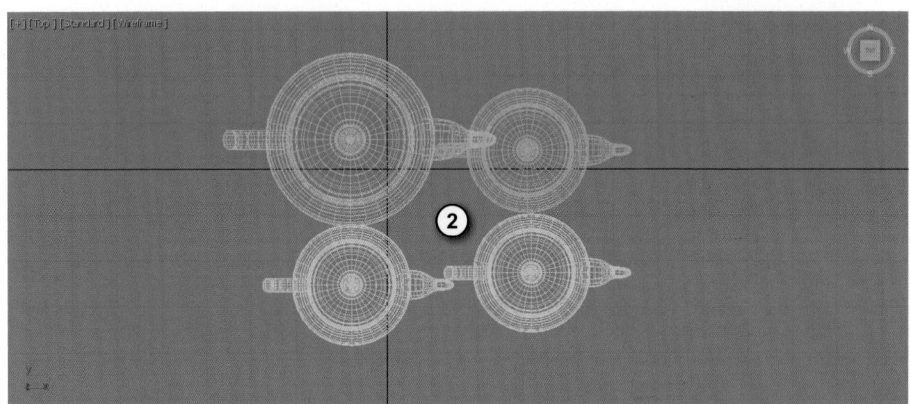

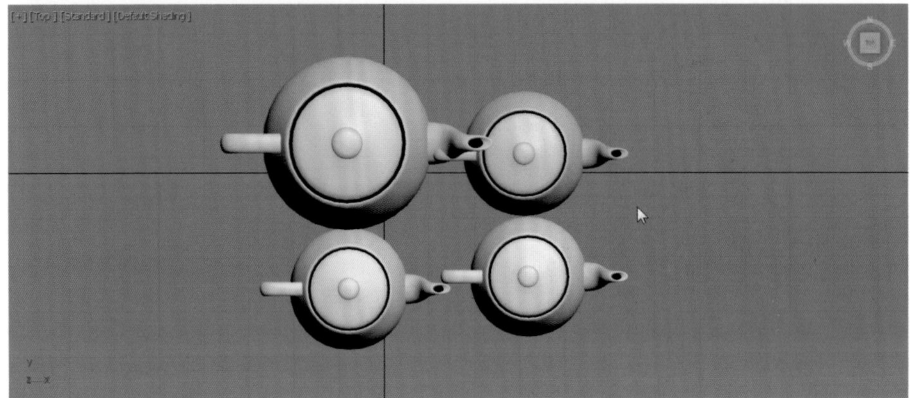

❸ 按下「F」鍵可切換至前視圖來檢視物件，此時可看到茶壺的側面。

④ 按下「L」鍵可切換至左視圖來檢視物件，此時可看到茶壺的把手。

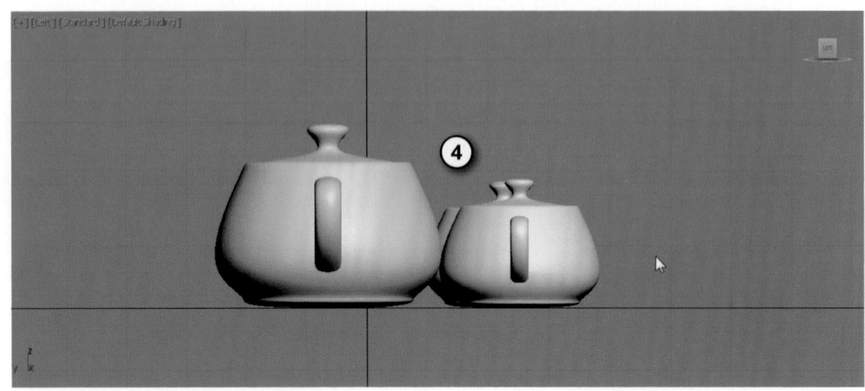

⑤ 按下「P」鍵可切換至透視圖來檢視物件，此時可看到茶壺遠近的效果。

⑥ 按下「C」鍵可切換至攝影機視角，此時尚未架設攝影機，故會出現如右對話框。

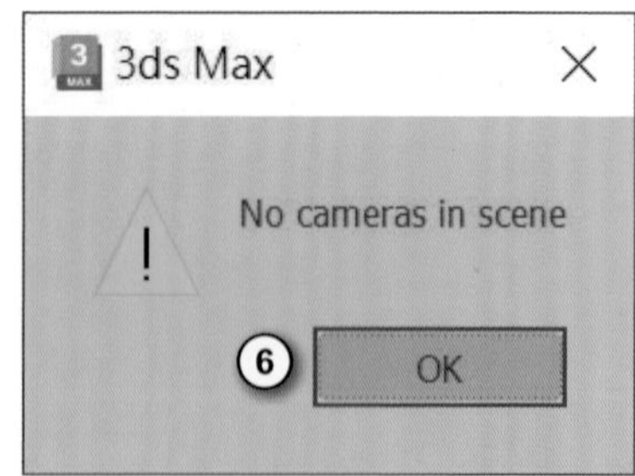

7 按下「Ctrl+C」鍵建立攝影機，左上角顯示 PhysCamera001 視圖，右上角的視圖方塊會消失，表示目前是攝影機視角。

8 按下「P」鍵可以離開攝影機。使用滑鼠滾輪縮小畫面可以看見攝影機。選取任一個茶壺，按下「Z」鍵將選取的物件放大檢視；沒有選取物件的情況下，按下「Z」鍵將場景所有物件放大檢視。

物件編輯

名稱	快捷鍵	功能
物件移動	W	移動選取的物件
物件旋轉	E	旋轉選取的物件
物件比例	R	改變選取的物件的比例，像是放大、縮小

1. 左鍵選取欲移動的物件，並按下「W」或點選工具列的【 】移動按鈕。
2. 將滑鼠移動到方向軸上，當座標軸變成黃色，按住滑鼠左鍵拖曳即可往該軸方向移動，如下圖，目前為 y 軸變成黃色，則移動時物件只能往左或往右移動。（紅色軸為 X，綠色軸為 Y，藍色軸為 Z）

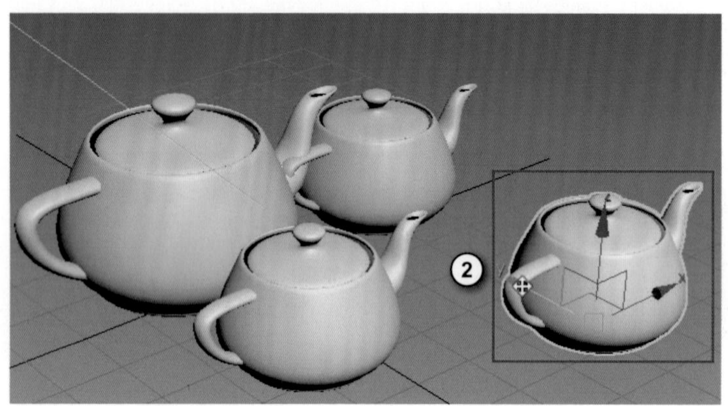

TIPS

若拖曳兩軸之間的轉角面，則 可在此平面上移動。如下圖所示，由左至右，分別為：在 XZ 平面移動、在 YZ 平面移動、在 XY 平面移動。

3. 選取欲旋轉的物件，並按下「E」或點選【 】旋轉按鈕。

4. 將滑鼠移動到方向軸上，當座標軸變成黃色，按住滑鼠左鍵拖曳即可向該軸方向旋轉，如下圖 X 軸向變成黃色，移動滑鼠時，物件將繞著 X 軸旋轉。

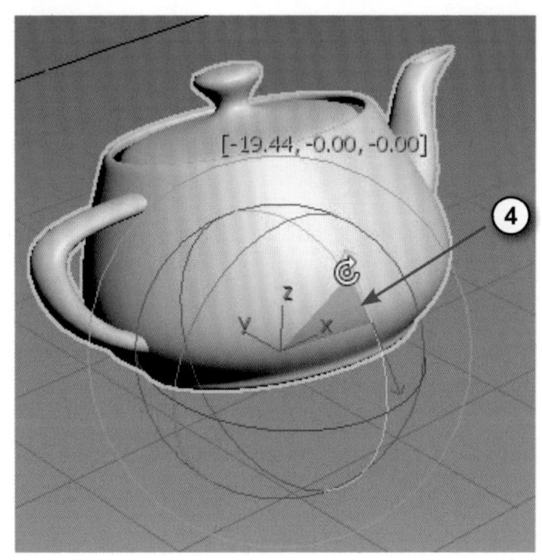

5. 選取要縮放的物件，並按下「R」或點選【 】比例按鈕。

6. 將滑鼠移動到任一軸上，當座標軸變成黃色，按住滑鼠左鍵拖曳即可向該軸方向縮小或放大，如下圖 X 軸向變成黃色，移動滑鼠時，物件將往 X 軸方向縮放。

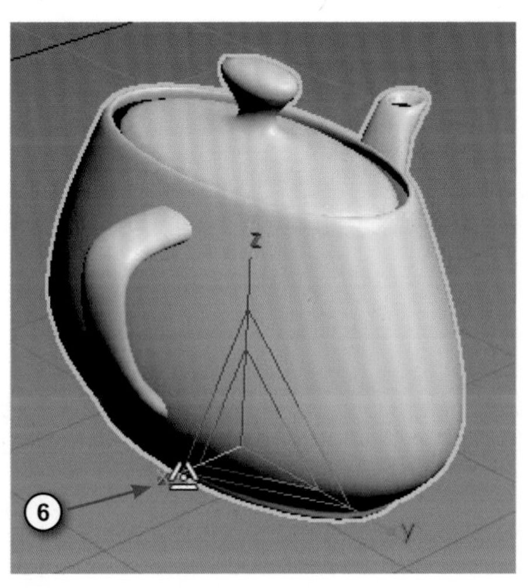

❼ 將滑鼠移動到 XYZ 三軸構成的三角平面上，會發現中間三角型為黃色，按住左鍵往上下拖曳，可將物件以等比例來放大或縮小。(若不能等比例縮放，可能是比例工具變成 ，按下 R 鍵，切換回)

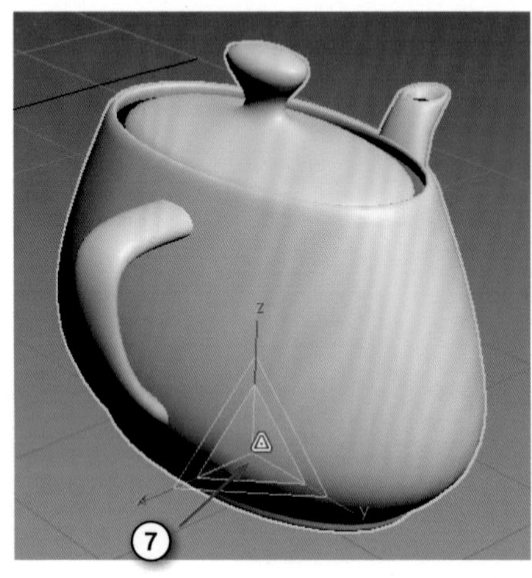

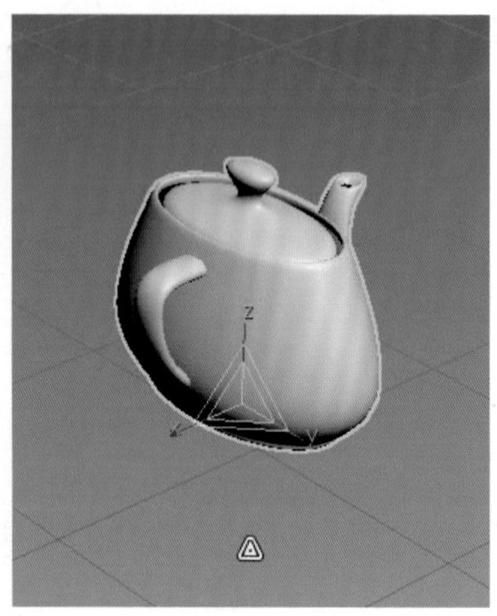

其他快捷鍵

名稱	快捷鍵	功能
查詢	X	輸入指令名稱來查詢指令
鎖定物件	空白鍵 → Lock Selection	鎖定選取的物件
復原	Ctrl+Z	回上一個步驟
重做	Ctrl+Y	回下一個步驟

❶ 按下「X」鍵會出現一個視窗，可輸入指令名稱來搜尋指令。

❷ 輸入 t，快速找到 t 開頭的指令，選取 Teapot 指令。

③ 就可以繪製茶壺，按下滑鼠右鍵結束。

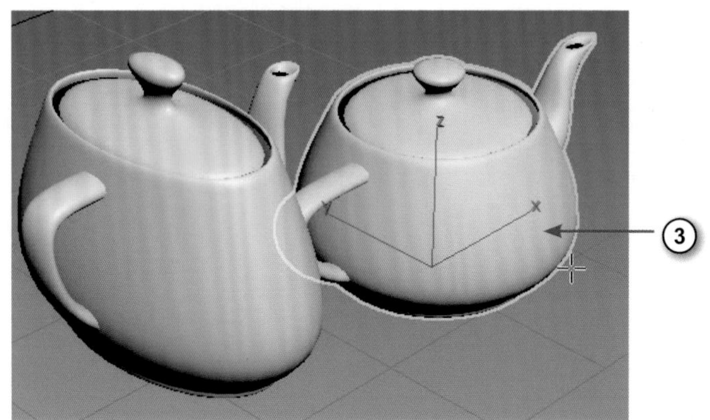

2014 年以前的版本，X 鍵為「開啟或隱藏座標軸」。2014 之後的版本，則可以從功能表的【Views】→【Show Transform Gizmo】來開啟或隱藏座標軸。

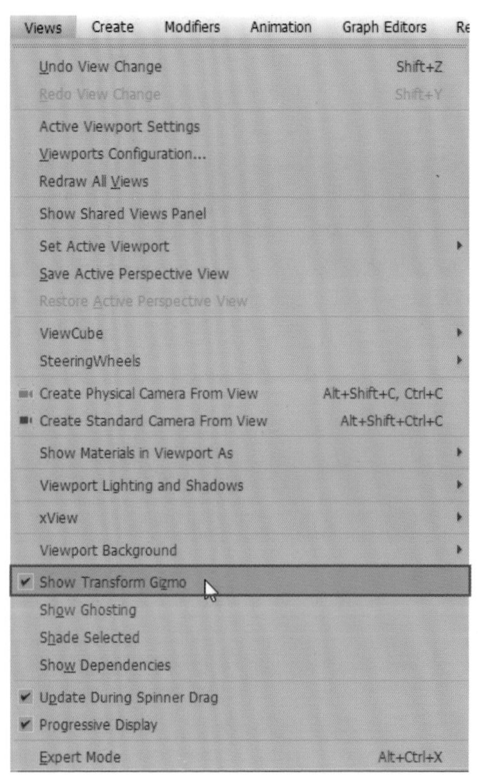

④ 在選取物件後，按下「Shift+Ctrl+N」可將物件鎖定，如此其它物件將不會被選取到，再次按下「Shift+Ctrl+N」後可解除鎖定。

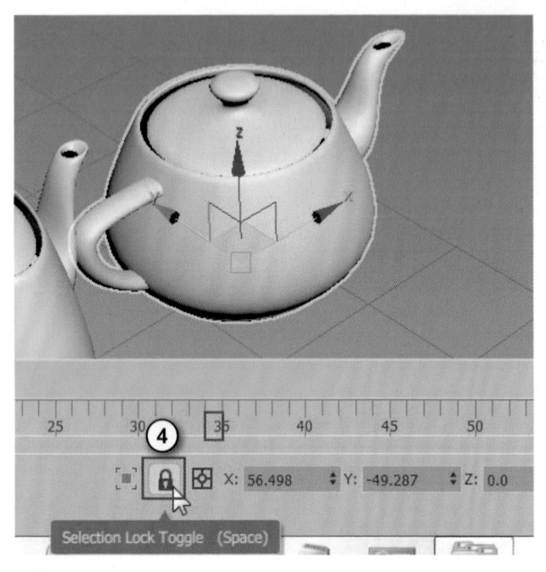

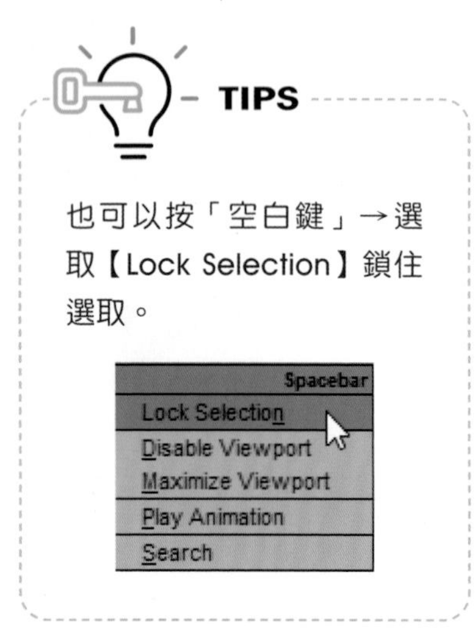

⑤ 選取物件，按下「Alt+X」鍵變成透明化，再按一次 Alt+X 鍵可以復原。

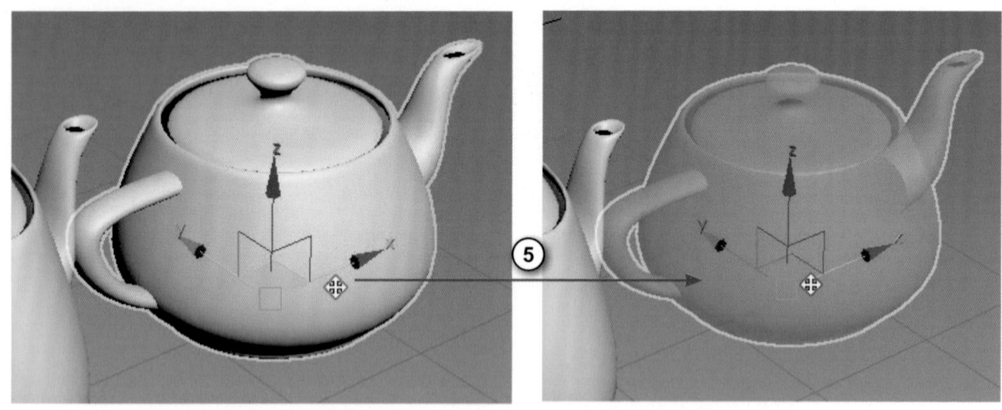

⑥ 按下「Ctrl+Alt+X」鍵切換為專家模式，主工具列與命令面板會隱藏，再按一次可以復原。(或是點擊選單【Views】→【Expert Mode】)

⑦ 按下鍵盤英文上方的 + 與 – 按鍵可以放大或縮小座標。(不能按鍵盤右側數字九宮格的 + 與 -)

1-4 複製的應用

按住「Shift」鍵，並將物件往要複製的方向移動、旋轉或縮放比例，會出現複製物件的選項視窗，以下為三種複製的模式：

選項	中文解釋	功能	在 修改面板上的變化
Copy	複製	複製的物件與原本的物件沒有關聯，各自為獨立物件。	Teapot006 Modifier List Teapot 細體字
Instance	分身	複製出的物件與原本的物件之間為雙向連結，修改其中一個物件，其他物件將一起被修改。	Teapot006 Modifier List **Teapot** 粗體字
Reference	參考	複製的物件為單向連結，若修改原本的物件，其他物件會一起修改；若修改複製出來的物件，則原本的物件不會被修改。	Teapot006 Modifier List **Teapot** 粗體字 + 一橫

Copy

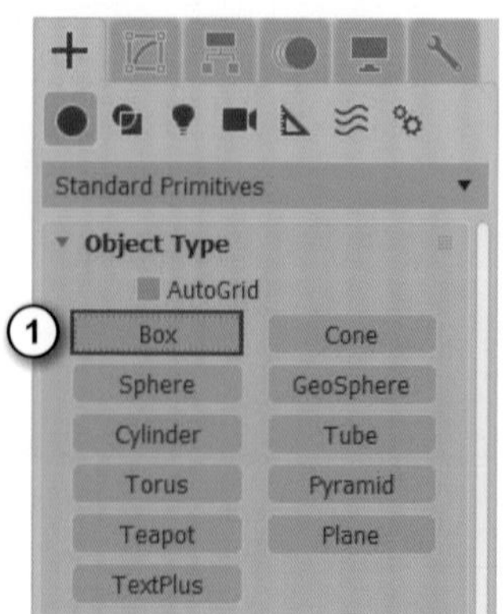

❶ 點擊【Create（創建面板）】→【Geometry（幾何物件）】→【Standard Primitives（標準物件）】→【Box（方塊）】。

❷ 在畫面中按住滑鼠左鍵，拖曳出一個矩形再放開左鍵，滑鼠往上移動至任一高度後點擊左鍵，完成任意大小的方塊。

❸ 按下「W」鍵切換為移動工具，按住「Shift」並移動方塊，可複製方塊。

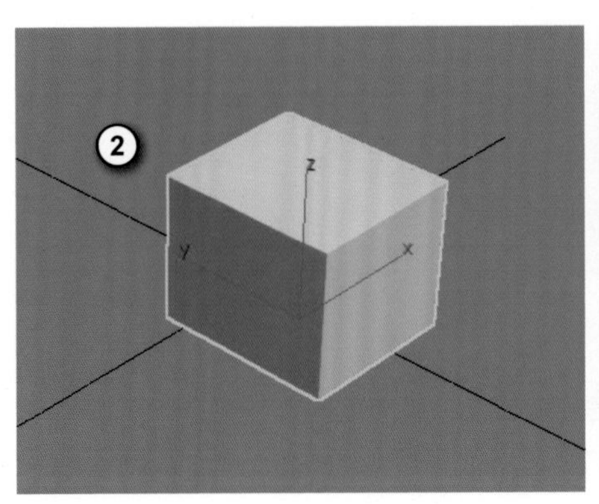

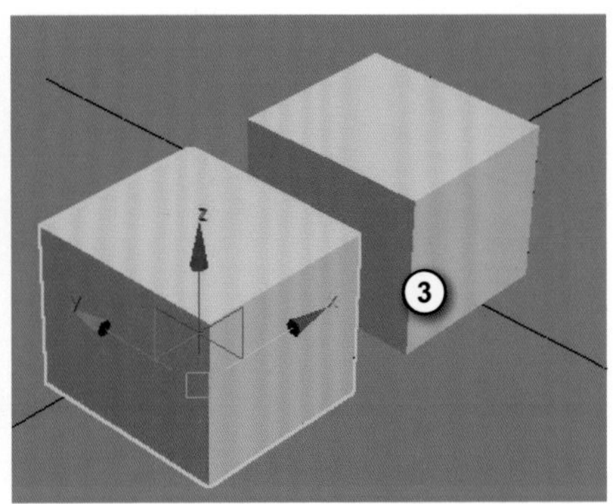

❹ 點選【Object】中的【Copy（複製）】並將【Number of Copies（副本數）】輸入「3」→按下【OK】。

❺ 完成複製。

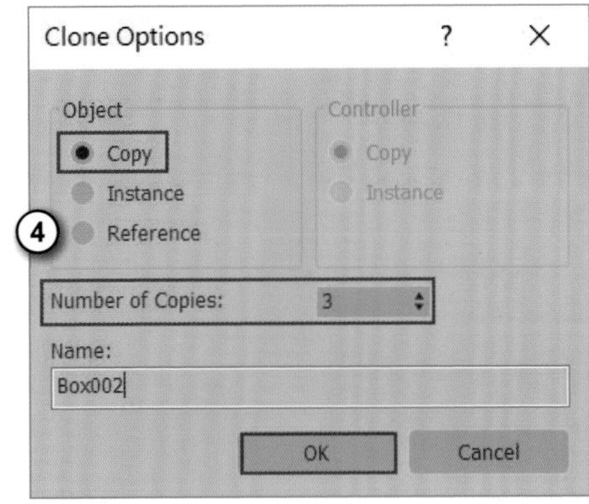

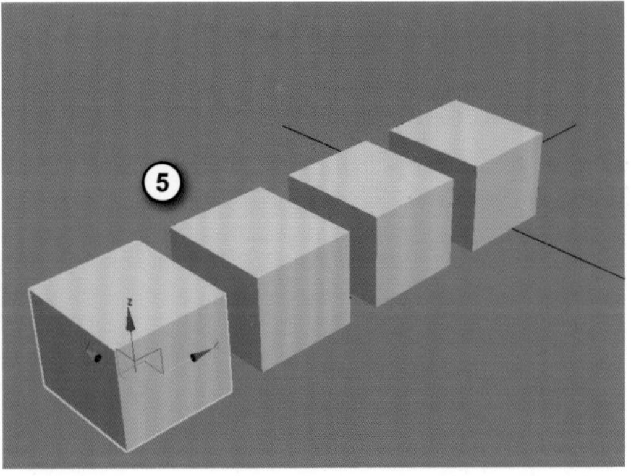

TIPS

「Number of Copies」欄位中的數字不包含原來的物件，例如，副本數輸入「3」，則包含原本的物件總共會有 4 個。

❻ 點選任一方塊後，到修改面板，在【Parameters（參數）】→【Length（長度）】→輸入「100」。

❼ Copy 模式複製的物件之間沒有關聯，所以更改長度的只有被選取的方塊。

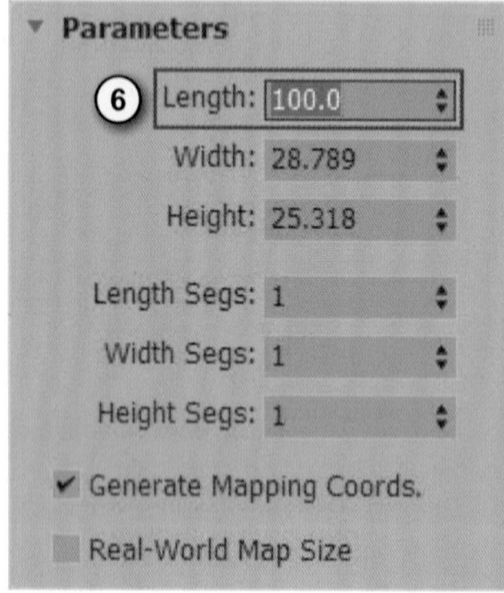

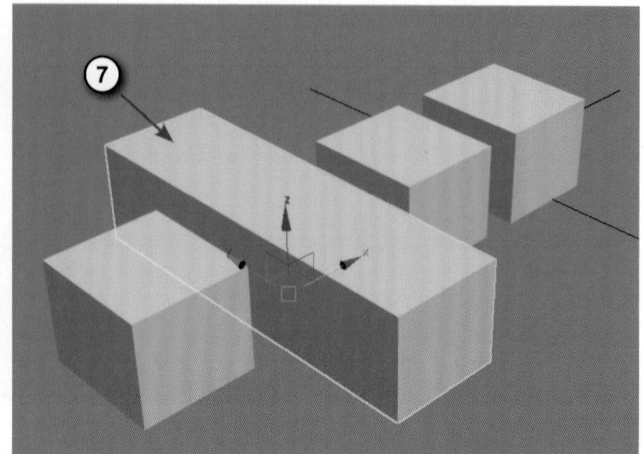

Instance

❶ 繪製一個新的方塊，並按住「Shift」移動複製。點選【Object】裡的【Instance（分身）】。

❷ 將【Number of Copies（副本數）】輸入「3」後再按下【OK】。

❸ 完成複製。

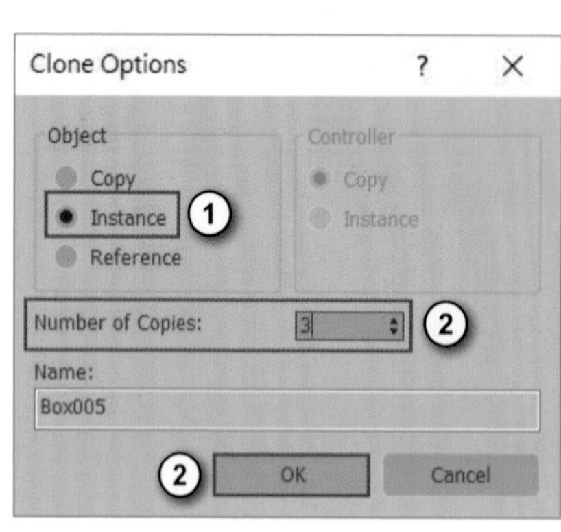

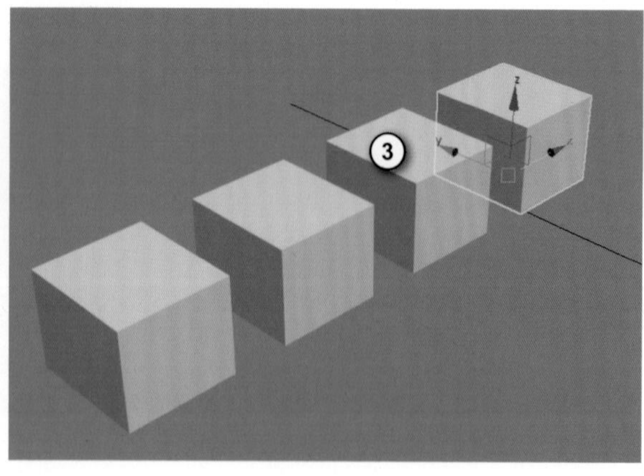

4 點選任一方塊後，到修改面板，在【Parameters（參數）】→【Length（長度）】→輸入「100」。

5 Instance 模式複製的物件之間有雙向關聯，所以全部方塊的長度皆變為 100。

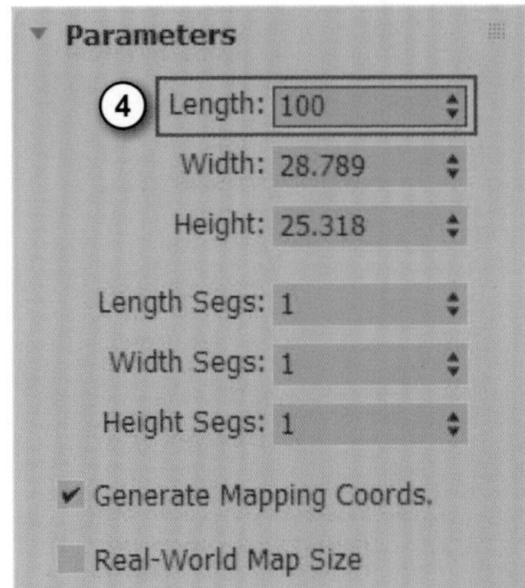

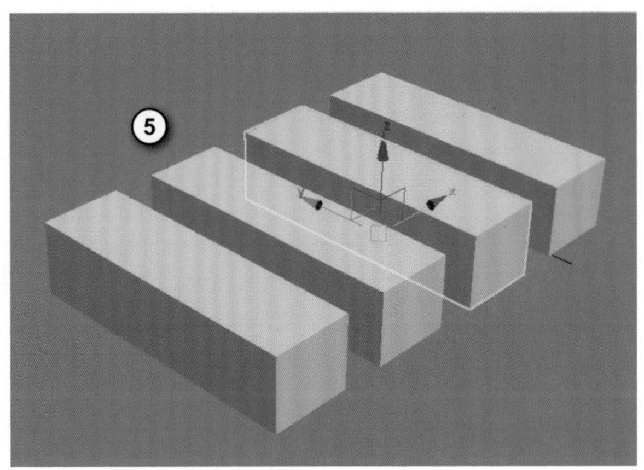

TIPS

若按下「R」鍵切換比例座標，將方塊縮小，則其他方塊不受影響，分身複製僅能影響修改面板的數值。

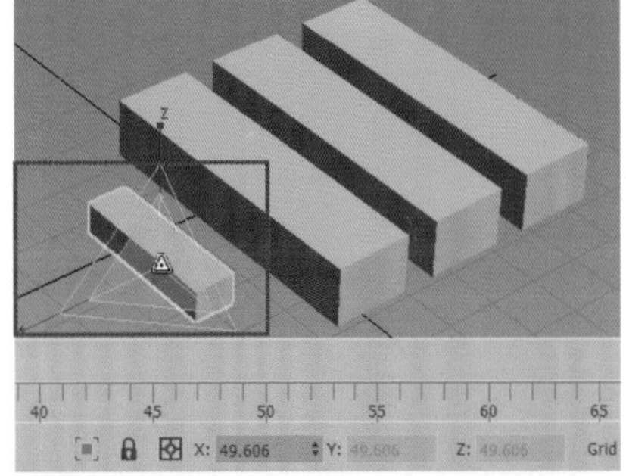

將比例 X 座標恢復成 100，可以恢復至原本大小。

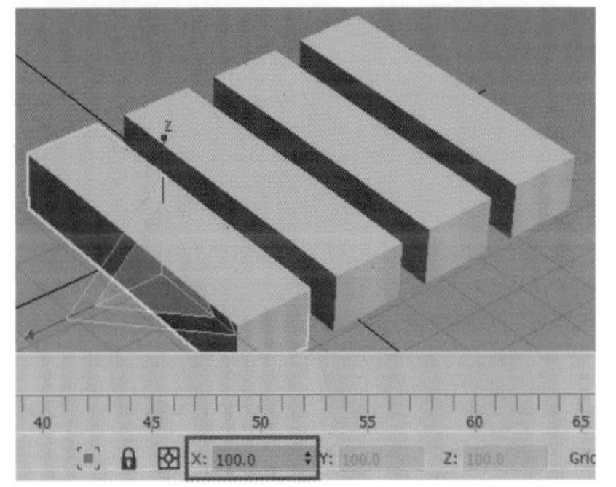

Reference

❶ 繪製一個新的茶壺，並按住「Shift」往右移動複製。點選【Object】裡的【Reference（參照）】，以此茶壺為基礎來複製其他茶壺，其他茶壺之後的修改都不會影響原本的茶壺。

❷ 將【Number of Copies（副本數）】輸入「3」後再按下【OK】，完成複製如下圖。

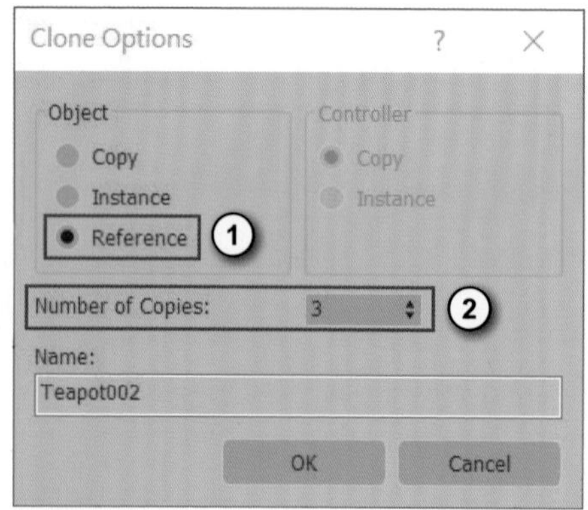

❸ 選取任一個複製出來的茶壺，到修改面板，在【Modifier List（修改器清單）】下拉式選單→選擇【Bend（彎曲）】，在選取的茶壺加上彎曲修改器。

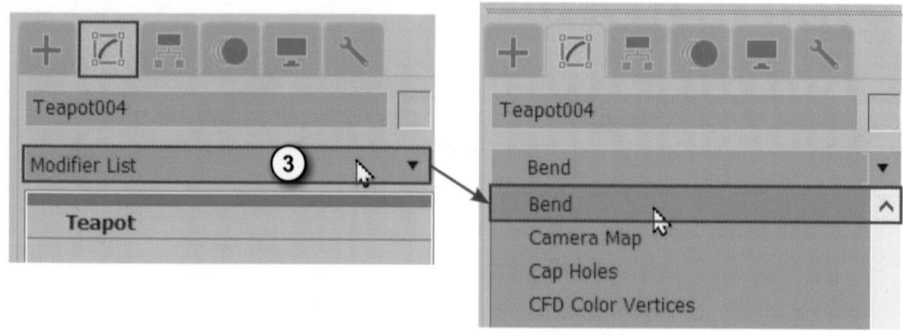

4 可以看到 Teapot 與 Bend 之間有一橫，若修改器在這一橫之下，會影響原本的茶壺，若在這一橫之上，則只影響目前的茶壺。

5 調整【Angle（彎曲角度）】。

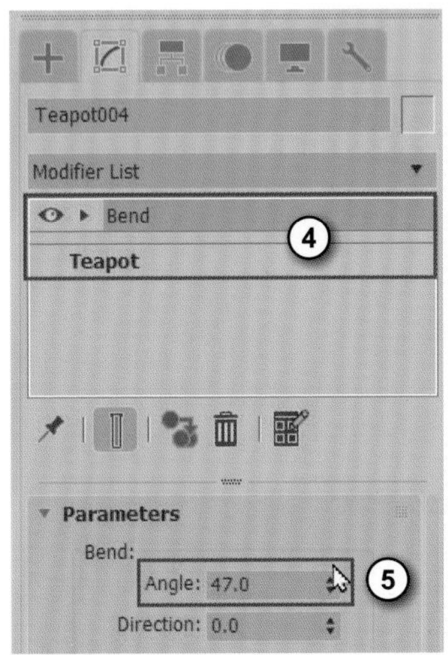

6 只有加 Bend 修改器的茶壺會改變。

7 選取原本的茶壺。

8 到修改面板，在【Modifier List（修改器清單）】下拉式選單→選擇【Twist（扭轉）】，在選取的茶壺加上扭轉修改器。

9 調整【Angle（扭轉角度）】。

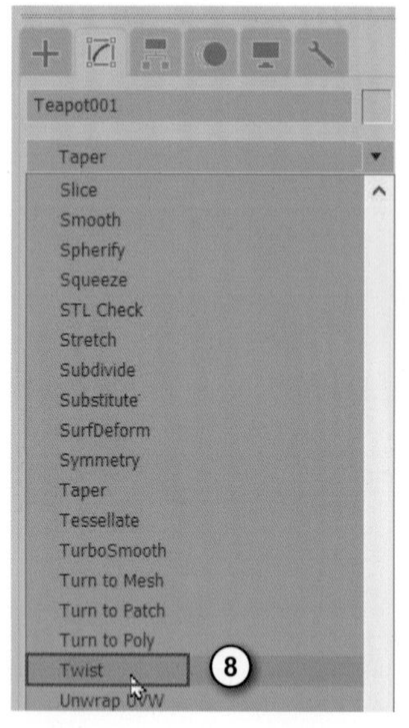

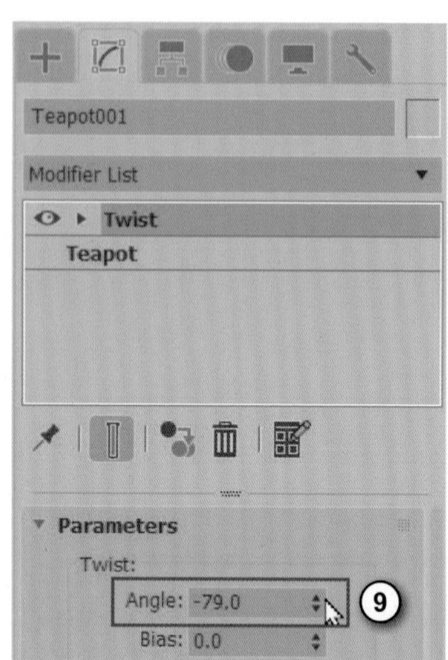

⑩ 若原本茶壺改變，則所有茶壺會一起變化。

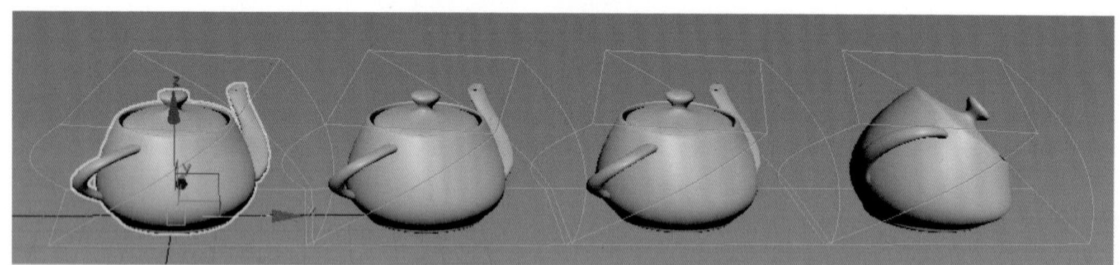

⑪ 選取原本的茶壺，按下【 （使獨立）】，茶壺之間的關聯性會消失，粗體字會變成細體字。

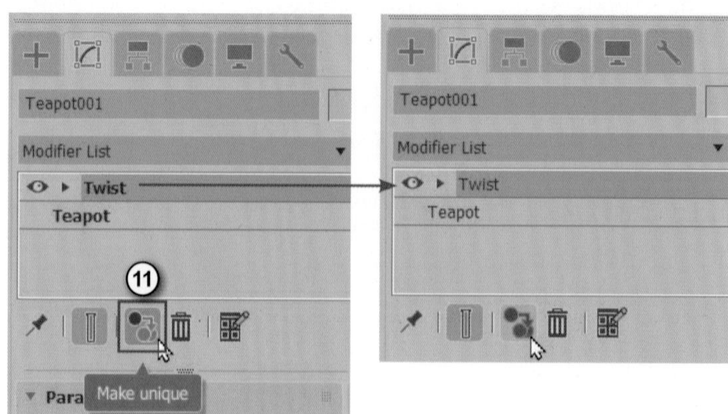

1-5 建立基本物件

Geometry（幾何物件）

常用的幾何物件：

- Box →方塊
- Sphere →球
- Cylinder →圓柱
- Cone →圓錐
- Plane →平面

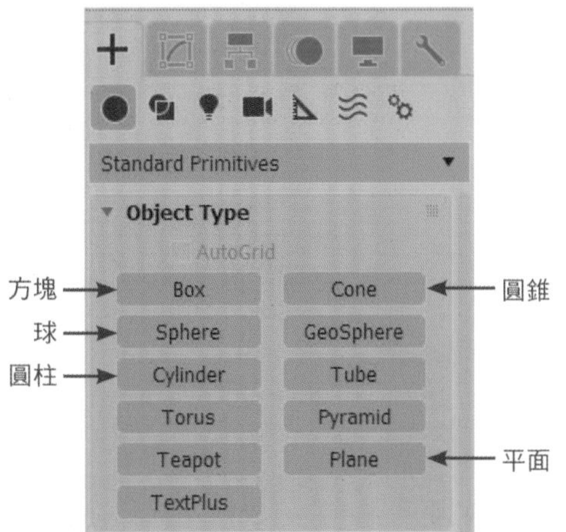

Box 方塊

❶ 點擊【Create（創建面板）】→【Geometry（幾何物件）】→【Standard Primitives（標準基本物件）】→【Box（方塊）】。

❷ 在任意位置按住滑鼠左鍵，做為起始點。

❸ 拖曳滑鼠拉出矩形後，放開滑鼠左鍵。

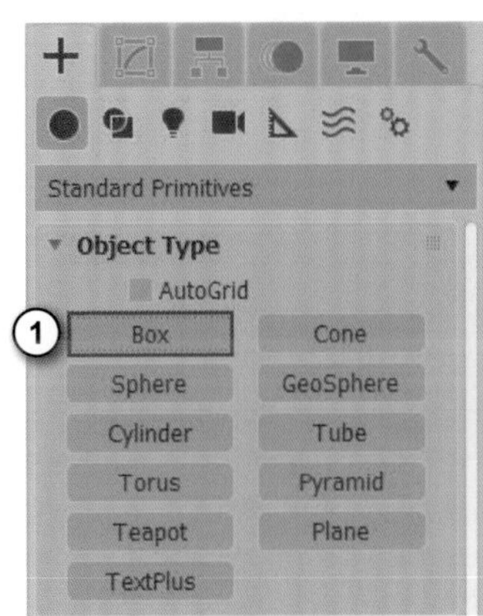

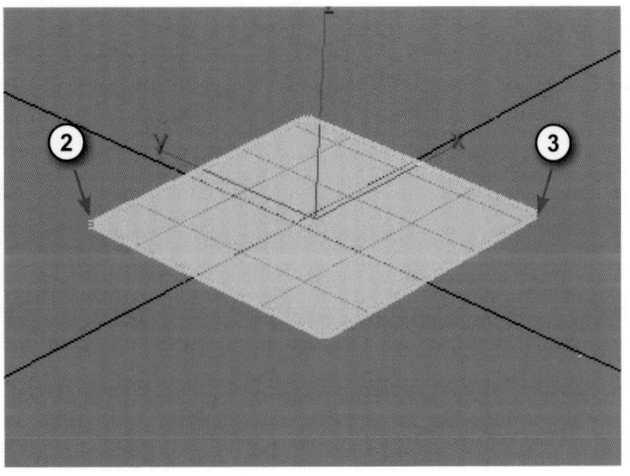

❹ 將滑鼠向上移動到適當的高度後點擊滑鼠左鍵，完成方塊繪製。

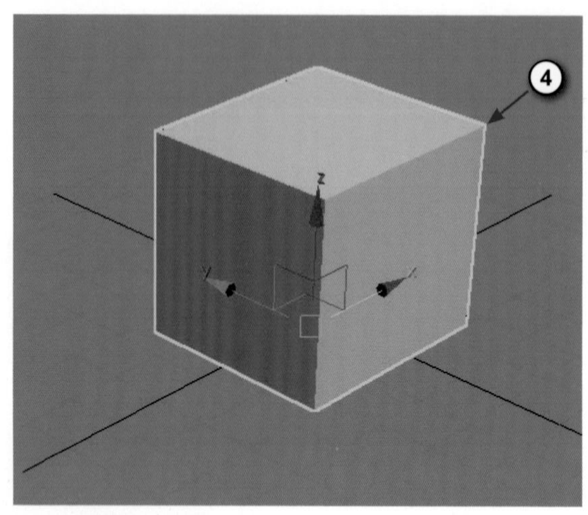

Cylinder 圓柱

❶ 在【Create（創建面板）】，點擊【Cylinder（圓柱）】。

❷ 在任意位置按住滑鼠左鍵，做為圓的中心點。

❸ 拖曳滑鼠拉出圓形後，放開滑鼠左鍵。

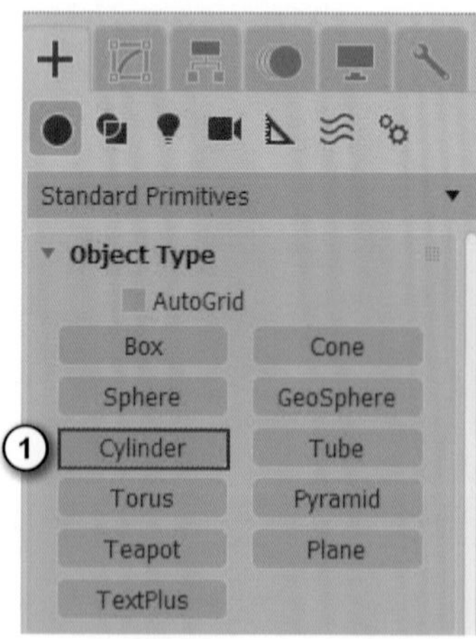

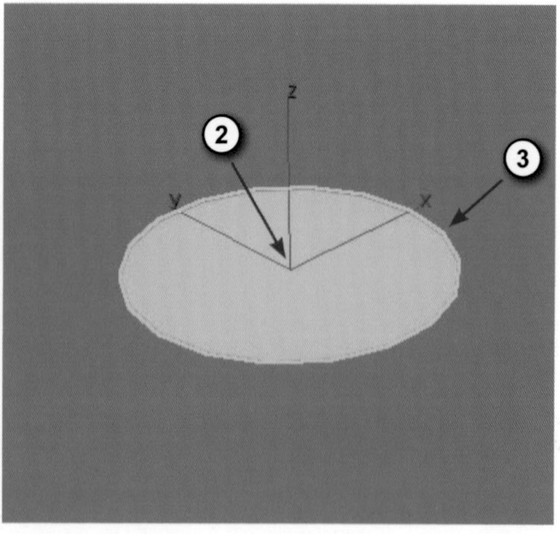

④ 將滑鼠向上移動到適當的高度後點擊滑鼠左鍵，完成圓柱繪製。

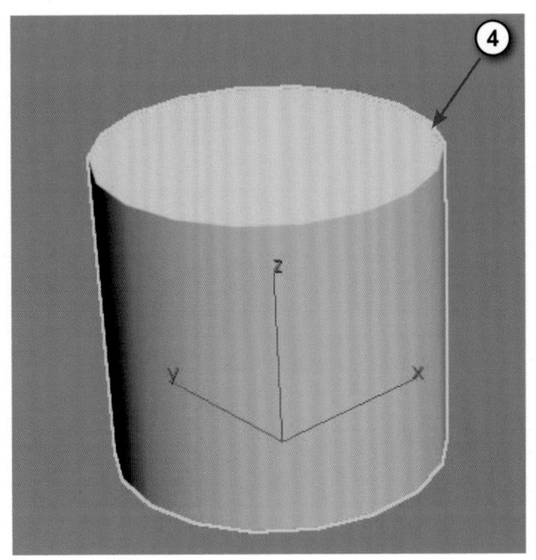

Cone 圓錐

① 在【Create（創建面板）】，點擊【Cone（錐）】。

② 在任意位置按住滑鼠左鍵，做為圓的中心點。

③ 拖曳滑鼠拉出圓形後，放開滑鼠左鍵。

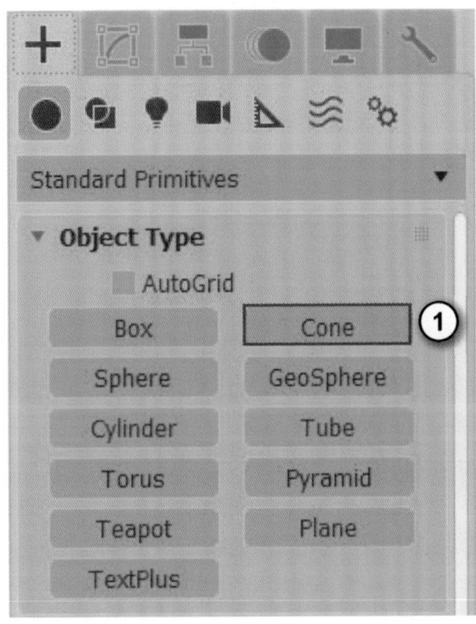

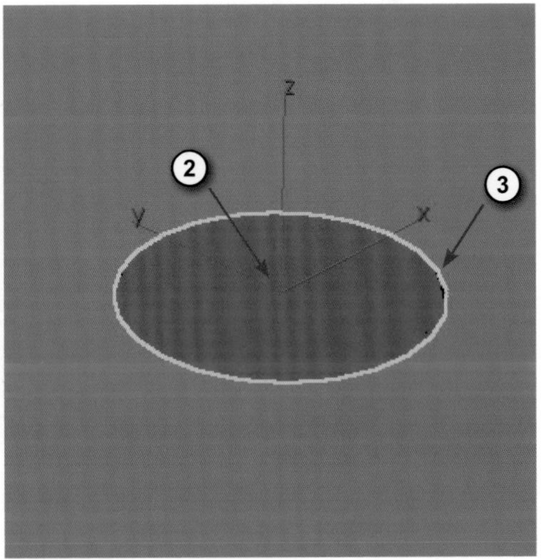

④ 將滑鼠向上移動到適當的高度後點擊滑鼠左鍵。

⑤ 上下移動滑鼠，決定錐形面的大小後點擊滑鼠左鍵，完成圓錐繪製，如下圖。

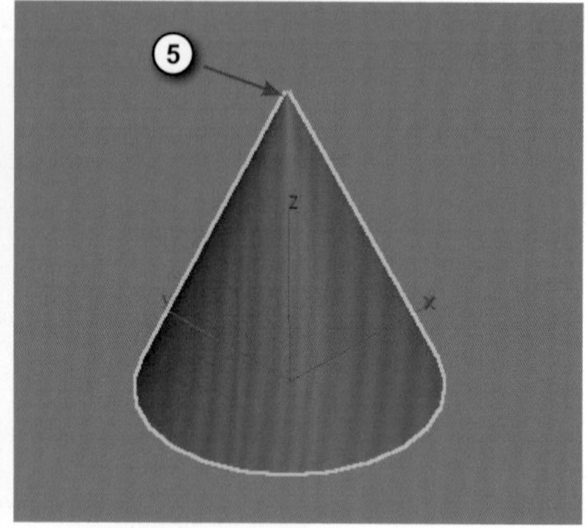

TIPS

在【Create（創建面板）】→【Geometry（幾何物件）】下方，將【Standard Primitives（標準基本物件）】切換為【Extended Primitives（延伸基本物件）】，可以繪製其他比較複雜的基本物件，其中以【ChamferBox（倒角方塊）】最常使用。

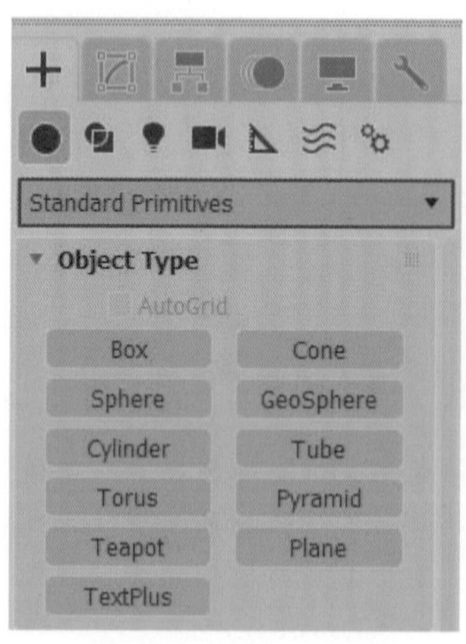

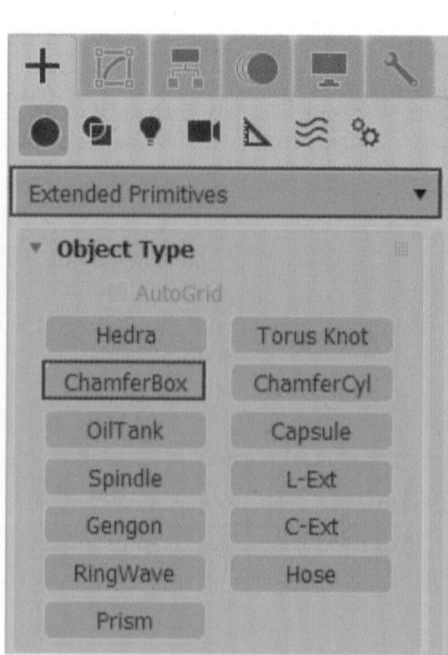

1-6 選取的運用

❶ 點擊【Create（創建面板）】→【Geometry（幾何物件）】→【Standard Primitives（標準物件）】→【sphere（球）】。在畫面中建立幾個球體。

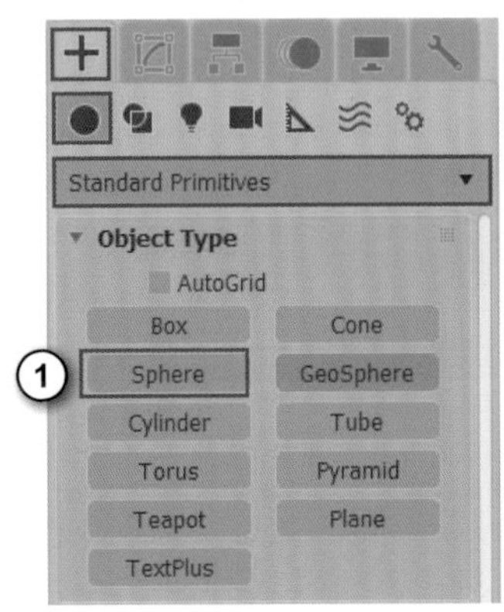

❷ 點擊【選取】按鈕，或按下「Q」可以切換為選取工具，單純用於選取物件，不會不小心移動到物件。選取框的形狀預設是矩形。選取模式預設為【(Crossing)】框選模式。

❸ 按住滑鼠左鍵拖曳出矩形框來選取球體，在虛線框內或被虛線碰觸的物件，會被選取。

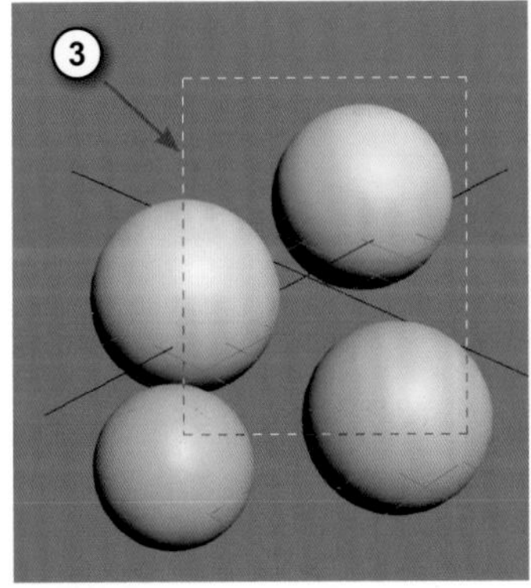

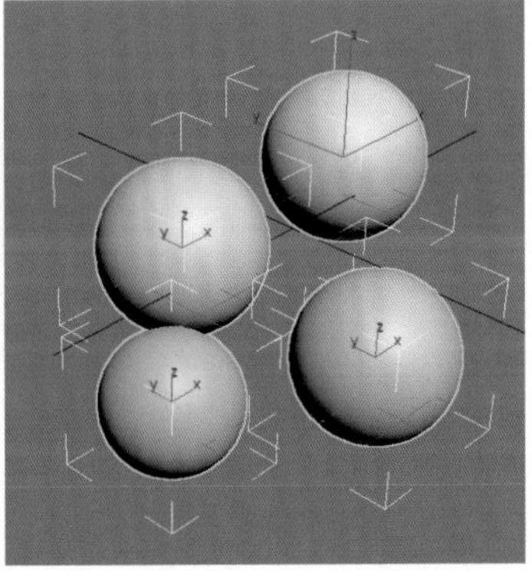

TIPS

被選取的茶壺會出現白色外框，表示模型範圍，按下「Shift+J」鍵可以顯示或關閉此白色外框。(比較舊版的軟體則是按下「J」鍵)

④ 點擊【 】按鈕，可以切換為【 (Window)】窗選模式。

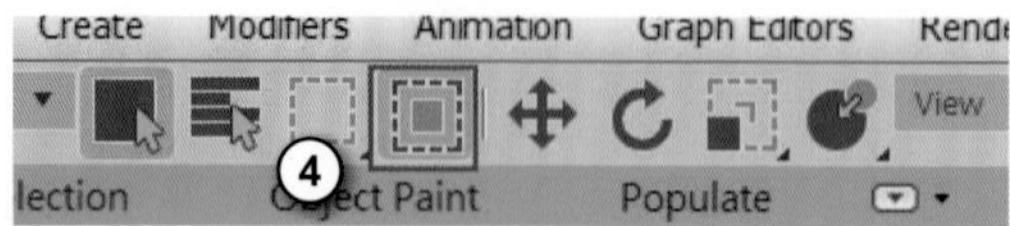

⑤ 按住滑鼠左鍵拖曳出矩形框來選取茶壺，只有在虛線框以內的物件會被選取。

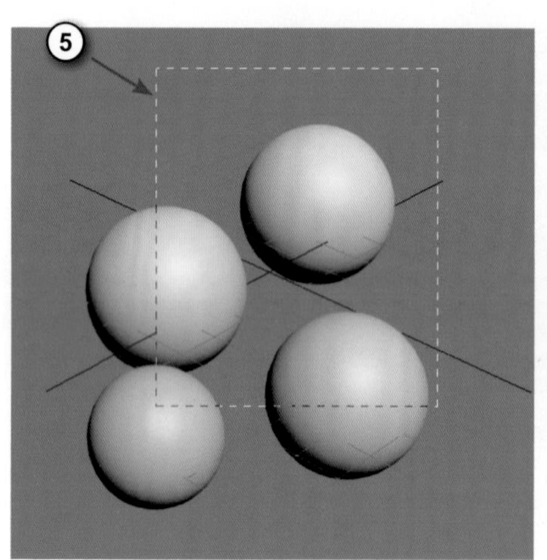

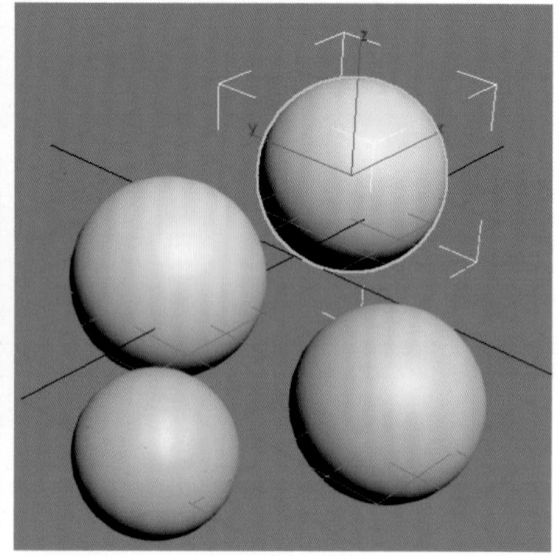

⑥ 再次點擊【 】按鈕可以切換回【 】框選模式，此模式較常用。

⑦ 以滑鼠左鍵點選一個茶壺，按住「Ctrl」鍵點擊其他茶壺，可以加選物件。

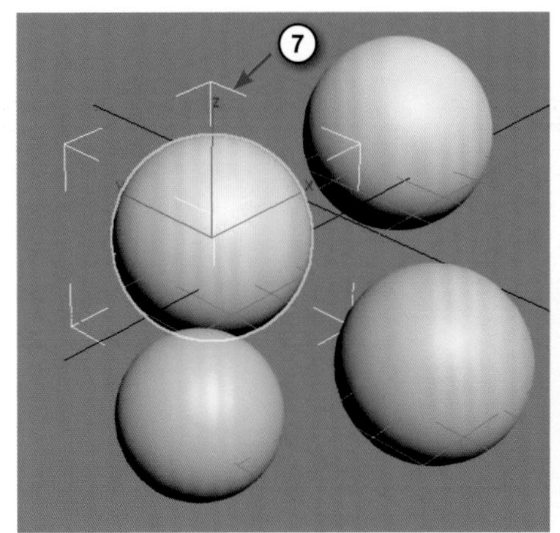

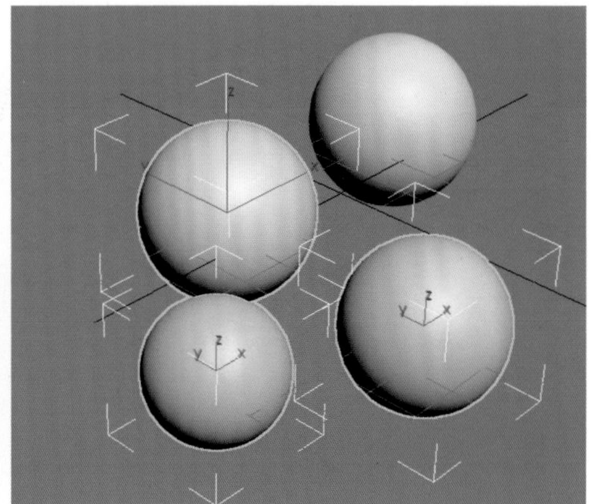

⑧ 按住「Alt」鍵點擊其他茶壺，可以取消已選取的物件。

⑨ 在畫面空白處點擊滑鼠左鍵，可以取消選取。

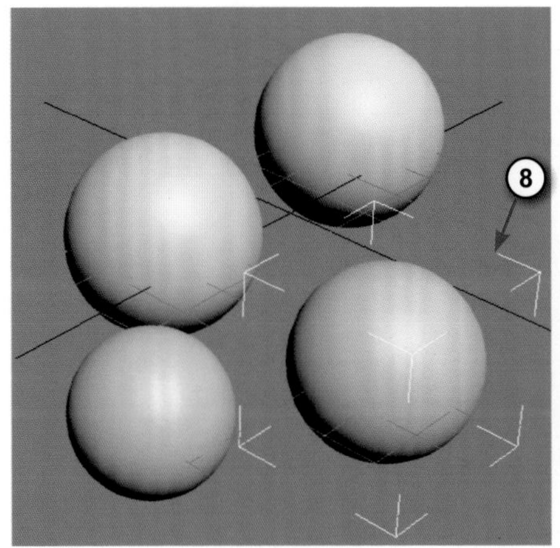

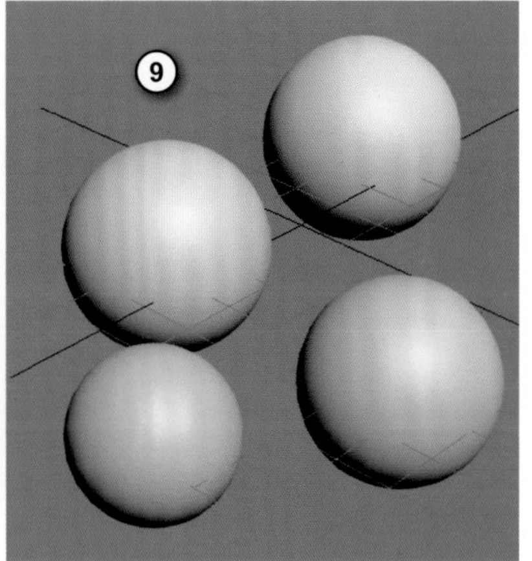

TIPS

物件選取後，按下鍵盤的「Delete」鍵就可以刪除。

1-7 繪製簡易桌椅

❶ 利用【Box】繪製一薄型方塊做為桌板，另一方塊做為桌腳，繪製完可用比例調整長寬高。

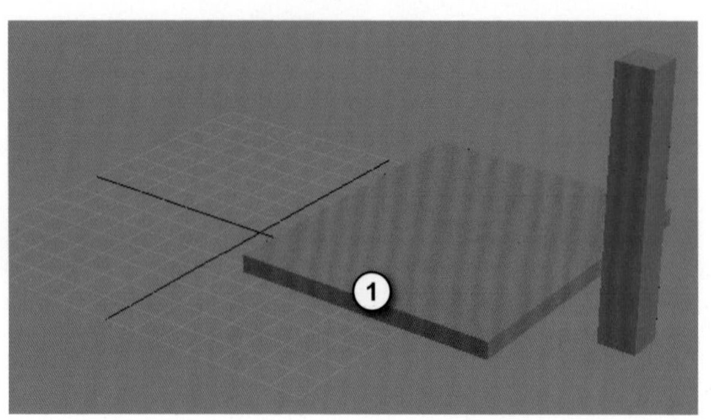

TIPS

1. 按下鍵盤的「Shift+J」鍵，可以開啟或關閉目前選取物件的白色外框。

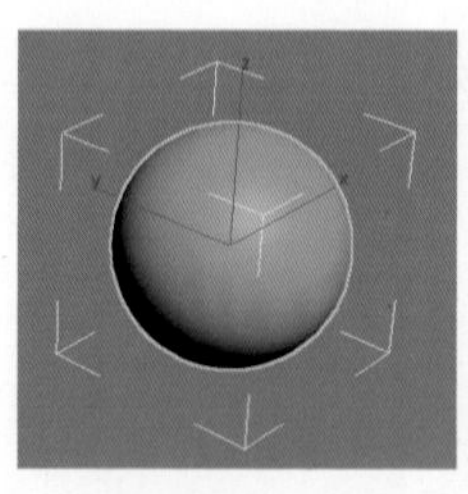
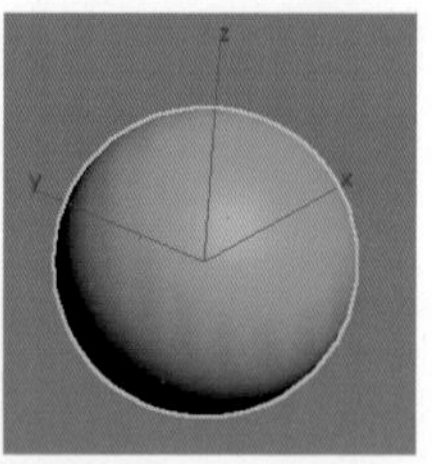

2. 按下鍵盤的「G」鍵，可以開啟或關閉網格線。

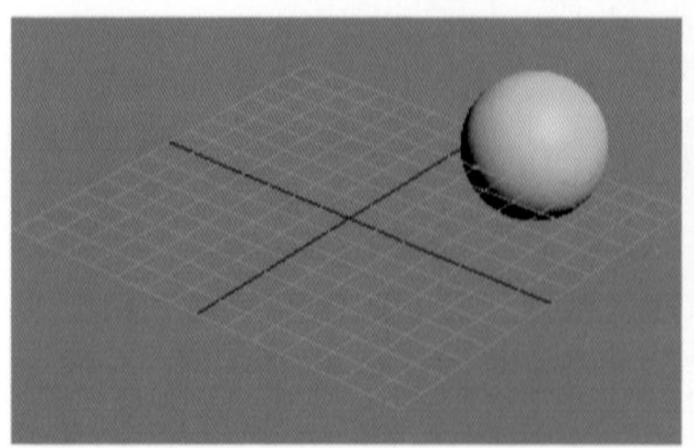

② 選取桌板，點擊移動鍵或按下「W」鍵切換成移動座標，在下方的 XYZ 座標右側的 ⬍ 小箭頭圖示上點擊滑鼠右鍵可將座標歸零，使桌面移動到原點位置。

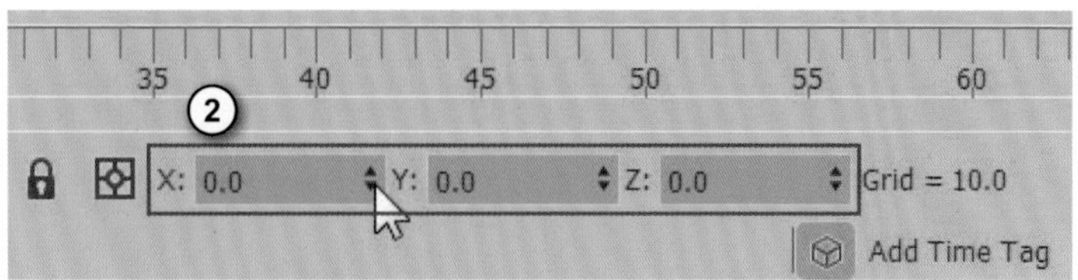

③ 按下「T」鍵切換到「上視圖」，並按下「F3」鍵切換到線框模式，拖曳如圖所示的座標轉角，將桌腳移動到桌子左上角，如下圖。

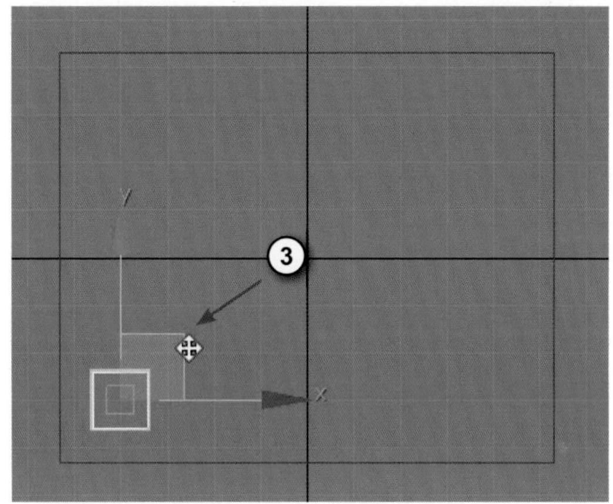

④ 移動完成後，按下「F」鍵可切換至「前視圖」，將桌板往上移到桌腳上方。

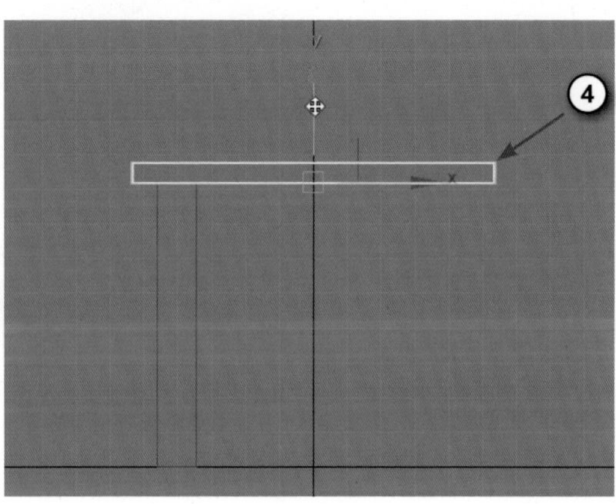

❺ 切換回「上視圖」，按下「W」鍵切換成移動座標，選取桌腳，按住「Shift + 滑鼠左鍵」將桌腳往右移動複製。

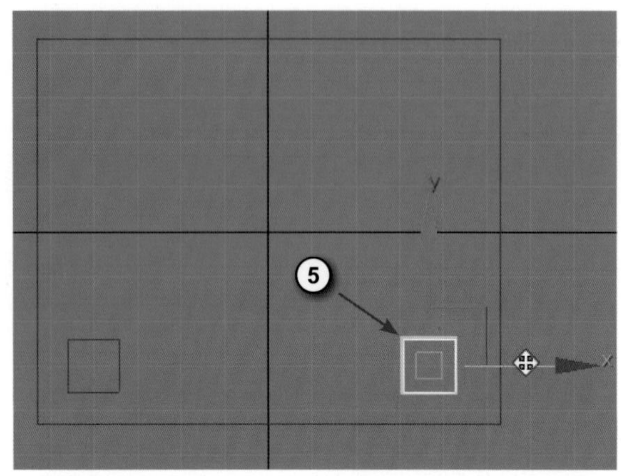

❻ 因為桌腳尺寸相同，選擇【Instance（分身模式）】，方便設計變更。

❼ 再選取兩個桌腳，往上移動複製。

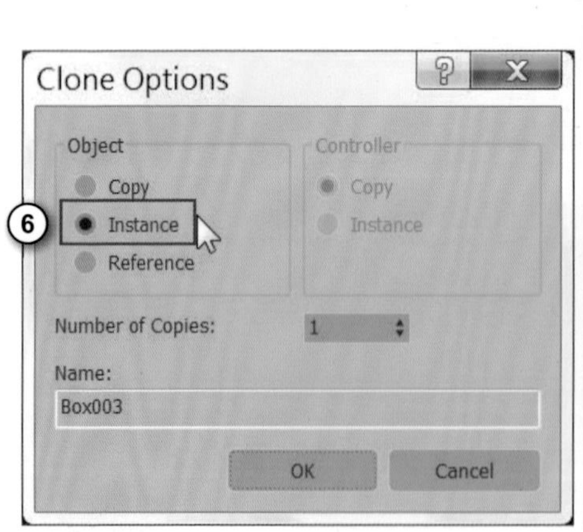

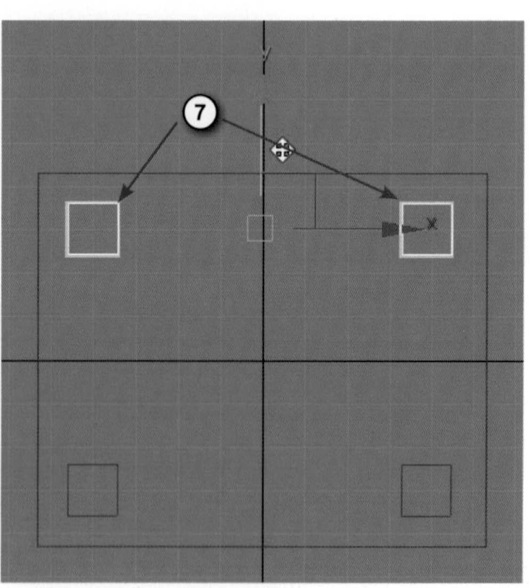

8 完成桌子繪製。可按下「P」鍵切換為透視圖，環轉視角檢視桌子。按下「R」鍵切換比例座標，調整桌板長寬。

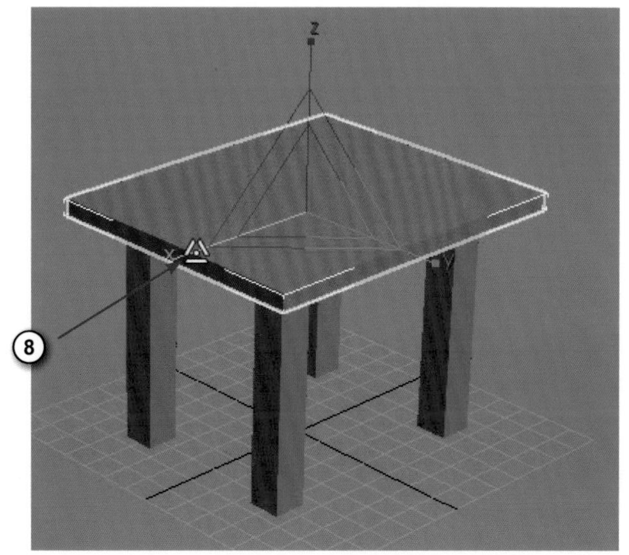

9 選取其中一個桌腳，在修改面板中，調整 Length（長度）與 Width（寬度）。

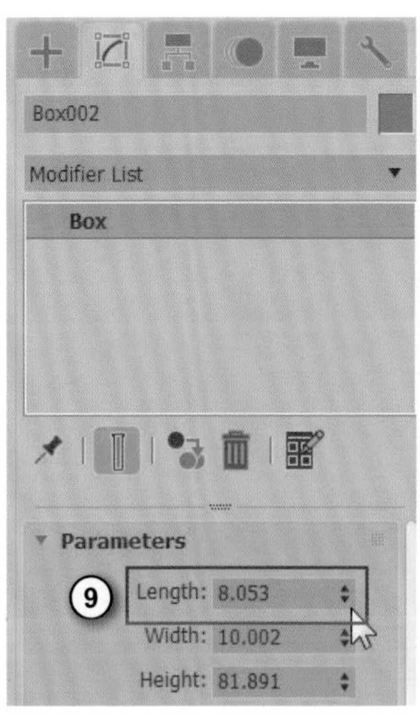

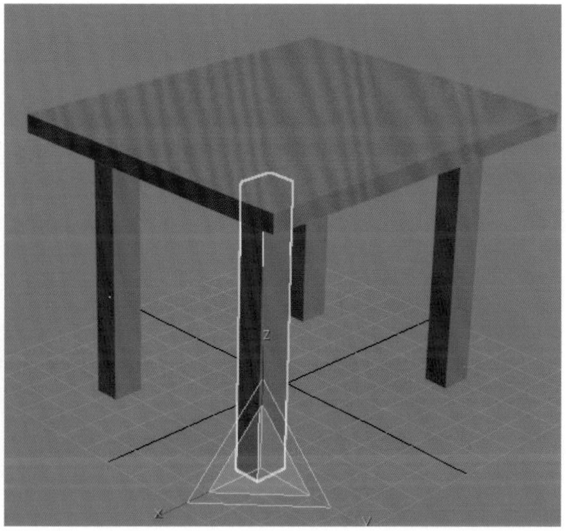

⑩ 回到創建面板的【Geometry（幾何物件）】→下拉選單→【Extended Primitives（延伸基本物件）】，此選單裡的幾何基本形狀較為細緻。

⑪ 點擊【ChamferBox（倒角方塊）】來繪製椅子。

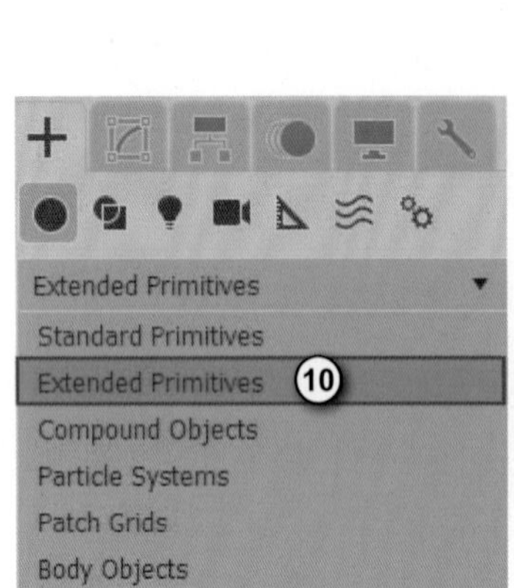

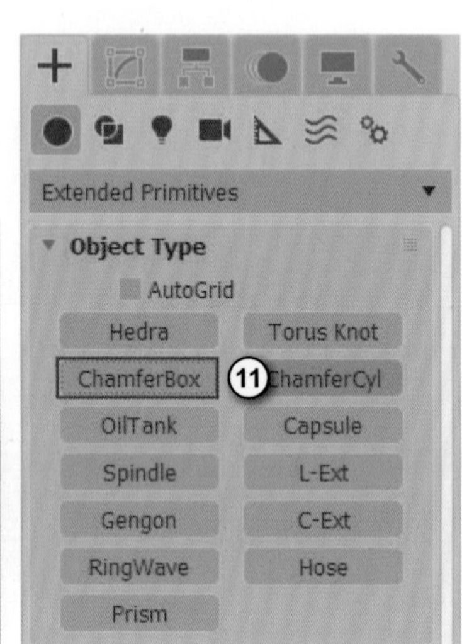

⑫ 在任意位置按住滑鼠左鍵，做為起始點。

⑬ 拖曳滑鼠，拉出矩形後放開滑鼠左鍵。

⑭ 將滑鼠向上移動到適當的位置後，點擊滑鼠左鍵決定方塊的高度。

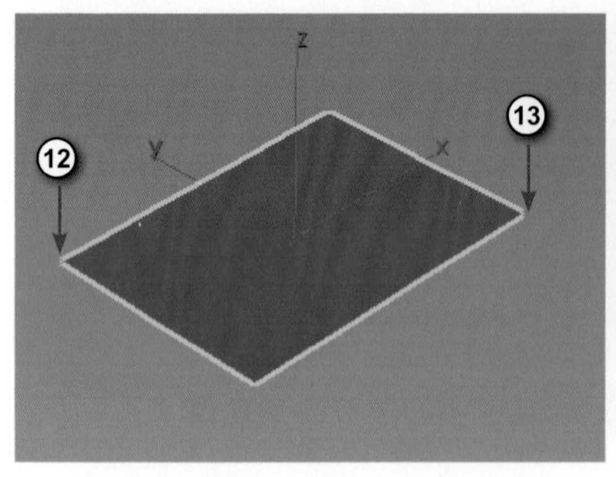

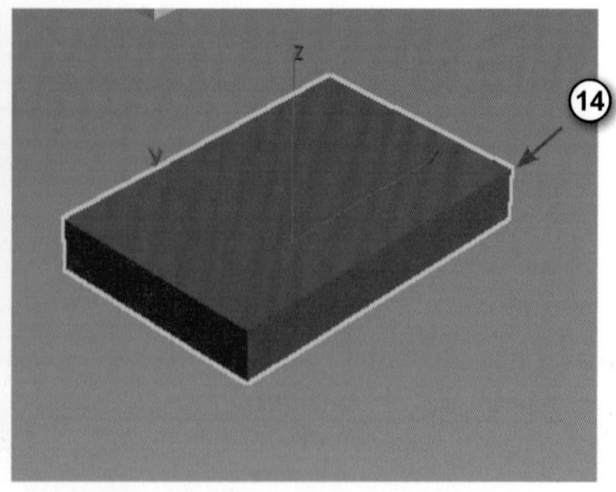

⑮ 滑鼠向上移動調整方塊的圓角大小，點擊左鍵決定圓角大小，完成繪製。

⑯ 按下「E」鍵切換成旋轉座標，按住「 Shift ＋ 滑鼠左鍵」向上旋轉複製方塊作為椅背。

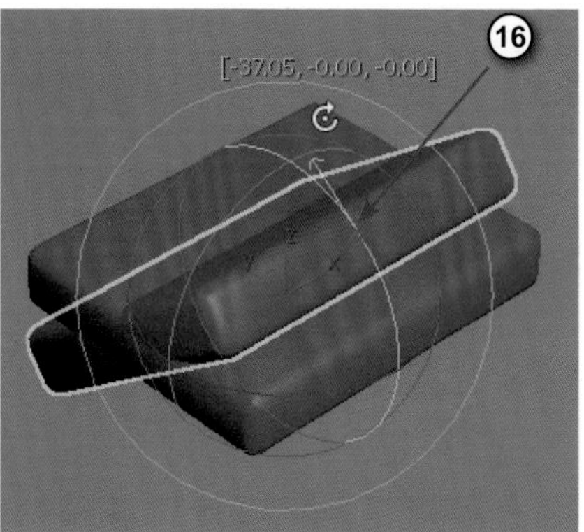

⑰ 此時選擇【Copy】模式，因為椅墊和椅背尺寸不相同。

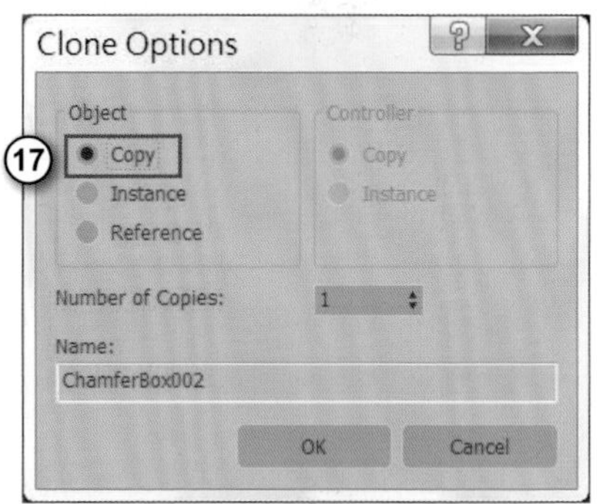

⑱ 到修改面板調整長寬高，將椅背調整至適當大小，按下「L」切換到左視圖，將椅背移動到椅墊上，再按下「P」切回透視圖。

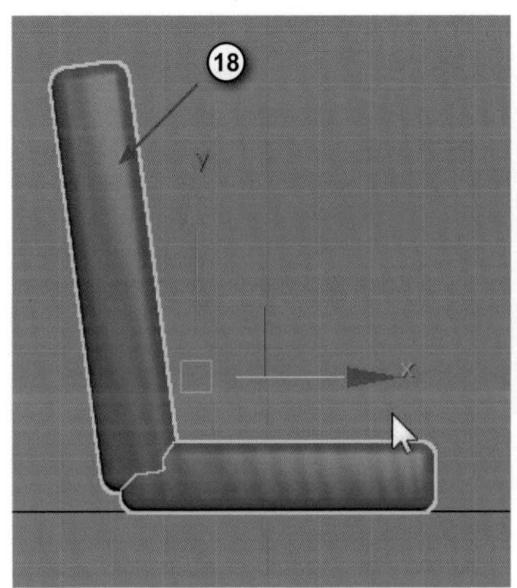

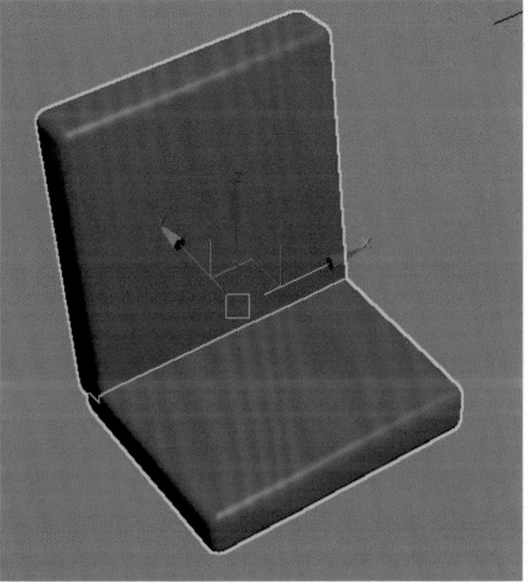

⑲ 點擊創建面板的【Geometry（幾何物 件）】→【Standard Primitives（標準物件）】→【Cone（圓錐）】來繪製椅腳，先繪製出圓柱形狀，再向上移動滑鼠並點擊左鍵決定錐度。

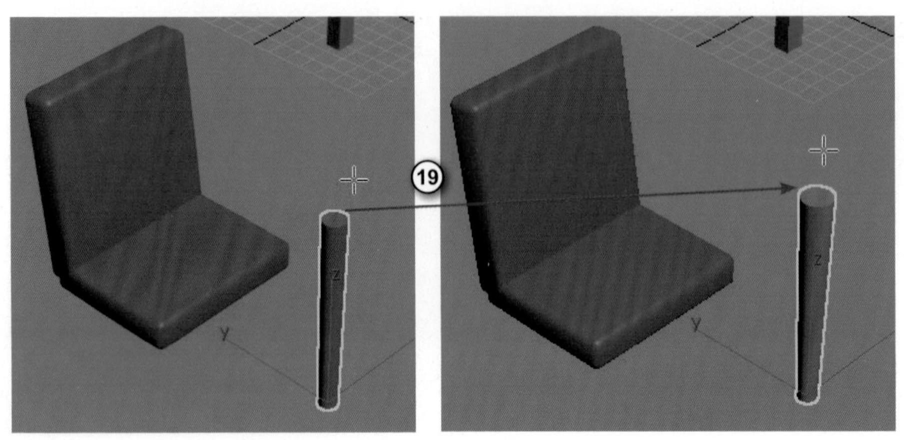

⑳ 按下「T」切換到「上視圖」，並按下「F3」切換到線框模式，將椅腳移動到椅子左上角。

㉑ 按下「W」鍵切換成移動座標，按住「 Shift ＋ 滑鼠左鍵」將椅腳移動複製至右側。

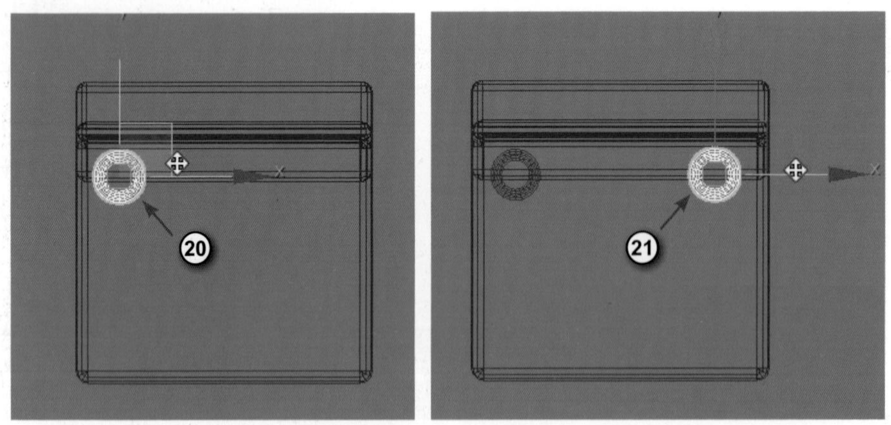

㉒ 因為椅腳的尺寸相同，選擇【Instance（分身模式）】，便於設計變更。

㉓ 利用移動複製來完成剩下的椅腳。

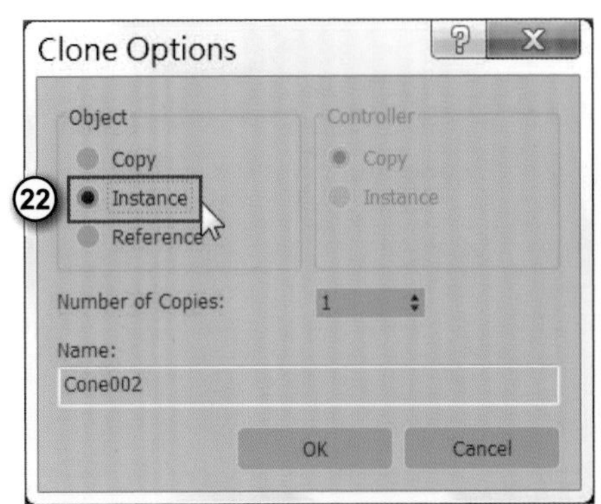

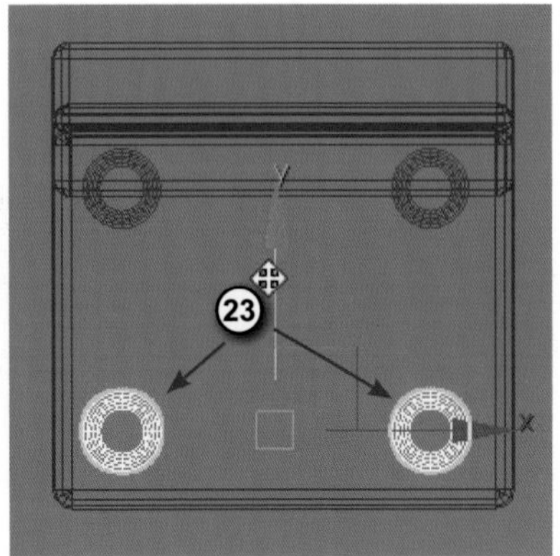

㉔ 點擊「L」後切換到「左視圖」移動椅墊與椅背到椅腳上方。

㉕ 按下「R」切換比例座標，選取整個椅子，拖曳座標中間的三角區域做等比例縮小，並移動到桌子旁。

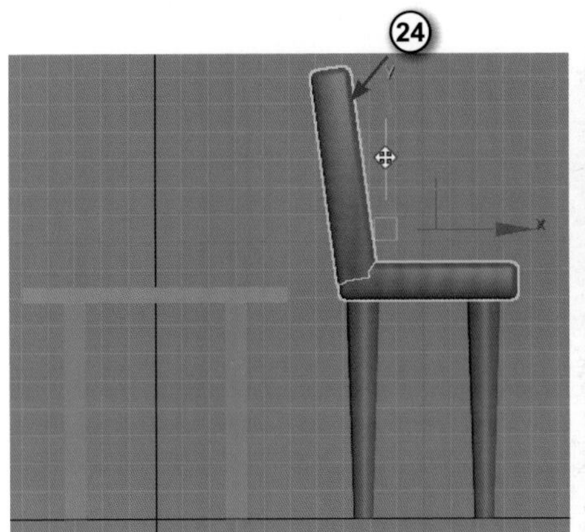

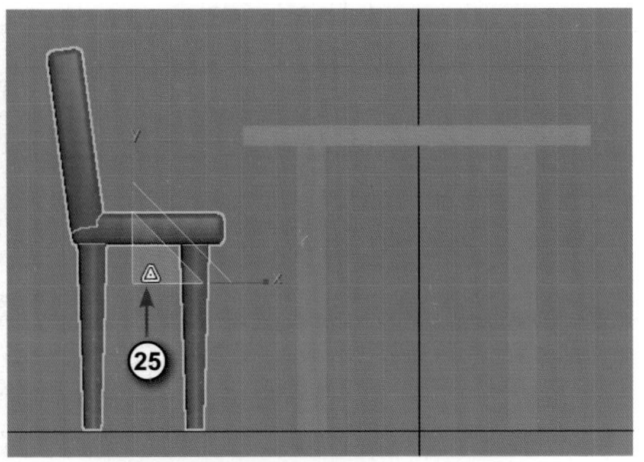

㉖ 可切換到「上視圖」調整椅子位置。

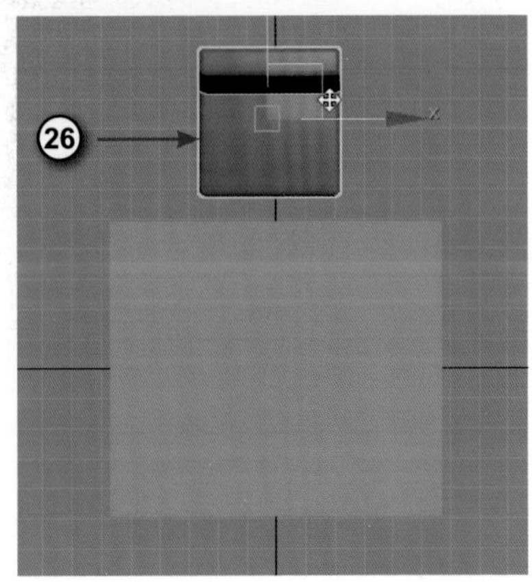

㉗ 將椅子移動複製，【Number of Copies】輸入複製數量「3」，總共四個椅子。

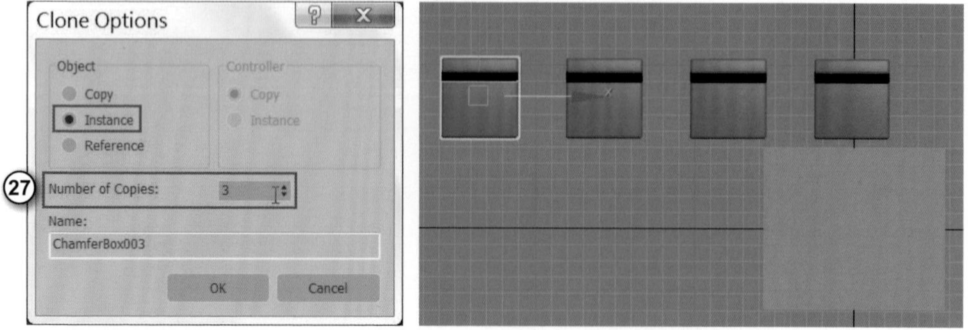

㉘ 框選椅子移動到桌子周圍，並利用旋轉將椅子轉到適當的方向。

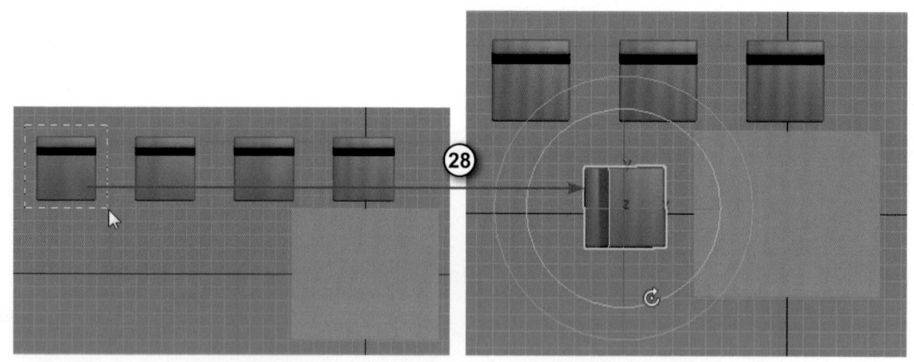

移動其他椅子，完成後按下「P」鍵切換至透視圖。

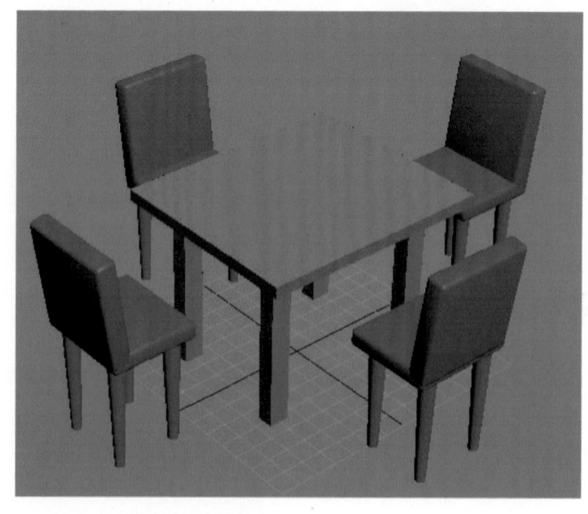

29 選取椅子，點擊創建面板下方的色板，或是修改面板右側的色板，可以變更顏色，由於背景是灰色，深色的顏色會比較容易看得清楚。(注意此動作無法復原)

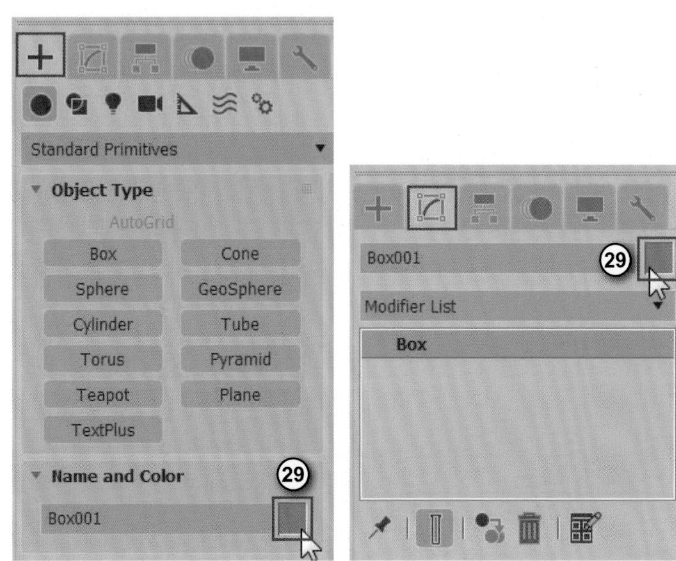

30 點擊 Current Color 右側的色板。

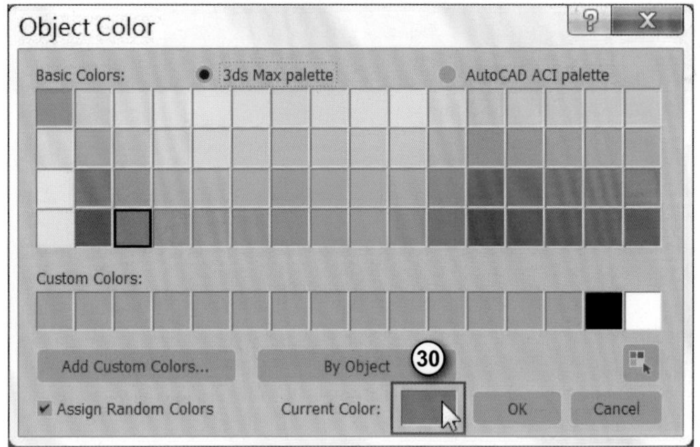

㉛ 可以選擇任意顏色，按下【OK】關閉視窗。

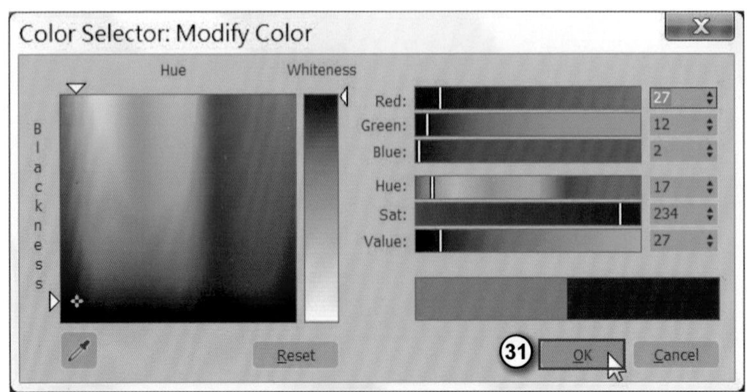

㉜ 改變顏色只是易於分辨不同物件，模型還是必須給予不同的材質來呈現最後效果。

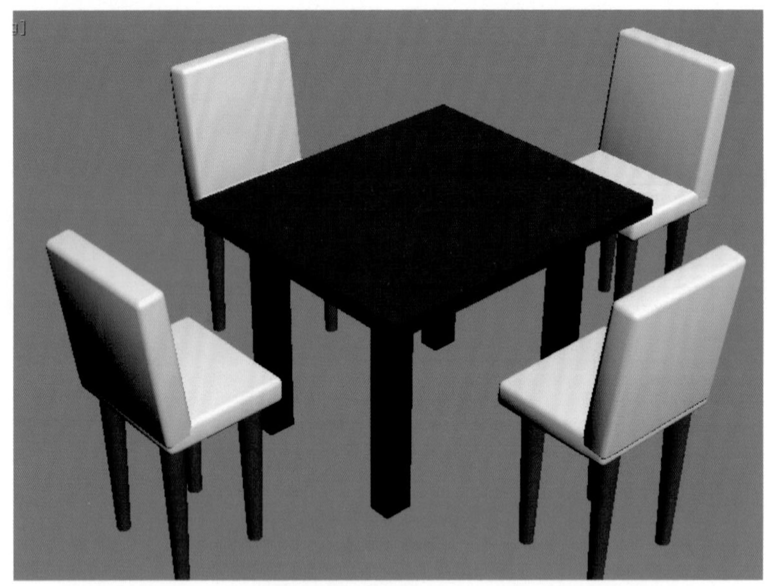

室內建模常用工具介紹

2-1 軸心設定
2-2 常用修改器介紹
2-3 物件鎖點
2-4 Line（線）的應用
2-5 布林運算
2-6 範例一：多邊形櫃
2-7 範例二：吧檯
2-8 群組

2-1 軸心設定

❶ 在【Create（創建面板）】，點擊【Cylinder（圓柱）】，繪製半徑為「70」，高為「3」的圓柱，作為時鐘本體。也可以調高【Sides】數值，增加圓柱邊數，使曲面更圓滑。

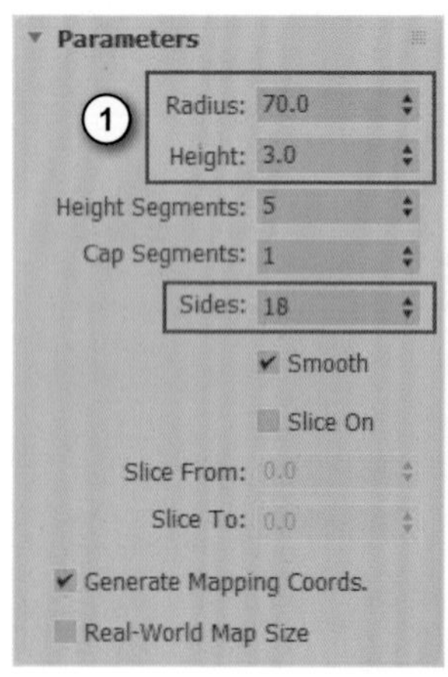

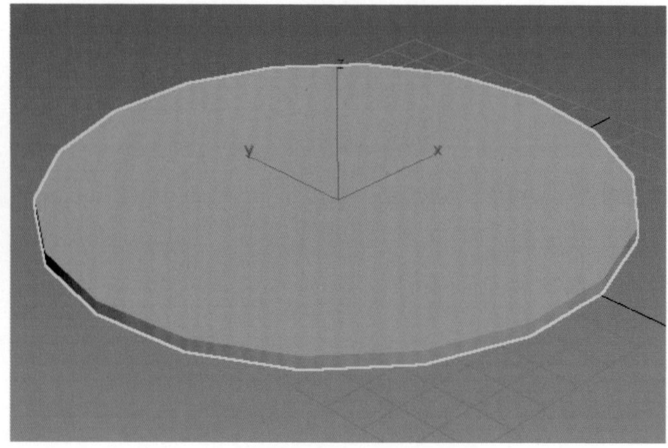

❷ 按下「W」鍵切換為移動座標，在下方座標軸的 XYZ 三角鈕上，點擊滑鼠右鍵，可將選取物件的座標歸零。

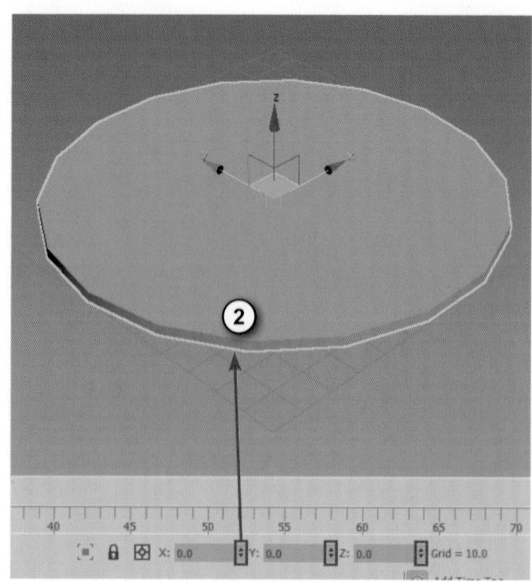

③ 繪製一長為「10」，寬為「25」，高為「5」的方塊，並將其位置以座標歸零的方式移動到原點。

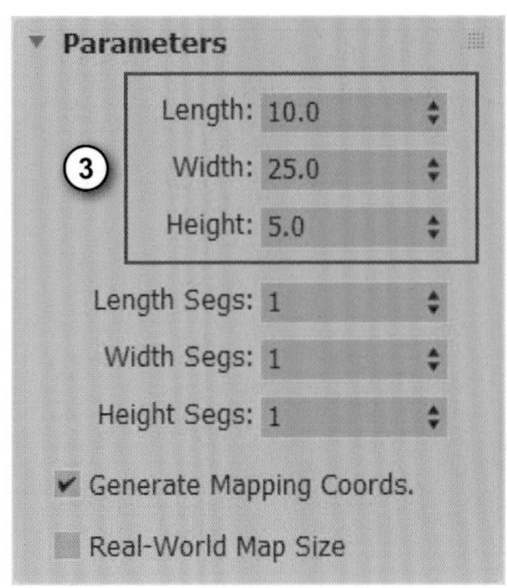

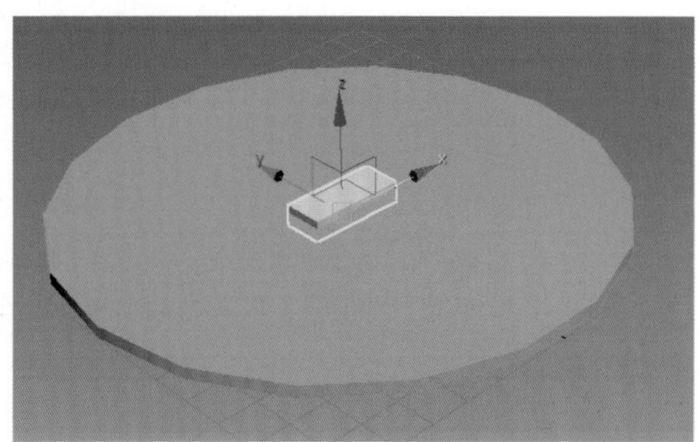

④ 按下「T」鍵切換至上視圖，將方塊移動到圓柱的邊緣，作為時間刻度，如下左圖所示。

⑤ 選取指針後點擊【Hierarchy（階層面板）】→【Pivot（軸心）】→【Affect Pivot Only（只影響軸心）】來改變軸心位置。

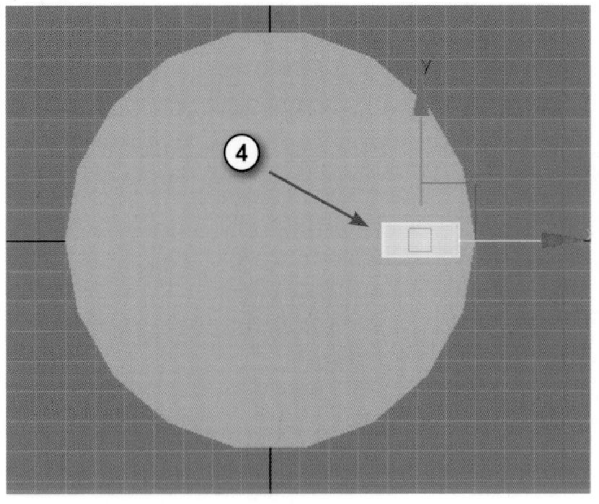

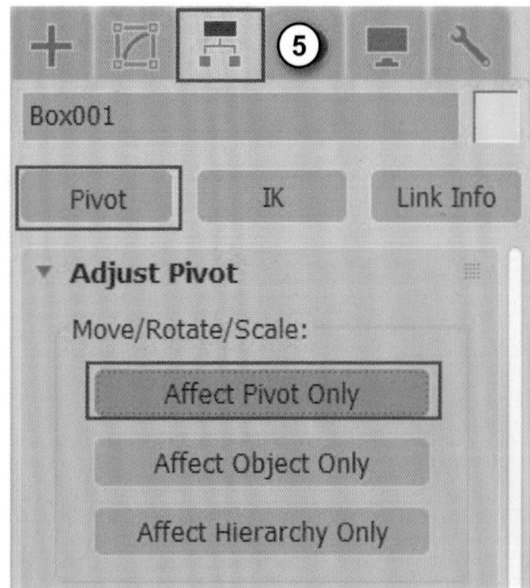

⑥ 在下方的 X 軸座標 ⬍ 圖示上點擊滑鼠右鍵，將 X 座標歸零，使指針軸心移動到原點，如下圖。

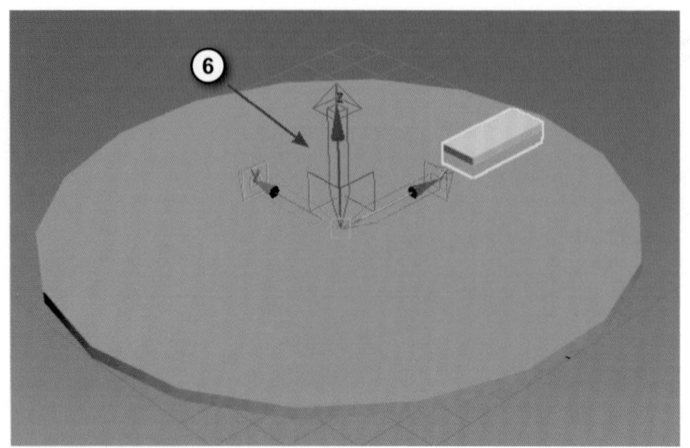

TIPS

若要將軸心更改回物件的中心點，就點擊【Center to Object】。軸心重置則點擊【Reset Pivot】。

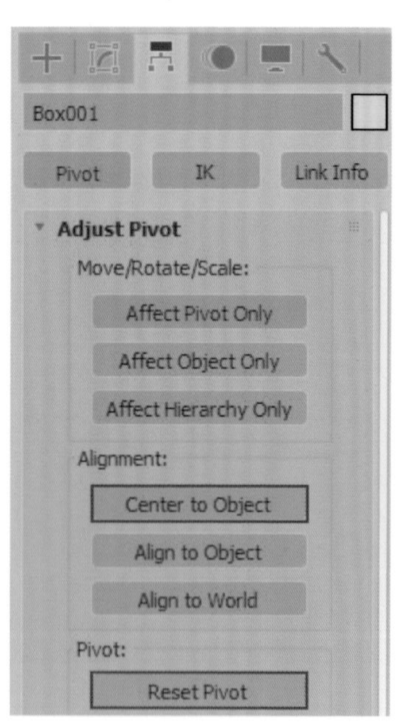

⑦ 設定完成後再點擊【Affect Pivot Only】來結束軸心編輯。

⑧ 在主工具列【Angle Snap Toggle（角度鎖點）】點擊滑鼠右鍵，開啟設定視窗。

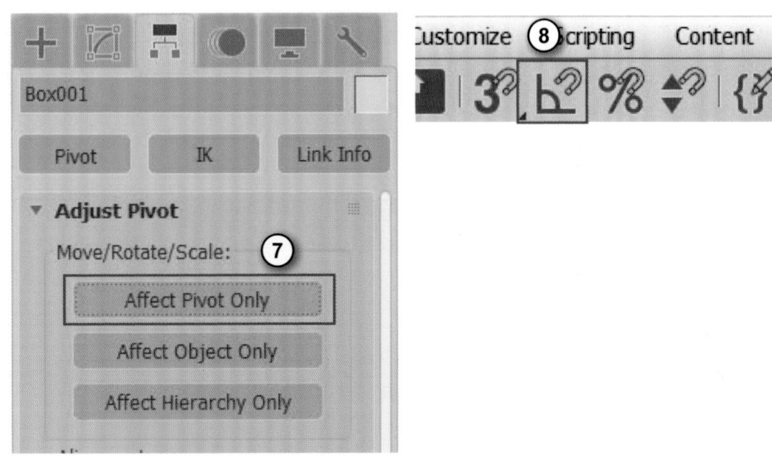

⑨ 在【Angle（角度）】欄位內輸入「30」，輸入完畢後關閉視窗。

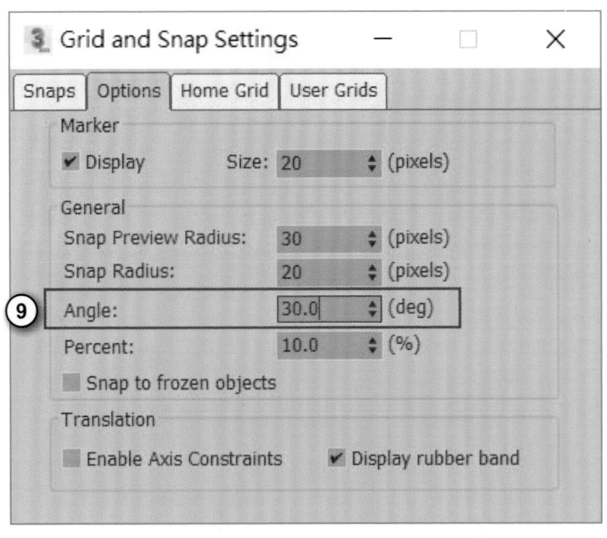

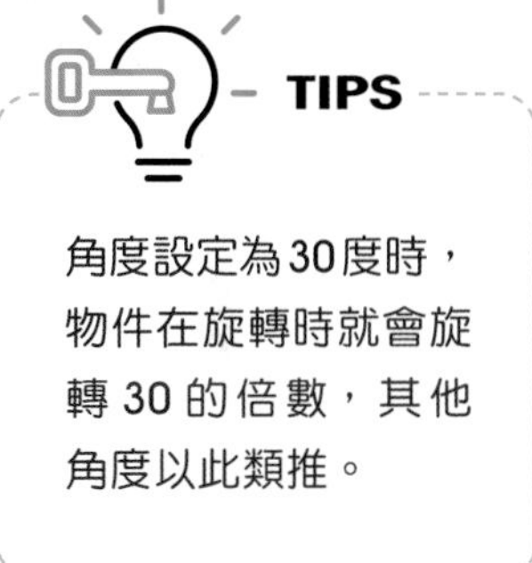

角度設定為30度時，物件在旋轉時就會旋轉 30 的倍數，其他角度以此類推。

⑩ 在主工具列按下【Angle Snap Toggle（角度鎖點）】，開啟角度鎖點。

⑪ 選取指針，按下「E」鍵切換旋轉座標，再按住「Shift」鍵將指針做旋轉複製到 30 度的位置。

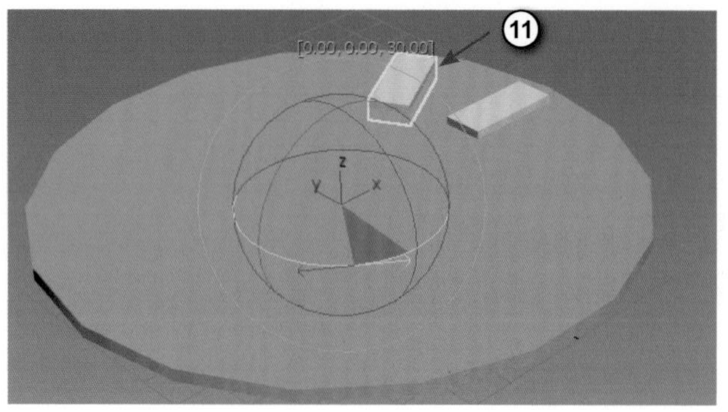

⑫ 此時會出現複製選項視窗，複製模式選擇「Instance（分身）」，設定複製的數量為「11」。

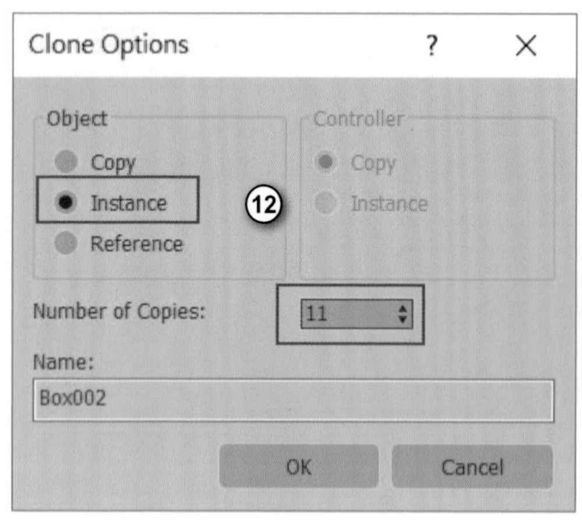

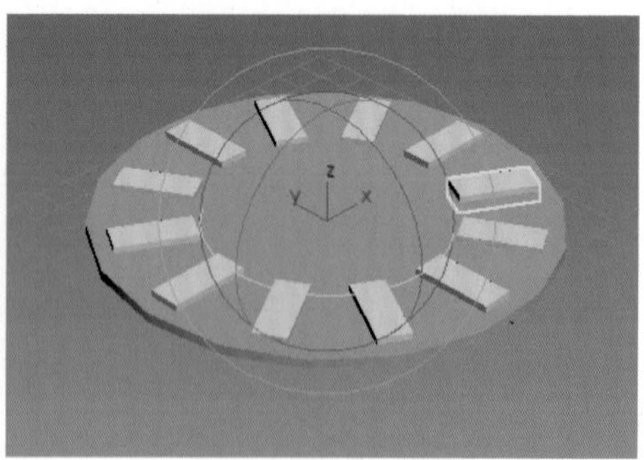

⑬ 選取所有指針，點擊【Hierarchy（階層面板）】→【Pivot】→先按【Affect Pivot Only】控制軸心，再按【Center to Object】將所有指針軸心更改回物件軸心，再按【Affect Pivot Only】離開軸心控制。

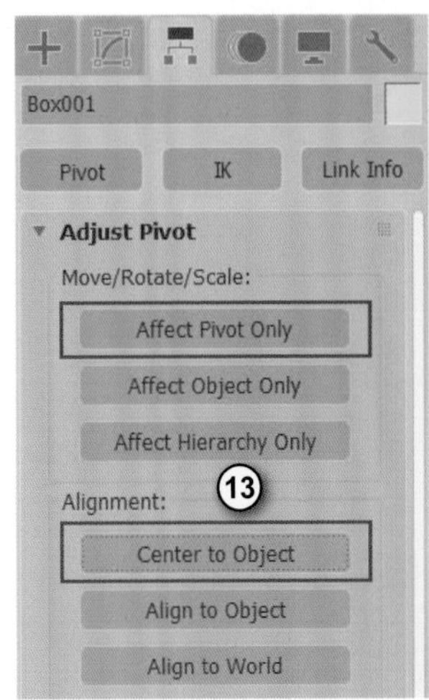

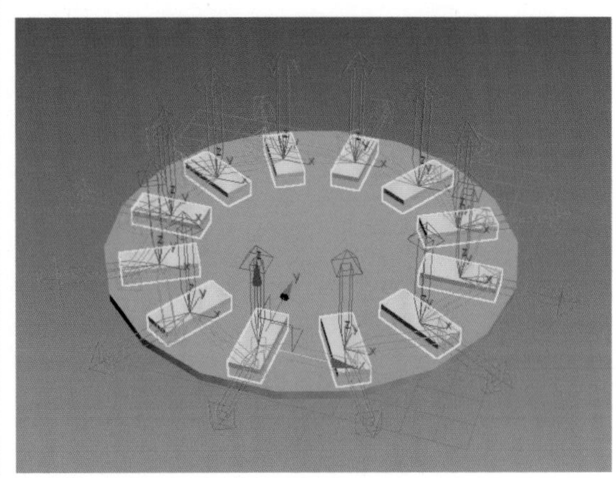

⑭ 選取 12 點方向的時間刻度，並按下「W」鍵切換為移動座標，以 Copy 方式複製一個做為分針。(因長針大小需另外調整，所以用 Copy 方式複製，方能個別調整大小。)

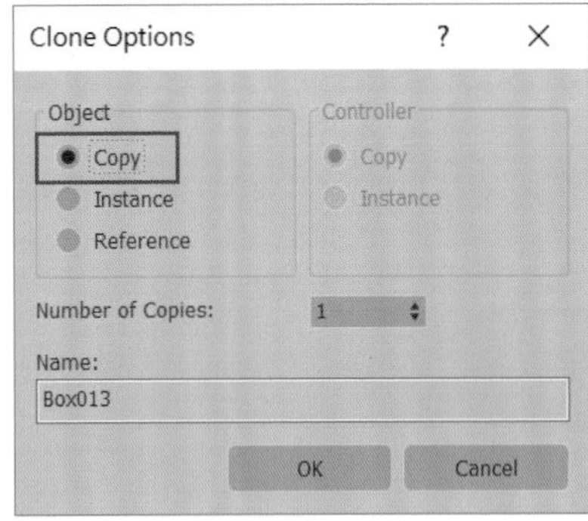

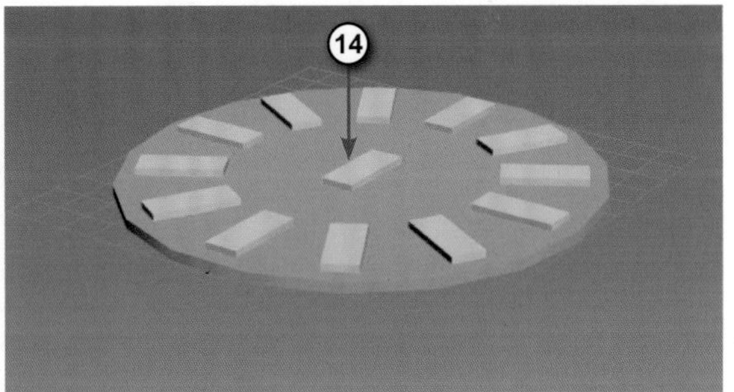

⑮ 切換至「上視圖」將分針移至適當位置，並按下「R」鍵切換比例座標，調整分針大小，如下圖所示。

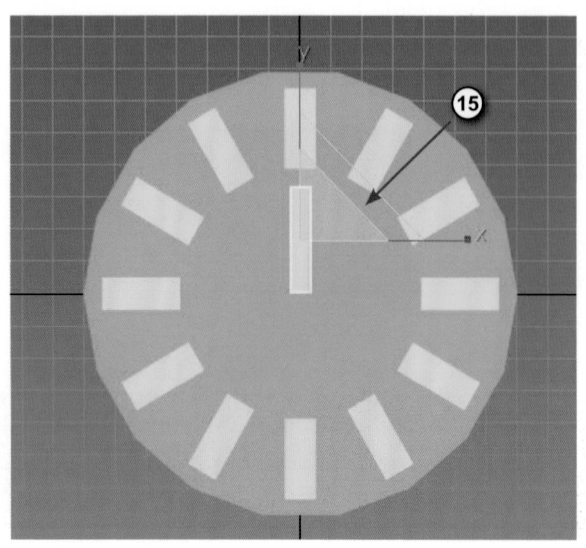

⑯ 按下「E」鍵切換旋轉座標，按住「Shift」鍵旋轉複製出時針，並移動到適當位置，完成圖如下所示。指針長度可在【Modify（修改面板）】修改 Width 數值。

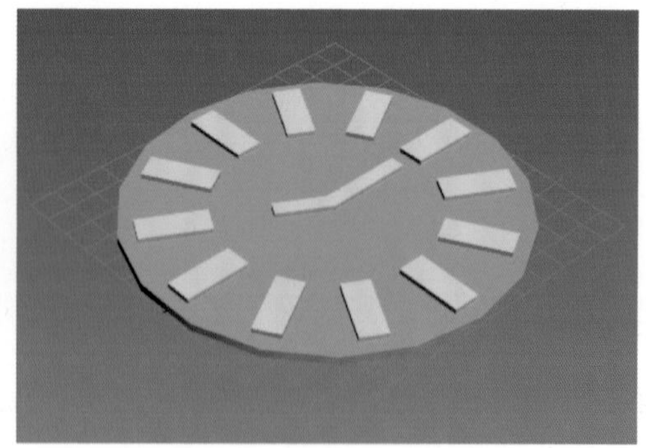

2-2 常用修改器介紹

Extrude（擠出）與 Shell（殼）

❶ 點擊【Create（創建面板）】→【Shape（形狀）】→【Line（線）】來繪製草圖。切換至上視圖，繪製一個封閉的形狀。

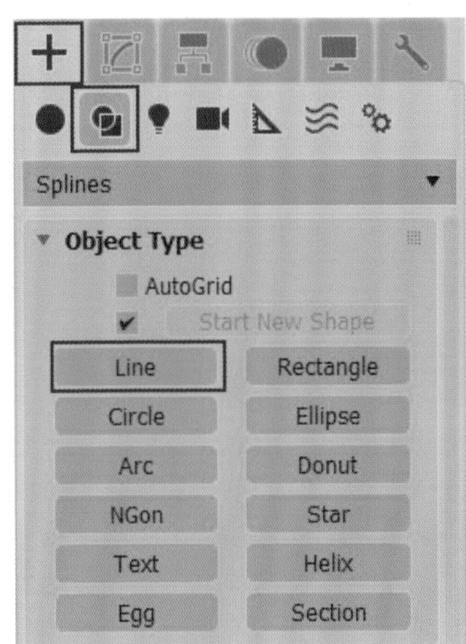

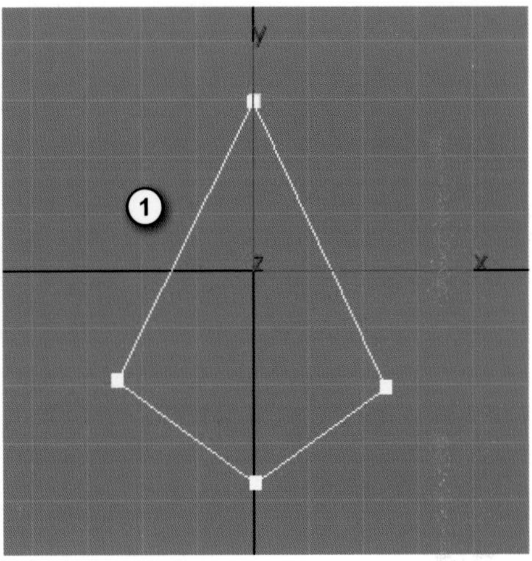

TIPS

繪製時按住「Shift」鍵可描繪出水平或垂直的線條。

TIPS

點擊【Line】指令後，創建面板的【Initial Type（初始類型）】為【Corner（角點）】，點擊滑鼠左鍵可以畫直線；【Drag Type（拖曳類型）】為【Bezier（貝茲點）】，按住滑鼠左鍵拖曳可以畫曲線。若沒有要封閉線段，按滑鼠右鍵可以結束線段，再按一次右鍵結束畫線指令。

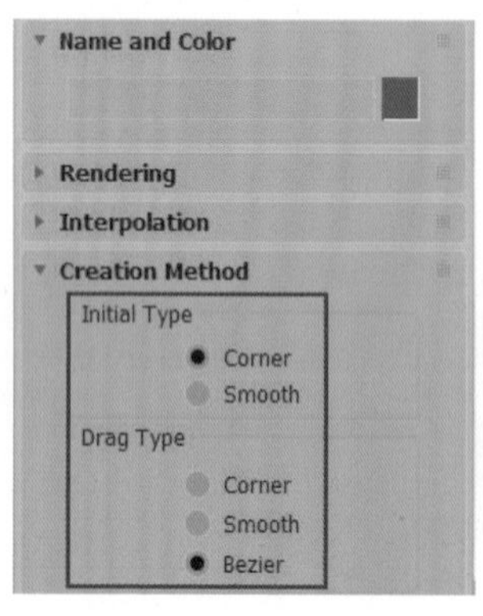

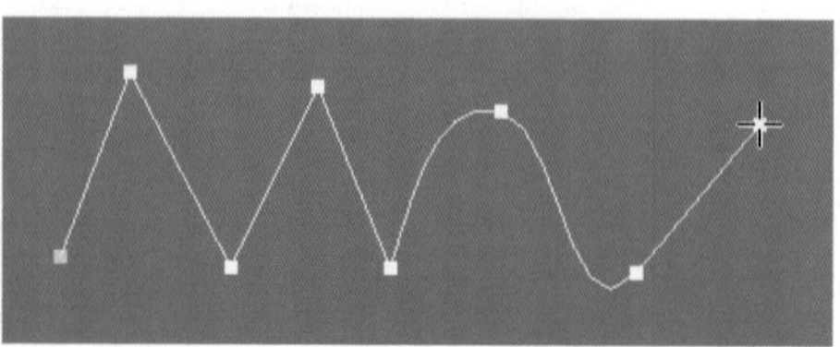

❷ 繪製封閉線段會出現一視窗，詢問是否將線段封閉，選「是」。

❸ 切換至【Modify（修改面板）】，點擊【 】進入【Vertex（點層級）】，來進行點的編輯。

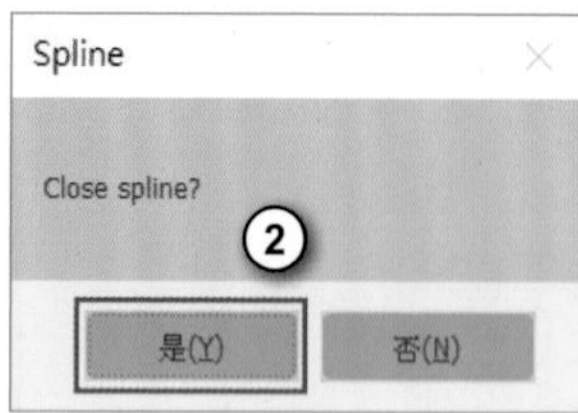

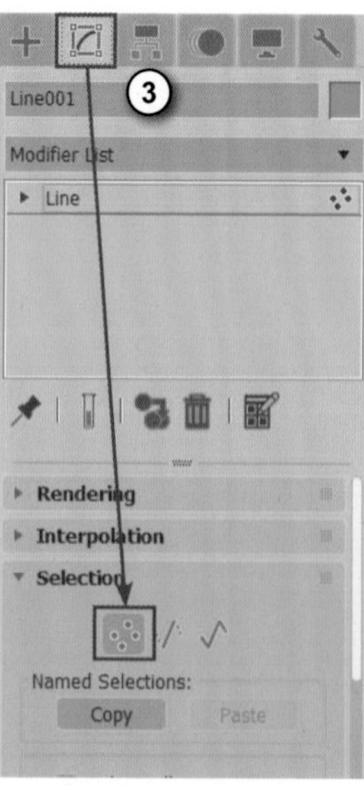

④ 選取所有的點，選取到的點會變成紅色。

⑤ 按下滑鼠右鍵，點擊【Smooth】，將所有的點轉成平滑點。

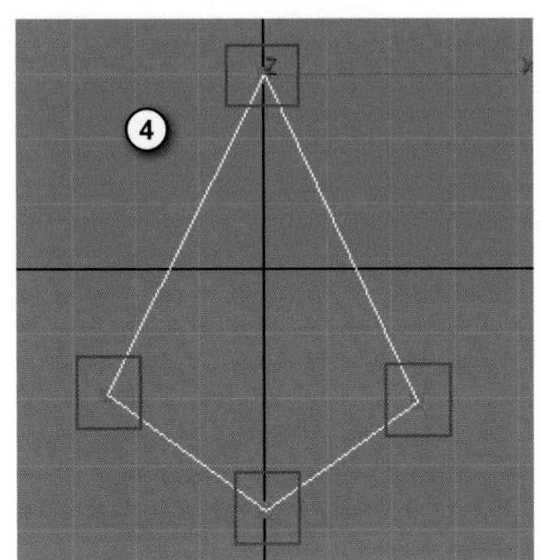

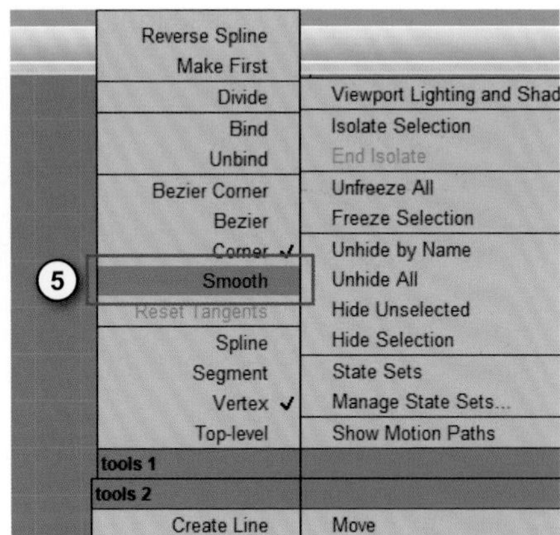

⑥ 轉換完成後可選取單一個點，來移動微調，調整完畢後再回到修改面板點擊【 Vertex（點層級）】結束編輯。

⑦ 點擊【Modify（修改面板）】→【Modifier List】的下拉式選單→加入【Extrude（擠出）】修改器，可將 2D 形狀往垂直方向長出為 3D 模型。

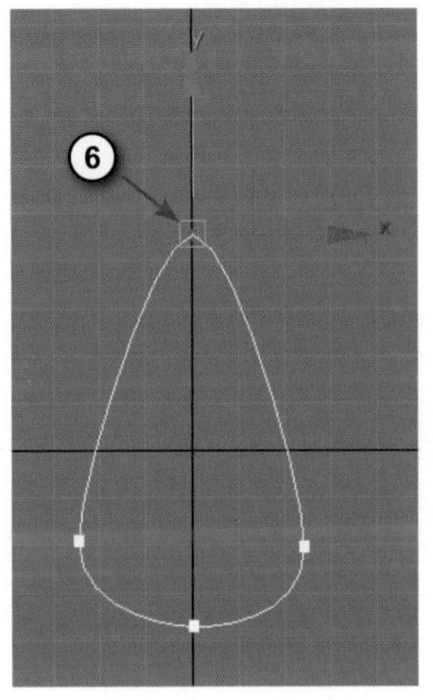

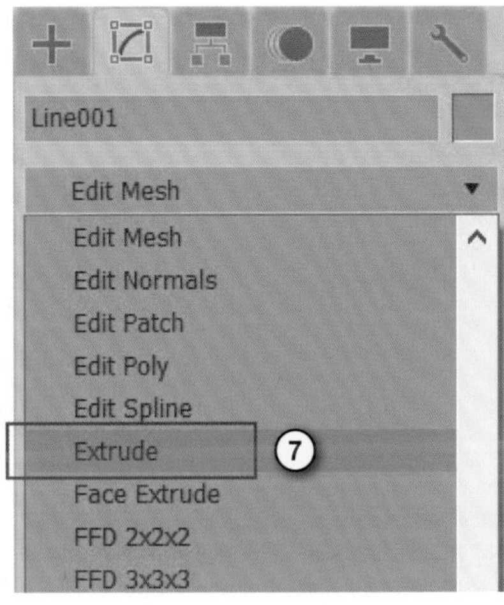

⑧ 在【Amount（高度）】輸入「5」，設定擠出高度，按下「F4」顯示線框，【Segments（擠出段數）】設定「3」，完成如右圖所示。

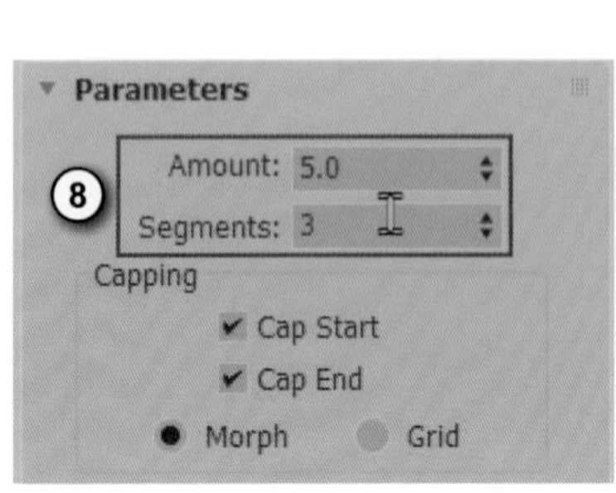

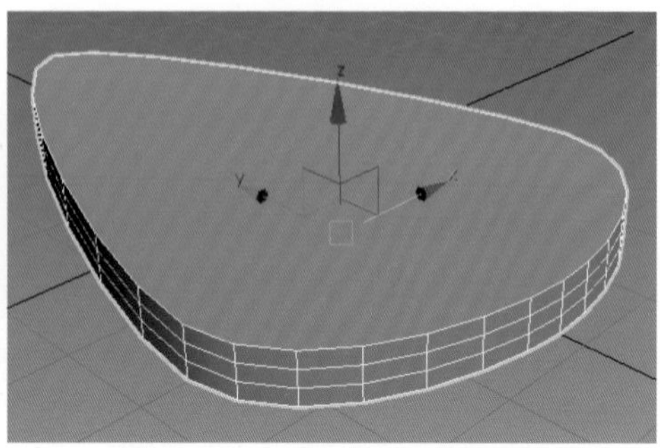

⑨ 勾選【Cap Start】，顯示擠出開始的面；取消勾選【Cap End】，擠出末端的面會消失。

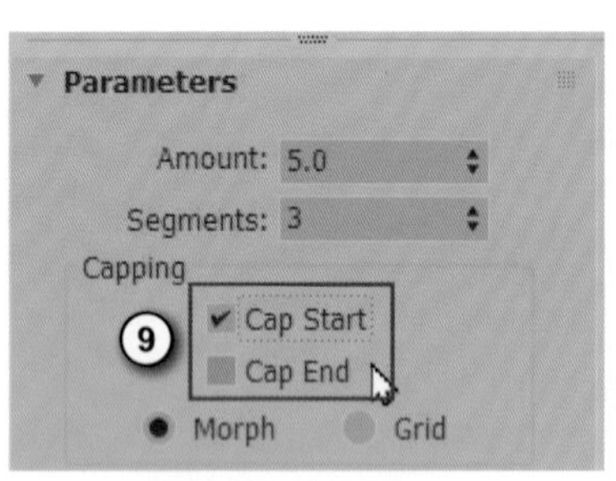

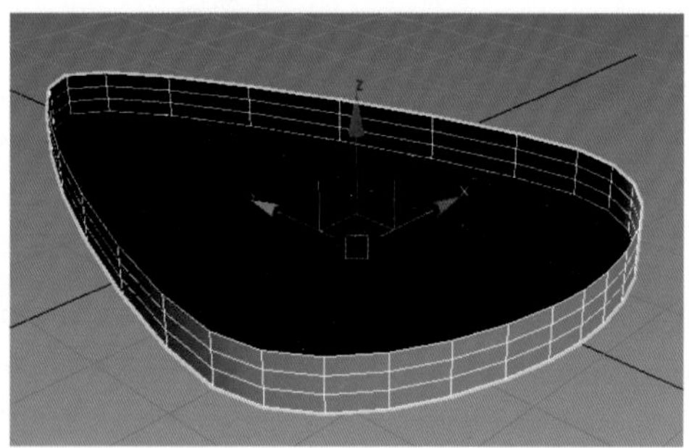

⑩ 點擊【Modifier List】下拉選單→加入【Shell（殼）】修改器。

⑪【Inner Amount（內側厚度）】輸入「1」，【Outer Amount（外側厚度）】輸入「0」。

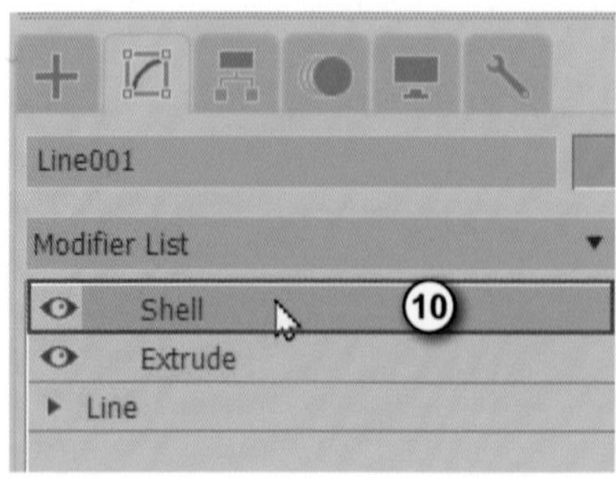

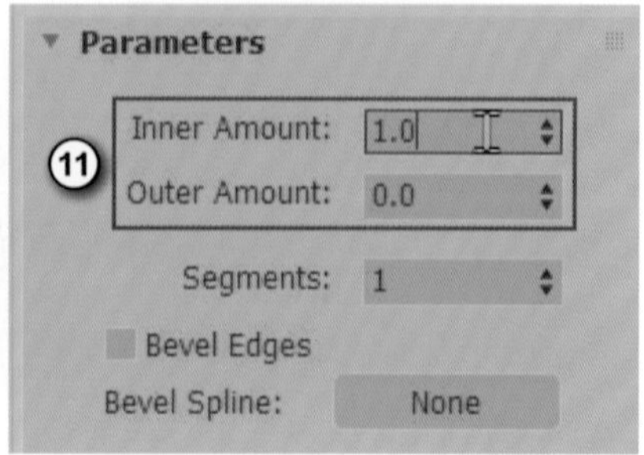

⑫ 完成如下圖。

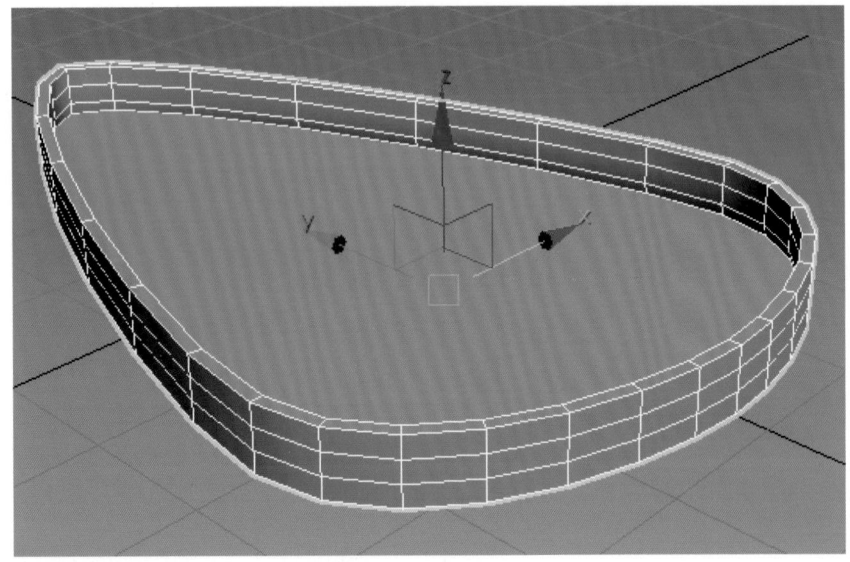

修改器的管理

① 延續上一個檔案，或開啟光碟範例檔〈修改器的管理 .max〉。

② 關閉 Shell 修改器左邊的眼睛，可以關閉修改器效果。

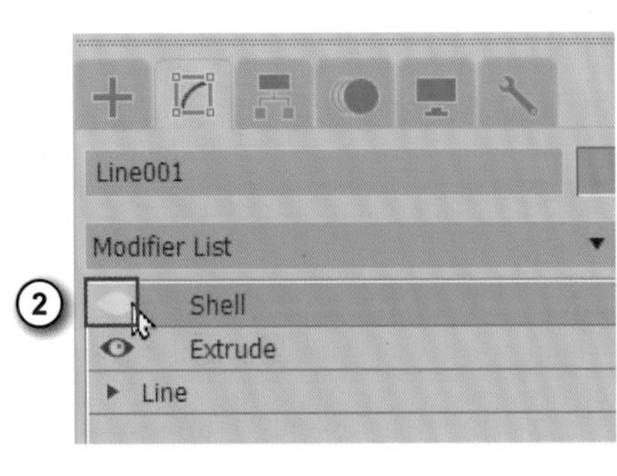

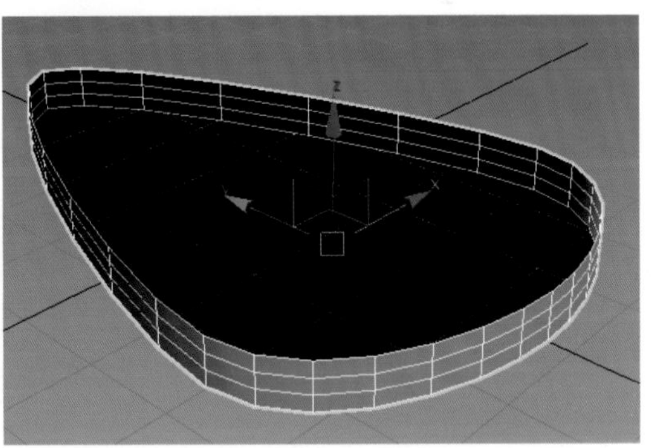

③ 開啟 Shell 修改器左邊的眼睛。修改是照順序往上累加的，選取最下方的 Line，可以回去修改線段，但模型也會回到線的狀態。

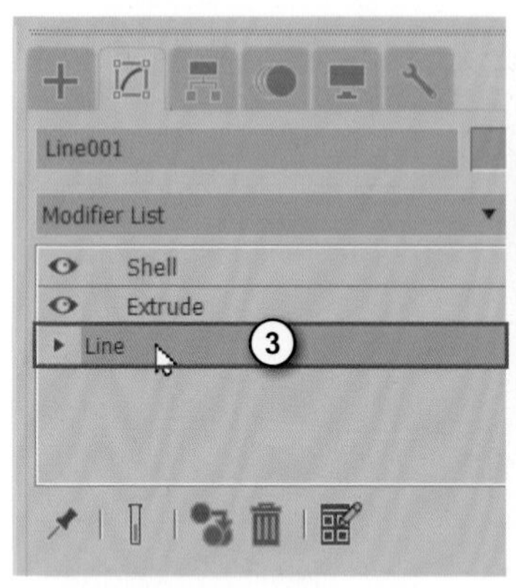

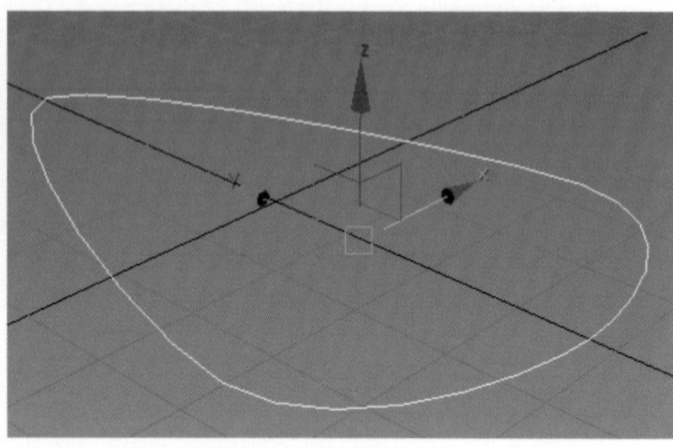

④ 開啟【 】可以顯示加上所有修改器的最終效果。

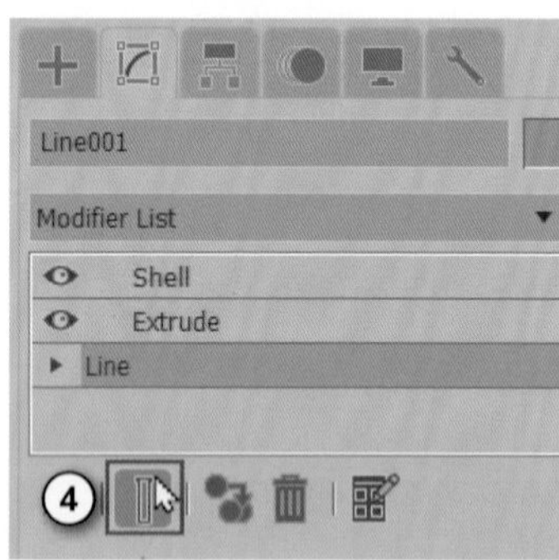

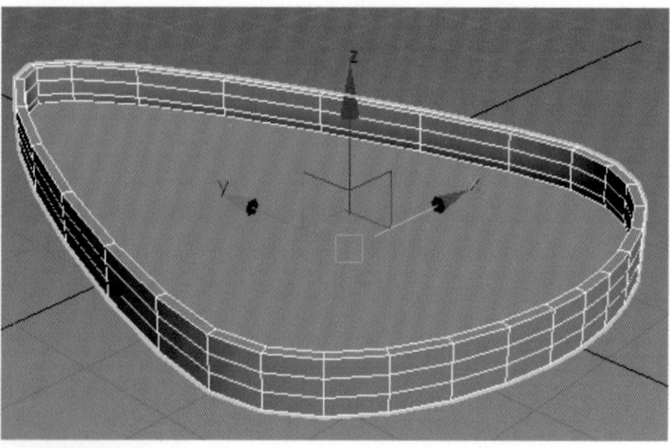

⑤ 以滑鼠左鍵拖曳 Shell 到 Extrude 下方，可以改變修改器順序，結果也會不同。

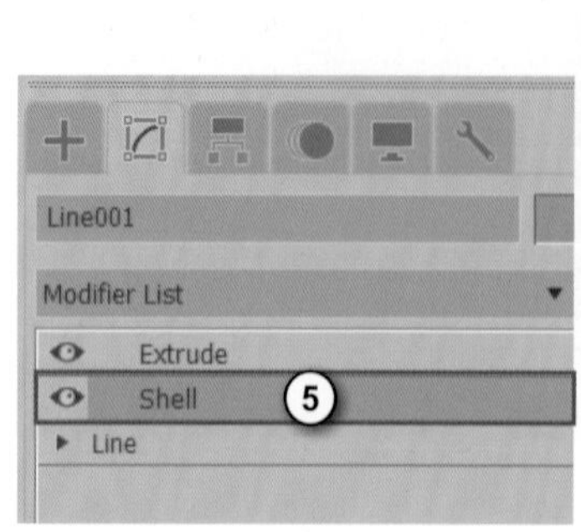

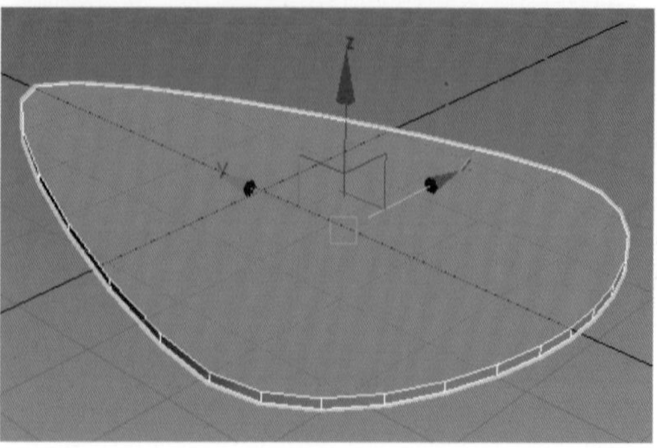

⑥ 選取 Shell 修改器（顯示藍色表示已選取），按下【 🗑 】可以刪除修改器。

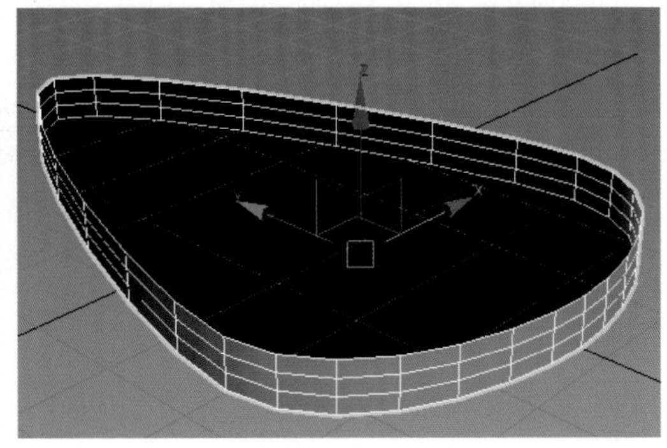

MeshSmooth（網格平滑）

開啟〈MeshSmooth.max〉範例檔。

正式操作

① 檔案內有一組方塊組成的簡易沙發。

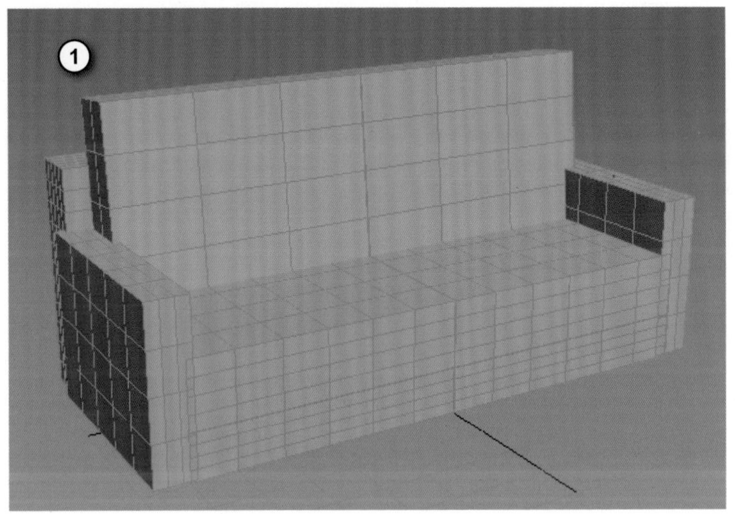

❷ 框選所有方塊後，在【Modify（修改面板）】→【Modifier List（修改器清單）】的下拉式選單→加入【MeshSmooth（網格平滑）】修改器，出現右邊視窗是因為選取物件中有 Reference（參照）複製的物件，按下【確定】即可。

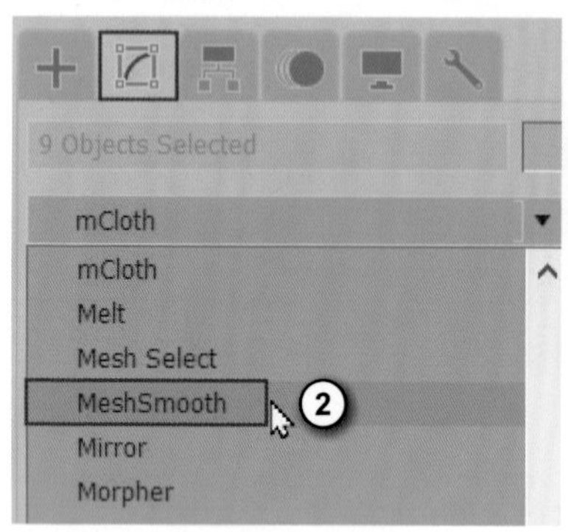

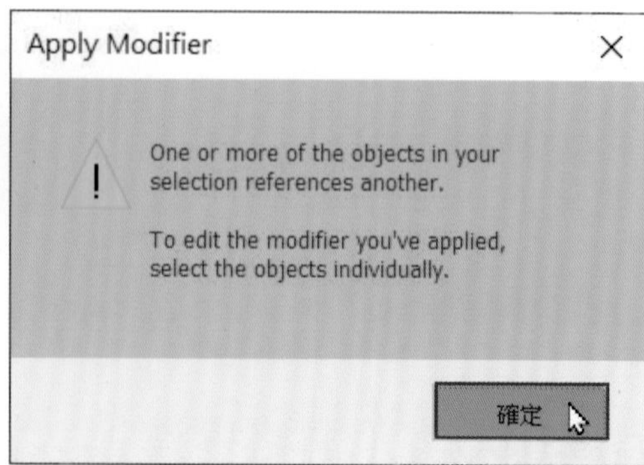

❸ 修改面板中，【Subdivision Amount（細分數值）】→【Iterations】的數值越大越平滑，但在複雜的模型中，數值大於 2 時很有可能會當機。

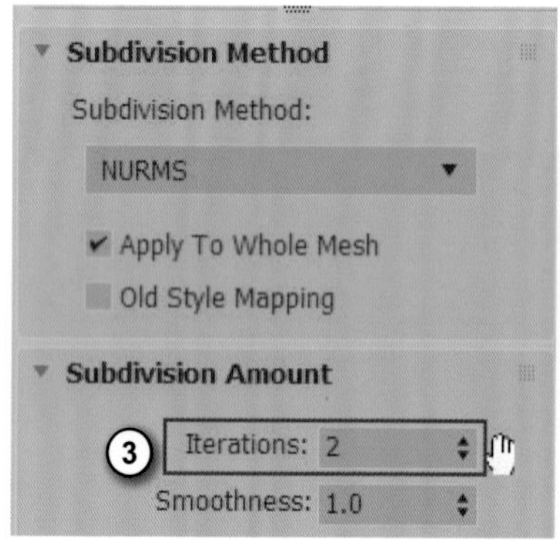

④ 選取左側方塊，在修改面板中選取 Box，可以回去修改方塊數值，Segs（Segments 段數）越高，沙發邊角越明顯，反之則沙發越柔軟。

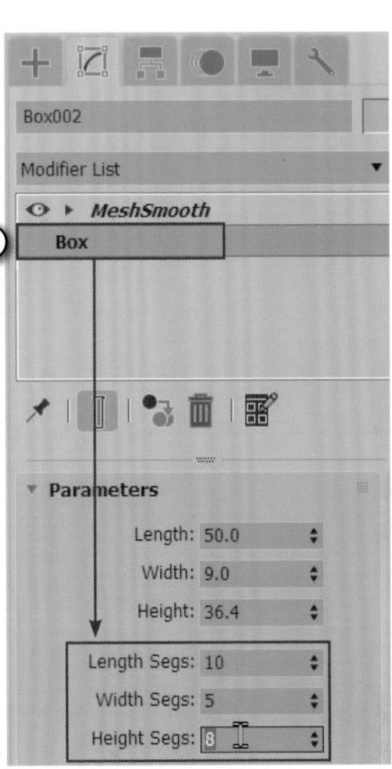

⑤ 完成圖。

FFD（自由變形）

❶ 點擊【Create（創建面板）】→【Geometry（幾何物件）】→下拉式選單選擇【Extended Primitives（延伸物件）】→【ChamferBox（倒角方塊）】來繪製一圓角方塊。

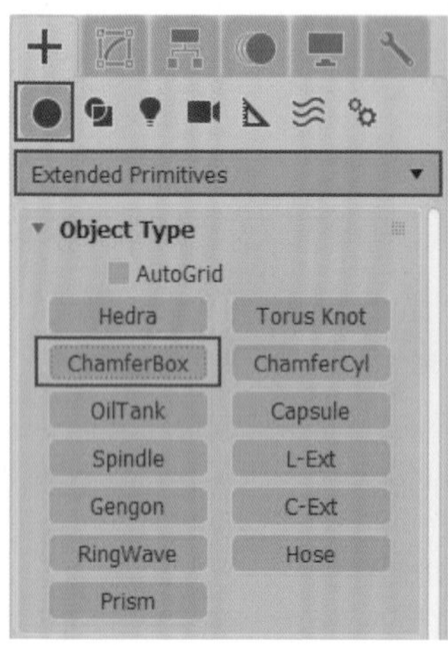

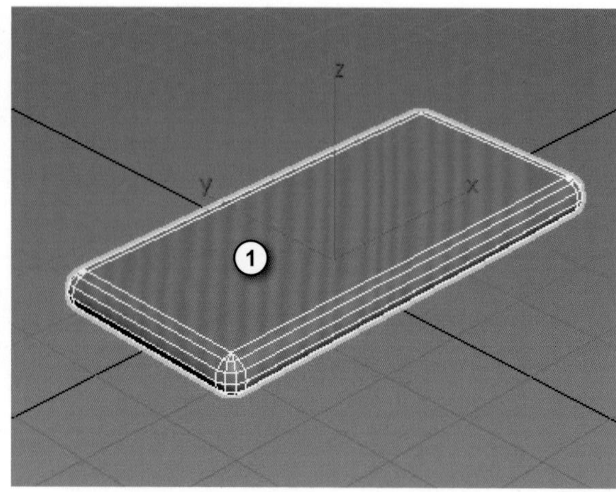

❷ 在【Parameters（參數）】→【Length Segs（長度分段數）】、【Width Segs（寬度分段數）】輸入「3」來增加分段數。

❸ 在【Modify（修改面板）】→【Modifier List】下拉式選單→加入【FFD 4x4x4（自由變形）】修改器，4x4x4 表示三個方向各有四排控制點。

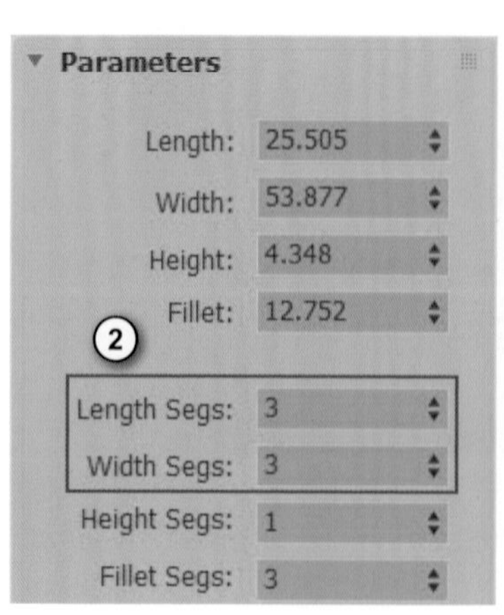

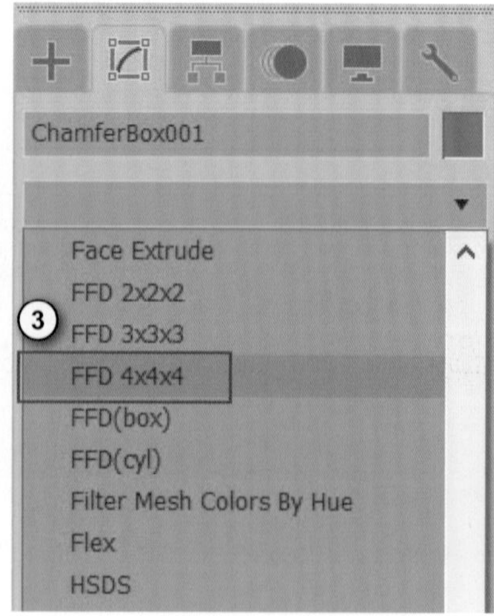

④ 按下「T」鍵切換至上視圖，將【FFD】修改器左側小箭頭打開，點擊進入【Control Points（控制點模式）】層級進行編輯。

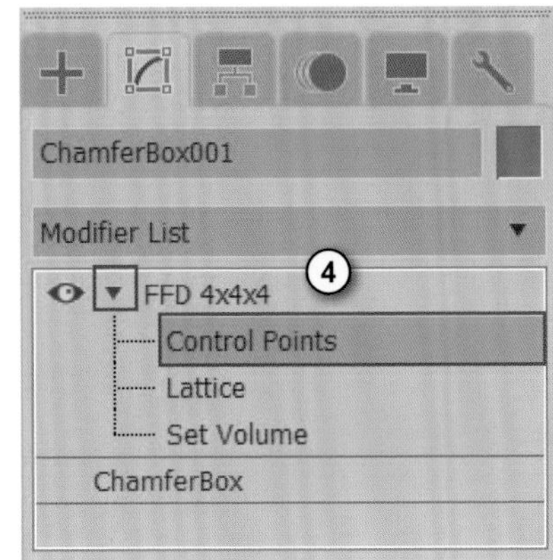

TIPS

點擊【Control Point（控制點模式）】，使底色顯示藍色時，表示已經進入子層級中，可以控制點。再次點擊【Control Points（控制點模式）】，使底色顯示灰色，表示已經離開子層級，可以移動整個物件。

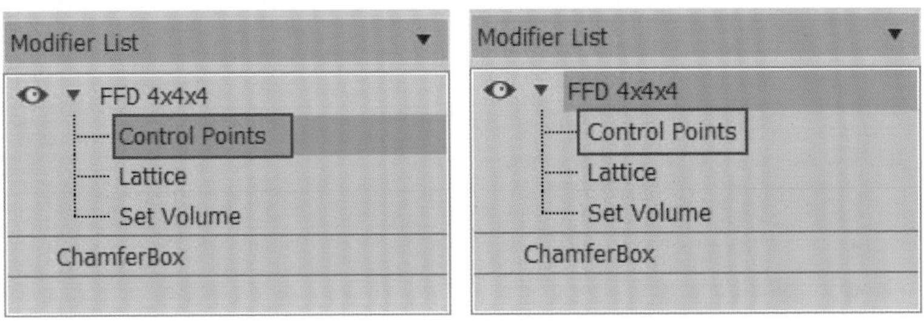

子層級中　　　　離開子層級

⑤ 將中間的八個點框選起來，如下圖所示。

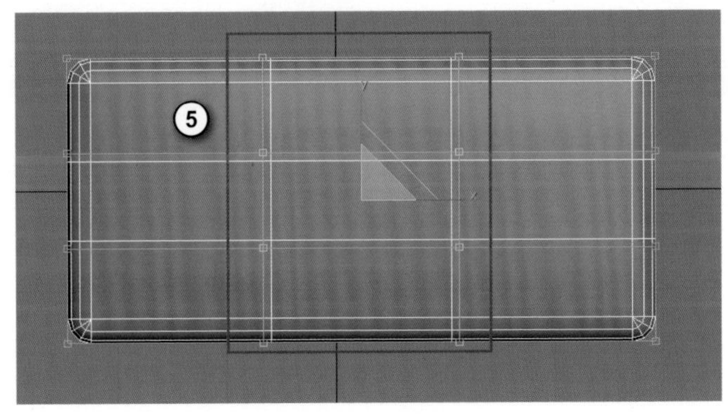

若未進入【Control Point（控制點模式）】層級進行編輯，是無法選到任何點的。

⑥ 按「R」鍵切換比例，將選取的點往中間縮小，製造凹陷。

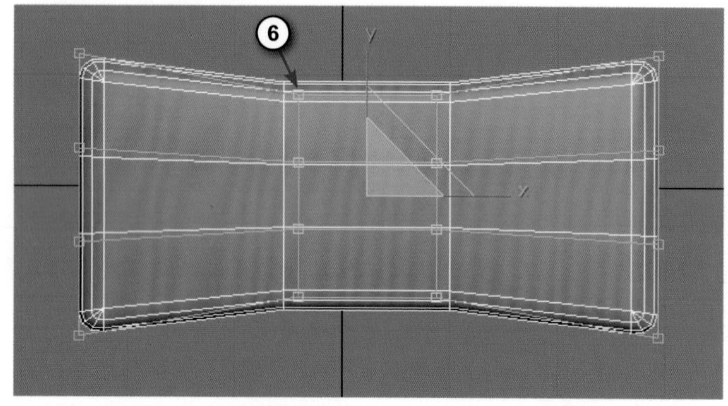

⑦ 選取橫向中間八個點，往中間縮小製造凹陷，如下圖所示。

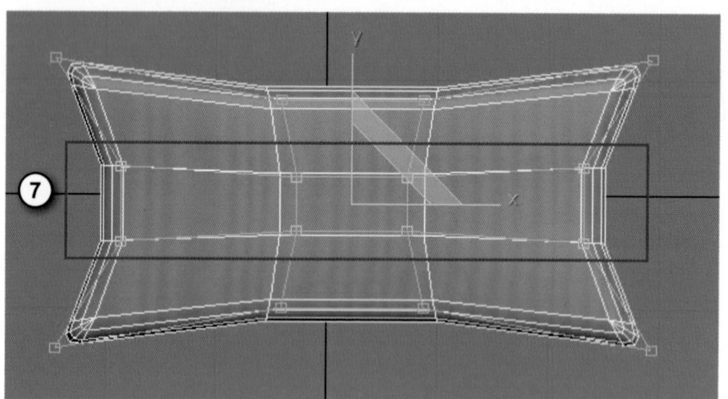

⑧ 框選中間的四個點，如下圖所示。

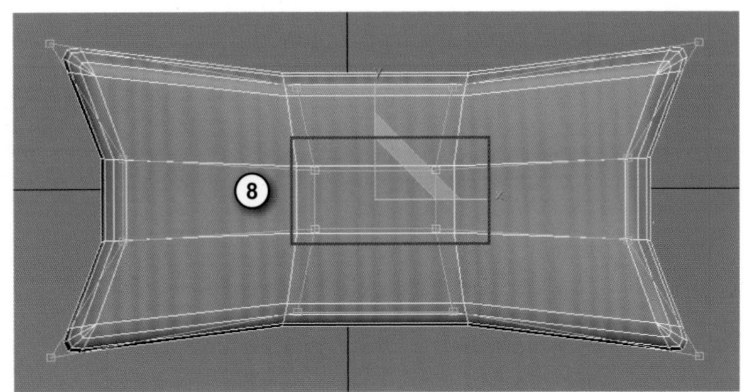

⑨ 先拖曳 XY 軸方向放大，按「P」鍵切換到透視圖來檢視，將點往上（Z 軸方向）放大，製造膨脹感。

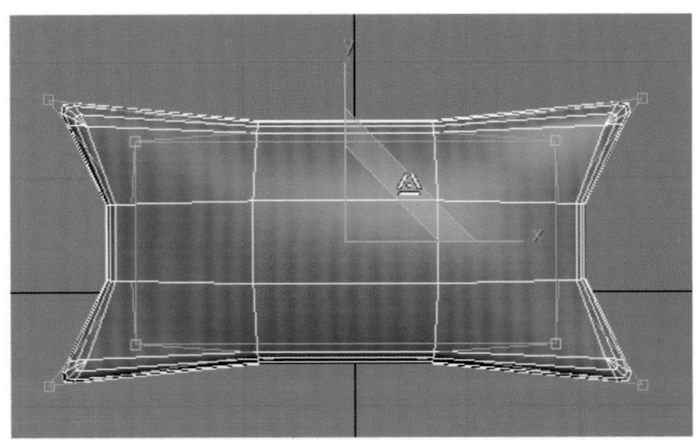

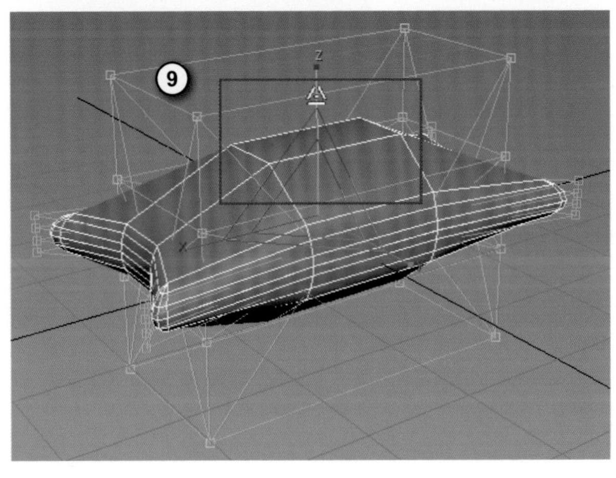

⑩ 點擊【Modify（修改面板）】→【Modifier List】下拉式選單→加入【MeshSmooth（網格平滑）】修改器，可以將物件變得更平滑。

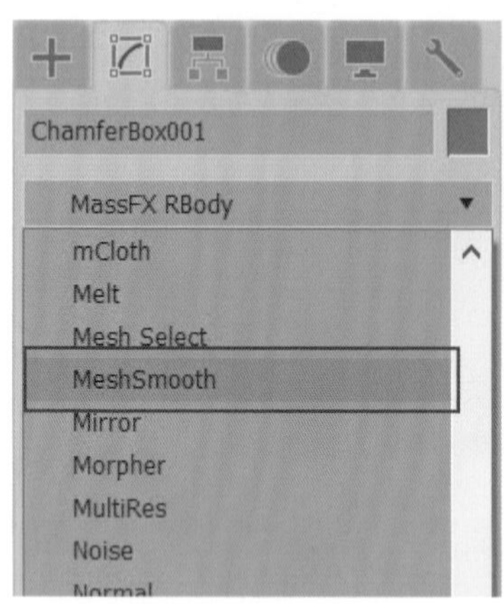

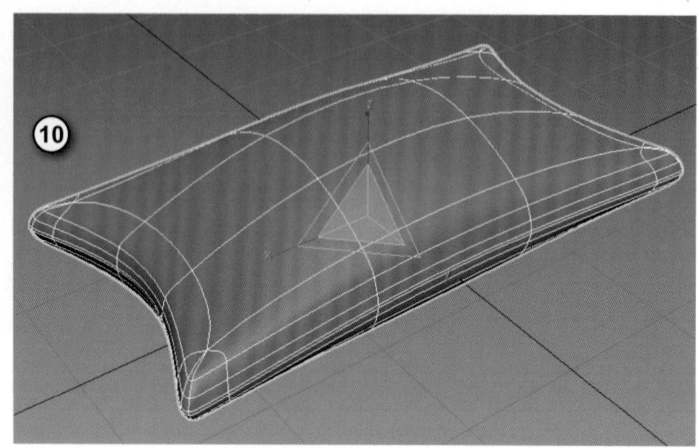

Taper（錐形）

① 點擊【Create（創建面板）】→【Geometry（幾何物件）】→【Standard Primitives（標準物件）】→點擊【Box（方塊）】，繪製一方塊，如下圖，並在【Parameters（參數）】→【Height Segs（高度分段數）】輸入「7」來增加分段數。

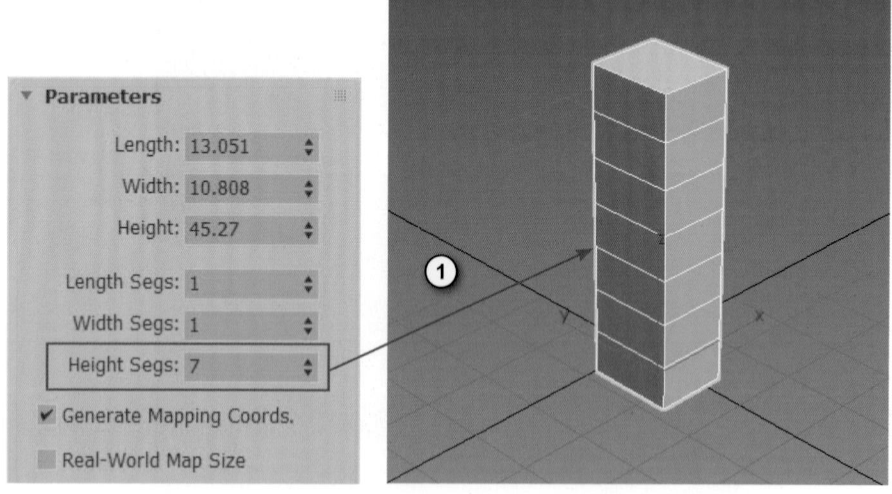

❷ 點擊【Modify（修改面板）】→【Modifier List】下拉式選單→加入【Taper（錐形）】修改器。

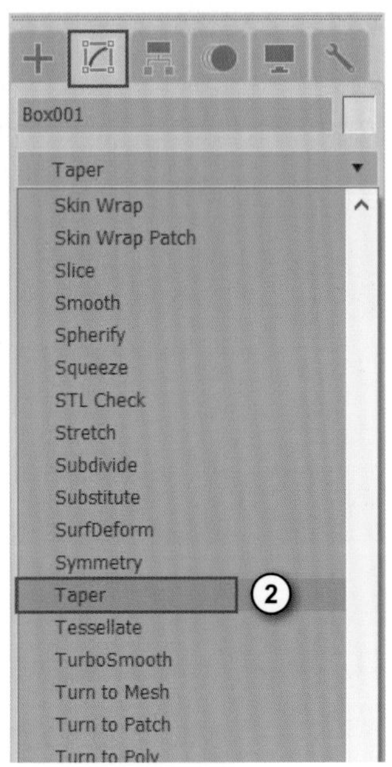

❸ 在【Parameters（參數）】→調整【Amount】的數值，數值往正向，則方塊頂部的面積越大；數值往負向，則方塊頂部的面積越小，如下圖。

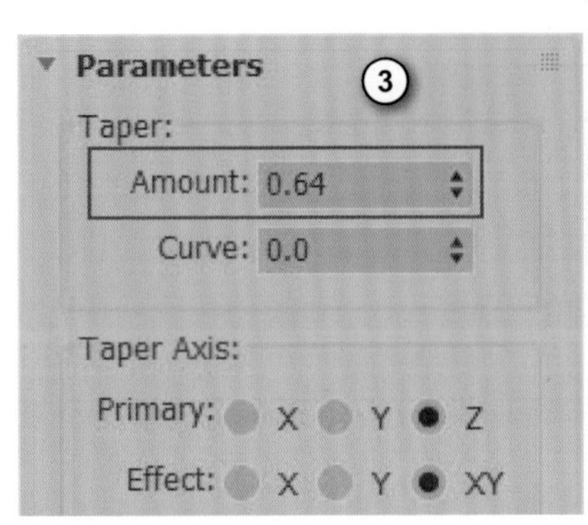

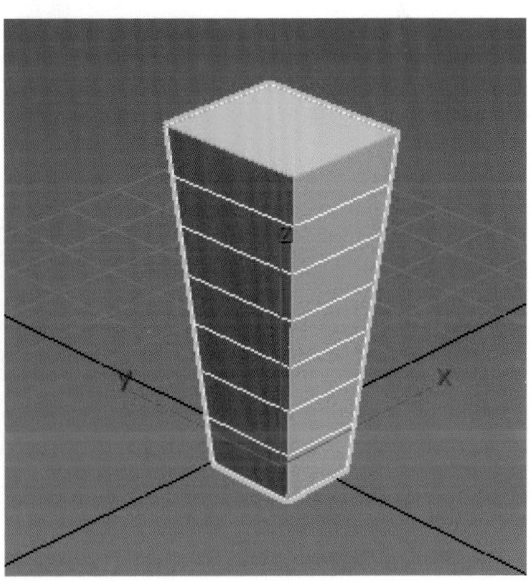

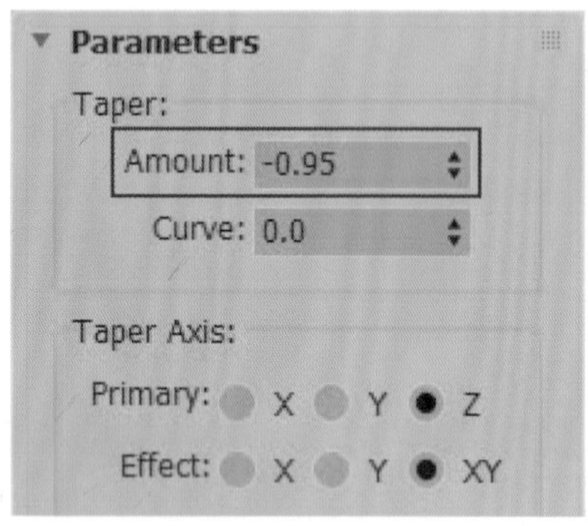

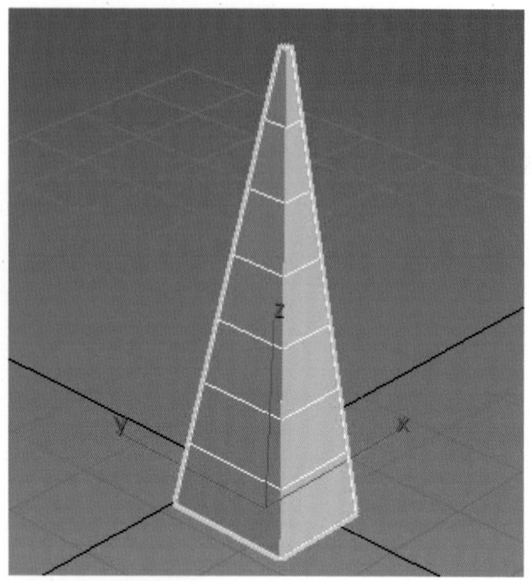

④ 在【Parameters】→調整【Curve（曲線）】的數值，數值往正向，則方塊邊緣為膨脹；數值往負向，則方塊邊緣為凹陷，如右圖。

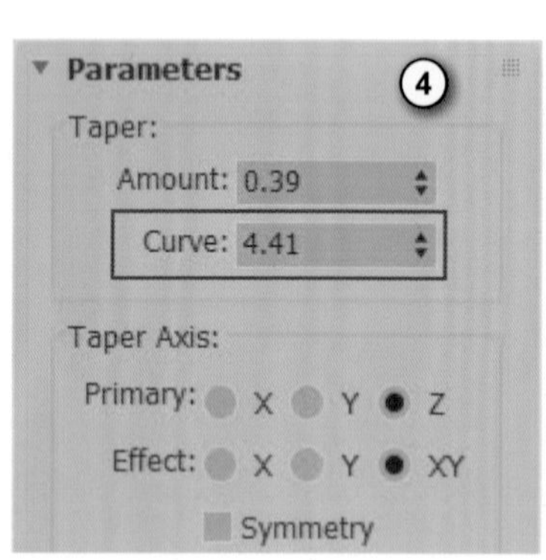

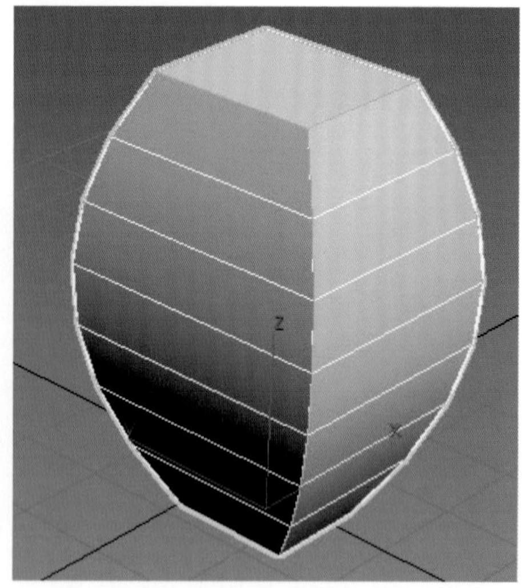

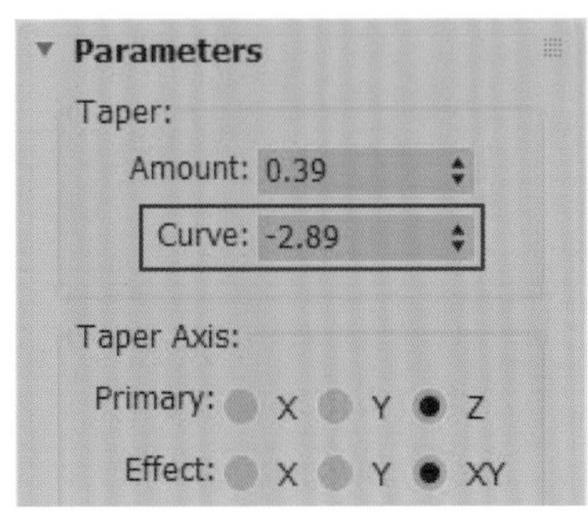

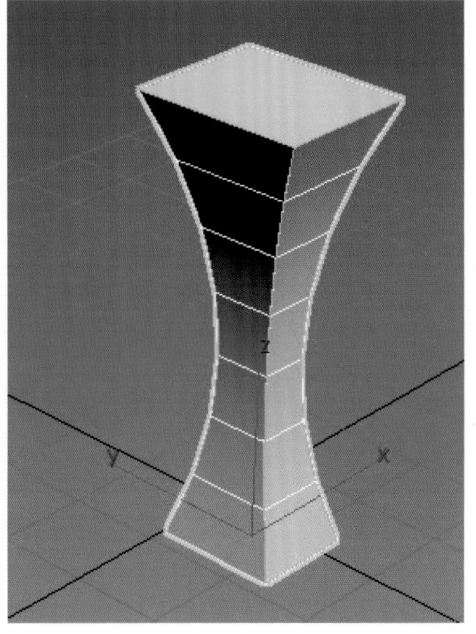

Symmetry（對稱）

① 切換至上視圖，點擊【Create（創建面板）】→【Shape（形狀）】→【Line（線）】來繪製樹的半邊形狀，最後必須點擊起始點，完成封閉造型。

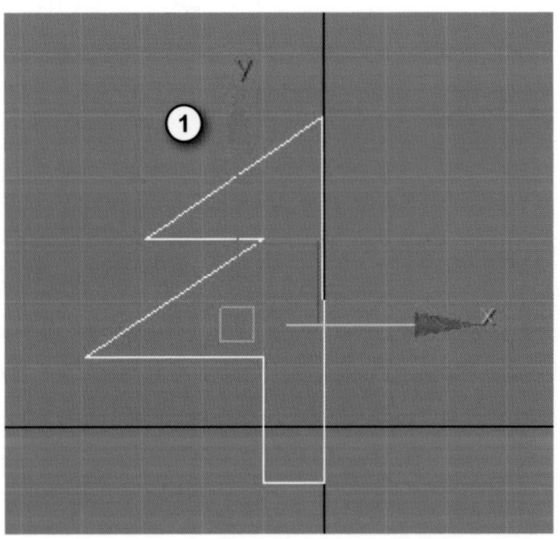

❷ 點擊【Modify（修改面板）】→【Modifier List（修改器清單）】→加入【Extrude（擠出）】修改器。

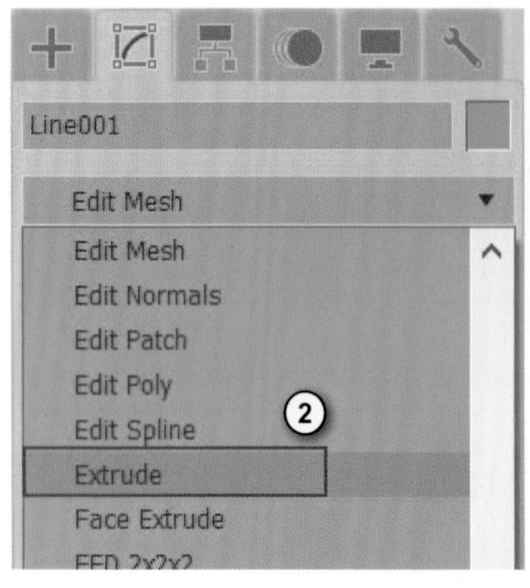

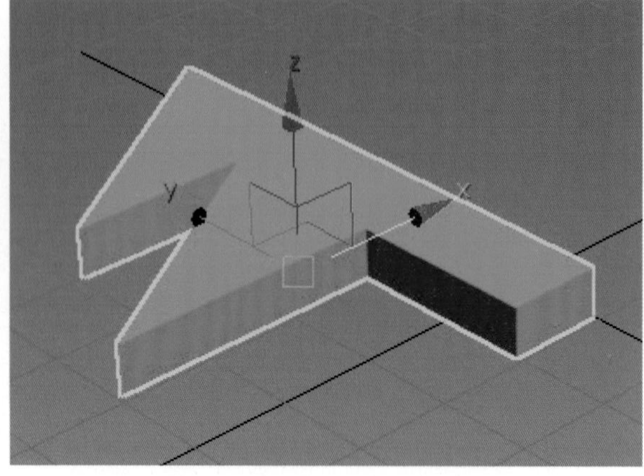

❸ 按下「T」鍵切換至上視圖。

❹ 點擊【Modify（修改面板）】→【Modifier List】→加入【Symmetry（對稱）】修改器。

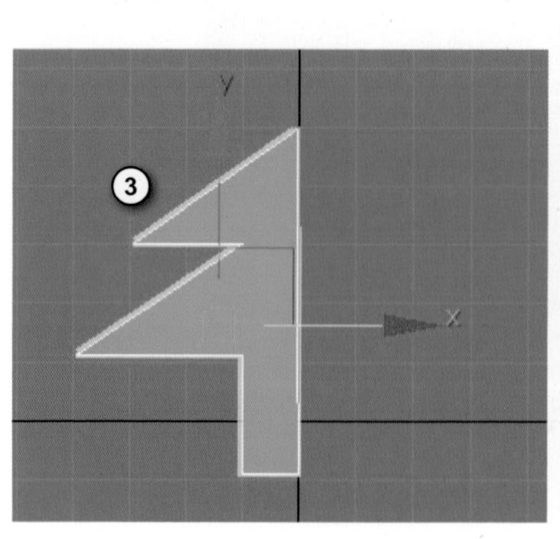

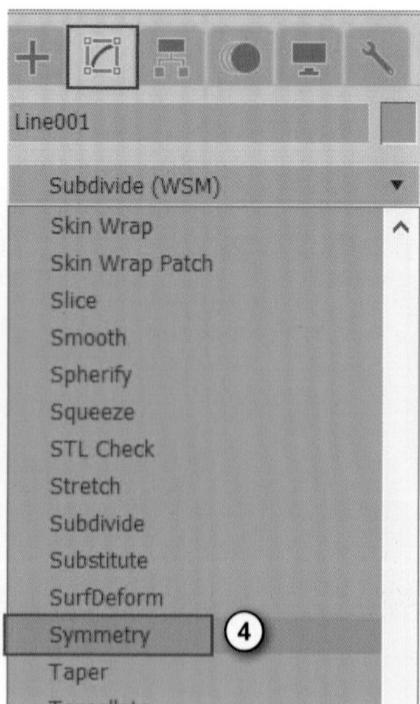

❺ 在【Parameters（參數）】→【Mirror Axis（鏡射軸）】選擇【x 軸】，並將【Flip（反向）】打勾。

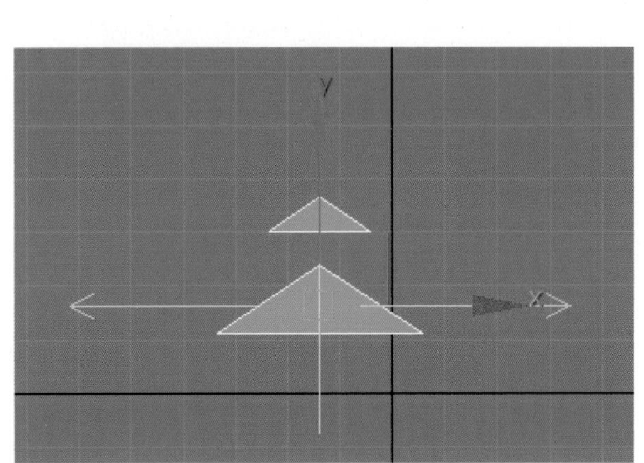

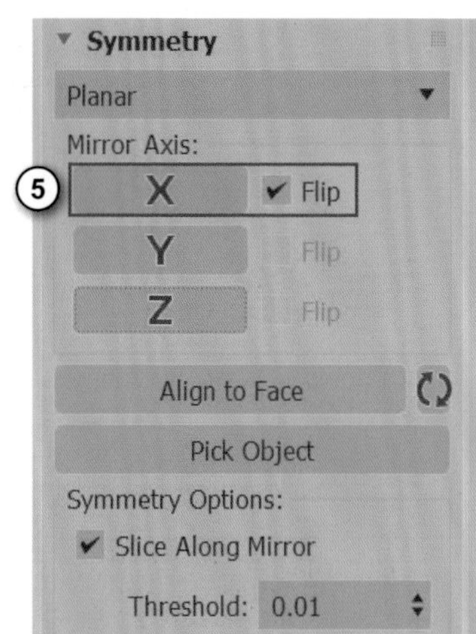

【Mirror Axis（鏡射軸）】中的選項 X、Y、Z 是讓我們選擇要以哪一軸為對稱軸。【Flip】是指反向對稱。

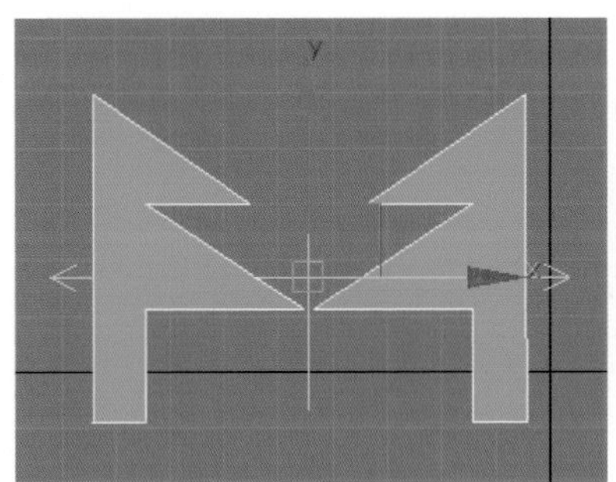

Flip 沒勾

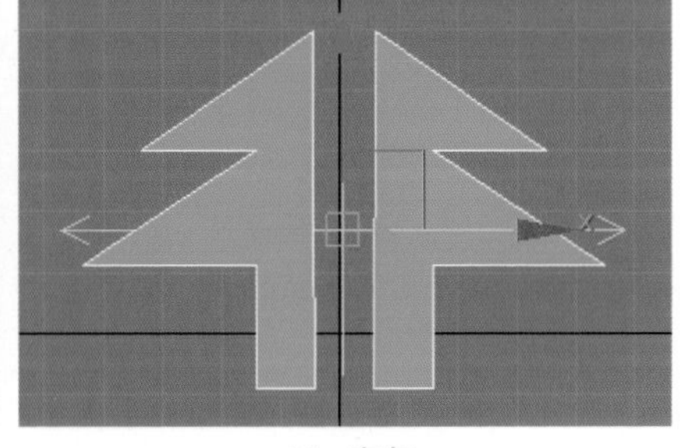

Flip 有勾

⑥ 點擊【Modify（修改面板）】→【Symmetry（對稱）】，進入【Symmetry（對稱）】子層級。

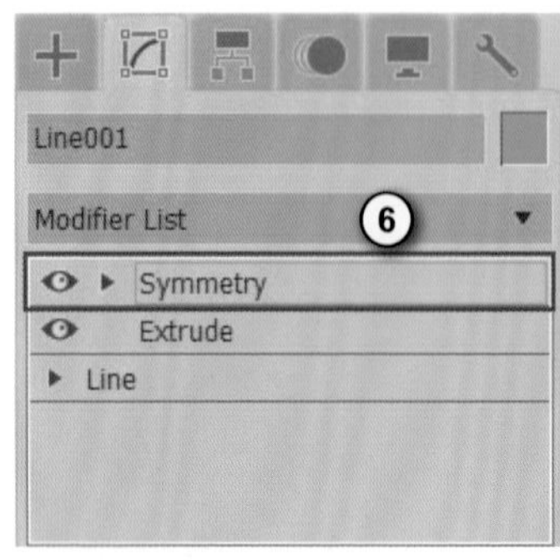

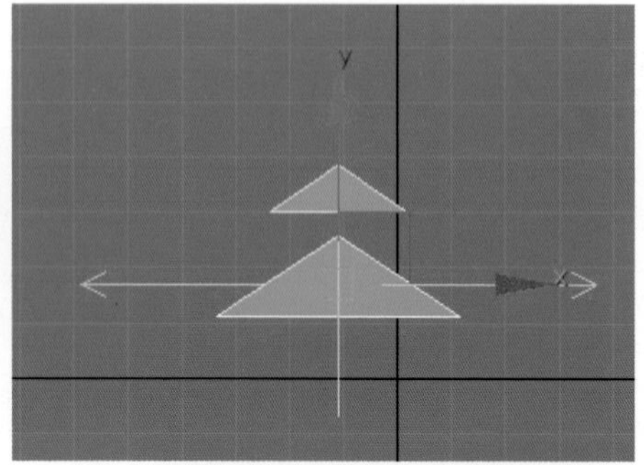

⑦ 按「W」鍵切換移動座標，將對稱軸往右移動到相對的位置，使物件相互對稱，即可完成樹。按下鍵盤的英文字母上方的數字「1」，離開子層級。

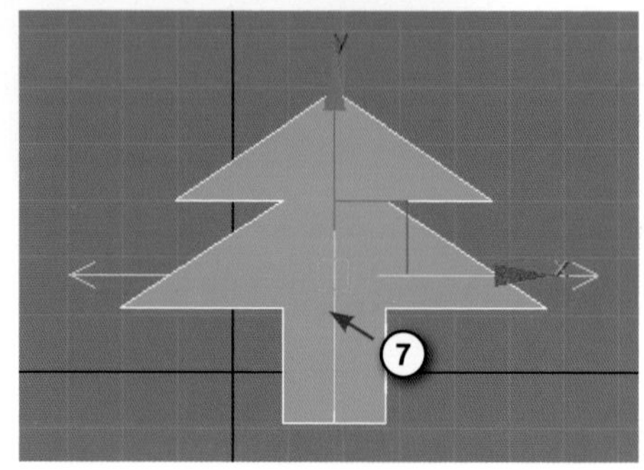

Lathe（車削）

① 在【Create（創建面板）】→【Shape（形狀）】→點擊【Line（線）】來繪製線段。

② 取消勾選【Start New Shape（開始新形狀）】，使之後繪製的線段皆屬於同一個物件。

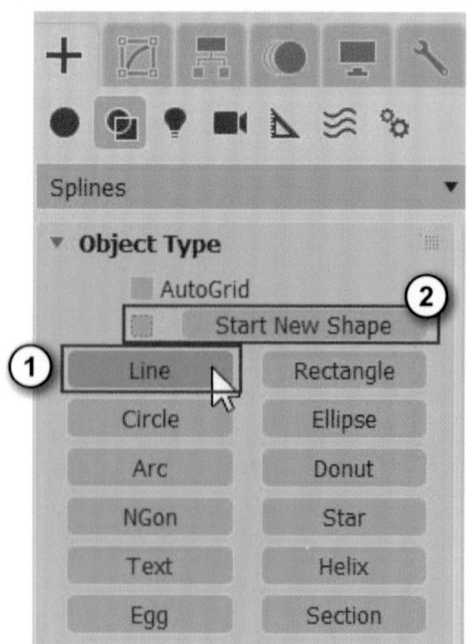

③ 按「F」切換到前視圖，繪製一條斜線作為燈罩，按一下右鍵結束線段。

④ 按住「Shift」鍵，繪製水平與垂直線段完成燈座，按一下右鍵結束線段，再按一下右鍵結束畫線的指令。

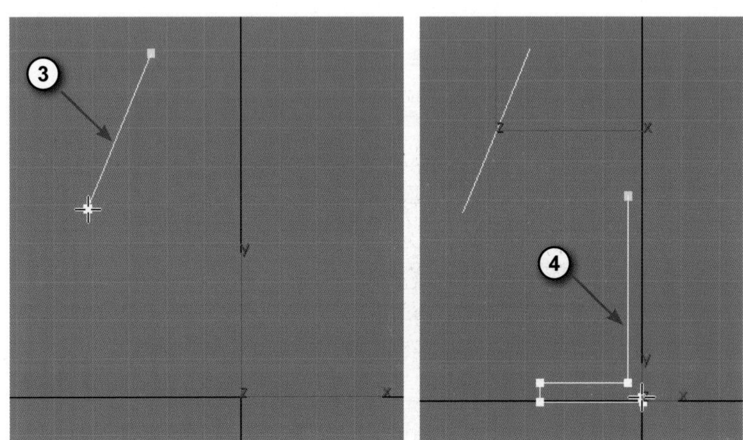

⑤ 在【Modify（修改面板）】→【Modifier List】下拉式選單→加入【Lathe（車削）】修改器。

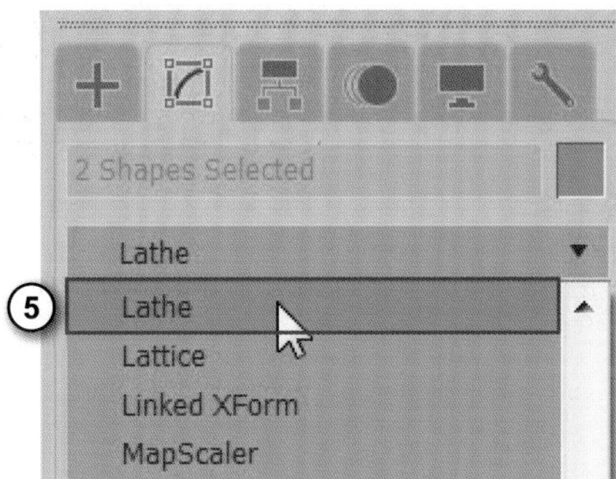

⑥ 此時完成品還不是我們期望的，繼續在修改面板下方設定以下參數：

- ★ Direction（方向）欄位選擇【Y】，使線段繞 Y 軸旋轉。
- ★ Align（對齊）欄位選擇【Max】旋轉軸靠右對齊，而 Center 為置中，Min 為靠左。
- ★ Degrees（角度）輸入「360」。
- ★ Segment（段數）輸入「32」，按「F4」開啟線框可以顯示段數。

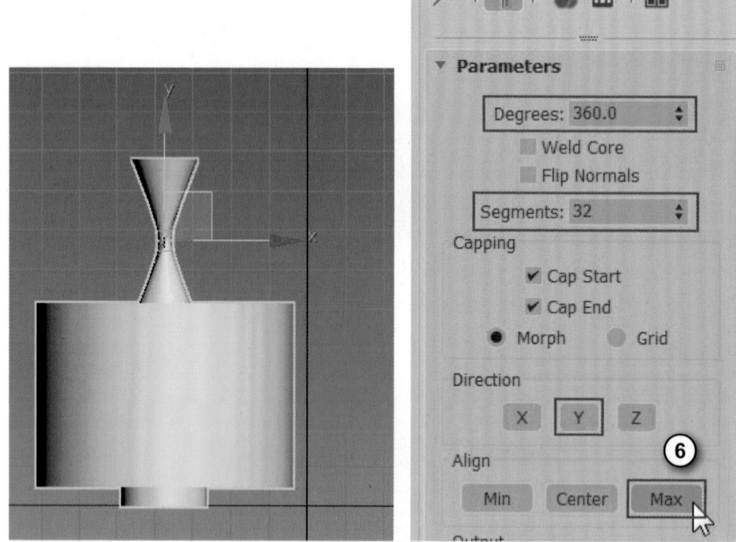

⑦ 點擊 Lathe 左側三角形展開，點擊【Axis（軸）】子層級。

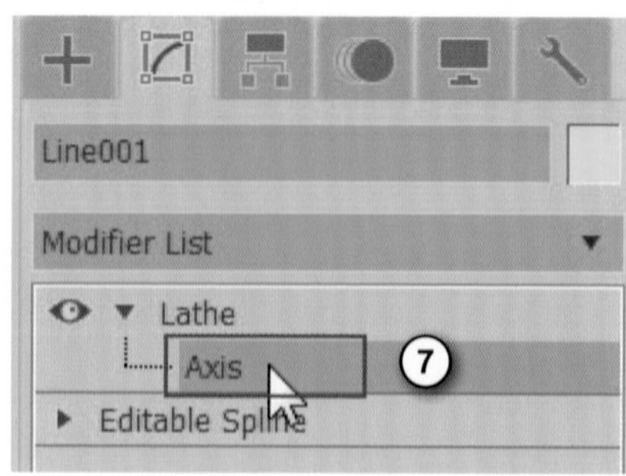

⑧ 左右移動，可以控制旋轉軸的位置。

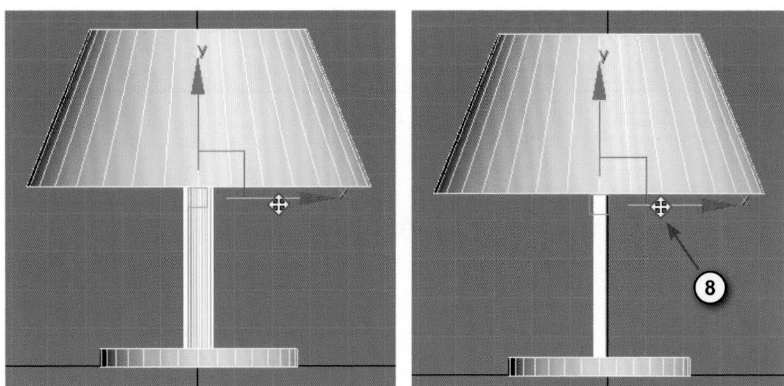

⑨ 點擊【Lathe】離開子層級。（必須離開子層級才能選到其他物件）

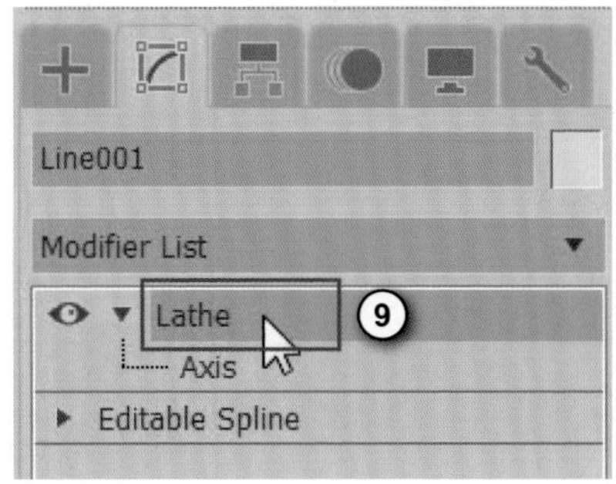

2-3 物件鎖點

2.5D 鎖點

❶ 在【Create（創建面板）】，點擊【Box】，繪製任意四個不同大小的方塊，並將方塊移動到不同的高度。

❷ 按下「T」鍵切換到上視圖。

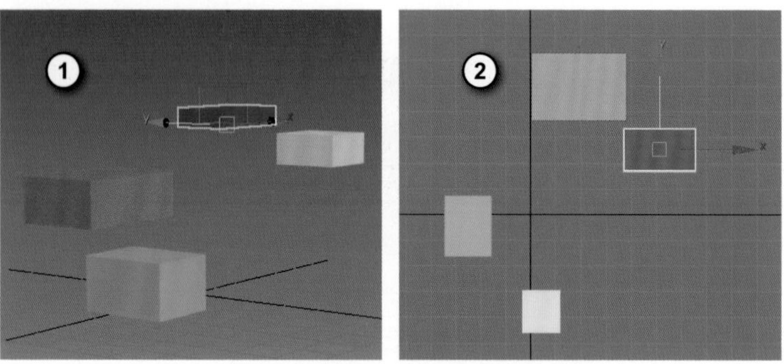

❸ 將滑鼠移動到上方鎖點工具，在按鈕上按住滑鼠左鍵不放，切換成「2.5D」模式，並在按鈕上點擊滑鼠右鍵，開啟「Grid and Snap Settings」鎖點的設定視窗。

❹ 將【Vertex（頂點）】打勾，並取消其他勾選，並點擊右上角的 X 即可完成設定。Vertex 可以鎖點至模型角點與模型線框的交叉點。

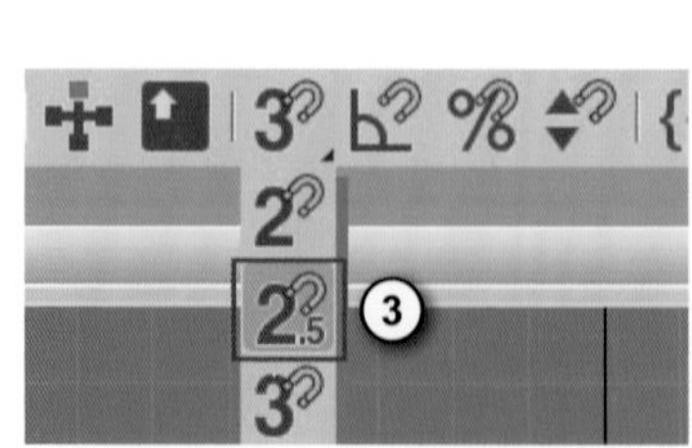

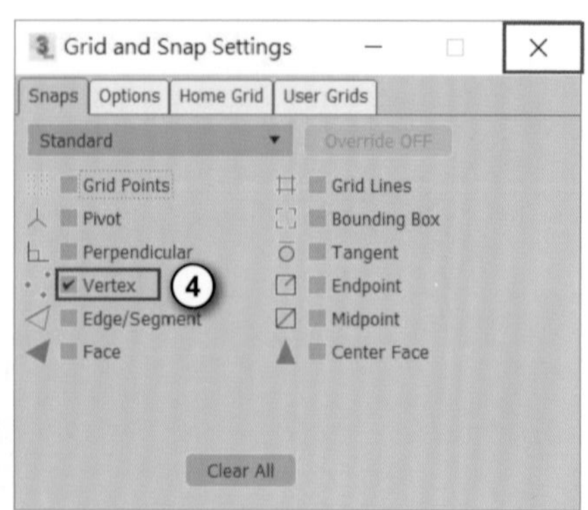

5 按下「W」切換移動座標，將滑鼠移動到物件的頂點時會出線黃色的十字（注意滑鼠必須在模型上）。

6 在任一頂點按住滑鼠左鍵，移動此方塊到另一方塊的頂點時，也會有出現黃色的十字，並且會有吸附的感覺，放開滑鼠左鍵來決定物件鎖點的位置。

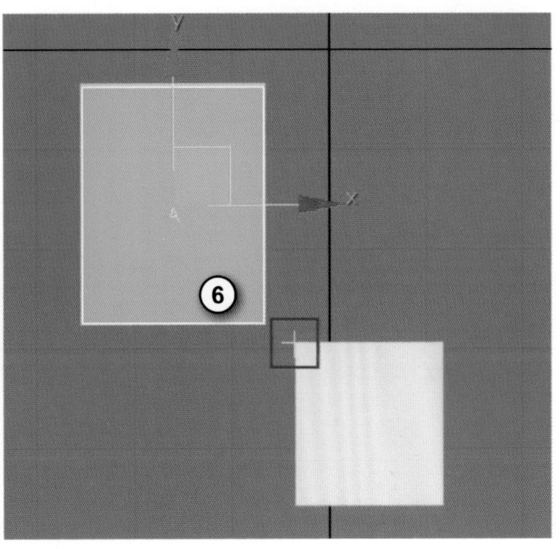

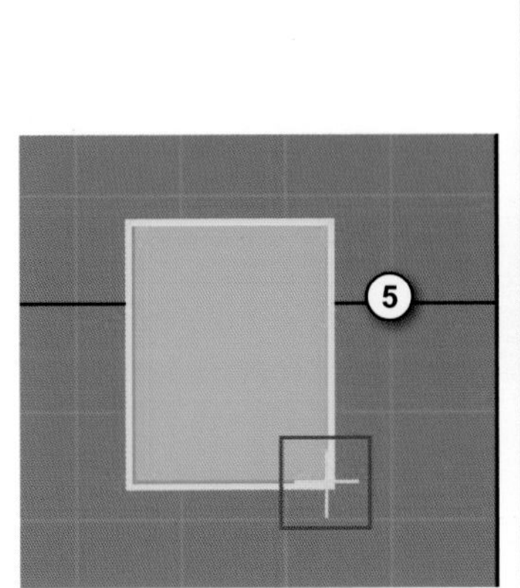

7 依照上述步驟，將所有方塊的角點連接起來，如下圖。

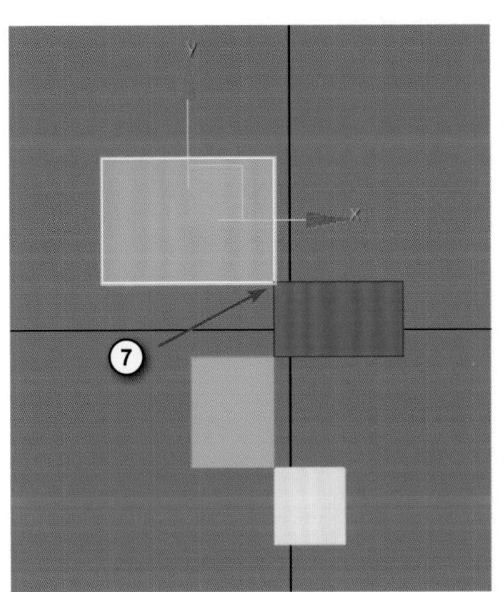

TIPS

移動鎖點時，若只能往某一軸向移動，按一下「Alt+F3」鍵可以關閉軸向拘束，即可順利鎖點，再按一次「Alt+F3」可以開啟軸向拘束。

8 按下「P」鍵切換為透視圖，可發現從上視圖檢視三個方塊已連結在一起，但從透視圖角度來看卻未連結，因「2.5D」為平面投影鎖點，只能在同一視圖中鎖點，並不會更改物件的高度。

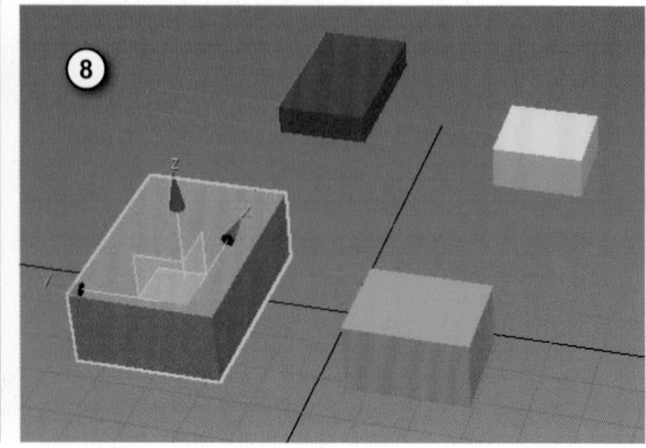

3D 鎖點

1 同 2.5D 鎖點的 1、2 步驟，繪製四個不同大小、高度的方塊，並切換到上視圖。

2 滑鼠移動到上方鎖點工具，在按鈕上按住左鍵不放，切換成「3D 鎖點」模式。

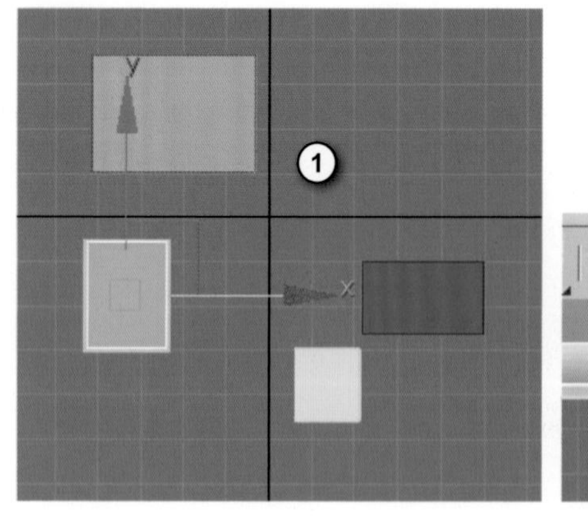

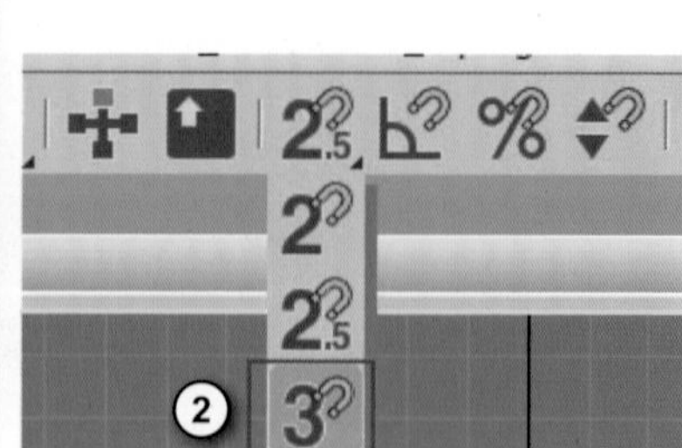

③ 點擊移動按鈕或按下「W」鍵，將方塊的任一頂點移動到另一個方塊的頂點，如下圖所示。

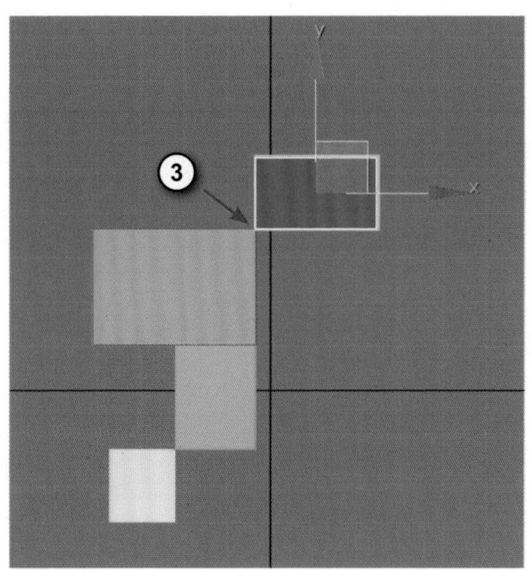

④ 按下「P」鍵切換為透視圖，此時從上視圖與透視圖來檢視，方塊的頂點與頂點之間都正確的接合在一起，此為 3D 物件鎖點。

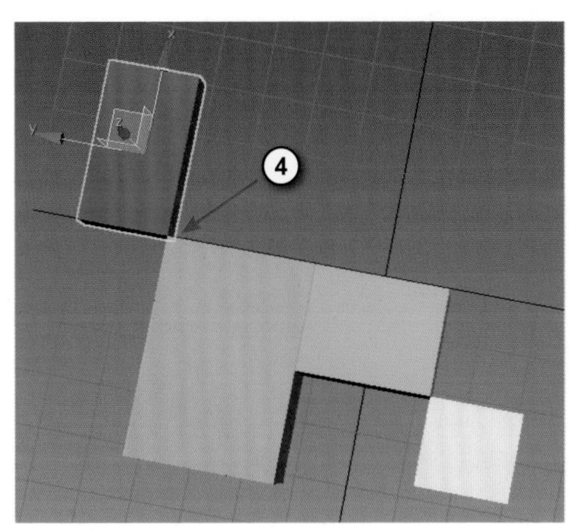

簡易樓梯繪製

❶ 點擊【Box】，繪製一長、寬、高為「65、35、8」的方塊，長寬高的分段數皆為「1」。

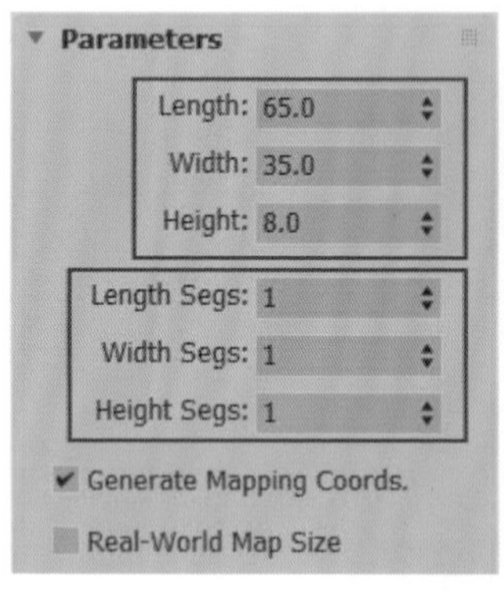

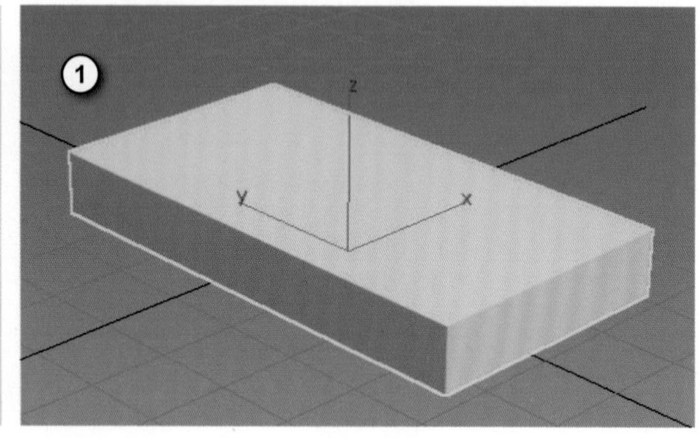

❷ 按下「F」鍵切換到前視圖，選取方塊，並按下「W」鍵切換為移動工具。

❸ 將滑鼠移動到上方鎖點工具，點擊【3 (Snaps Toggle)】，開啟「3D」鎖點模式。

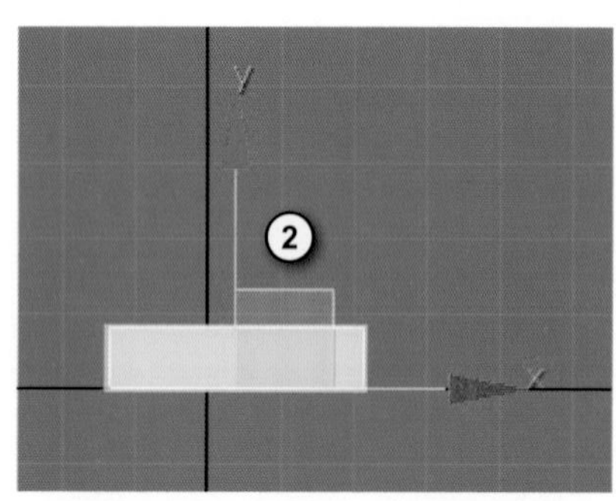

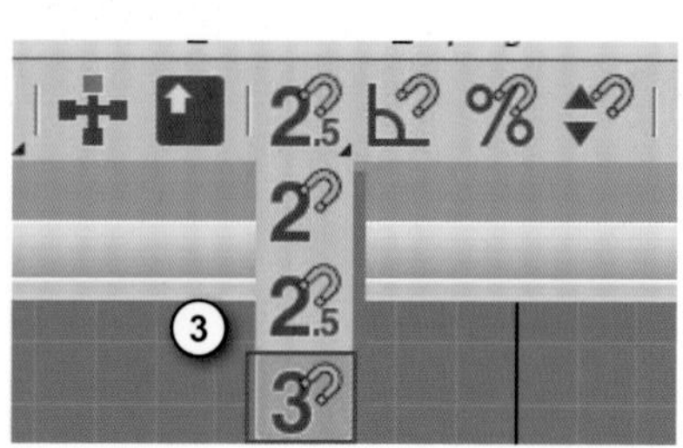

❹ 按住「Shift」鍵，左鍵點擊方塊左下角不放，拖曳到方塊右上角，作移動複製。

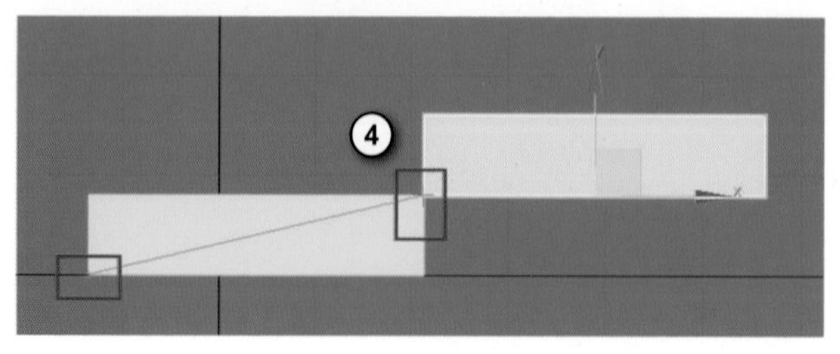

若移動複製時，軸向被限制在某一軸向，可以按下「Alt+F3」來解除軸向鎖定。

⑤ 複製模式選【Instance（分身）】，數量欄位輸入「7」，複製 7 個方塊，加上原本的方塊，共製作 8 階的樓梯。

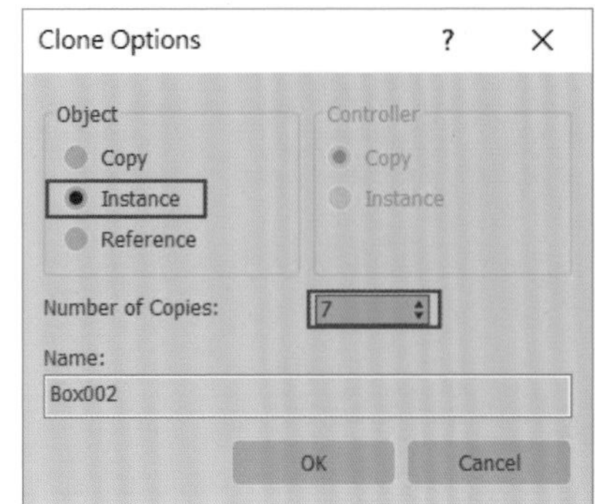

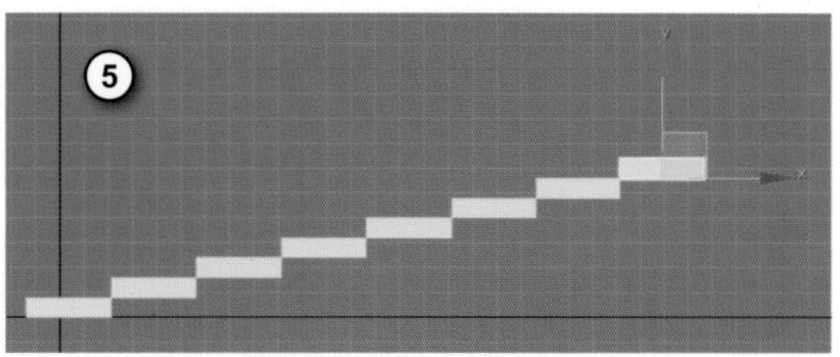

⑥ 按「P」切換回透視，利用【Cylinder（圓柱）】，繪製一適當大小的圓柱作為欄杆。

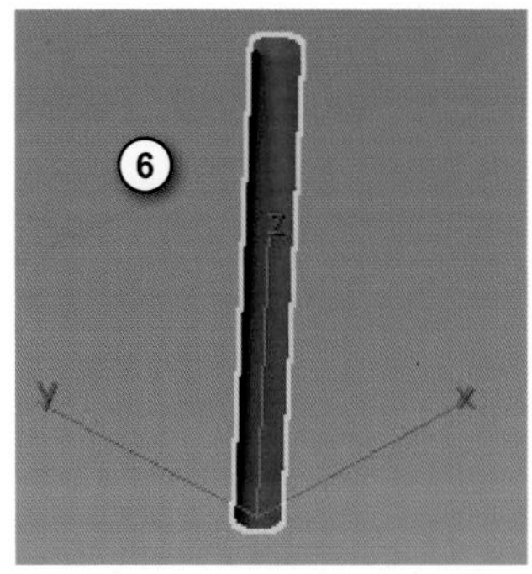

⑦ 在上方鎖點工具點擊滑鼠右鍵，開啟鎖點設定視窗，將【Midpoint（中點）】打勾，之後才能鎖點到階梯中點。

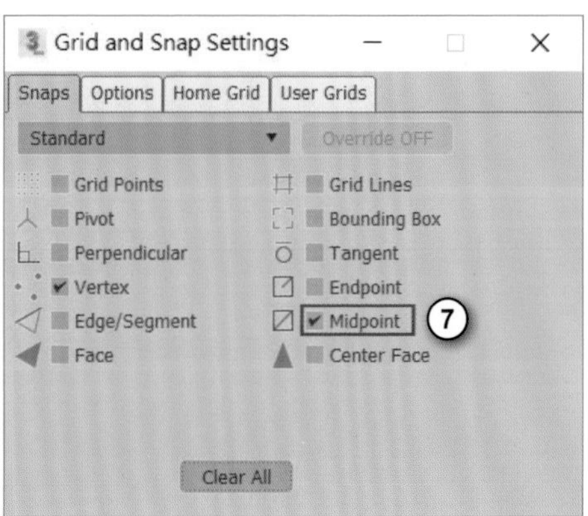

⑧ 先選取圓柱，按下「空白鍵」並選擇 Lock Selection 鎖定物件。按下「W」鍵切換移動工具，將滑鼠移動到圓柱的中心點會出現黃色十字。

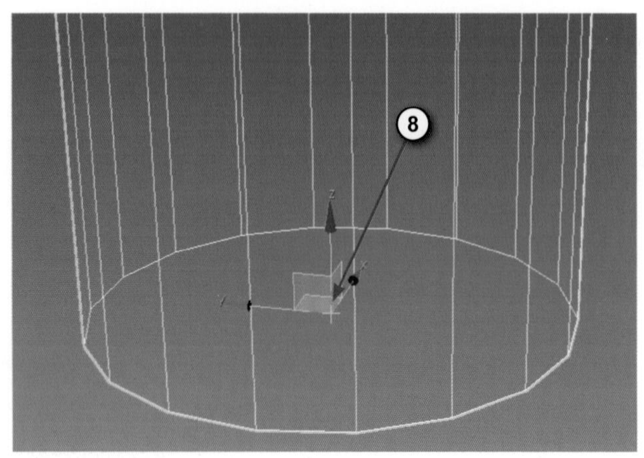

⑨ 左鍵拖曳圓柱中心點，移動鎖點至第一個階梯的中點，如左圖所示。

⑩ 按住「Shift」鍵，左鍵拖曳圓柱中心點，移動複製到第二個階梯中點。

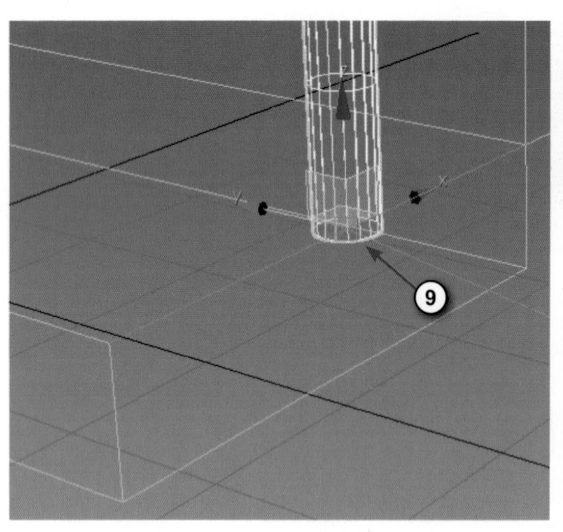

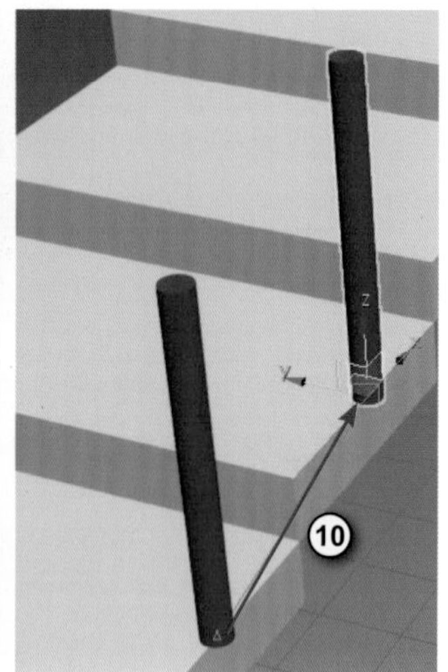

⑪ 複製模式選【Instance（分身）】，數量欄位輸入「7」，來製作 8 階樓梯的欄杆。（欄杆完成後，請將物件鎖點【Midpoint（中點）】取消勾選。）

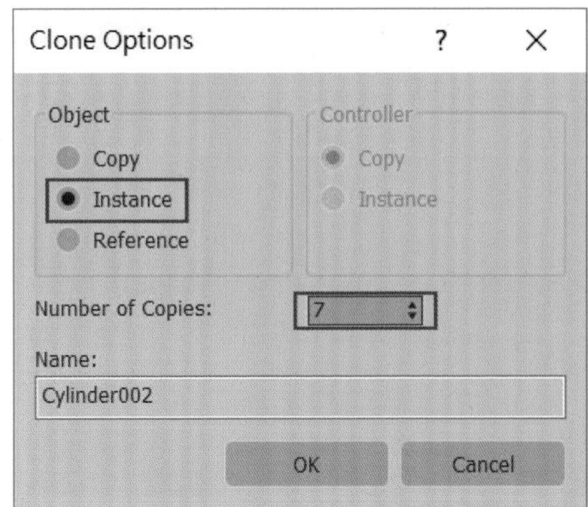

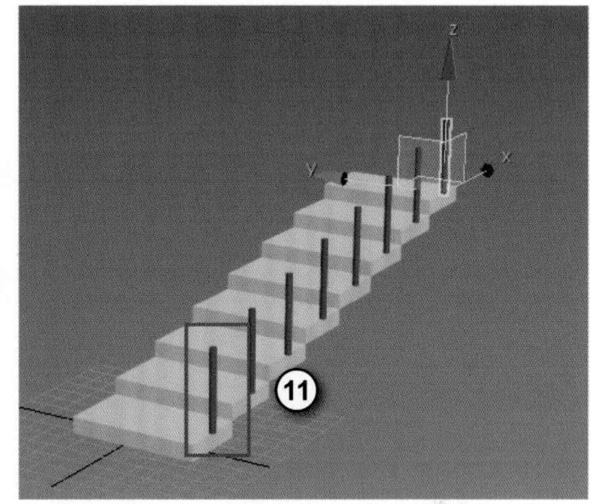

⑫ 關閉「3D 鎖點」，按 T 鍵切換至上視圖，選取所有欄杆，並將欄杆往內移動。

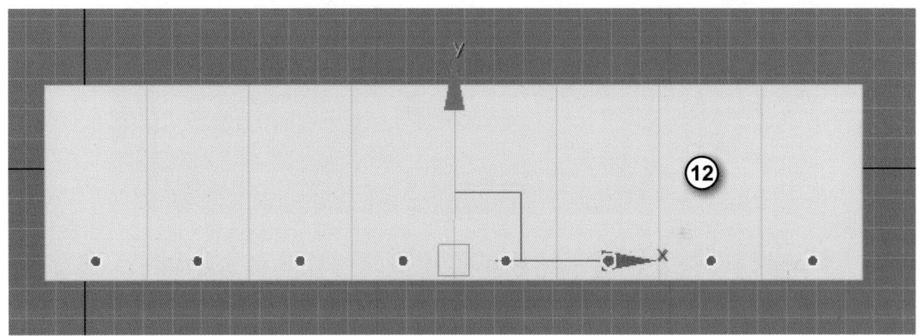

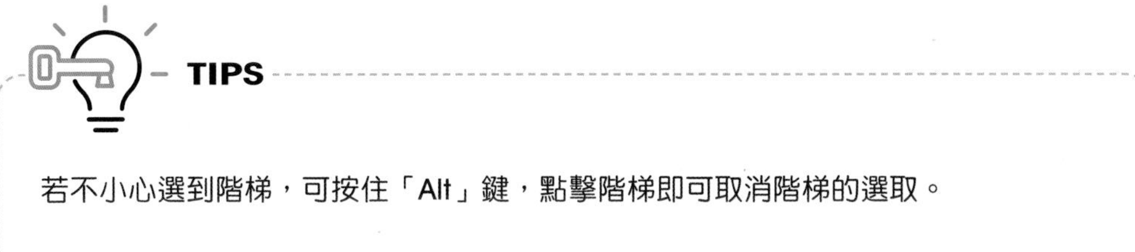

若不小心選到階梯，可按住「Alt」鍵，點擊階梯即可取消階梯的選取。

⑬ 將欄杆移動到適當位置後，按住「Shift」鍵，往上移動複製出另一側的欄杆。

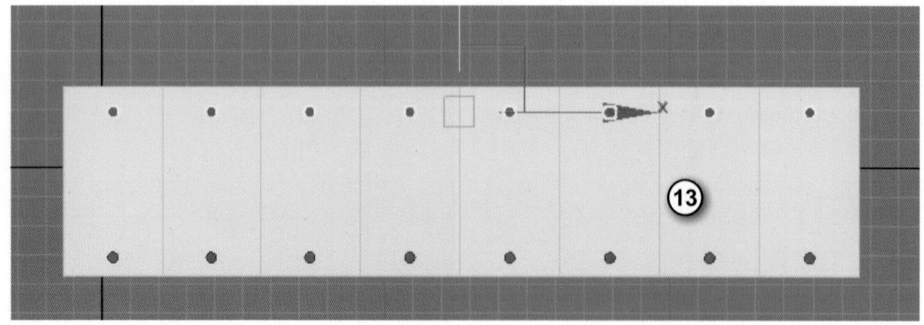

⑭ 繪製一個長型的方塊，作為樓梯的扶手。

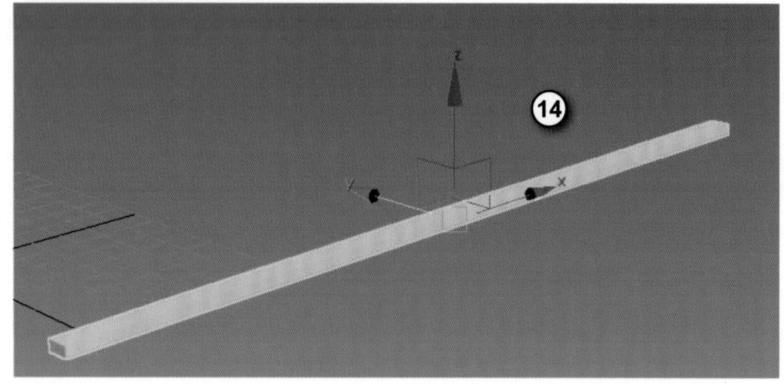

⑮ 按下「F」鍵切換至前視圖，將扶手旋轉至與樓梯的角度相符，並移動到欄杆上方。

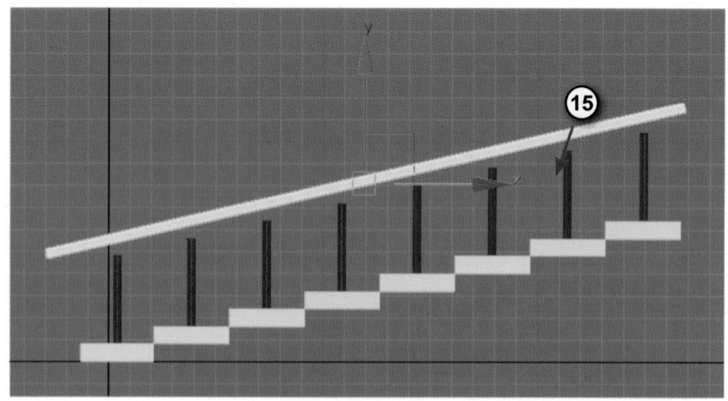

⑯ 按下「T」鍵切換到上視圖，調整扶手位置至欄杆上方（可按「F3」開啟線框檢視），並將扶手移動複製到另一側的欄杆上。

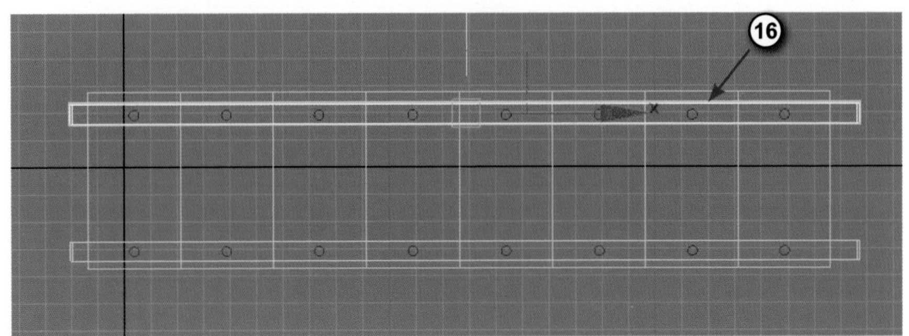

⑰ 點擊【Box】，繪製一個長、寬、高為「65、65、8」的方塊。

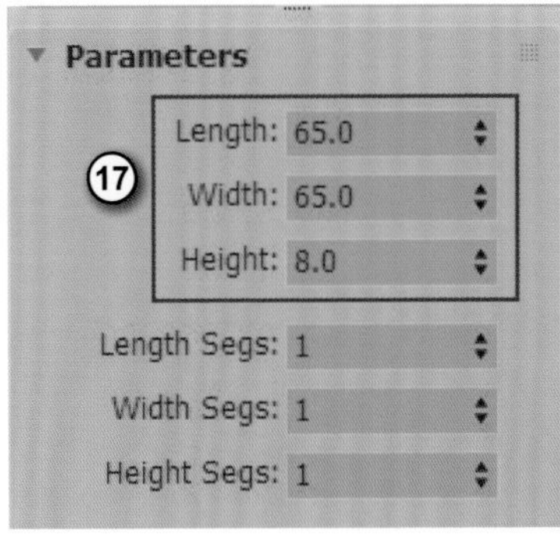

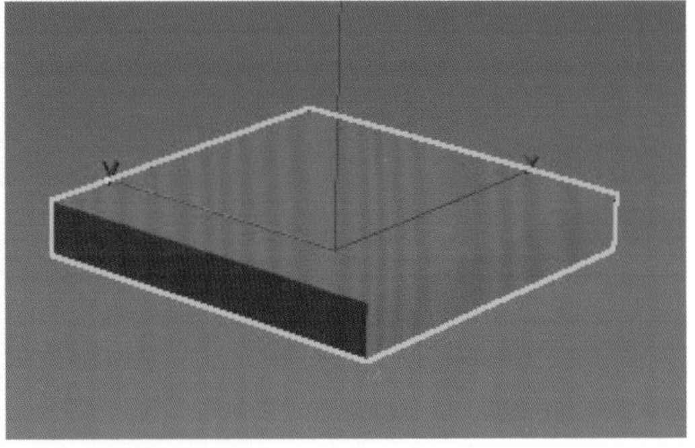

⑱ 開啟「3D 鎖點」，將方塊移動鎖點到階梯最上層，做為樓梯之間的平台。

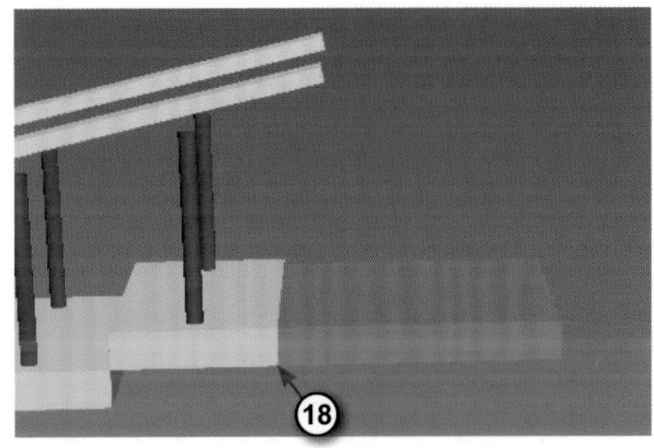

⑲ 框選所有的階梯、欄杆與扶手。

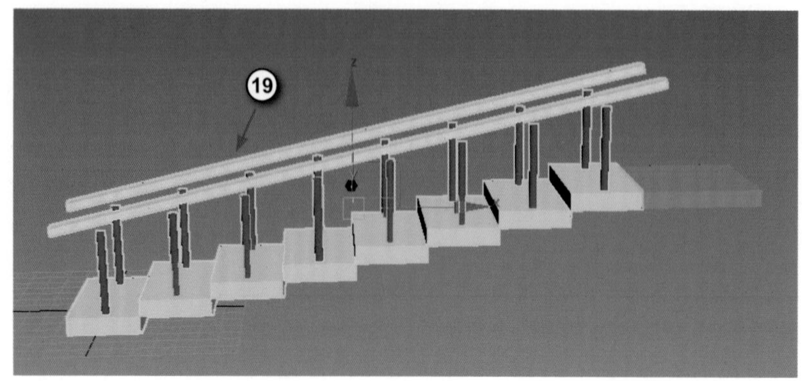

⑳ 按住「Shift」鍵，左鍵點擊樓梯最左下角不放，移動複製樓梯到平台的右上角。

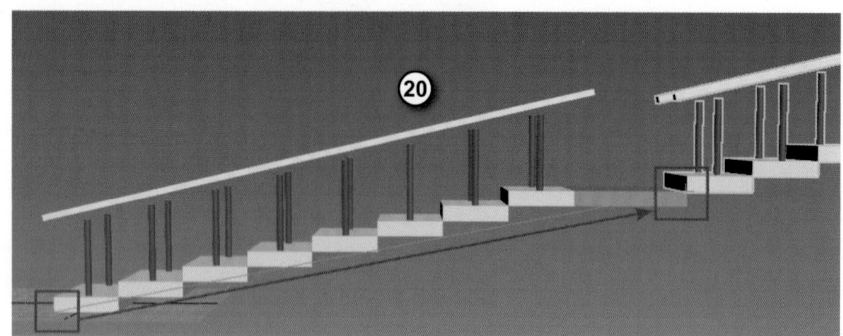

㉑ 完成樓梯。

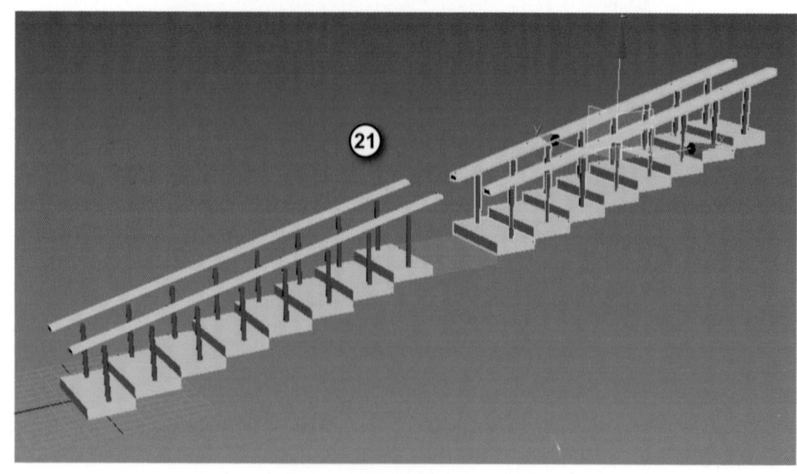

2-4 Line（線）的應用

❶ 在【Create（創建面板）】→點擊【Shape（形狀）】→【Line（線）】。

❷ 按下「T」切換到上視圖，點擊滑鼠左鍵決定起始點。

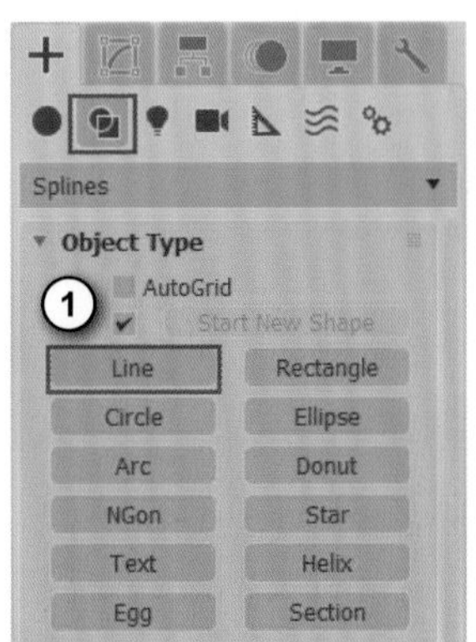

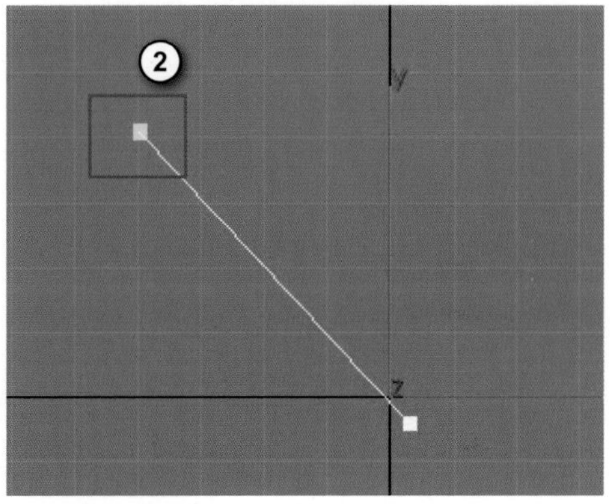

❸ 繼續點擊第二、三、四、五點，如下圖所示。按住「Shift」鍵可以強制繪製水平或垂直線，繪製完成後，點擊滑鼠右鍵可結束線段繪製，再點擊滑鼠右鍵可退出【Line（線）】的指令。

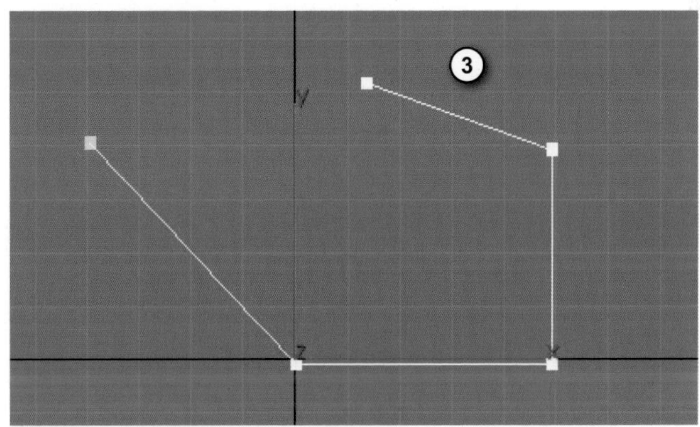

④ 選取到線段，將【Modify（修改面板）】的【Line】左邊箭頭展開，或【Selection】面板下排圖示可選擇各個子層級。

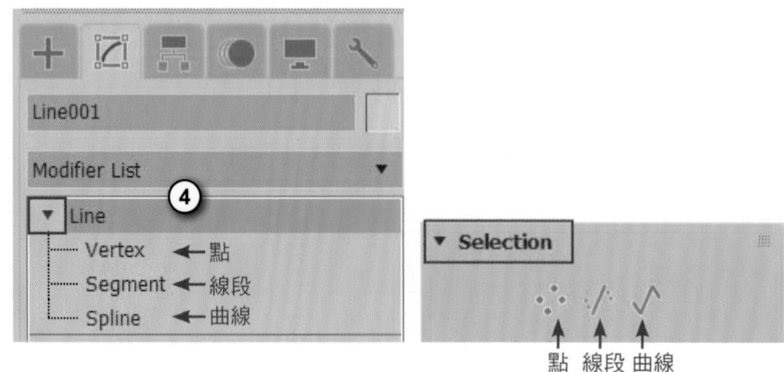

⑤ 在【Modify（修改面板）】中，點擊【Vertex（點層級）】，可框選點進行編輯，包括移動、刪除點…等動作。（按下 Ctrl+Z 復原步驟）

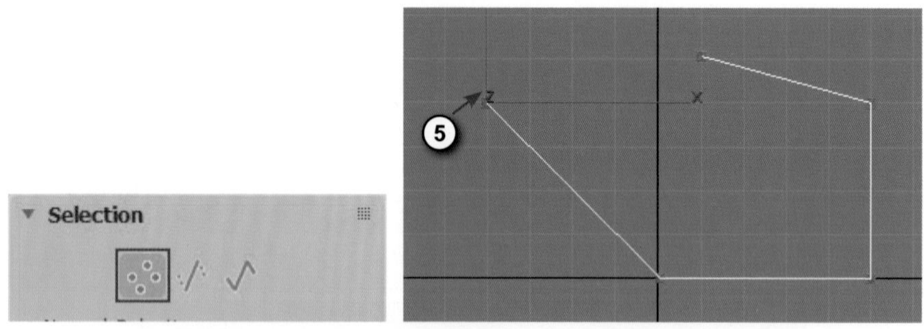

⑥ 在【Modify（修改面板）】點擊【Segment（線段層級）】，可任意選擇線段做移動、旋轉、比例縮放、刪除線…等動作。

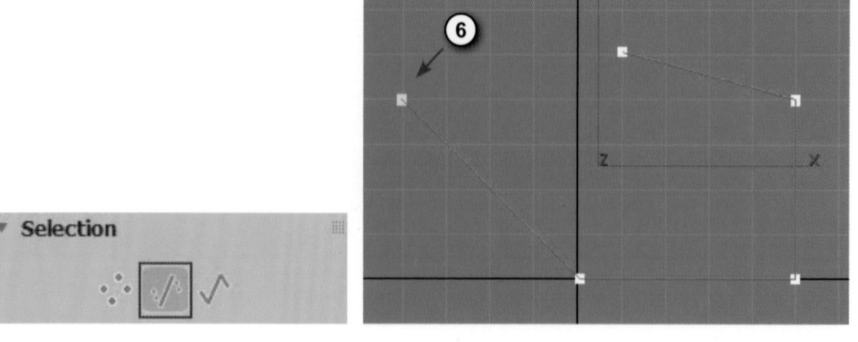

❼ 在【Modify（修改面板）】中，點擊【Spline（曲線層級）】，點擊任一條線段，可選到整條連接線。

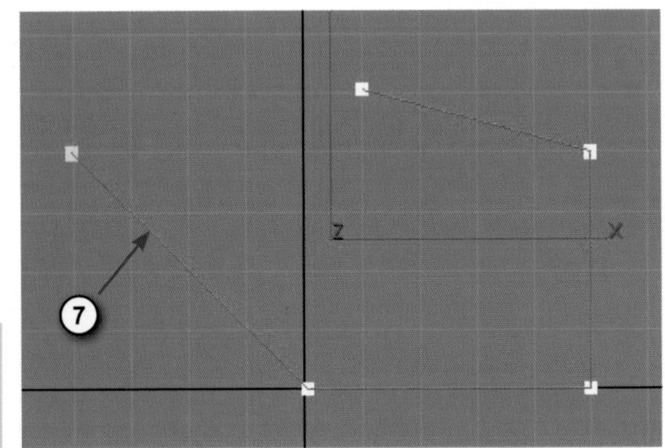

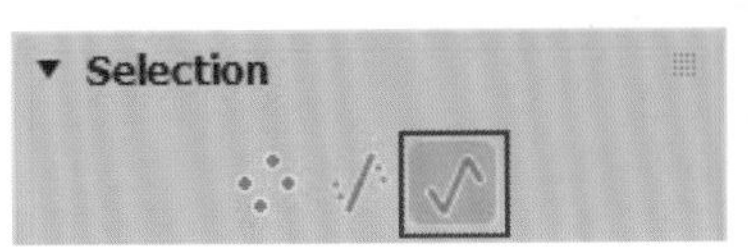

TIPS

在進入子層級編輯時，就無法編輯整個物件或其他物件，編輯完成後要再點擊一次子層級來退出編輯，才可繼續編輯其他物件。

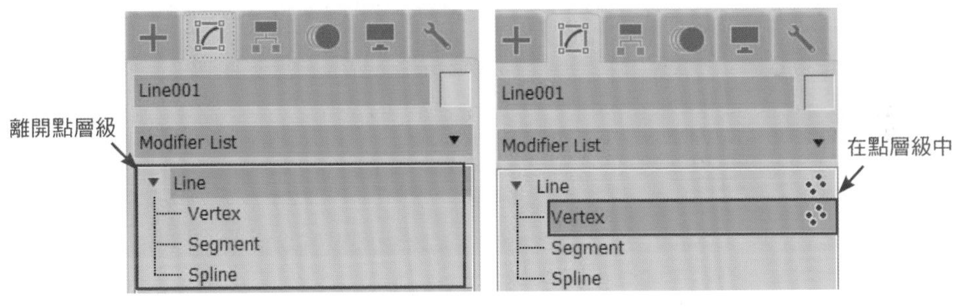

TIPS

選取線段後，分別按下鍵盤上方的數字 1、2、3，可以快速進入 Vertex（點）、Segment（線段）、Spline（曲線）三個子層級。再次按下相同數字鍵可以離開子層級。

Line（線）的四大點型式

❶ 延續上一小節檔案。

❷ 在【Modify（修改面板）】中，點擊【Vertex（點層級）】，選取任意一點。

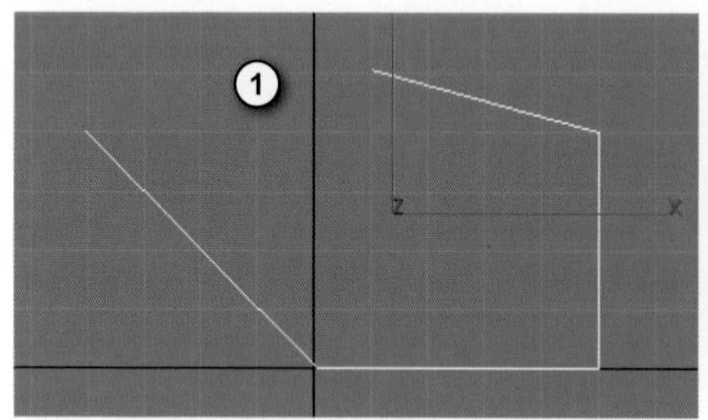
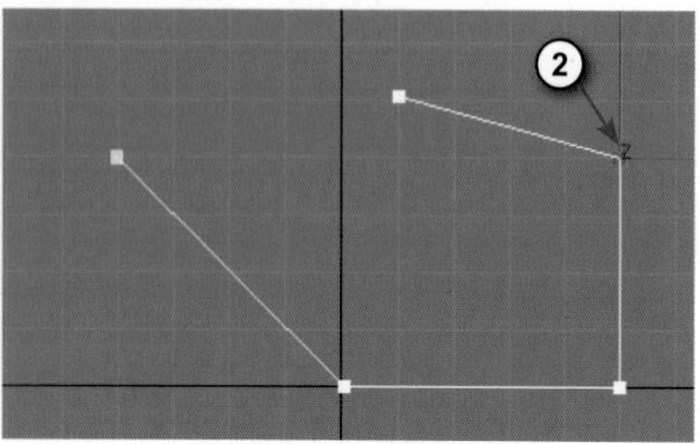

❸ 點擊滑鼠右鍵→【Bezier Corner（貝茲角點）】，會出現一個控制把手，此把手不對稱，可分別調整，按下「W」鍵，拖曳把手的綠色頂點，即可調整線段的弧度。

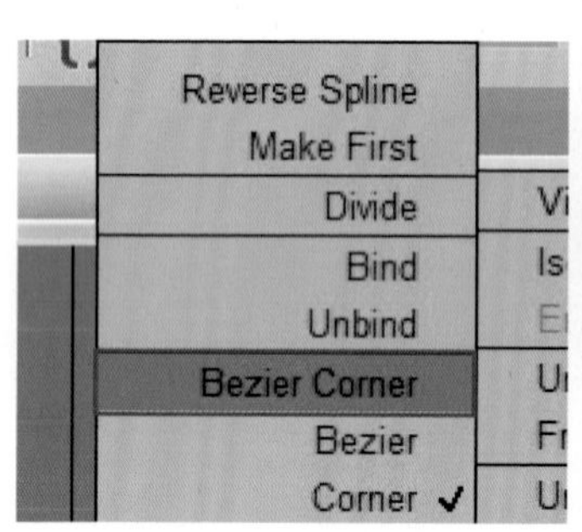

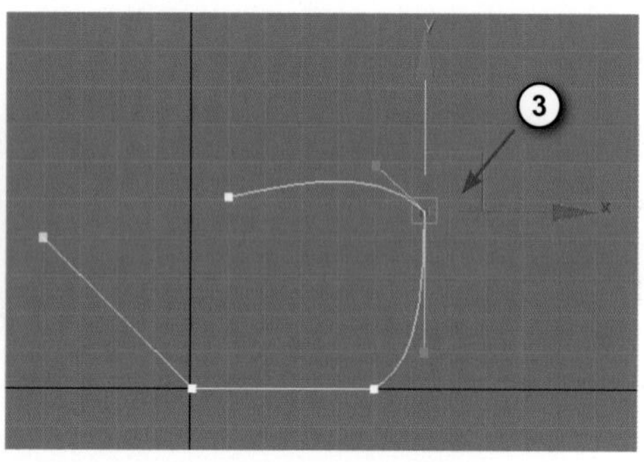

❹ 選取其他的點。

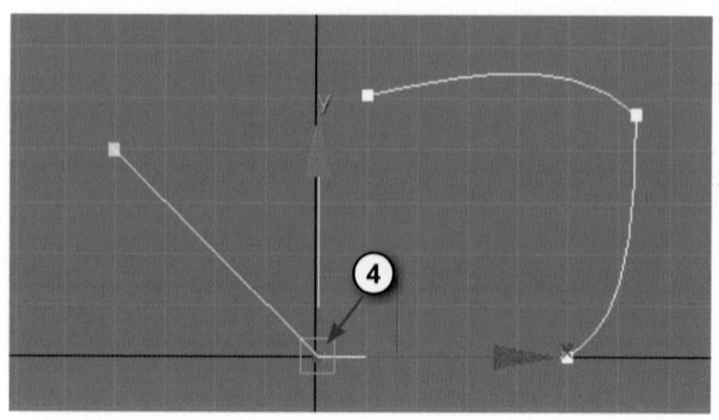

⑤ 點擊滑鼠右鍵→【Bezier（貝茲）】，會出現一個控制把手，此把手兩側對稱，不可分別調整，按下「W」鍵拖曳把手的綠色頂點，即可調整線段的弧度。

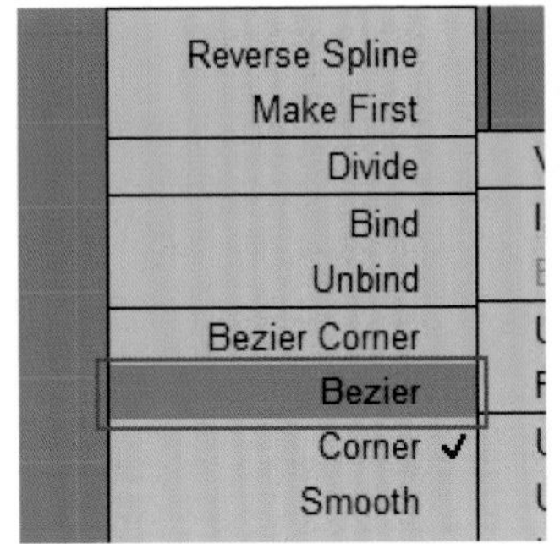

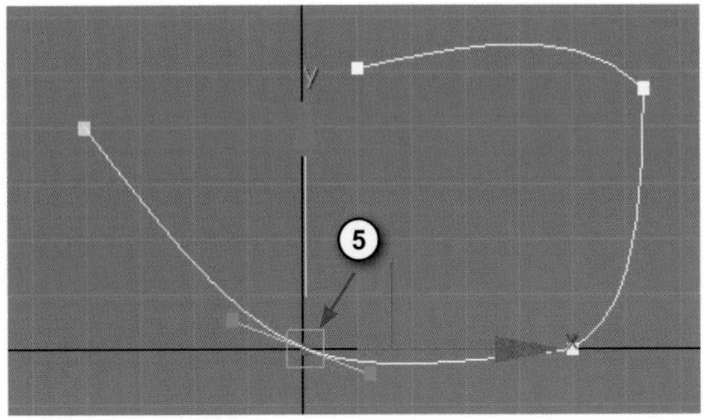

⑥ 框選其他點。

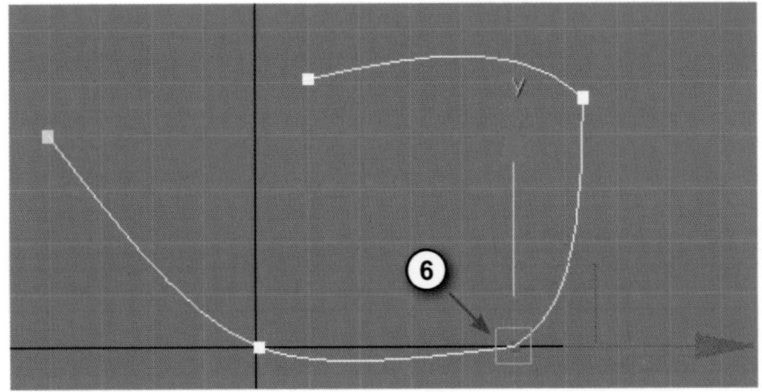

⑦ 點擊滑鼠右鍵→【Smooth（平滑）】，不會出現控制把手，會自動調整線段的弧度，使線段變得平滑。

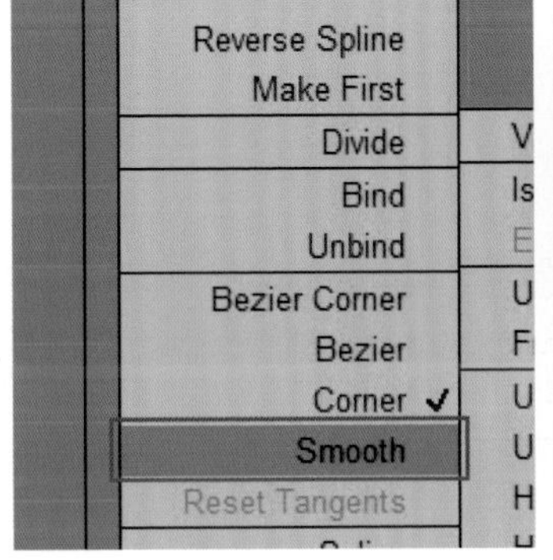

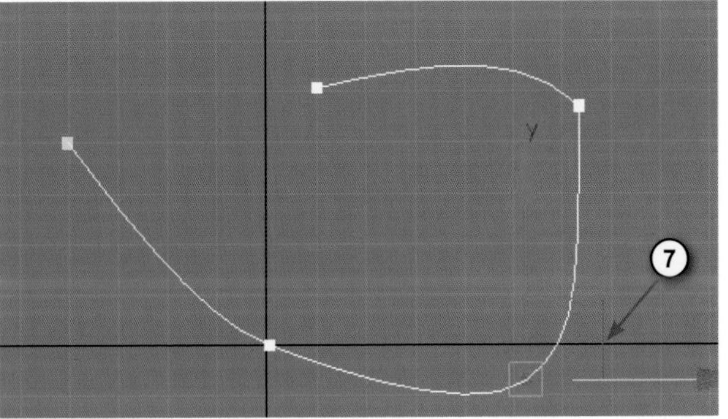

⑧ 點擊滑鼠右鍵→【Corner（角點）】，不會出現控制把手，會將平滑點變成角點。按下鍵盤上方的數字「1」可以離開子層級。

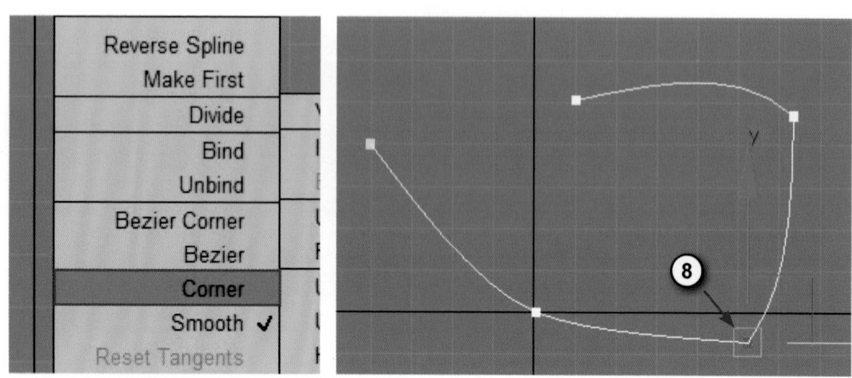

轉換可編輯線段

① 在【Create（創建面板）】→點擊【Shape（形狀）】→【Rectangle（矩形）】，按住左鍵拖曳，繪製一矩形。

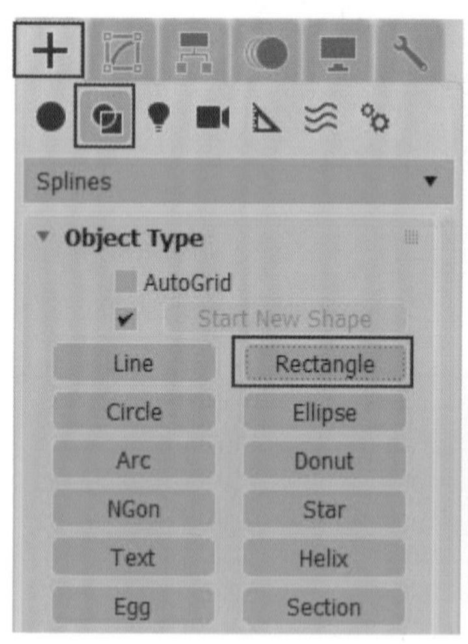

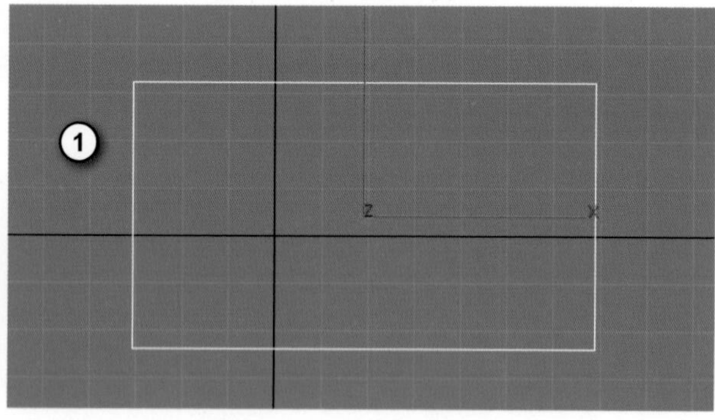

❷ 選取矩形後，點擊滑鼠右鍵→【Convert To】→【Convert to Editable Spline】，轉變為有「點、線段、曲線」三種子層級的可編輯線段。

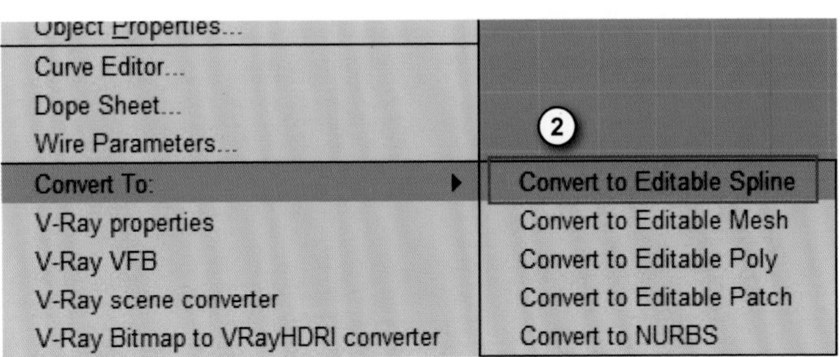

❸ 在【Modify（修改面板）】中，點擊【Vertex（點層級）】，進行點的編輯。

❹ 框選矩形全部的點。

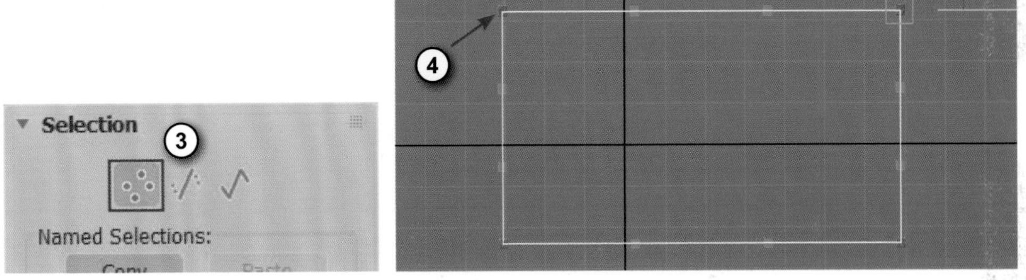

❺ 在【Modify（修改面板）】底下的【Geometry】面板，找到【Fillet（圓角）】右邊的上下箭頭 ，按住滑鼠左鍵拖曳至適當大小後，放開滑鼠左鍵，即可繪製出圓角，調整完畢後，再點擊一次【Vertex（點層級）】可以退出子層級。

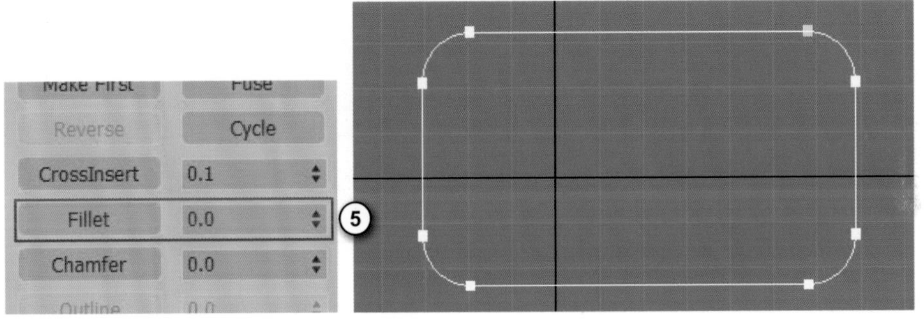

若要重新製作圓角，請直接按下「Ctrl+Z」復原步驟再做新的圓角。

⑥ 點擊【Modify（修改面板）】→下拉式選單→加入【Extrude（擠出）】修改器。

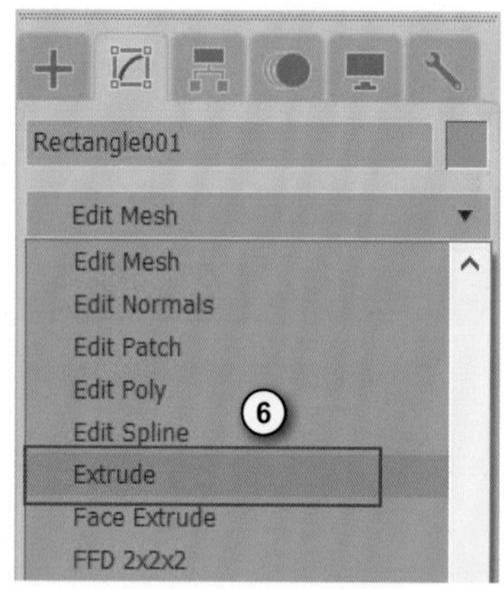

⑦ 按下「P」切換透視圖，在【Modify（修改面板）】→【Parameters（參數）】→【Amount（擠出厚度）】輸入適當數值後，完成圓角桌板。

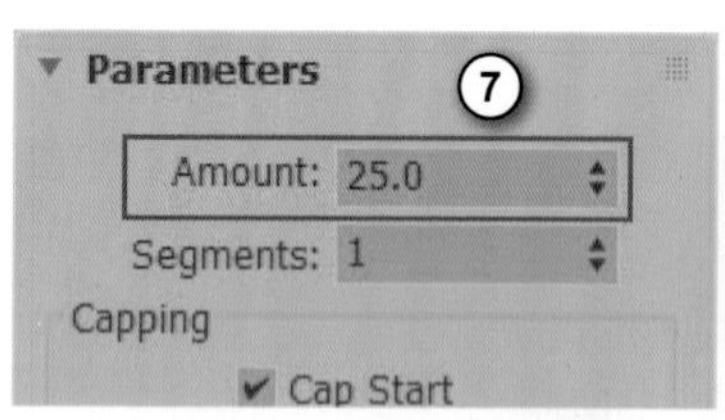

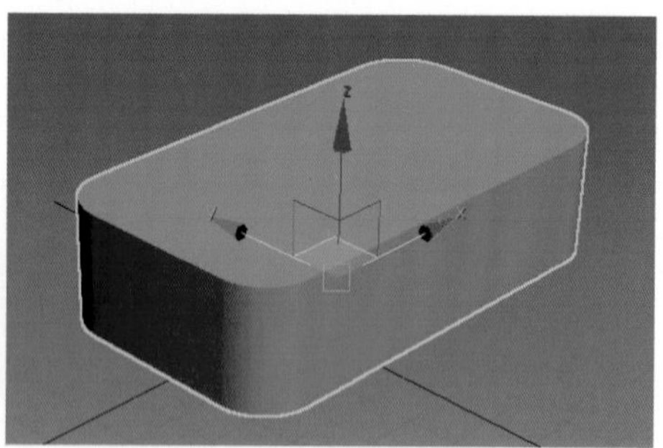

渲染線

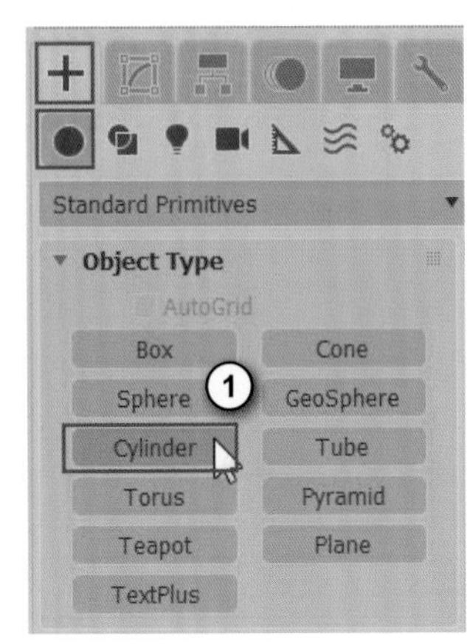

1. 下面將以一個茶几範例來介紹渲染線。在【Create（創建面板）】→【Geometry（幾何）】→點擊【Cylinder（圓柱）】來繪製圓柱作為桌板。

2. 繪製一個圓柱，並在右側面板設定：
 - ★【Radius（半徑）】為「50」，【Height（高）】為「3」。
 - ★【Height Segments（高度段數）】為「1」，【Sides（邊數）】為【36】。

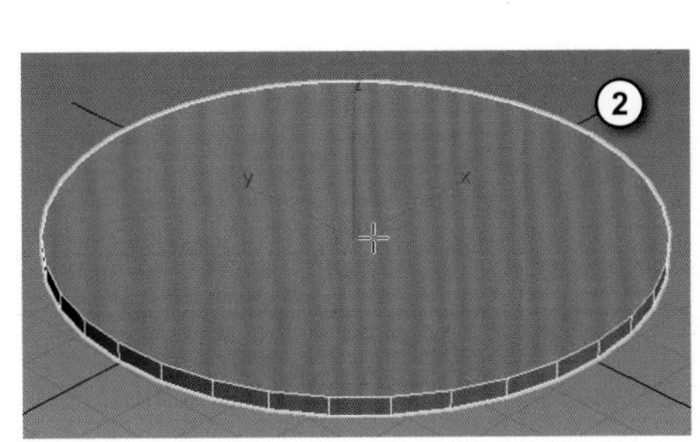

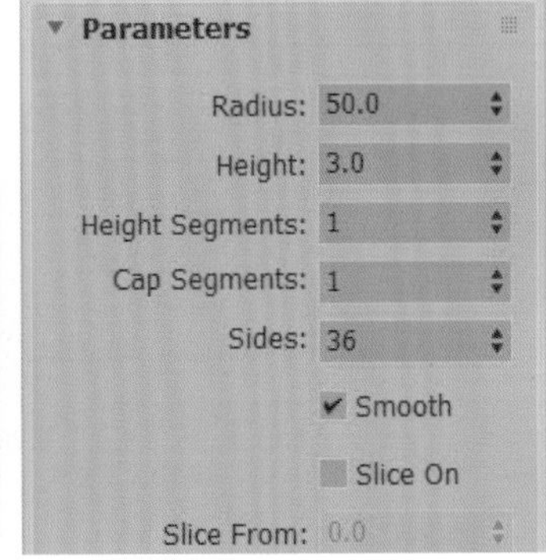

3. 在【Create（創建面板）】→【Shape（形狀）】→點擊【Line（線）】指令。

4. 按下「F」切換到前視圖，按住「Shift」鍵，繪製如圖所示線段，按滑鼠右鍵結束線段。

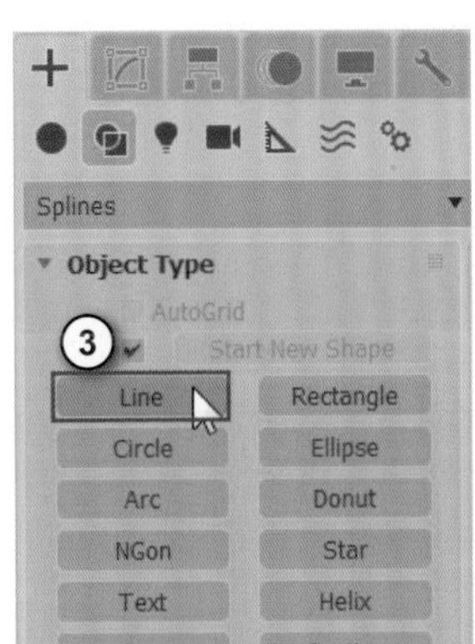

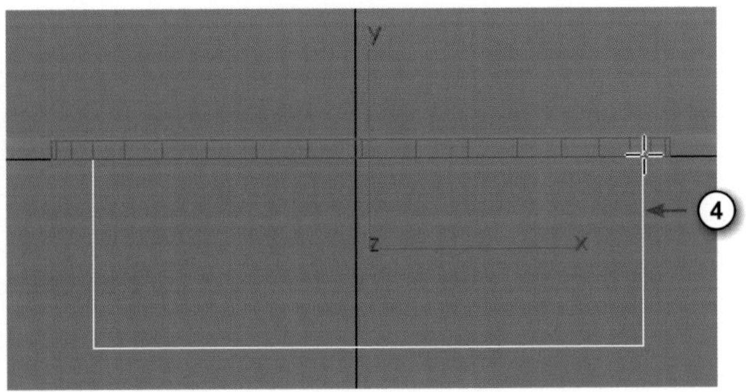

❺ 在【Modify（修改面板）】→【Rendering（渲染）】下方，將【Enable in Renderer】與【Enable in Viewport】選項打勾，啟用渲染線功能。

❻ 選擇【Rectangular（長方形）】的輪廓，並設定下方的長度與寬度，完成桌腳。

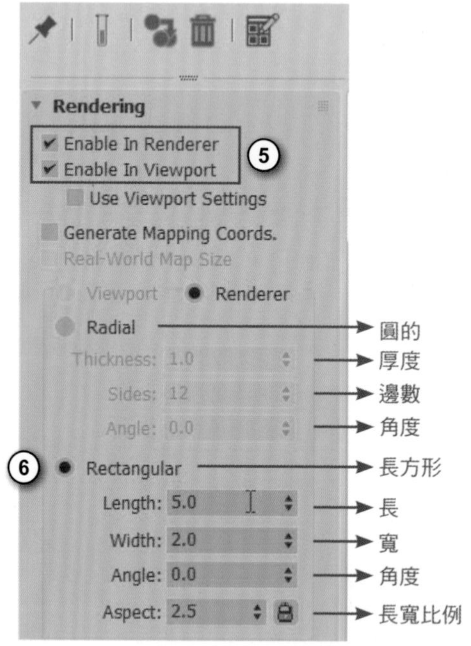

❼ 點擊工具列上的【 】或按下「A」鍵開啟角度鎖點。在【 】上點擊右鍵，設定【Angle（角度）】為「90」。

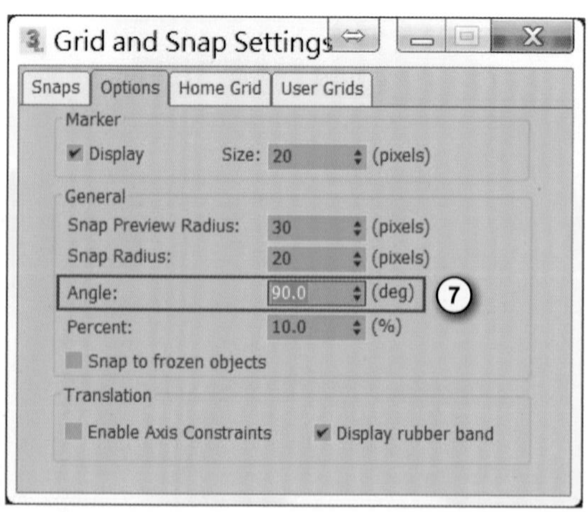

⑧ 按下「T」鍵切換到上視圖，按住「Shift」鍵旋轉複製桌腳。

⑨ 選擇【Instance】分身複製，點擊【OK】，將桌腳移動到桌子下方。

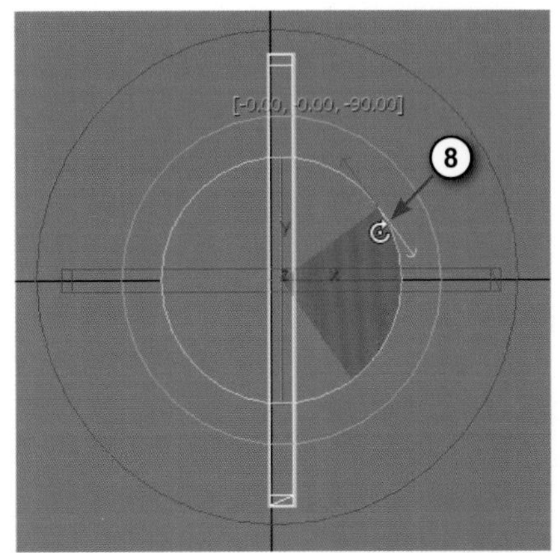

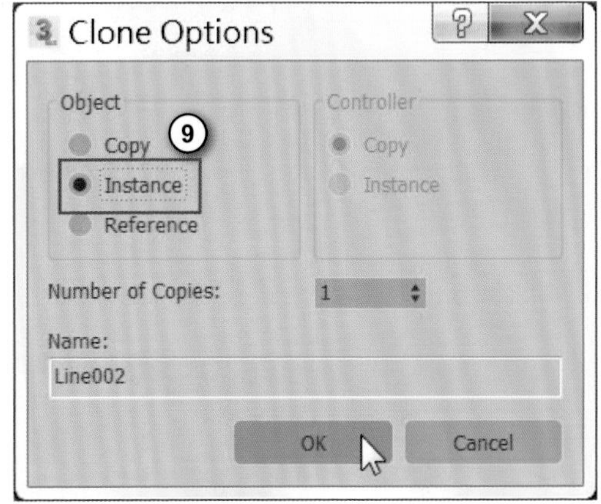

⑩ 按下「P」鍵切換透視圖，完成茶几製作。

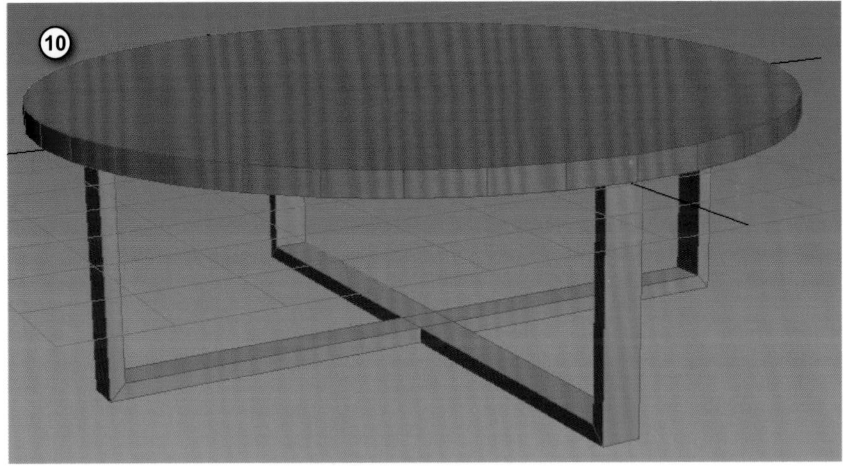

2-5 布林運算

Union 聯集

準備工作

開啟〈Union.max〉檔，會發現檔案中有一個方塊以及球。

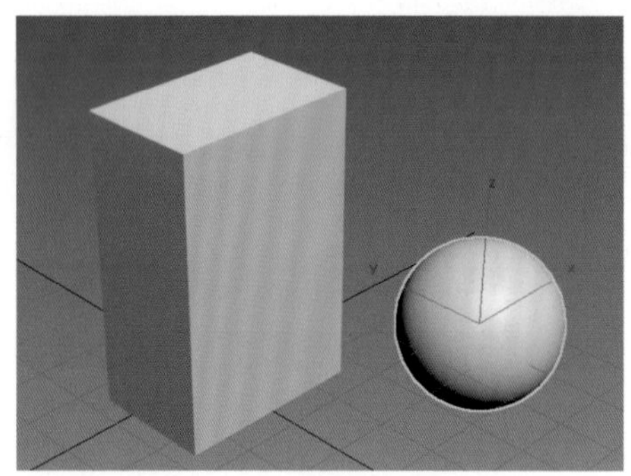

正式操作

1. 按下「T」切換至上視圖，將球的一半移至方塊中使兩個物體重疊，如左圖。
2. 按下「P」回到透視圖，將球往上移至適當高度，如右圖所示。

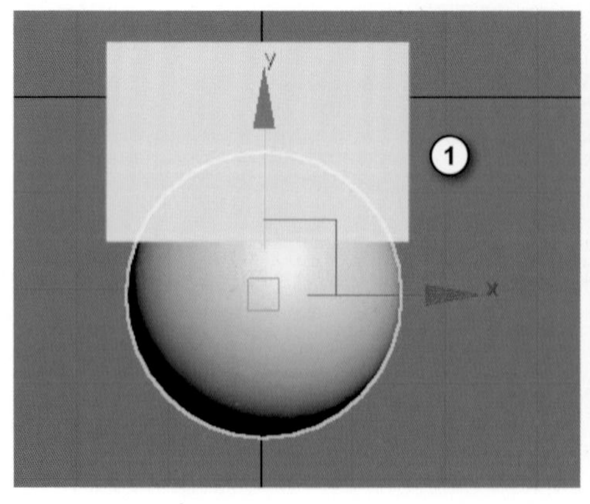

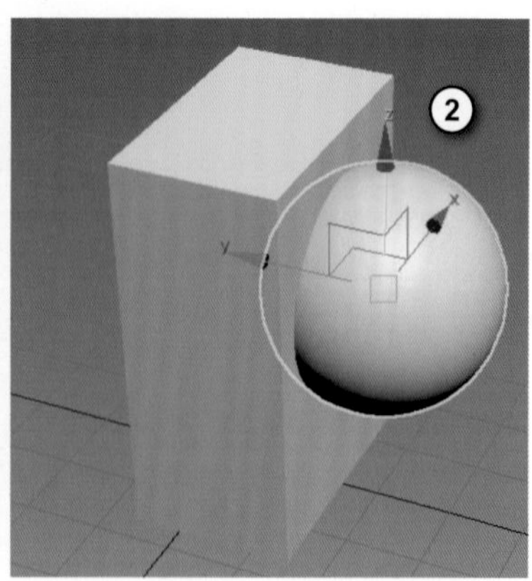

③ 選取球體後，在【Create（創建面板）】下拉式選單中選擇【Compound Objects（複合物件）】。

④ 在【Compound Objects】面板中選擇【ProBoolean（超級布林）】。

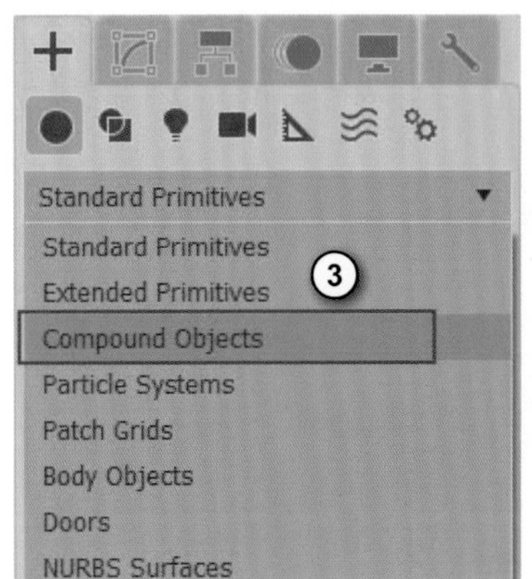

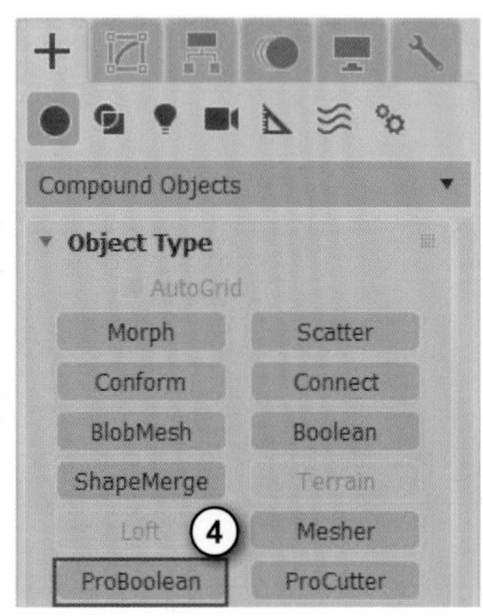

TIPS

若沒有選到任何物體，【ProBoolean（超級布林）】是無法點擊的。

⑤ 在【ProBoolean（超級布林）】中的【Parameters（參數）】選擇【Union（聯集）】。

⑥ 在【Pick Boolean】面板中點擊【Start Picking】，再點擊方塊。

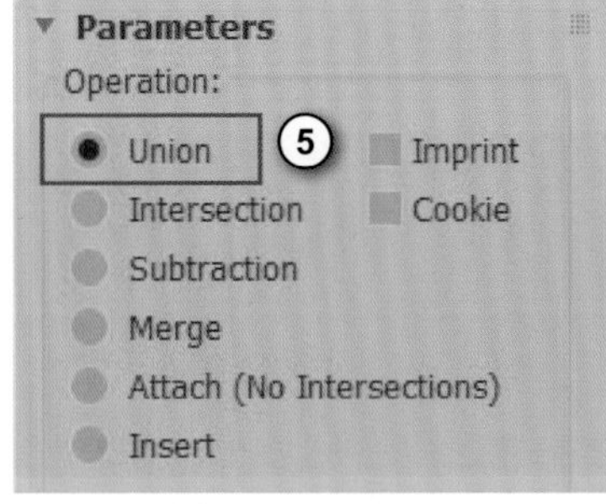

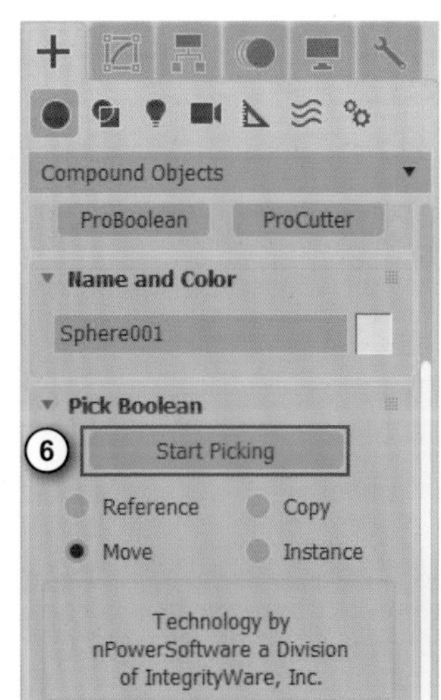

⑦ 會發現方塊與球變成同一顏色，且利用移動座標也會發現兩個物體一起移動，那是因為「Union（聯集）」使他們合併在一起。

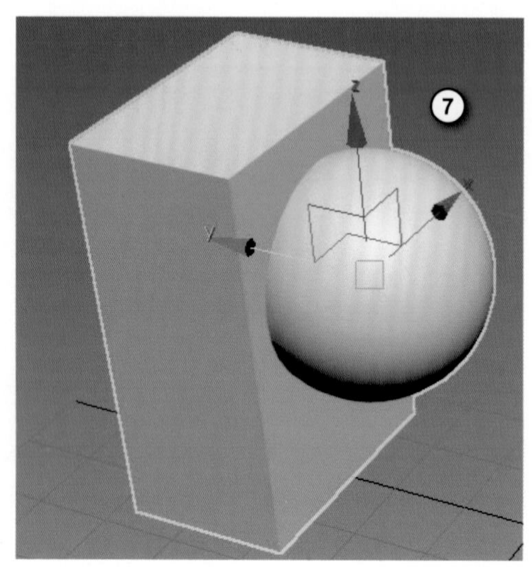

⑧ 按一下滑鼠右鍵即可結束布林運算。

Intersection 交集

準備工作

打開〈Intersection.max〉檔。會發現檔案中有一個 L 型柱體以及五邊形柱體。以這兩個物體利用 Intersection 交集製作造型椅。

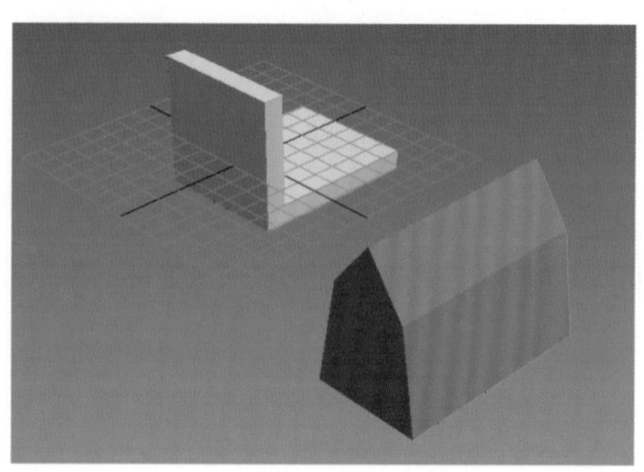

① 按下「T」切換至上視圖，將五邊形柱體一半移至 L 型柱體中，使兩個物體重疊。

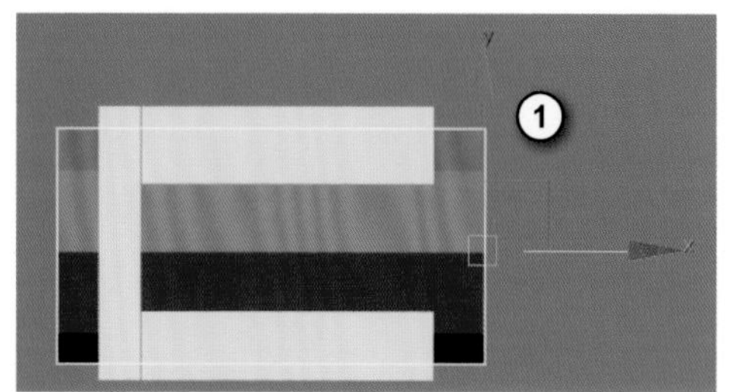

② 按下「P」回到透視圖，將五邊形柱體往上移至適當高度。

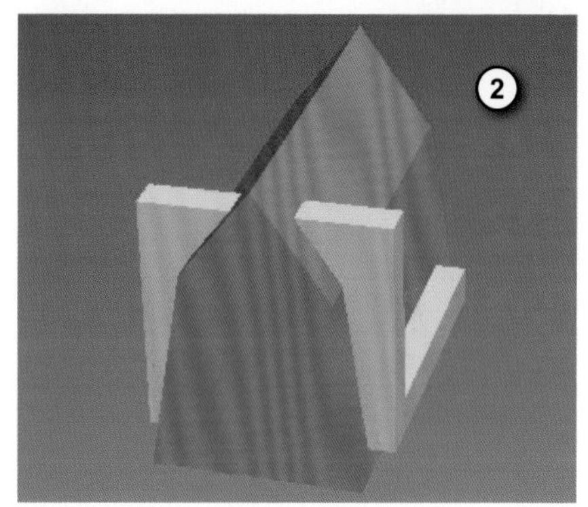

③ 選取五邊形柱體後，在【Create（創建面板）】下拉式選單中選擇【Compound Objects（複合物件）】。

④ 在【Compound Objects】面板中選擇【ProBoolean（超級布林）】。

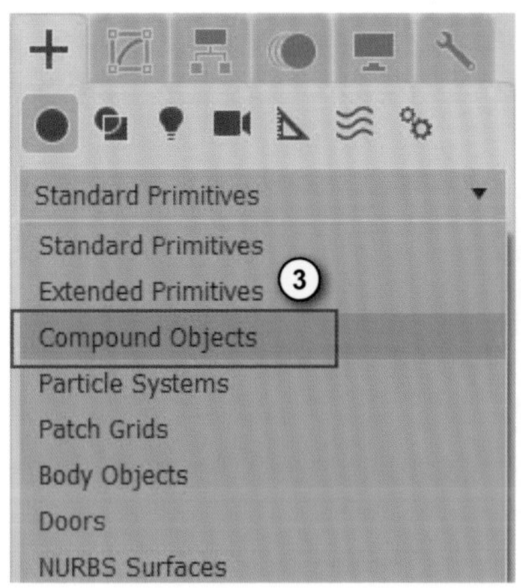

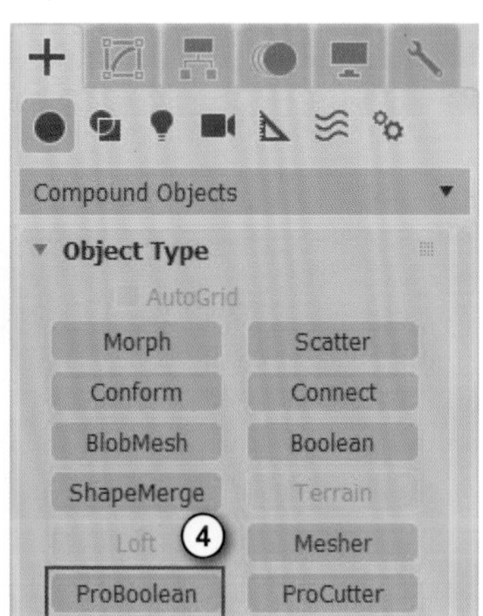

5 在【ProBoolean（超級布林）】中的【Parameters（參數）】選擇【Intersection 交集】。

6 在【Pick Boolean】面板中點擊【Start Picking】，再點擊 L 型柱體，按下滑鼠右鍵結束超級布林。

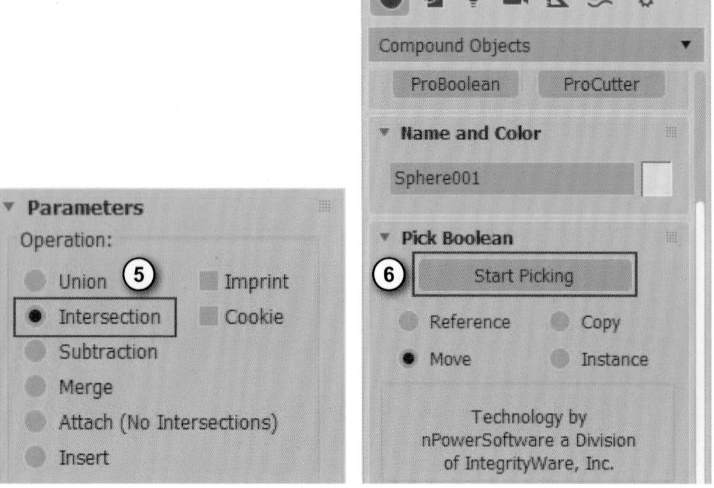

7 造型椅完成。這是因為 Intersection 交集會留下物體重疊的部分，刪除沒有重疊的部分。

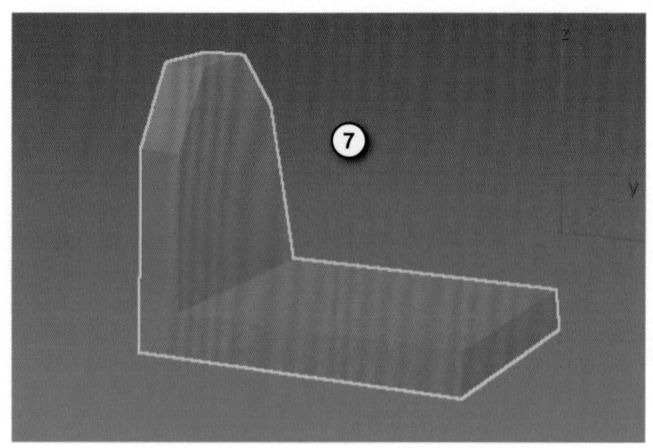

Subtraction 差集

準備工作

打開〈Subtraction.max〉檔。會發現檔案中有兩個大小不同的方塊。以這兩個物體利用 Subtraction 差集製作櫃子。

❶ 按下「T」切換至上視圖，將紫色方塊移至粉色方塊中，使兩個物體重疊。

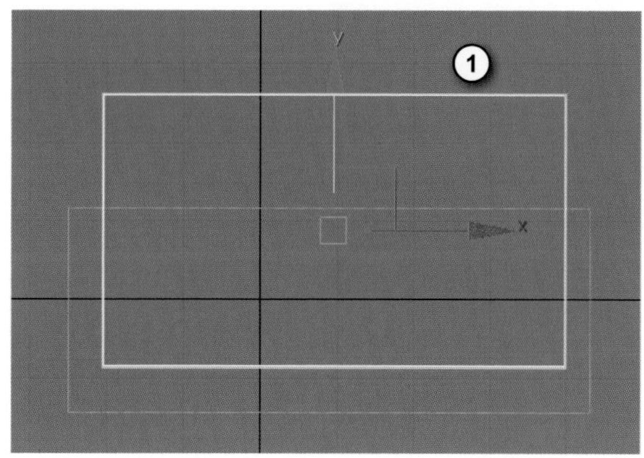

❷ 按下「P」回到透視圖，將紫色方塊往上移至適當高度，並利用移動座標向下複製一個紫色方塊，如左圖所示。

❸ 選取粉色方塊後，在【Create（創建面板）】下拉式選單中選擇【Compound Objects（複合物件）】。

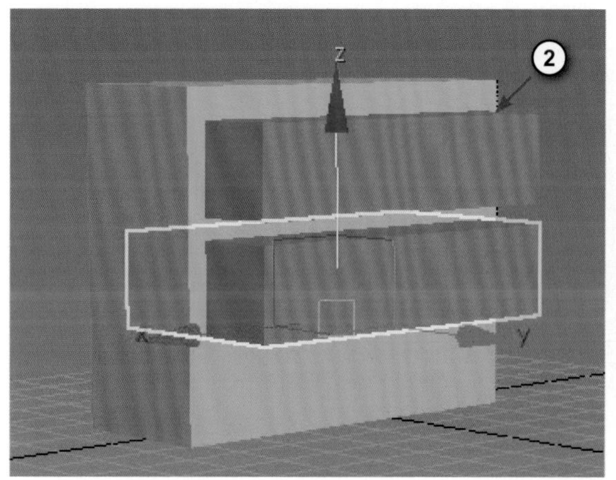

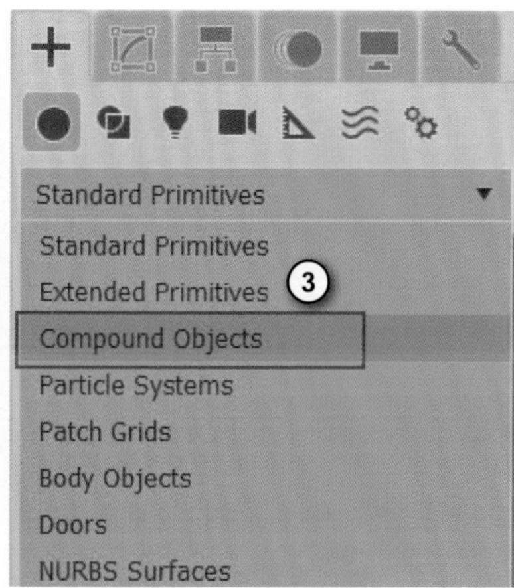

④ 在【Compound Objects】面板中選擇【ProBoolean（超級布林）】。

⑤ 在【ProBoolean（超級布林）】中的【Parameters（參數）】選擇【Subtraction 差集】。

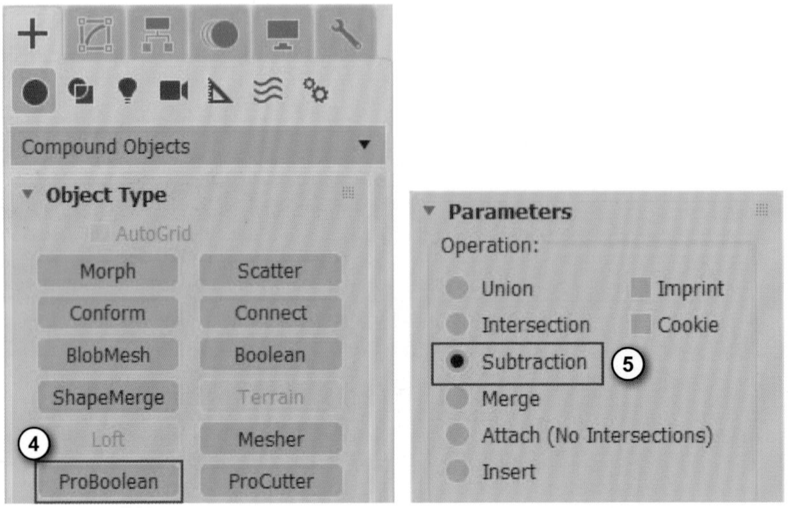

⑥ 在【Pick Boolean】面板中點擊【Start Picking】，再點擊兩個紫色方塊，按下滑鼠右鍵結束超級布林。

⑦ 櫃子完成。這是因為 Subtraction 差集會將重疊的部分刪除，留下沒有重疊的部分。

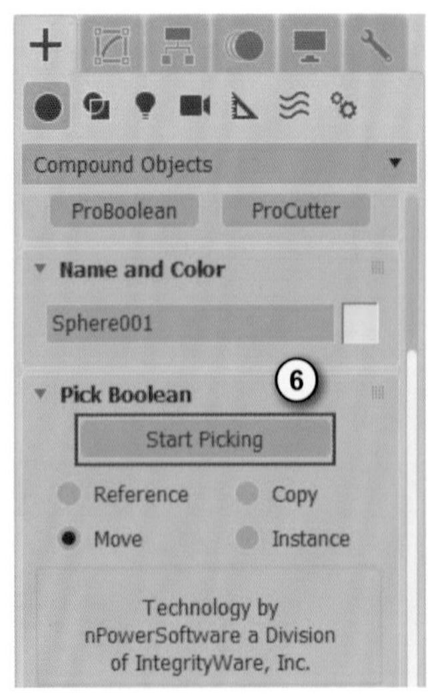

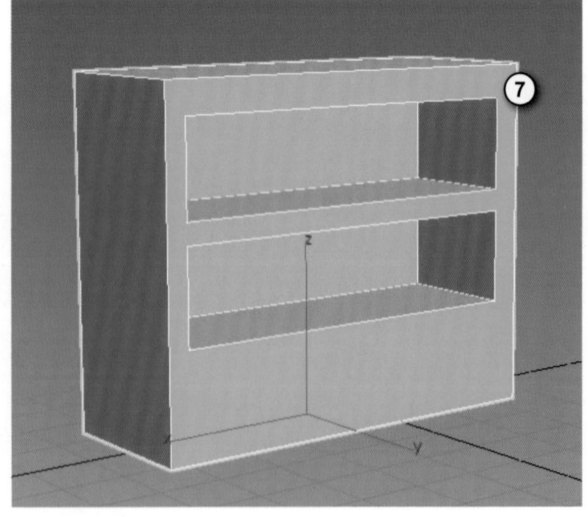

2-6 範例一：多邊形櫃

❶ 點擊【Create（創建）】→【Shape（形狀）】→【NGon（多邊形）】。

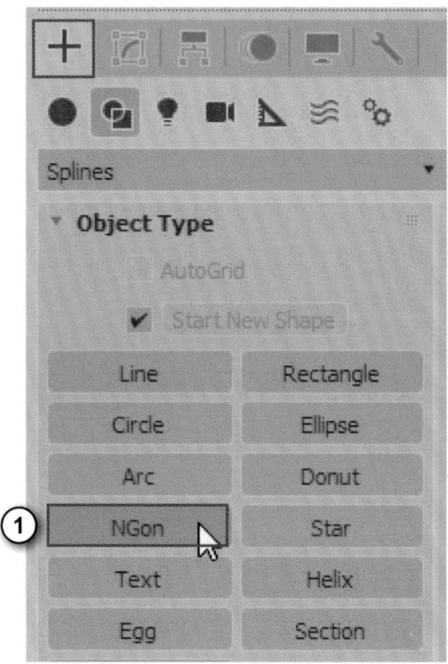

❷ 繪製一個六邊形，在修改面板設定【Radius（半徑）】為 40，【Sides（邊數）】為 6。

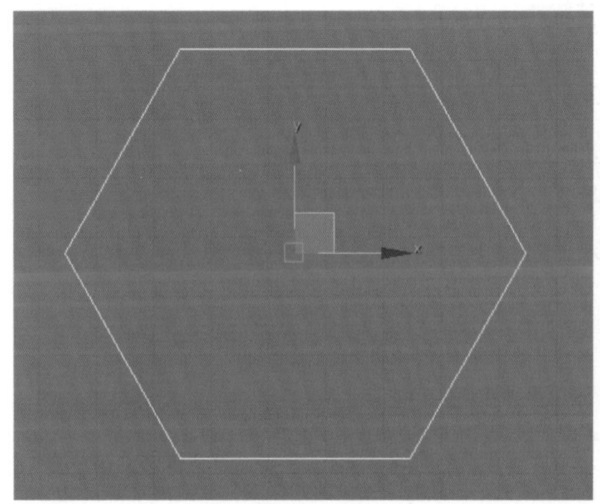

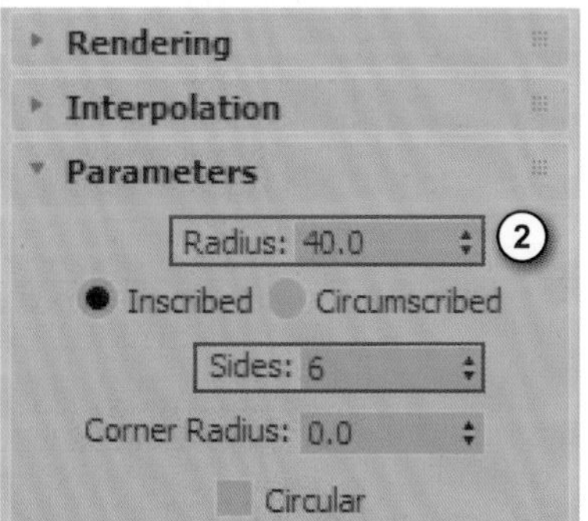

③ 開啟【Modifier List】修改器下拉選單→加入【Extrude（擠出）】修改器，【Amount（擠出值）】為 -25，取消勾選【Cap End】。

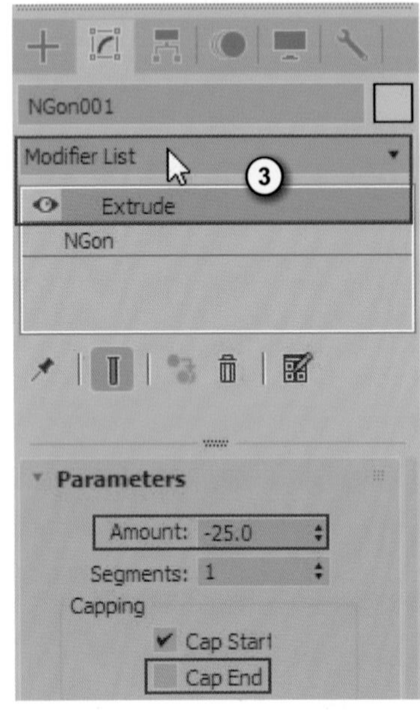

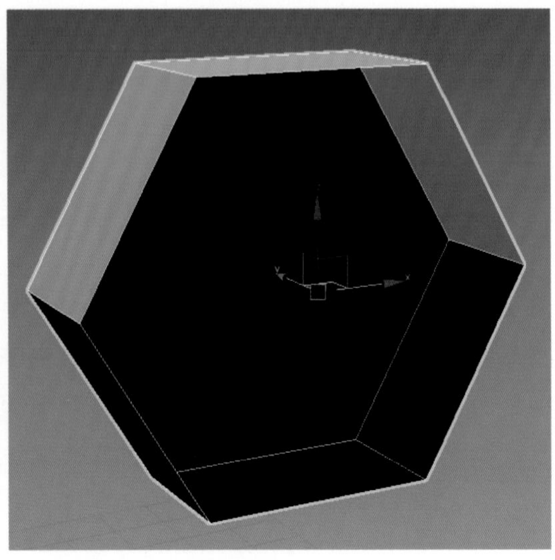

④ 開啟【Modifier List】修改器下拉選單→加入【Shell（殼）】修改器，【Outer Amount（往外加厚）】為 0，【Inner Amount（往內加厚）】為 2.5，勾選最下方的【Straighten Corners（拉直轉角）】。

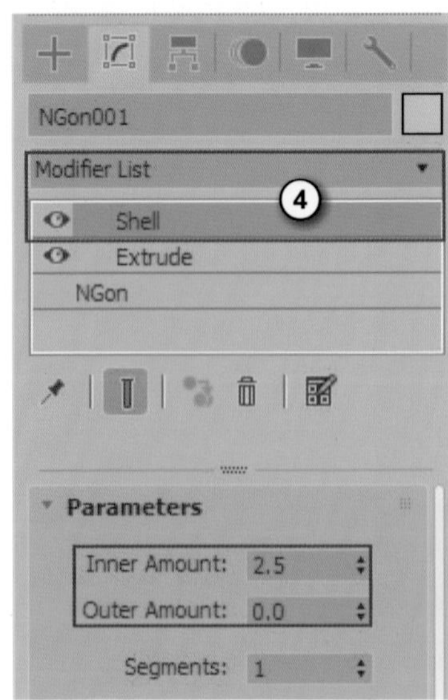

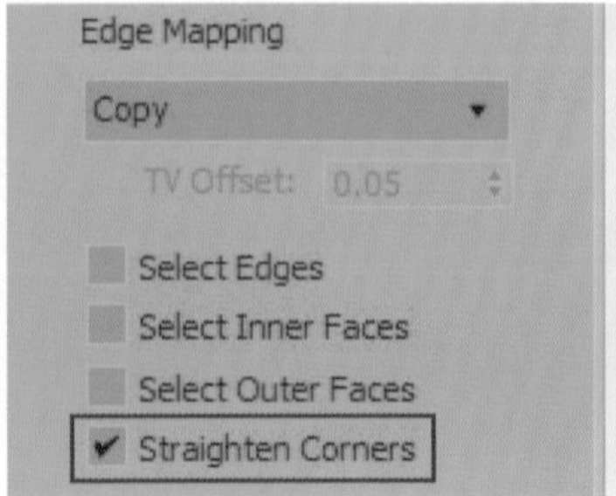

⑤ 完成一個多邊形櫃。

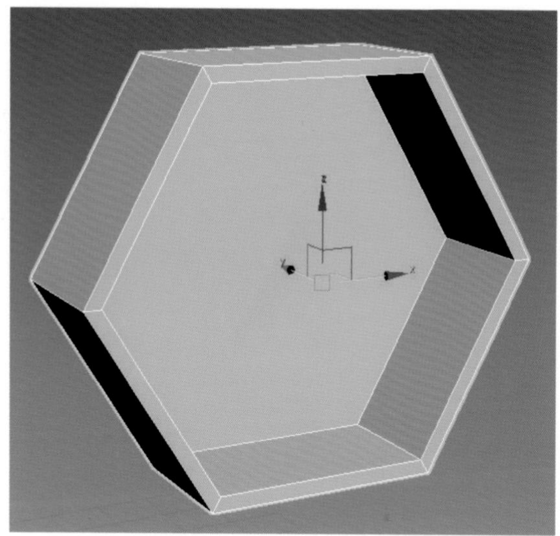

⑥ 左鍵按【3】開啟鎖點，右鍵按【3】開啟設定，只勾選【Vertex（頂點）】。

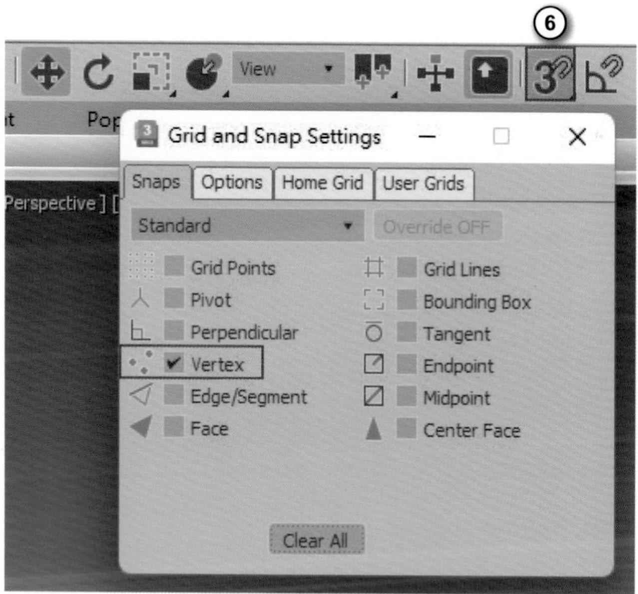

7 按 W 鍵移動，選取櫃子，按住 Shift 鍵從左下角點拖曳到右側頂點。

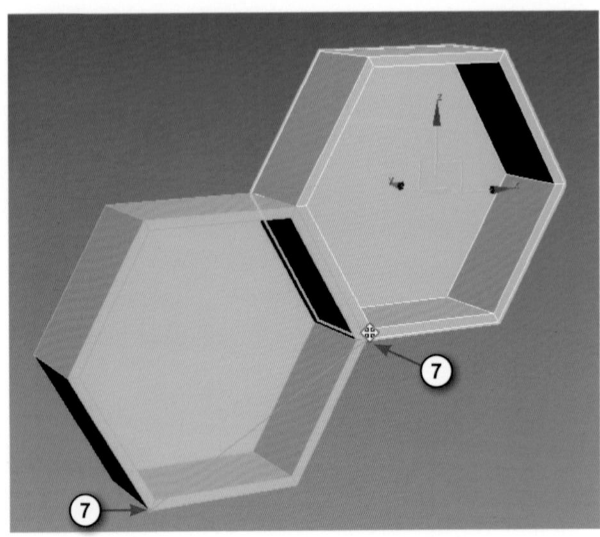

8 複製模式選【Instance（分身）】，複製數量輸入 2，按下【OK】。

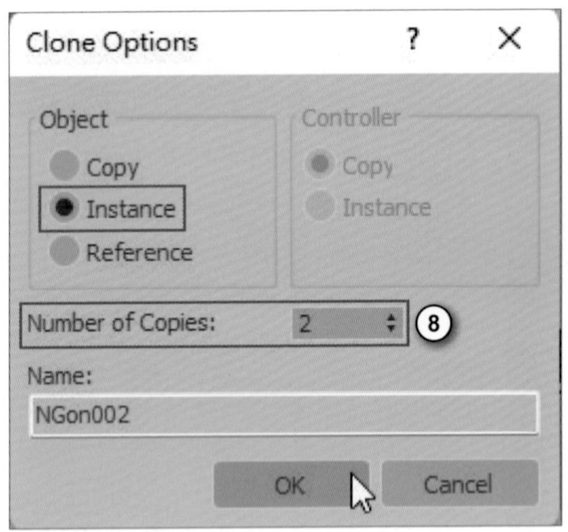

9 再選一個櫃子，按住 Shift 鍵從右下角點拖曳到左側頂點，完成多邊形壁櫃。

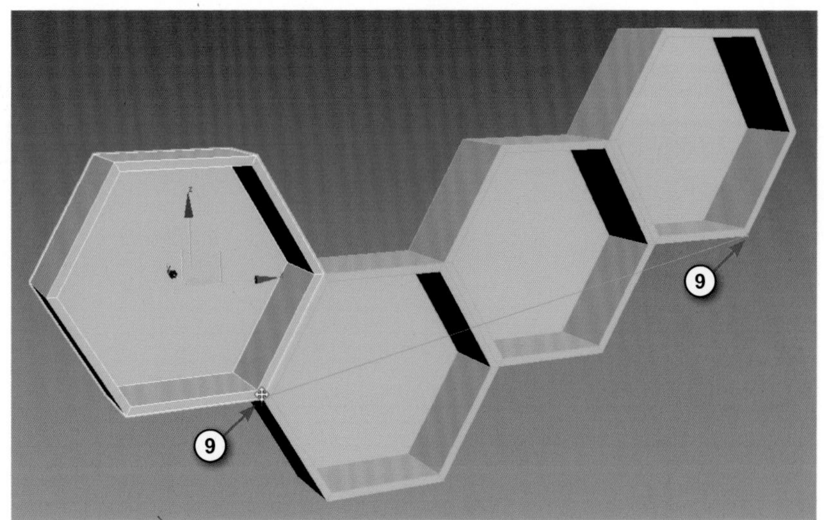

2-7 範例二：吧臺

吧檯組成物件

組成物件	使用修改器
吧檯 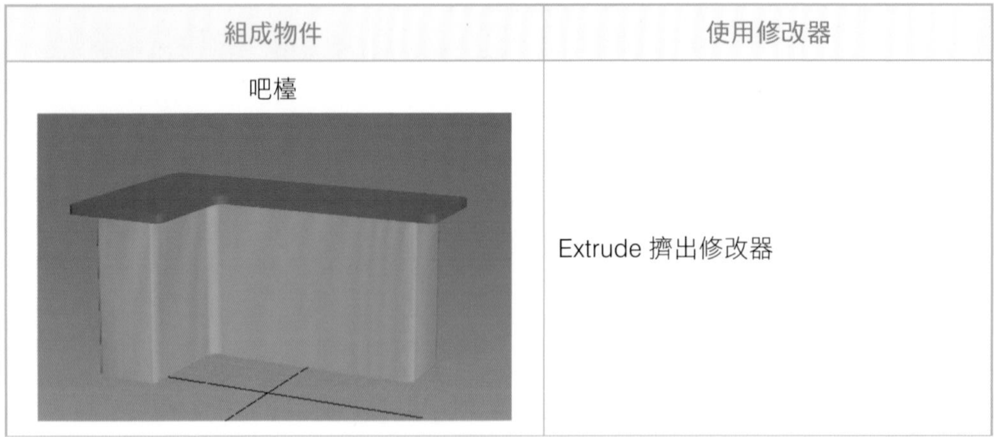	Extrude 擠出修改器

組成物件	使用修改器
吧檯椅子	椅墊：Extrude 擠出修改器 椅腳：Lathe 車削修改器
酒杯	Lathe 車削修改器

吧臺繪製

❶ 切換至上視圖，點擊【Line（線）】，按住「Shift」鍵，鎖定水平或垂直，繪製一 L 形線段，按下右鍵結束線段。

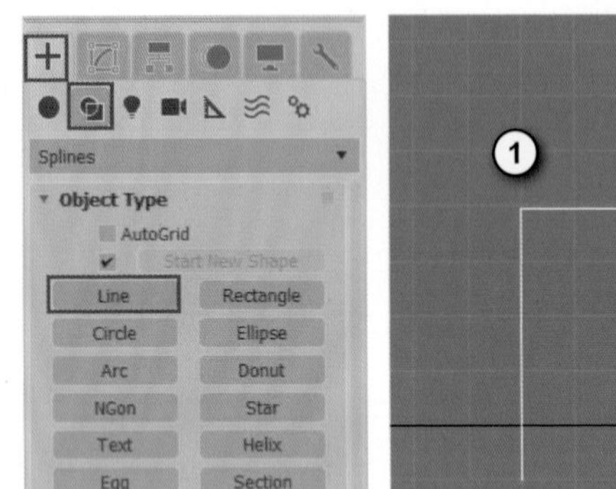

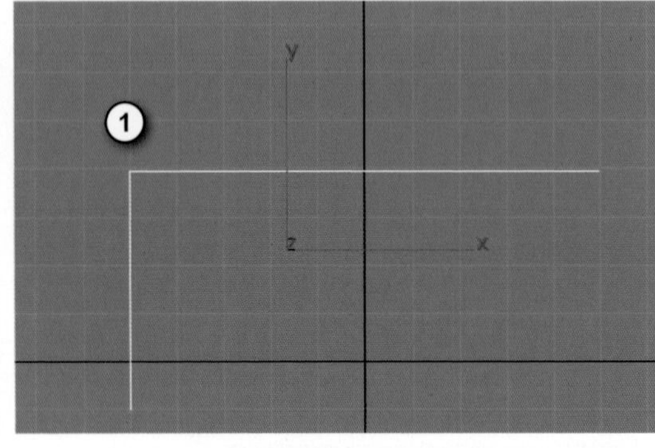

❷ 在【Modify（修改面板）】中，點擊【 Spline（曲線層級）】，選取線段。

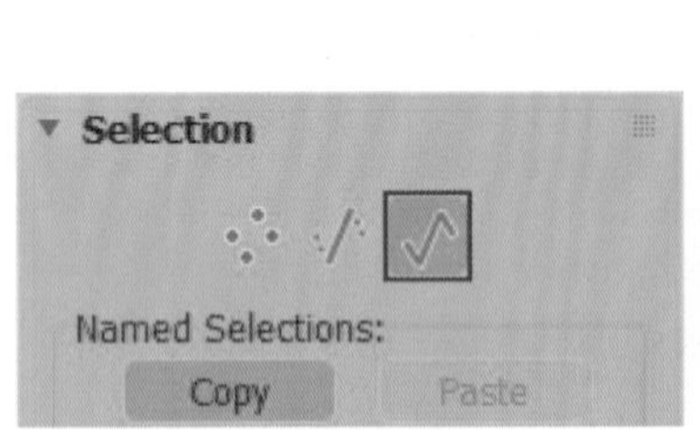

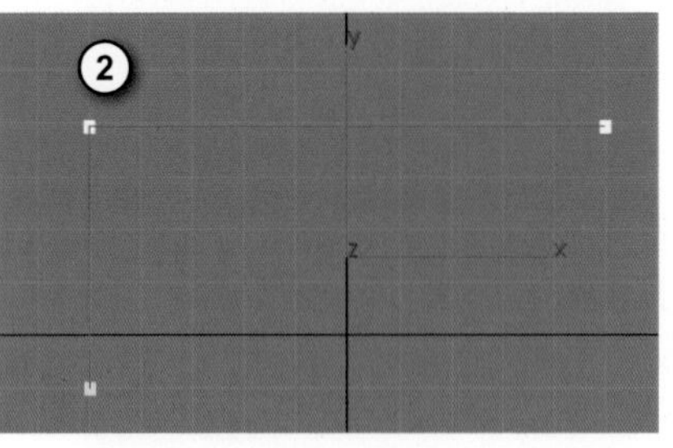

❸ 在【Modify（修改面板）】下方欄位中，找到【Geometry】→【Outline（偏移）】，按住滑鼠左鍵拖曳右邊的上下箭頭 ，即可將線段偏移，給予吧檯適當的寬度。按下鍵盤上方數字「3」退出【Spline（曲線層級）】子層級。

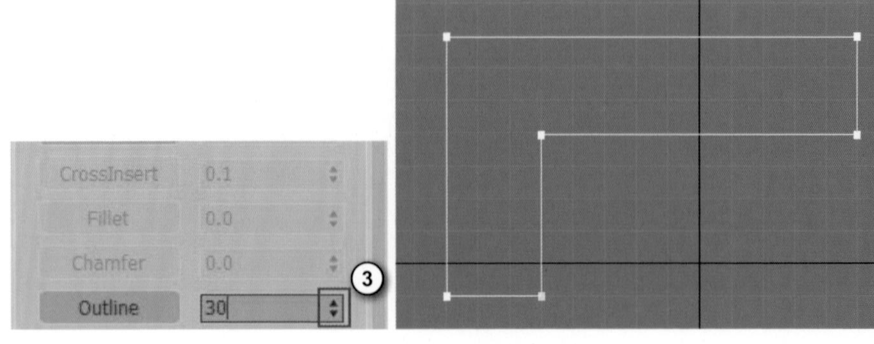

若想變更【Outline】的偏移量，可按下「Ctrl+Z」復原步驟，再次進行偏移，正負數值往相反方向偏移。

④ 在【Modify（修改面板）】中，點擊【 Vertex（點層級）】，選取所有的點。

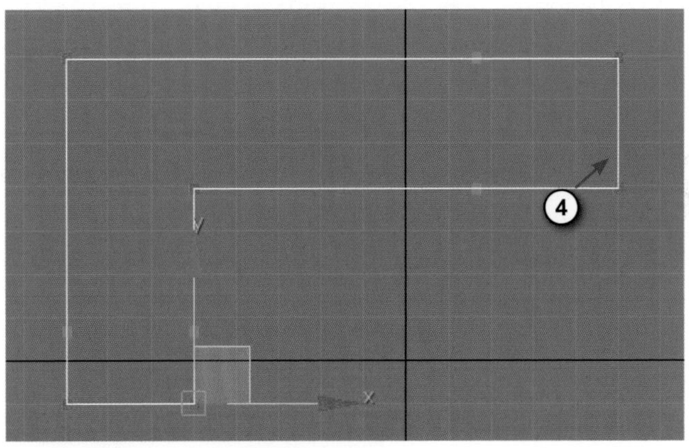

⑤ 在【Modify（修改面板）】下方欄位中，找到【Geometry】→【Fillet（圓角）】右邊的小箭頭，按住滑鼠左鍵拖曳至適當大小後放開滑鼠左鍵，製作吧臺圓角。

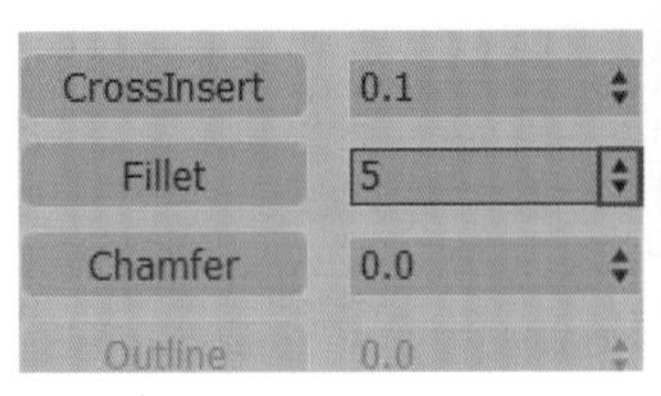

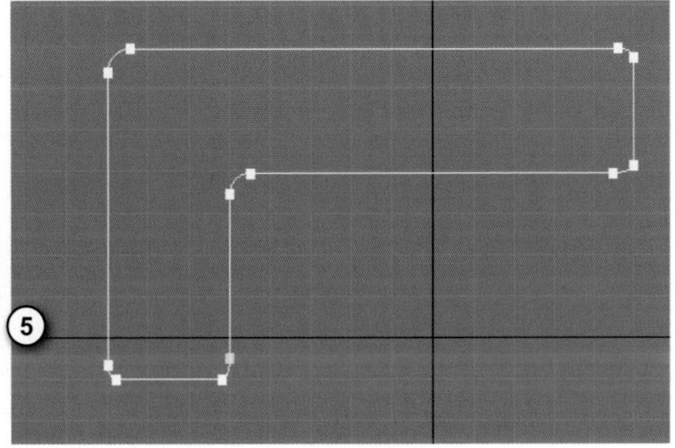

TIPS

若想變更【Fillet】圓角大小，可按下「Ctrl+Z」復原步驟，再重新做圓角，數值不能輸入負的。

⑥ 按下鍵盤上方數字「1」離開【Vertex（點層級）】後，點擊【Modify（修改面板）】→下拉式選單→加入【Extrude（擠出）】修改器。

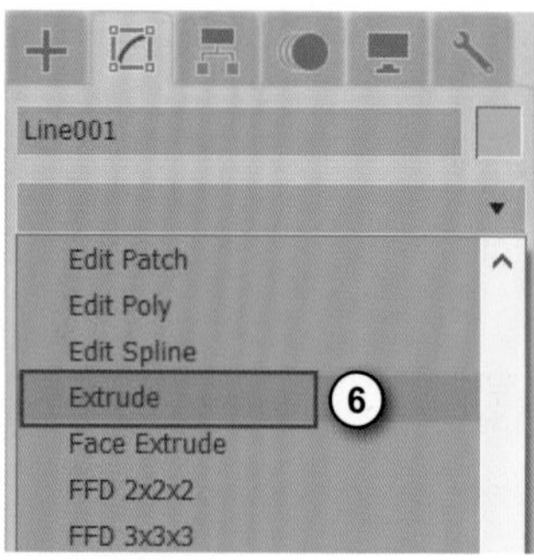

⑦ 在【Modify（修改面板）】→【Amount（擠出厚度）】欄位輸入適當數值後，即完成吧臺底座。

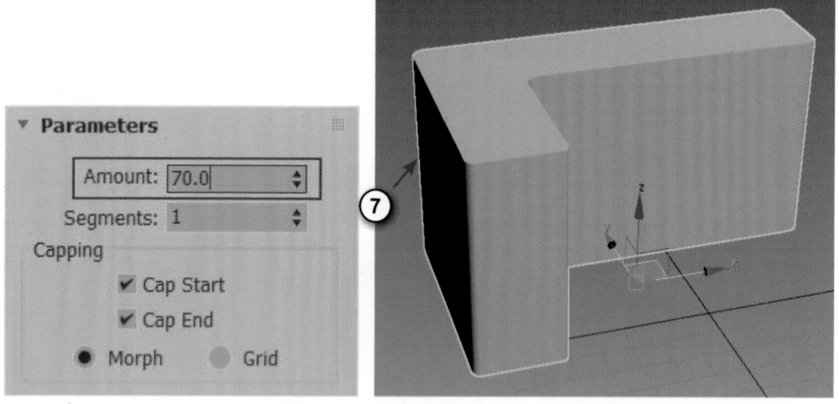

⑧ 關閉物件鎖點，按下「W」切換移動工具，按住「Shift」鍵，以【Copy】模式將吧臺往上移動複製，製作檯面。

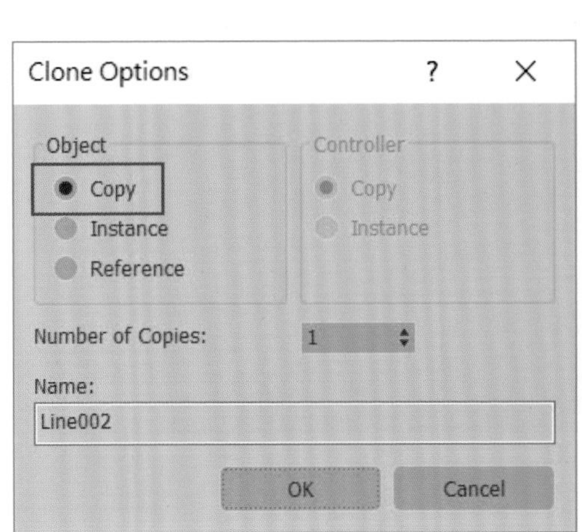

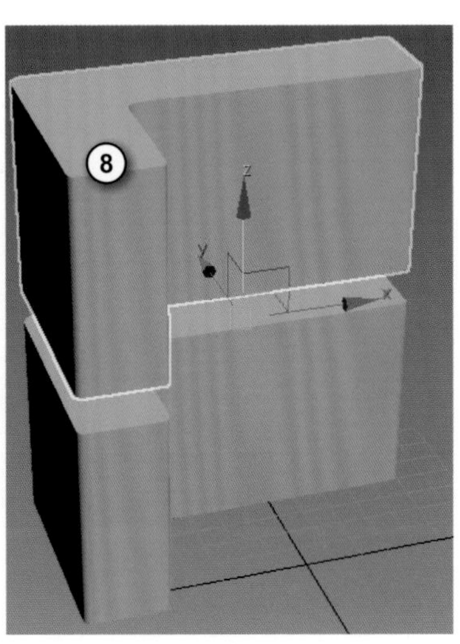

⑨ 在【Modify（修改面板）】的【Extrude】修改器上點擊滑鼠右鍵→選擇【Delete（刪除）】將修改器刪除，將複製的吧臺變回原本的 2D 造型線。

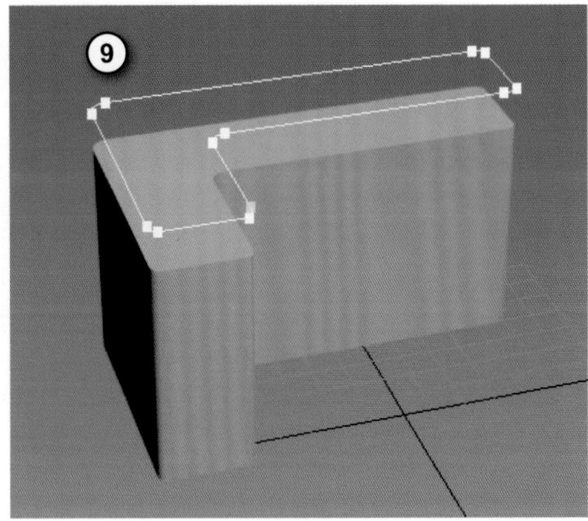

⑩ 按下「T」切換到上視圖，並按下「F3」切換到線框模式，使用比例縮放，將線段放大。

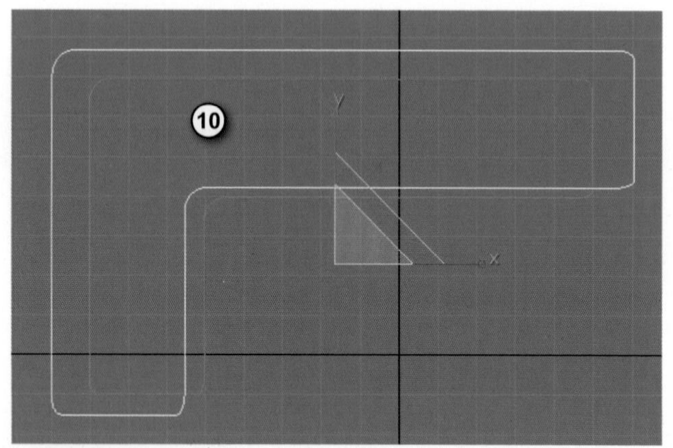

⑪ 在【Modify（修改面板）】中，點擊【 Vertex（點層級）】，並框選要調整的點，按下「W」鍵，將點往外移動，使造型線範圍比底座大一圈。

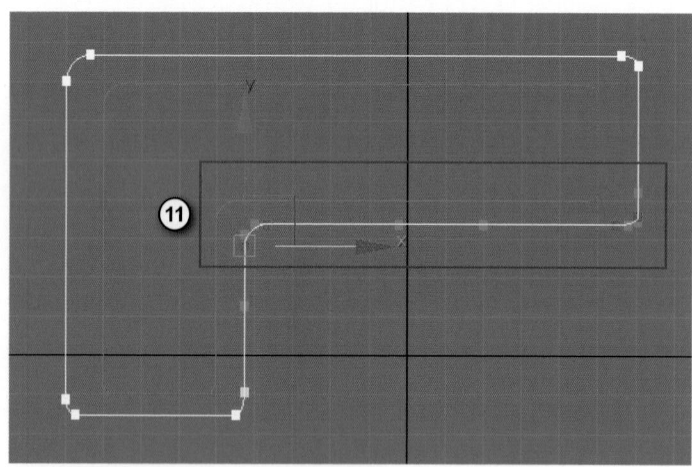

⑫ 調整完成後，按下鍵盤數字「1」離開【Vertex（點層級）】，點擊【Modify（修改面板）】→下拉式選單 → 加入【Extrude（擠出）】修改器，並調整擠出厚度。

⑬ 將吧檯檯面移動到底座上方，完成如右圖。

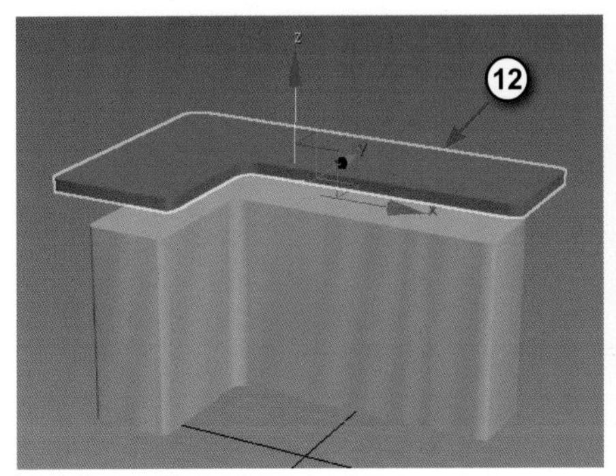

椅子繪製

❶ 接下來繪製吧臺椅。滑鼠左鍵點擊畫面上方的鎖點工具，開啟「3D」鎖點模式。

❷ 在鎖點工具上點擊滑鼠右鍵，將「Grid Points（格點）」打勾。

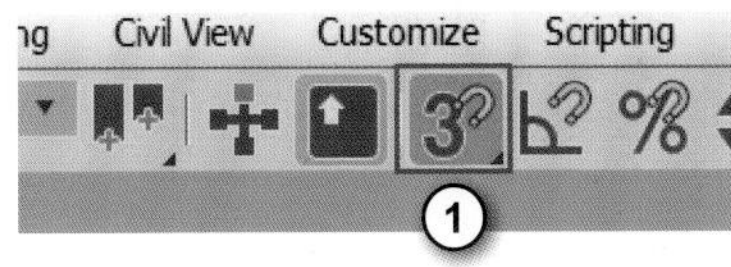

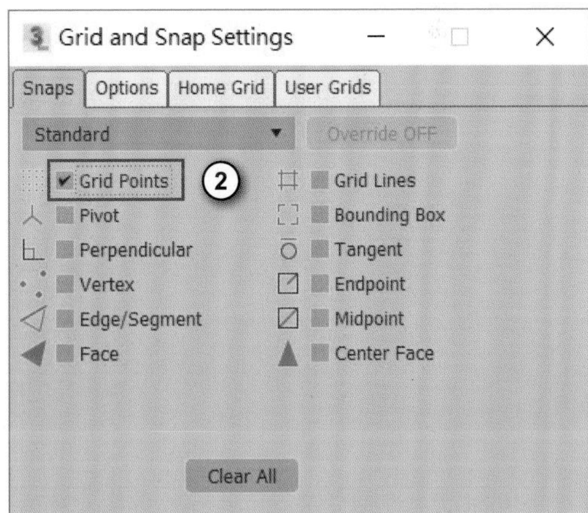

3. 按下「F」切換至前視圖，使用【Line（線）】，繪製半個椅腳的外型，記得封閉圖形如左圖，然後關閉 3D 鎖點。

4. 在【Modify（修改面板）】下方，點擊【Vertex（點層級）】，選取右圖所示的點。

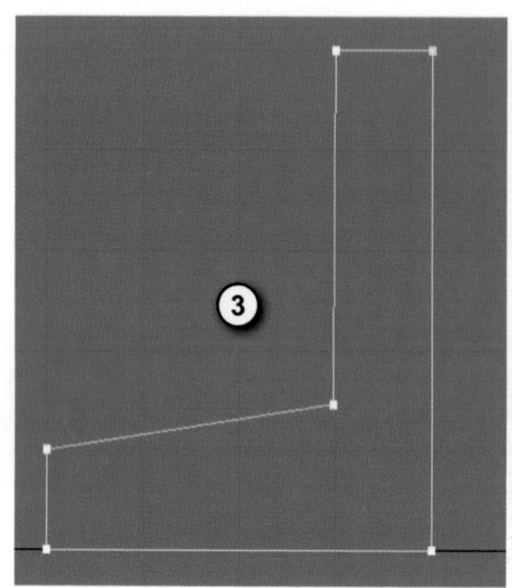

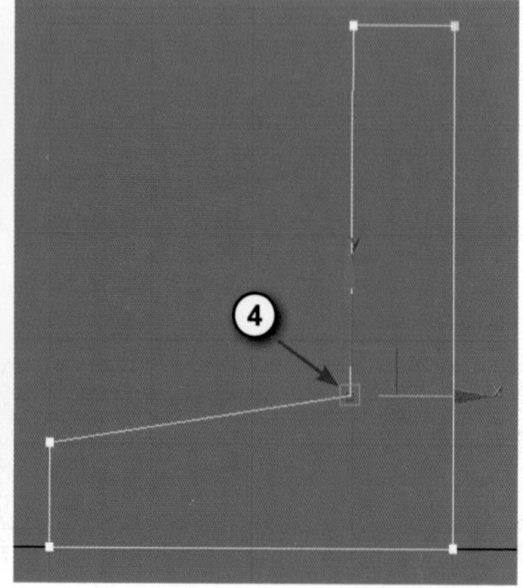

5. 在【Modify（修改面板）】找到【Geometry】→【Fillet（圓角）】右邊的上下箭頭，按住滑鼠左鍵拖曳至適當大小後，放開滑鼠左鍵，產生圓角。接著選擇右圖所示的點。

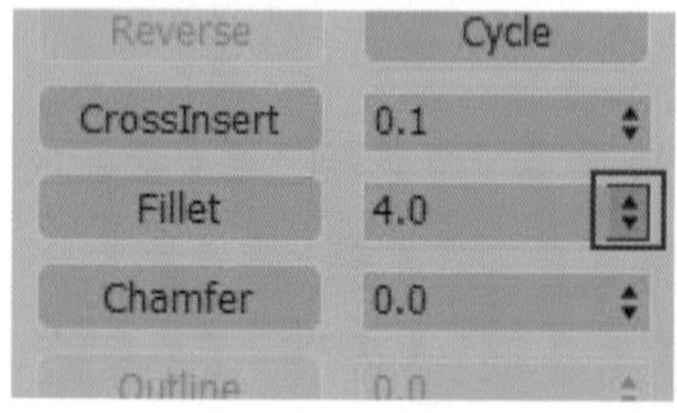

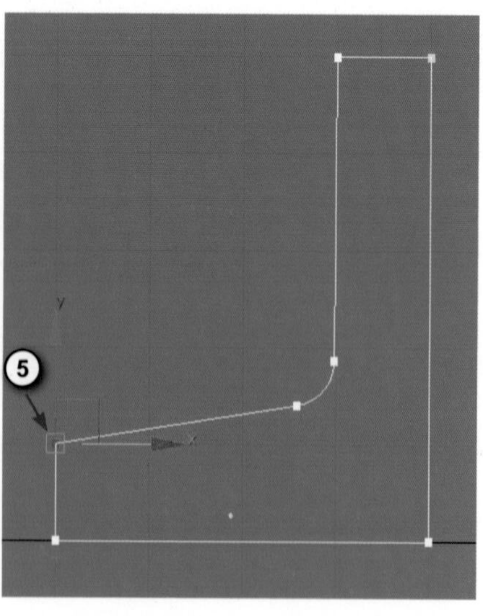

6 在【Modify（修改面板）】中，找到【Geometry】→【Fillet（圓角）】右邊的上下箭頭，按住滑鼠左鍵拖曳至適當大小後，放開滑鼠左鍵產生圓角。接著選擇右圖所示的點。

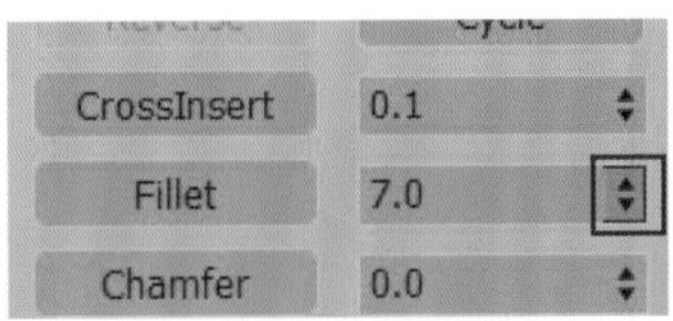

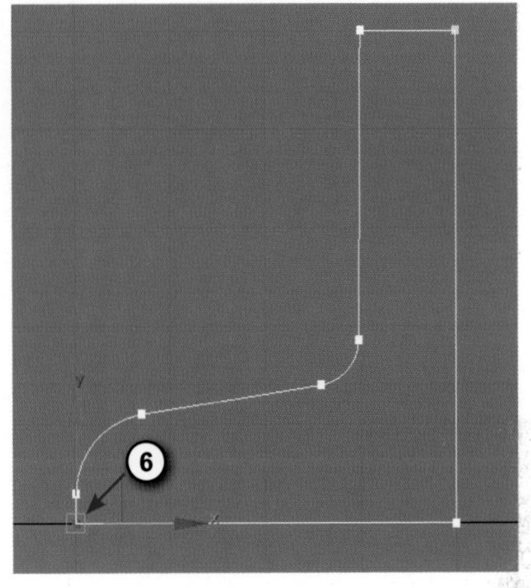

7 在【Modify（修改面板）】中，找到【Geometry】→【Fillet（圓角）】右邊的上下箭頭，按住滑鼠左鍵拖曳至適當大小後，放開滑鼠左鍵產生圓角。

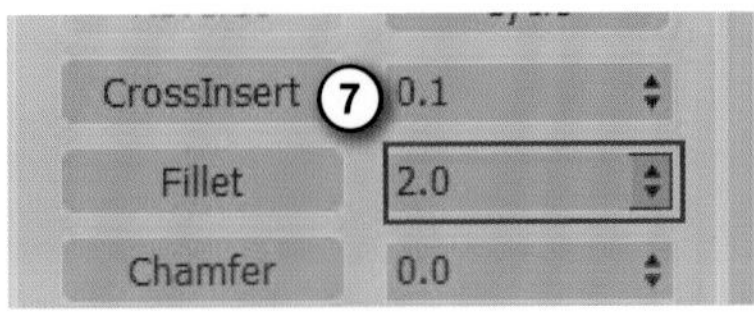

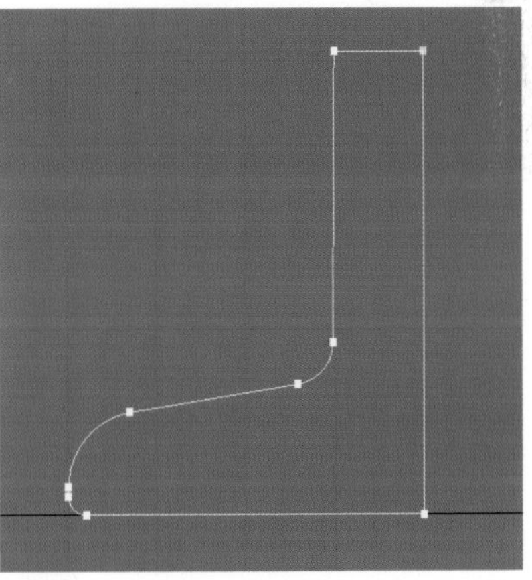

⑧ 按下鍵盤數字「1」離開點層級。點擊【Modify（修改面板）】→下拉式選單→加入【Lathe（車削）】修改器。

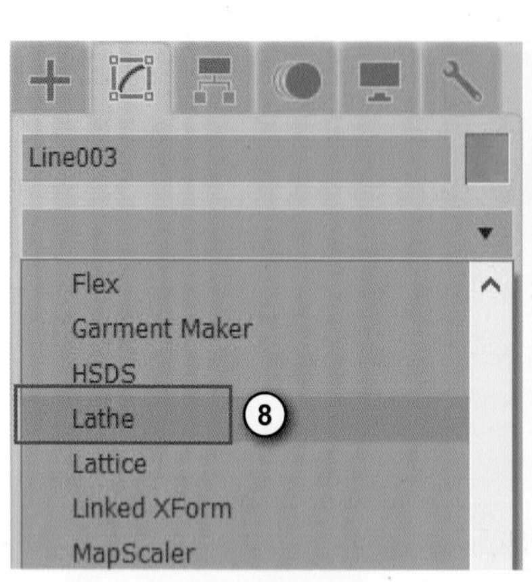

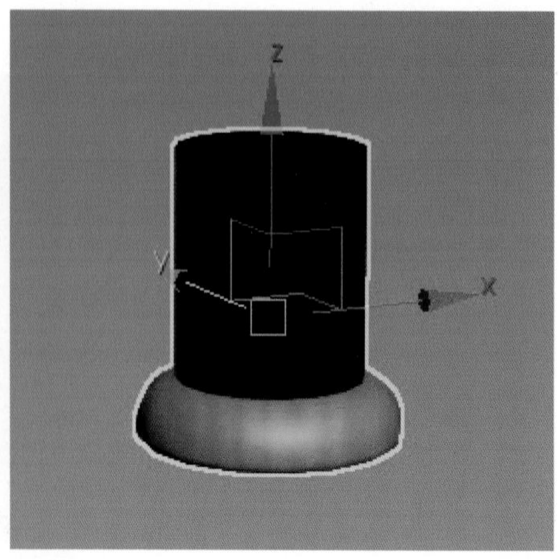

⑨ 在【Modify（修改面板）】→【Parameters】→將【Weld Core（封閉核心）】打勾；【Segments（段數）】輸入「30」使表面較圓滑；在【Align（對齊）】欄位點擊【Max】變更旋轉軸位置，讓椅腳呈現。

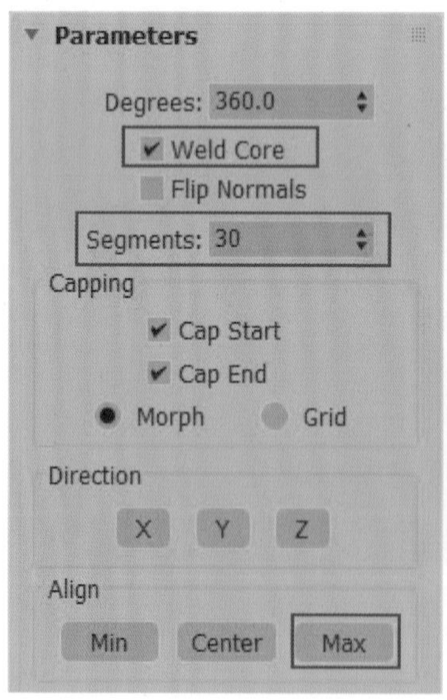

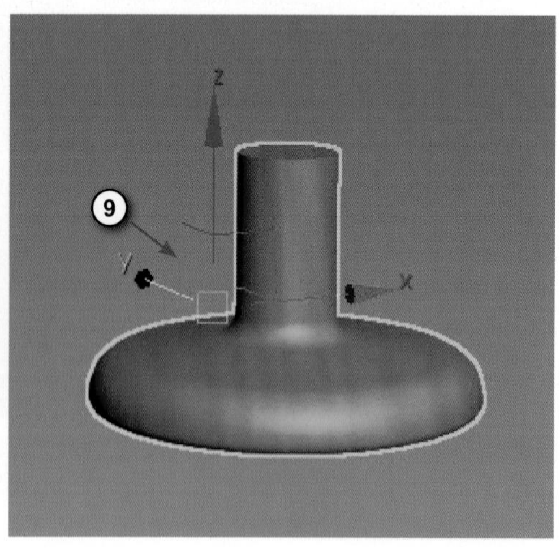

⑩ 切換至前視圖，使用【Line（線）】，繪製椅子的外形，並在【Modify（修改面板）】點擊【Vertex（點層級）】，選取下圖所示的點。

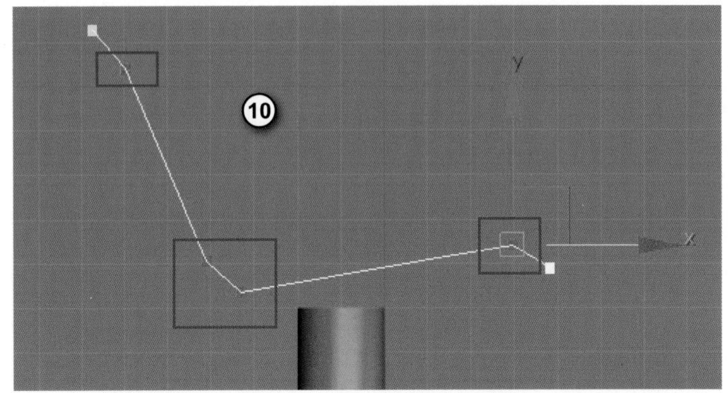

⑪ 在【Modify（修改面板）】中，找到【Geometry】→【Fillet（圓角）】右邊的小箭頭，按住滑鼠左鍵拖曳至適當大小後，放開滑鼠左鍵製作圓角。

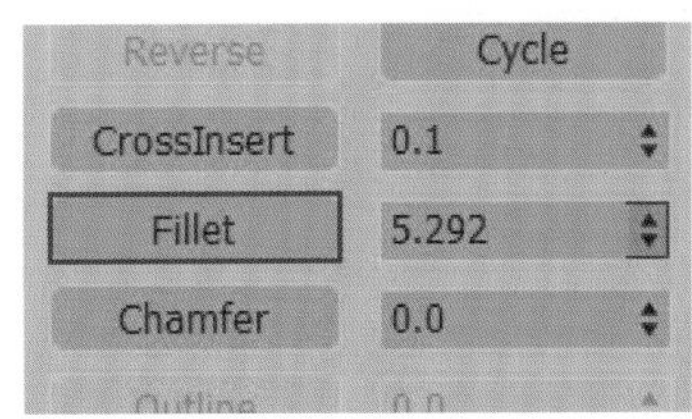

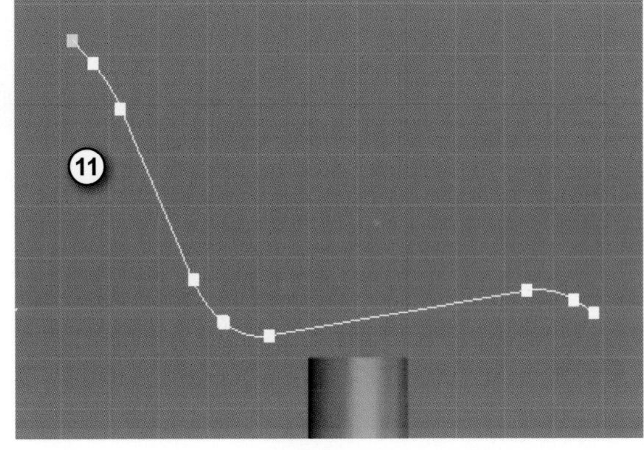

⑫ 按下數字「1」離開【Vertex（點層級）】，點擊【Modify（修改面板）】→下拉式選單→加入【Extrude（擠出）】修改器。

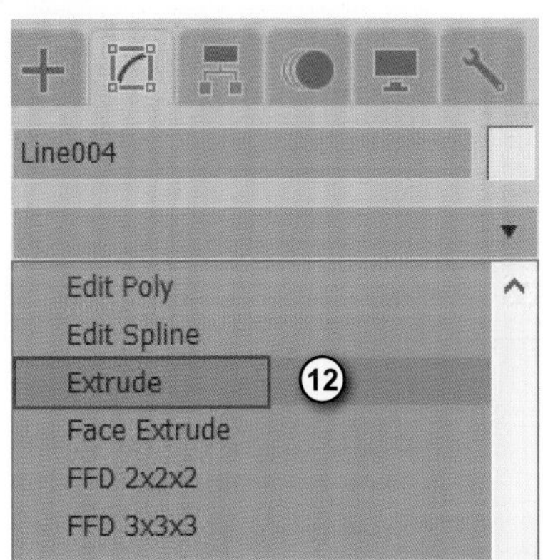

⑬ 在【Modify（修改面板）】→【Parameters】→【Amount（擠出厚度）】輸入適當數值，並將【Segments（段數）】設定為「6」，即完成椅子。

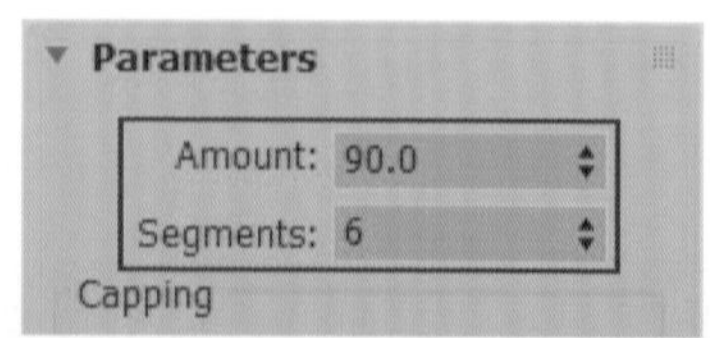

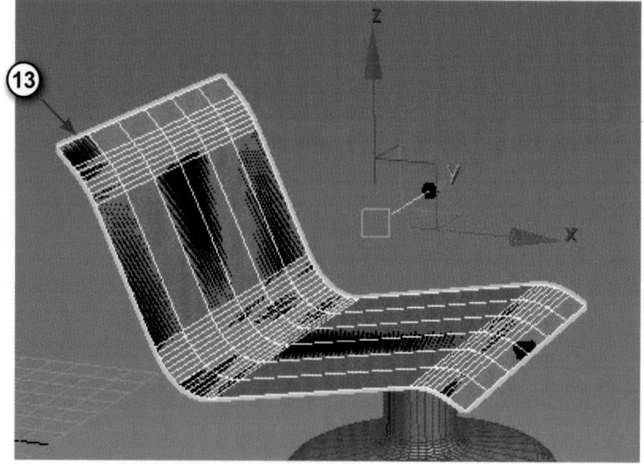

⑭ 點擊【Modify（修改面板）】→下拉式選單→ 加入【Shell（殼）】修改器。

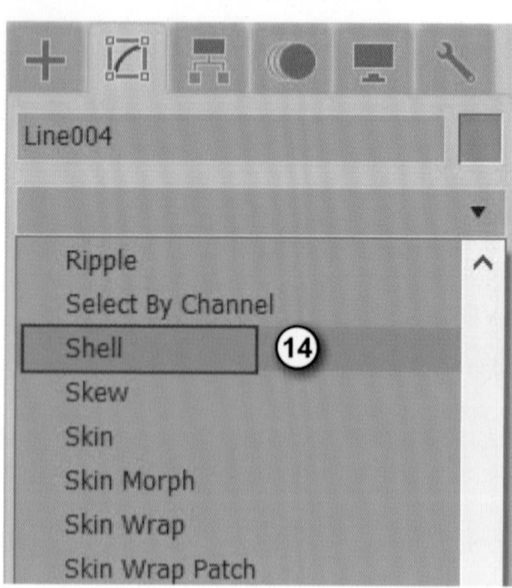

⑮ 在【Modify（修改面板）】→【Inner Amount】輸入適當的椅墊厚度，【Segments（段數）】數入「3」，增加椅子厚度的網格，綁住椅子外型，使椅子外觀感覺較硬。

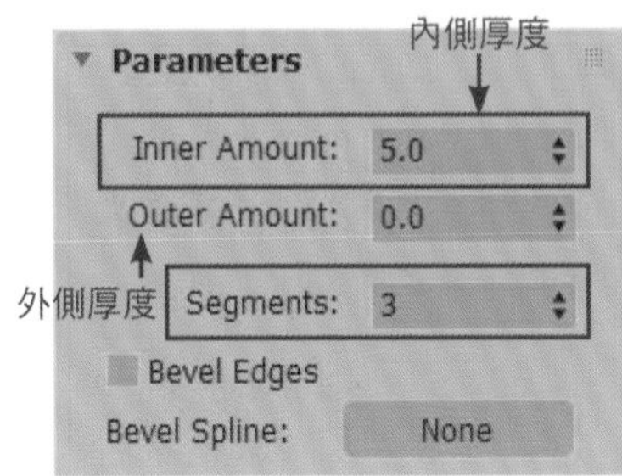

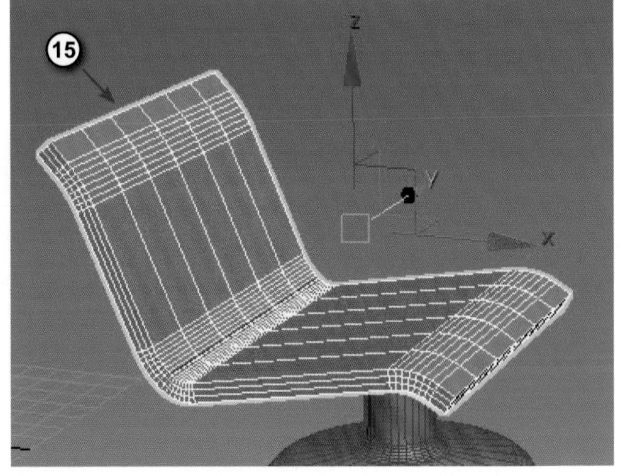

⑯ 按下「F3」，切換到線框模式，切換到上視圖及前視圖來將椅子移動到適當的位置。

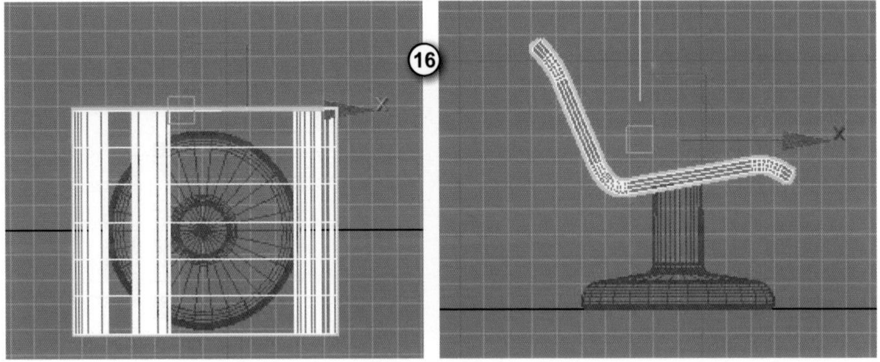

TIPS

當物件已加入修改器，如左下圖，2D 線段已加入了擠出與殼修改器，仍然可以回到線的子層級去對線段做修改，當修改完成後要記得退出子層級，如右下圖。

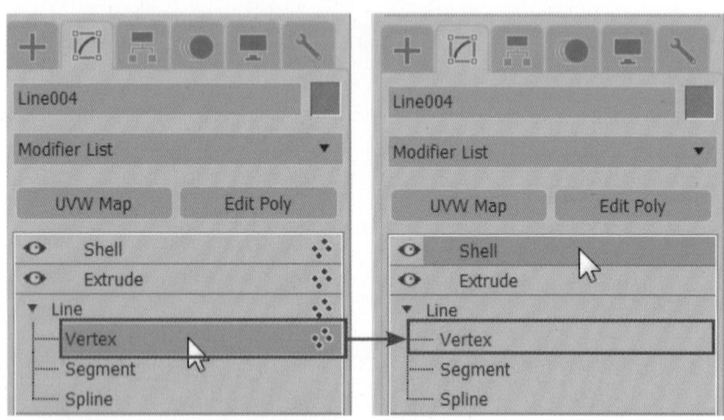

Vertex 右側的圖形不見，表示已經離開子層級

⑰ 選取椅墊，點擊【Modify（修改面板）】→下拉式選單→加入【MeshSmooth（網格平滑）】修改器。

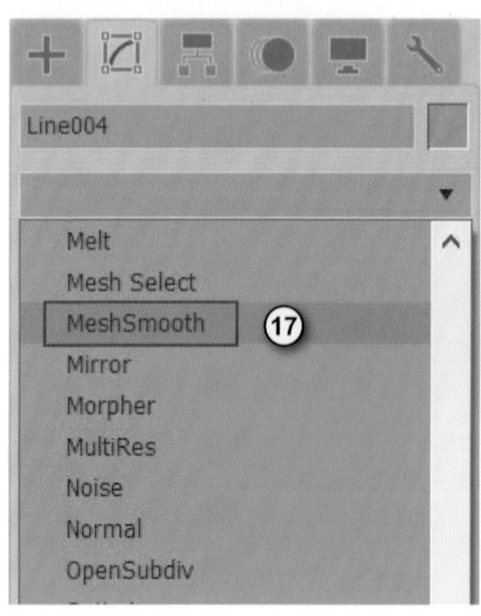

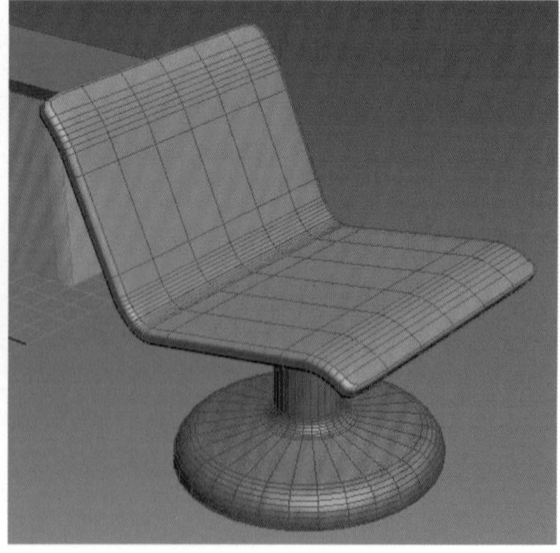

⑱ 在【Modify（修改面板）】→【Subdivision Amount】→【Iterations（細分值）】輸入「2」，使椅墊更平滑。

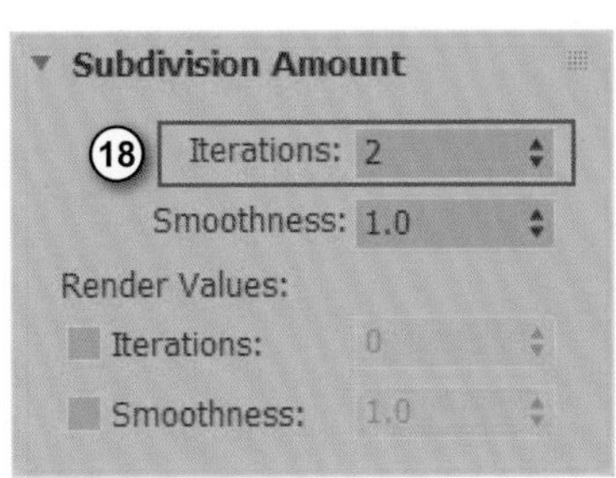

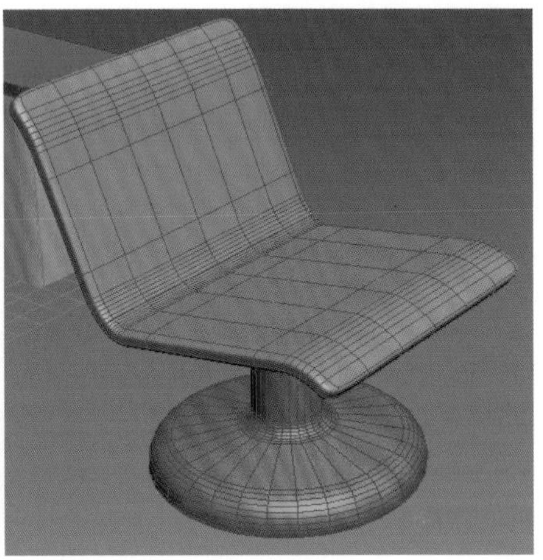

⑲ 按下「T」切換至上視圖，將吧臺椅移動到適當位置，按下「R」利用比例座標將椅子調整至適當大小。

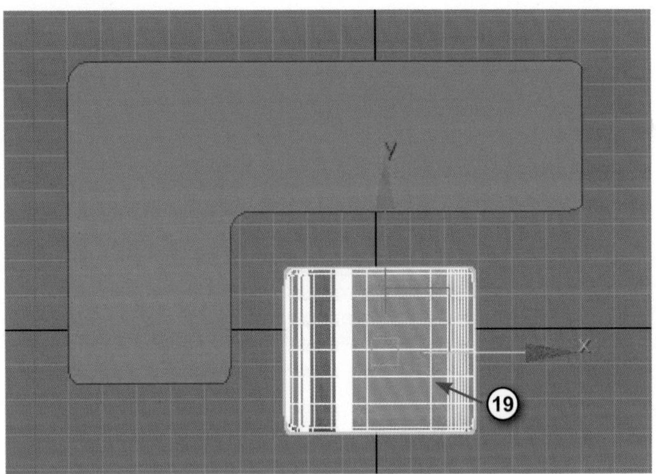

⑳ 框選整個吧臺椅，點擊功能表的【Group（群組）】→【Group（群組）】，請自行命名並點擊【OK】，將椅墊與椅角群組。隨意複製幾個吧臺椅後，分別移動到適當的位置並旋轉至正確方向，如右圖。

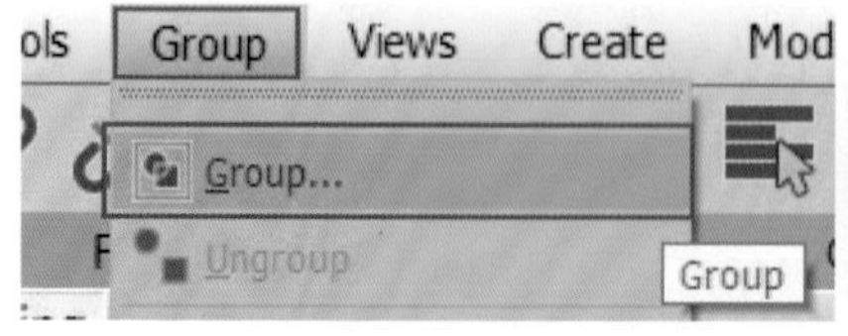

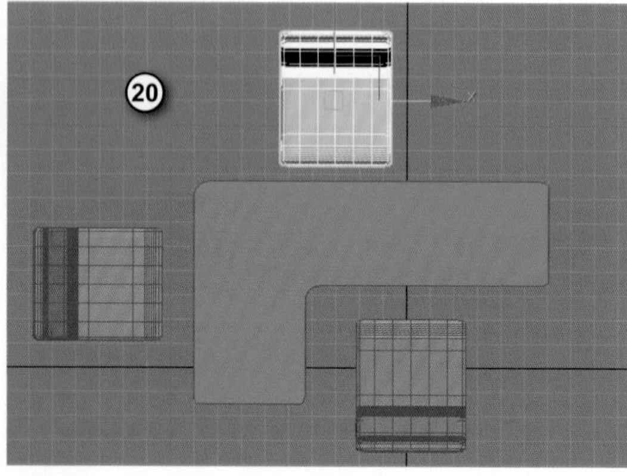

㉑ 使用【Plane（平面）】，繪製一較大平面來作為地板。

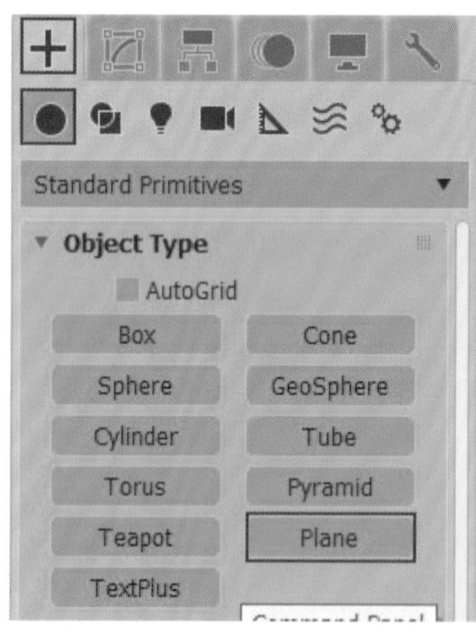

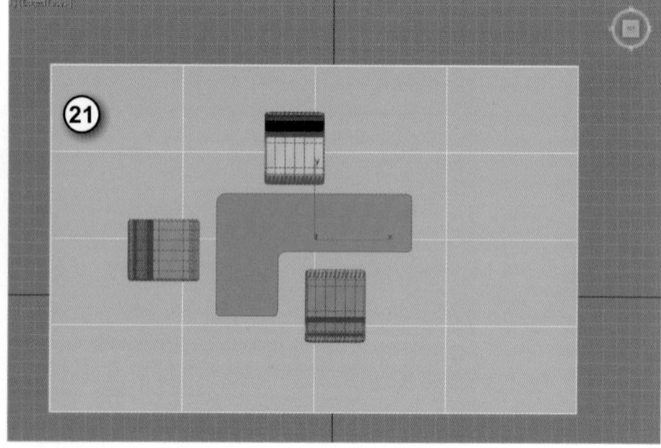

㉒ 按下「F」切到前視圖，將椅子往下移動到地板上。

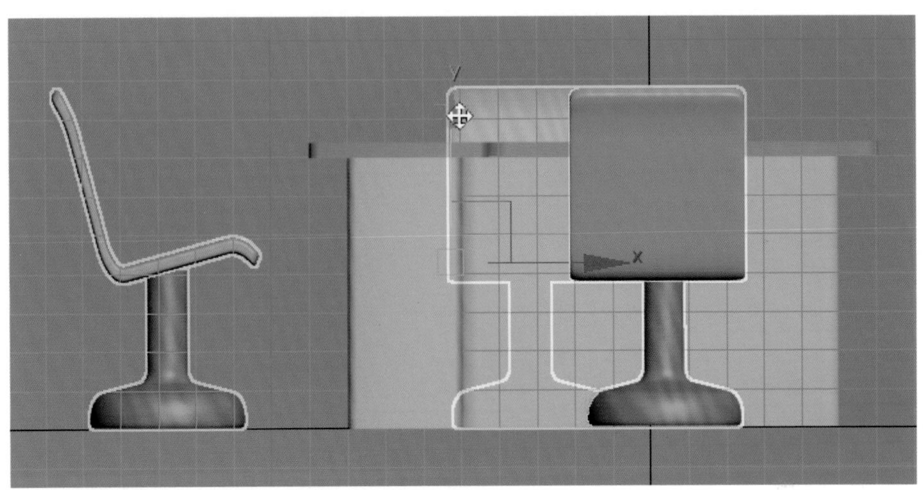

酒杯繪製

① 切換至前視圖，使用【Line（線）】繪製如右圖所示的線段，來繪製杯子的造型線，並進入【Vertex（點層級）】，選取右圖所示的點。

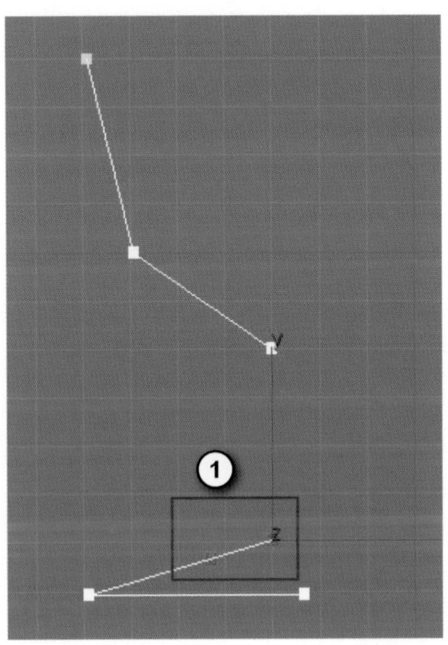

❷ 在【Modify（修改面板）】中，【Fillet（圓角）】右邊的上下箭頭，按住滑鼠左鍵拖曳至適當大小後，放開滑鼠左鍵製作圓角。圓角完成後選取右圖所示的點。

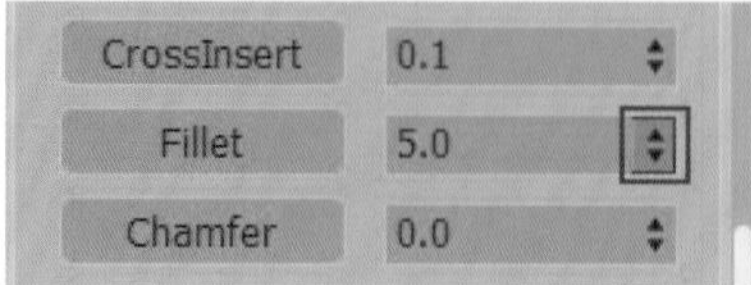

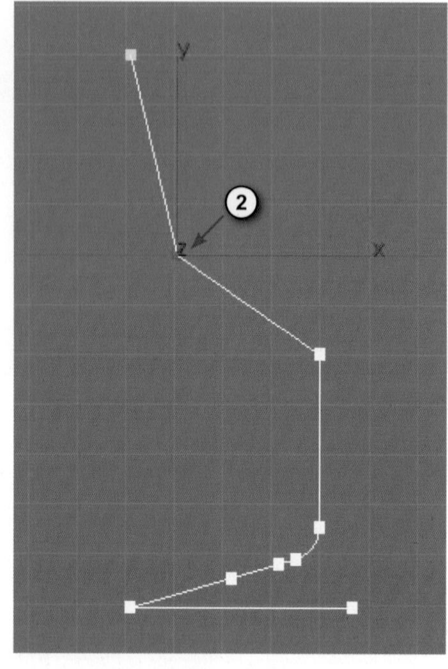

❸ 點擊滑鼠右鍵→將點類型變更為【Smooth（平滑）】，將點變平滑，調整完後離開子層級。

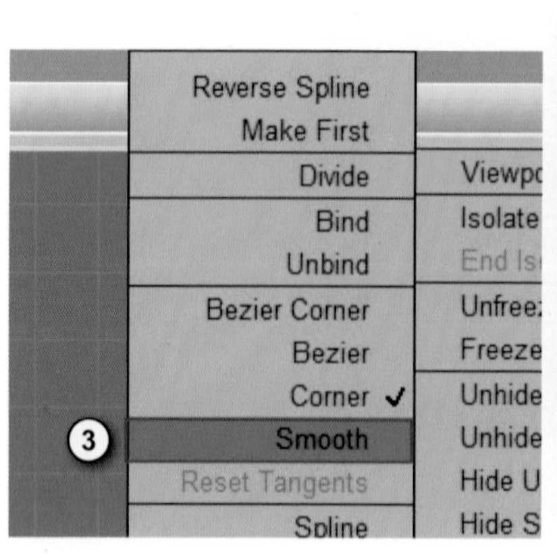

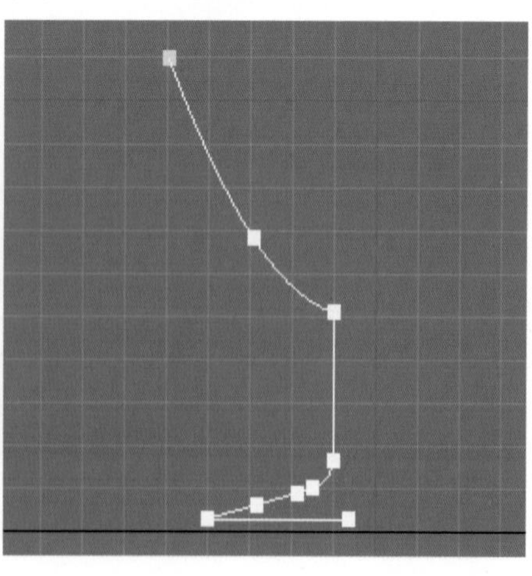

④ 點擊【Modify（修改面板）】→下拉式選單→加入【Lathe（車削）】修改器。

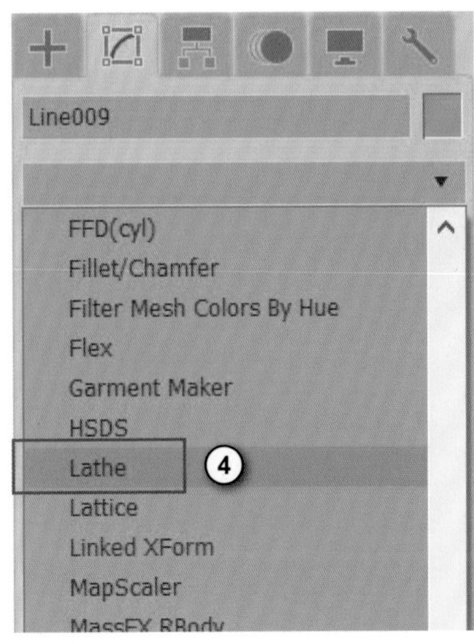

⑤ 在【Modify（修改面板）】→【Parameters】→將【Weld Core（封閉核心）】選項打勾；【Segments（段數）】輸入「32」使圓較圓滑；在【Align（對齊）】欄位點擊【Max】變更旋轉軸位置，使杯子呈現正確的外觀。

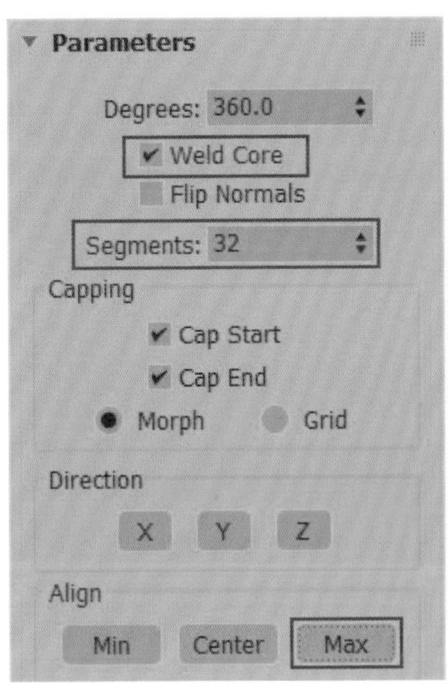

⑥ 點擊【Modify（修改面板）】→下拉式選單→加入【Shell（殼）】修改器。

⑦ 在【Modify（修改面板）】→【Inner Amount（內部厚度）】欄位輸入適當的杯子厚度。

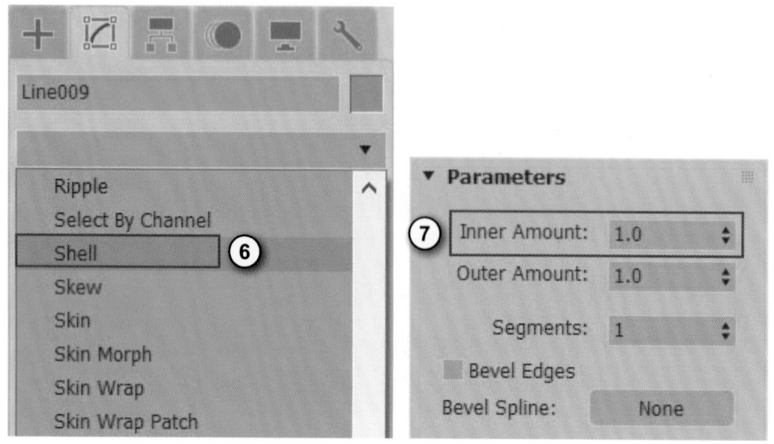

⑧ 按下「R」使用比例工具，將杯子縮放到適當的大小，如左圖所示。

⑨ 利用上述步驟製作一酒瓶。

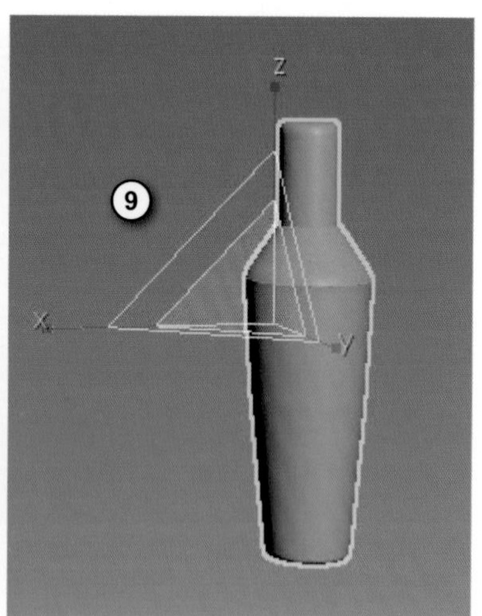

⑩ 分別切換到上視圖與前視圖，將杯子及酒瓶移動到吧臺上，按下「P」切換至透視圖來檢視，完成如圖。

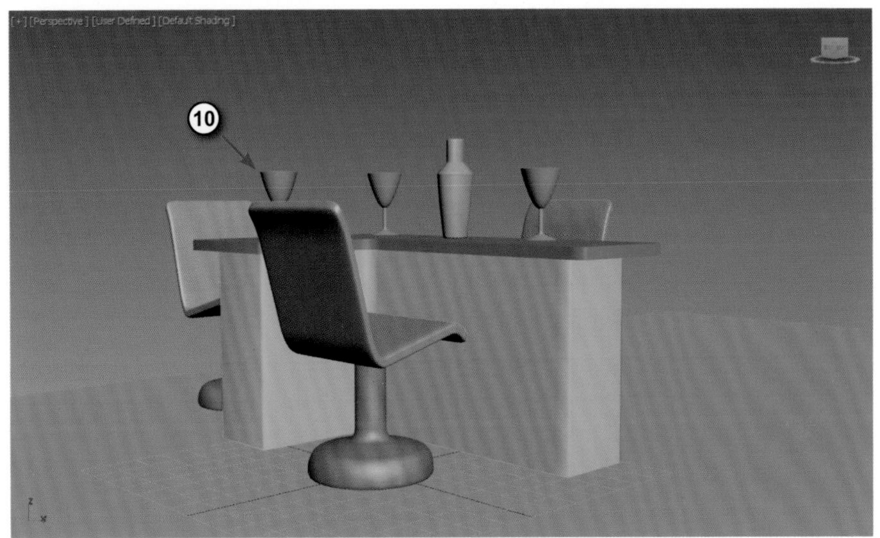

2-8 群組

1. 開啟光碟範例檔〈群組 .max〉，有兩個杯子與一個瓶子。

2. 選取兩個杯子，點擊【Group（群組）】→【Group（群組）】可選取物件群組，當場景物件多時方便管理。

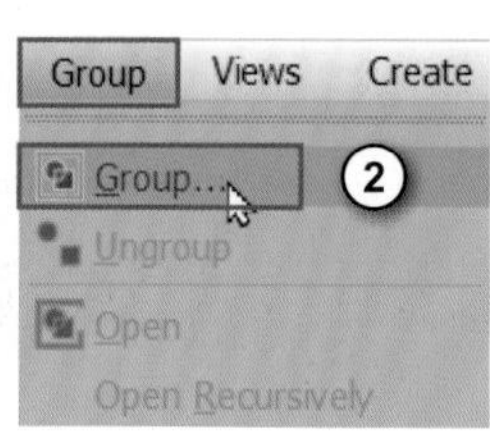

3. 輸入群組名稱「杯子組」，按下【OK】，修改面板的顯示名稱變成群組名稱。

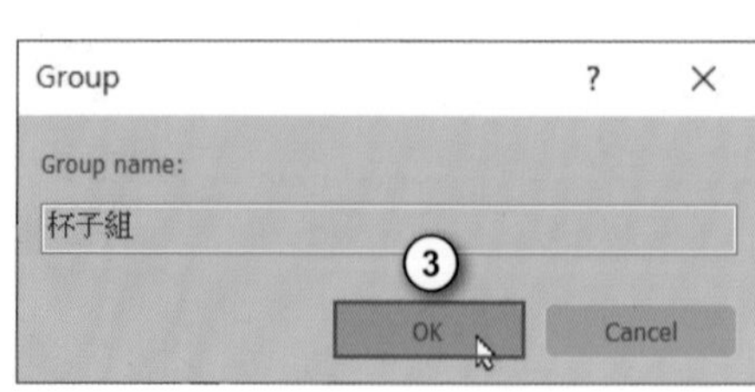

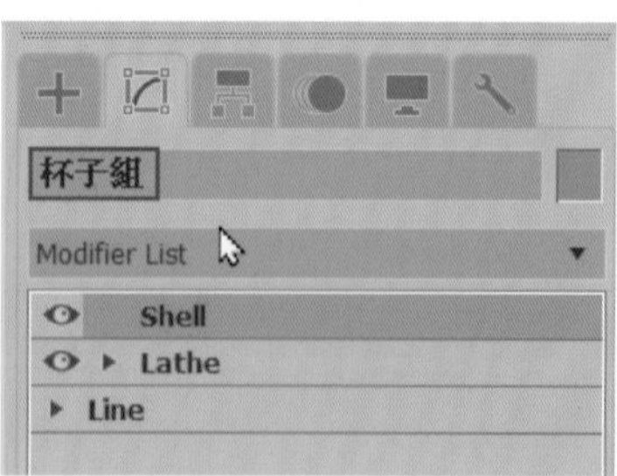

④ 選取綠色瓶子，點擊【Group（群組）】→【Attach（附加）】。

⑤ 再點擊杯子群組，將瓶子加入到杯子群組內。

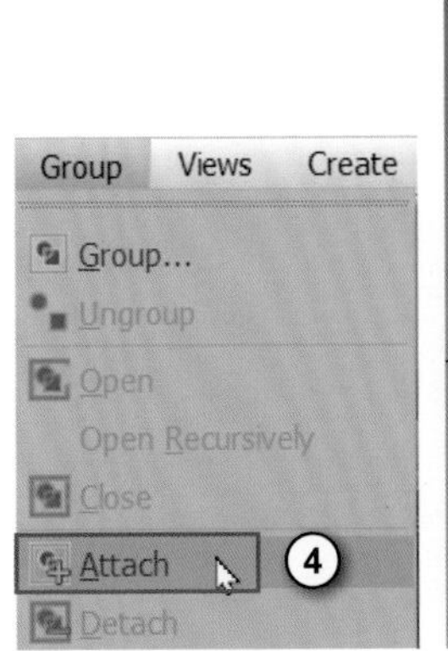

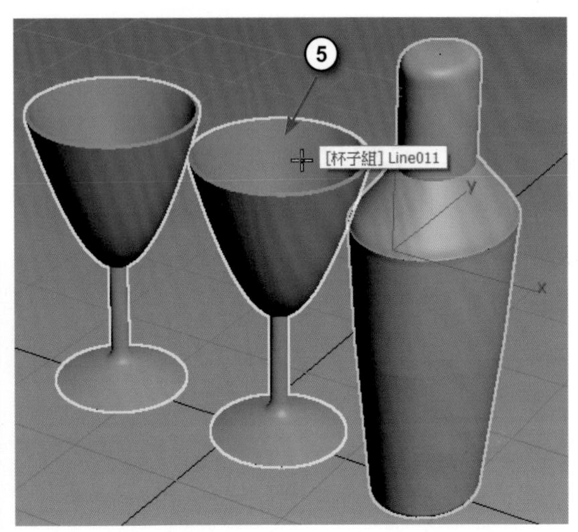

⑥ 點擊【Group（群組）】→【Open（開啟）】，可以編輯群組內物件。

⑦ 群組外會出現粉紅色外框，表示群組範圍。

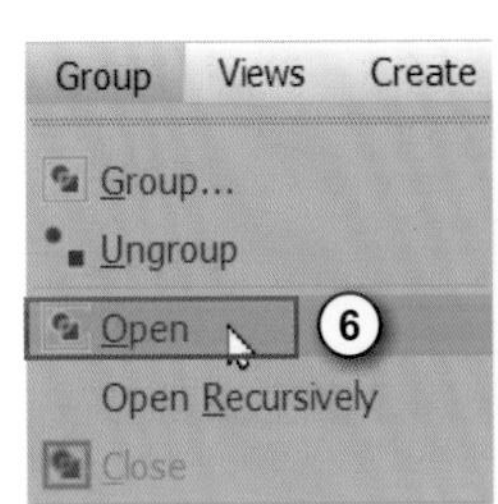

TIPS

選取粉紅色框等同於選到群組，刪除粉紅色框等於解除群組。

⑧ 選取綠色瓶子，點擊【Group（群組）】→【Detach（分離）】，可將瓶子從群組中分離，可以看到粉紅外框範圍縮小。

⑨ 點擊【Group（群組）】→【Close（關閉）】，可以結束編輯群組。

⑩ 點擊【Group（群組）】→【Ungroup（解除群組）】刪除群組，杯子不會被刪除。

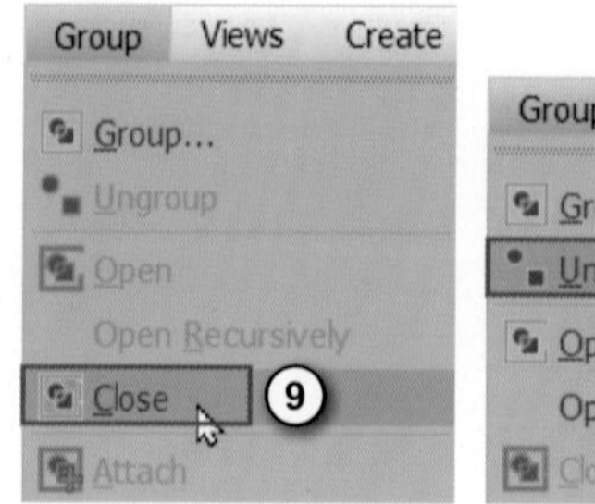

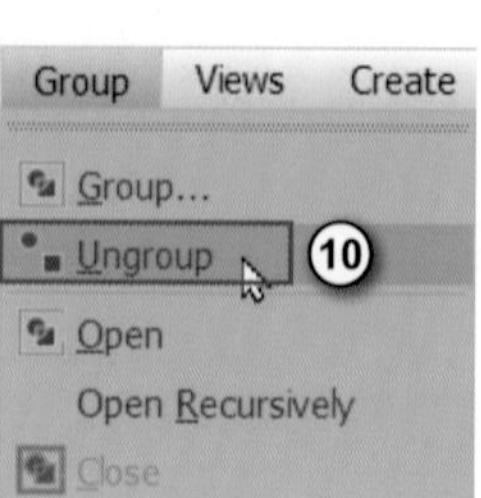

多邊形建模工具介紹

3-1 多邊形模型介紹
3-2 Poly 常用指令介紹
3-3 家具設計 - 綜合指令範例

3-1 多邊形模型介紹

Poly（多邊形）有【Vertex（點）】、【Edge（邊）】、【Border（開口邊）】、【Polygon（面）】、【Element（元素）】，五種子層級；可藉由以上五種方式編輯多邊形。

如何轉換多邊形模型

❶ 在【Create（創建面板）】中點擊【Box（方塊）】，繪製一個方塊，將分割段數（segs）設定為 2 x 2 x 2。

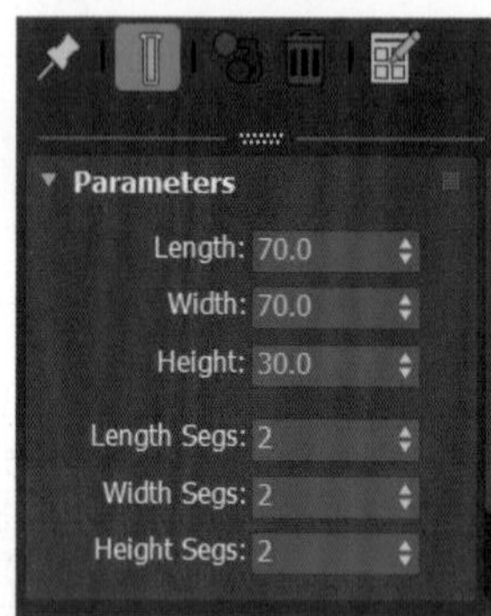

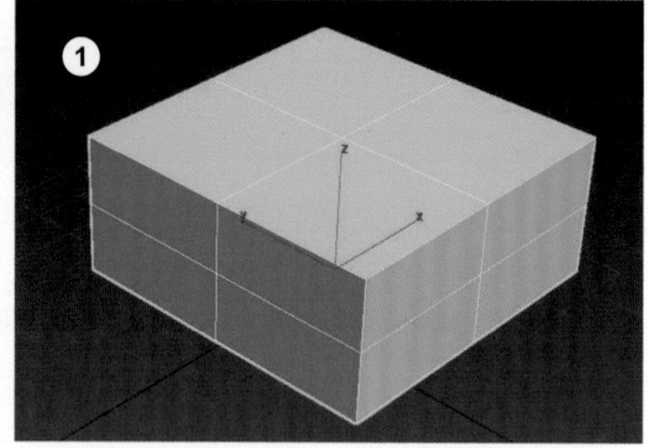

❷ 選取方塊，並按下滑鼠右鍵→【Convert To】→【Convert to Editable Poly】，轉為多邊形。

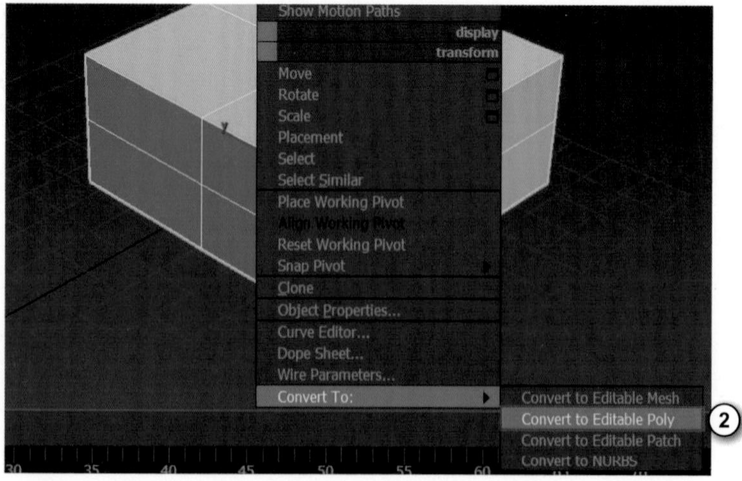

❸ 點擊【Modify（修改面板）】的 Editable Poly 左邊三角形展開，可選擇各個子層級。

❹ 或在【Modify（修改面板）】→ Selection 的下排圖示作切換。

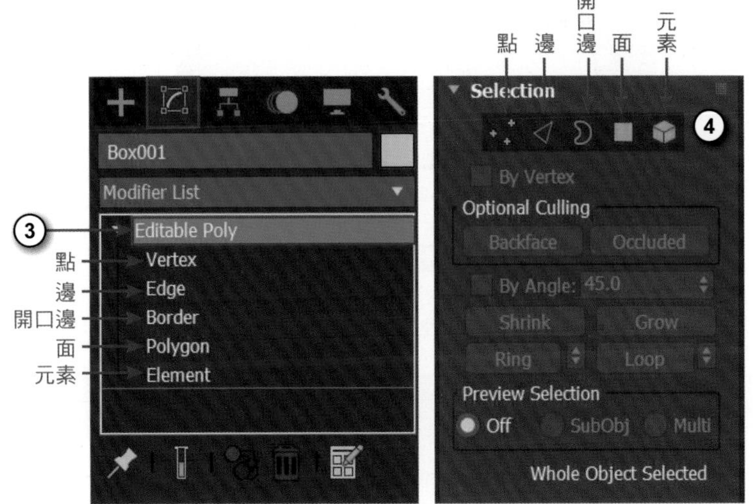

❺ 或按下鍵盤英文字母上方的 1（點）、2（邊）、3（開口邊）、4（面）、5（元素）快捷鍵來進入子層級。

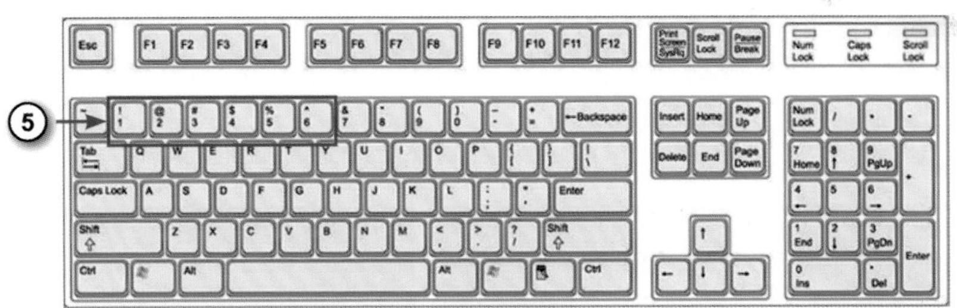

鍵盤右邊九宮格數字鍵不能切換至子層級。

6 【Modify（修改面板）】→點擊【 】按鈕進入【Vertex（點層級）】，任意選取點並移動。

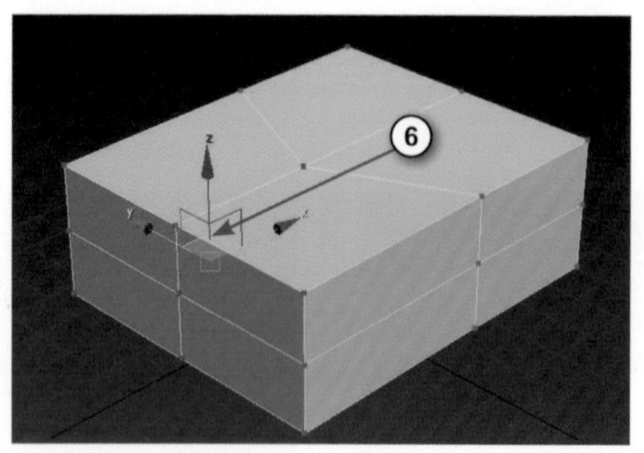

7 也可以旋轉點，或是利用比例來縮放。

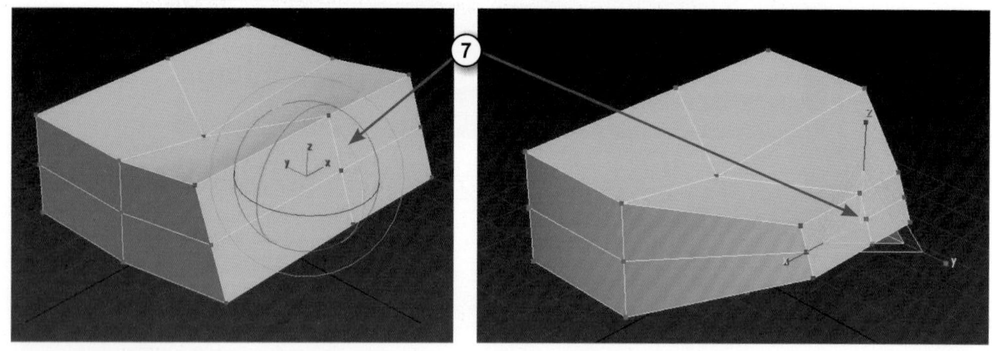

8 點擊【 】按鈕進入【Edge（邊層級）】，任意選取邊並移動。

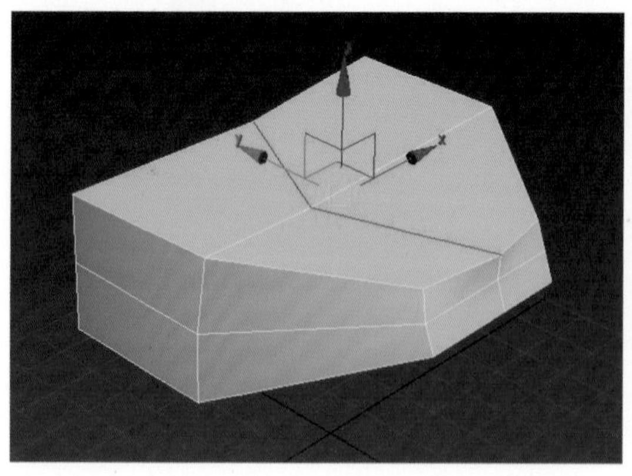

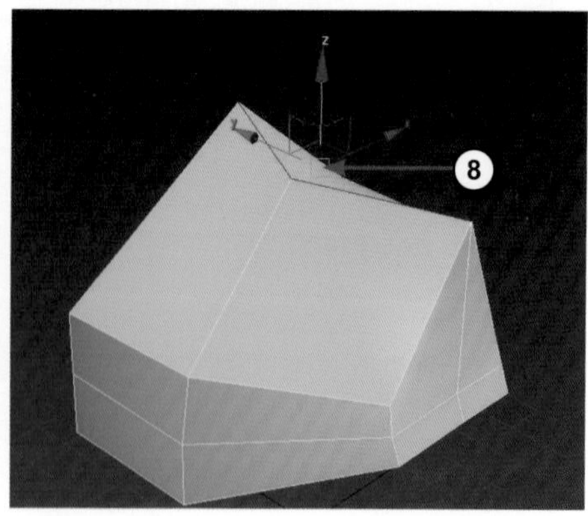

⑨ 點擊【■】按鈕進入【Polygon（面層級）】，任意選取面並移動。

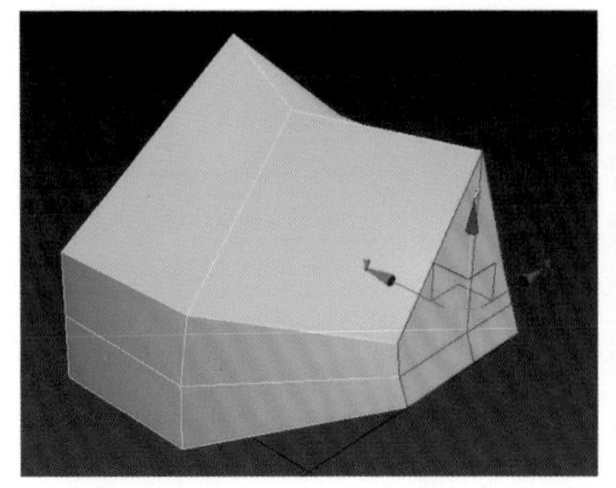

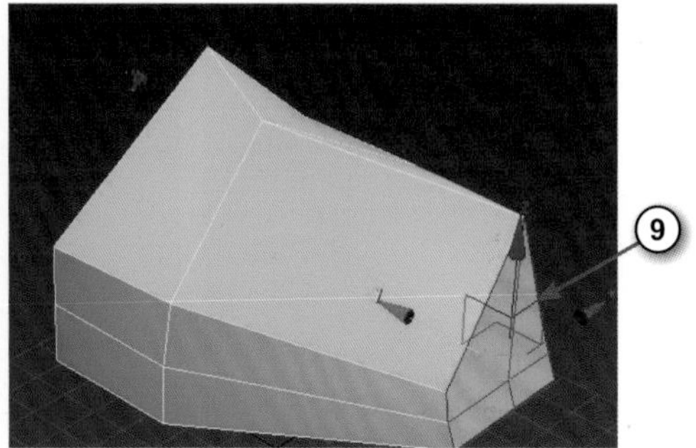

⑩ 按下「Delete」鍵來刪除面。

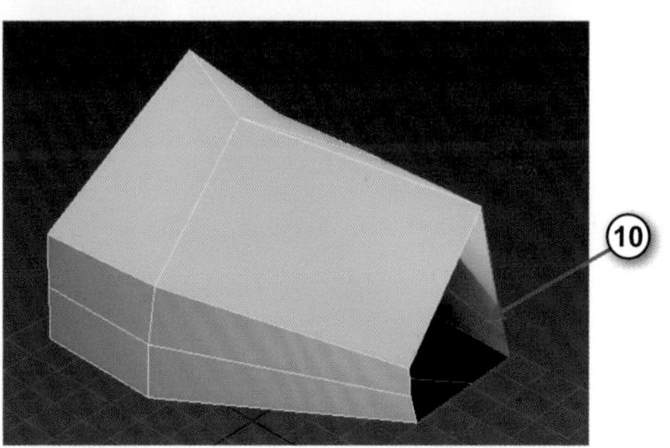

⑪ 點擊【 】按鈕進入【Border（開口邊層級）】，選取開口的邊，按住「Shift」鍵，將邊往外移動可以長出面。按下數字「3」離開子層級。

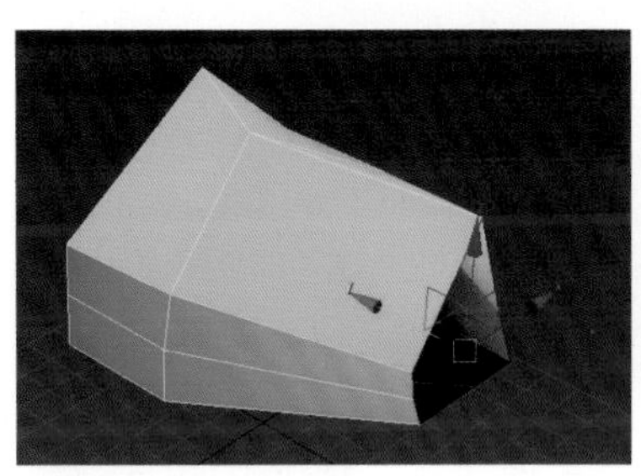

1. 封閉面無法使用【Border（開口邊層級）】來作選取。
2. 按下目前所在的子層級快捷鍵，可以離開子層級。在點層級，按下數字 1 可離開，在邊層級，按下數字 2 可離開，以此類推。

⑫ 在【Create（創建面板）】中點擊【Teapot（茶壺）】，繪製一茶壺。

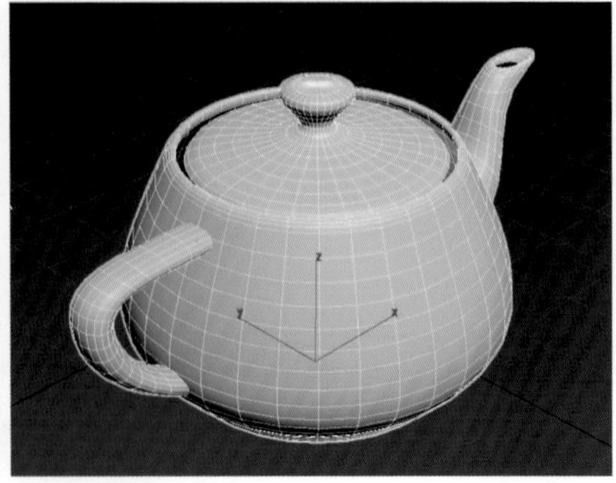

⑬ 選取茶壺，按下滑鼠右鍵→【Convert To】→【Convert to Editable Poly】，轉為多邊形物件。

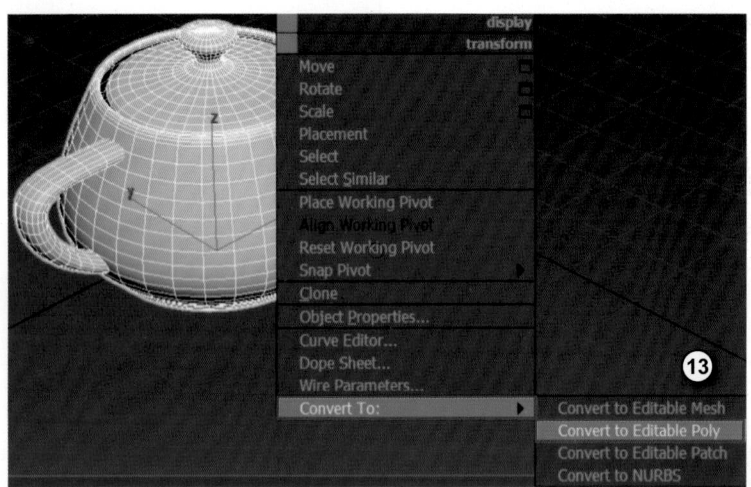

⑭ 在【Modify（修改面板）】→點擊【 】按鈕進入【Element（元素層級）】。

⑮ 分別選取茶壺的蓋子、把手、壺身、壺口，往外移動，就可以分開各個元素。

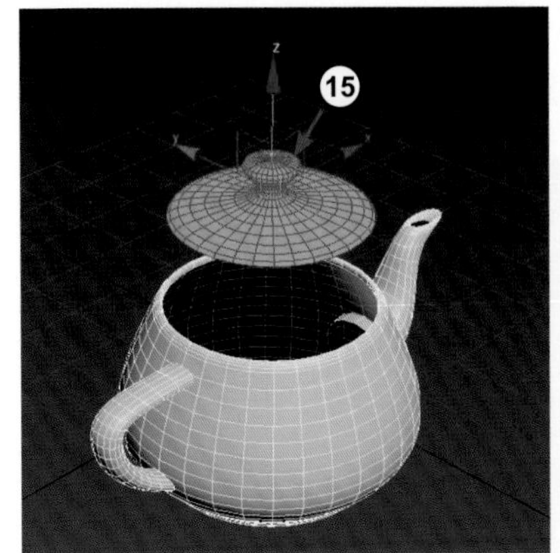

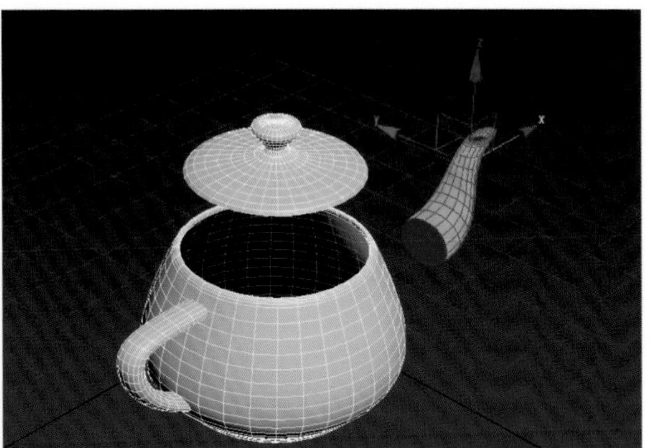

⑯ 編輯完成後，點擊【Editable Poly】離開子層級。

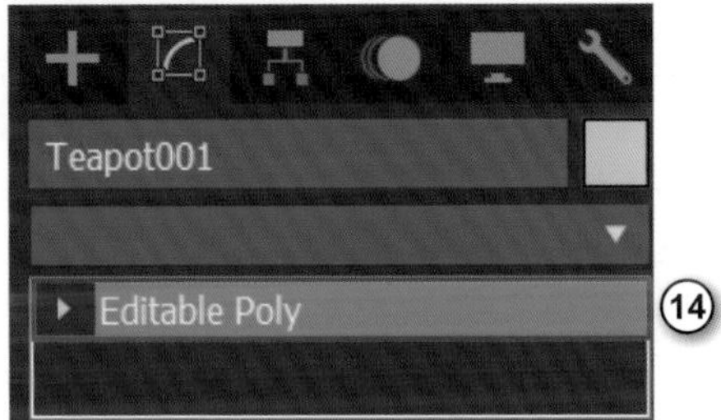

常見問題解答

1. 旋轉模型後，座標不會跟著歪斜，表示工具列上顯示的座標系統為【View】，如下圖。

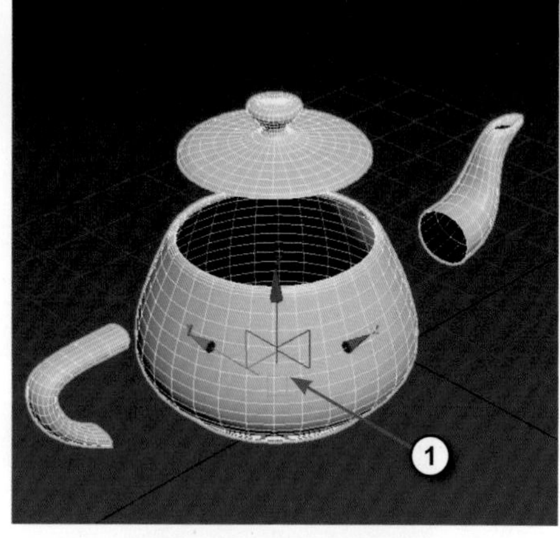

2. 若座標也一起歪斜，表示座標系統為【Local】，這時請將座標變更回【View】模式。

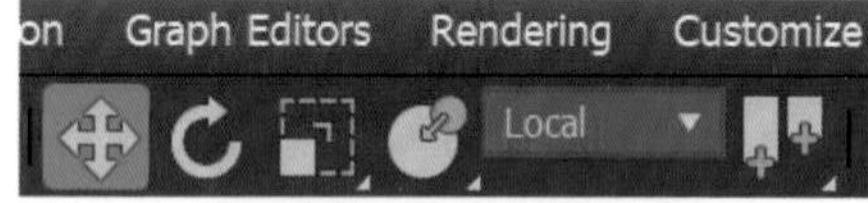

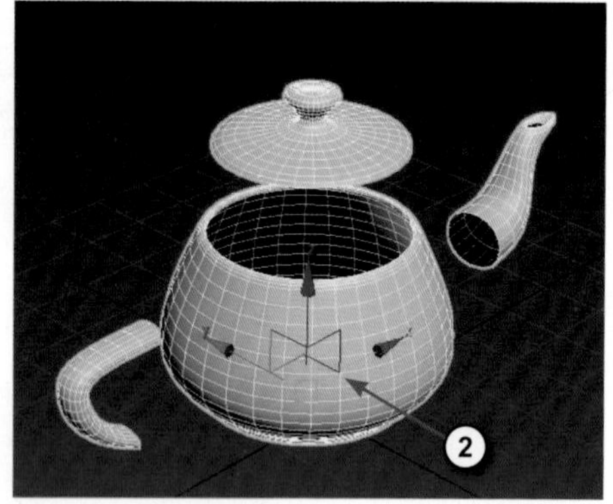

TIPS

請注意移動、旋轉、比例座標系統為個別設定，舉例來說，可以使移動座標為【View】，旋轉座標為【Local】，像這樣設定不同的座標系統。

③ 若是除了原本所選取的物件外，無法再選取其他模型物件時，可檢查鎖頭是否被按下（或按下鍵盤【空白鍵】→【Lock Selection】來解除鎖定）。

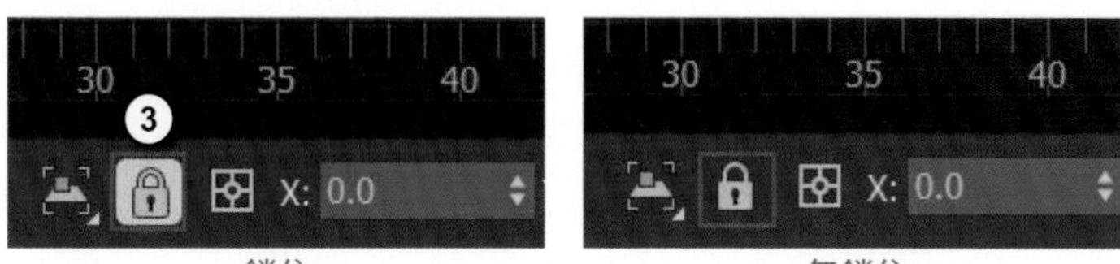

鎖住　無鎖住

④ 若上方工具列與右側的命令面板不見了，請按下「Ctrl+Alt+X」來切換「專家/一般」模式。

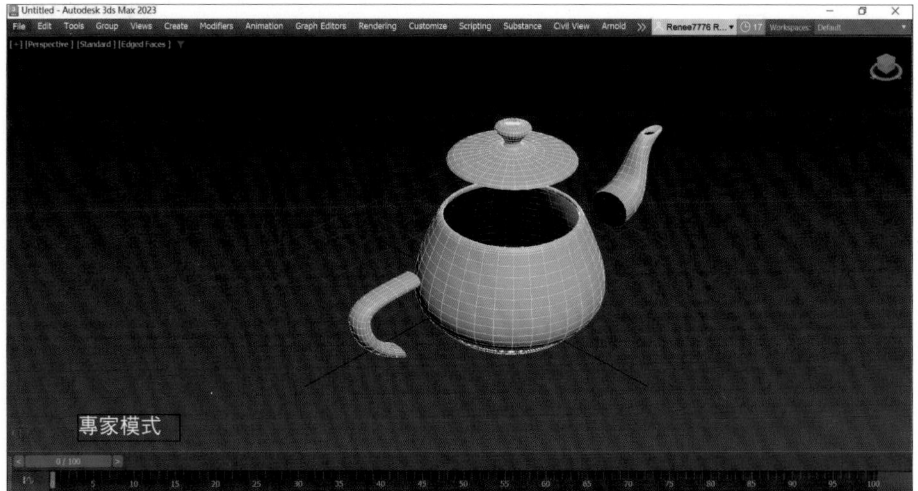

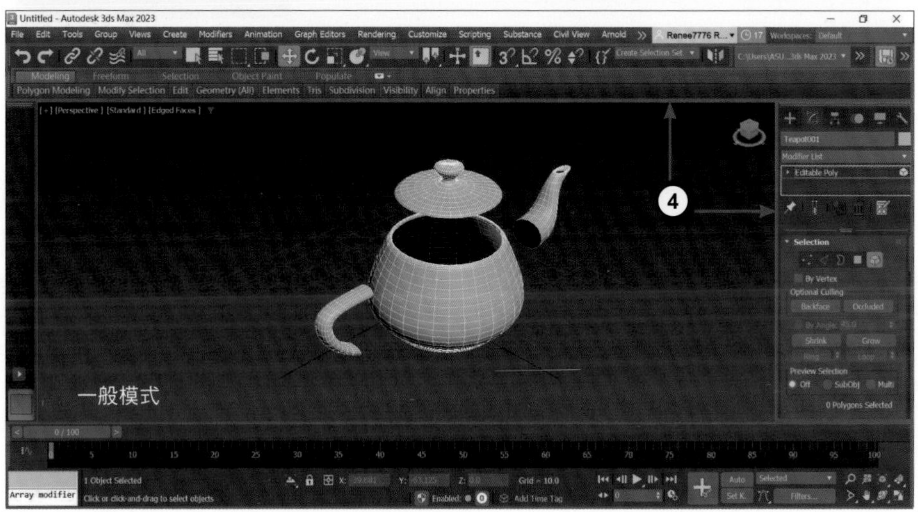

3-2 Poly 常用指令介紹

Extrude（擠出）

【Extrude（擠出）】可以在【Vertex（點）】、【Edge（邊）】、【Polygon（面）】三種子層級中，選取點、邊或面來做擠出。

Vertex（點）

1. 在【Create（創建面板）】中點擊【Plane（平面）】。

2. 繪製一個平面，將「Length Segs、Width Segs」輸入「4、4」。按下「F4」鍵可以顯示平面上的格線。

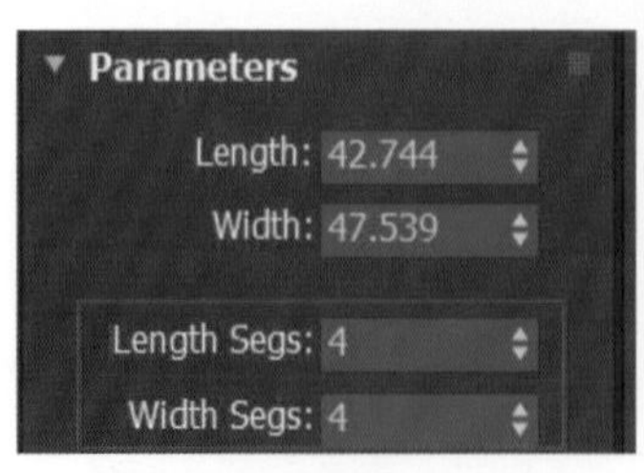

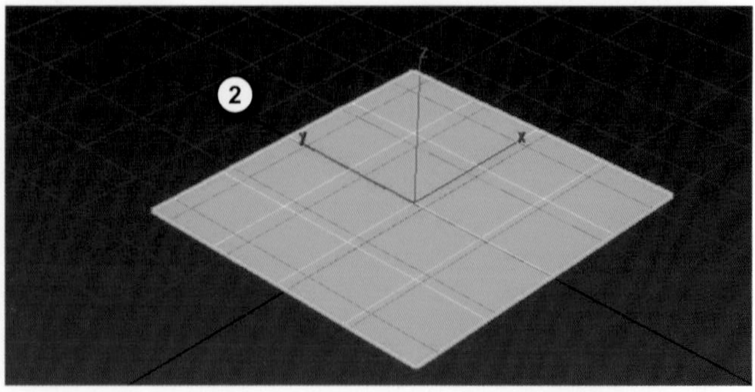

③ 選取平面，按滑鼠右鍵→【Convert To】→【Convert to Editable Poly】，轉為可編輯多邊形。

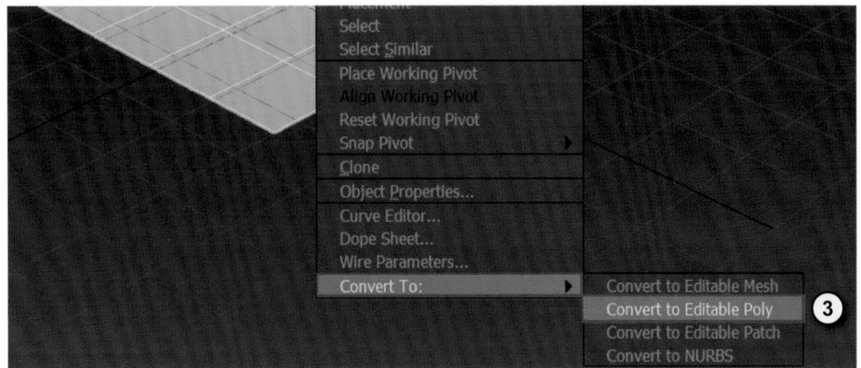

④ 在【Modify（修改面板）】→點擊【 】進入【Vertex（點層級）】，選取部份的點，如下圖所示。

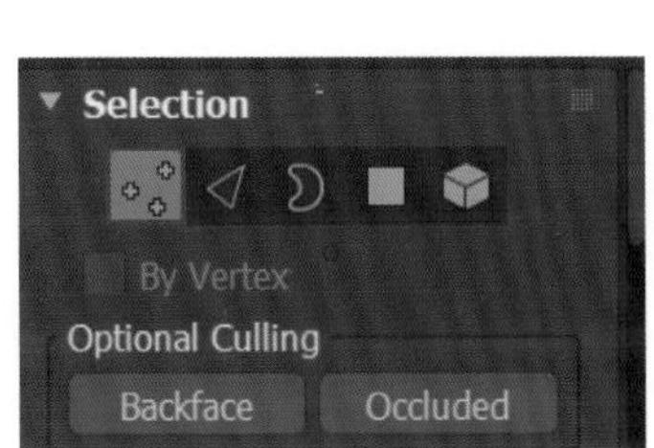

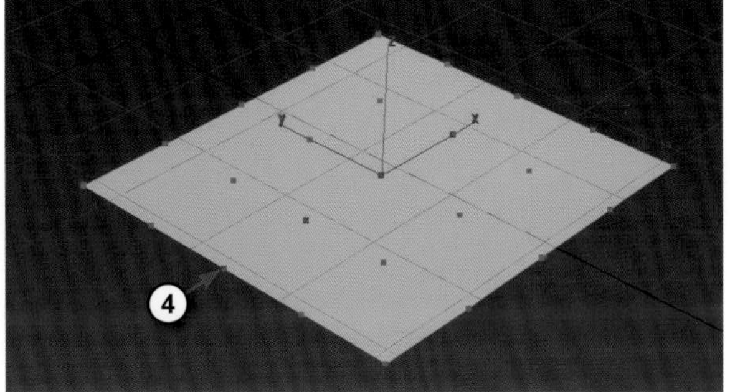

⑤ 按滑鼠右鍵→點擊【Extrude（擠出）】左邊的【 】按鈕。

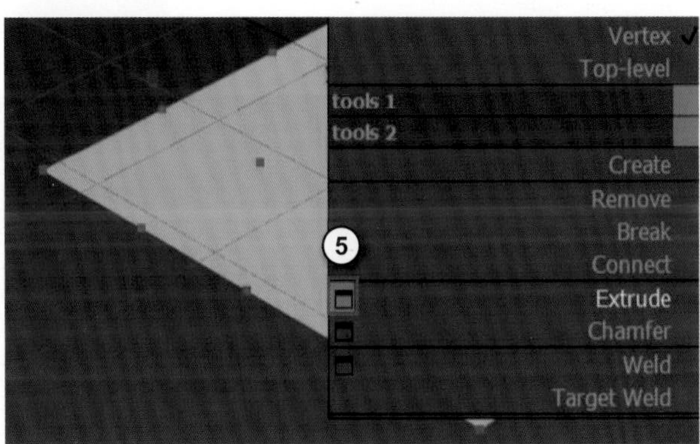

⑥ 在數值左邊的上下箭頭，按住滑鼠左鍵拖曳可設定擠出值及寬度，按下✓完成。

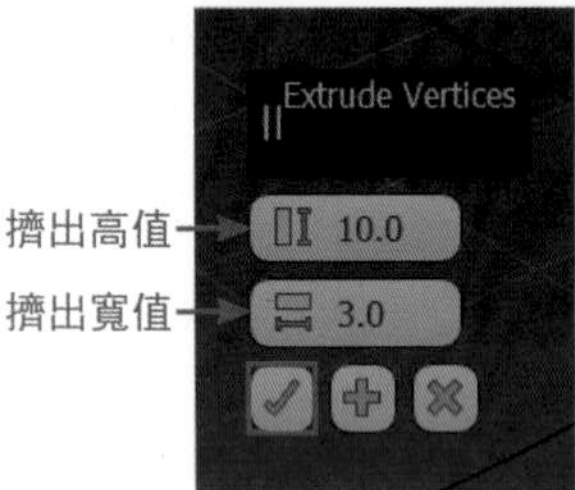

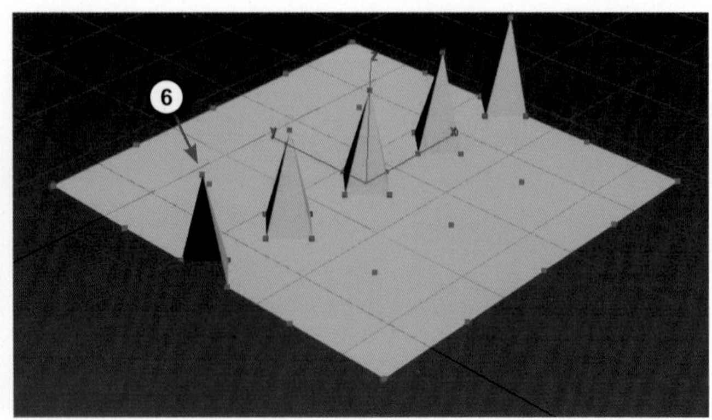

TIPS

1. 若不小心點到旁邊空白處（取消選取），可按退回鍵或「Ctrl+Z」回復。
2. Extrude（擠出）完成後，記得離開子層級。

Edge（邊）

① 點擊【Undo（復原）】按鈕或按下「Ctrl+Z」鍵復原步驟。

② 在【Modify（修改面板）】→點擊【◁】進入【Edge（邊層級）】，選取一條橫的邊。

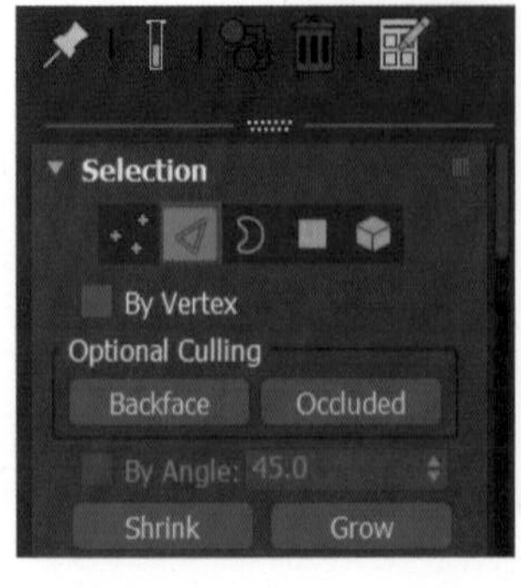

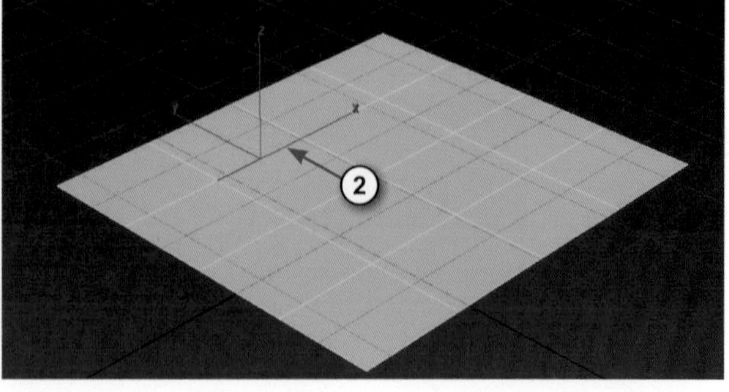

③ 點擊【Loop】按鈕（快捷鍵：「Alt+L」）可一次選取連續邊。

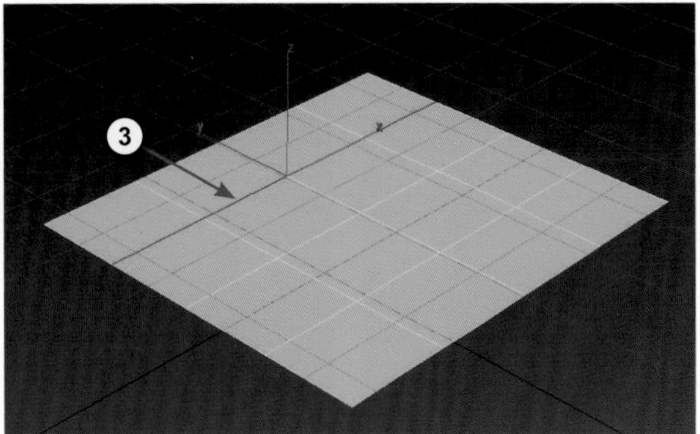

TIPS

在邊上點擊滑鼠左鍵兩下，也可以選取連續邊。

④ 按滑鼠右鍵→點擊【Extrude（擠出）】左邊的小按鈕。

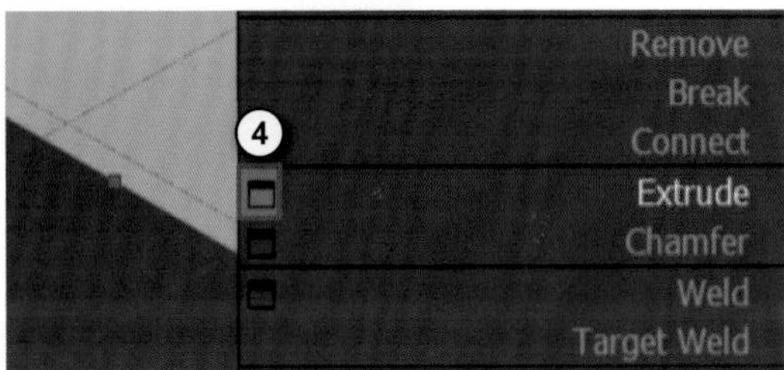

⑤ 在寬與高的小圖示處，按住滑鼠左鍵拖曳可設定擠出值及寬度，按下✓完成。

⑥ 選取一條直的邊。

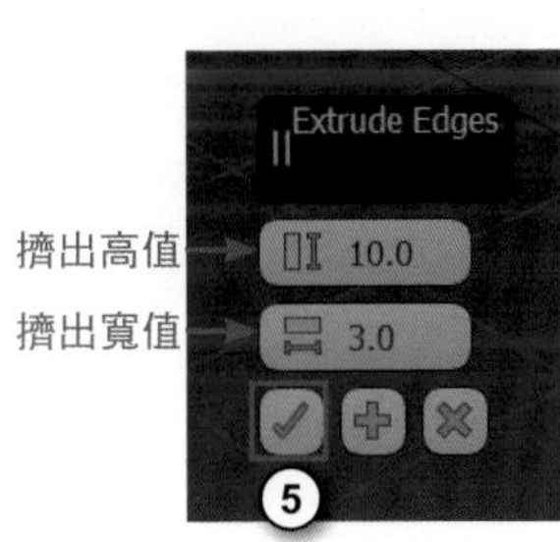

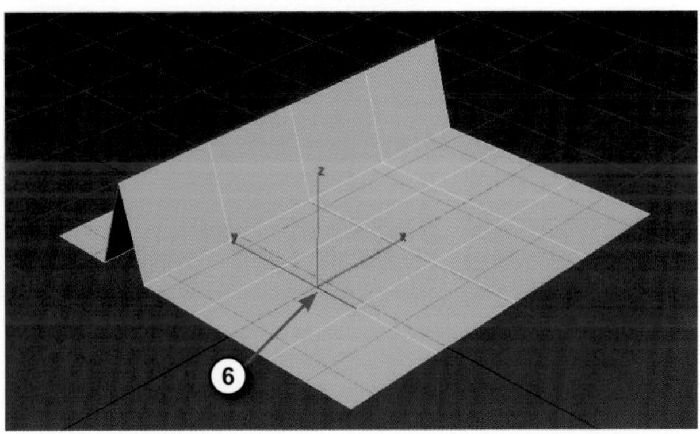

7 點擊【Ring】按鈕（快捷鍵：「Alt+R」）可一次選取整排邊。

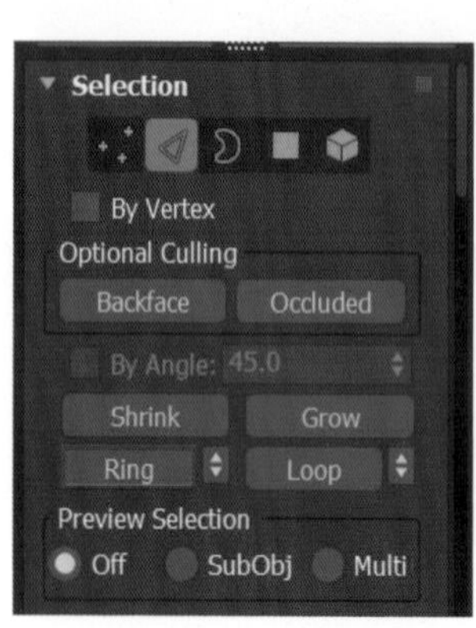

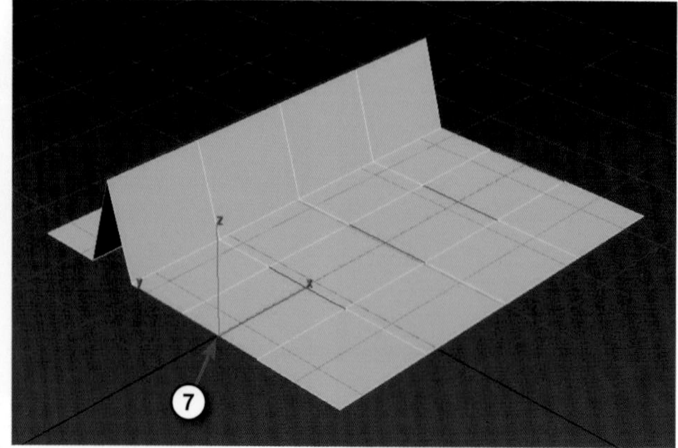

8 按滑鼠右鍵→點擊【Extrude（擠出）】左邊的小按鈕。

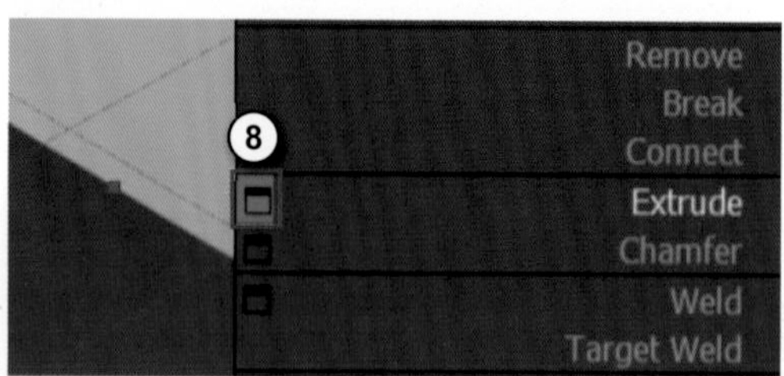

9 在數值上按住滑鼠左鍵拖曳可設定擠出值及寬度，按下✓完成。

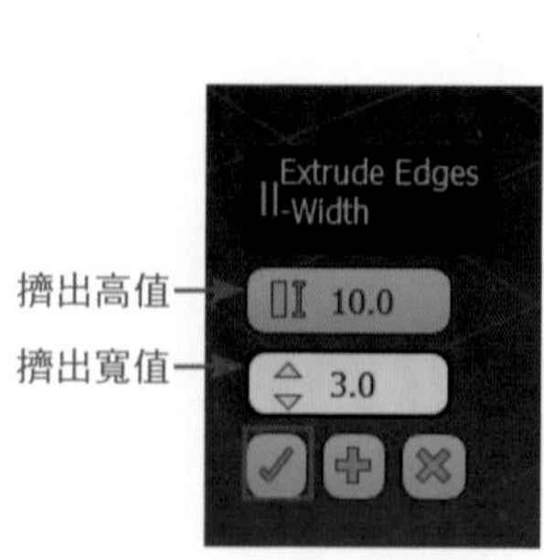

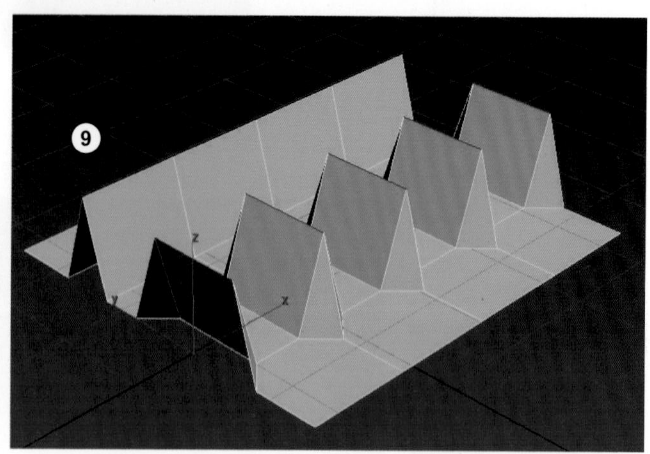

Polygon（面）

❶ 在【Create（創建面板）】中點擊【Cone（圓錐）】。

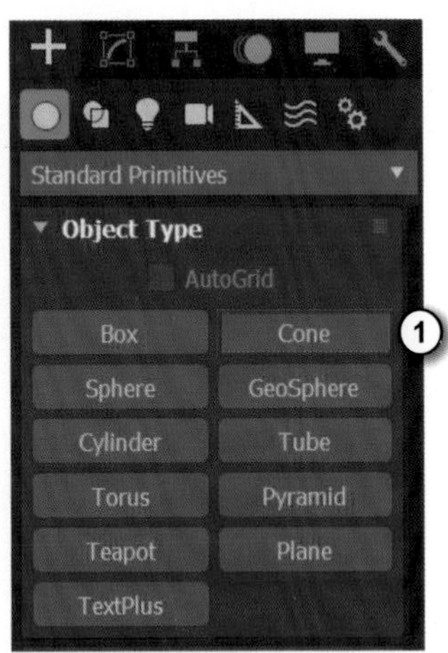

❷ 繪製一個任意大小的圓錐，將【Height Segments（高度段數）】輸入「3」，按一下右鍵結束圓錐指令。

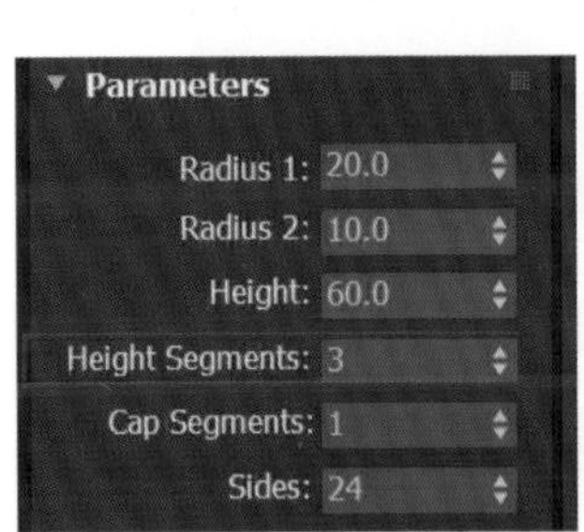

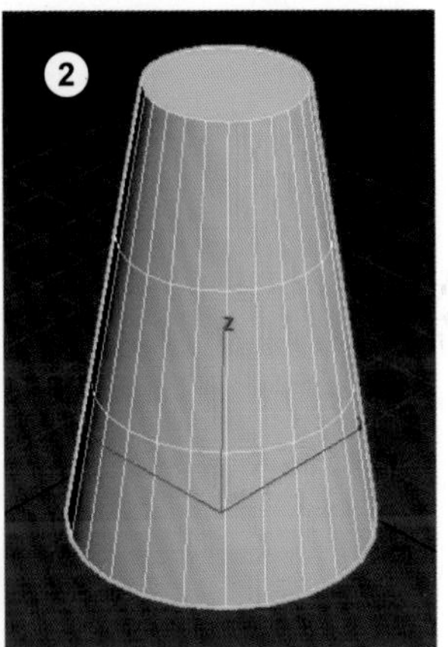

❸ 按下滑鼠右鍵→【Convert To】→【Convert to Editable Poly】轉為可編輯多邊形。

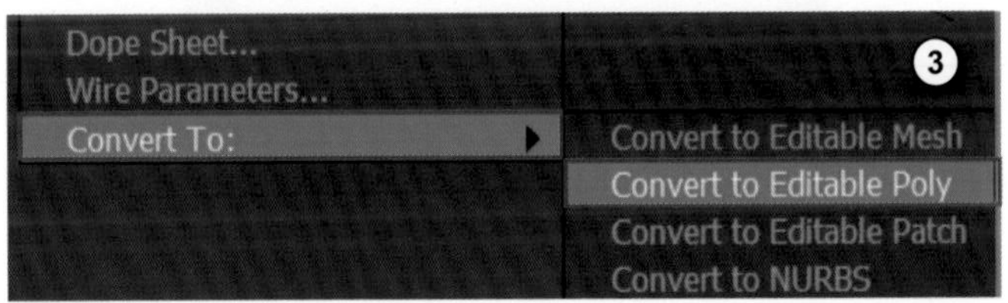

④ 切換至前視圖（F），在【Modify（修改面板）】→點擊【 】進入【Polygon（面層級）】，框選中間的面。

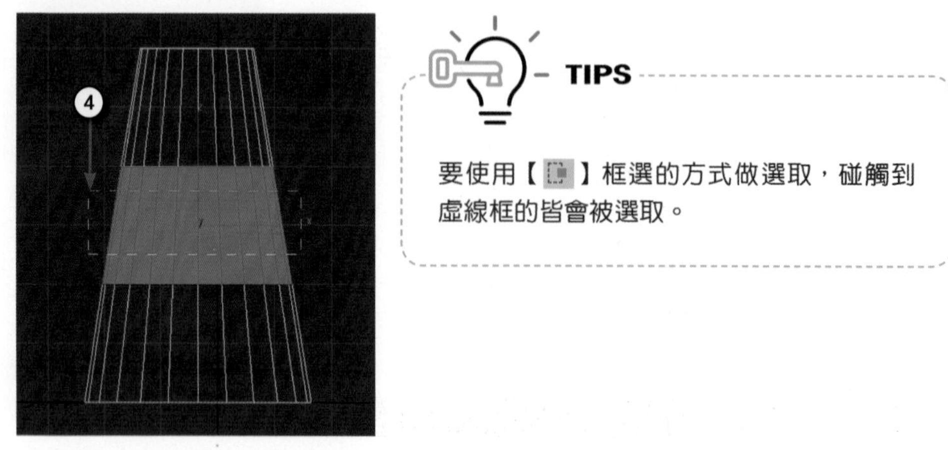

⑤ 按滑鼠右鍵→點擊【Extrude（擠出）】左邊的小按鈕。

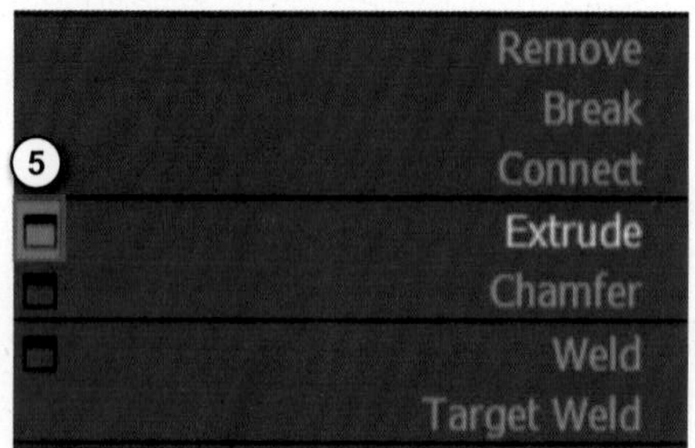

⑥ 擠出值有三種方式可以選擇，點擊【 】可以切換。

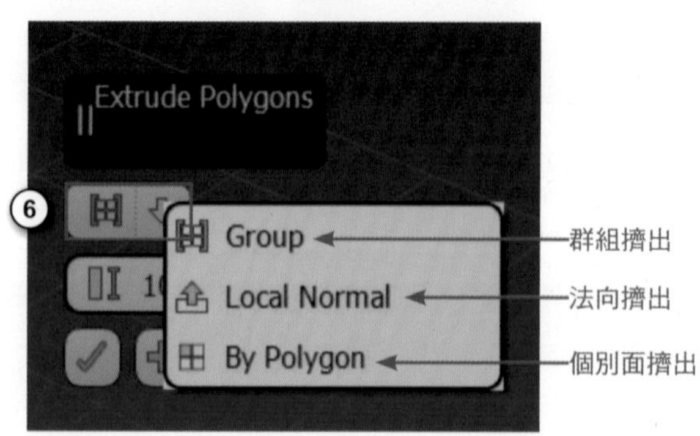

(1) Group（群組擠出）：按下「P」鍵以透視圖檢視。所選取的面往相同方向擠出，正負擠出值的方向相反。

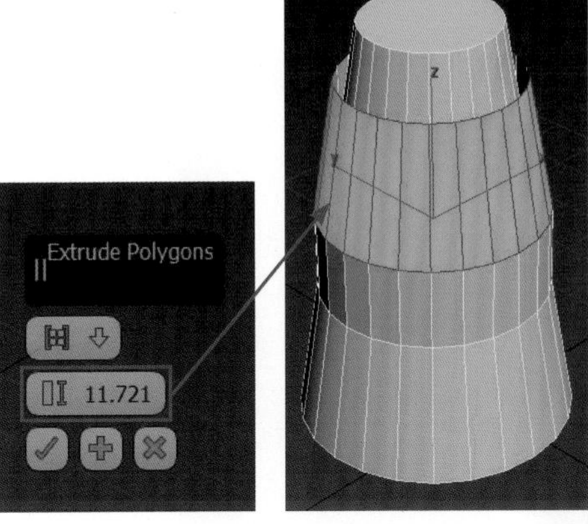

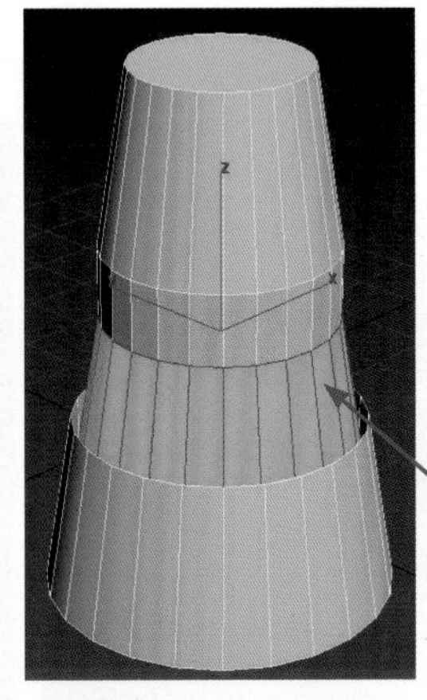
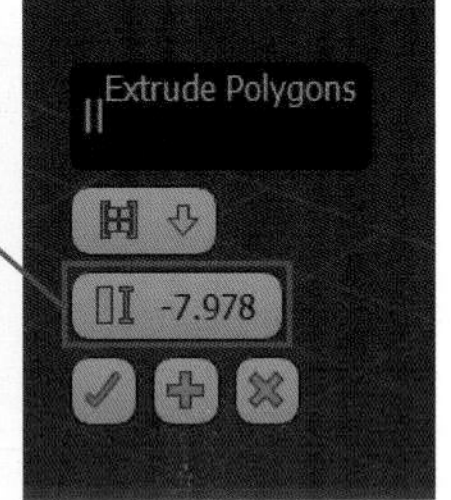

(2) Local Normal（法向擠出）：往選取面的垂直方向擠出，正負擠出值的方向相反。

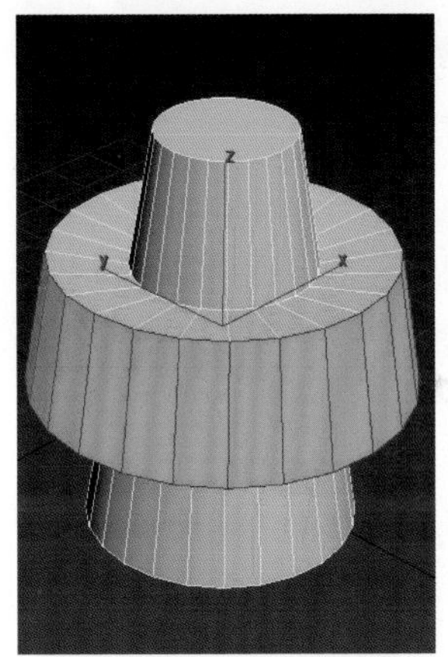
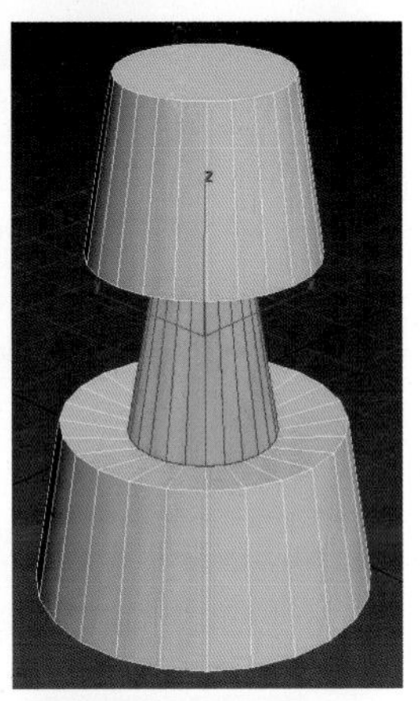

(3) By Polygon（個別面擠出）：所選取的面皆分開擠出，不相連。正負擠出值的方向相反。

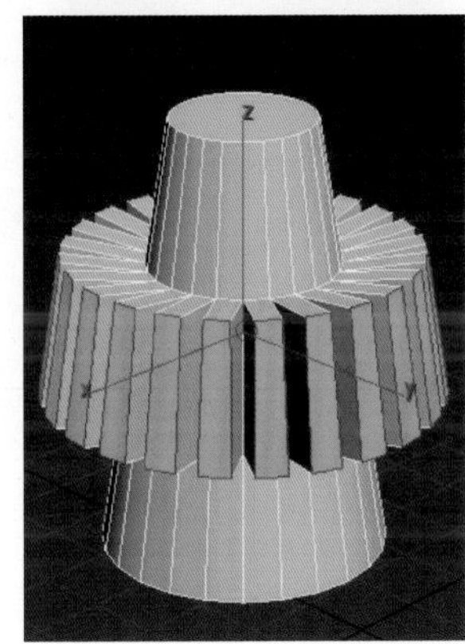

Inset（插入面）

❶ 在【Create（創建面板）】中點擊【Box（方塊）】，繪製一個方塊，並將【Width Segs（寬邊段數）】輸入「2」，其他段數為「1」。

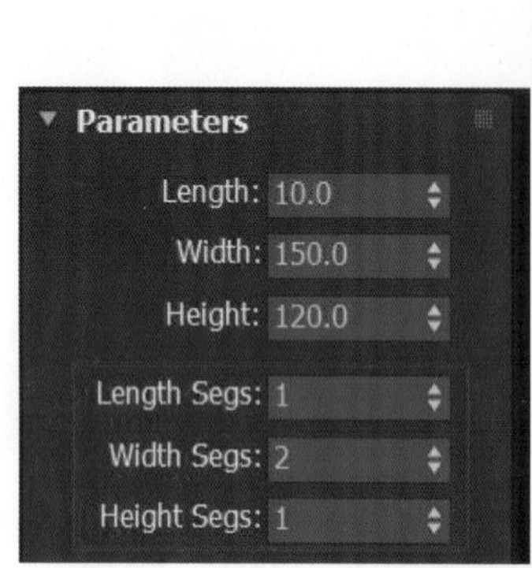

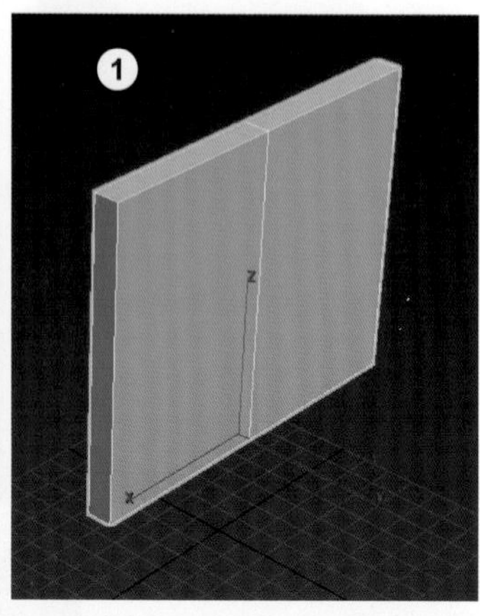

❷ 選取方塊後，按下滑鼠右鍵→【Convert To】→【Convert to Editable Poly】轉為可編輯多邊形。

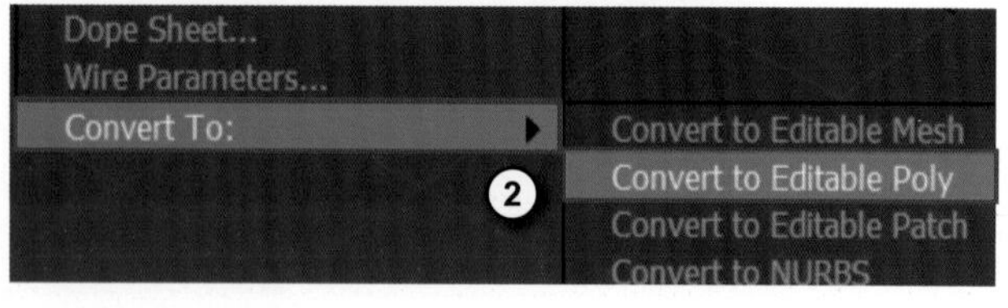

❸ 在【Modify（修改面板）】→點擊【■】進入【Polygon（面層級）】按鈕，選取前面與後面總共四個面。

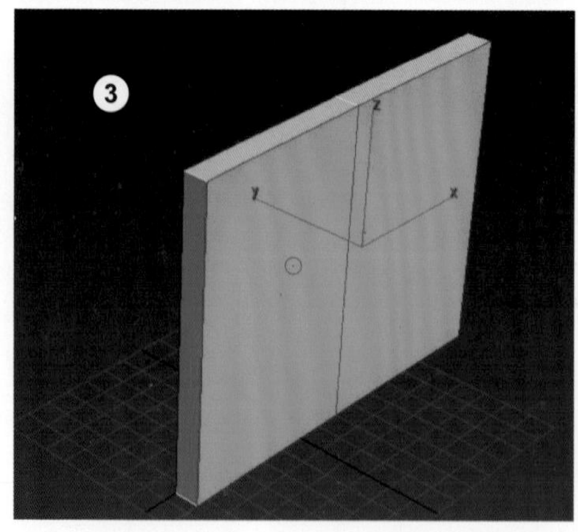

④ 按下滑鼠右鍵→點擊【Inset（插入面）】左邊的小按鈕。

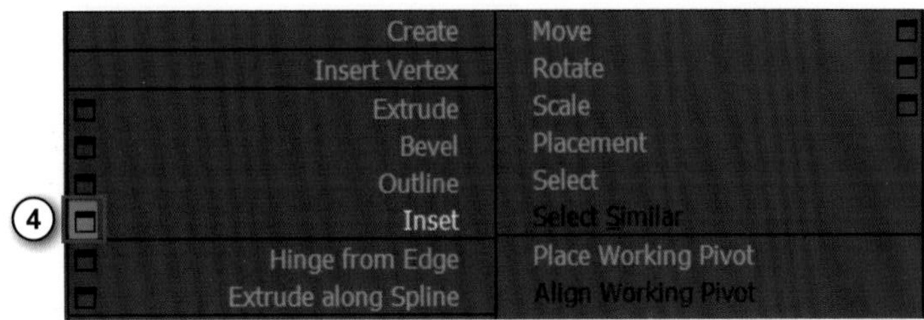

⑤ 在數值左邊箭頭按住滑鼠左鍵拖曳，可設定插入面的大小。

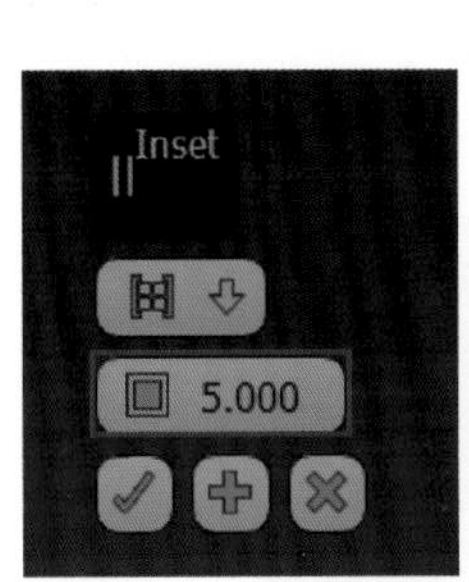

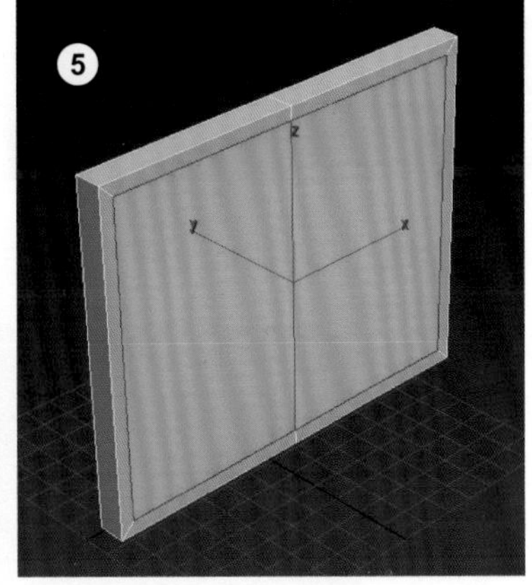

⑥ 插入面有兩種方式可以選擇，點擊【 】按鈕可以切換。

(1) Group（群組）：相鄰的面會視為同一個面，往內插入面。

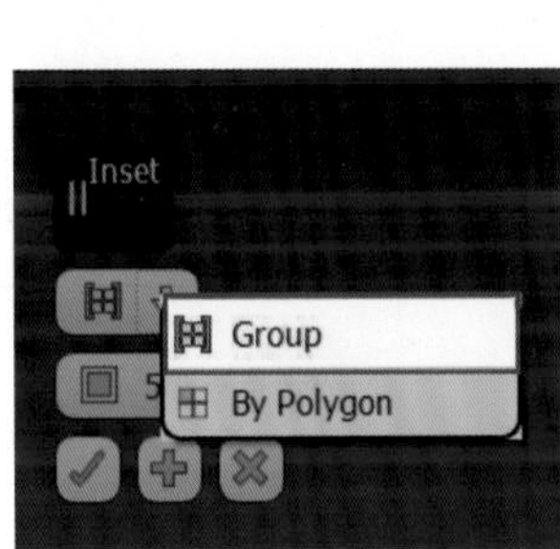

(2) By Polygon（個別面）：完成個別面的插入面，按下⊘完成。

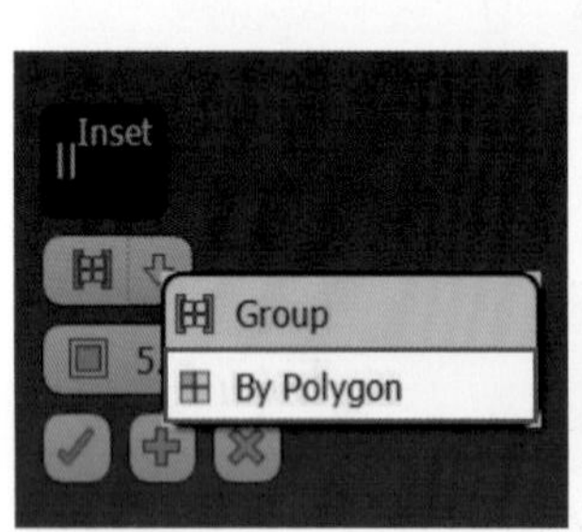

❼ 按下滑鼠右鍵→點擊【Extrude（擠出）】左邊的小按鈕。

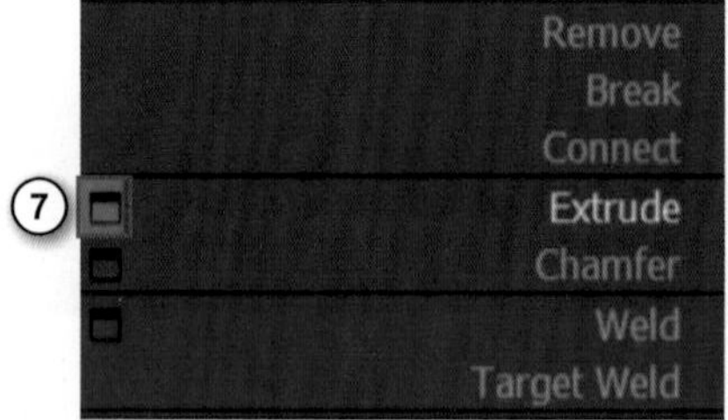

❽ 調整數值，做出窗戶深度，按下⊘完成。

Connect（連接）

❶ 在【Create（創建面板）】中點擊【Box（方塊）】，繪製一個方塊，長寬高與段數如圖所示。

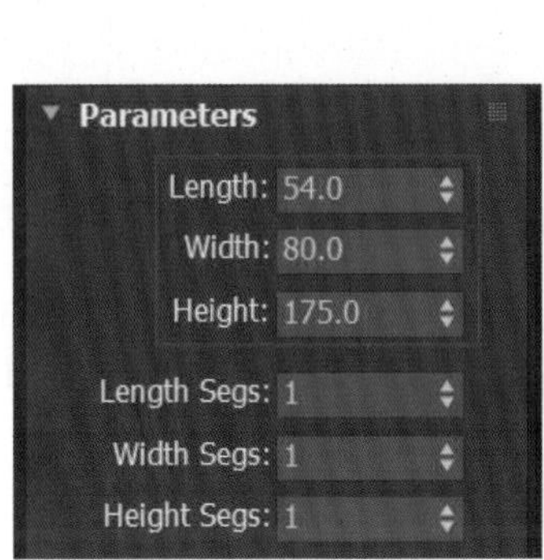

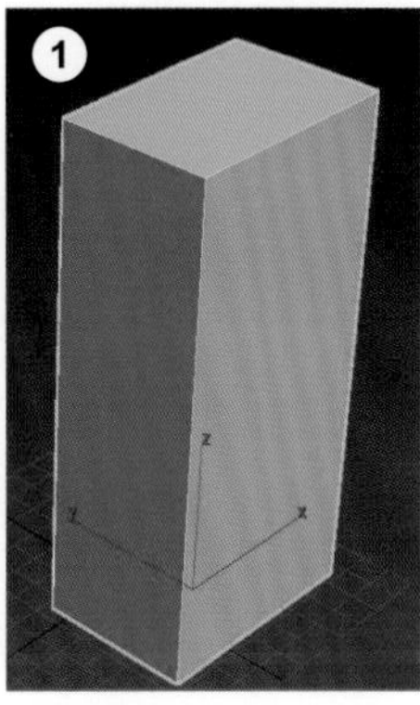

❷ 按滑鼠右鍵→【Convert To】→【Convert to Editable Poly】。

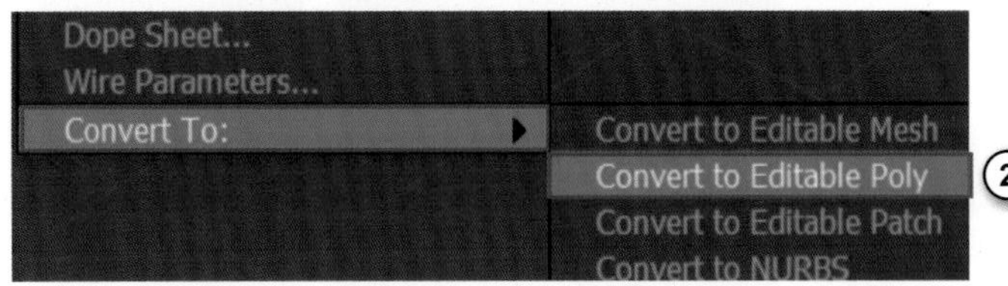

❸ 在【Modify（修改面板）】→點擊【 】進入【Edge（邊層級）】，選取一條垂直邊，如左圖。

❹ 點擊【Ring】或按下「Alt+R」鍵，可以選到其他並排的邊，如右圖。

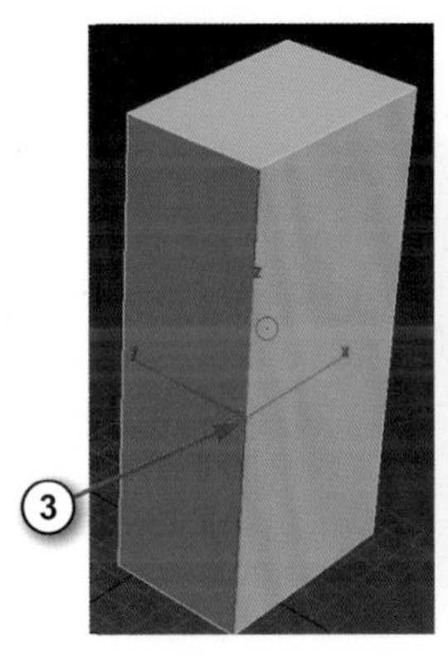

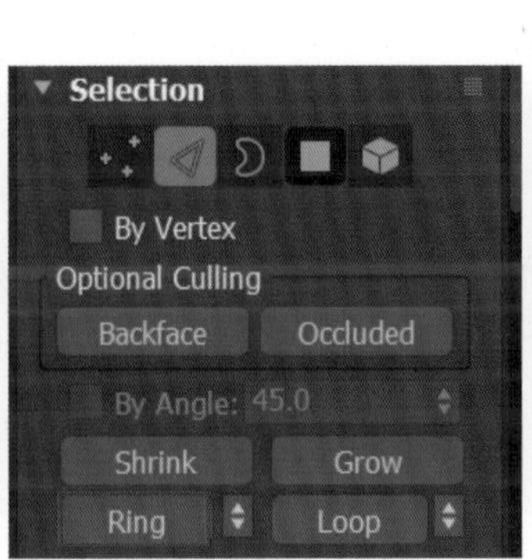

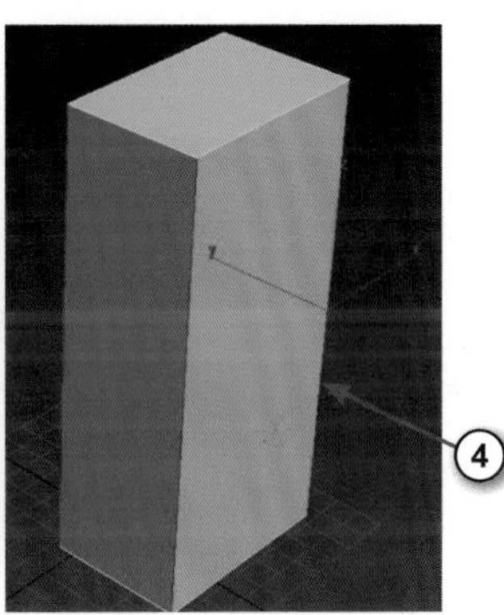

5 按下滑鼠右鍵→點擊【Connect（連接）】左邊的小按鈕。

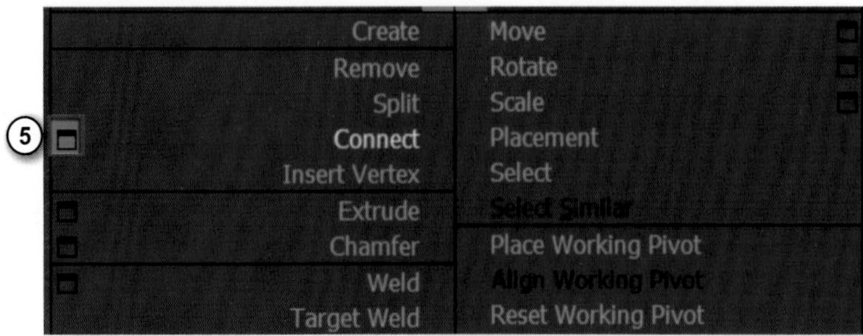

6 分割數量為「2」，間距「-40」，滑動「-160」，作為櫃子的分割，調整連接線的間距以及滑動位置，如下圖，按下✓完成。

7 選取橫向的兩條邊，如右圖。

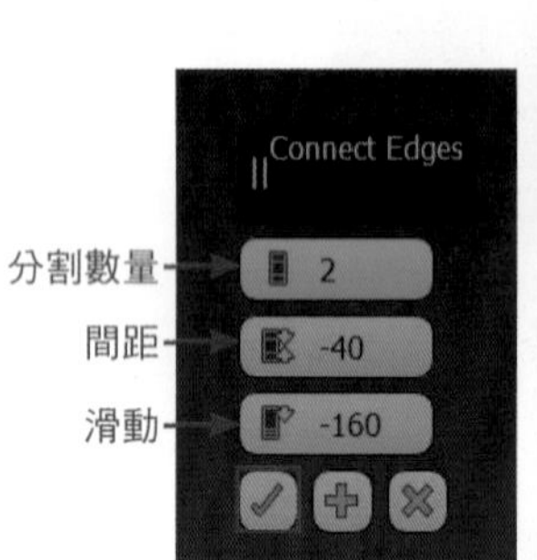

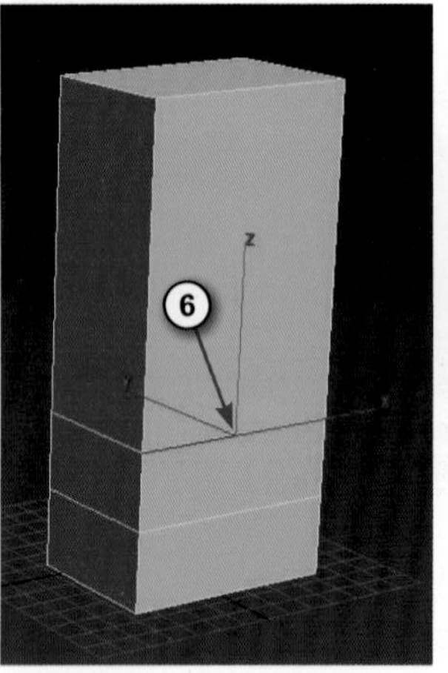

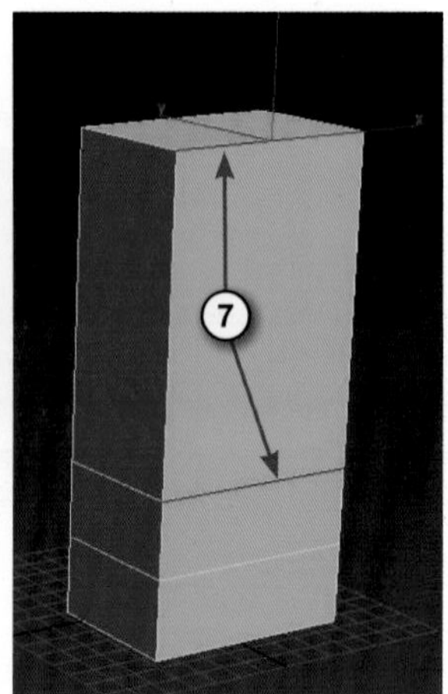

8 按下滑鼠右鍵→點擊【Connect（連接）】左邊的小按鈕。

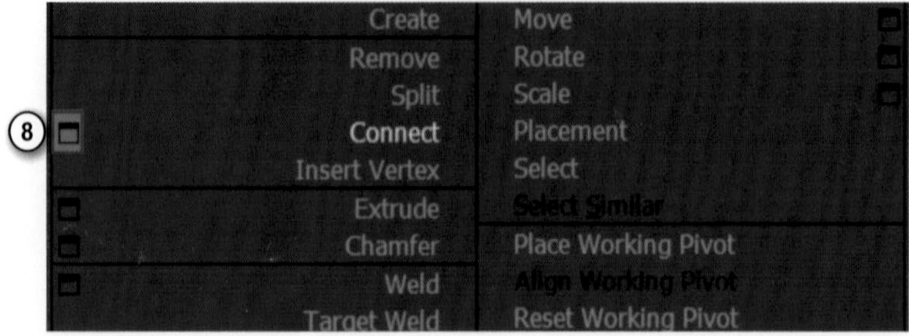

⑨ 分割數量為「1」，間距「0」，滑動「0」，作為櫃子的分割，按下⊘完成。

⑩ 接下來要繪製櫃子的門。在【Modify（修改面板）】→ 點擊【■】進入【Polygon（面層級）】，選取作為櫃子門的面，如右圖。

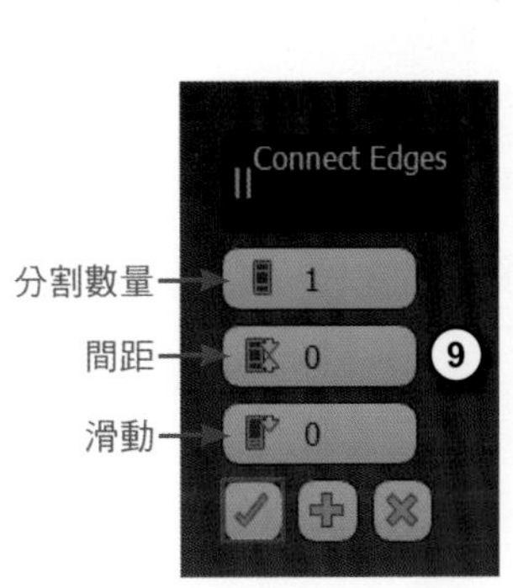

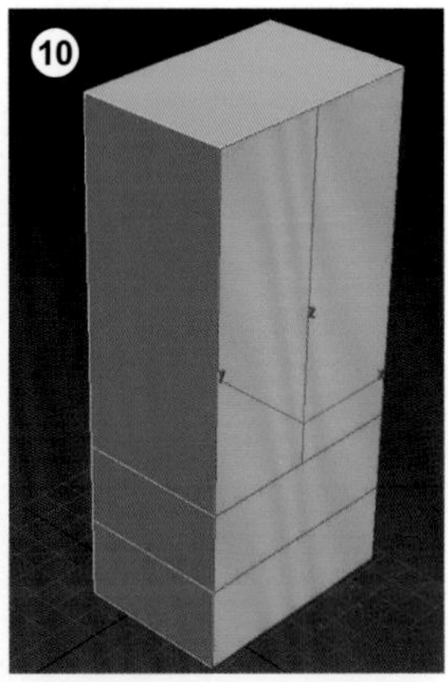

⑪ 按下滑鼠右鍵→點擊【Inset（插入面）】左邊的小按鈕。

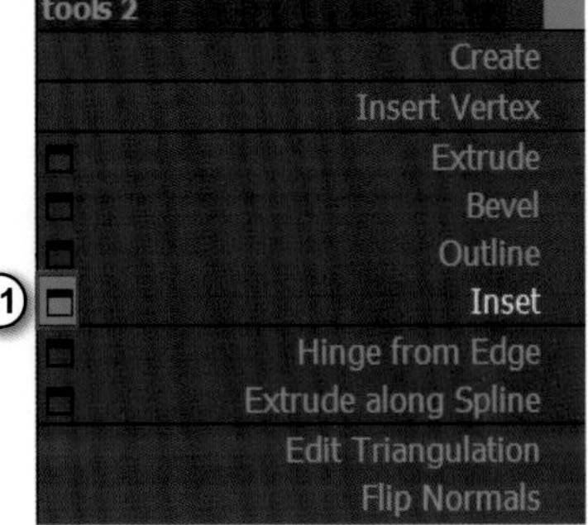

⑫ 模式設定【By Polygon】，將每個門個別往內插入新的面，按下⊘完成。

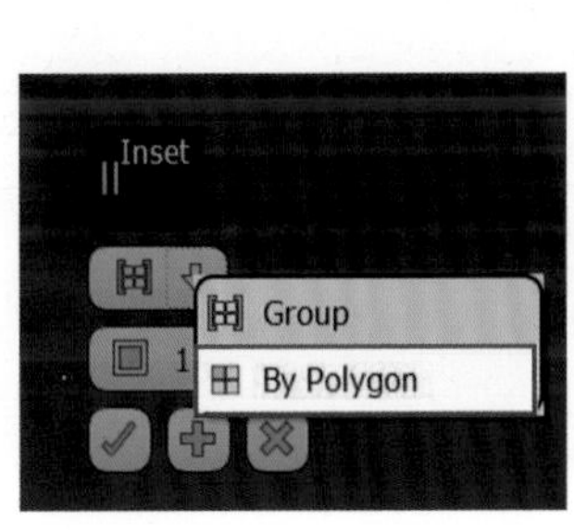

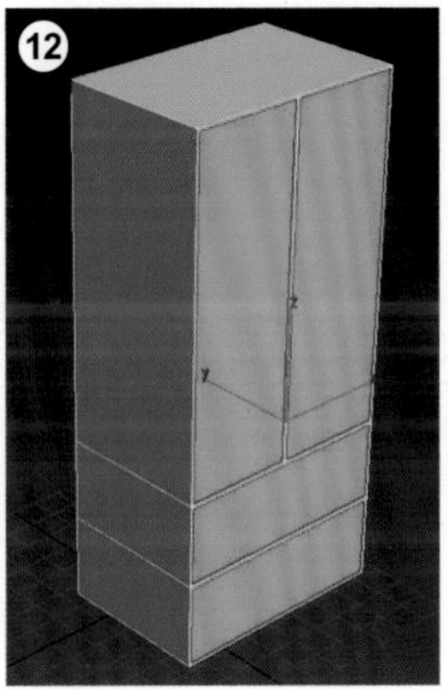

⑬ 按下滑鼠右鍵→點擊【Extrude（擠出）】左邊的小按鈕。

⑭ 擠出值輸入「3」，按下✓完成。

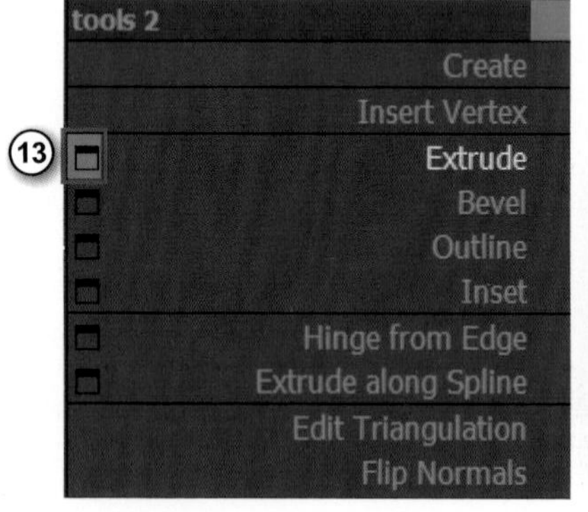

⑮ 在【Create（創建面板）】→【Shape（形狀）】→點擊【Line（線）】。

⑯ 在【Modify（修改面板）】，Rendering（渲染）下方，勾選【Enable In Renderer】與【Enable In Viewport】，使線段在畫面中可見。

⑰ 按下「T」鍵切換至上視圖。按住「Shift」鍵以正交方式繪製門的把手，繪製完按滑鼠右鍵結束。

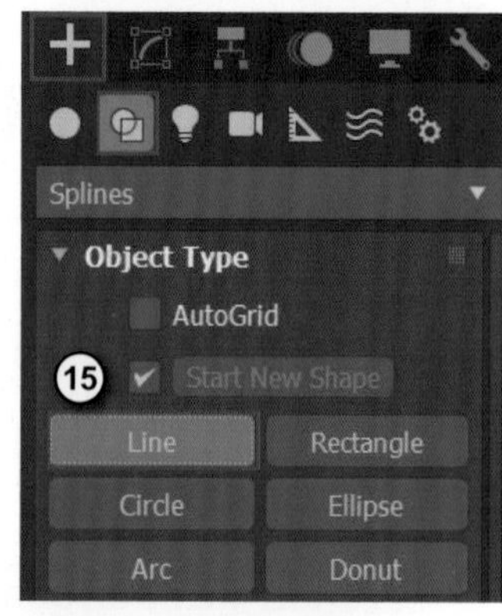

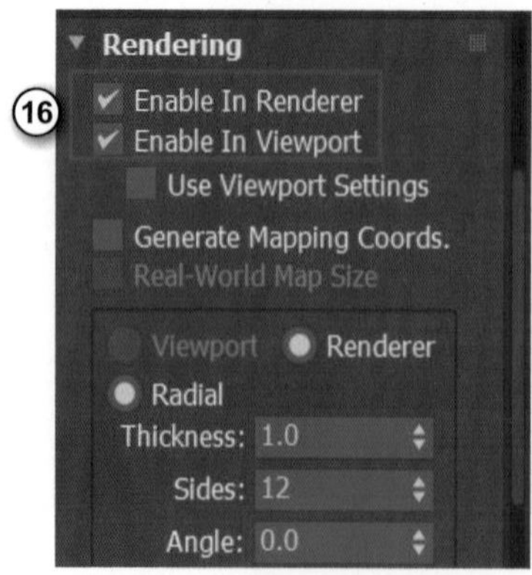

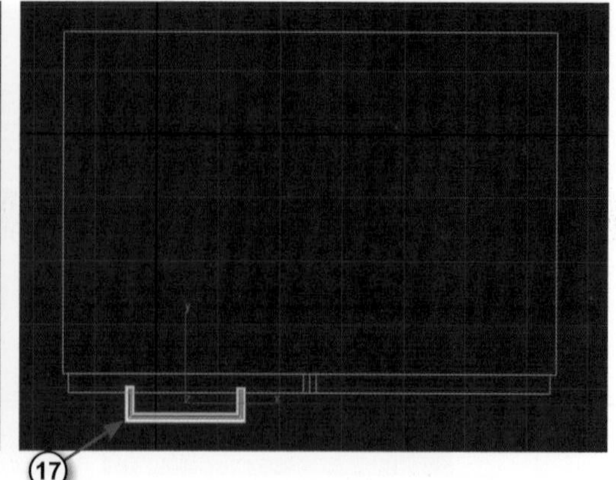

⑱ 選取把手，按住「Shift」鍵往右移動複製，模式選擇【Instance（分身）】，點擊【OK】。

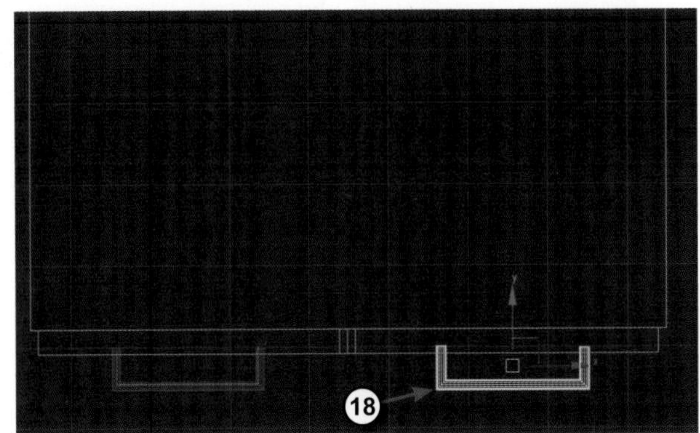

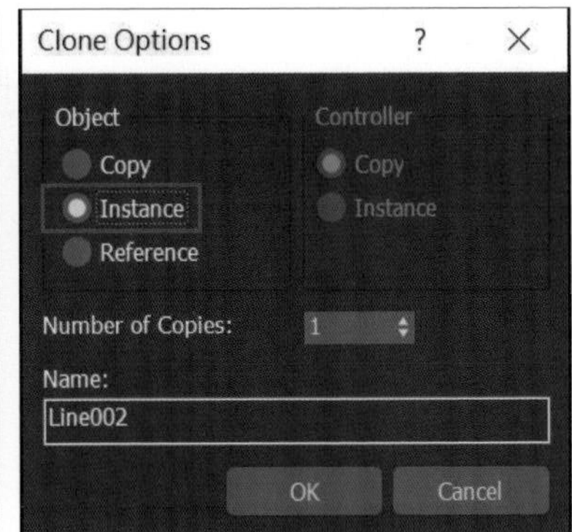

⑲ 按下「P」鍵切換回透視視角。選取兩個把手，上移到適當位置，再往上複製一組，模式選擇【Instance（分身）】。

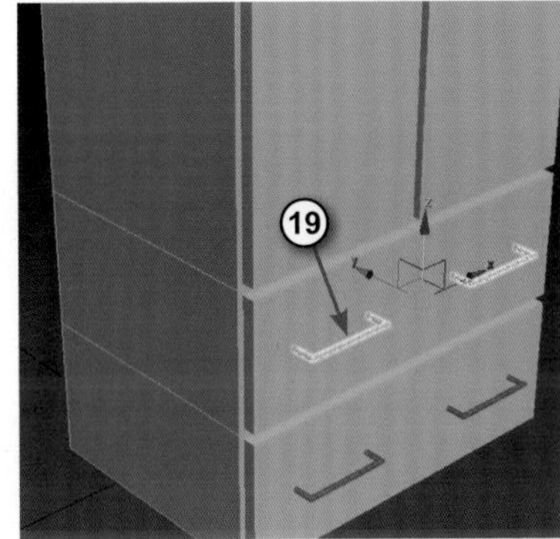

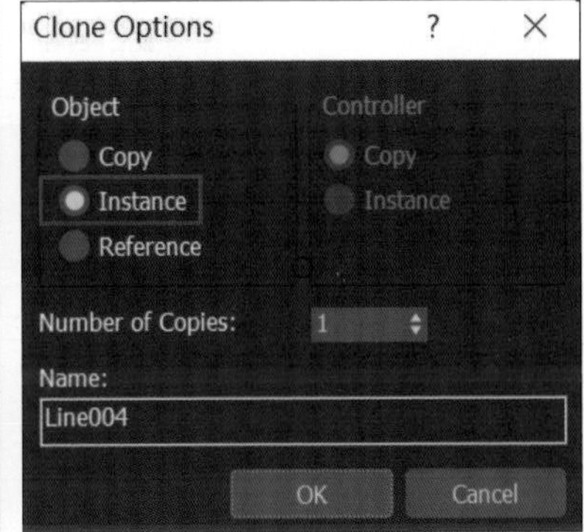

⑳ 在【Create（創建面板）】→【Shape（形狀）】→點擊【Line（線）】。

㉑ 按下「L」鍵切換到左視圖。按住「Shift」鍵繪製門的把手，點擊滑鼠右鍵結束。

㉒ 按下「P」鍵切換回透視視角。選取把手移動到適當位置，按住「Shift」鍵往右移動複製。完成衣櫃製作。

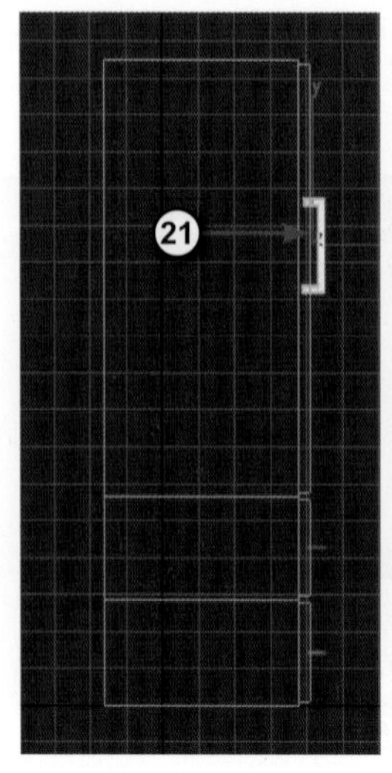

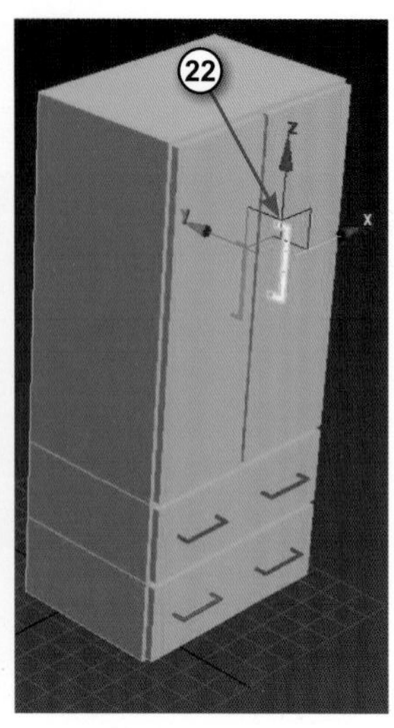

Bridge（橋接）

❶ 繪製一個置物櫃來做練習。在【Create（創建面板）】中點擊【Box（方塊）】，繪製一個方塊，長寬高與段數如圖所示。

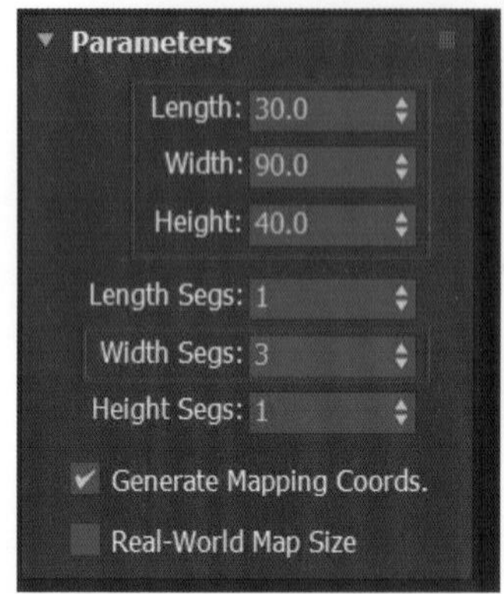

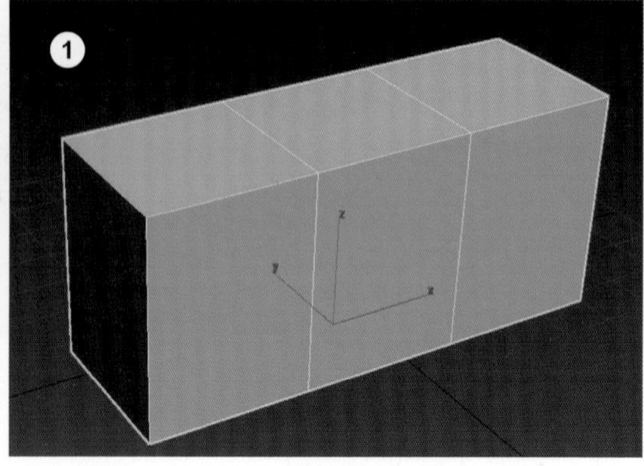

❷ 按下滑鼠右鍵→【Convert To】→【Convert to Editable Poly】轉為可編輯多邊形。

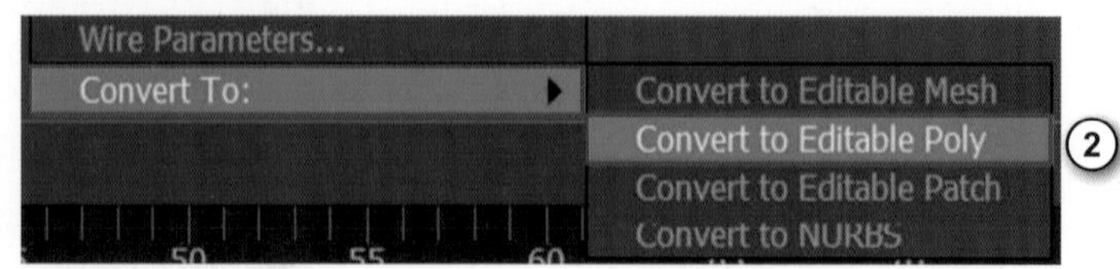

❸ 點擊【■】進入【Polygon（面層級）】，選取前後共六個面，如圖所示。

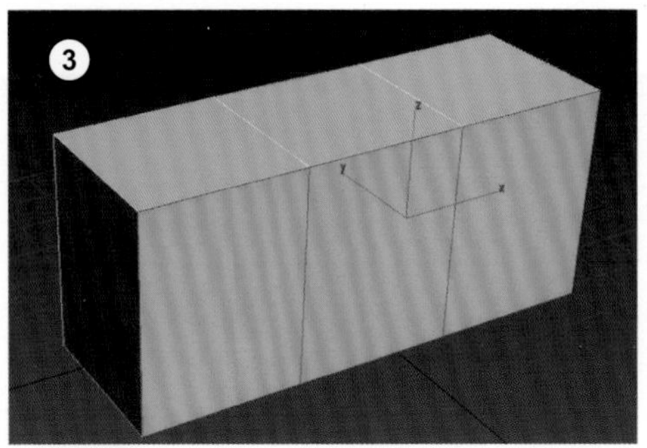

❹ 按下滑鼠右鍵→點擊【Inset（插入面）】左邊的小按鈕。

❺ 模式選擇【By Polygon（個別面）】，間距輸入「1」，按下✓完成。

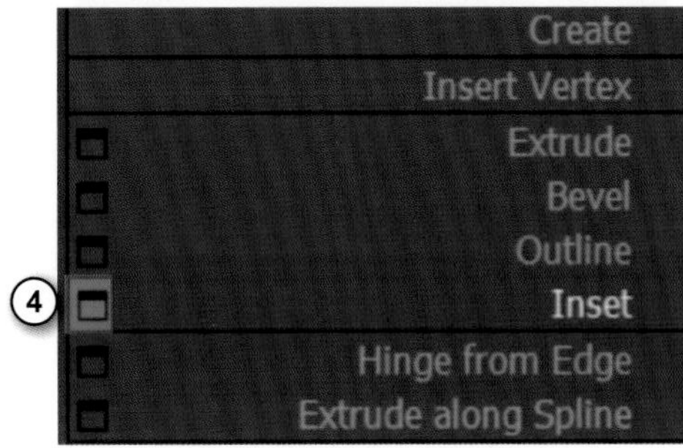

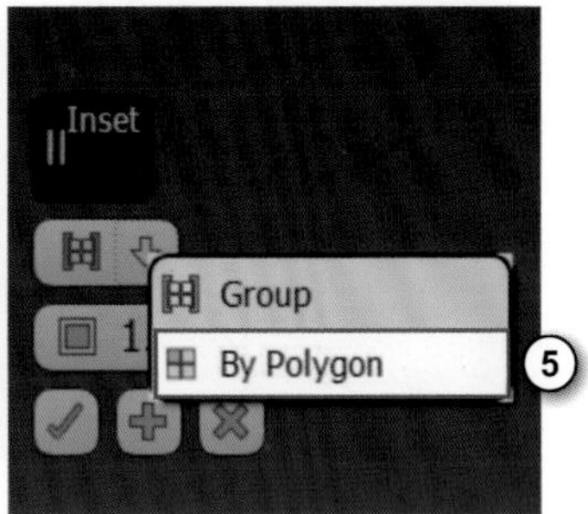

❻ 完成圖，此時六個面保持選取中。

❼ 在【Modify（修改面板）】→點擊【Bridge（橋接）】右邊的小按鈕。

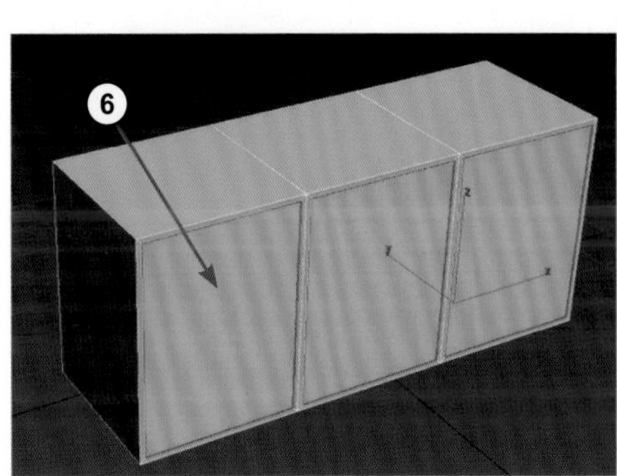

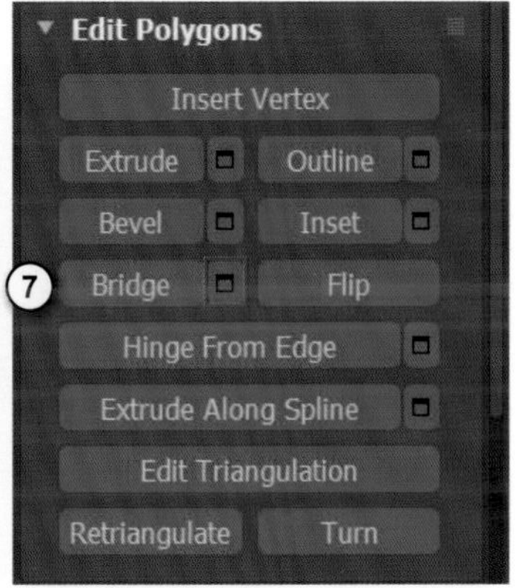

⑧ 前後的面會連接起來。段數輸入「7」，增加段數後，可自由調整錐度、扭轉…等其他參數。

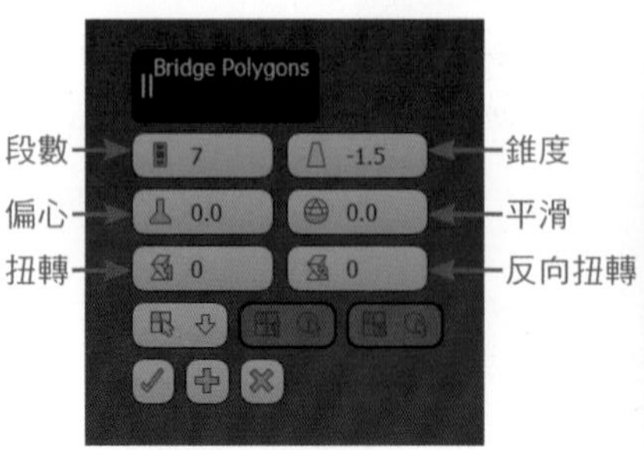

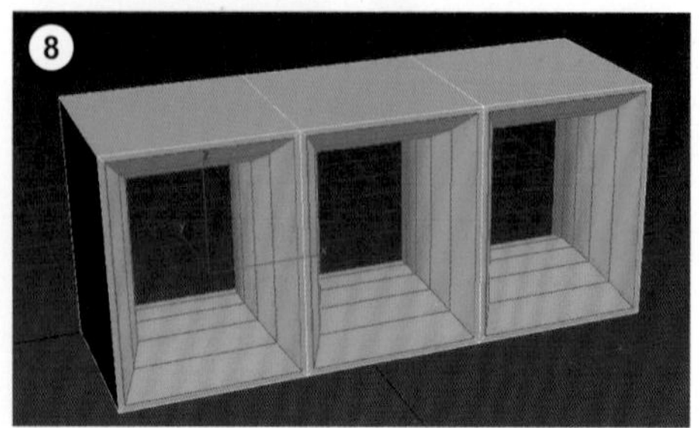

⑨ 將段數恢復為「1」，其他參數皆為「0」，前後的面會直線連接起來，完成置物櫃，按下✓完成。

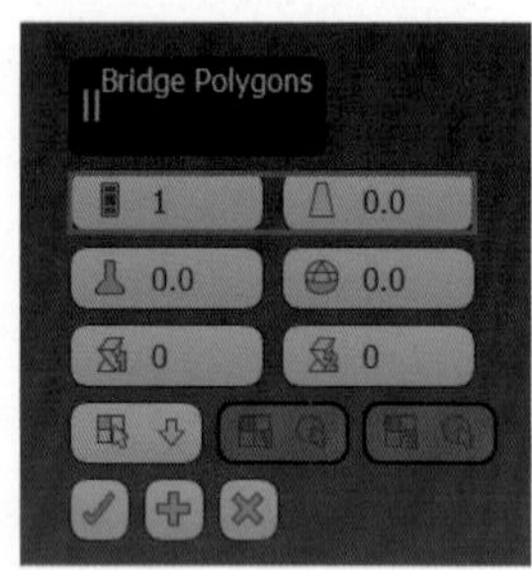

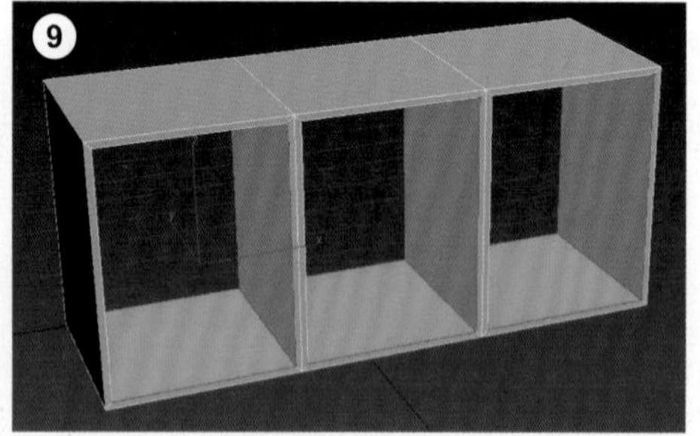

【Chamfer（倒角）】- 製作圓角

① 在【Create（創建面板）】中點擊【Cylinder（圓柱）】，繪製一適當大小的圓柱，並將「Height Segments」改成「3」。

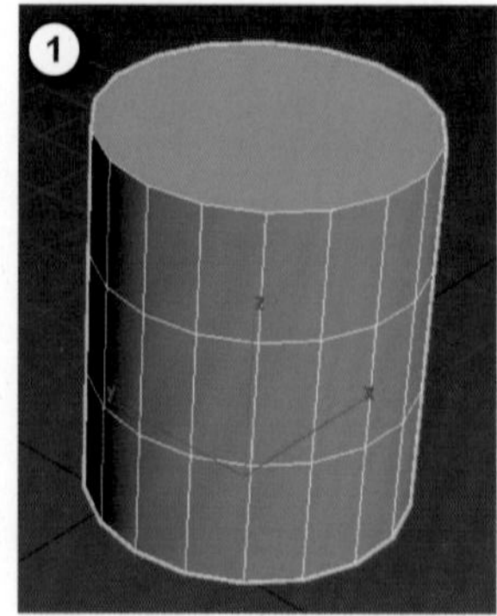

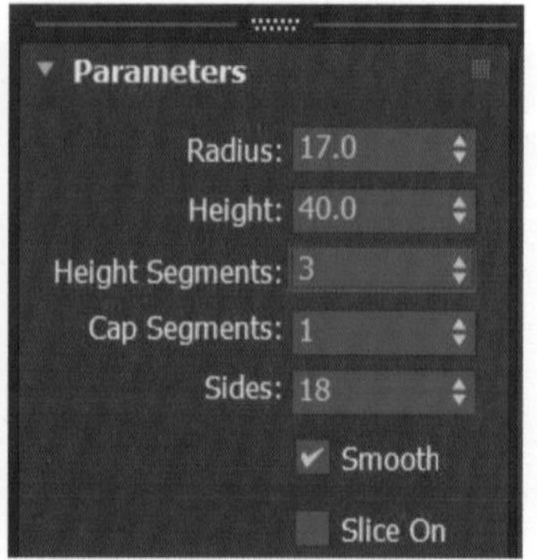

❷ 按下滑鼠右鍵→【Convert To】→轉為【Convert to Editable Poly】。點擊【 】進入【Edge（邊層級）】。

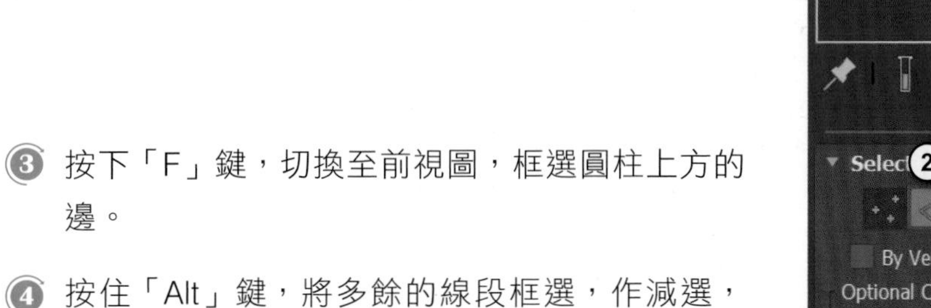

❸ 按下「F」鍵，切換至前視圖，框選圓柱上方的邊。

❹ 按住「Alt」鍵，將多餘的線段框選，作減選，此時只選取到最上方一圈的邊線。

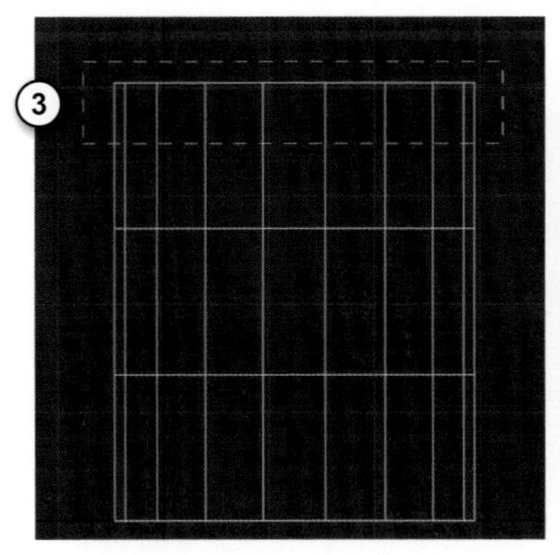

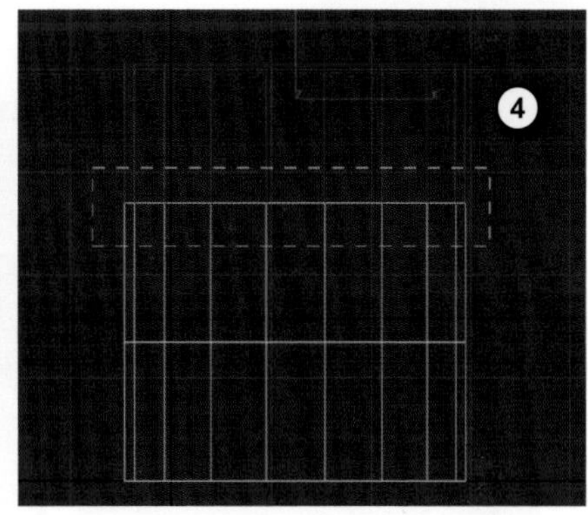

❺ 按下「P」鍵回到透視視角。按下滑鼠右鍵→點擊【Chamfer（倒角）】左邊的按鈕。

❻ 在數值上，利用滑鼠左鍵拖曳，調整倒角適當大小。

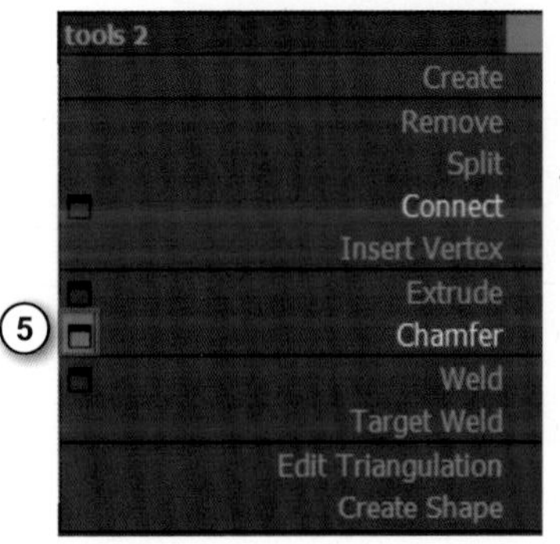

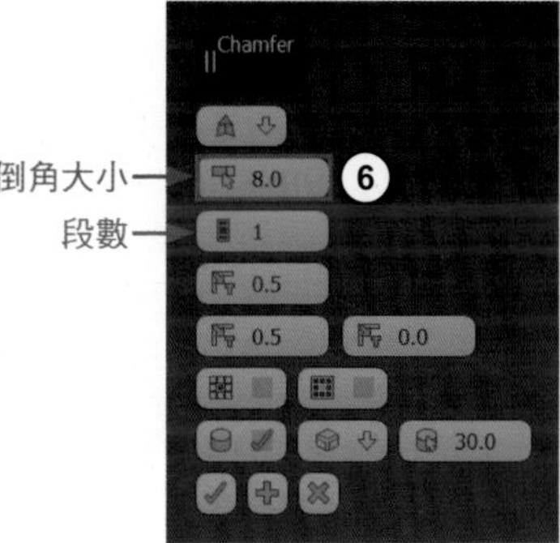

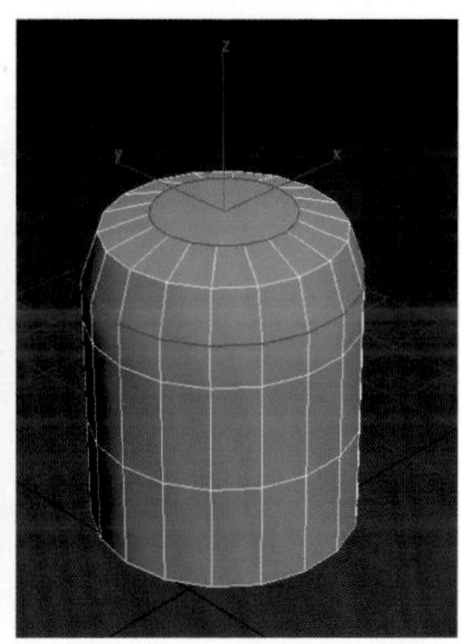

7 將段數改為 3，段數增加可製作圓角，按下✓完成。

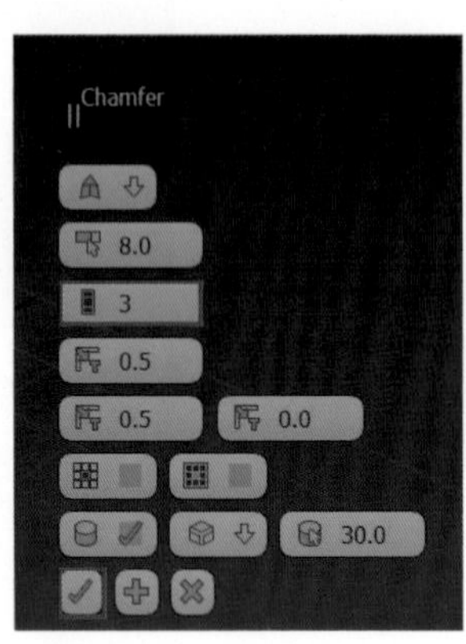

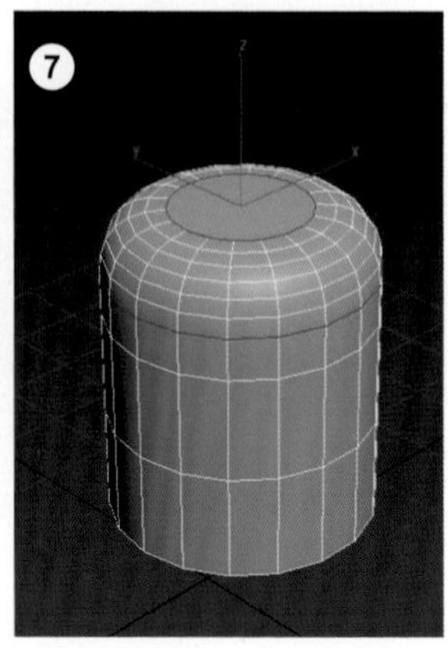

8 點擊【■】按鈕進入【Polygon（面層級）】，選取所有面。

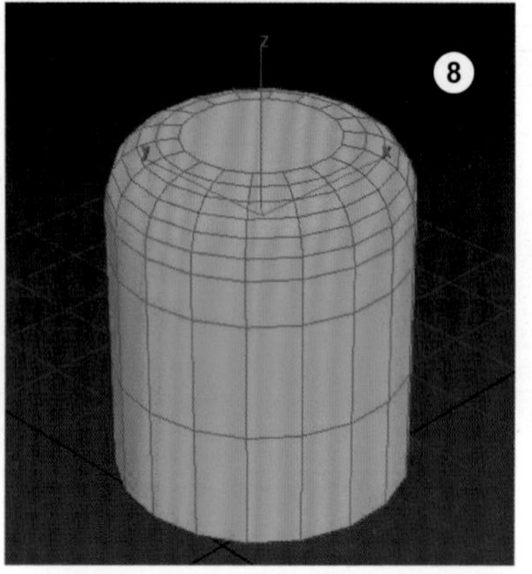

9 在【Modify（修改面板）】下方的欄位中，找到【Polygon: Smoothing Groups（平滑群組）】，【Auto Smooth】右側數值輸入為「45」度，點擊【Auto Smooth】即可自動平滑圓柱面，45 度以下的連接面會被當作同一個群組來平滑。

⑩ 完成圖，離開面的子層級。

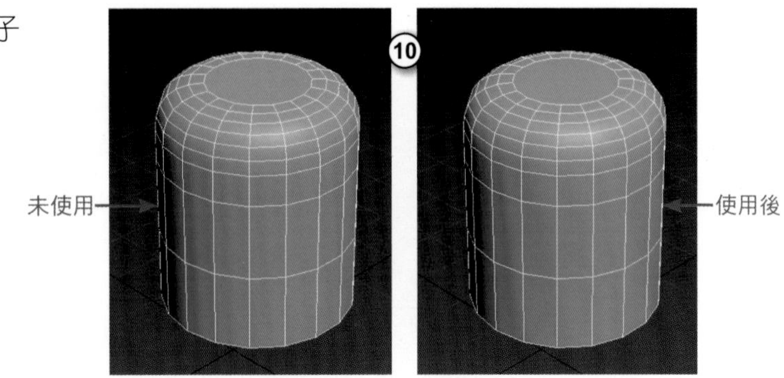

【Chamfer（倒角）】- 製作櫃體

❶ 在【Create（創建面板）】中點擊【Box（方塊）】，繪製一個方塊，尺寸如圖所示。

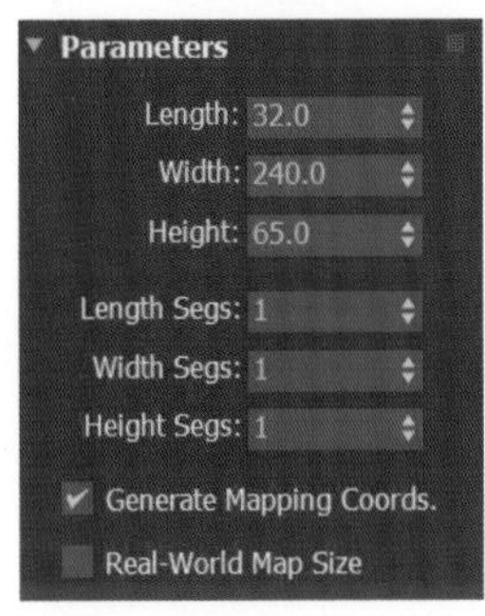

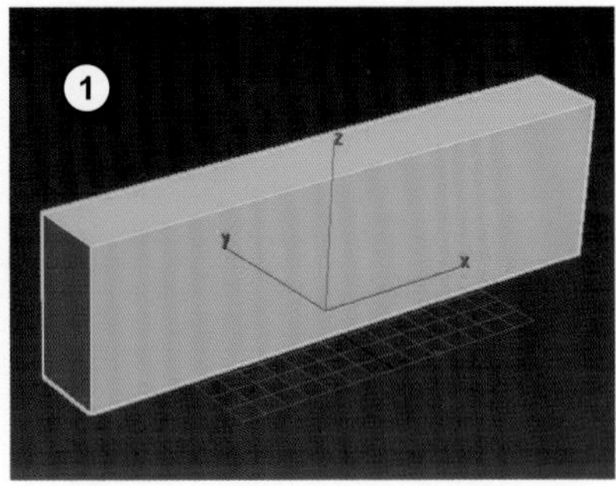

❷ 按下滑鼠右鍵→【Convert To】→ 轉為【Convert to Editable Poly】。點擊【 】進入邊層級。框選四條邊。

❸ 按下滑鼠右鍵→點擊【Connect（連接）】左邊的小按鈕。

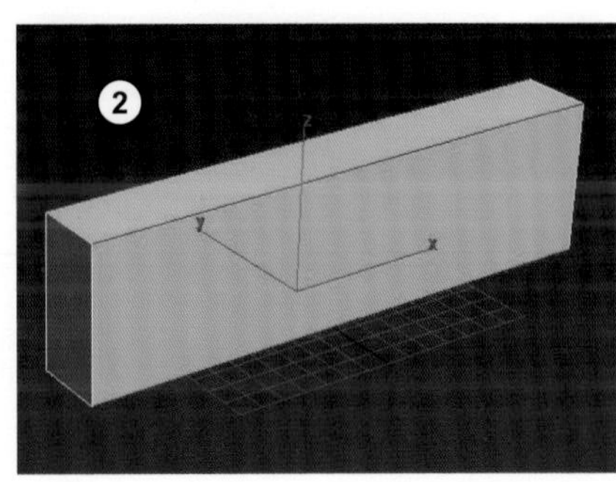

4 段數輸入「5」，按下✓完成，如右圖。

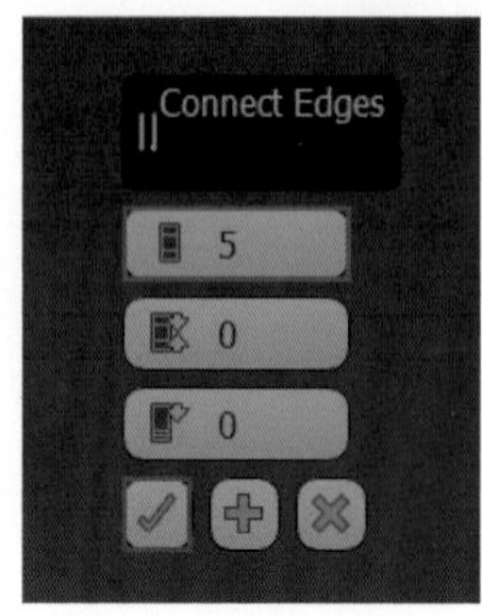

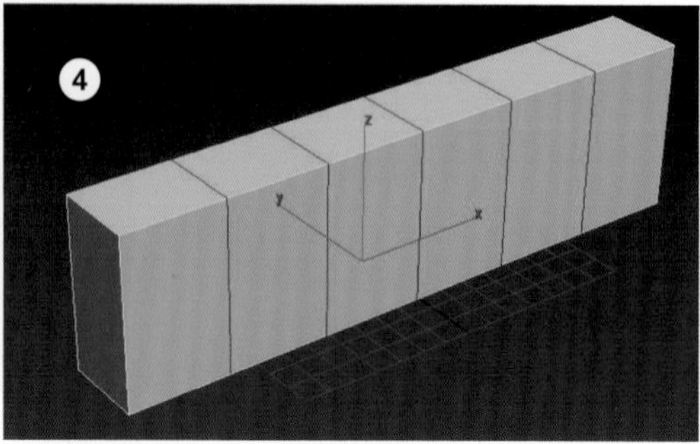

5 按下滑鼠右鍵→點擊【Chamfer（倒角）】左邊的小按鈕。

6 倒角大小輸入「1」，段數為「0」，按下✓完成。

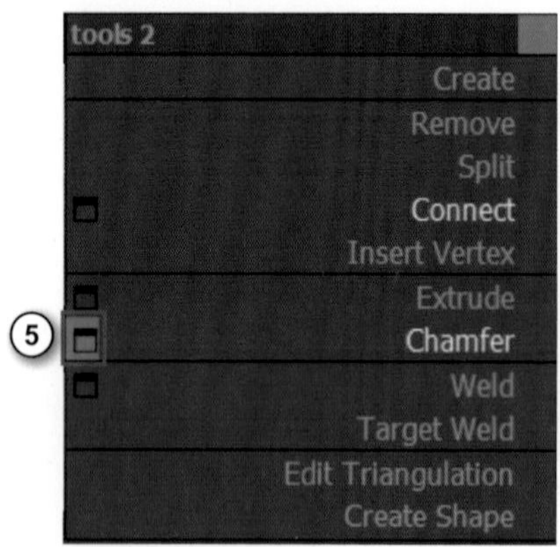

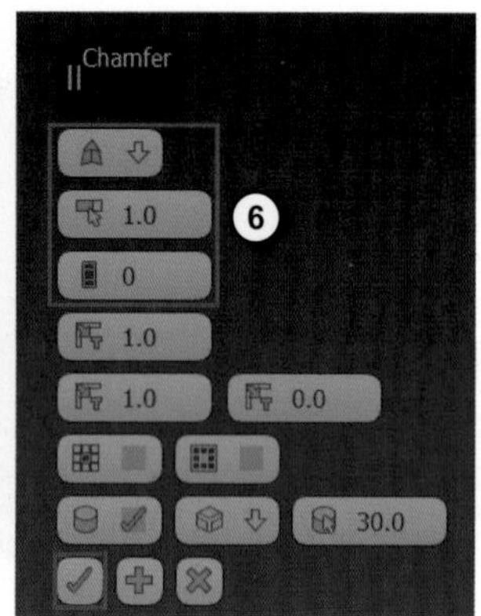

7 此時一條邊會變成兩條。

8 點擊【■】進入【Polygon（面層級）】，選取前方的六個面。

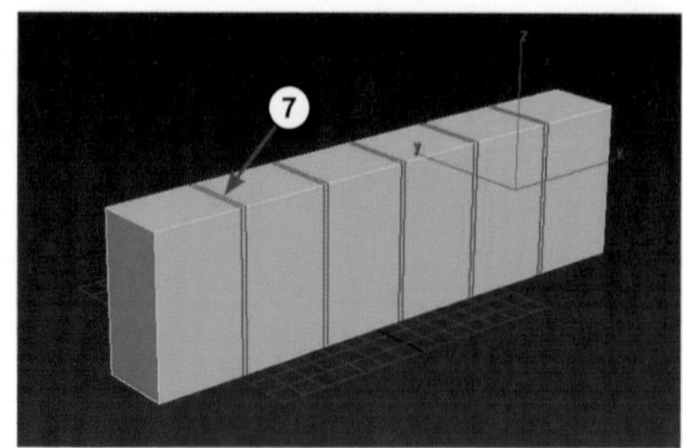

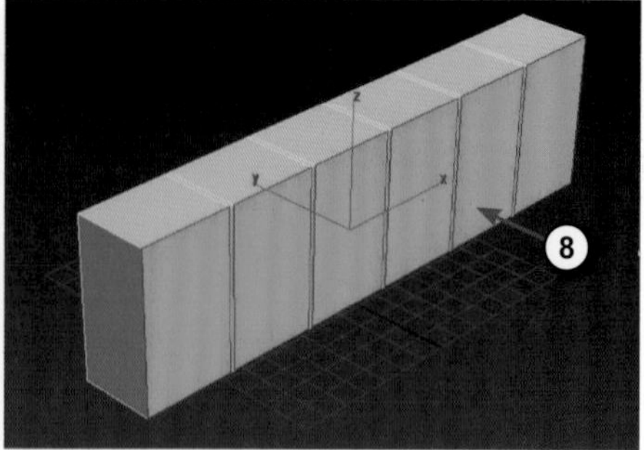

⑨ 按下滑鼠右鍵→點擊【Exturde（擠出）】左邊的小按鈕。

⑩ 擠出值輸入「2」，按下✓完成。

⑪ 完成圖如右圖所示。

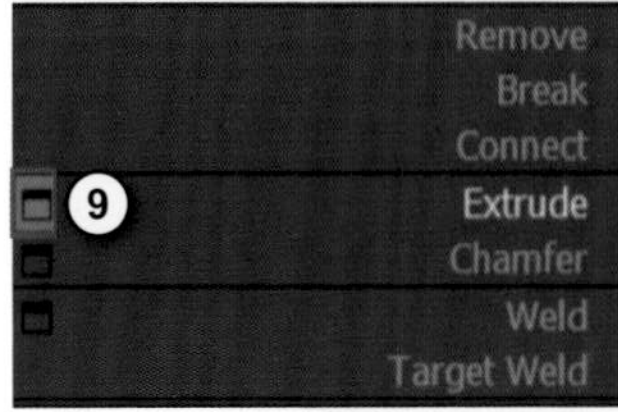

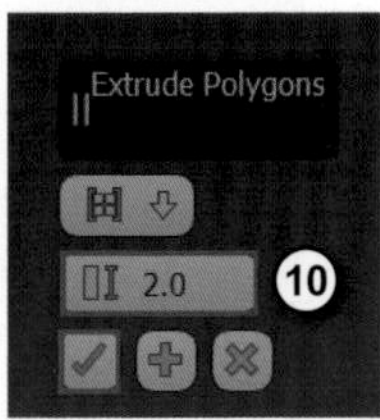

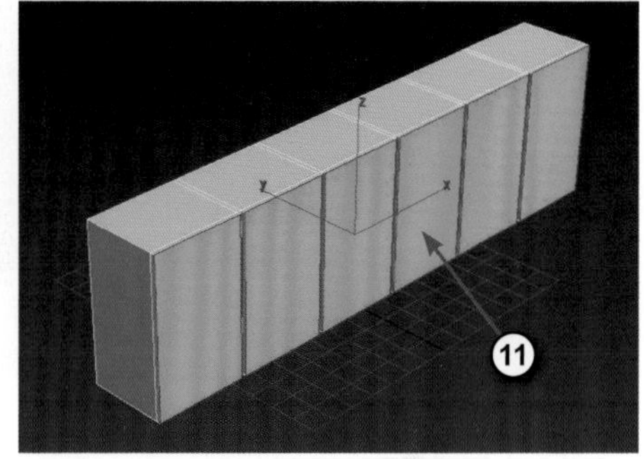

Attach（附加）、Detach（分離）

① 運用 Attach 與 Detach 指令來繪製門的範例。按下「F」鍵，切換至前視圖，繪製一個平面，將段數改為「2、3」。

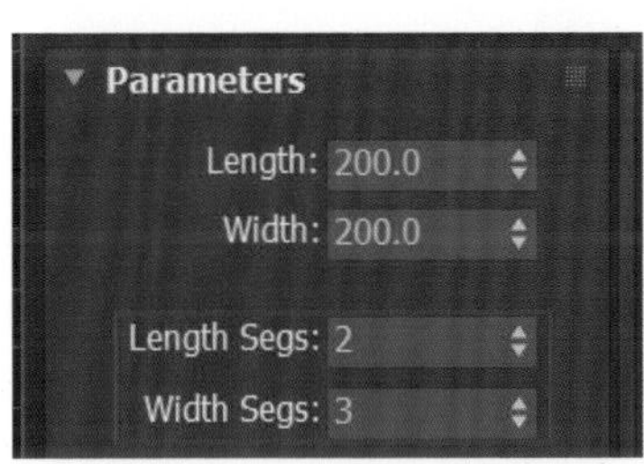

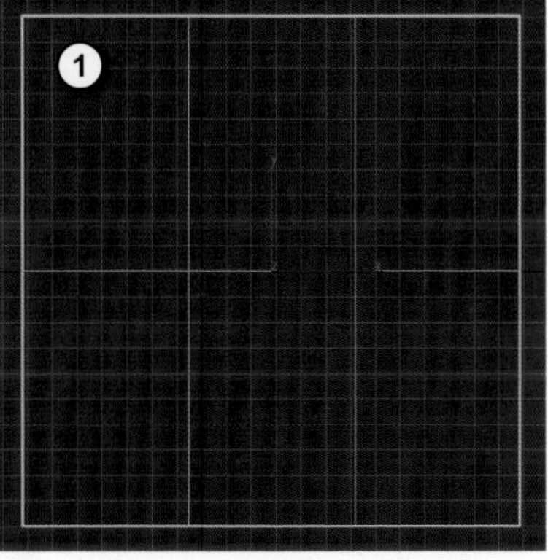

② 按下滑鼠右鍵→【Convert To】→【Convert to Editable Poly】。

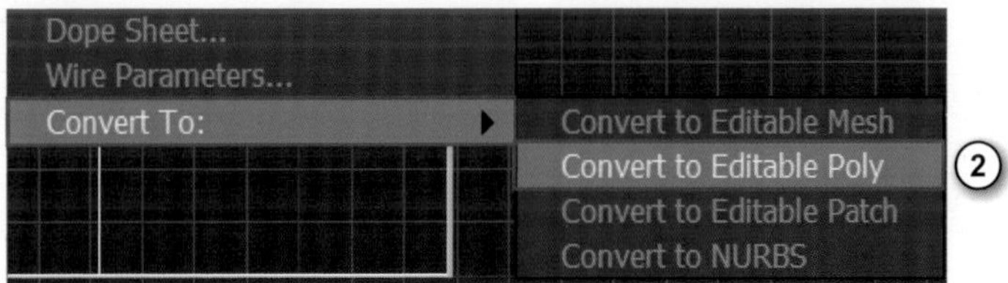

③ 在【Modify（修改面板）】→點擊【 】進入【Vertex（點層級）】，將中間四個點往上移動，如下圖所示。

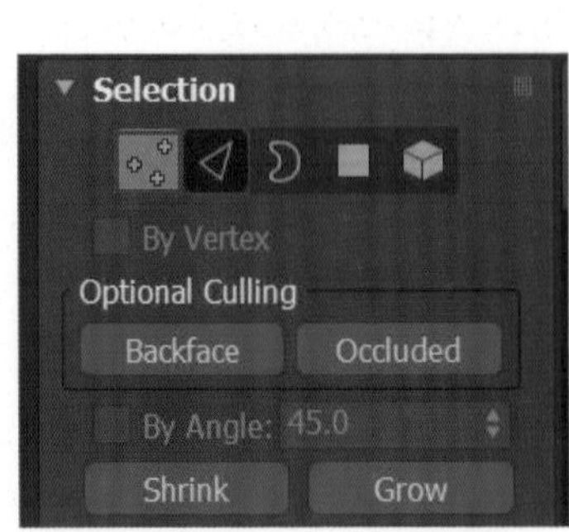

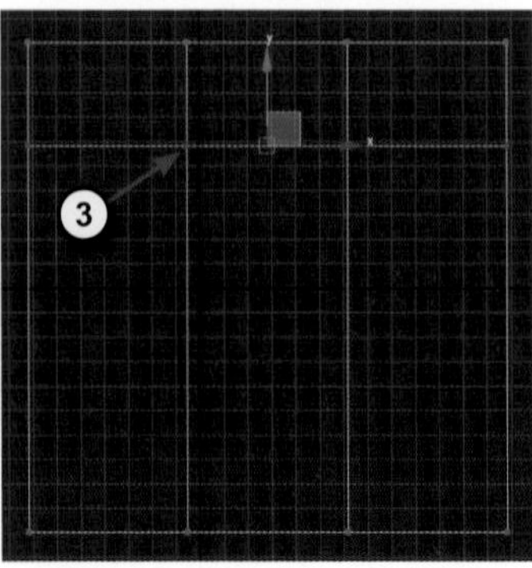

④ 在【Modify（修改面板）】→點擊【 】進入【Polygon（面層級）】，選取中間的面。

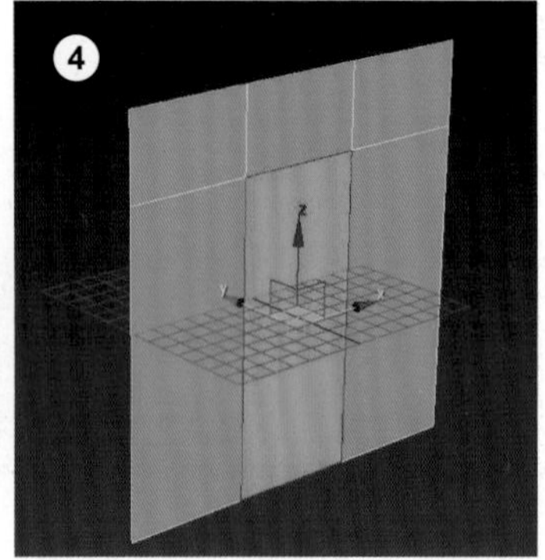

⑤ 按下滑鼠右鍵→點擊【Extrude（擠出）】左邊的小按鈕。

⑥ 在數值左邊箭頭按住滑鼠左鍵拖曳可設定擠出值，按下⊘完成。

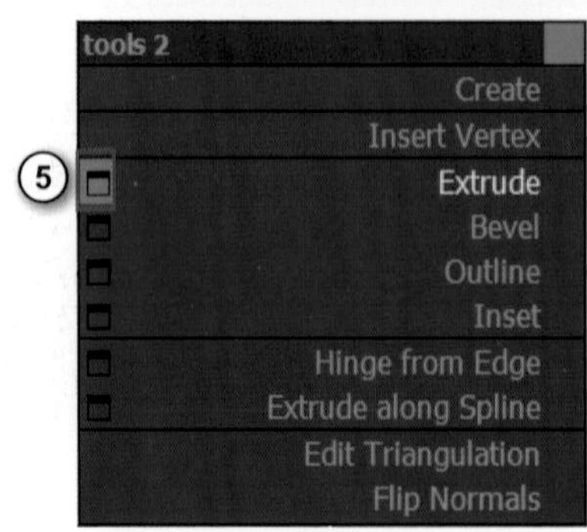

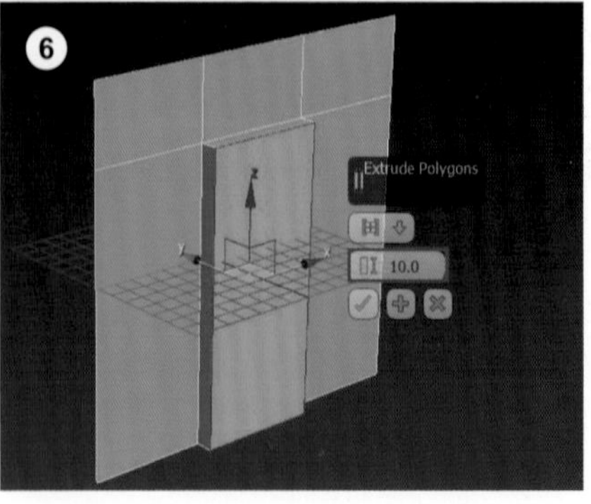

⑦ 選取面，在【Modify（修改面板）】下方的欄位中，點擊【Detach（分離）】按鈕。

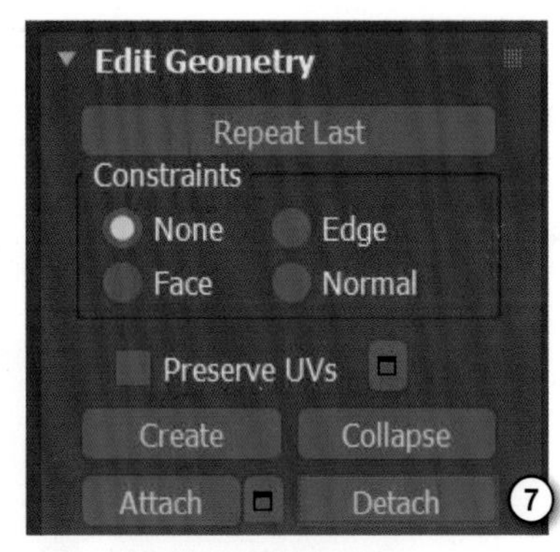

⑧ 會出現【Detach（分離）】視窗，可將所選取的物件變成個別的物件，按下【OK】鍵完成。此時面為不同物件，之後可更換顏色較容易辨別。

⑨ 點擊 Editable Poly 或按下數字「4」離開子層級。

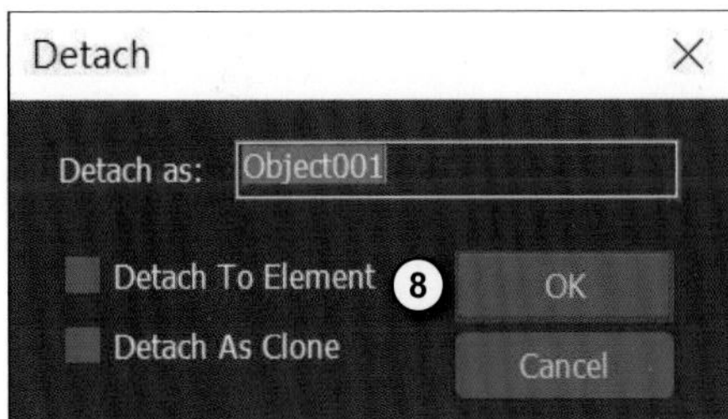

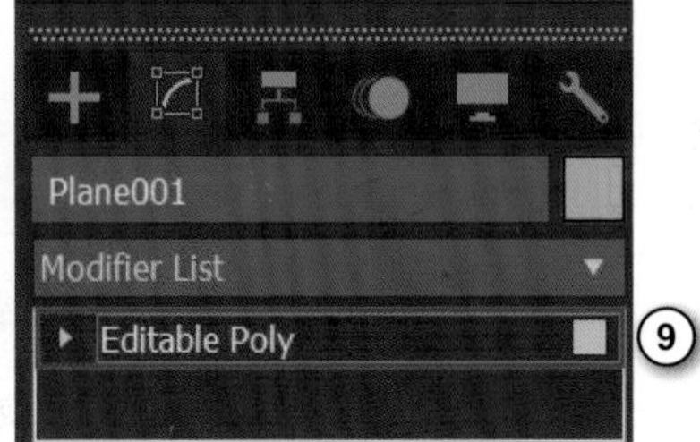

TIPS

若勾選視窗中【Detach To Element】選項，被選取的面會被分離成同物件、不同元素，但不常被使用，【Detach As Clone】選項可複製並分離。

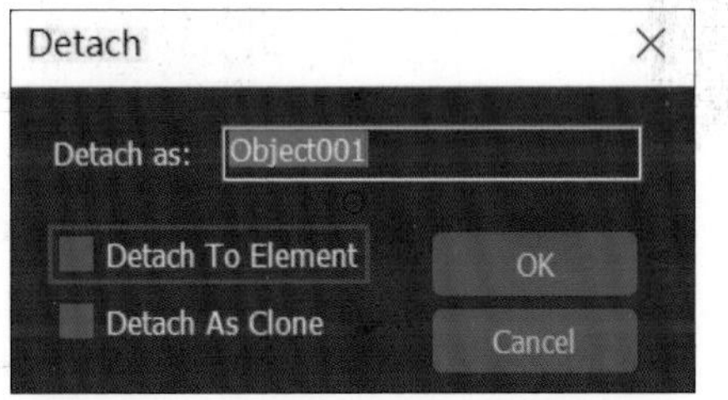

⑩ 選取門。

⑪ 點擊右上角的顏色色板，任意選一種顏色，點擊【OK】。

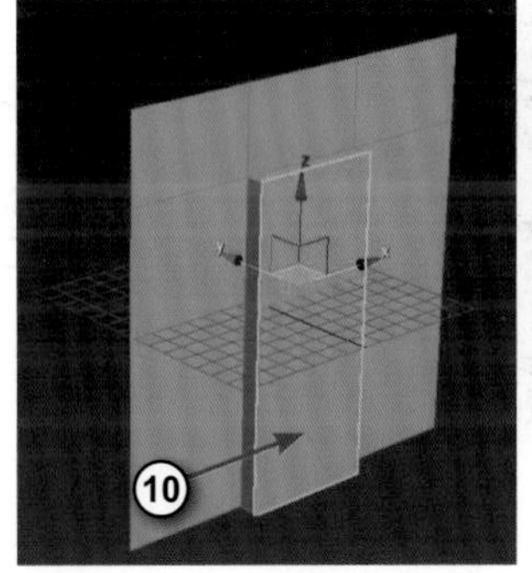

⑫ 選取門的面，並切換到上視圖，在【Hierarchy（階層面板）】→點擊【Affect Pivot Only（影響軸心）】按鈕，進入控制軸心的模式。

⑬ 將座標移至門的右下角，完成後再次點擊【 Affect Pivot Only 】按鈕，離開軸心設定。（也可以按【Insert】鍵啟用或關閉軸心設定）

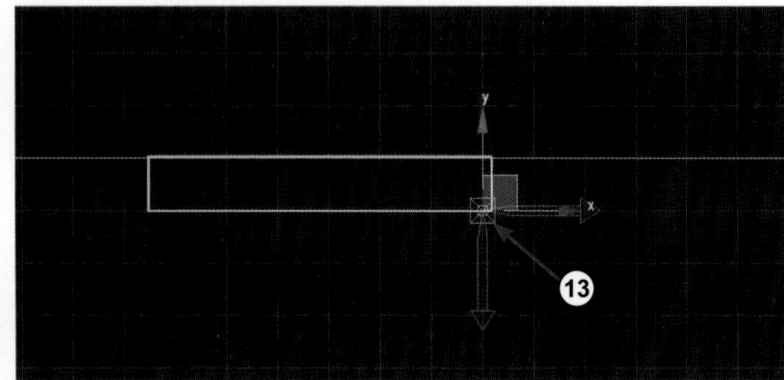

⑭ 按下「P」鍵切回透視，並使用旋轉，將門呈現打開的狀態。

⑮ 先選取牆面，按下滑鼠右鍵→點擊【Attach（附加）】。

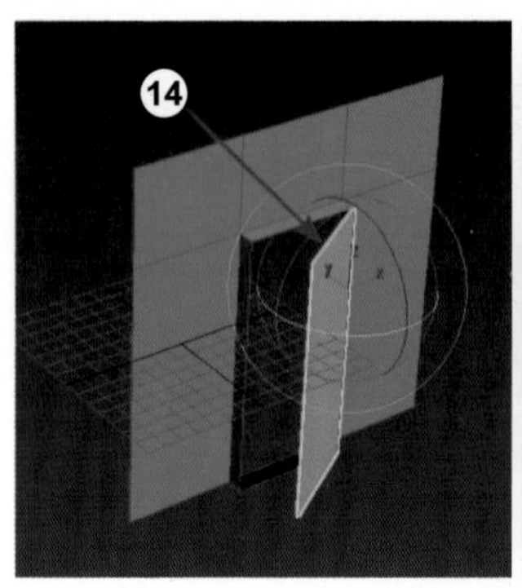

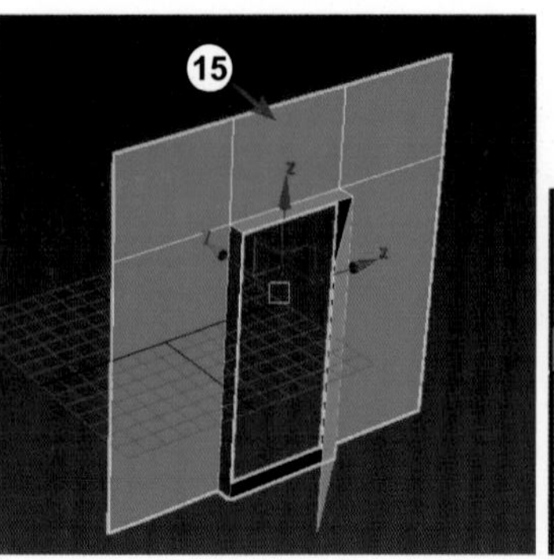

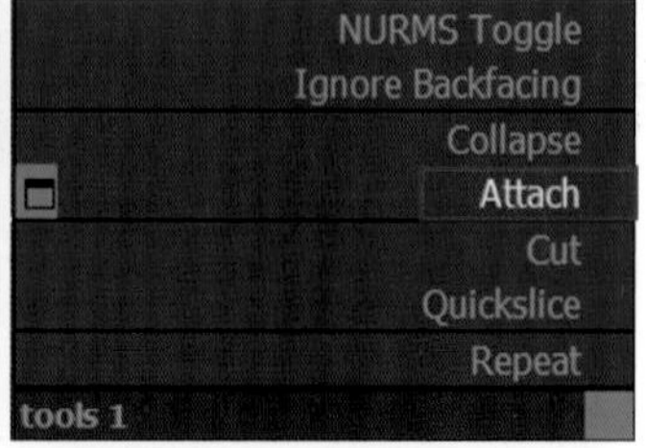

⑯ 接著點選門，將所有物件變成同一物件，但依舊是不同的元素，此時門的顏色會自動變成和牆一樣。完成門的繪製。

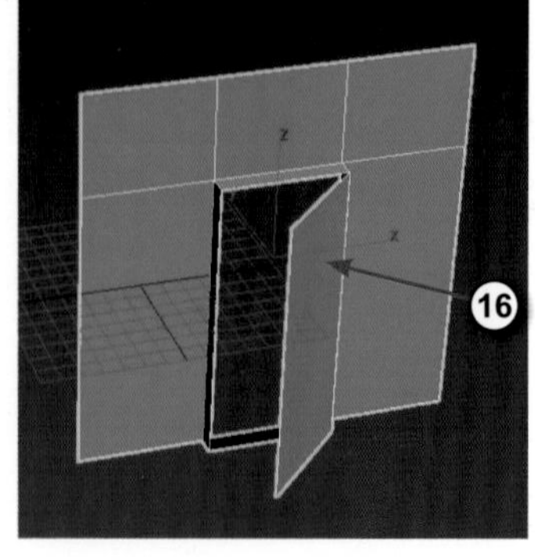

Slice（切割）

① 在【Create（創建面板）】中點擊【Box（方塊）】，繪製一個牆面，將段數改至 1 x 1 x 1。並按滑鼠右鍵→【Convert To】→【Convert to Editable Poly】。

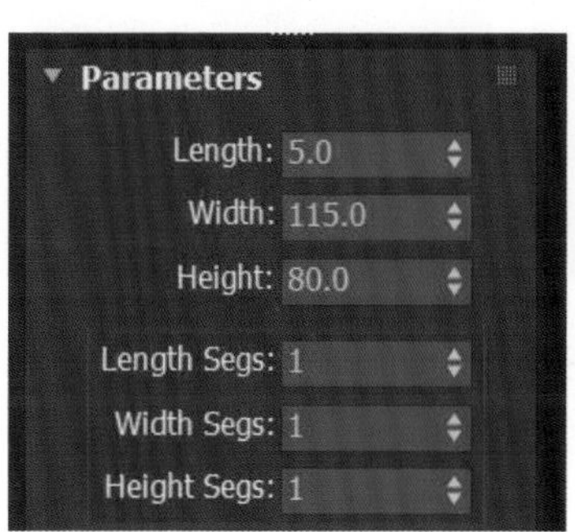

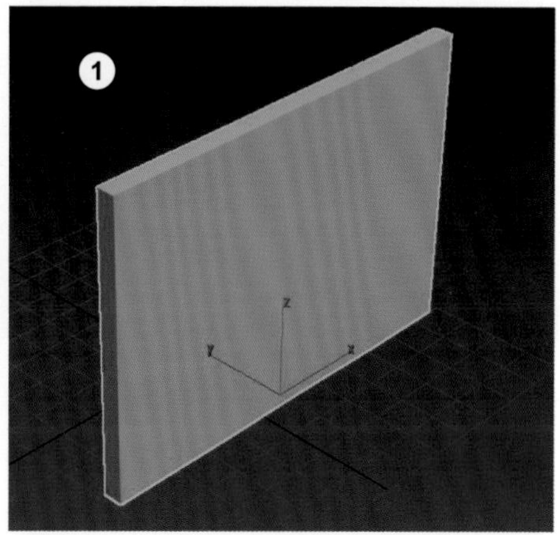

② 在【Modify（修改面板）】→點擊【■】進入【Polygon（面層級）】，選取欲切割的面，沒有選取的面就不會被切割。

③ 點擊【Slice Plane（切割平面）】，會出現一個黃色框的平面。

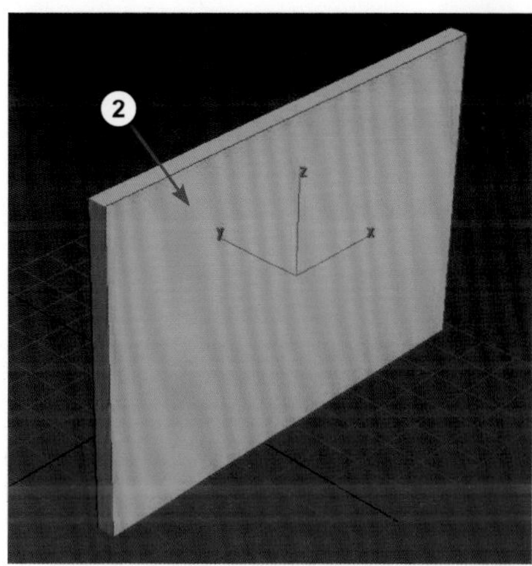

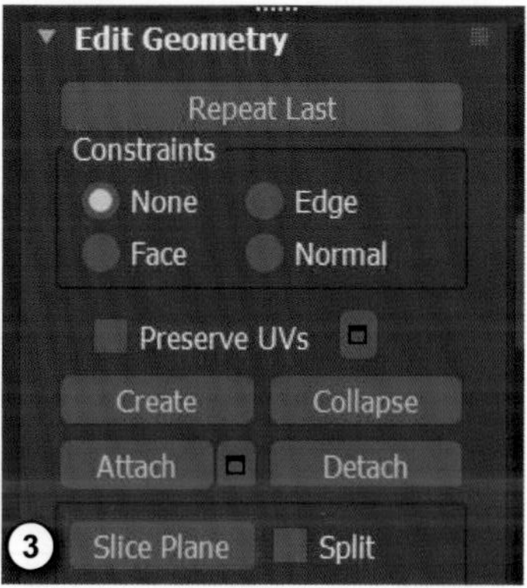

④ 旋轉或移動黃色的切割平面來調整至適當位置，按下【Slice（切割）】按鈕，即可作切割。

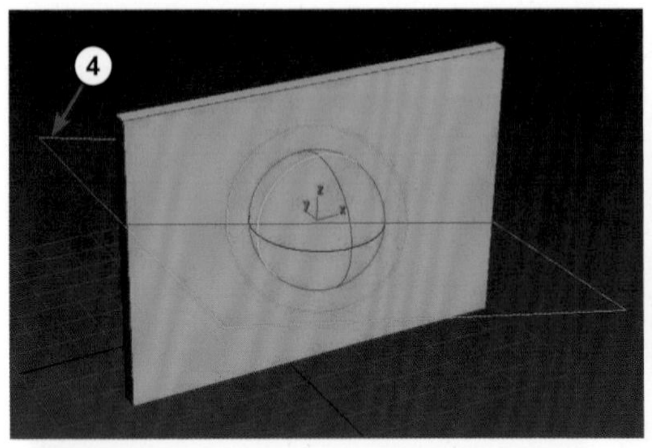

⑤ 繼續移動切割平面位置，並點擊【Slice】完成其他線條切割，如下圖，全部切割線段皆完成後，再次點擊【Slice Plane（切割平面）】按鈕，離開切割平面。

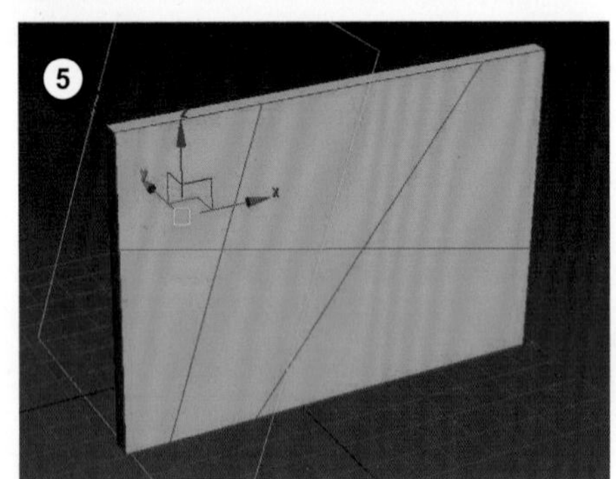

⑥ 在【Modify（修改面板）】→點擊【 】進入邊層級，選取到切割的線段。

⑦ 按下滑鼠右鍵→點擊【Chamfer（倒角）】左邊的小按鈕。

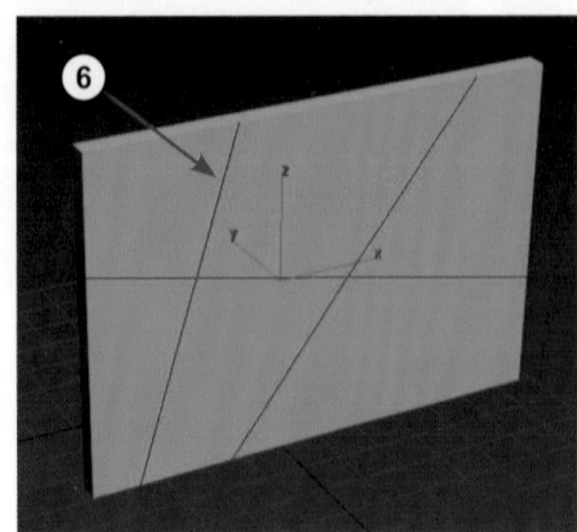

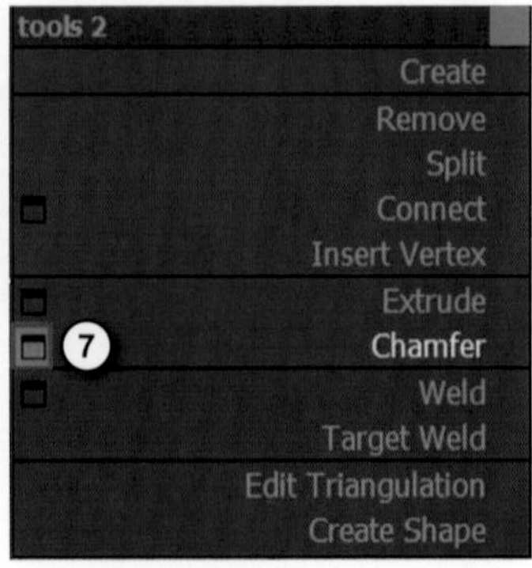

⑧ 將溝槽寬度調整至適當大小，按下⊘完成。

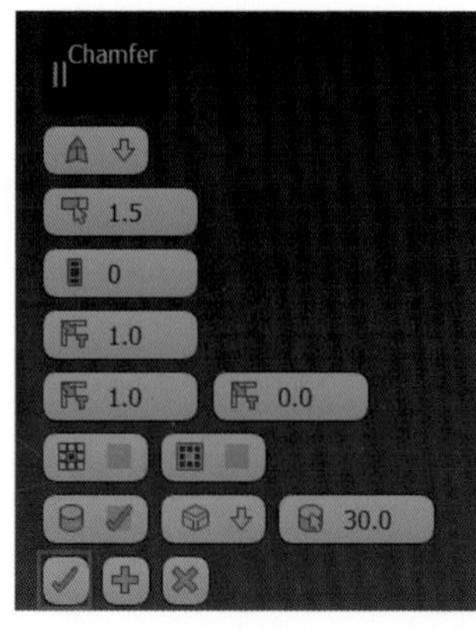

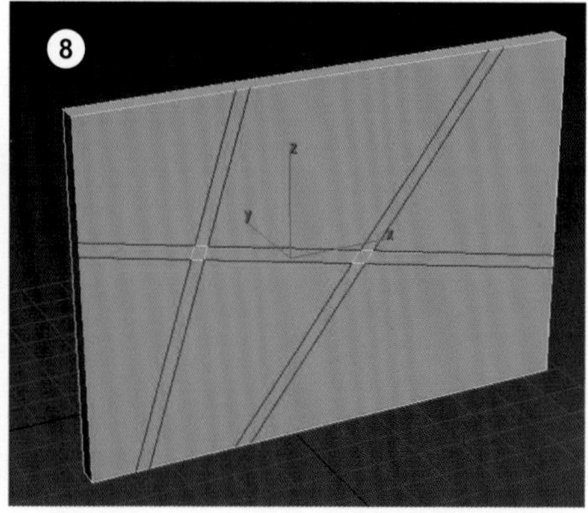

⑨ 在【Modify（修改面板）】→點擊【■】進入面層級，先選取其中一個面。

⑩ 再按住「Shift」鍵，選取連接的面，即可選取到連續面。

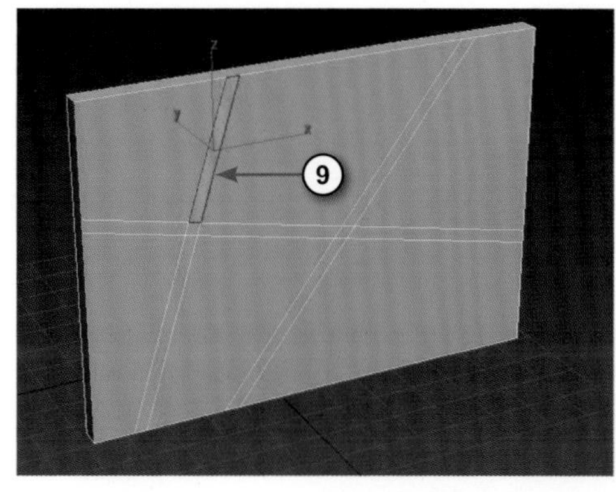

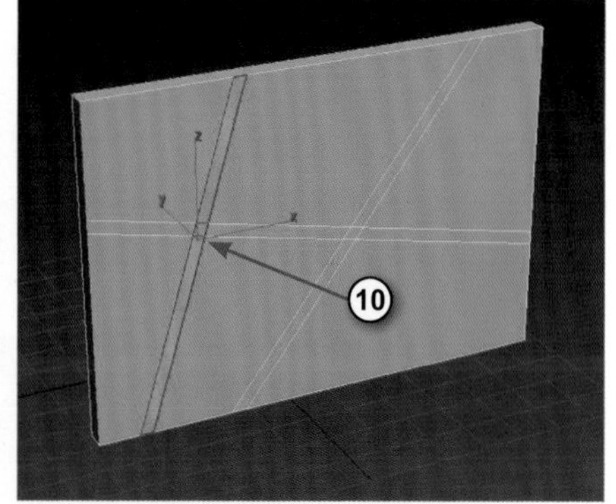

⑪ 按住「Shift」鍵，分別選取另外 2 個連接面，可選取到所有溝槽的面。

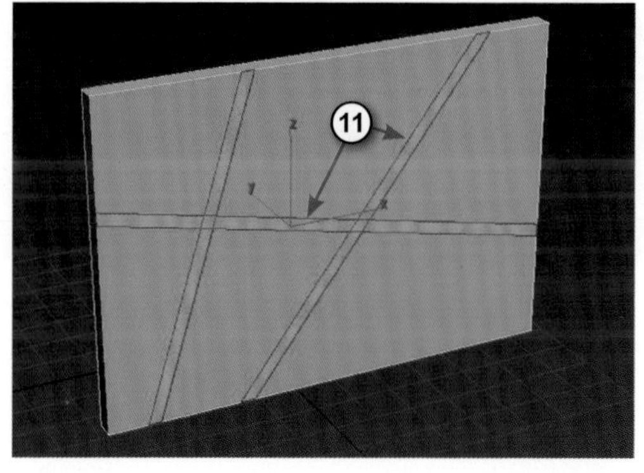

⑫ 選取好欲切割的面後，按滑鼠右鍵→點擊【Extrude（擠出）】左邊的小按鈕。

⑬ 在數值左邊箭頭，利用滑鼠左鍵拖曳，將溝槽往內調整至適當深度，按下✓完成。即可作出有造型的牆面。

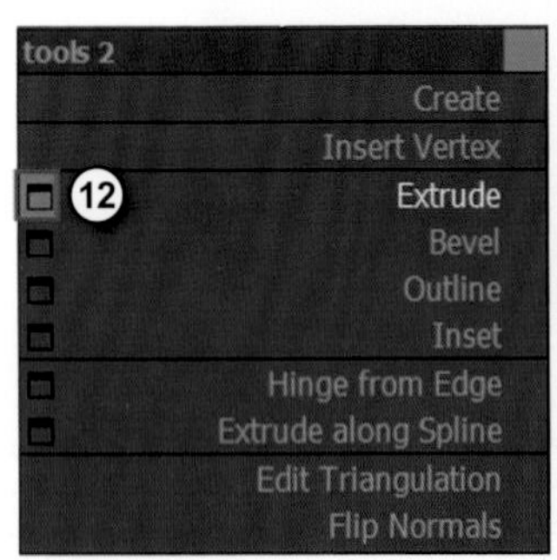

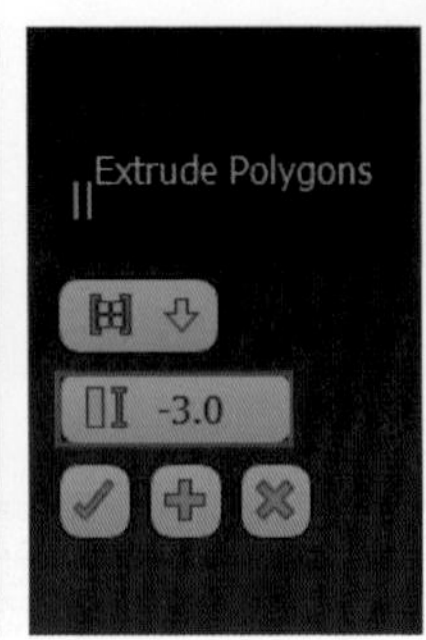

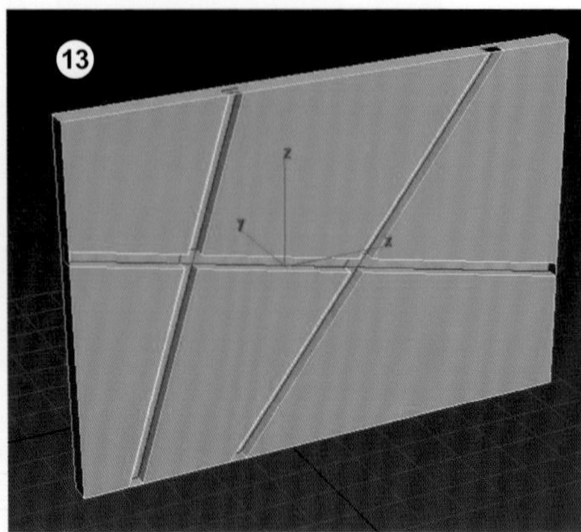

Weld（焊接）

① 在【Create（創建面板）】中點擊【Box（方塊）】，繪製一個適當大小的方塊，並將段數改為 2 x 2 x 2。按下滑鼠右鍵→【Convert To】→【Convert to Editable Poly】。

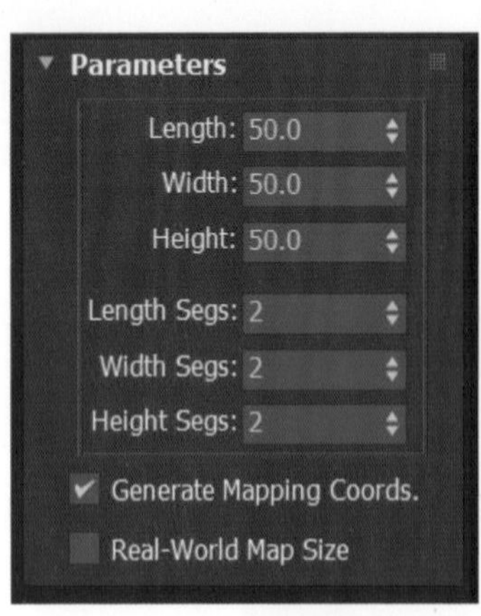

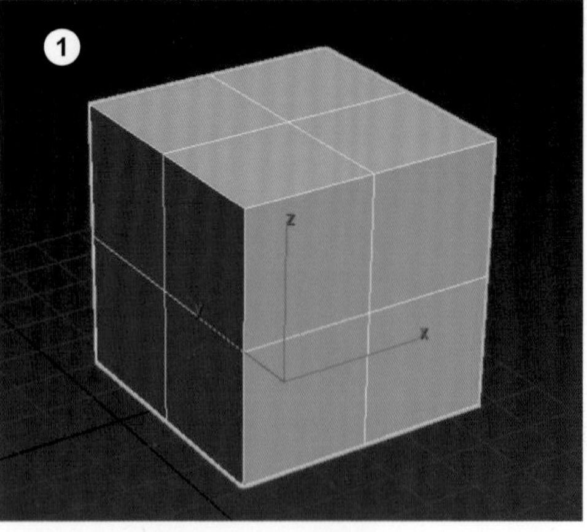

❷ 按下「F」鍵切換至前視圖，在【Modify（修改面板）】→點擊【 】進入【Vertex（點層級）】，框選上排的點。

❸ 按下「P」鍵切換回透視視角，按下滑鼠右鍵→點擊【Weld（焊接）】左邊小按鈕。

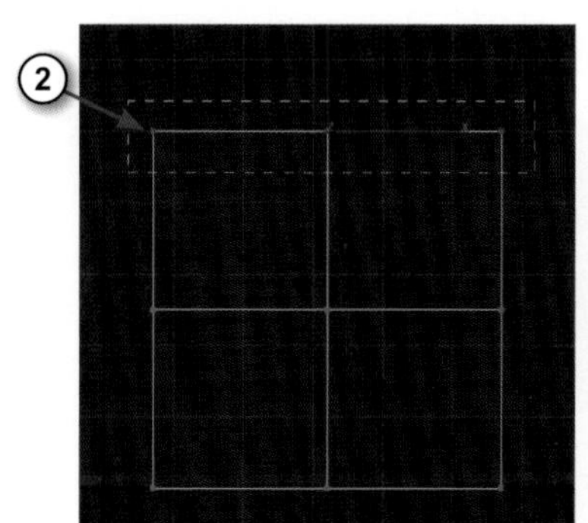

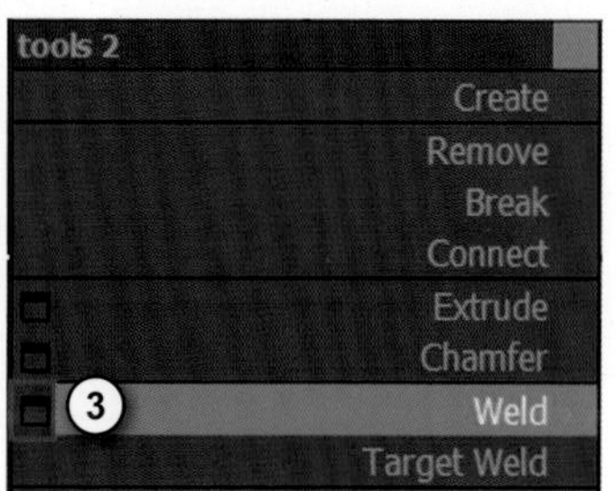

❹ 由於方塊尺寸為 50，當焊接範圍不夠大，則不會進行焊接。

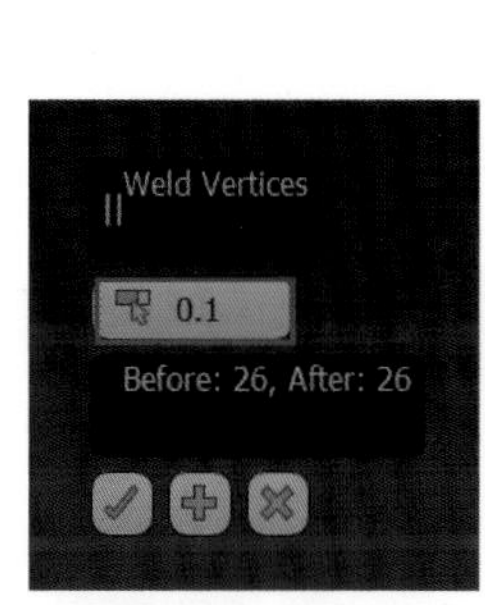

❺ 數值調大，可使被選取的點最後合為一點，按下✓完成，如右圖。

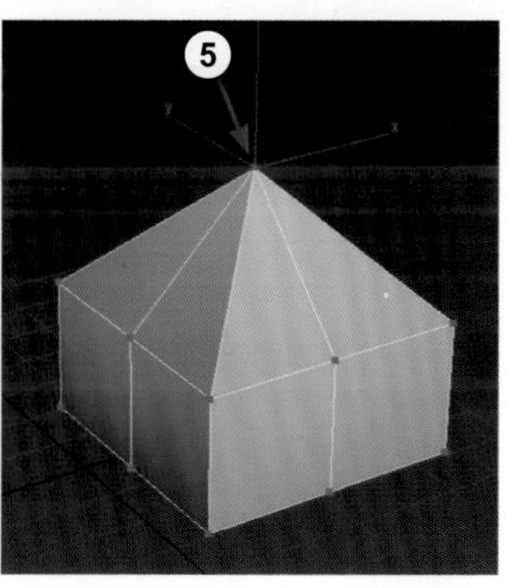

Target Weld（目標點焊接）

❶ 在【Create（創建面板）】中點擊【Box（方塊）】，繪製一個適當大小的方塊，並將段數改為 1 x 1 x 1。按下滑鼠右鍵→【Convert To】→【Convert to Editable Poly】。

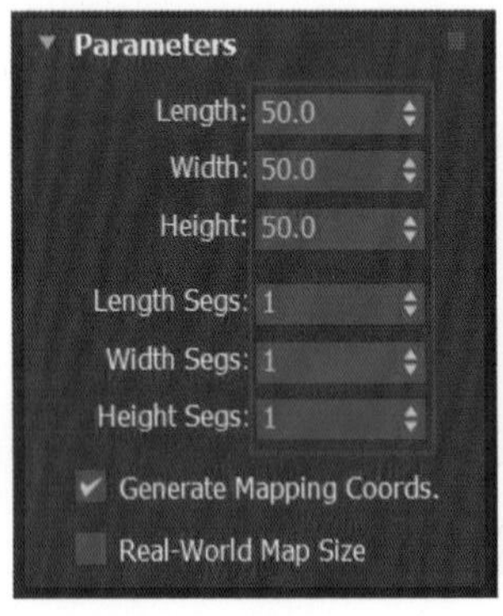

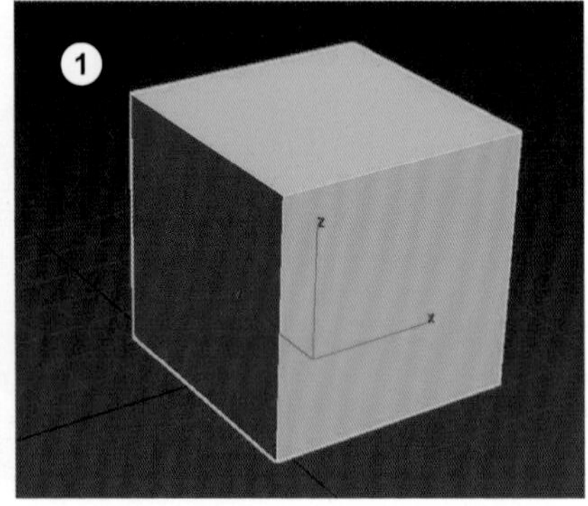

❷ 在修改面板中，點擊【 】進入【Vertex（點層級）】，按下滑鼠右鍵→點擊【Target Weld（目標點焊接）】，可指定兩點進行焊接。

❸ 先點選第 1 點，移動滑鼠會有拖曳導引線。

❹ 接著選取第 2 點，即可將兩點焊接起來。

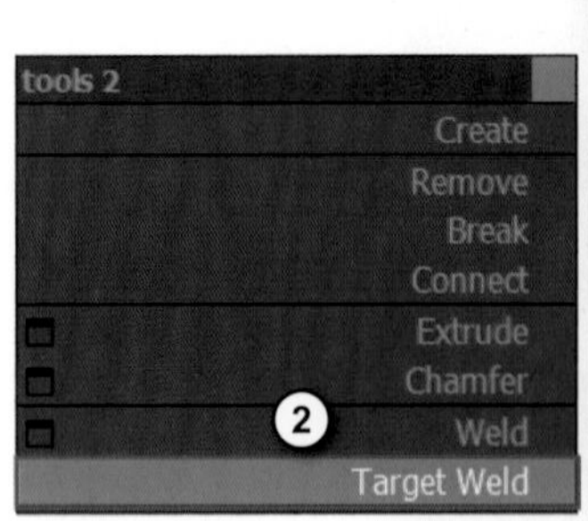

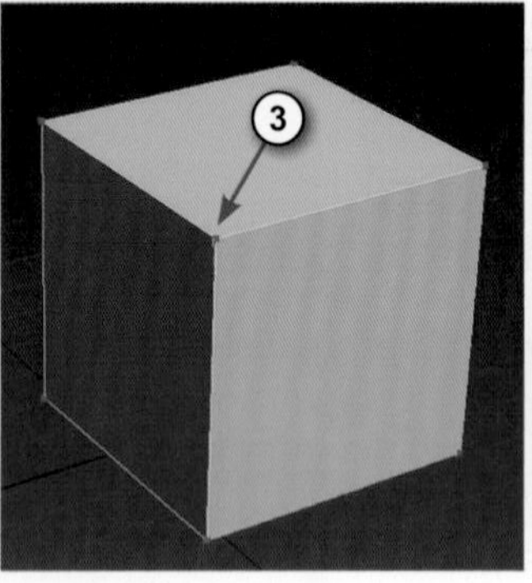

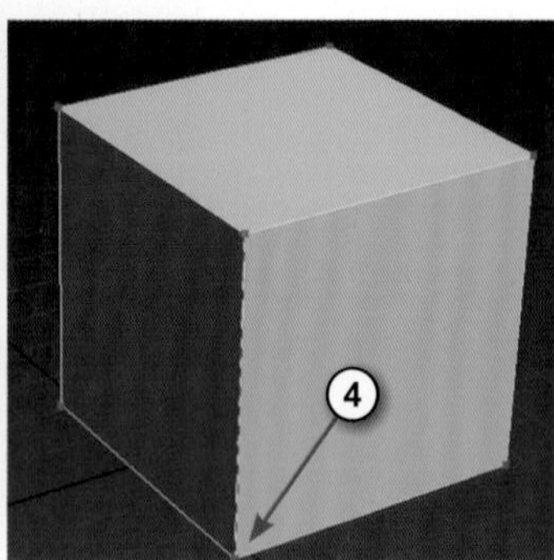

❺ 重複步驟，將模型另一側的兩點焊接起來。完成後如右圖，點擊滑鼠右鍵結束焊接。

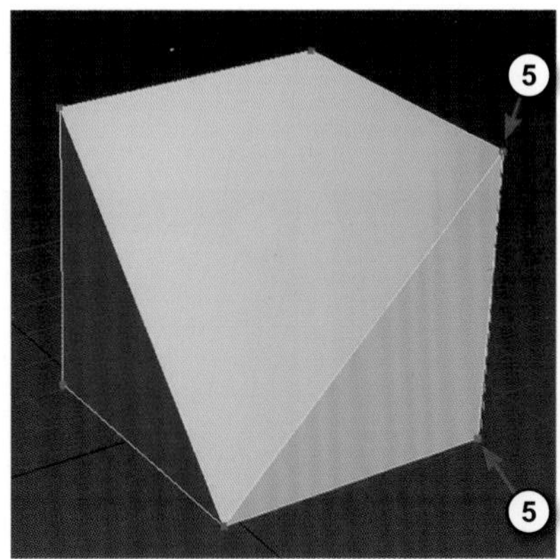

Remove（刪除）

❶ 在【Create（創建面板）】中點擊【Cylinder（圓柱）】，繪製一個圓柱，將段數改為 1 x 1 x 18。按下滑鼠右鍵→【Convert To】→【Convert to Editable Poly】。

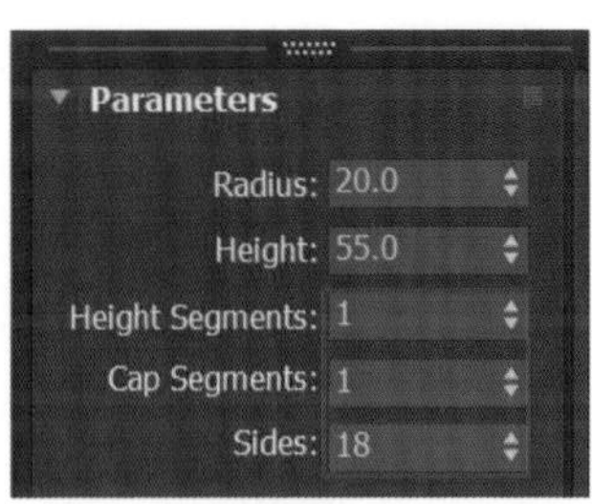

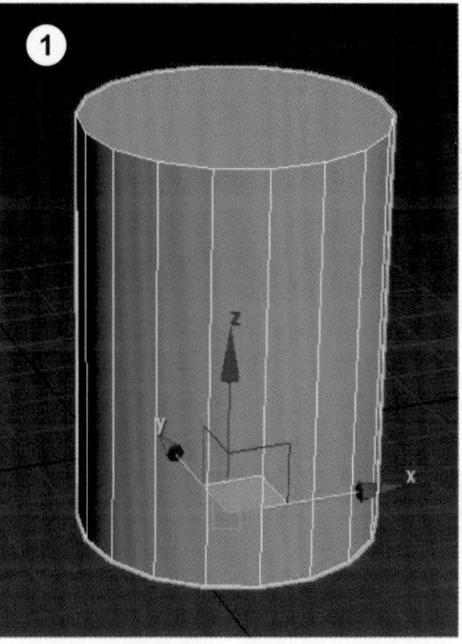

② 在【Modify（修改面板）】→點擊【◁】進入【Edge（邊層級）】，選取想要刪除的邊。

③ 若直接按下「Delete」鍵刪除，則會將面一起刪除。

④ 按下「Ctrl+Z」鍵復原到選取邊的時候，如最右側的圖。

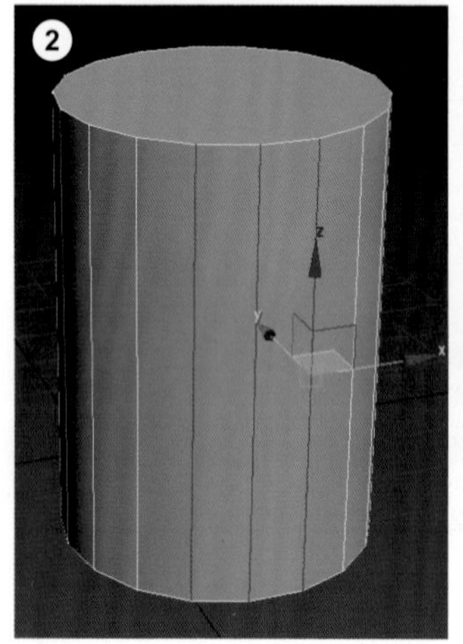

⑤ 按下滑鼠右鍵→點擊【Remove（刪除）】，邊會被刪除，點沒有被刪除，因此圓柱邊緣還是維持弧形的外型，必須再刪除點才行。

⑥ 在【Modify（修改面板）】→點擊【∴】進入【Vertex（點層級）】，可以看見點還未被刪除。

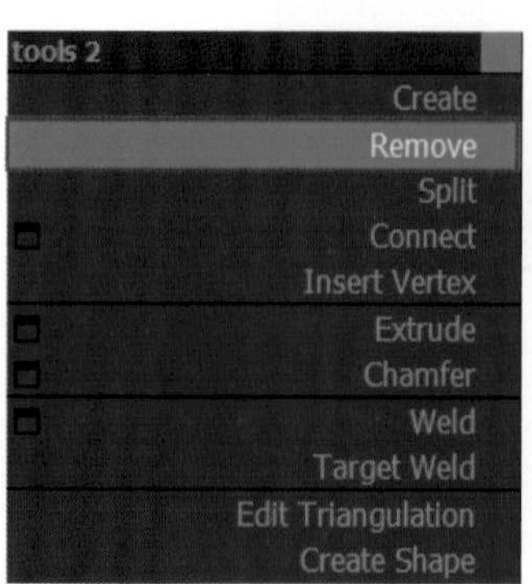

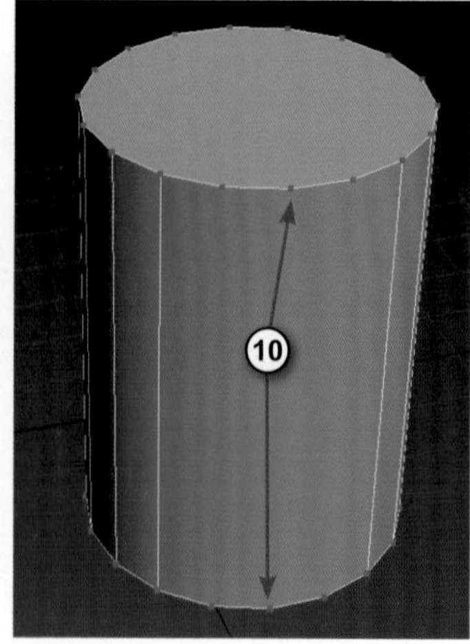

⑦ 點擊【 ◁ 】進入【Edge（邊層級）】，按下「Ctrl+Z」鍵復原到選取邊的時候，如左圖。

⑧ 按下滑鼠右鍵→並按住「Ctrl」鍵，點擊【Remove（刪除）】，即可同時將邊和點一起刪除，繪製完成後離開子層級。

⑨ 完成圖。

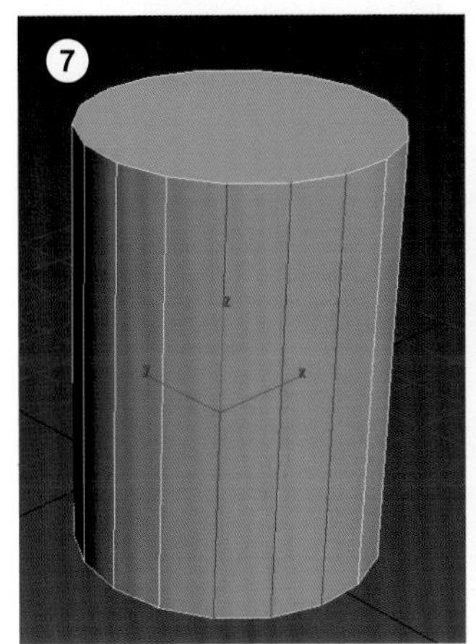

Cap（補孔）

① 在【Create（創建面板）】中點擊【Sphere（球體）】，繪製一個球體。按下滑鼠右鍵→【Convert To】→【Convert to Editable Poly】。

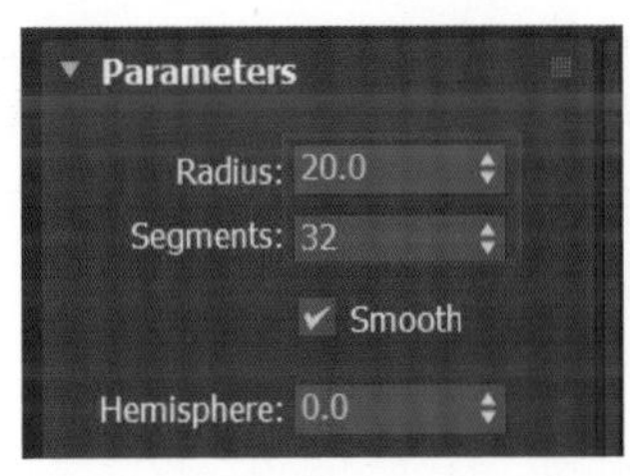

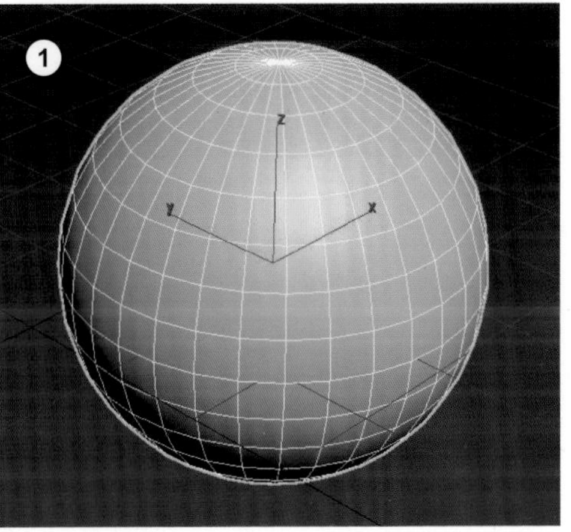

❷ 在修改面板中，點擊【■】進入【Polygon（面層級）】。按下「F」鍵切換到前視圖，框選上下部份區域的面。

❸ 按下「Delete」鍵刪除面。

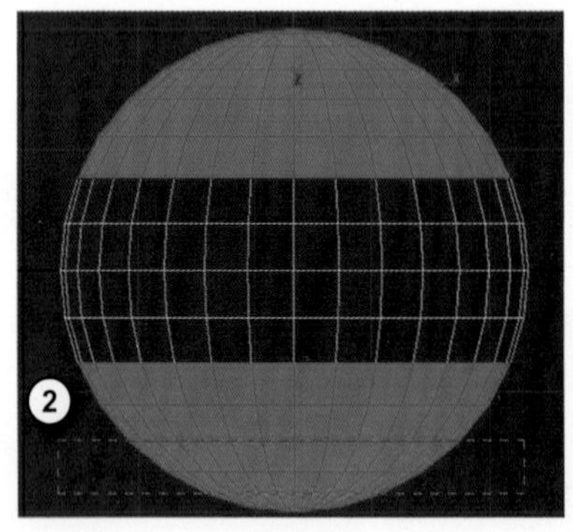

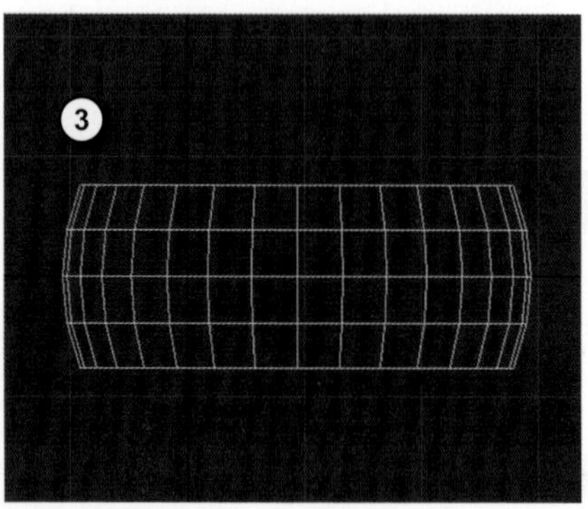

❹ 點擊【◌】進入【Border（開口邊層級）】。按下「P」鍵切換到透視視角。框選上下兩個開口的邊。

❺ 按下滑鼠右鍵→點擊【Cap（補孔）】左邊的小按鈕。

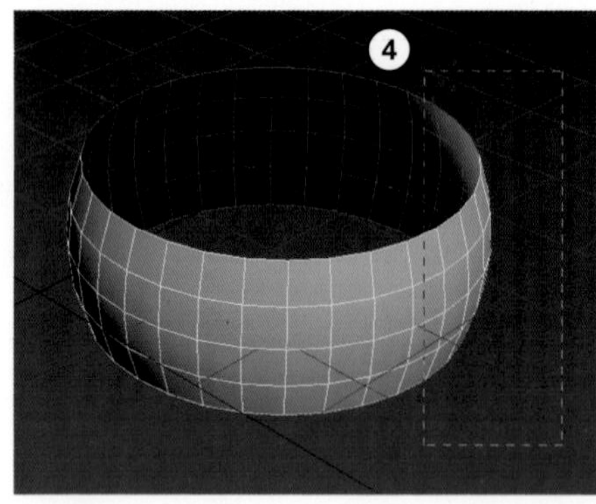

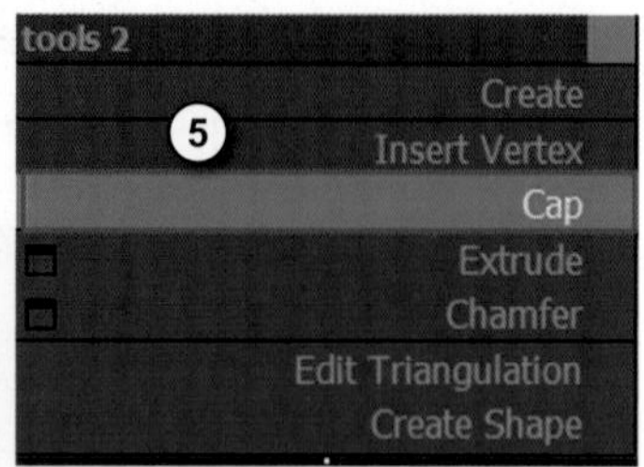

❻ 將缺口補起來，完成。

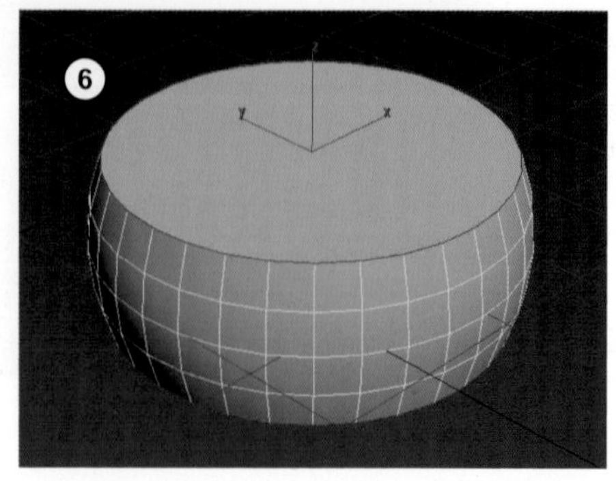

Cut（切割）

❶ 在【Create（創建面板）】中點擊【Box（方塊）】，繪製一個方塊，將段數改為 1 x 1 x 1。按下滑鼠右鍵→【Convert To】→【Convert to Editable Poly】。

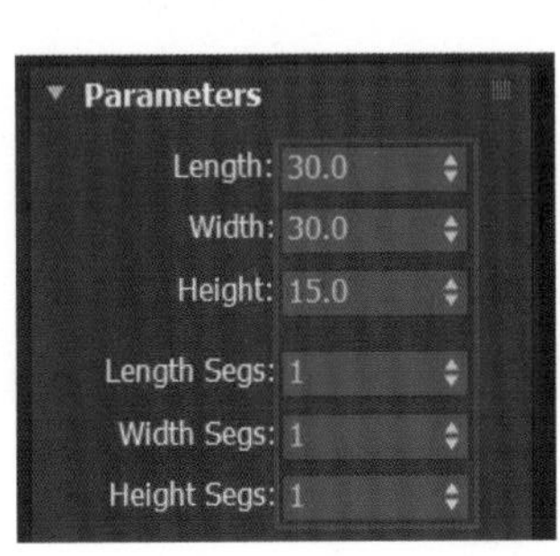

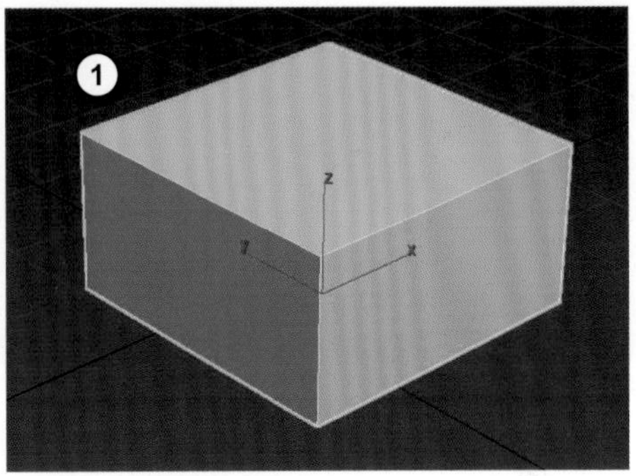

❷ 不需要進入任意子層級，直接按下滑鼠右鍵→點擊【Cut（切割）】。

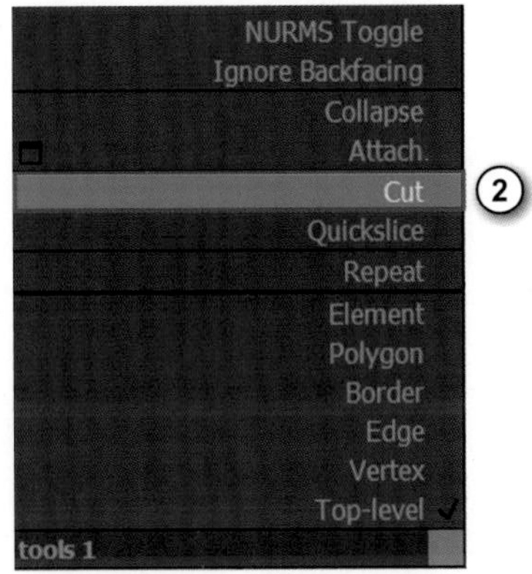

❸ 將滑鼠移動至點上會出現小十字，滑鼠移動至邊上會出現橫十字，滑鼠移動至面上會出現大十字，由符號的變化來確定切割的位置。

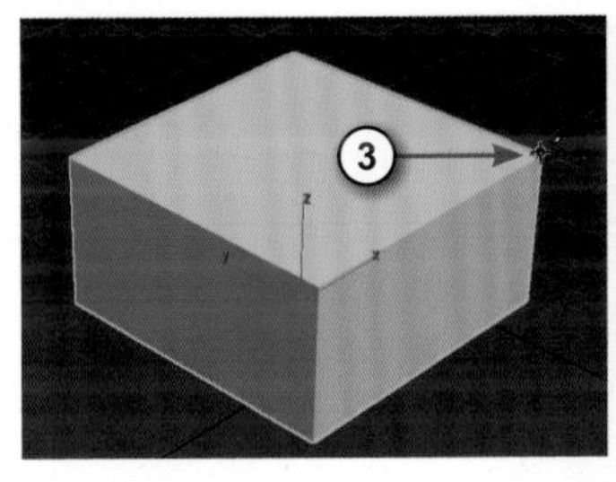

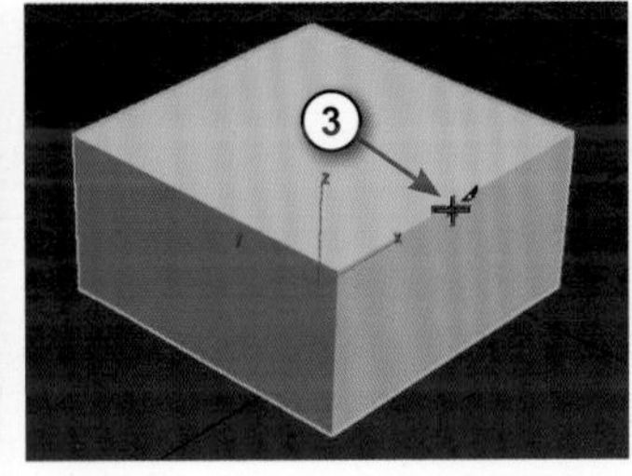

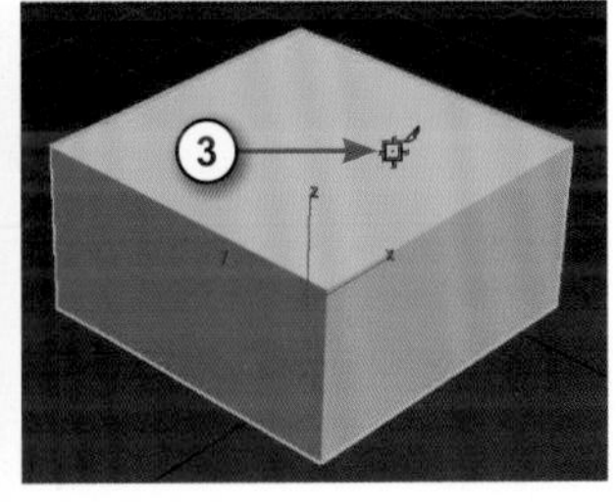

④ 將滑鼠移動至邊上會出現橫十字，點擊滑鼠左鍵開始切割。

⑤ 滑鼠移至右側的邊，點擊左鍵切割。

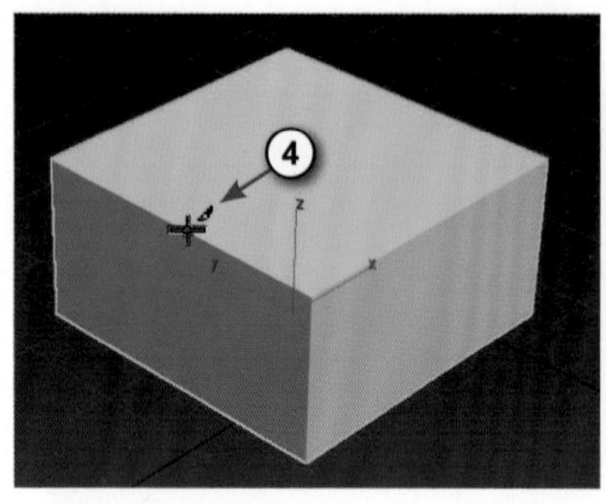

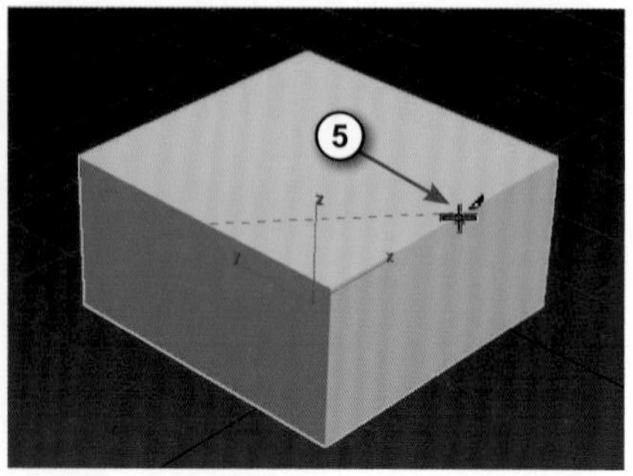

⑥ 滑鼠移動至下面的點上會出現小十字，點擊左鍵切割。

⑦ 當繪製到最後一點時，要點擊在點上（邊已被起點切割成點），完成三角形狀。

⑧ 按下滑鼠右鍵結束切割，若要離開【Cut（切割）】指令，再次按下滑鼠右鍵即可。

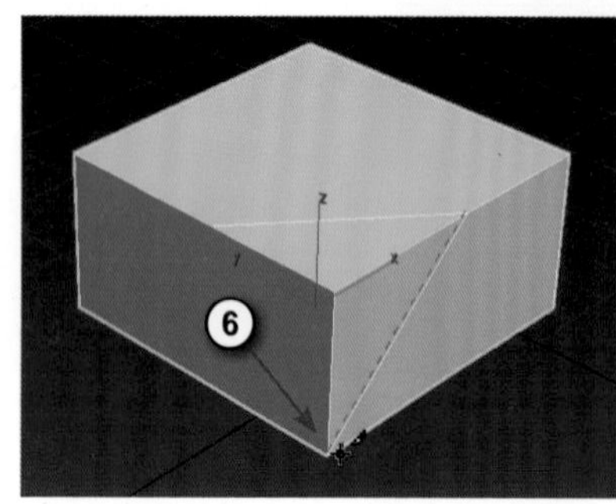

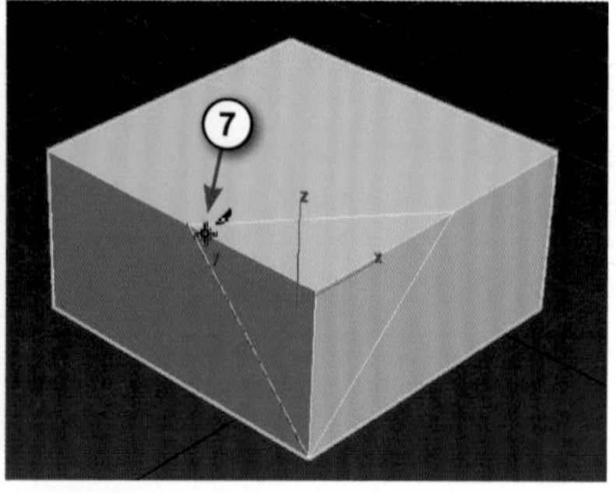

⑨ 點擊【■】進入【Polygon（面層級）】。選取三個三角形的面，按下「Delete」鍵刪除。

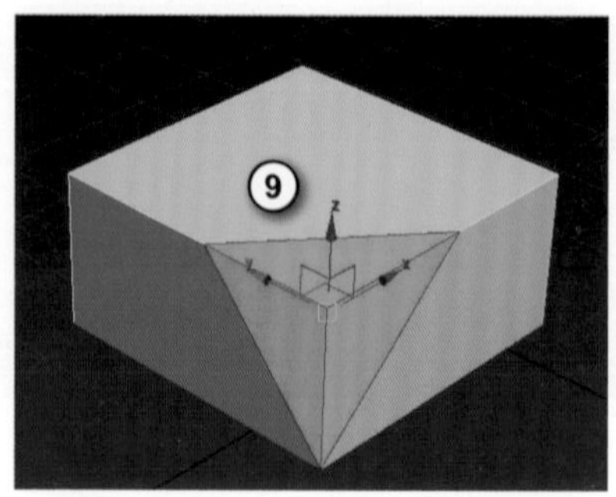

⑩ 點擊【 】進入開口邊的子層級。選取開口的邊。按下滑鼠右鍵→點擊【Cap（補孔）】。

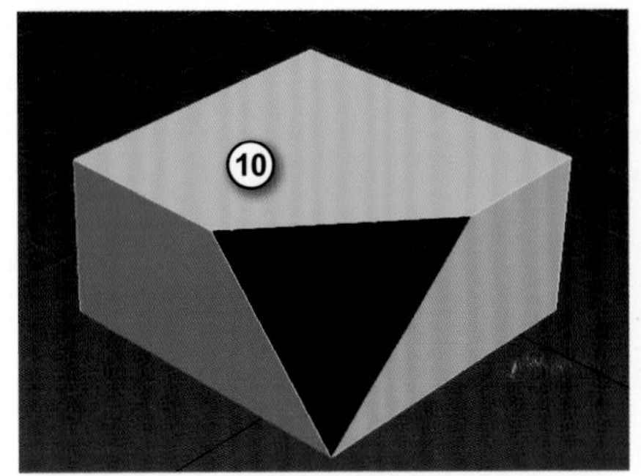

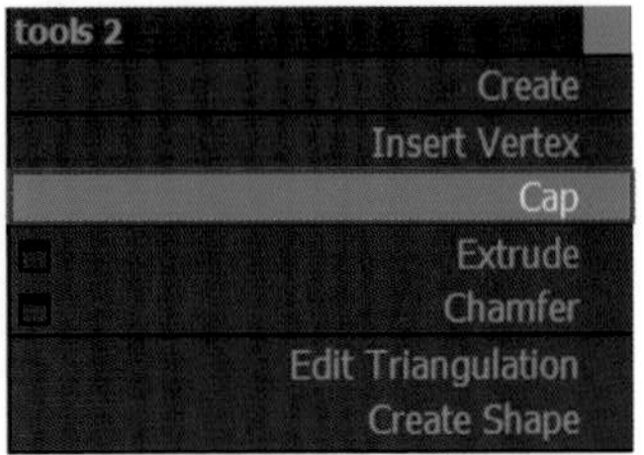

⑪ 完成圖。

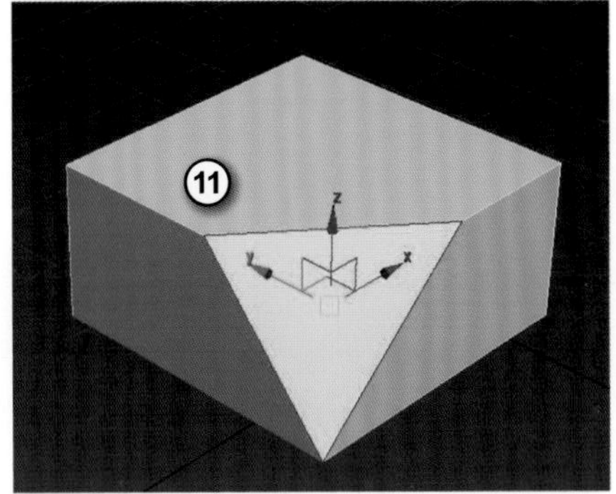

使用 Cut 修補面

❶ 繪製一適當大小的方塊，將段數改為 1 x 1 x 1。按下滑鼠右鍵→【Convert To】→【Convert to Editable Poly】。

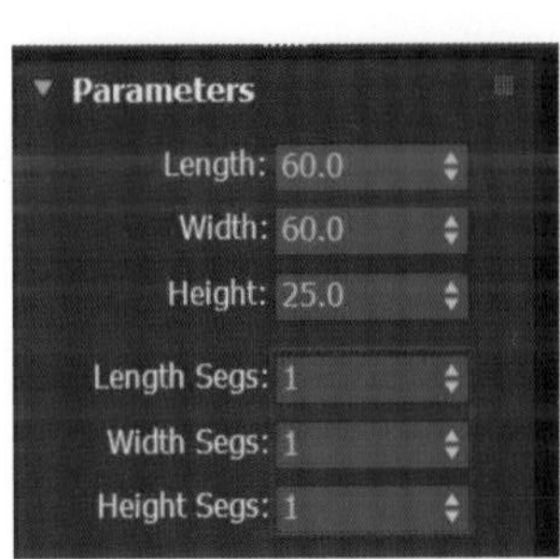

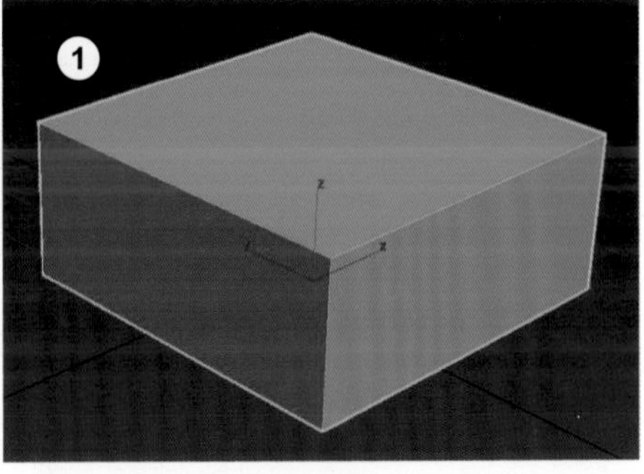

❷ 在【Modify（修改面板）】→點擊【 】進入【Polygon（面層級）】，選取兩個面，按下「Delete」鍵刪除面。

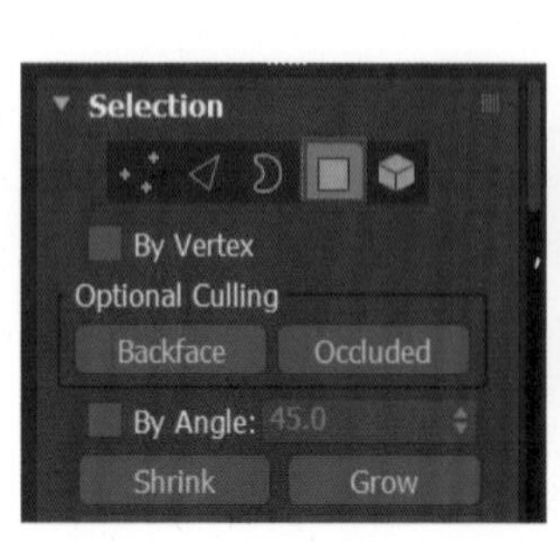

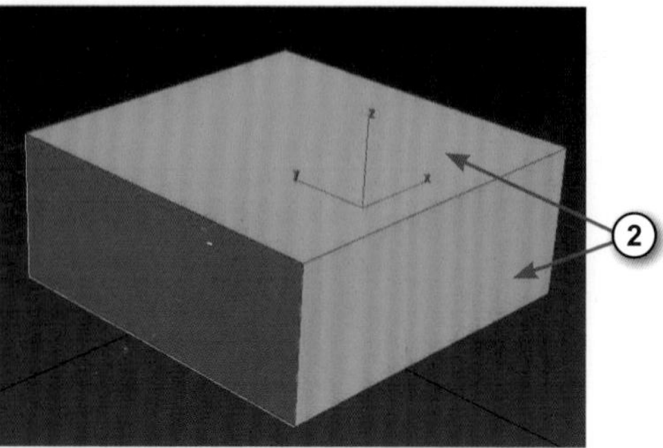

❸ 點擊【 】進入開口邊的子層級，選取開口的邊。

❹ 按下滑鼠右鍵→選擇【Cap（補孔）】，將開口封閉。

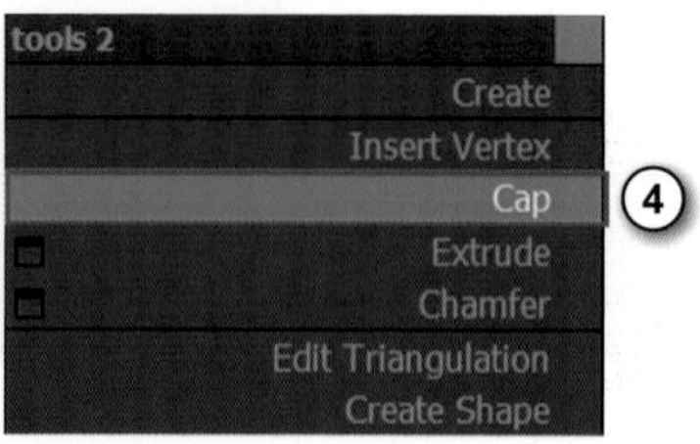

❺ 按下滑鼠右鍵→選擇【Cut（切割）】。

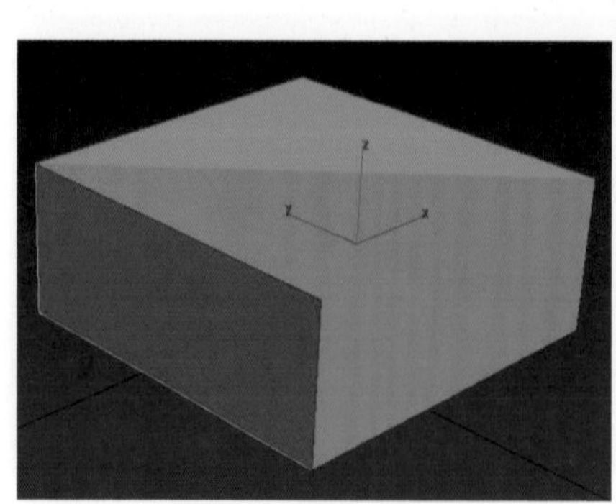

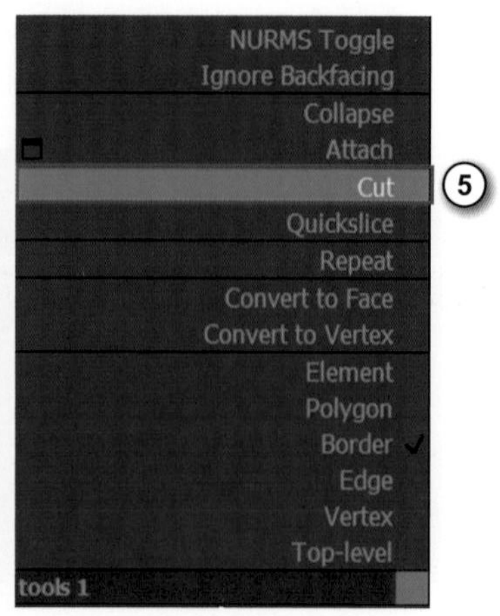

❻ 點擊左邊的點，以及右邊的點，增加一條切割線。

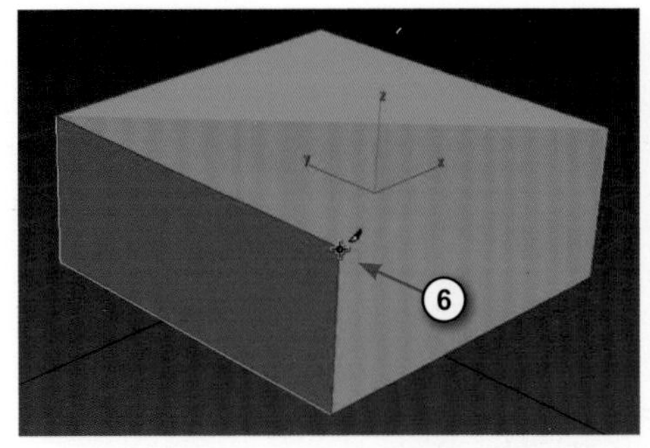

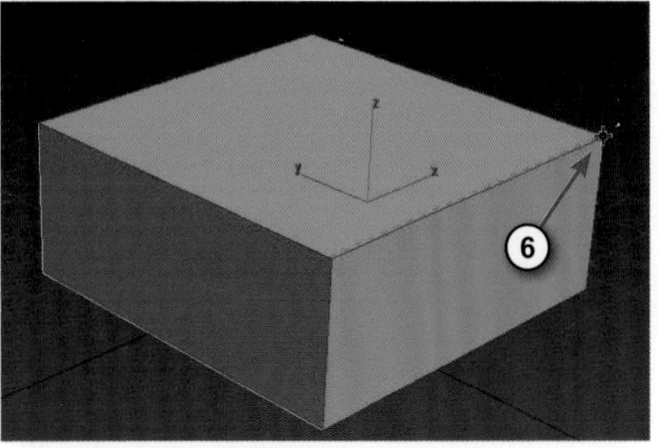

❼ 完成補面。按下滑鼠右鍵結束目前切割，再次按下滑鼠右鍵離開切割指令。

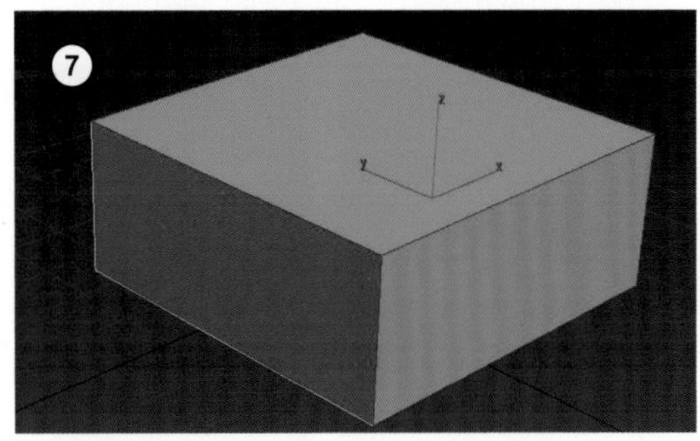

Create（建立面）

❶ 延續上一小節的方塊，點擊【■】進入【Polygon（面層級）】，選取兩個面，按下「Delete」鍵刪除面。

❷ 按下滑鼠右鍵→點擊【Create（建立）】，可以建立面。

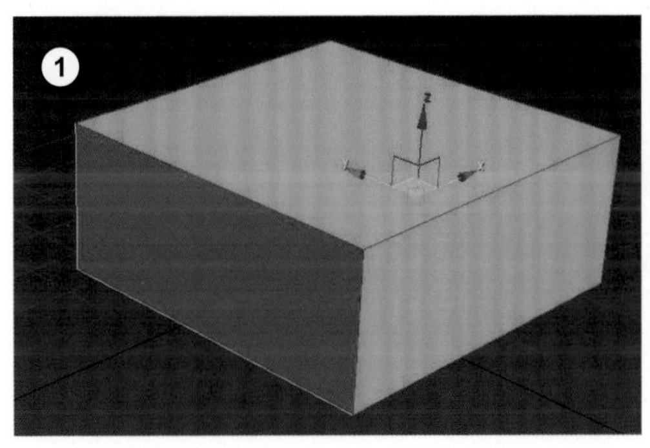

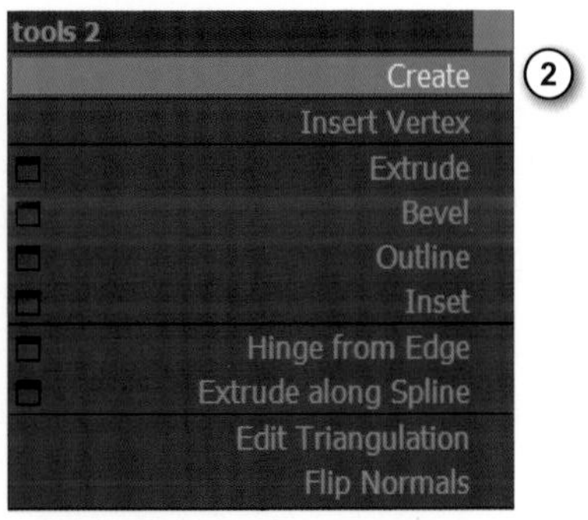

③ 依序點擊方塊上缺口的四個點，按下滑鼠右鍵完成建立。

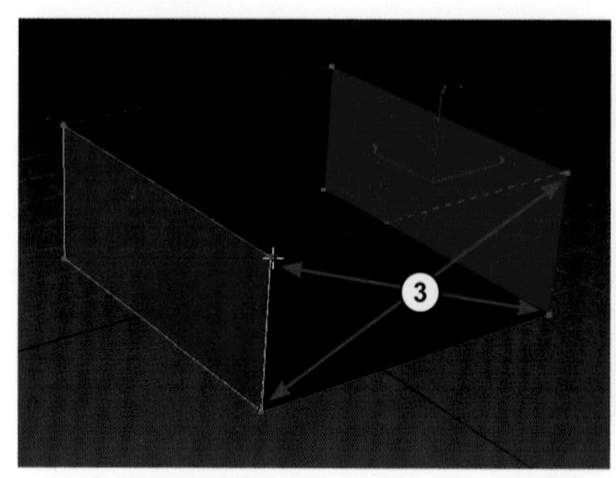

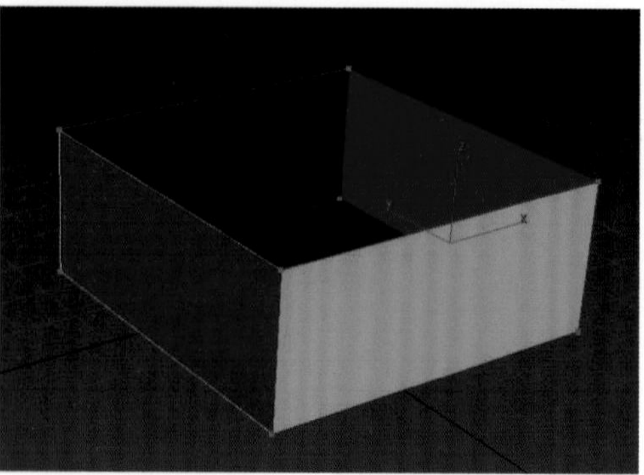

④ 依上述步驟點擊上方缺口的四個點，完成另一面的建立。按下右鍵結束指令。

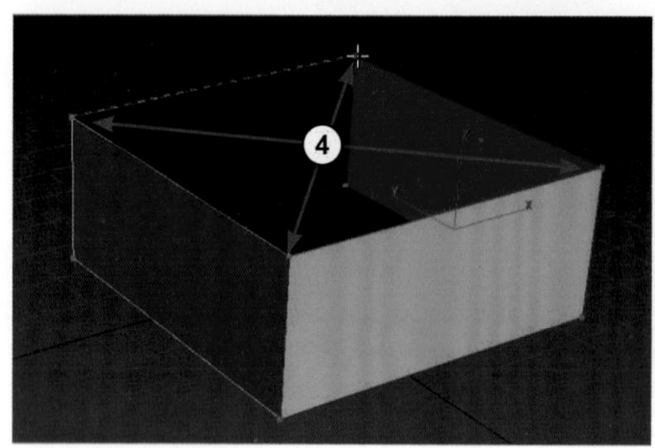

3-3 家具設計 - 綜合指令範例

沙發

❶ 繪製一個方塊，長 80 寬 100 高 20，將段數改至 3 x 3 x 3。並按滑鼠右鍵→【Convert To】→【Convert to Editable Poly】。

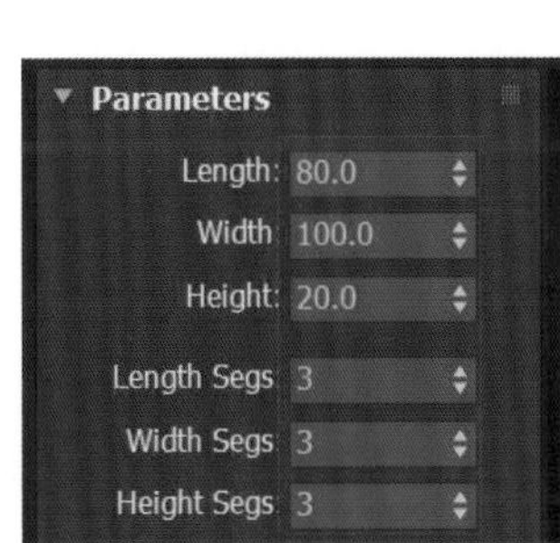

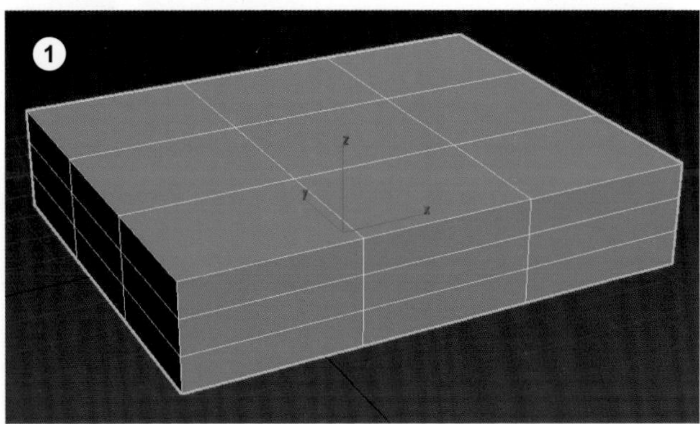

❷ 按下「T」鍵切換至上視圖，接下來要將點依照扶手及椅背的寬調整至適當位置。在【Modify（修改面板）】→點擊【 】進入【Vertex（點層級）】，框選中間兩排點。

❸ 使用比例指令，往橫向放大，調整座位與扶手寬度。

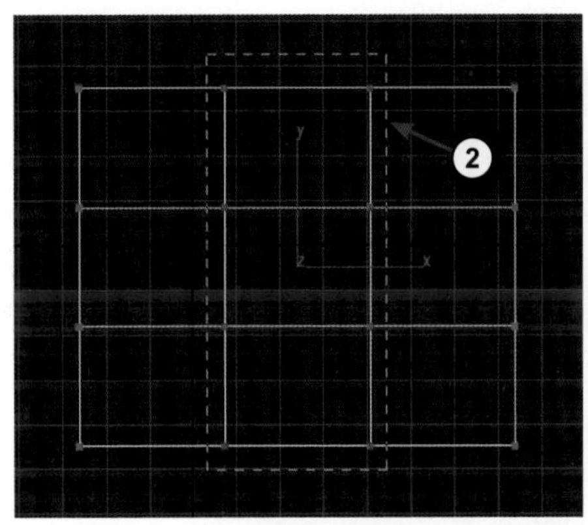

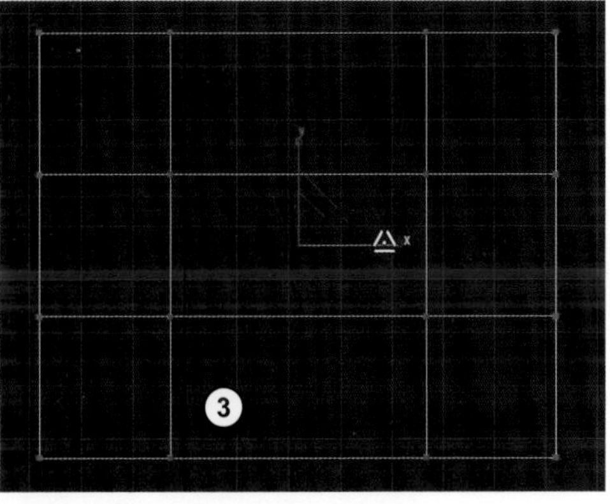

④ 框選第二排的點，往上移動，調整椅背厚度。

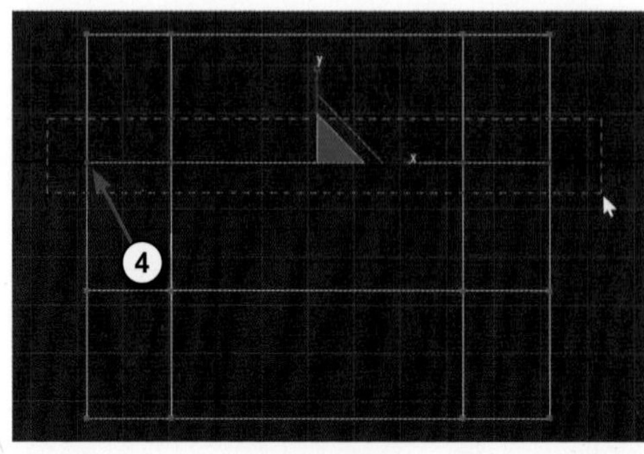

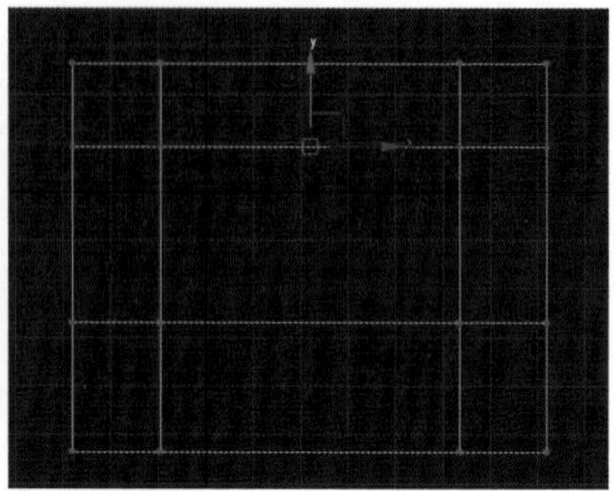

⑤ 按下「P」鍵切換至透視，在【Modify（修改面板）】→點擊【■】進入【Polygon（面層級）】，選取扶手及椅背的面。

⑥ 按滑鼠右鍵→點擊【Extrude（擠出）】左邊的小按鈕。

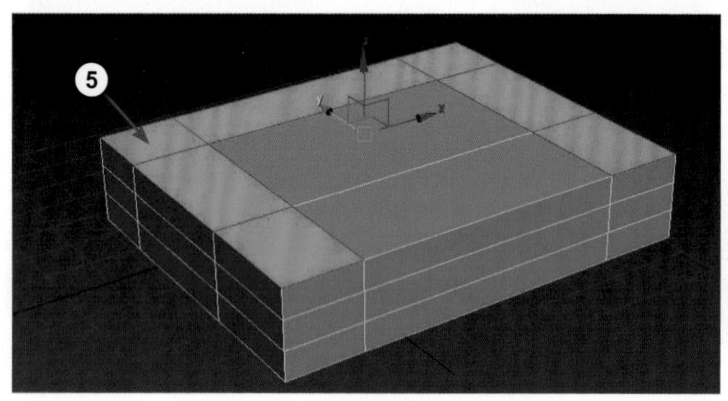

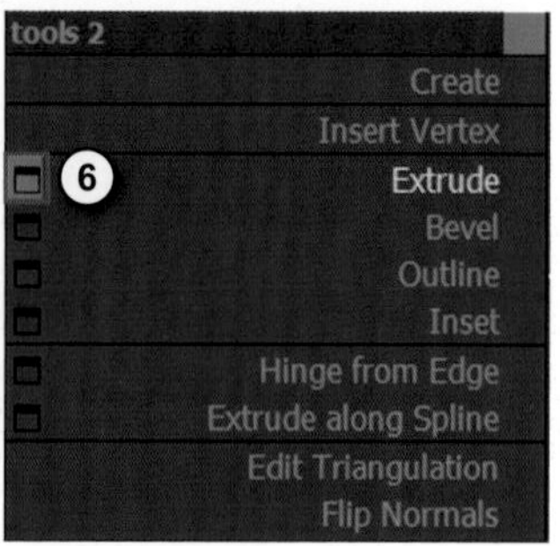

⑦ 使用【Group】模式，數值輸入「30」，按下✓完成。

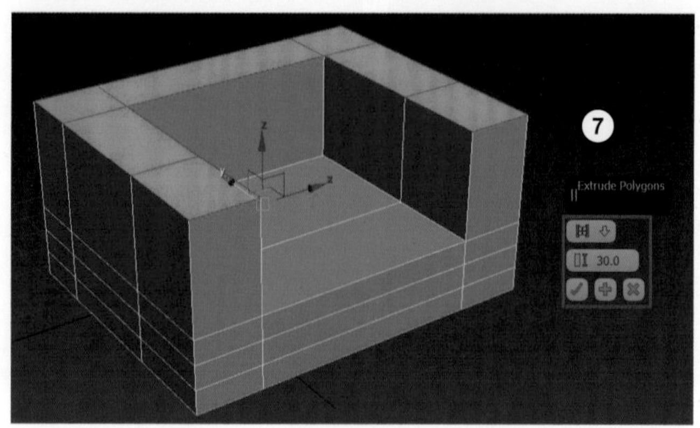

❽ 按下「L」鍵切換至左視圖，如左圖。點擊【 】進入【Vertex（點層級）】，調整沙發造型，如右圖。

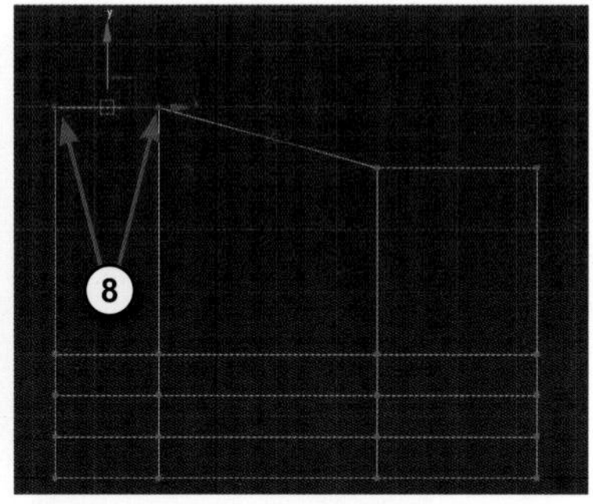

❾ 點擊修改面板的【Editable Poly】離開子層級。

❿ 按下「P」鍵切回透視圖。將沙發加入【MeshSmooth（網格平滑）】修改器。【Iterations（細分）】輸入「2」。

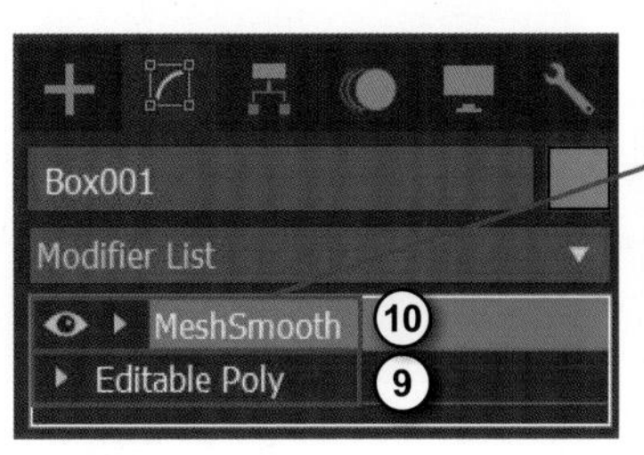

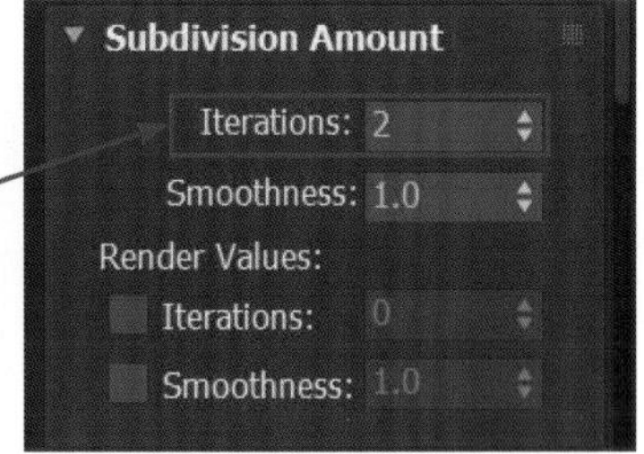

⓫ 點選【Editable Poly】。

⓬ 再加入【Chamfer（倒角）】修改器，此時倒角修改器會在 Editable Poly 上方。（也可以先加 Chamfer 修改器，再拖曳到 Editable Poly 上方）

⑬ 點選【Chamfer（倒角）】修改器，調整【Amount】弧度。

⑭ 若看不出效果，可點擊【 】按鈕顯示修改器的最終結果。

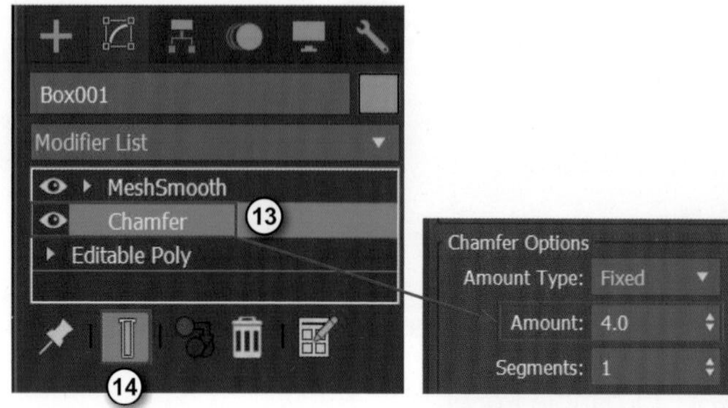

⑮ 完成圖。倒角數值愈小，邊線愈近，模型越符合原本所設計的造型。倒角越大，沙發會越柔軟。

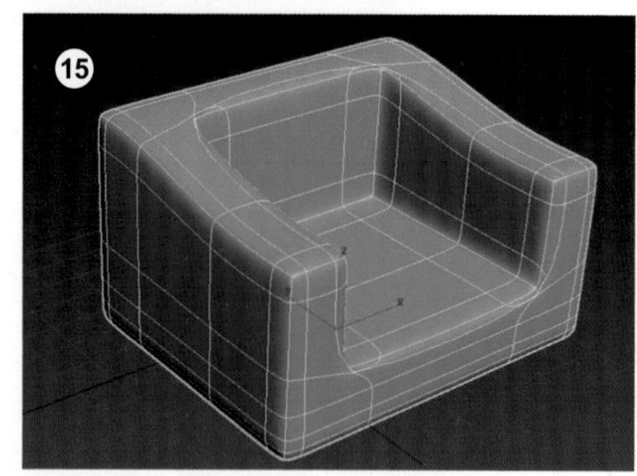

⑯ 在【Create（創建面板）】中→點擊【Cone（圓錐）】。

⑰ 按下「T」鍵切換到上視圖，繪製一個圓錐。

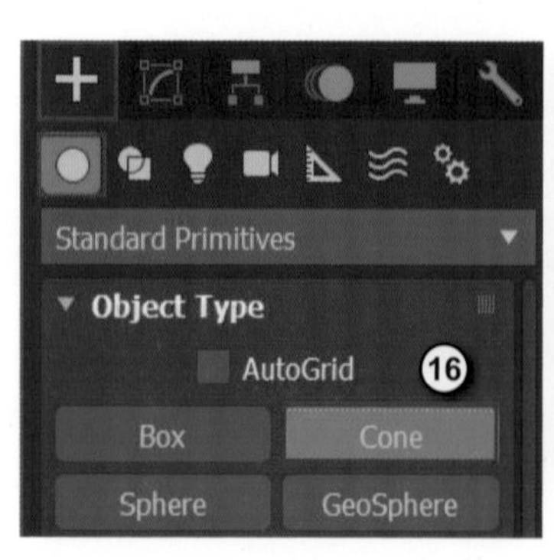

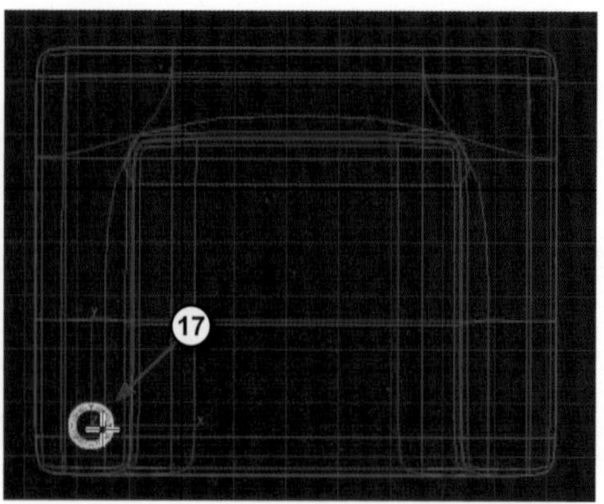

⑱ 在修改面板中，設定 Radius（半徑）、Height（高度）…等尺寸。按下「P」鍵回到透視視角檢視結果。

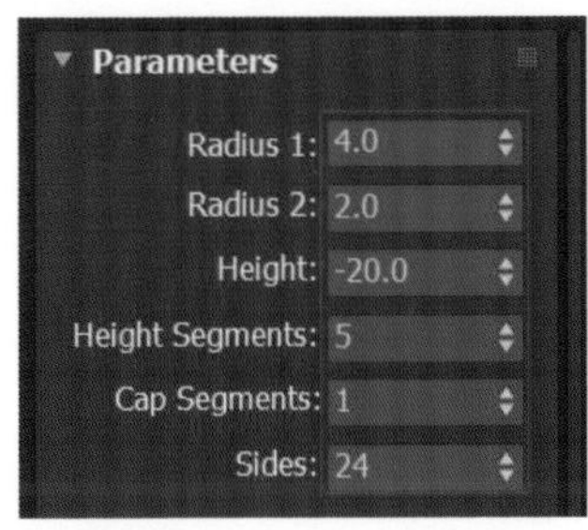

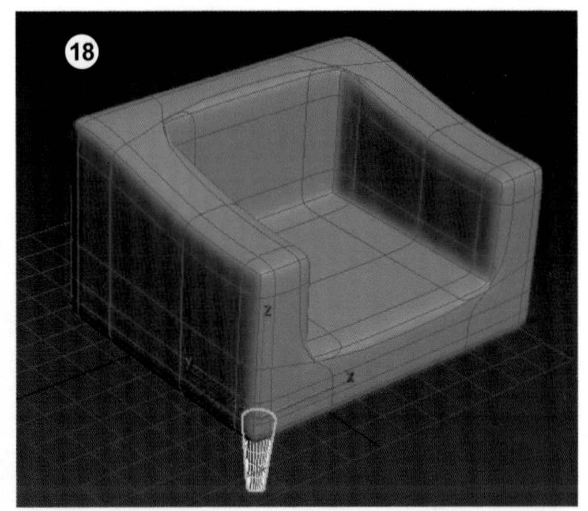

⑲ 按下「T」鍵切換到上視圖，選取椅腳，按住「Shift」鍵移動並複製四個椅角。

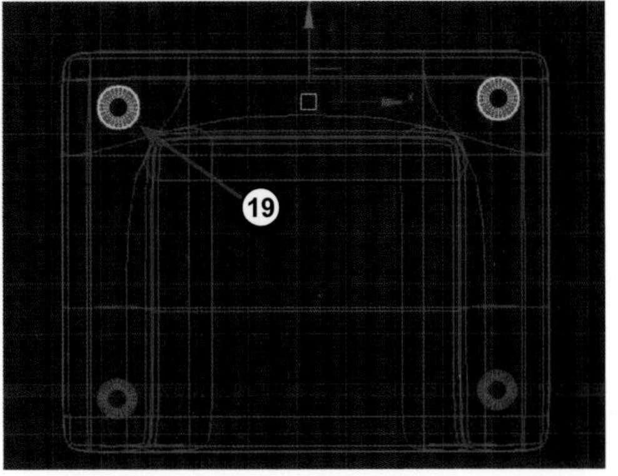

⑳ 選取四個椅腳，加入【FFD（2 x 2 x 2）】修改器。並進入【Control Points（ 控 制 點）】的子層級。

㉑ 按下「F」鍵切換至前視圖，框選下面一整排的控制點。

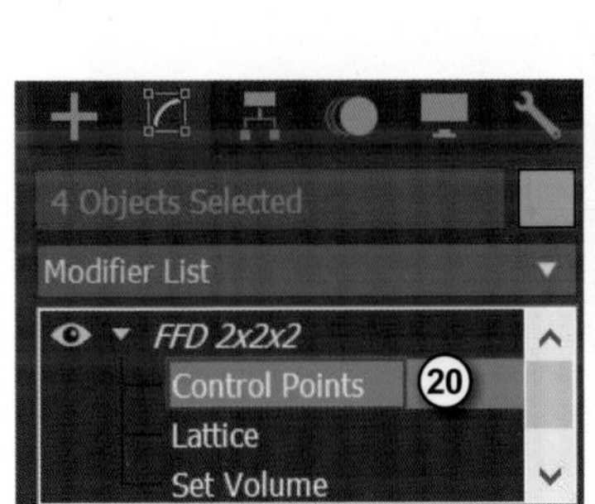

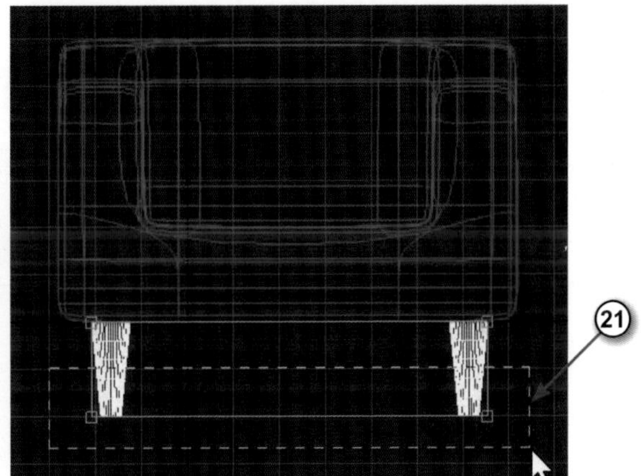

㉒ 利用等比例放大控制點。

㉓ 點擊【FFD 2x2x2】離開子層級。

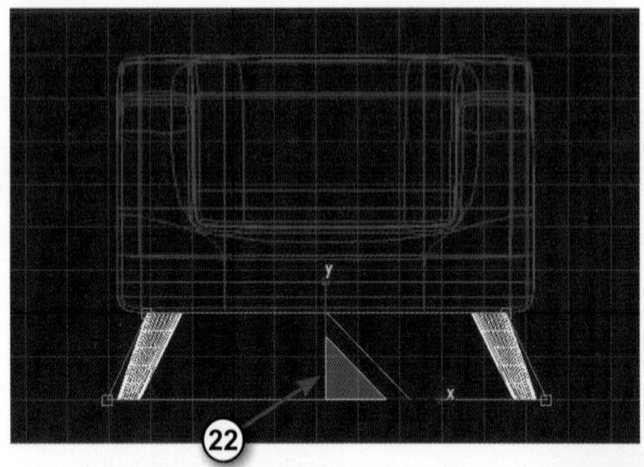

㉔ 按下「P」鍵切換到透視。

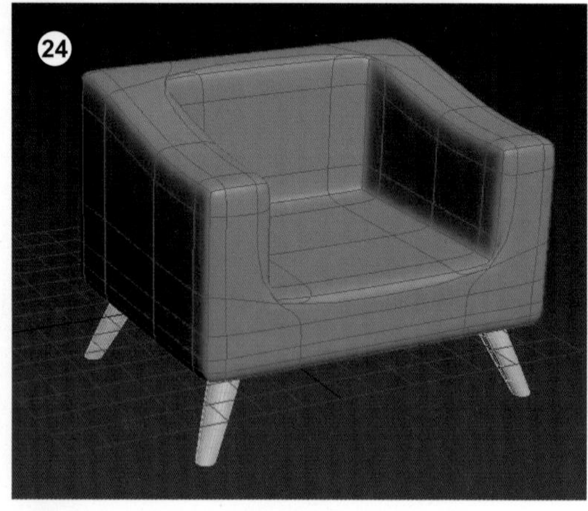

餐椅

❶ 在【Create（創建面板）】→【Shape（形狀）】→點擊【Line（線）】。

❷ 按下「F」鍵切換到前視圖，繪製椅子的側面造型。（將 Rendering 面板下方的【Enable In Renderer】與【Enable In Viewport】關閉）

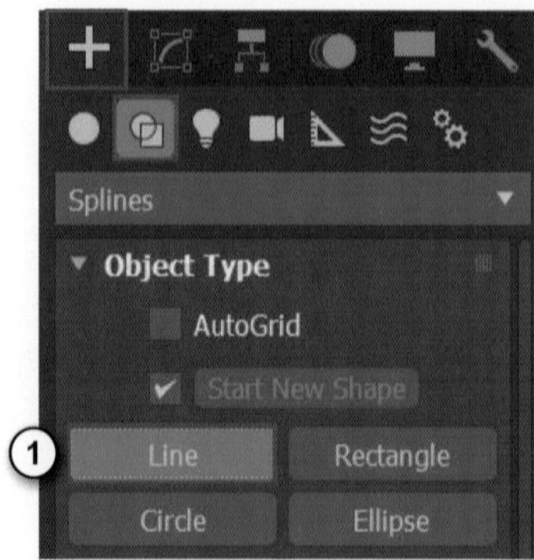

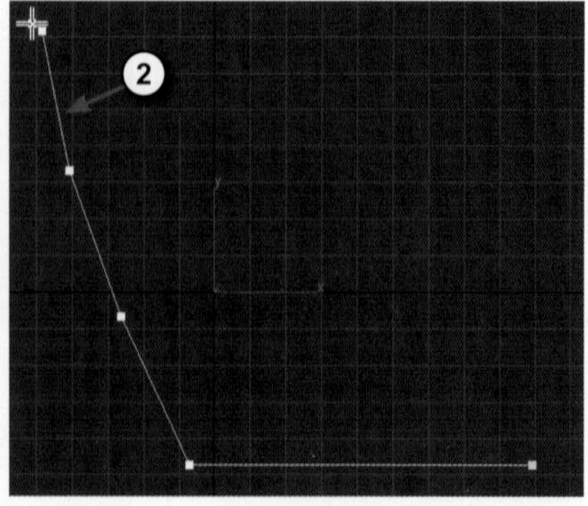

③ 在修改面板中，點擊【 】進入【Vertex（點層級）】。

④ 框選中間的點。

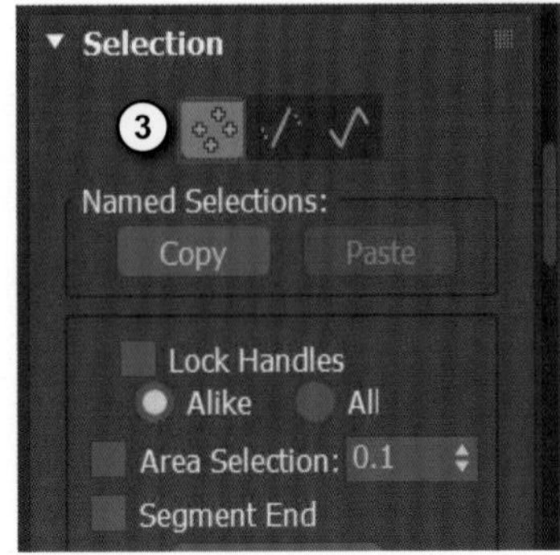

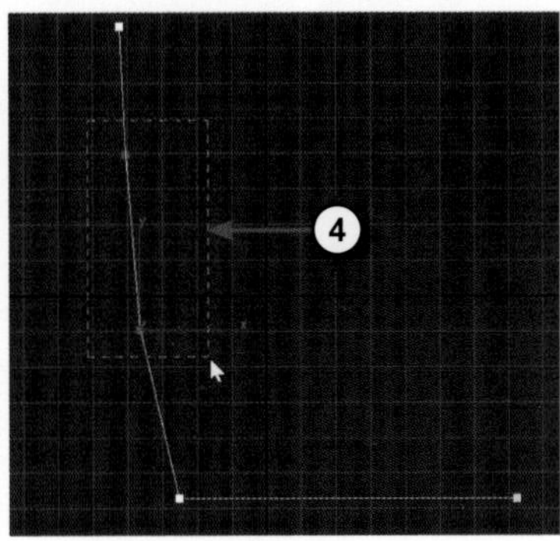

⑤ 按下滑鼠右鍵→切換【Smooth（平滑）】的點類型。

⑥ 在 Interpolation（插值）下方，【Steps】輸入「3」，數值越高越平滑，轉 Poly 後的點數也越多。點擊【Line】離開子層級。

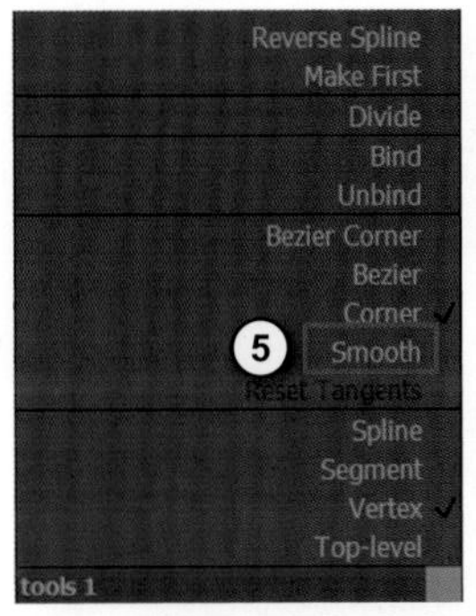

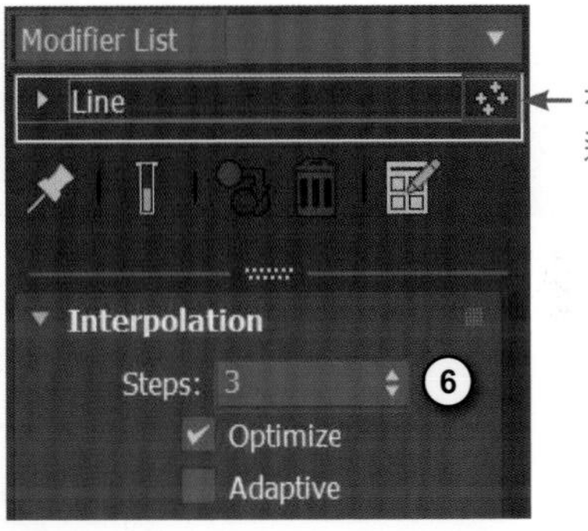

⑦ 加入【Extrude（擠出）】修改器，調整適當的【Amount】擠出寬度。

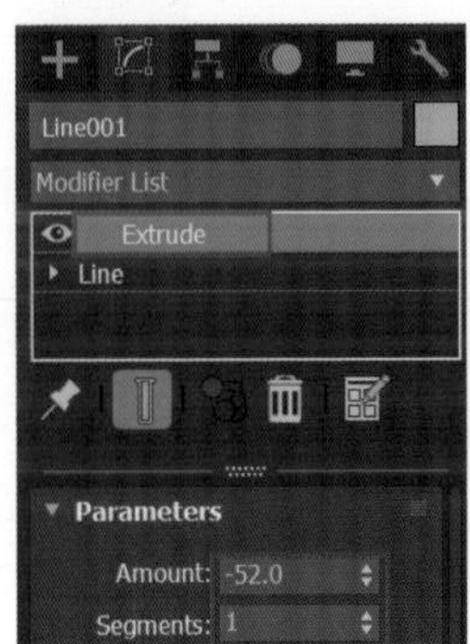

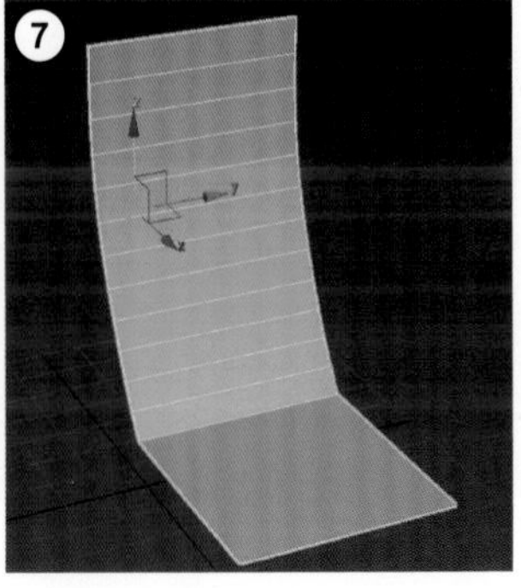

8 加入【Shell（殼）】修改器，調整適當的【Outer Amount】椅子厚度。在修改面板最下方，勾選【Straighten Corners】使轉角拉直。

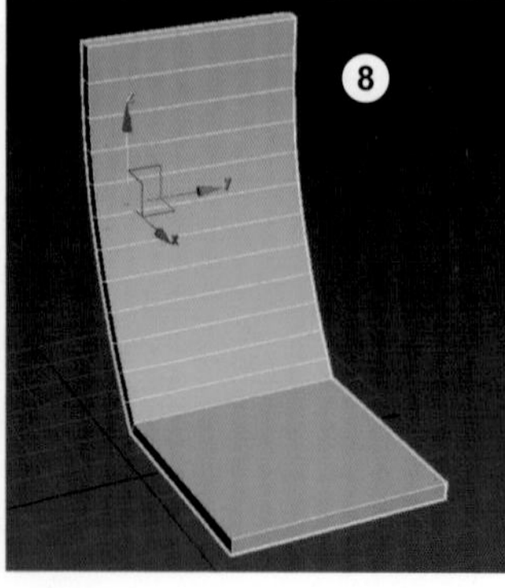

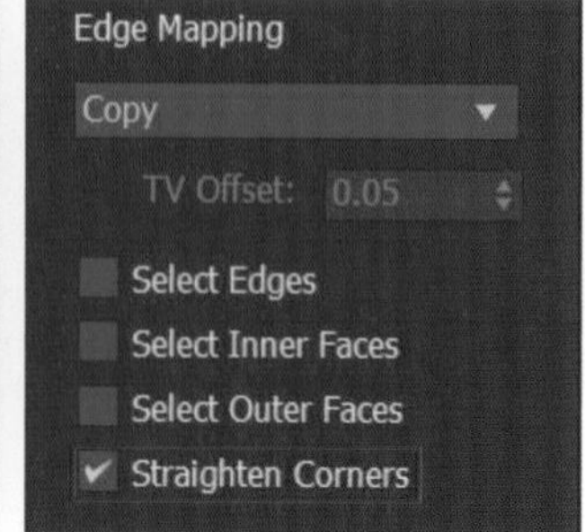

9 按下滑鼠右鍵→【Convert To】→【Convert to Editable Poly】，修改面板的修改器會全部合併。

10 在修改面板中，點擊【 】進入邊層級，選取一條邊，如圖所示。

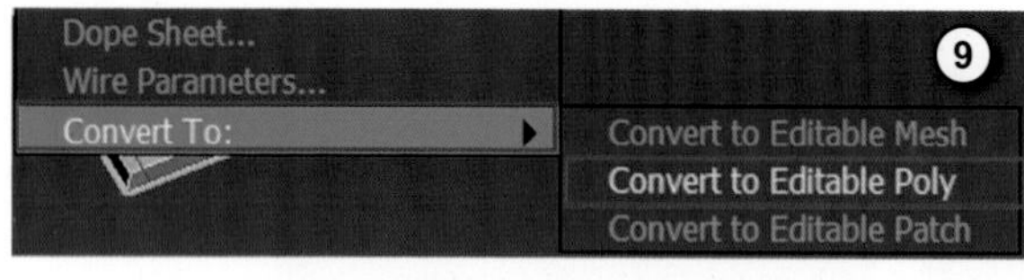

11 點擊【Ring】選取所有並排的邊，結果如右圖。

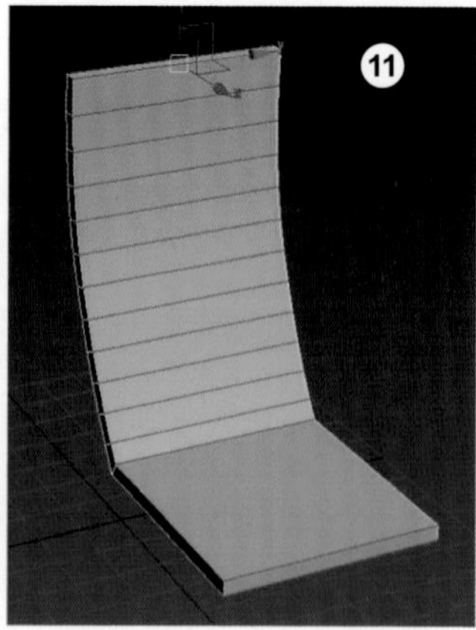

⑫ 按下滑鼠右鍵→點擊【Connect（連接）】左邊的小按鈕。

⑬ 段數輸入「2」，間距「80」，按下✓完成。

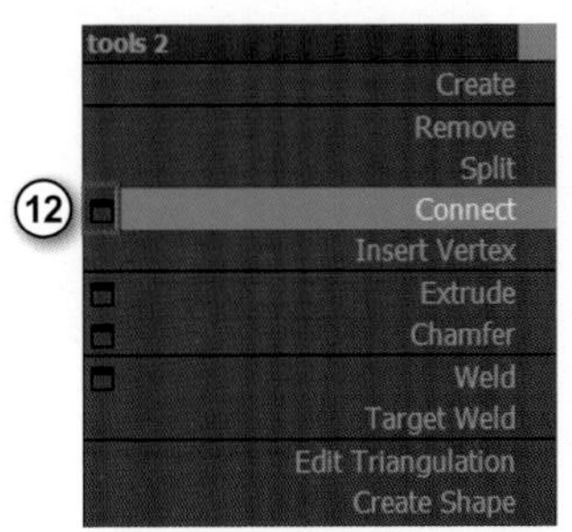

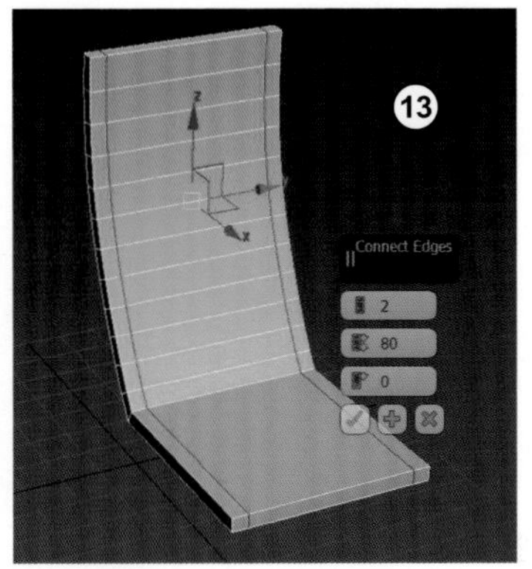

⑭ 點擊【■】進入【Polygon（面層級）】，選取如圖所示的面。

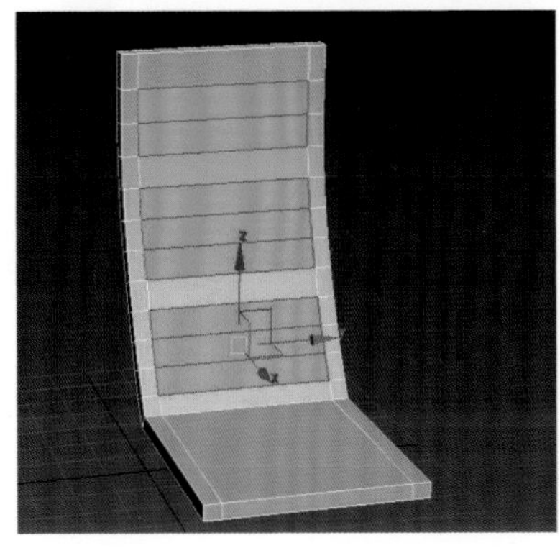

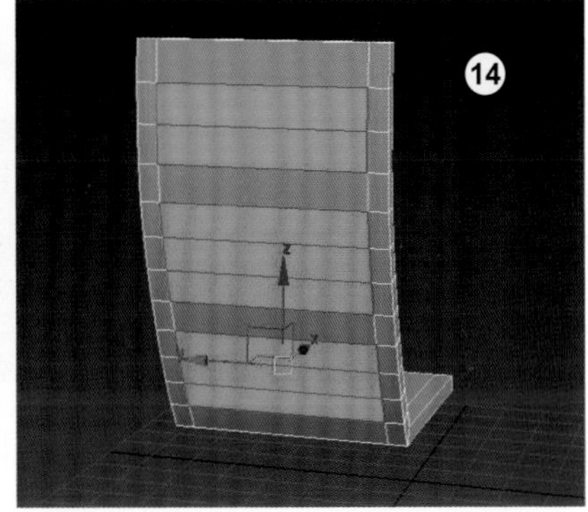

⑮ 點擊【Bridge（橋接）】，使前後選取的面互相連接。

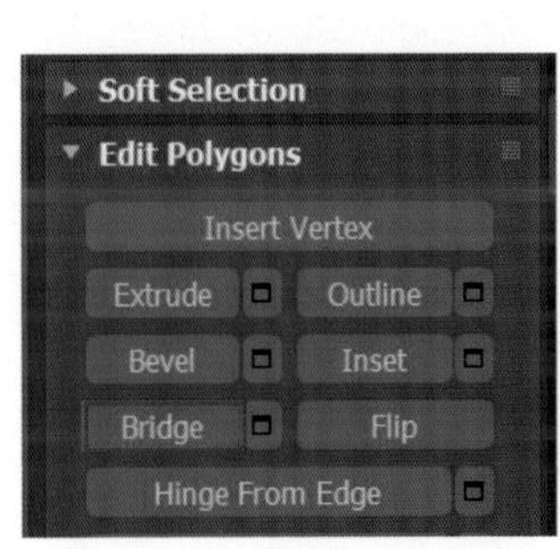

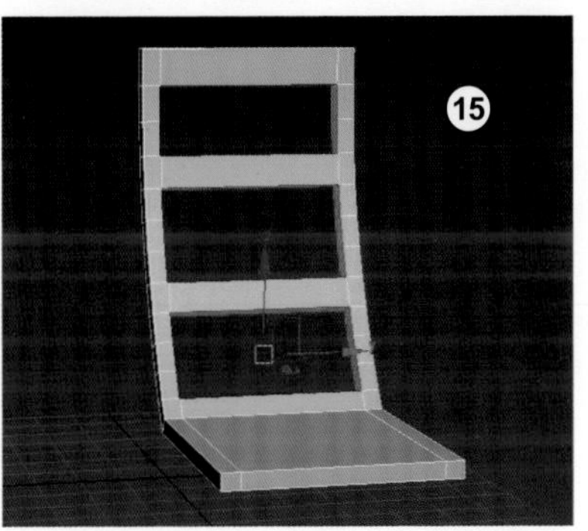

⑯ 點擊【 ◁ 】進入【Edge（邊層級）】，選取椅子底部的四條邊，如圖所示。

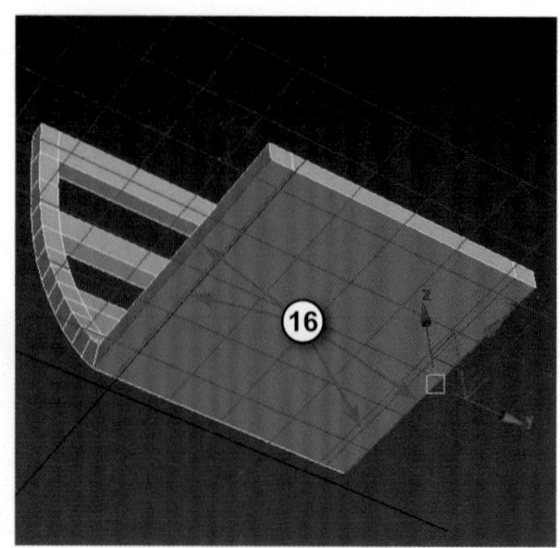

⑰ 按下滑鼠右鍵→點擊【Connect（連接）】左邊的小按鈕。

⑱ 段數輸入「2」，間距「80」，按下⊘完成。

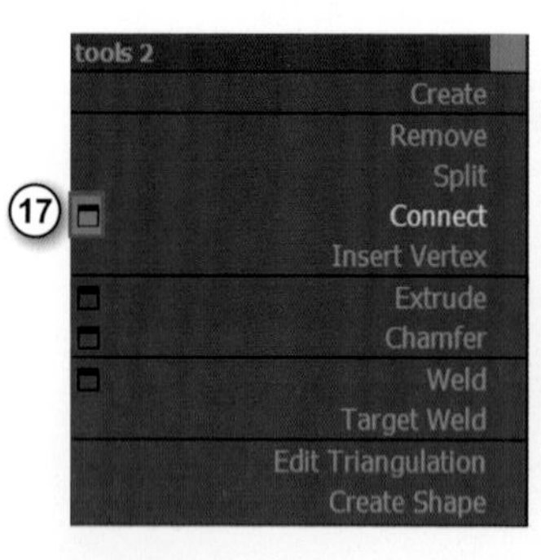

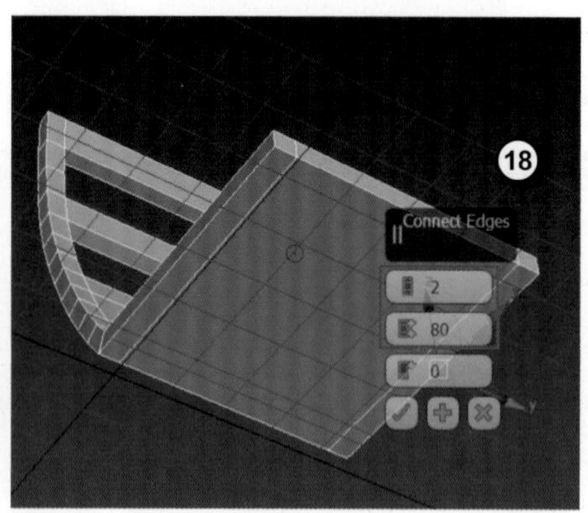

⑲ 點擊【 ■ 】進入【Polygon（面層級）】，選取椅子底部角落的四個面。

⑳ 按下滑鼠右鍵→點擊【Extrude（擠出）】左邊的小按鈕。

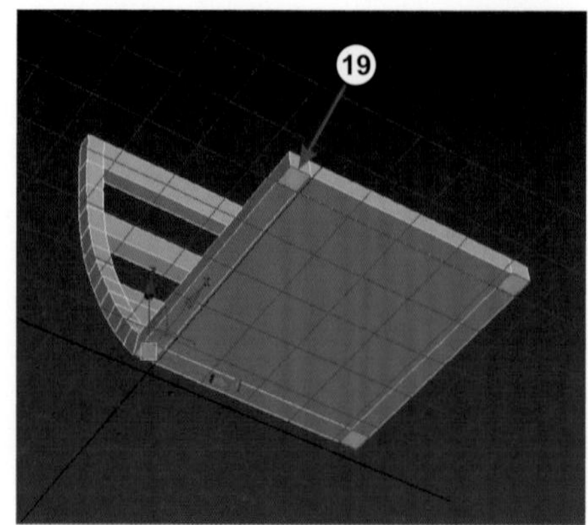

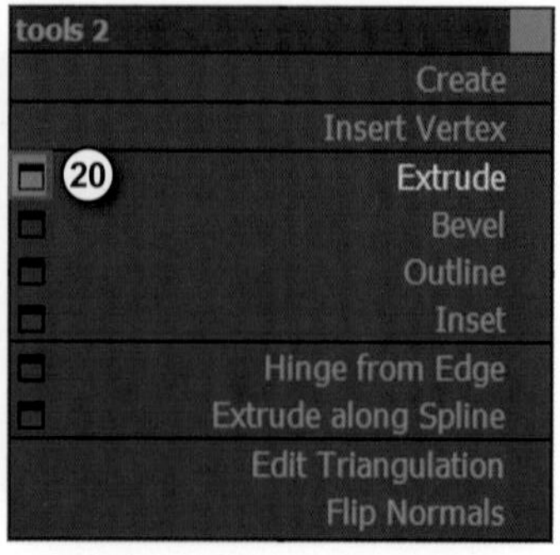

㉑ 調整適當的擠出高度，按下⊘完成，完成如右圖。

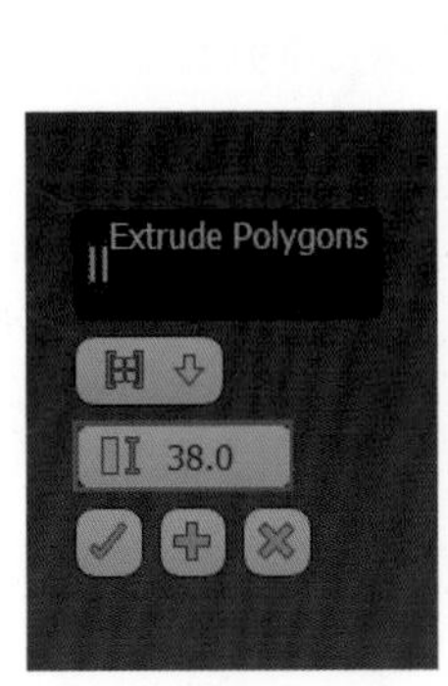

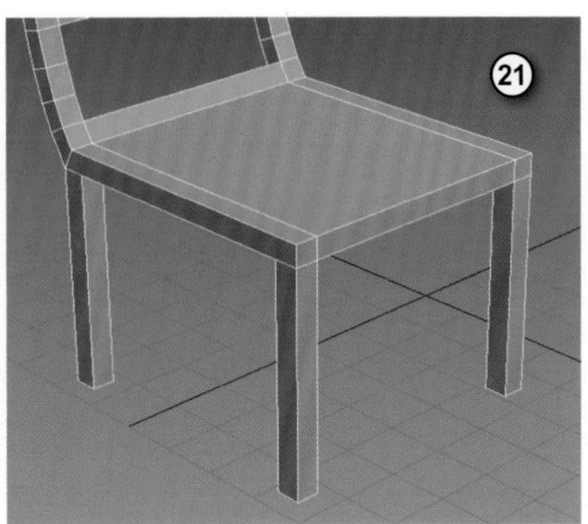

㉒ 點擊【 】進入邊層級，按下「F」鍵切換到前視圖，框選椅腳中間的邊線。

㉓ 按下滑鼠右鍵→點擊【Connect（連接）】左邊的小按鈕。

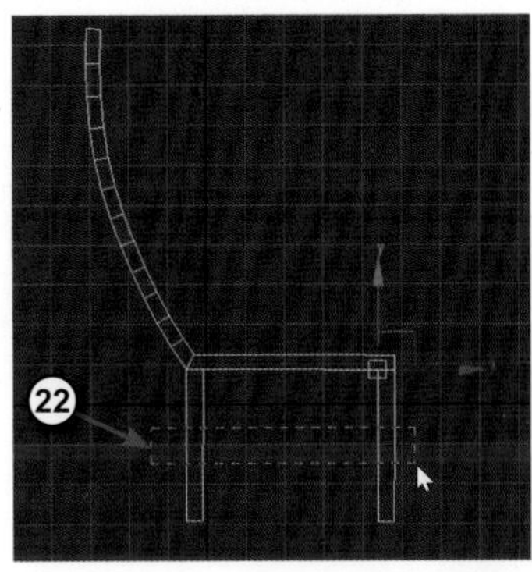

㉔ 段數輸入「2」，間距「-55」，按下⊘完成。

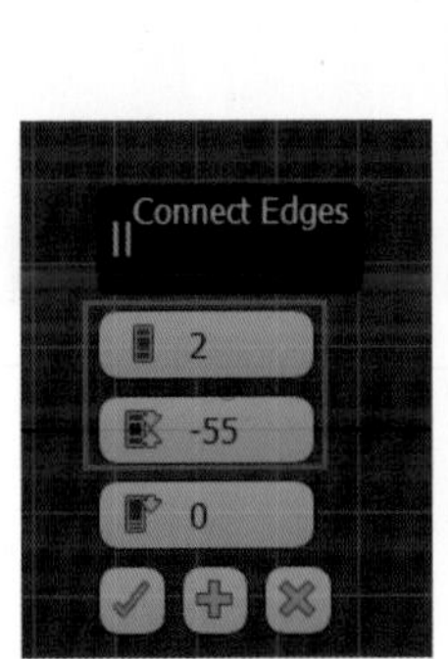

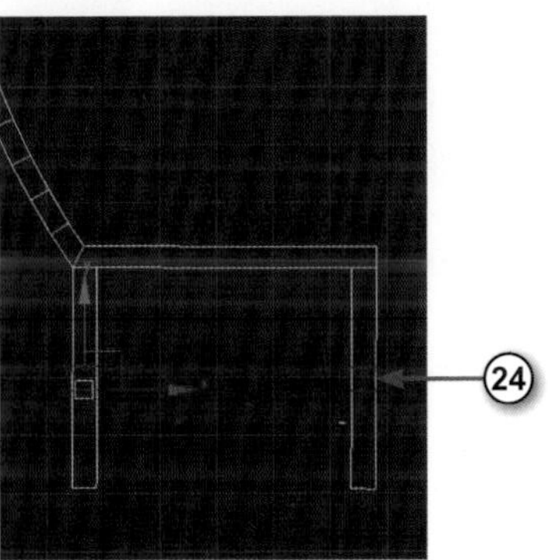

㉕ 點擊【■】進入【Polygon（面層級）】，選取椅腳如圖所示的四個面。

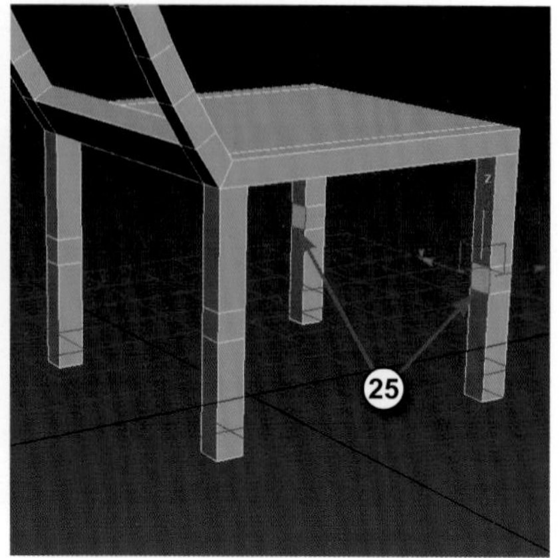

㉖ 點擊【Bridge（橋接）】，使前後選取的面互相連接。

㉗ 完成餐椅的製作。

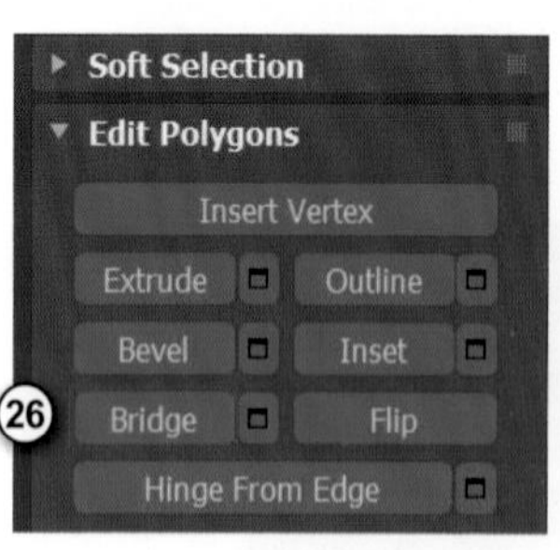

編輯器與 Arnold 渲染器

4-1 以 Arnold 為基礎的設定
4-2 材質編輯器介紹
4-3 Arnold 材質設定
4-4 Arnold 燈光設定
4-5 Arnold 渲染

4-1 以 Arnold 為基礎的設定

❶ 點擊【Customize（自訂）】→【Custom Defaults Switcher】。

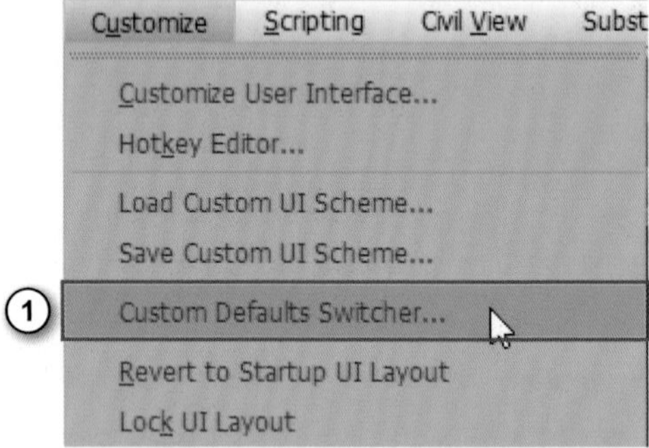

❷ 開啟視窗後，原本已是選取【Max】的狀態，不須變更設定，直接按【Cancel】取消。否則請選擇【Max】，按【Set】並重開軟體以完成設定。

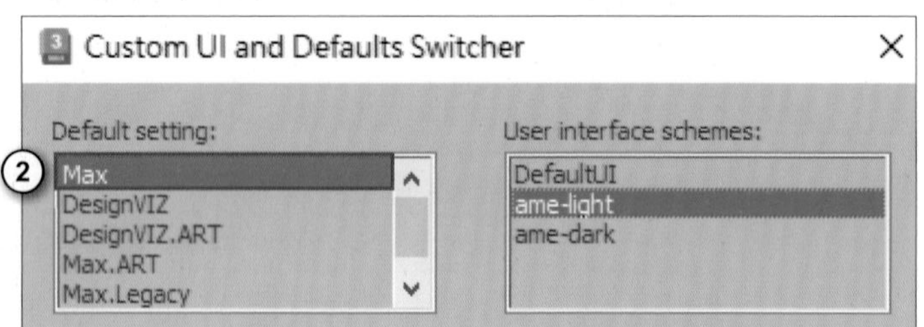

❸ 按 F10 鍵，【Renderer（渲染器）】會變成【Arnold】。

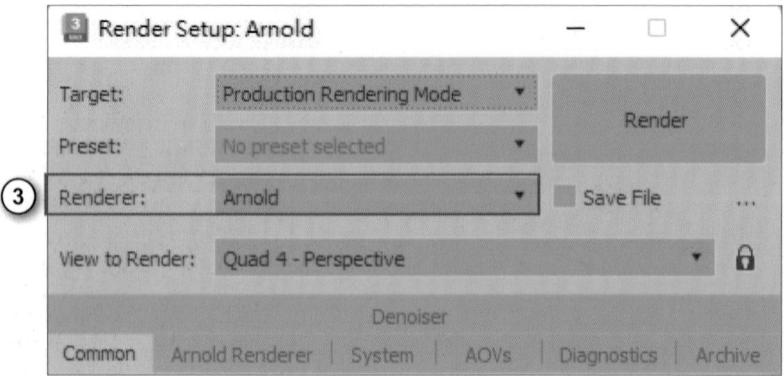

4-2 材質編輯器介紹

❶ 按下「M」鍵或點擊工具列的【 】或【 】圖示，可以開啟材質編輯器。

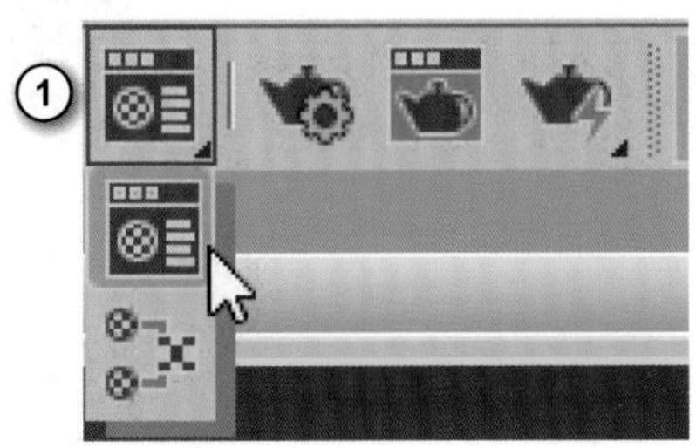

❷ 若按下「M」鍵開啟的是【Slate Material Editor（板岩材質編輯器）】，如下圖，可點擊【Modes（模式）】→【Compact Material Editor（簡易材質編輯器）】切換回舊版材質編輯器。本書會使用 Compact 模式，因為可以同時看到多個不同建材的材質。

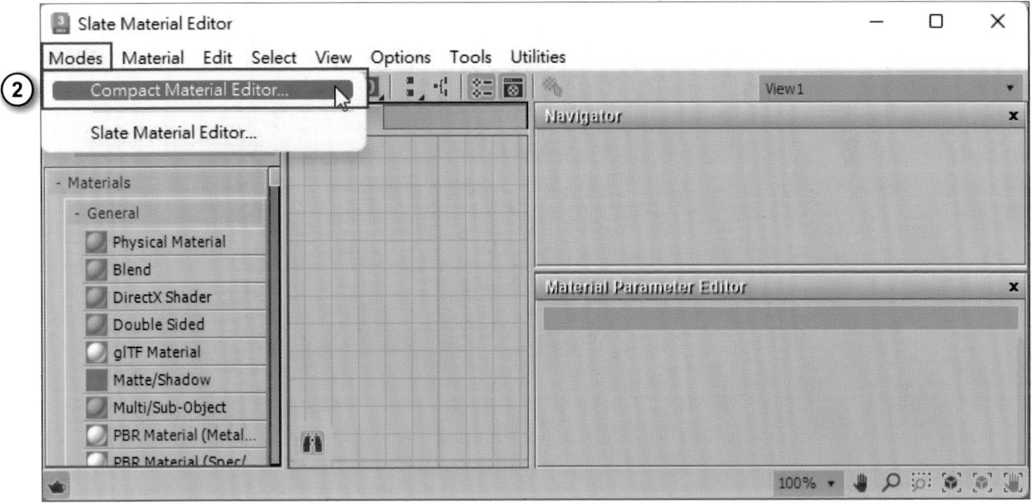

❸ 右圖為 Compact 模式的材質編輯器。上方為材質球，下方為參數區，選擇一個材質球（呈現白色外框），右側【Physical Material】表示目前材質球類型，點擊【Physical Material】可以更換材質。

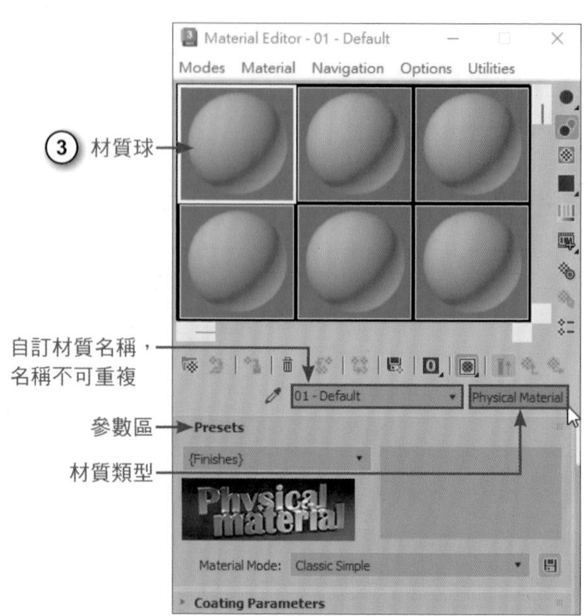

❹ 選取【Materials（材質）】→【Arnold】→【Surface（表面）】→【Standard Surface（標準表面）】材質，按下【OK】。

❺ 可以看見材質已變更為【Standard Surface】材質，如右圖。

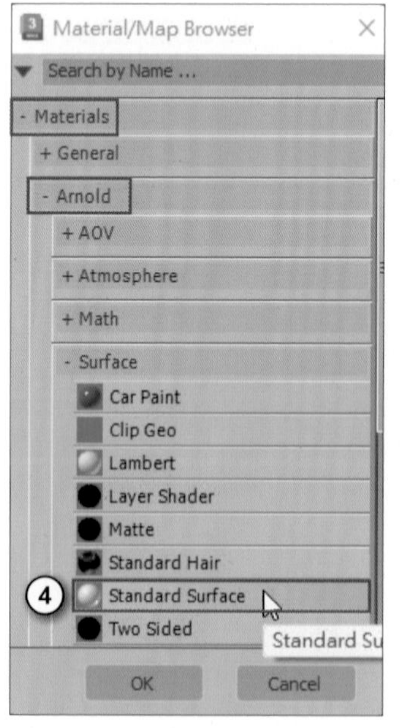

⑥ 任意繪製數個茶壺，並將【Segments】的數值改為「16」，提高模型精緻度。

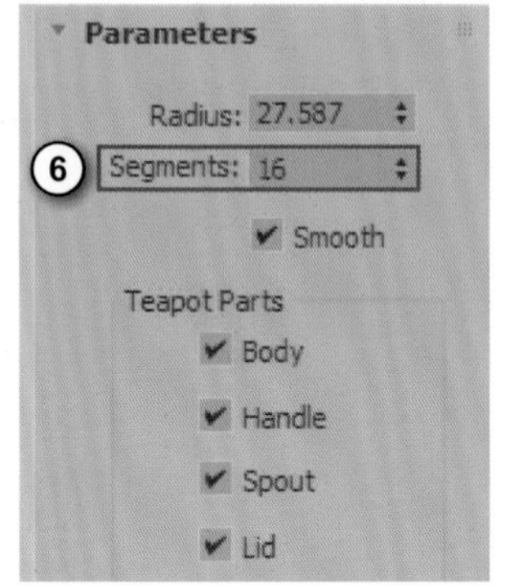

⑦ 將材質球拖曳到茶壺上，可以將茶壺套入材質。材質球邊框出現空心的三角圖示，代表場景中「有物件使用」此材質球。

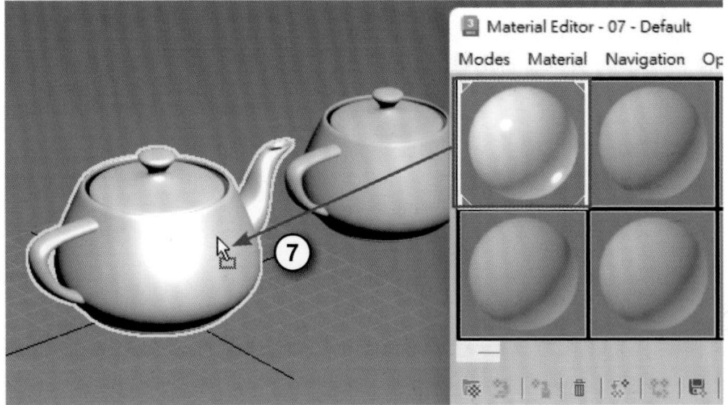

⑧ 選取茶壺。材質球邊框出現填滿白色的三角圖示，代表選取的物件「正在使用」此材質球。

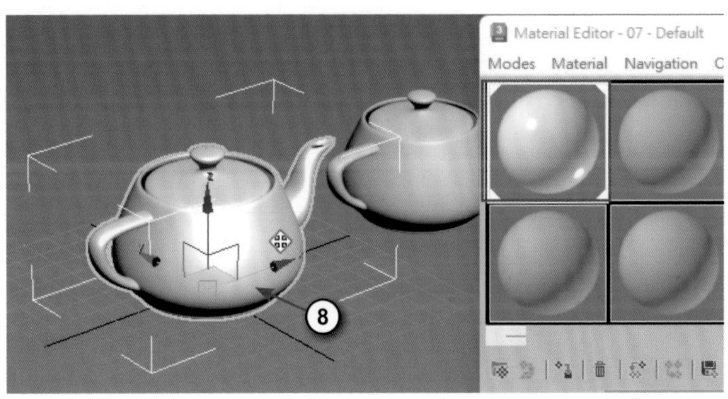

⑨ 選取三個茶壺，選取材質球，點擊【 】可以將目前材質指定給選取的茶壺。

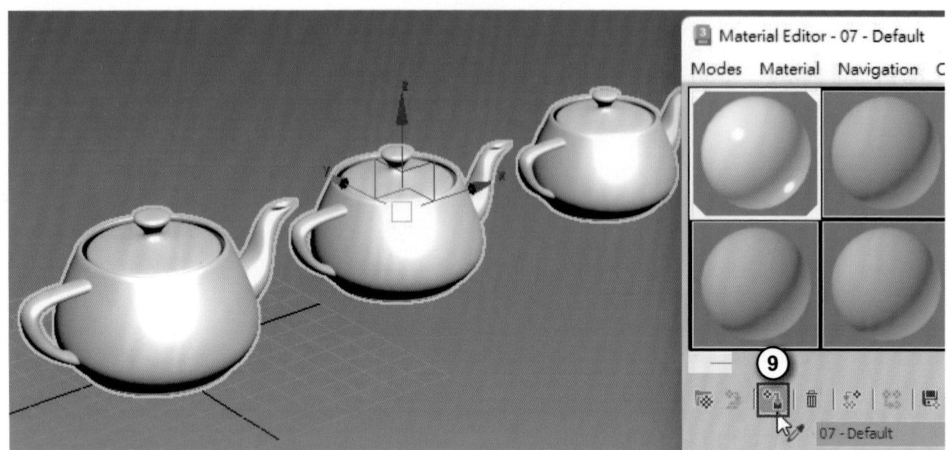

⑩ 若材質球不夠使用，點選任一使用過材質球，點擊【 】圖示。

⑪ 出現一個視窗，選擇【Affect only mtl/map in the editor slot?】後按下【OK】，只重置材質球的材質，但場景中茶壺原本的材質依然存在。

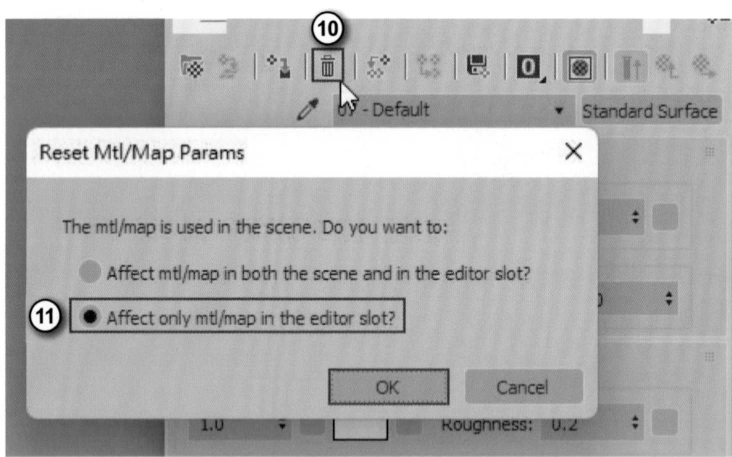

⑫ 材質球邊框出現空心的三角圖示已消失。若需要編輯茶壺材質，點擊【 】圖示。

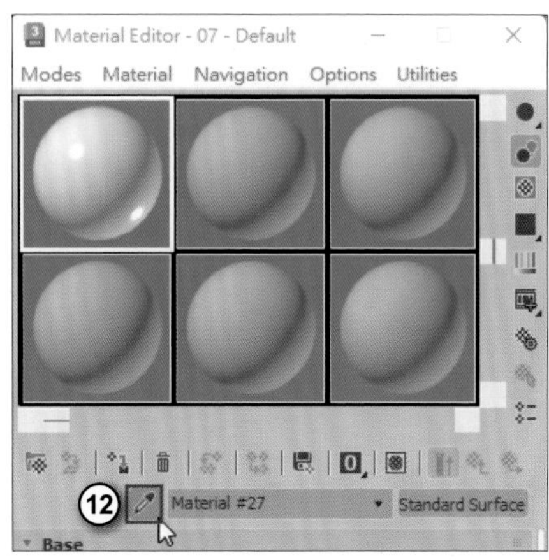

⑬ 再點擊茶壺，可以吸回茶壺的材質。

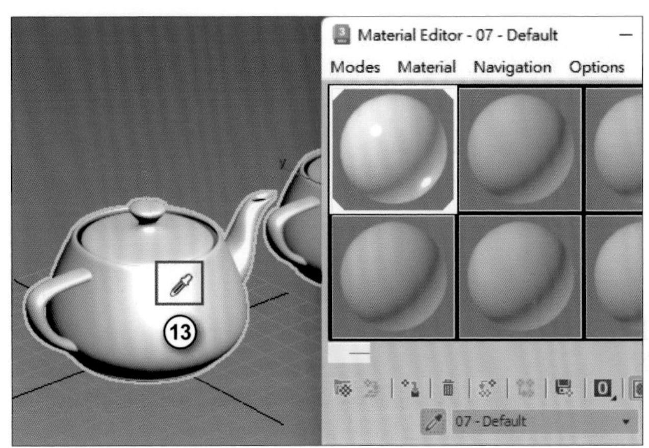

⑭ 以滑鼠左鍵任選一個材質球，按下滑鼠右鍵，點擊【6 X 4 Sample Windows】更改材質編輯器上的材質球數。

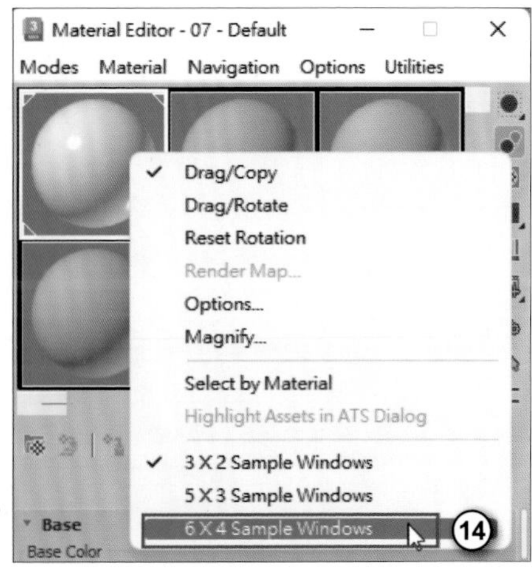

4-3 Arnold 材質設定

Base Color 基礎顏色

1. 開啟範例檔〈4-3_Arnold 材質設定 .max〉，場景中有一個已經貼上【Standard Surface】材質的茶壺、平面、燈光。

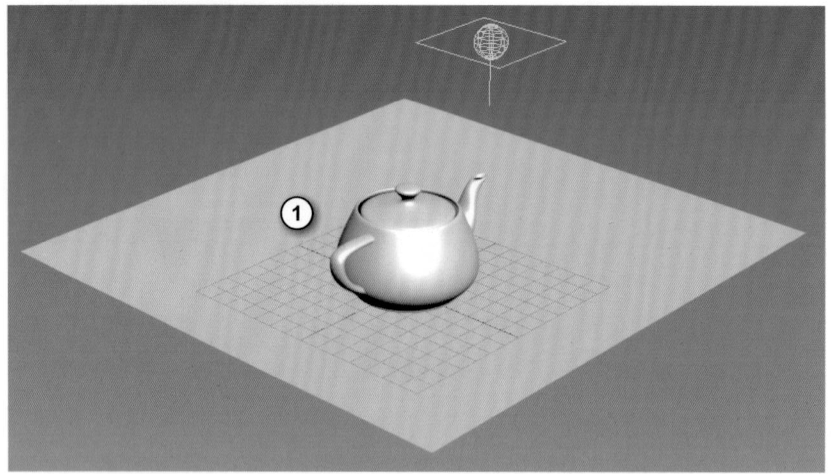

2. 按下「F9」鍵或「Shift+Q」或點擊工具列的【 】圖示，可以彩現測試材質，彩現也稱作渲染。（渲染時按下 Esc 鍵可立刻停止渲染）

❸ 按 M 鍵開啟材質編輯器，選左上角材質球，材質球已經指定給茶壺。

❹ 點擊【Base Color（基本顏色）】下方的顏色色版。

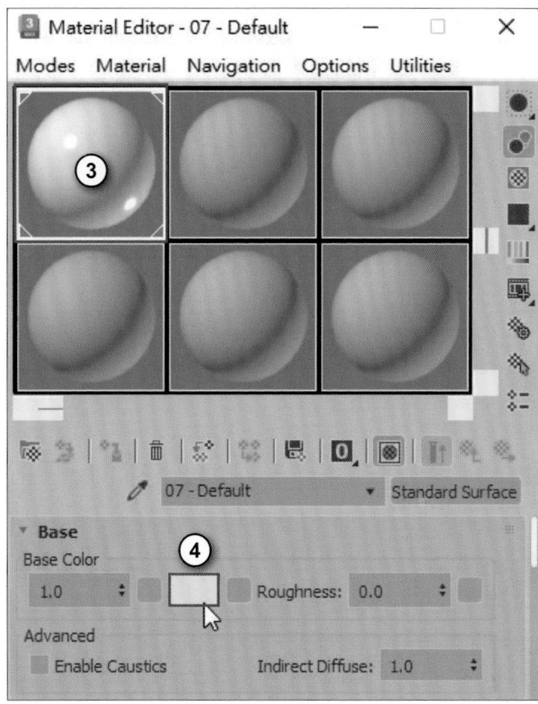

❺ 左側調整一個顏色。

❻ 再調整白色程度。

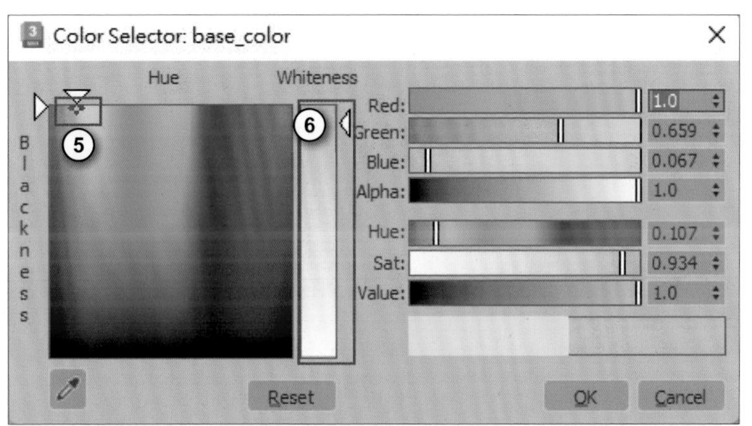

❼ 按下「F9」鍵或「Shift+Q」彩現後，茶壺表面變色。

❽ 點擊色版右側按鈕，可以添加貼圖。

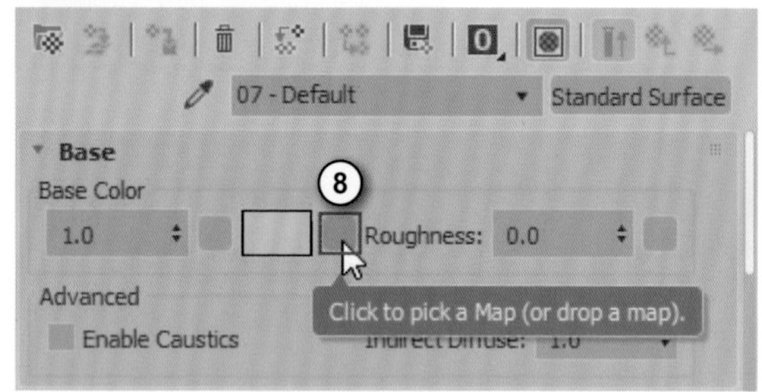

❾ 選取【Maps（貼圖）】→【General（一般的）】→【Bitmap（點陣圖）】，按下【OK】，並選擇範例檔的〈木紋.jpg〉。

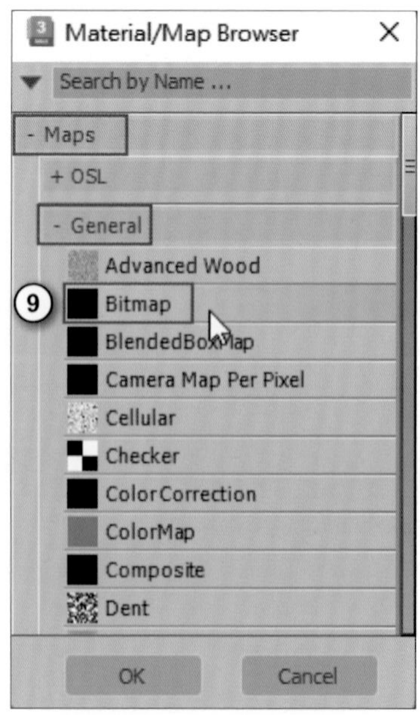

⑩ 按下「F9」鍵或「Shift+Q」彩現後，茶壺呈現木紋。

⑪ 材質編輯器會進入貼圖設定，點【Bitmap:】右側的貼圖路徑，可以變更其他貼圖。

⑫ 點擊【 】回到上一層，也就是回到材質的設定。

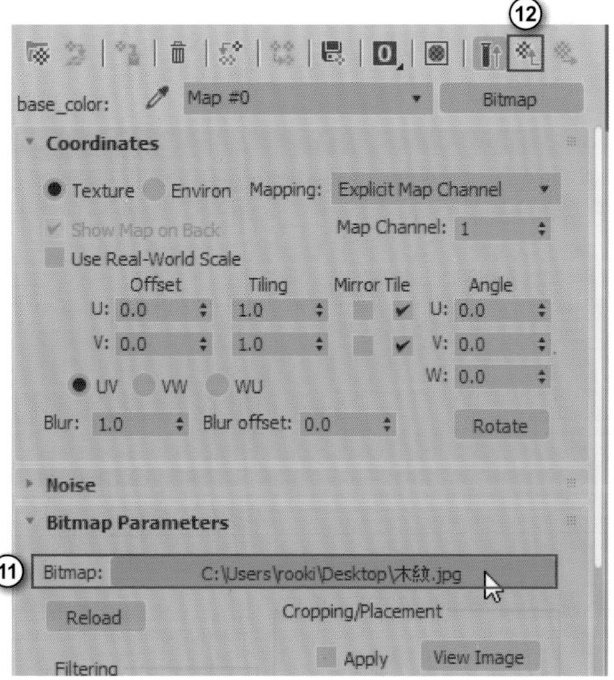

⑬ 貼圖欄位出現 M，表示目前有使用貼圖。在 M 上按下右鍵，可以對貼圖做 Cut（剪下）、Copy（複製）或 Clear（清除）的動作。

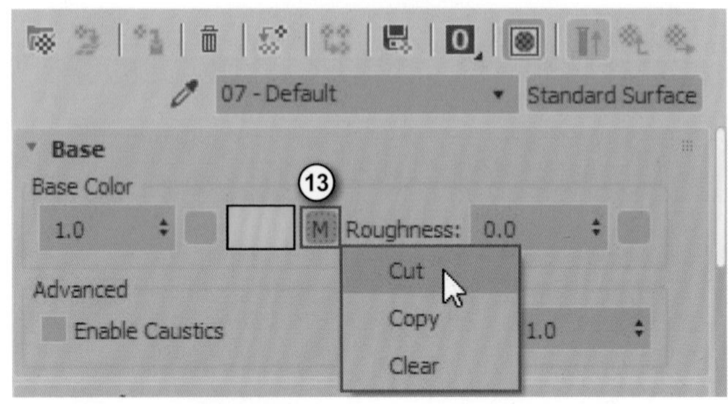

Specular 高光效果

① 點擊 Specular 下方的白色色版。

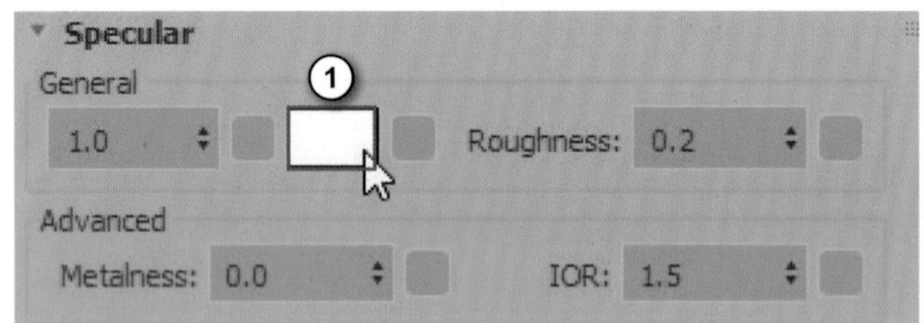

② 可以調整反光程度，白色為反光最強，黑色反光最弱，此處先調整黑色。

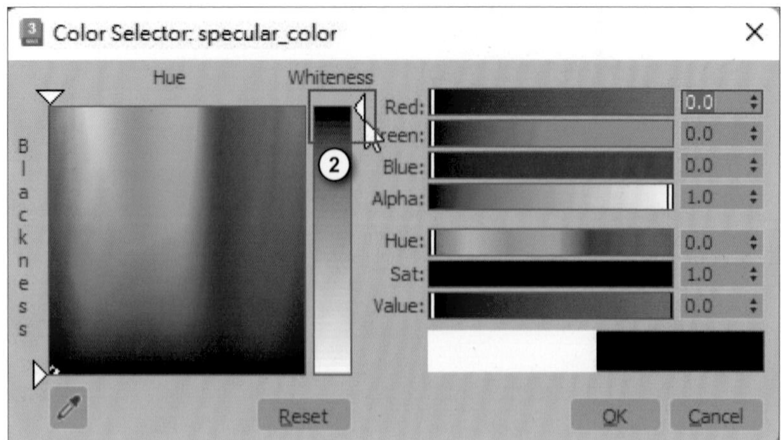

③ 彩現後，茶壺反光消失。

④ 再次調整顏色，調回白色。

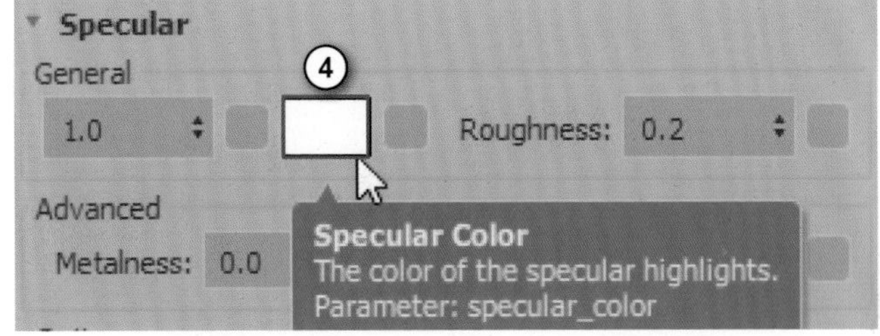

⑤ 彩現後，茶壺反光像是塑膠或陶瓷。

❻【Roughness（粗糙度）】數值介於 0 至 1 之間，數值越高越粗糙，此處調整 0.5。

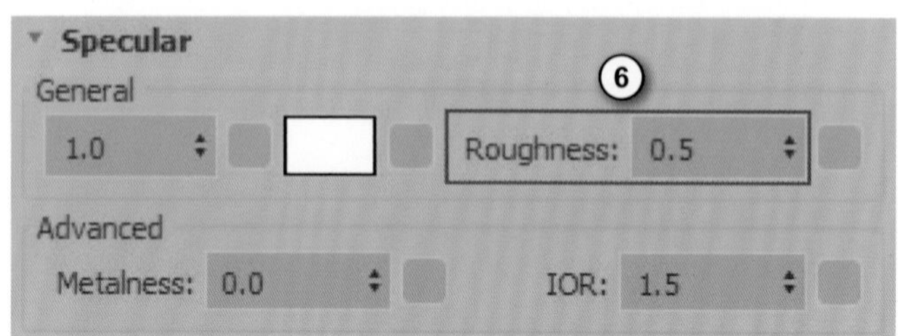

❼ 彩現後，反光點擴散開來，類似橡膠。

❽【Metalness（金屬度）】介於 0 至 1 之間，數值越高越像金屬，此處調整 1。【Roughness（粗糙度）】保持 0.5。

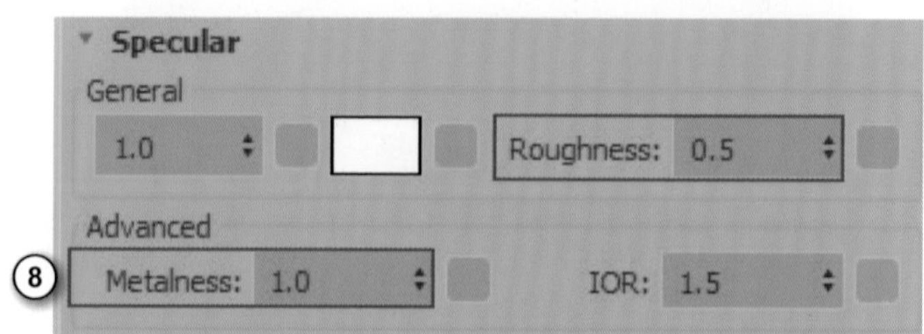

⑨ 彩現後，像是霧面金屬。

⑩【Metalness（金屬度）】保持 1，【Roughness（粗糙度）】降低為 0.2。

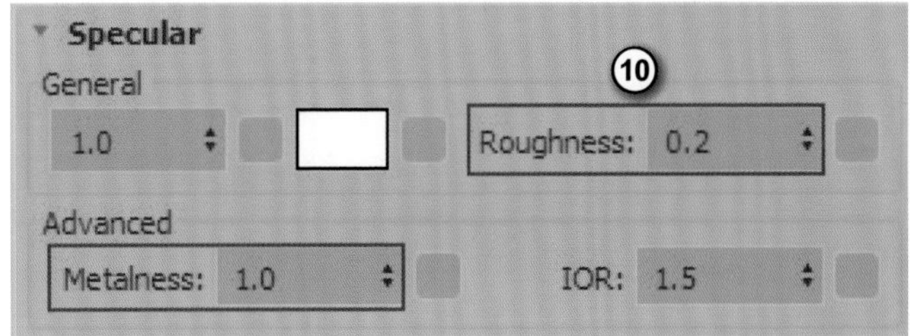

⑪ 彩現後，茶壺變成光滑的金屬。

Transmission 透射效果

❶ 透射會有透明的效果，反光太強會無法看出透明效果，需要先將反光降低。除了調整顏色，也可以調整【General】數值微調反光程度，此處反光降低為 0.3。【Metalness（金屬度）】與【Roughness（粗糙度）】皆降低為 0。

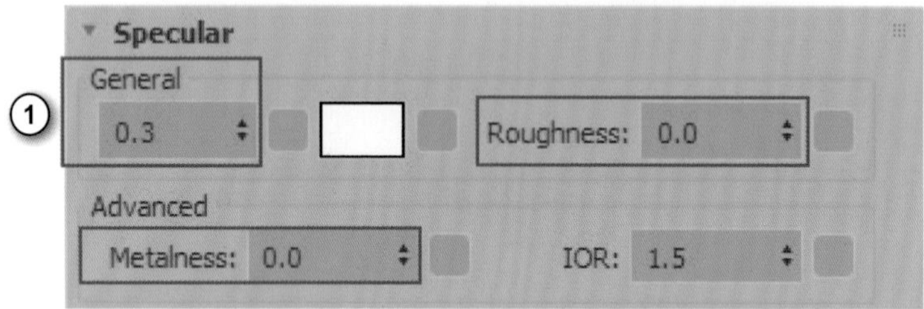

❷ 在 Transmission 下方的【General】數值調整為 1，使物件完全透明。

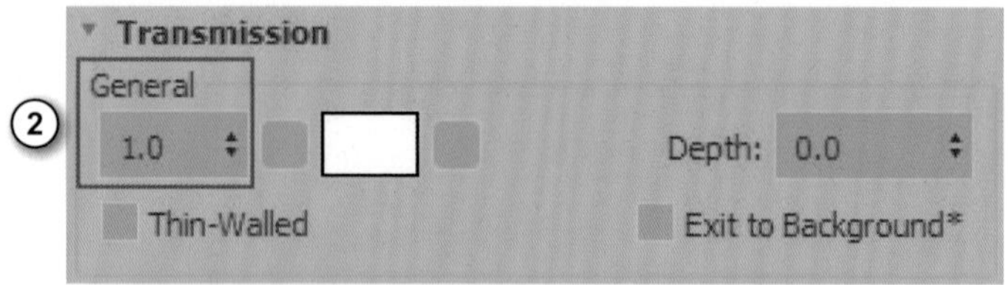

❸ 彩現後，茶壺完全透明，Base Color 的顏色也會看不見。

4 在 Transmission 下方的色版調為淺藍色。

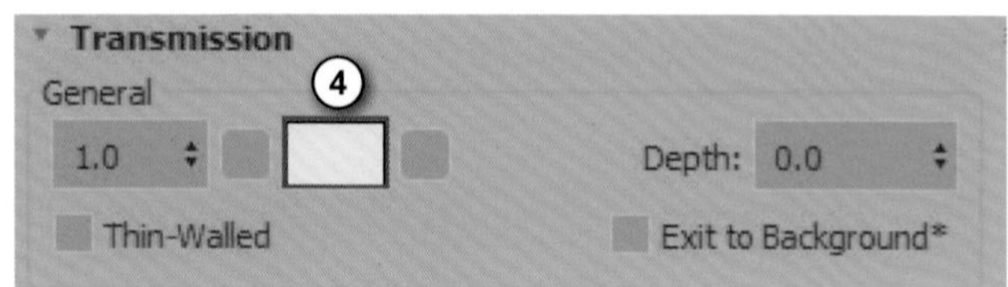

5 彩現後，茶壺變成淺藍色玻璃。

Emission 發光效果

1 調整 Emission 下方的發光強度，數值 0 表示沒有發光，數值越高越亮。右側色版設定發光的顏色。

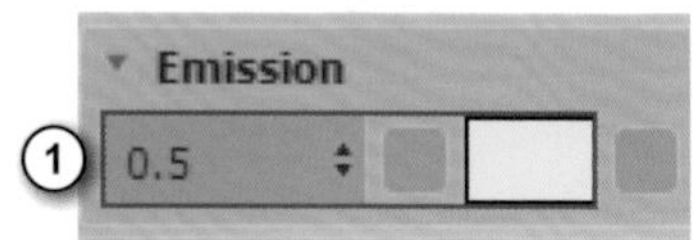

2 彩現後如下圖。

Special Features 特殊功能

① 先將【Emission】下方的發光強度設為 0，表示沒有發光。【Transmission】下方數值設為 0，表示不透明。

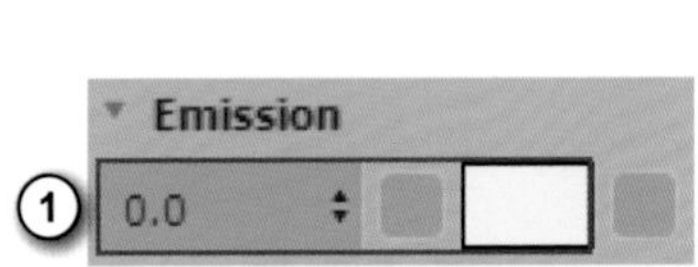

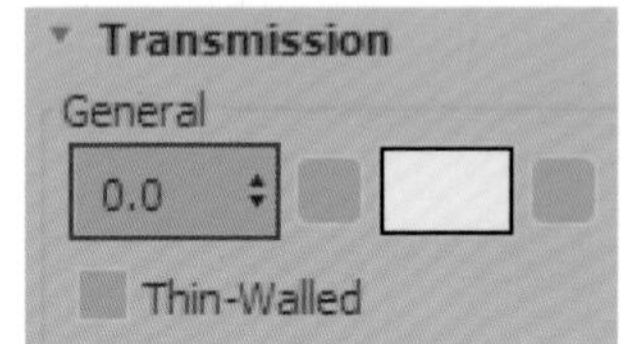

② 點擊【Special Features】→【Normal（Bump）】右側的按鈕，可以加入凹凸效果的圖片。

③ 選擇【Maps（貼圖）】→【Arnold】→【Bump（凸紋）】→【Bump 2D】。

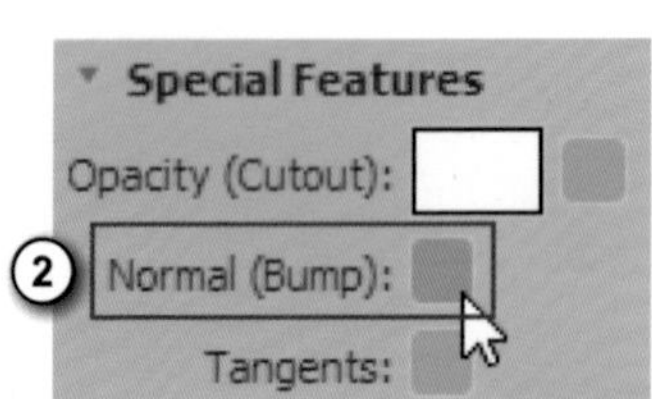

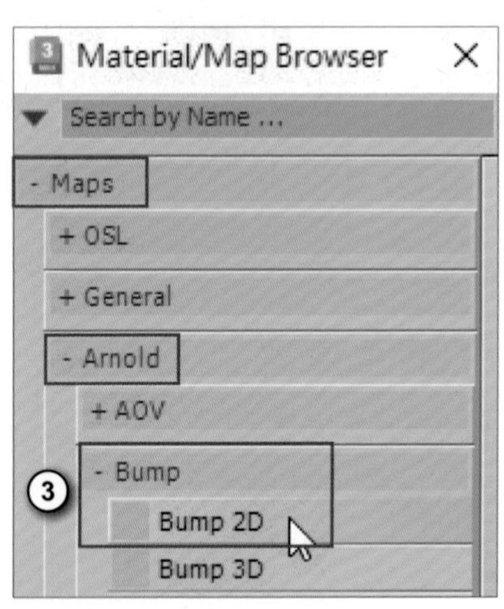

④ 點擊【Bump Map（凸紋貼凸）】右側的按鈕。

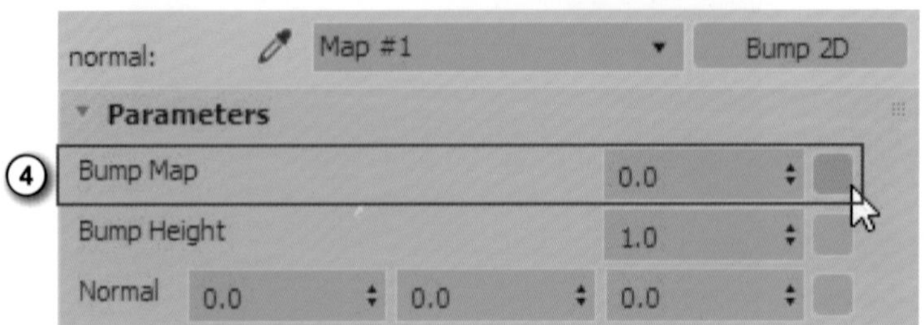

❺ 選擇【Maps（貼圖）】→【General】→【Bitmap（點陣圖）】，使用範例檔〈木紋 .jpg〉。

❻ 彩現後如右圖，茶壺產生木紋的凹凸紋路。

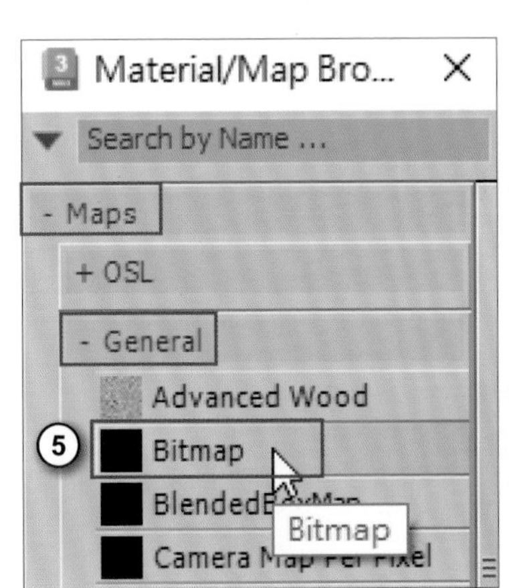

❼【Bump Height（凸紋高度）】降低為 0.4，使凸紋不明顯。

❽ 在 M 按鈕上按下滑鼠右鍵→【Copy】複製貼圖。

❾ 點擊【 】回到上一層。

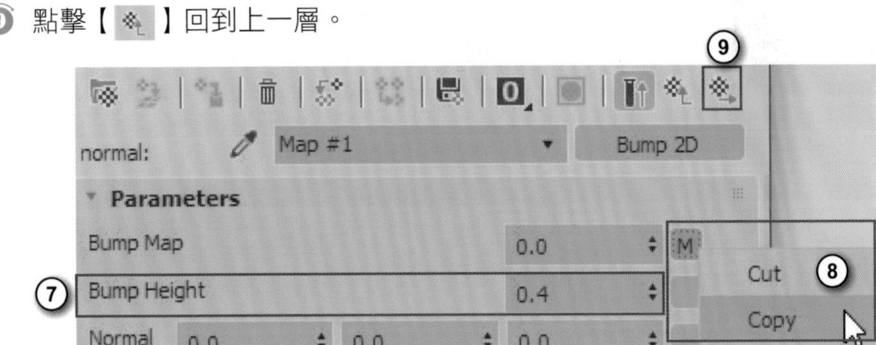

⑩ 在【Base Color】色版右側按鈕上，按下滑鼠右鍵→【Paste（Instance）】以分身模式貼上貼圖，使茶壺表面與凸紋使用同一張貼圖。

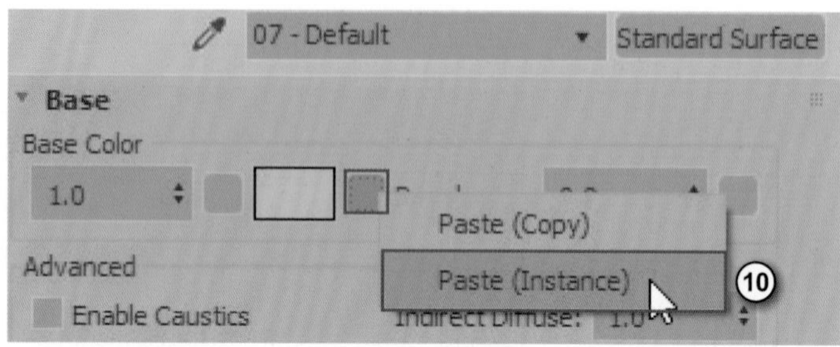

⑪ 彩現後如下圖。

4-4 Arnold 燈光設定

燈光設定

❶ 開啟範例檔〈4-4_Arnold 燈光設定 .max〉，場景中有一個茶壺與空間殼，皆有指定會反射的材質。

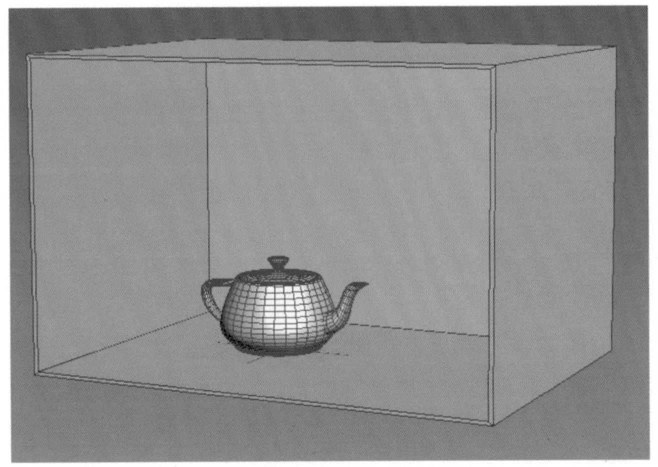

❷ 使用 Arnold 渲染器時，若場景中沒有任何光源，會使用預設光源，彩現後，場景是亮的。

❸ 點擊【Create（創建）】→【Light（燈光）】→下拉選單選擇【Arnold】→點擊【Arnold Light】。

❹ 在茶壺旁點擊左鍵一下，放置燈光，右鍵結束。

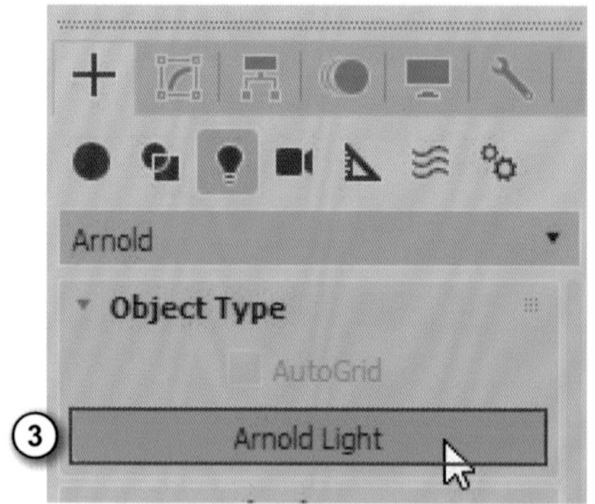

❺ 將燈光往上移動。

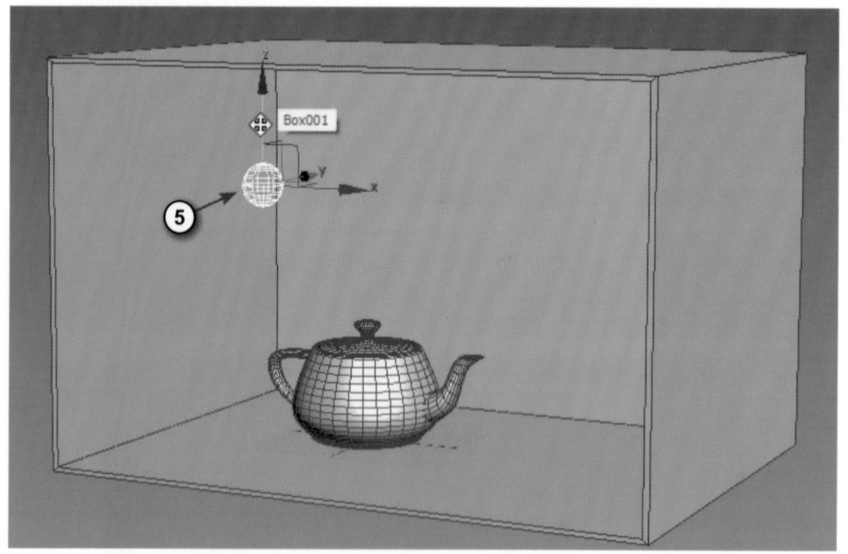

⑥ Arnold 只有一種燈光，但可以切換不同形狀，產生不同光線與陰影，最常使用的是【Quad】，形狀為四邊形。

Shape

Emit Light From

⑥ Type:	Quad
Spread:	1.0
Resolution:	500
Quad X:	24.0
Quad Y:	24.0
Roundness:	0.0
Soft Edge:	1.0
Portal	

⑦ 彩現後如下圖。

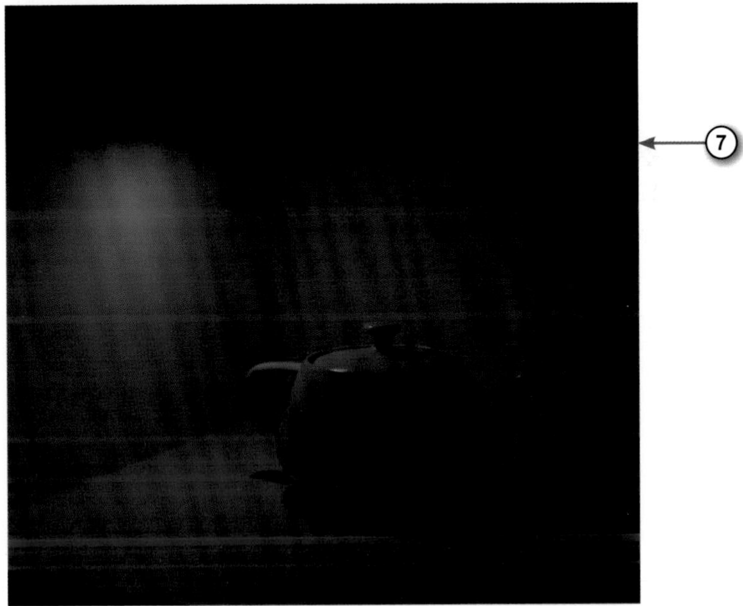

8 【QuadX】與【QuadY】可以調整長寬尺寸，燈光越大會越亮，且茶壺陰影邊緣較模糊。

Shape

Emit Light From

Type:	Quad
Spread:	1.0
Resolution:	500
Quad X:	50.0
Quad Y:	50.0
Roundness:	0.0
Soft Edge:	1.0

(8) marks Quad X and Quad Y

9 彩現後如下圖。

⑩【Color】可以調整燈光顏色，【Preset】有多種預設燈光可以選擇，【Kelvin】可以設定色溫，數值低越接近暖色，數值高接近冷色。

⑪【Exposure】與【Intensity】皆可以調整燈光強度，【Exposure】範圍為 0 至 16，【Intensity】則無上限，可以先設定【Exposure】再調整【Intensity】。

Color/Intensity
Color
Color
(10) Preset: CIE F7 - Fluorescent D65
Kelvin 6500.0
Texture No Map
Filter Color:
Intensity
Intensity: 1.0
(11) Exposure: 8.0
Res. Intensity: 256
Normalize Energy

⑫ 彩現後如下圖。

其他類型的燈光

❶ 將【Type】設定為【Point】。

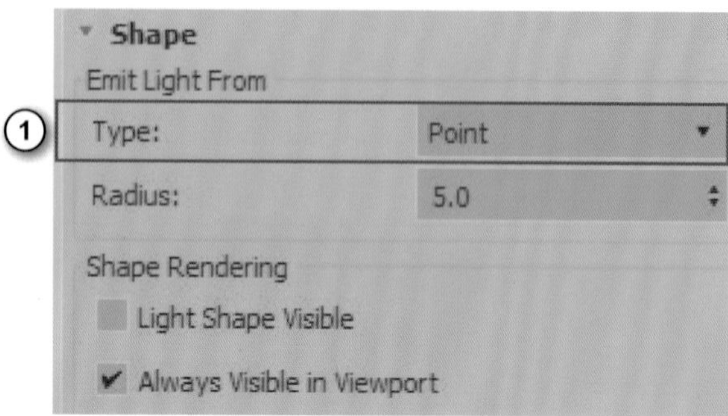

❷ 彩現後如下圖，Point 為球狀光源，因此牆上會反射出球形。

❸ 將【Type】設定為【photometric】，點擊【...】選範例檔的〈01.IES〉，不同的 IES 檔案有不同的光影形狀。

Shape
Emit Light From
3
Type:
Photometric
Radius:
0.0
File:
...

④ 不同的 IES 檔案，光線強度不同，此處【Exposure】升高為 16。

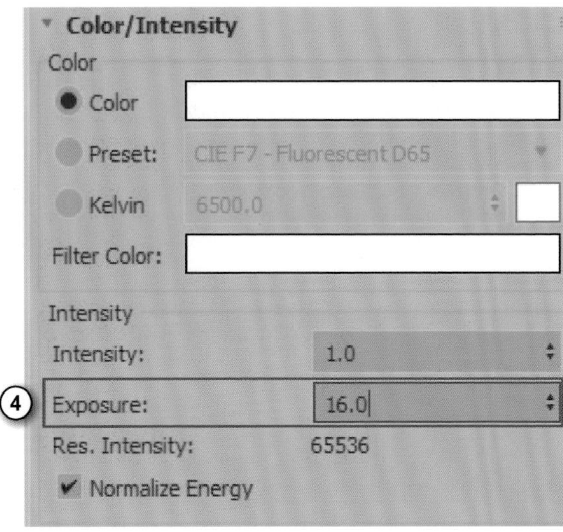

⑤ 彩現後如下圖。

6 點擊【 ... 】選範例檔的〈02.IES〉。

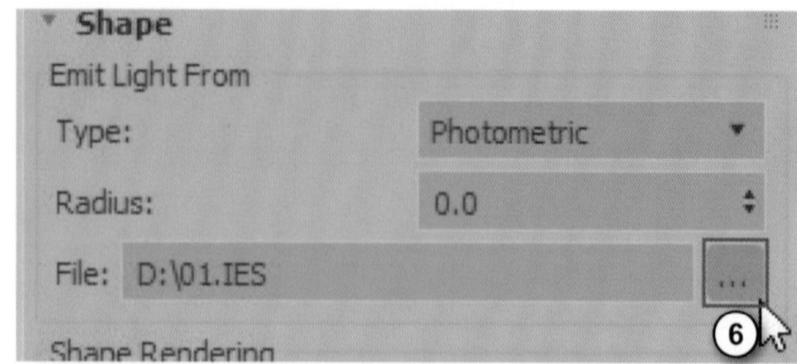

7 將【Exposure】降低為 12。

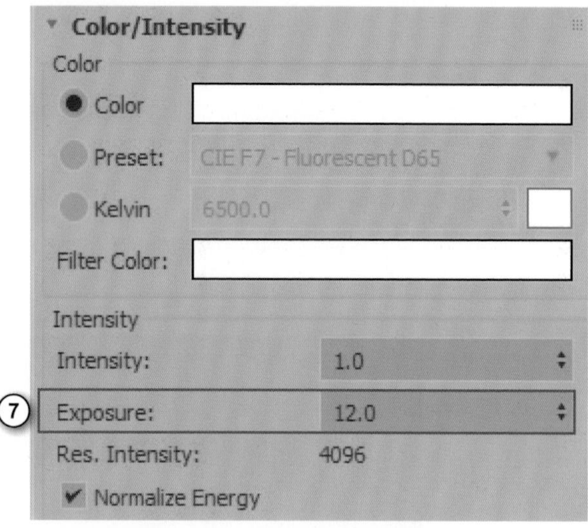

8 彩現後如下圖。

4-5 Arnold 渲染

彩現視窗

1. 開啟範例檔〈4-5_Arnold 渲染 .max〉，場景有四個已經設定材質的茶壺，從左到右分別是：無反射、反射、玻璃、金屬的效果。

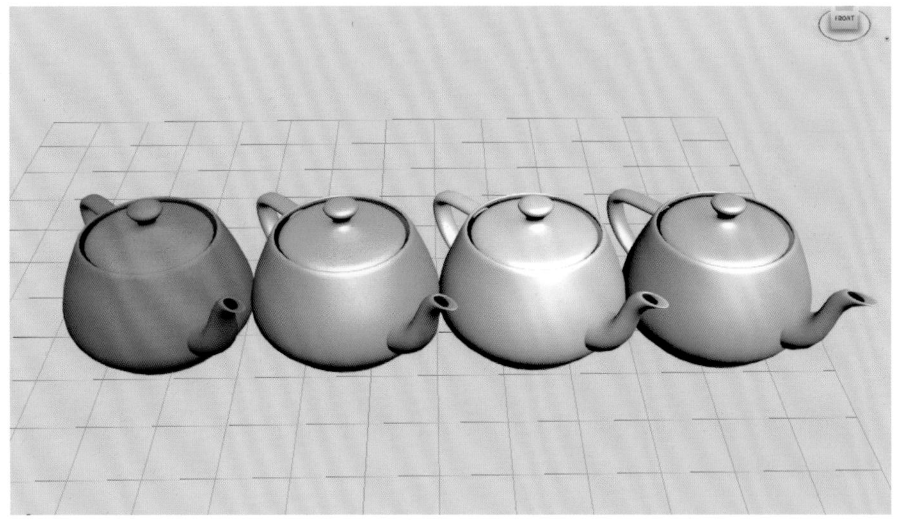

2. 按下 F9 鍵彩現後如下圖。

③ 彩現視窗只有一個，每次彩現會覆蓋上一次的彩現圖，點擊【 】可以複製彩現圖，用來比較新舊彩現的差異。

④ 點擊【 】儲存彩現圖。

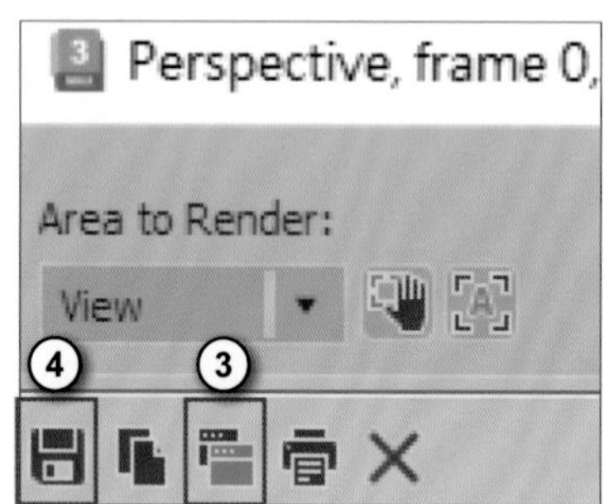

⑤【File name】自訂圖片名稱，【Save as type】設定圖片格式，按下【Save】。

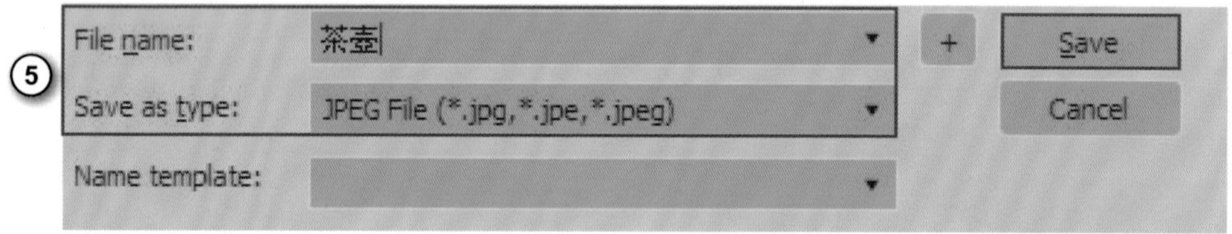

⑥ 若彩現後未儲存就關閉彩現視窗，可以點擊【 】按鈕，不須重新彩現就能開啟彩現視窗。

AA 抗鋸齒

① 延續上一小節的檔案，按下 F10 鍵或【 】按鈕開啟彩現設定。

② 點擊【Arnold Renderer】頁籤，【Camera（AA）】可以控制所有材質的抗鋸齒效果，數值越高，彩現品質越好，減少畫面的雜點顆粒，但彩現時間越久，反之則畫質差、彩現快。此處先將【Camera（AA）】的【Samples（取樣值）】設為 0，整體的數值皆會降低。

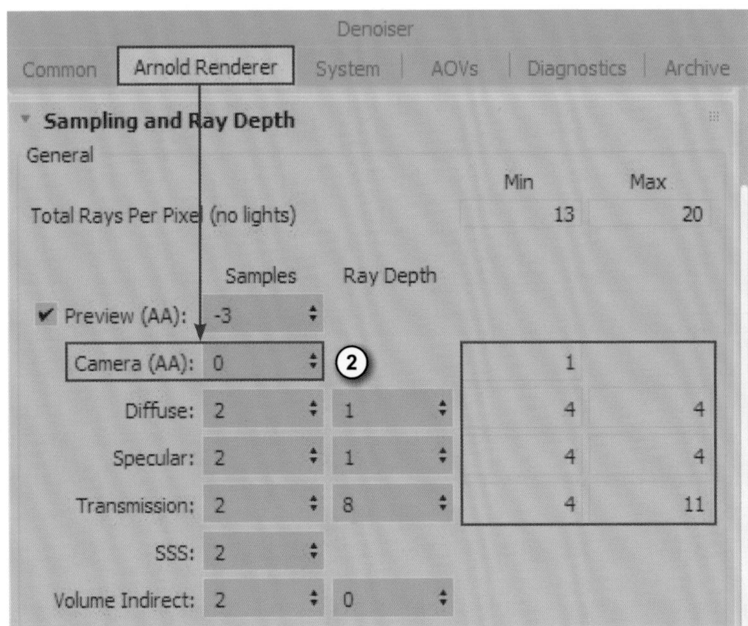

③ 彩現後如下圖所示，畫質差，雜點多，彩現快。

4 將【Camera（AA）】設為 7，整體的數值皆會提高。

Denoiser

Common | Arnold Renderer | System | AOVs | Diagnostics | Archive

▾ Sampling and Ray Depth

General

	Samples	Ray Depth	Min	Max
Total Rays Per Pixel (no lights)			637	980
✔ Preview (AA):	-3			
Camera (AA):	7		49	
Diffuse:	2	1	196	196
Specular:	2	1	196	196
Transmission:	2	8	196	539
SSS:	2			
Volume Indirect:	2	0		

5 彩現後如下圖所示，畫質好，雜點少，彩現慢。

⑥ 在彩現視窗中，滾動滑鼠滾輪，可以放大彩現圖檢查畫面，可以更明顯發現差異。左圖的【Camera（AA）】為 7，右圖的【Camera（AA）】為 0。

⑦ 先將【Camera（AA）】設定回 3。下方可針對 Diffuse（表面顏色）、Specular（反光）、Transmission（透射）等材質做個別調整，例如將【Diffuse】與【Specular】設為 5，其餘皆設為 0。

Denoiser

Common | Arnold Renderer | System | AOVs | Diagnostics | Archive

Sampling and Ray Depth

General

	Samples	Ray Depth	Min	Max
Total Rays Per Pixel (no lights)			459	522
✔ Preview (AA):	-3			
Camera (AA):	3		9	
Diffuse:	5	1	225	225
Specular:	5	1	225	225
Transmission:	0	8	0	63
SSS:	0			
Volume Indirect:	0	0		

⑦

⑧ 彩現後如下圖，表面與反光表現較好，玻璃效果消失。

⑨ 再將【Specular】與【Transmission】設為 5，其餘皆設為 0。

Denoiser

Common | Arnold Renderer | System | AOVs | Diagnostics | Archive

Sampling and Ray Depth

General

			Min	Max
Total Rays Per Pixel (no lights)			459	522
	Samples	Ray Depth		
✔ Preview (AA):	-3			
Camera (AA):	3		9	
Diffuse:	0	1	0	0
Specular:	5	1	225	225
Transmission:	5	8	225	288
SSS:	0			
Volume Indirect:	0	0		

⑨

⑩ 彩現後如下圖，玻璃與反光效果出現。

⑪ 總結，可以先調整【Camera（AA）】數值，若有哪一項材質特性畫質不佳，再個別調整。需注意，場景亮度過暗，也會增加畫面雜點。

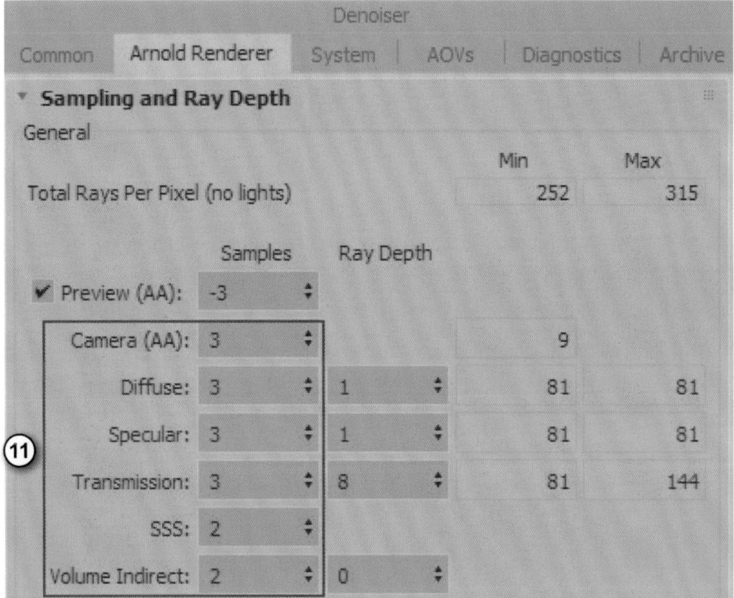

Arnold 即時彩現

❶ 點擊功能表的【Arnold】→【Arnold RenderView】開啟 Arnold 彩現視窗。

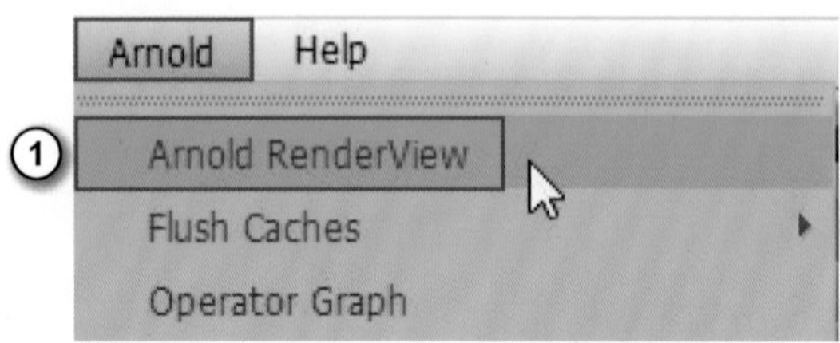

❷ 點擊【▶】即時彩現，即時顯示目前視角的彩現。

❸ 每次旋轉視角，就會重新彩現，點擊【■】可停止彩現。

④ 點擊【 】按鈕。

⑤ 按住滑鼠左鍵框選矩形範圍，只彩現部分區域，按住 Shift+ 左鍵拖曳重新框選範圍。再次點擊【 】取消。

⑥ 點擊【 】按鈕。

⑦ 選取茶壺，只彩現選取的物件。點擊【 】按鈕取消。

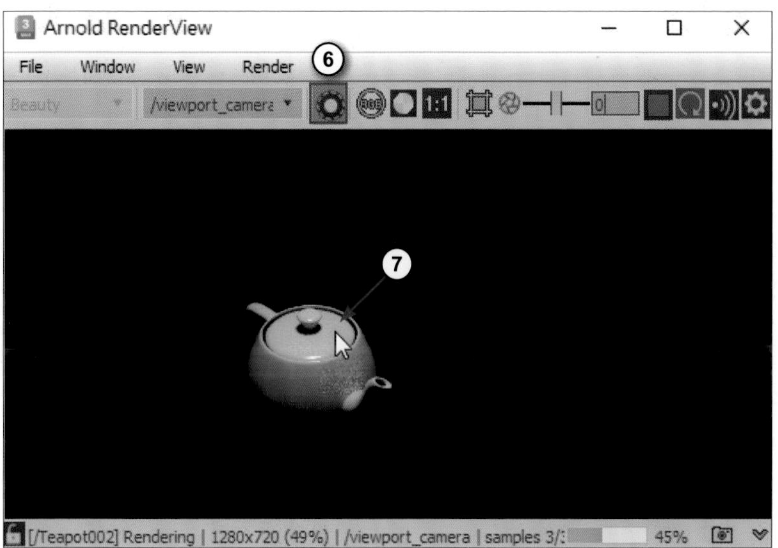

Arnold 天空與太陽

❶ 選取場景中的光源，按 Delete 刪除，能更準確的觀察太陽。

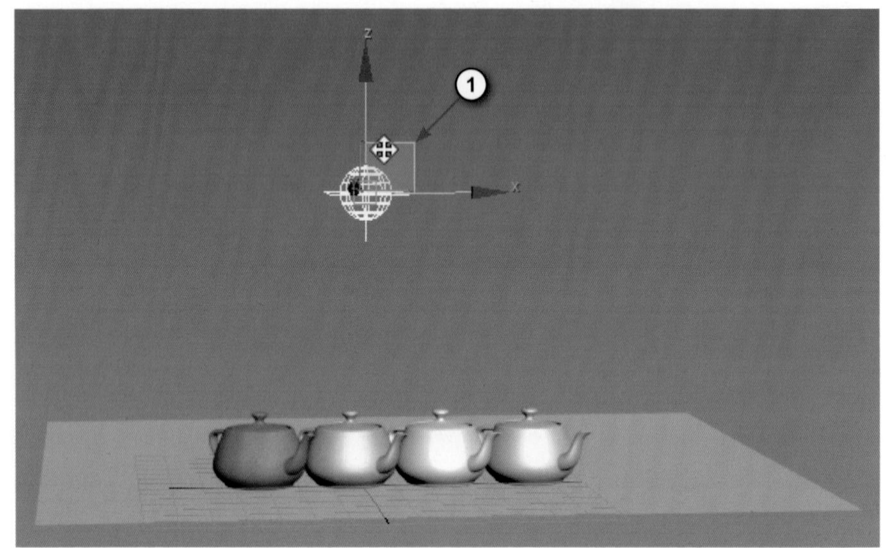

❷ 按數字 8 鍵開啟環境視窗，點擊【Environment Map（環境貼圖）】下方的【None（無）】。

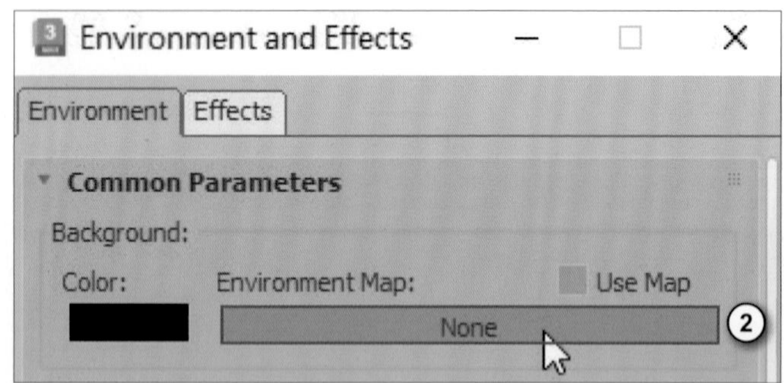

❸ 選取【Maps（貼圖）】→【Arnold】→【Environment（環境）】→【Physical Sky（物理天空）】，點擊【Physical Sky】左鍵兩下。

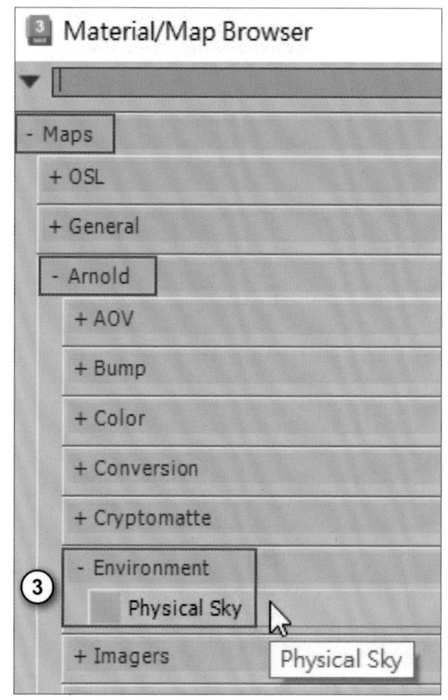

❹ 按 M 鍵開啟材質編輯器，將【Physical Sky】拖曳到材質球上。

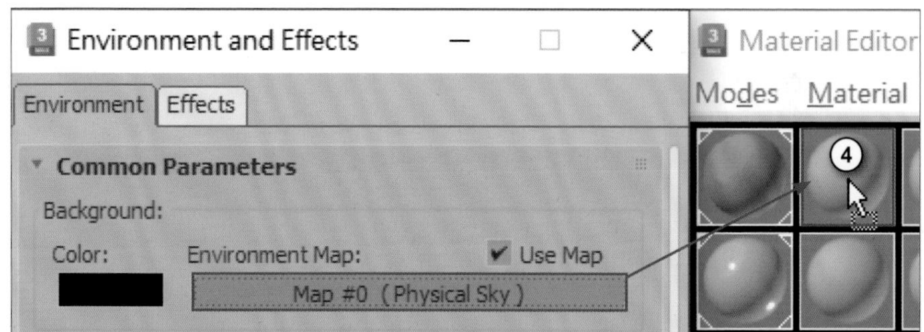

❺ 選擇【Instance（分身）】，可以在材質編輯器編輯天空的參數。

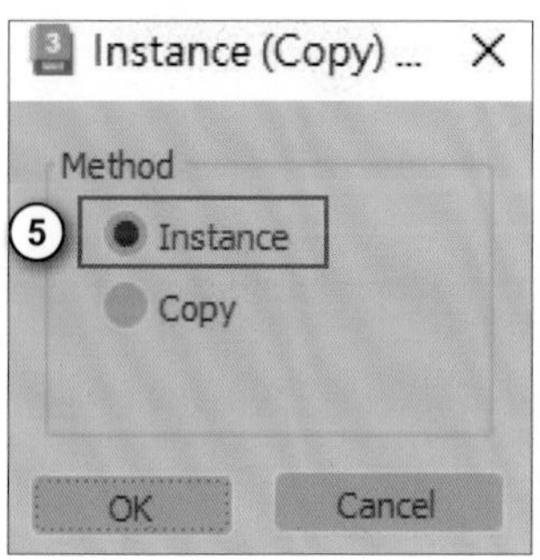

6 在材質編輯器中選中天空的材質球，【Intensity（強度）】設定 3，使場景變亮。

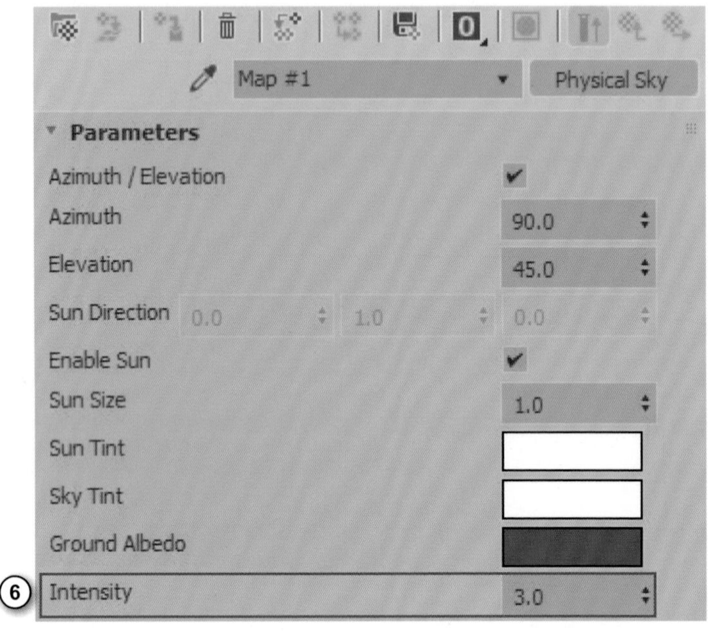

7 彩現後如下圖。

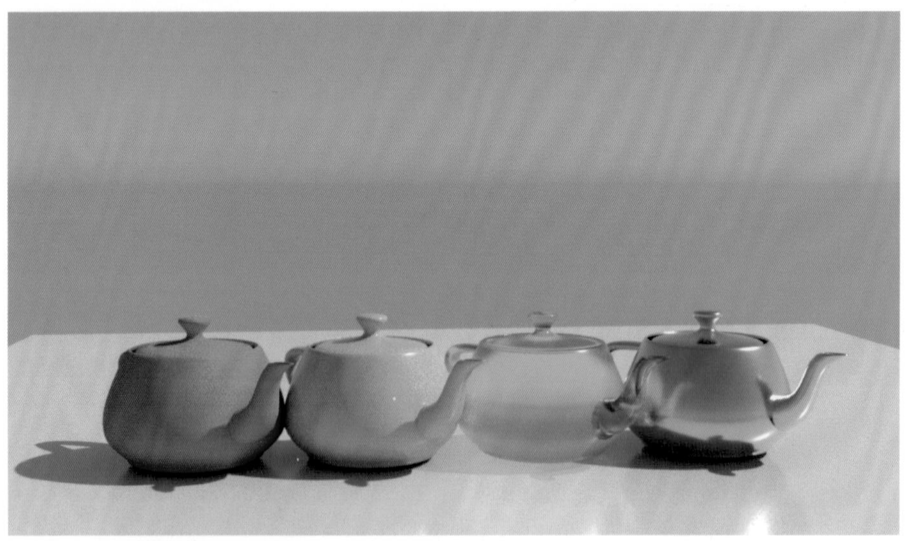

⑧【Azimuth（方位角）】從 90 改為 270 度，改變太陽照射角度。

Map #1 Physical Sky
Parameters
Azimuth / Elevation
⑧ Azimuth 270.0
Elevation 45.0

⑨ 彩現後如下圖，陰影從左邊變成右邊。

⑩【Elevation（仰角）】從 45 改為 12 度，使太陽較傾斜，有日落的效果。

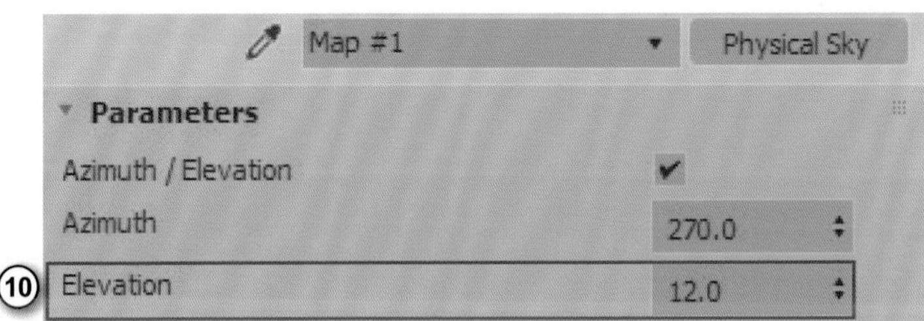

⑪ 彩現後如下圖，天空從藍色變成偏黃昏。

⑫【Sun Size（太陽尺寸）】從 1 改為 10，數值越大，陰影越柔和，反之則越銳利。

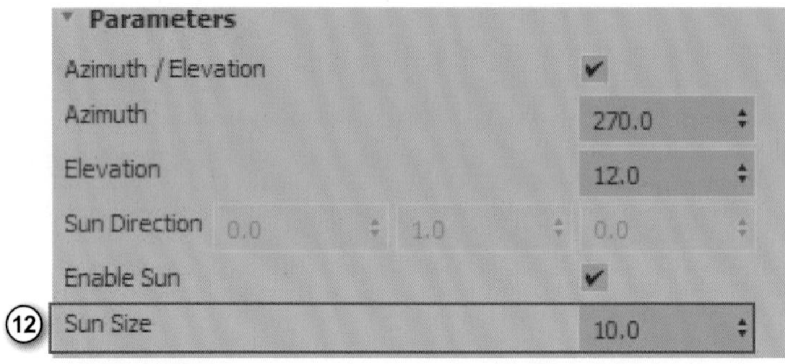

⑬ 彩現後如下圖。

TIPS

使用天空會使軟體畫面變成黑色，可以點擊功能表的【Views（視圖）】→【Viewport Background（視圖背景）】→【Gradient Color（漸層色）】，恢復原本的漸層背景。

Views Create Modifiers Animation Graph Editors Rendering Customize Scripting Civil View V-

Undo View Change Shift+Z
Redo View Change Shift+Y
Active Viewport Settings
Viewports Configuration...
Redraw All Views
Show Shared Views Panel
Set Active Viewport
Save Active Perspective View
Restore Active Perspective View
ViewCube
SteeringWheels
Create Physical Camera From View Alt+Shift+C, Ctrl+C
Create Standard Camera From View Alt+Shift+Ctrl+C
Show Materials in Viewport As
Viewport Lighting and Shadows
xView
Viewport Background
Show Transform Gizmo
Show Ghosting
Shade Selected
Show Dependencies
Update During Spinner Drag
Progressive Display
Expert Mode Alt+Ctrl+X

Gradient Color
Solid Color
Environment Background
Custom Image File
Configure Viewport Background... Alt+B

05

書房空間

5-1 匯入書房平面圖
5-2 牆面結構繪製
5-3 書桌與書櫃
5-4 匯入模型與相機建立
5-5 Arnold 材質
5-6 Arnold 燈光
5-7 Arnold 渲染

5-1 匯入書房平面圖

單位設定

1. 開新檔案，點擊【Customize（自訂）】→【Units Setup（單位設定）】。

2. 在【Display Unit Scale（顯示單位）】下方選擇【Metric（公制）】，單位為【Centimeters（公分）】，表示單位皆顯示為 cm，此操作不會影響實際尺寸，假設目前尺寸為 1 公尺，則會變成 100 公分。

3. 點擊【System Unit Setup（系統單位）】。

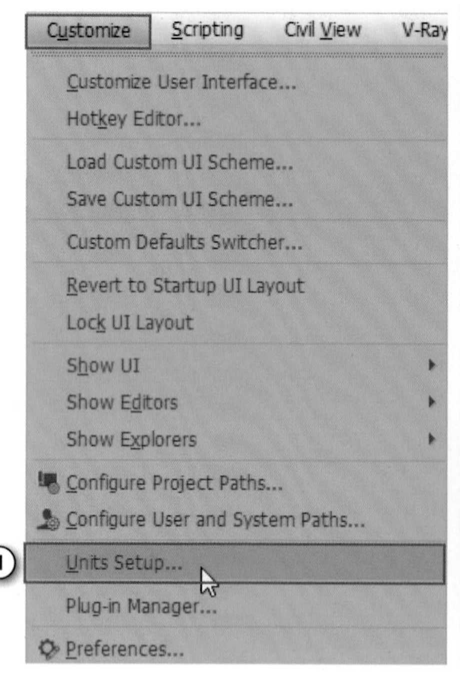

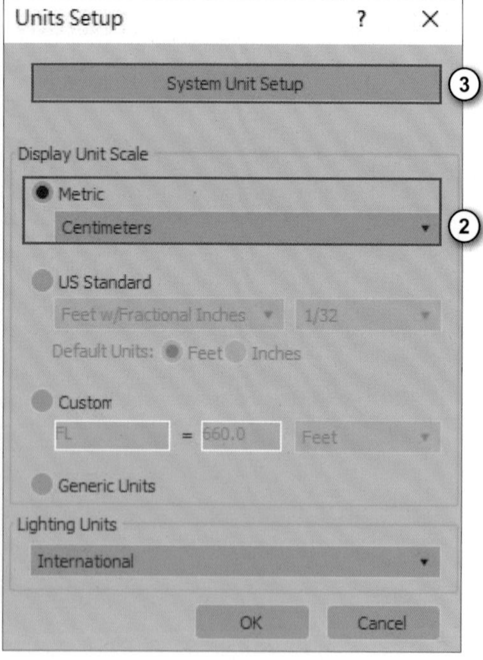

❹ 單位選擇【Centimeters（公分）】，此操作會影響實際尺寸，假設目前尺寸為 10 公尺，則會變成 10 公分。

❺ 按下【OK】關閉全部視窗。

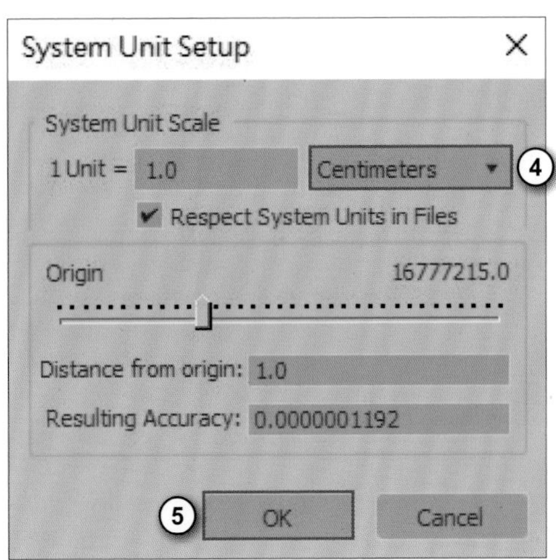

匯入書房平面圖

❶ 點擊【File（檔案）】→【Import（匯入）】→【Import（匯入）】，選擇範例檔〈書房平面圖 .dwg〉，此平面圖是使用 AutoCAD 軟體繪製，單位為公分。

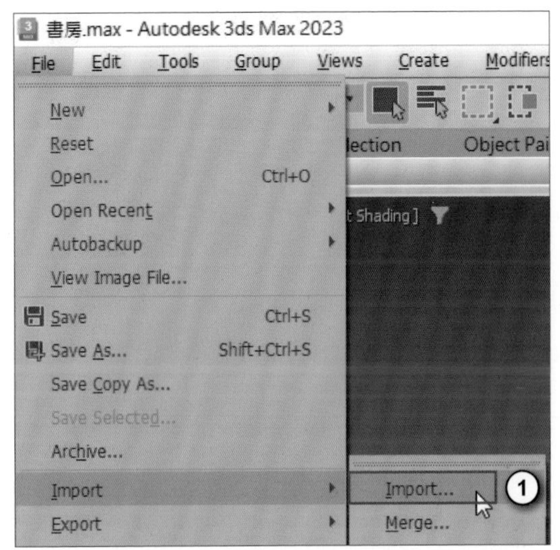

【Import】可以匯入非 3ds Max 的檔案，【Merge】可以匯入 3ds Max 的檔案。

❷【Derive AutoCAD Primitives by】選擇【One Object（一個物件）】，可以使匯入的 CAD 圖形變成單獨一個物件，不是分開的圖元，按下【OK】。

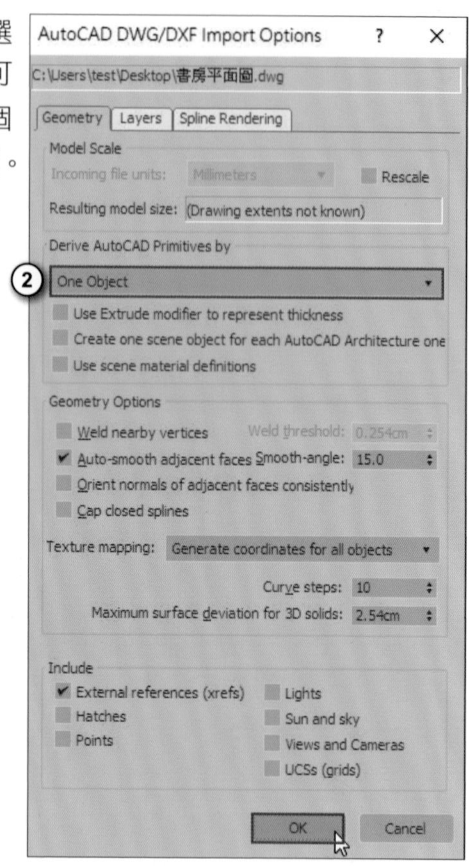

❸ 按下 T 鍵切到上視圖，按下 Z 鍵最大化顯示平面圖。

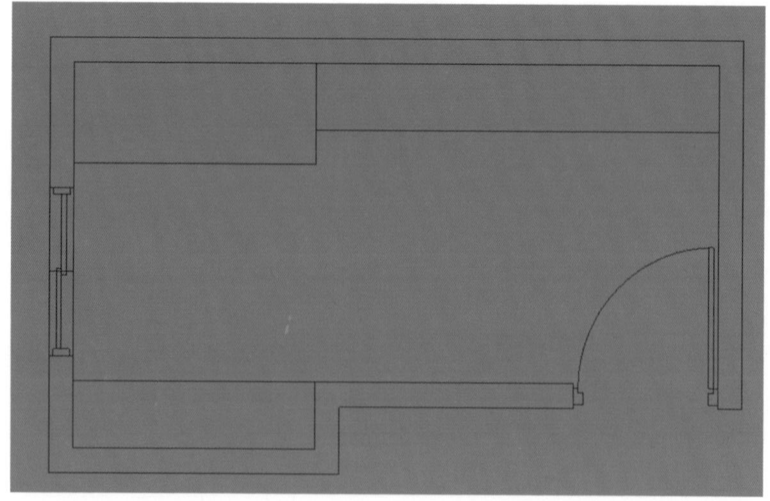

④ 按下 S 鍵開啟鎖點（設定要勾選 Vertex 頂點）。點擊【Tools（工具）】→【Measure Distance（測量距離）】。

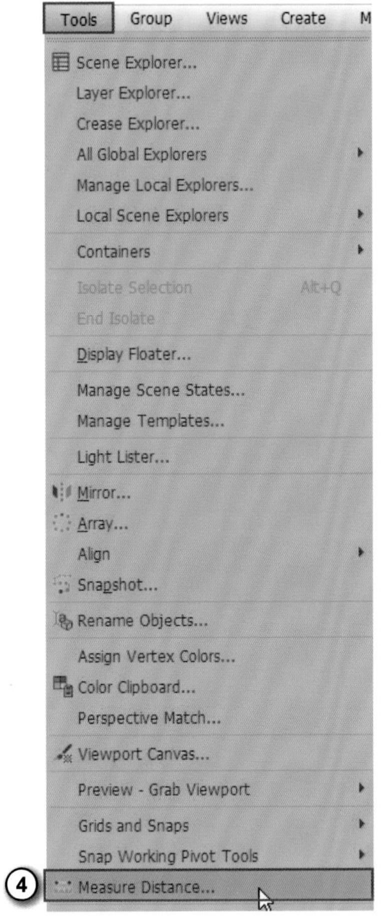

⑤ 點擊門框左側端點與右側端點。

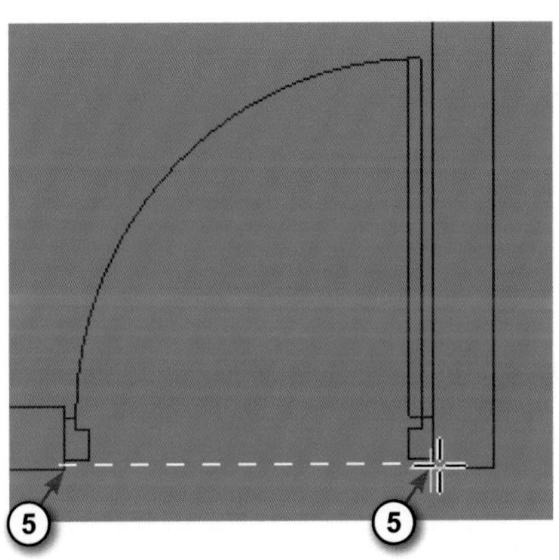

⑥ 測量結果顯示在狀態列，直線距離為 Dist=90cm，水平距離為 DeltaX，垂直距離為 DeltaY。

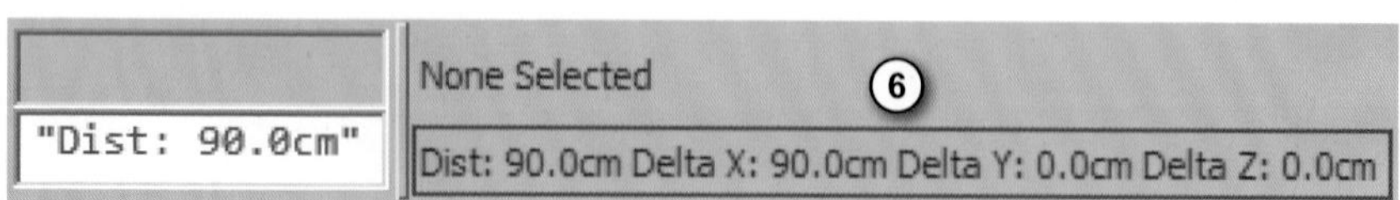

TIPS

若測量後尺寸相差 10 倍的情況，可以選取物件，按下 R 鍵切換比例，在下方座標輸入 1000 表示放大十倍，輸入 10 則是縮小十倍。

5-2 牆面結構繪製

牆面繪製

❶ 點擊【Create（創建）】→【Shape（形狀）】→【Line（線）】。

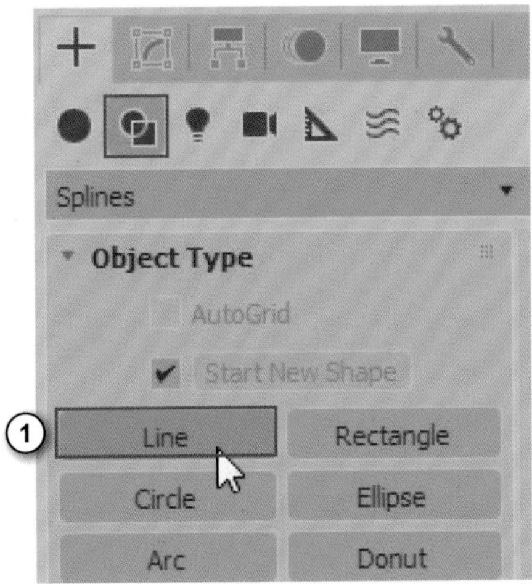

❷ 鎖點牆面的角點，描繪牆面形狀，必須是封閉形狀。

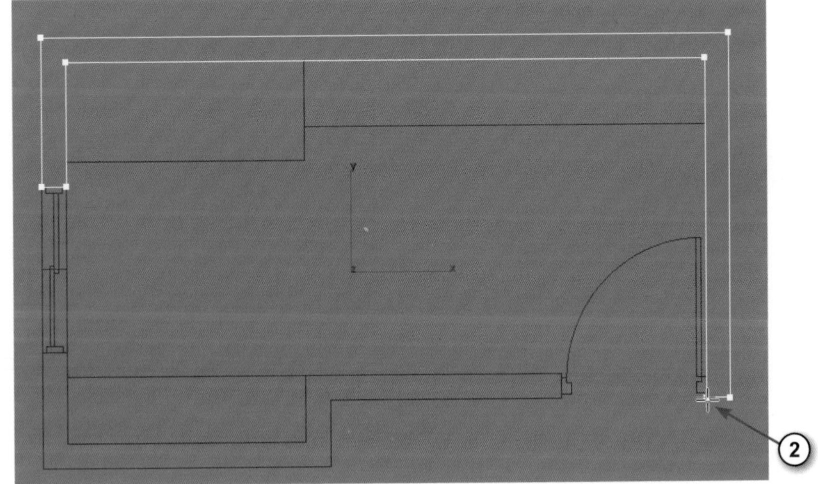

③ 繪製另一道牆。

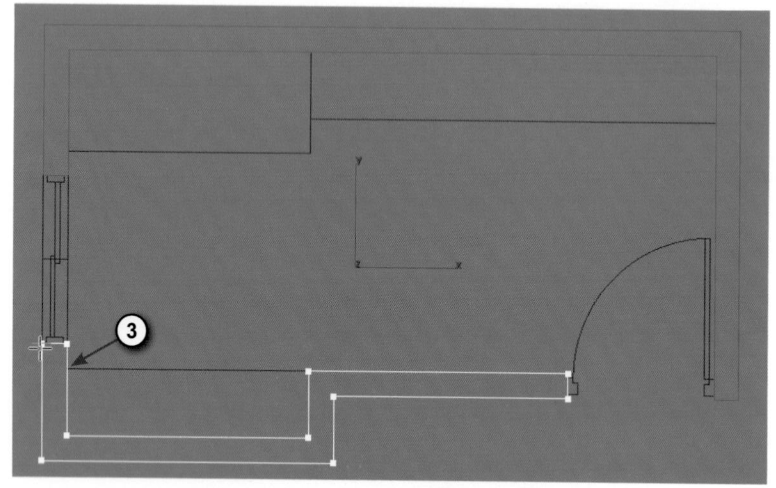

④ 選取兩個牆面，點擊【Modify（修改面板）】→修改器下拉選單→【Extrude（擠出）】。

⑤【Amount（擠出值）】輸入 300。

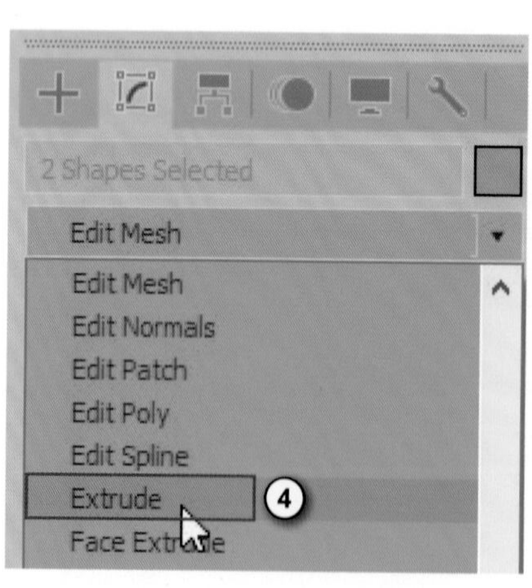

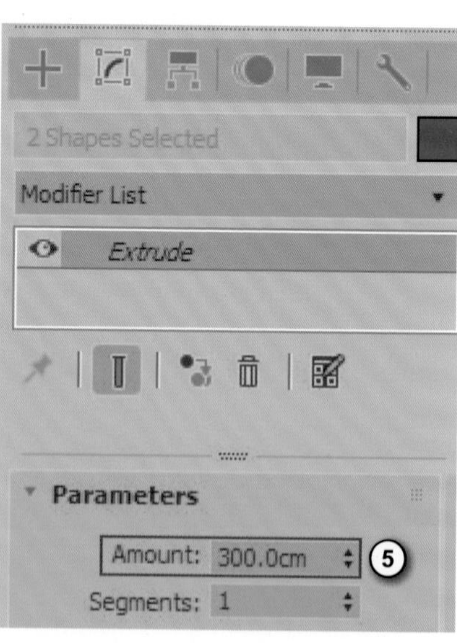

⑥ 點擊【Create（創建）】→【Geometry（幾何）】→【Box（方塊）】。

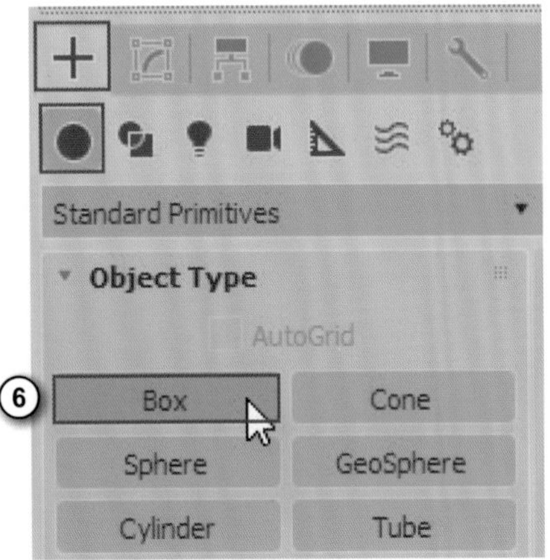

⑦ 點擊門的牆面頂部對角點，往下繪製任意厚度的方塊。（S 鎖點保持開啟）

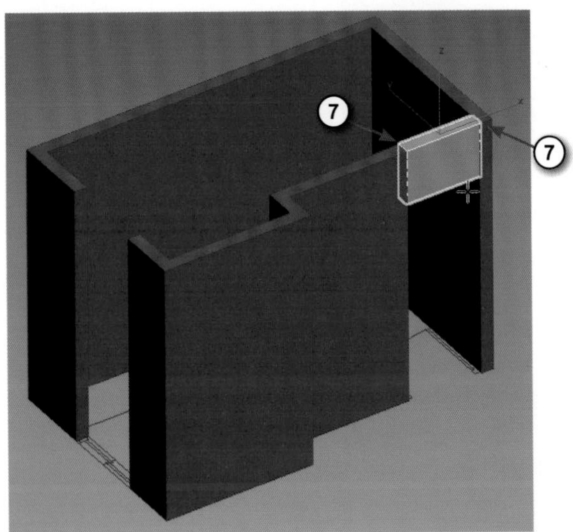

⑧ 在右側面板設定【Height（高）】為 -90。

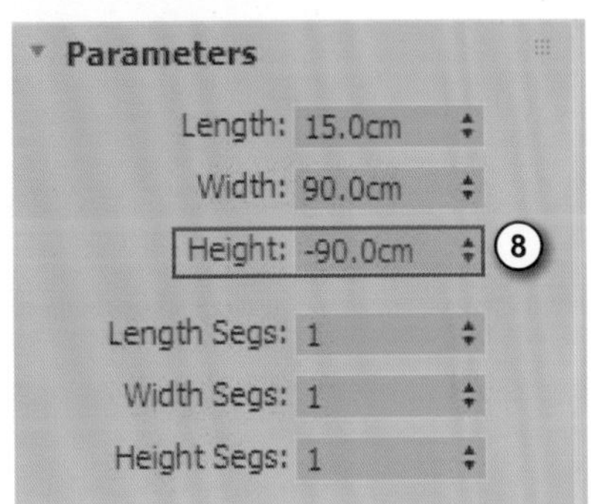

⑨ 點擊窗戶的牆面下方對角點，往上繪製方塊。

⑩ 在右側面板設定【Height（高）】為 90。

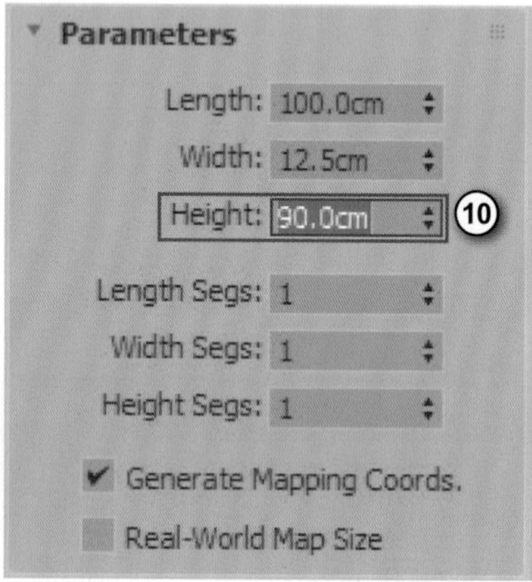

⑪ 點擊窗戶的牆面頂部對角點，往下繪製方塊。

⑫ 在右側面板設定【Height（高）】為 -60。

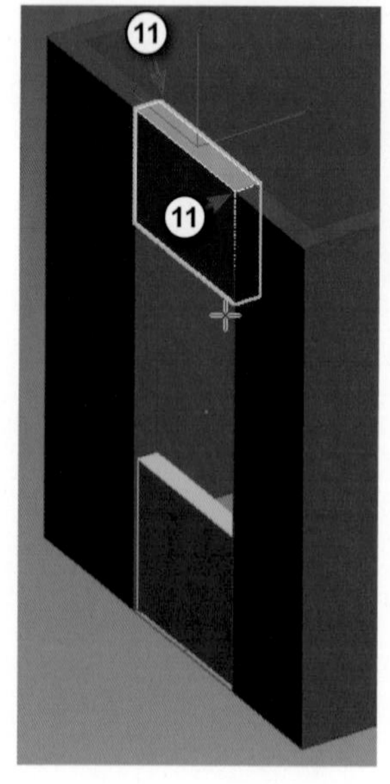

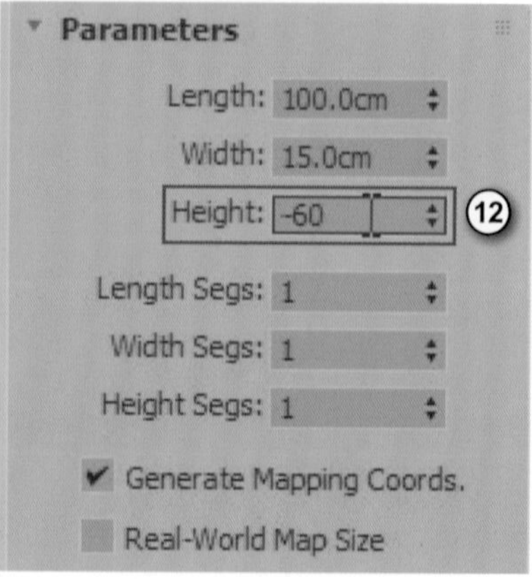

門窗繪製

❶ 點擊【Create（創建）】→【Geometry（幾何）】→下拉選單選擇【Windows（窗戶）】→【Sliding】，建立推拉窗。

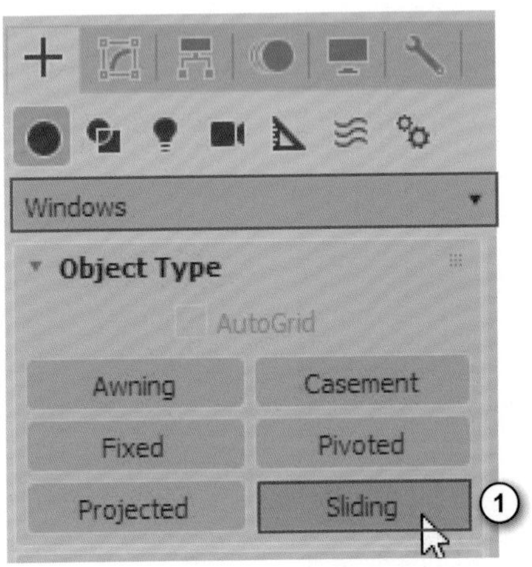

❷ 在窗戶左側頂點，按住滑鼠左鍵拖曳至右側頂點，指定寬度。

❸ 點擊後方頂點，指令深度。

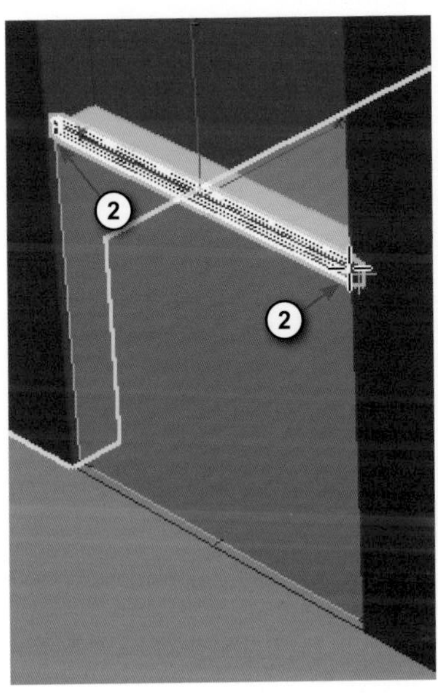

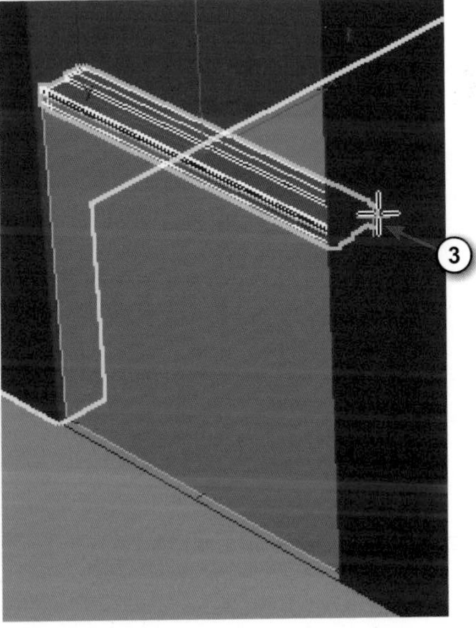

④ 點擊上方牆的頂點，指令高度。

⑤ 在右側面板取消勾選【Hung】，使窗戶為左右滑動。

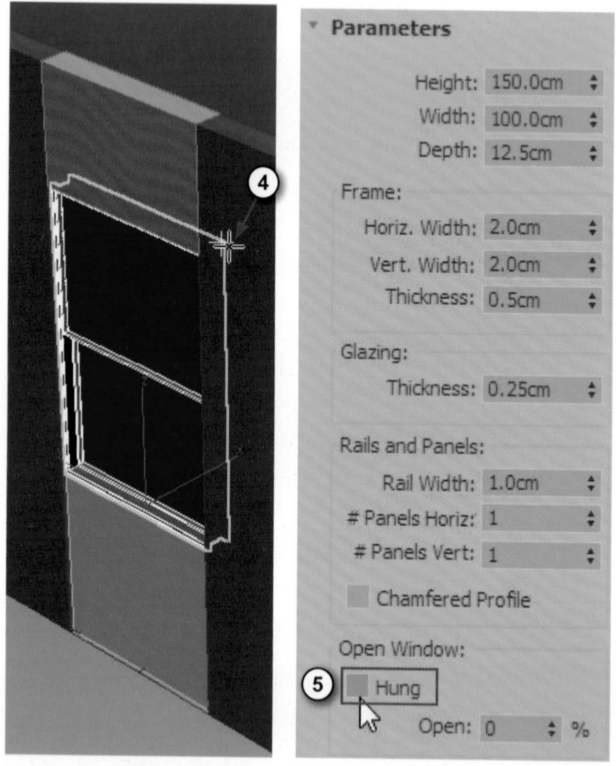

⑥ 點擊【Create（創建）】→【Geometry（幾何）】→下拉選單選擇【Doors（門）】→【Pivot】，建立旋轉門。

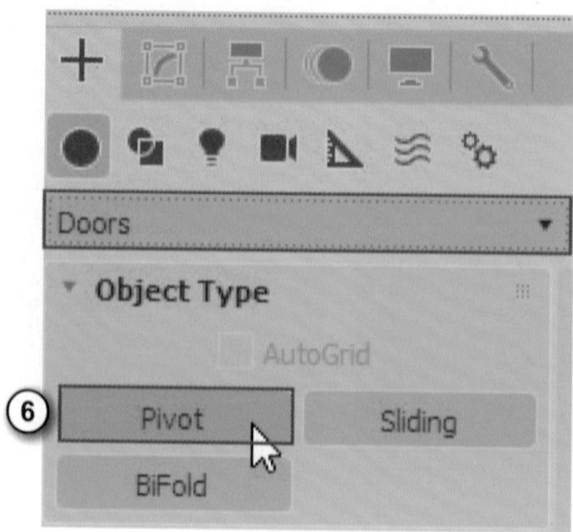

⑦ 在門口左側頂點，按住滑鼠左鍵拖曳至右側頂點，指定寬度。

⑧ 點擊後方頂點，指令深度。

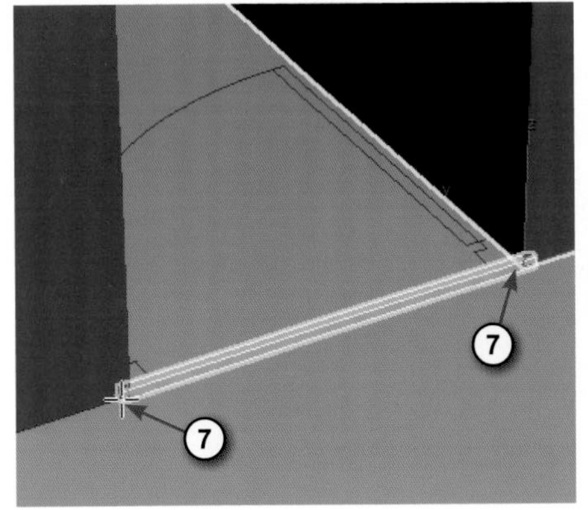

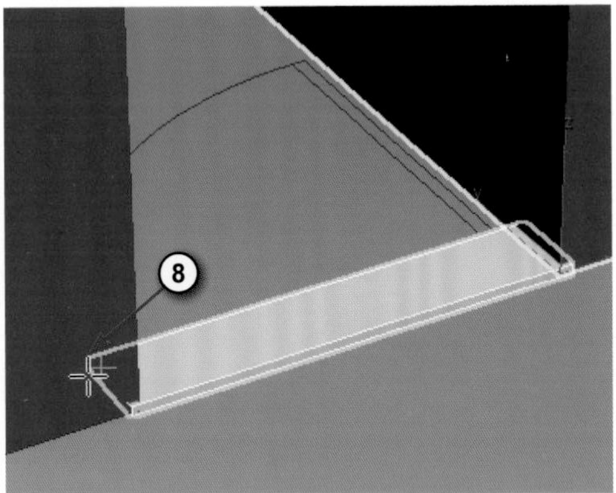

⑨ 點擊上方牆的頂點，指令高度。

⑩ 在右側面板勾選【Filp Swing】，使門往房內開啟。【Filp Hinge】可以決定開門方向。

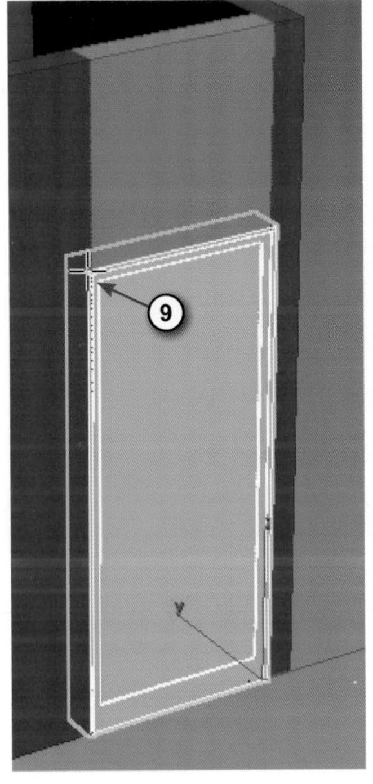

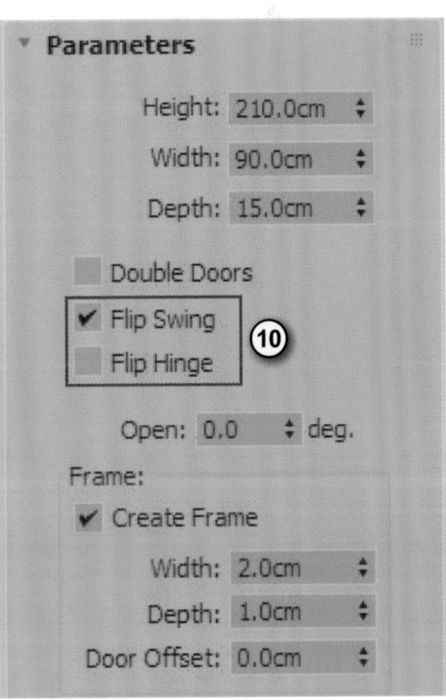

5-3 書桌與書櫃

圖層分類

❶ 在工具列中，點擊【 】開啟圖層視窗。

❷ 若圖層視窗出現在左側或右側，可以拖曳 Select 上方橫線到畫面中央，變成浮動視窗，如右圖。

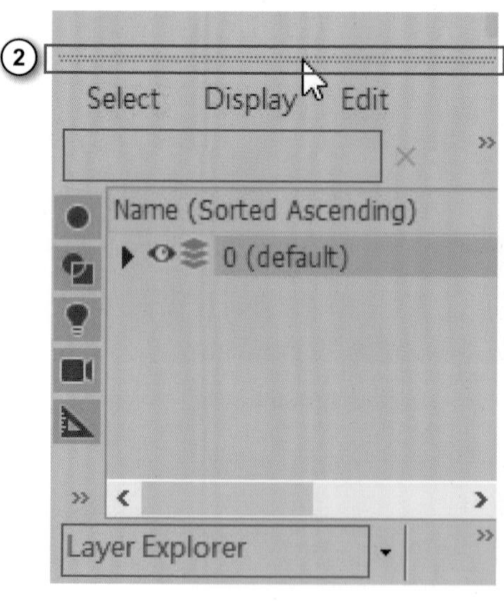

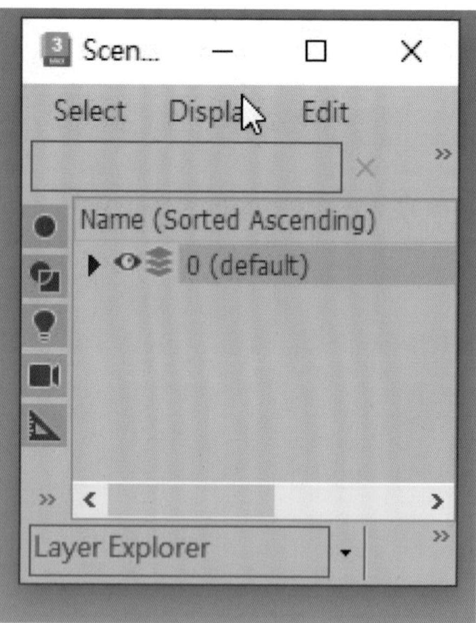

③ 按 F 鍵切換到前視圖，框選牆面與門窗。

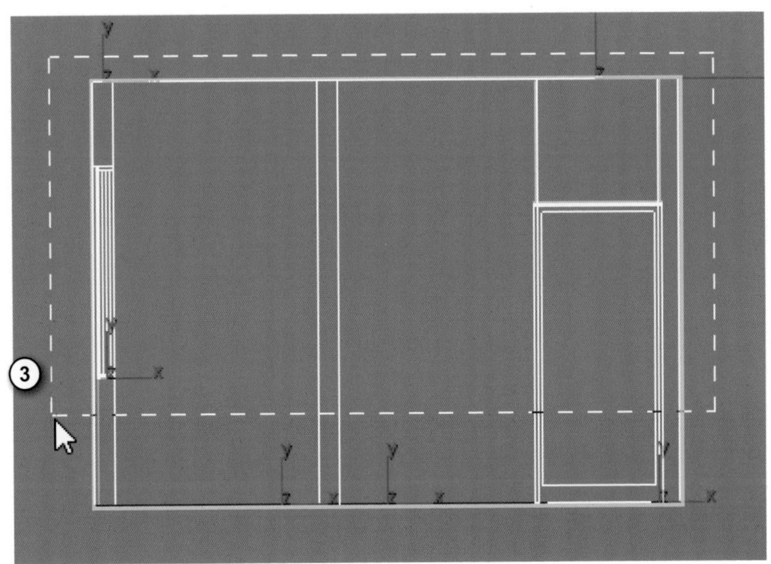

④ 在圖層視窗，點擊【 】新增圖層，選取的物件會一併加入此圖層。

⑤ 圖層命名為牆面結構。（選圖層，按右鍵→ Rename 可重新命名）

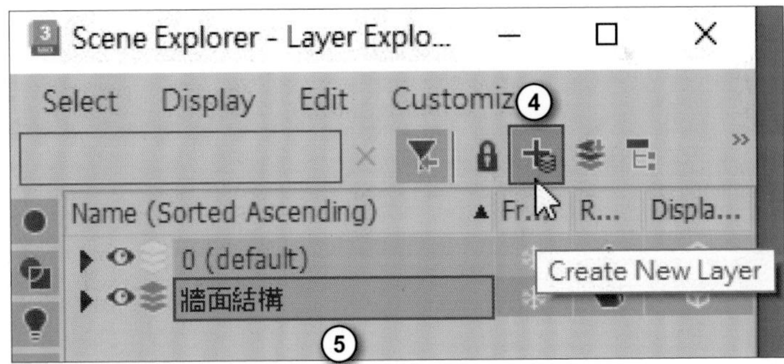

⑥ 關閉牆面圖層的【 👁 】，隱藏圖層，畫面如右圖。

⑦ 點擊 0 圖層的【 ≋ 】，使新建立的物件會加入此圖層。

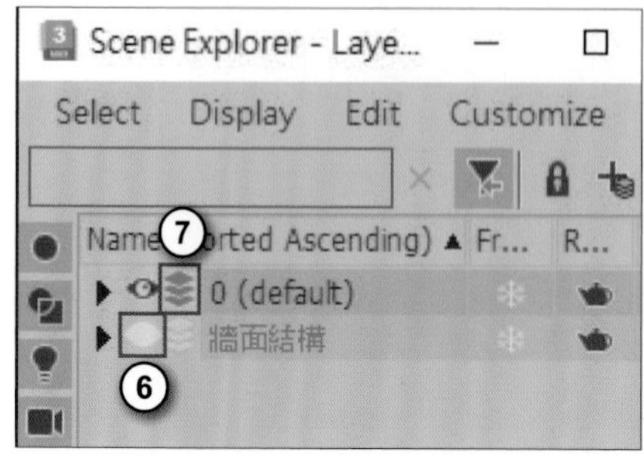

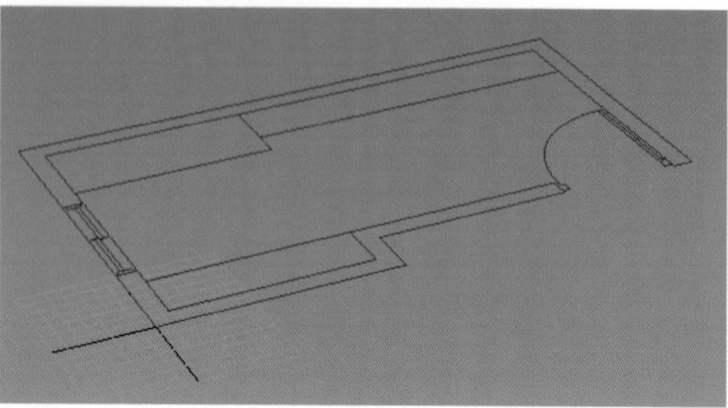

書桌

❶ 點擊【Box】指令，按 S 鍵開啟鎖點，依照平面圖位置，繪製方塊。

❷ Width 寬為 35，Height 高為 74，此為抽屜尺寸。

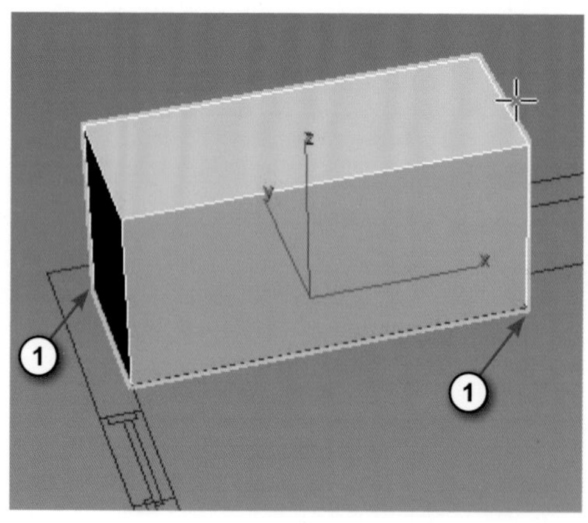

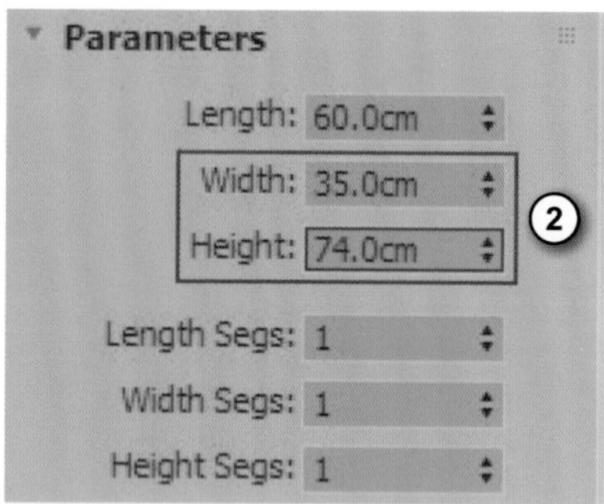

③ 按 W 鍵移動工具，移動抽屜對齊左側端點。

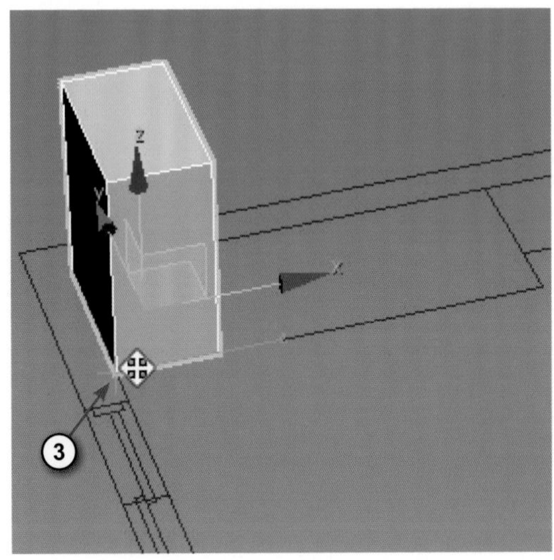

④ 按住 Shift 鍵複製抽屜到右側端點，複製模式選擇【Instance】。

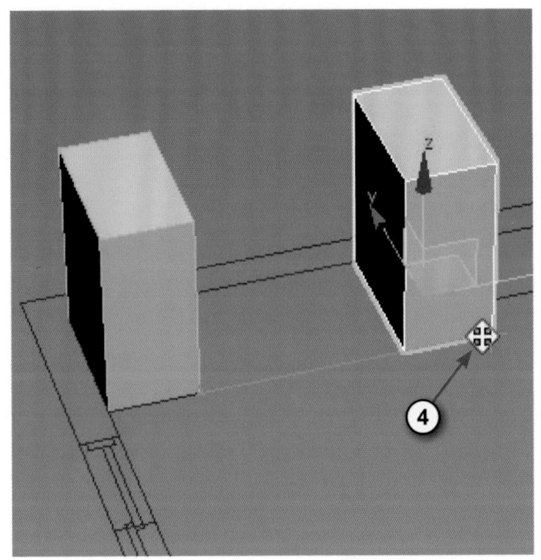

5. 點擊【Box】指令，鎖點抽屜的對角點來繪製書桌檯面。

6. Height 高為 4。

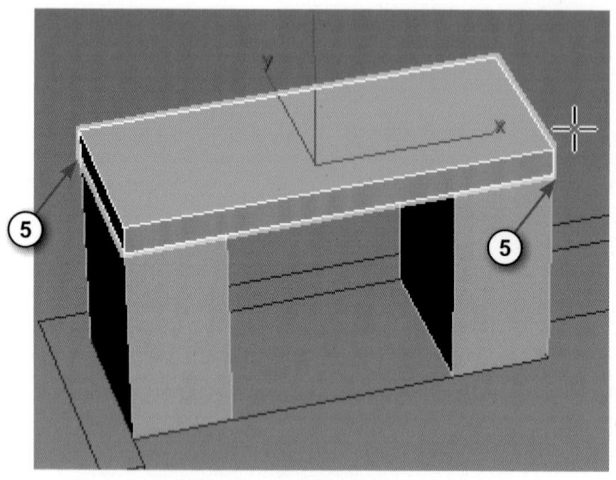

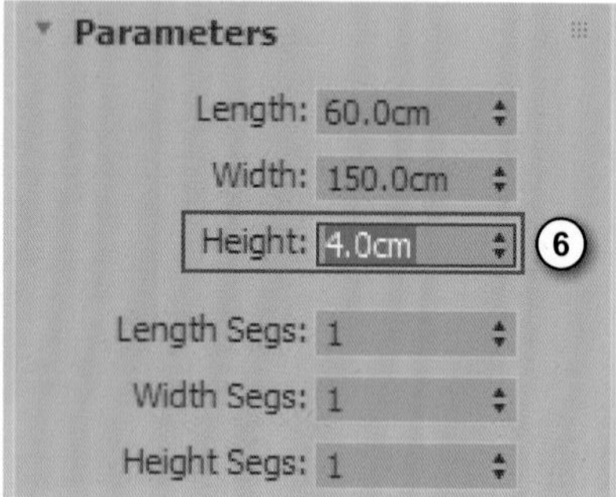

7. 選一個抽屜，在修改面板，點擊【Modifier List】下拉選單，加入【Edit Poly】修改器。

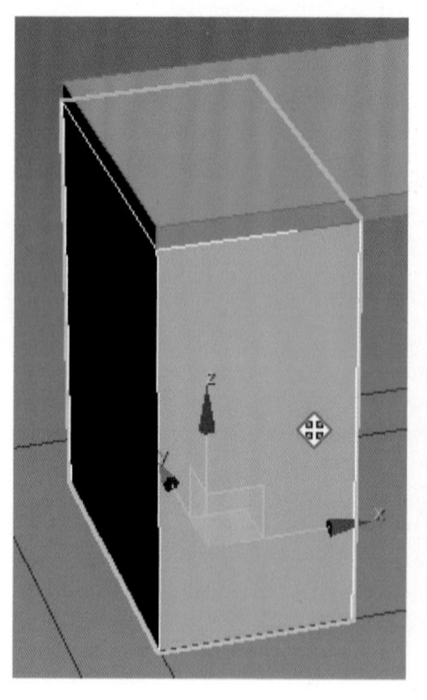

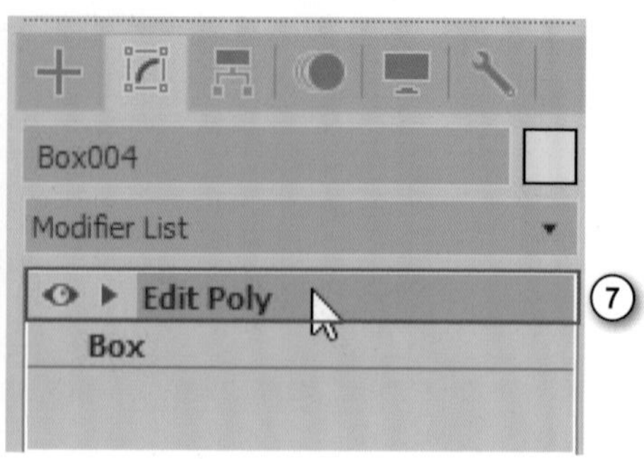

8 按 2 數字鍵進入邊層級，按住 Ctrl 鍵加選左右兩條邊，按右鍵→【Connect（連接）】左側按鈕。

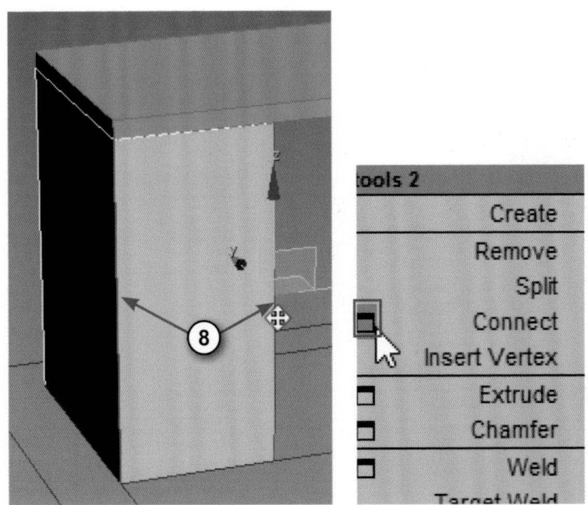

9 段數設定 2 段，按下打勾。

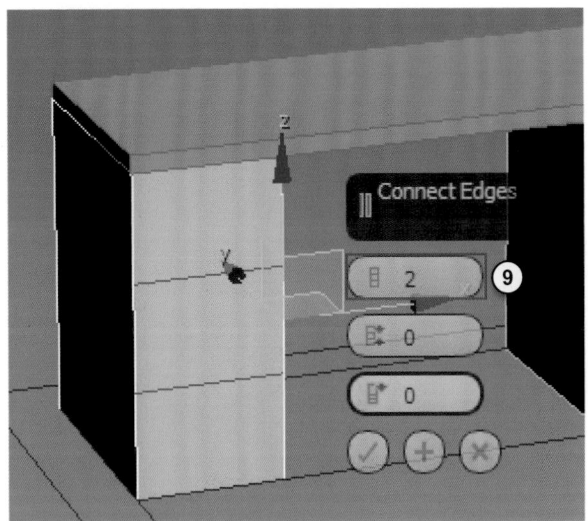

⑩ 按 4 數字鍵進入面層級，按住 Ctrl 鍵加選三個面，按右鍵→【Inset（插入面）】左側按鈕。

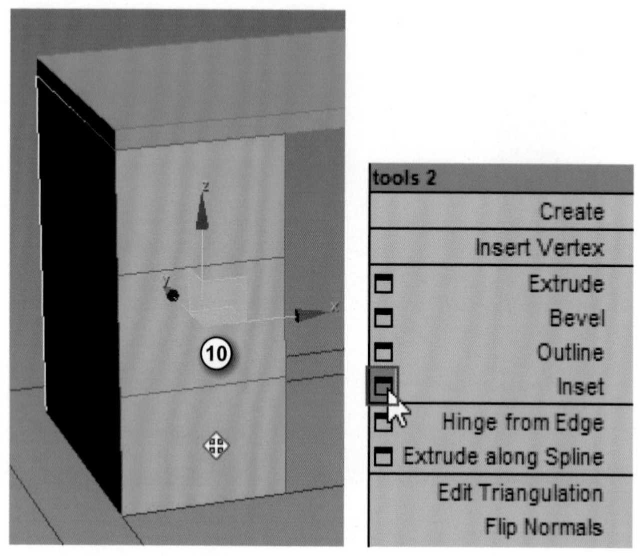

⑪ 模式選擇【By Polygon（個別面）】，偏移距離設定 0.4，按下打勾。

⑫ 再按右鍵→【Extrude（擠出）】左側按鈕，擠出值為 2，按下打勾。

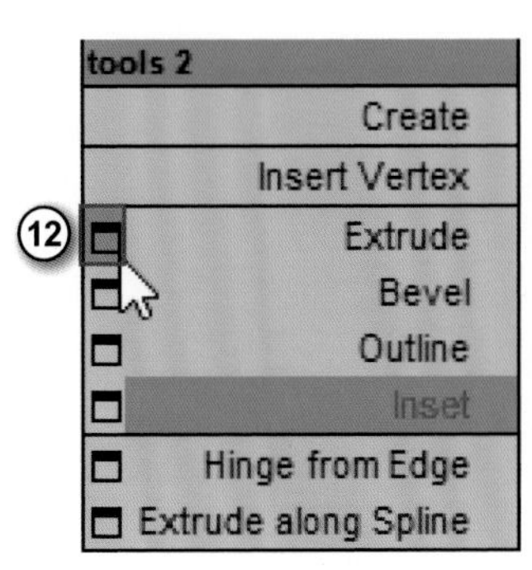

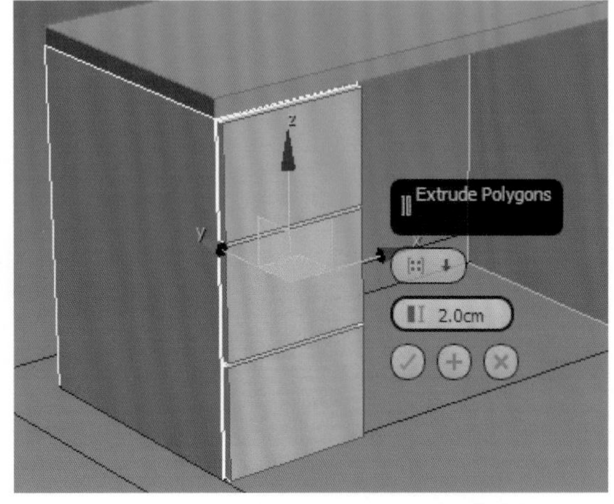

⑬ 離開抽屜的子層級，選書桌檯面，在修改面板，同樣加入【Edit Poly】修改器。

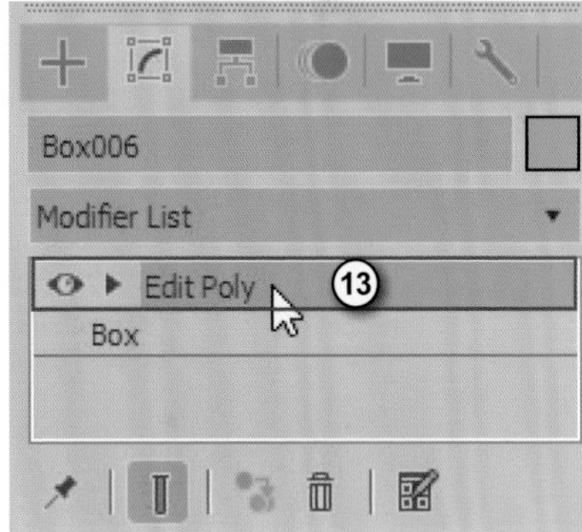

⑭ 按 4 數字鍵進入面層級，選取前方的面。

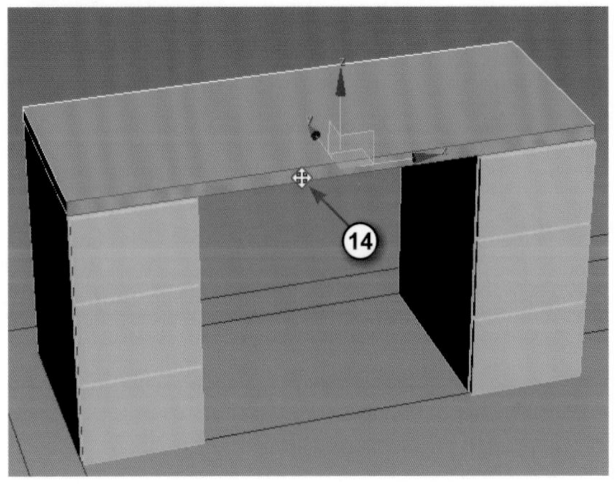

⑮ 按右鍵→【Extrude（擠出）】左側按鈕，擠出值為 2，按下打勾。

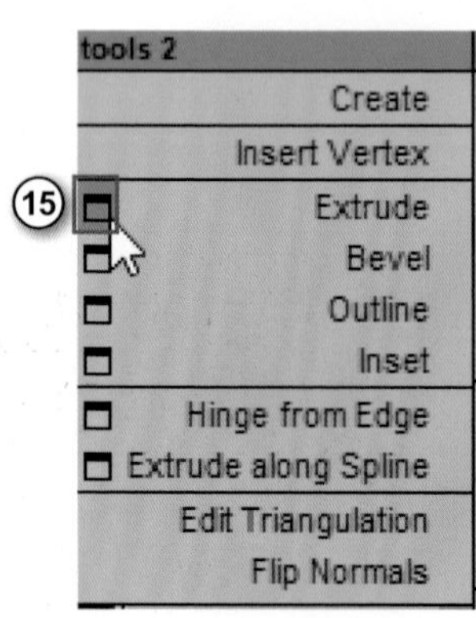

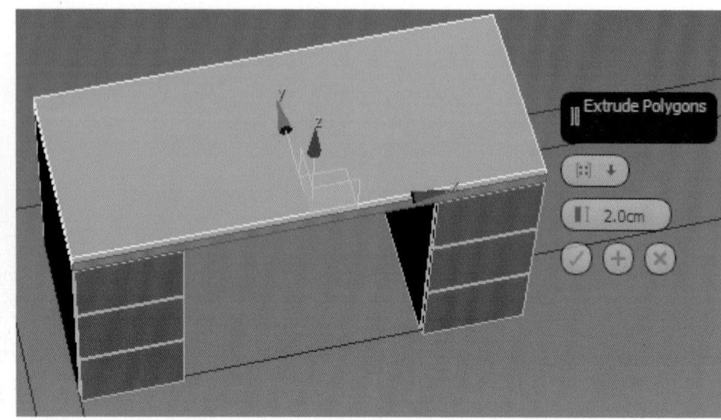

書櫃

❶ 點擊【Box】指令，按 S 鍵開啟鎖點，依照平面圖位置，繪製方塊。

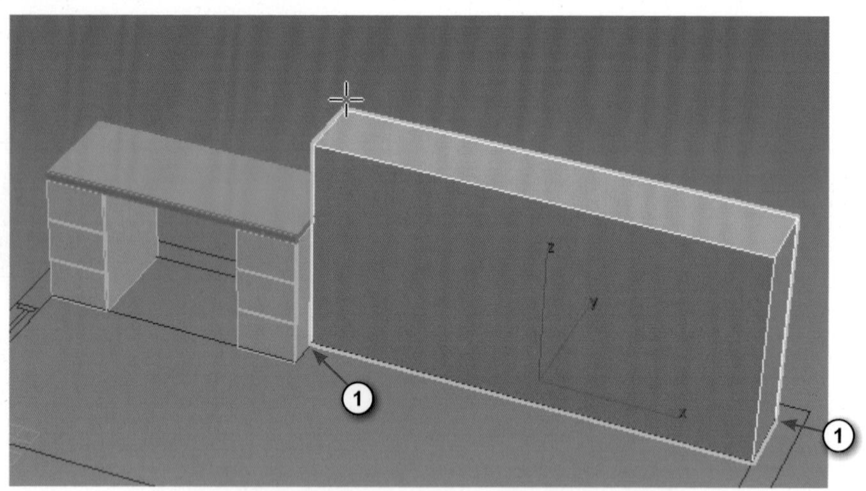

② Height 高為 200，此為書櫃尺寸。

③ 在修改面板，點擊【Modifier List】下拉選單，加入【Edit Poly】修改器。

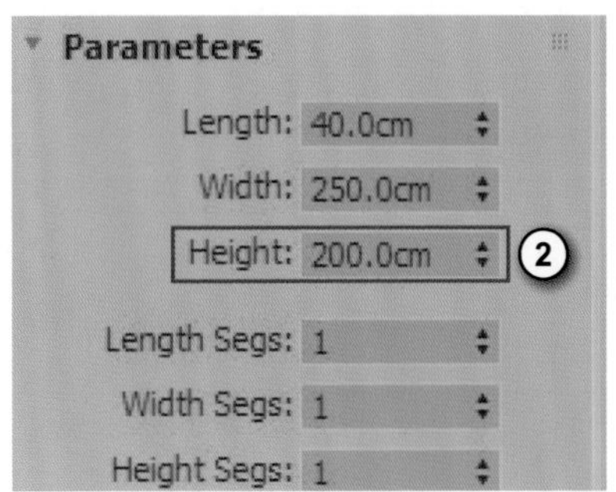

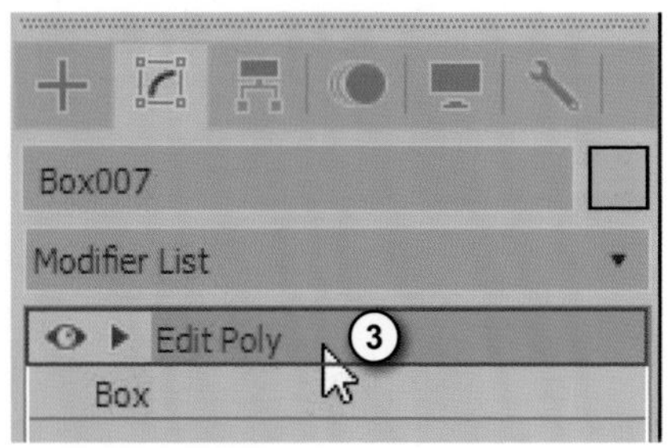

④ 按 2 數字鍵進入邊層級，按住 Ctrl 鍵加選左右兩條邊，按右鍵→【Connect（連接）】左側按鈕。

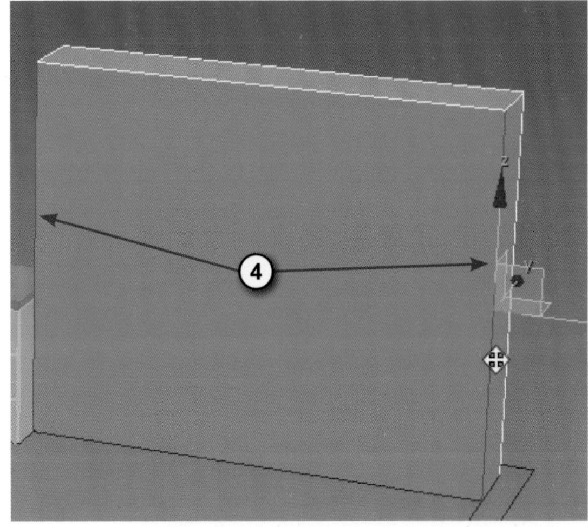

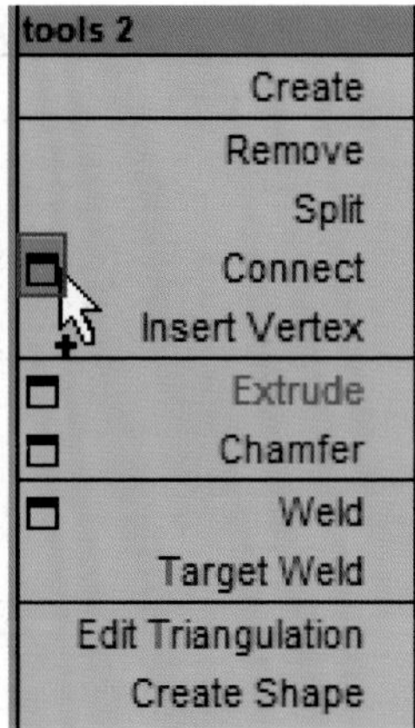

⑤ 段數設定 1，按下打勾。

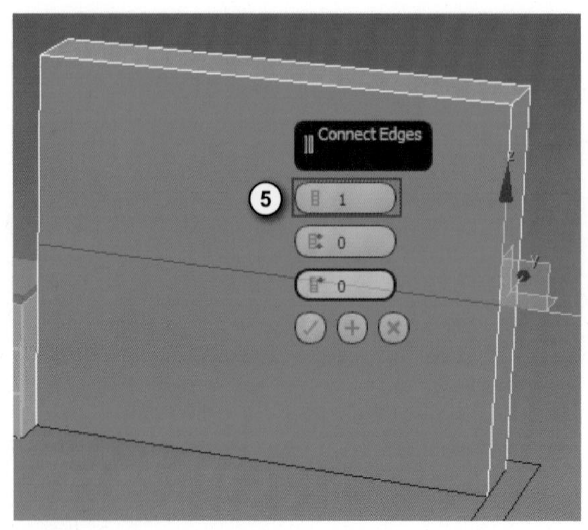

⑥ 按 W 鍵移動工具，在下方 Z 座標欄位，輸入高度 10。

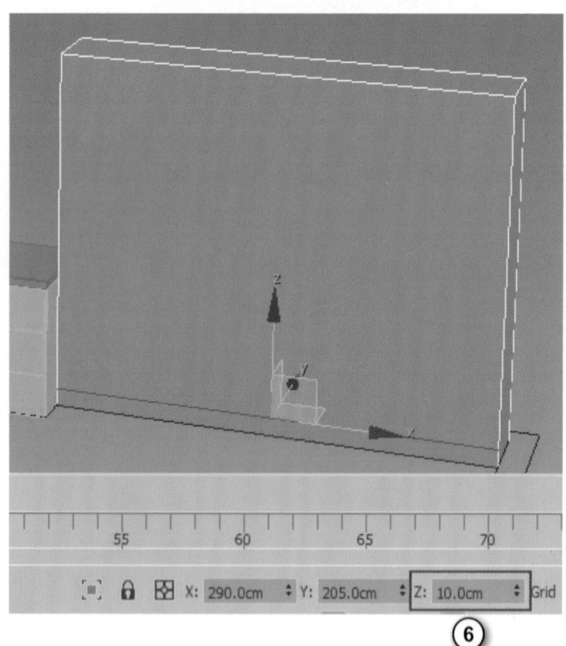

⑦ 按 4 數字鍵進入面層級，選取前方的面。按右鍵→【Extrude（擠出）】左側按鈕。

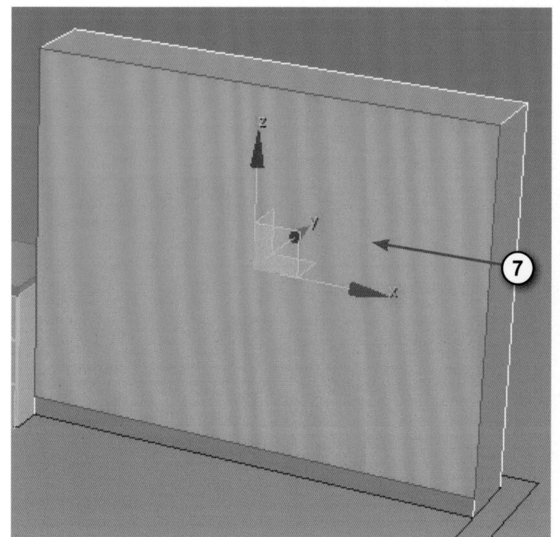

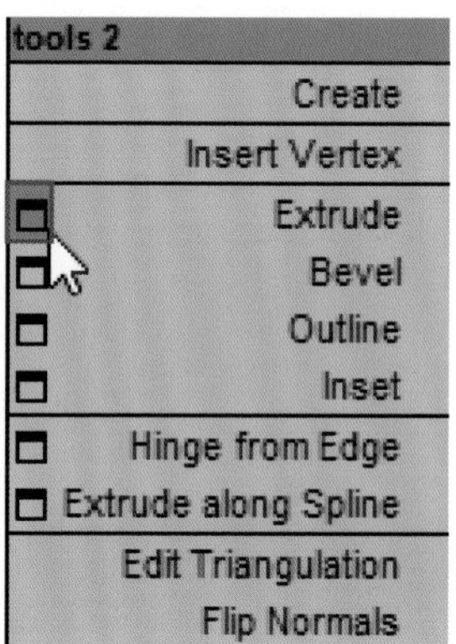

⑧ 擠出值為 2，按下打勾。

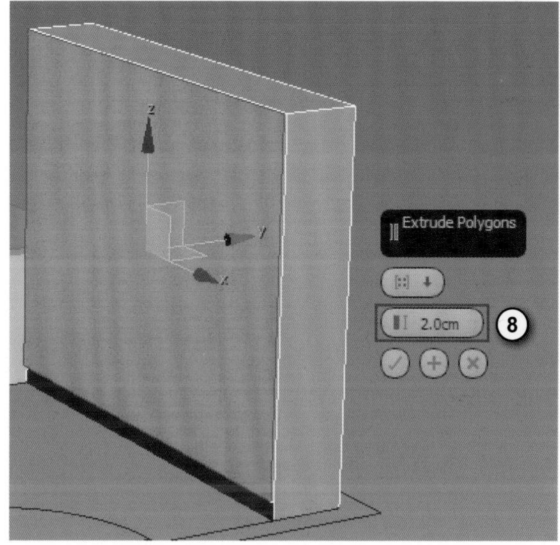

⑨ 按 2 數字鍵進入邊層級，選一條橫邊，按下 Alt+R 鍵選取全部的橫邊，按右鍵→【Connect（連接）】左側按鈕。

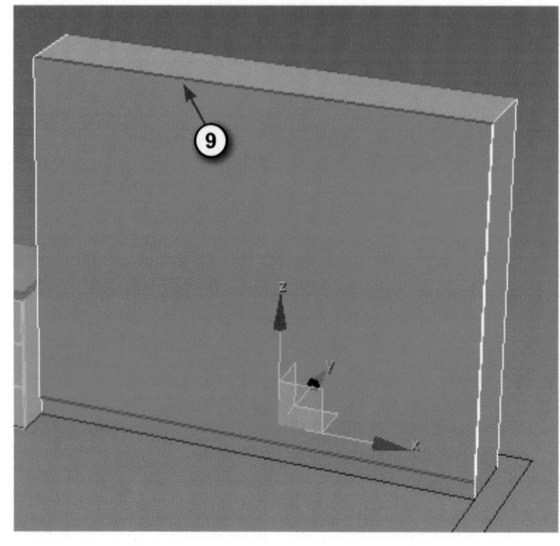

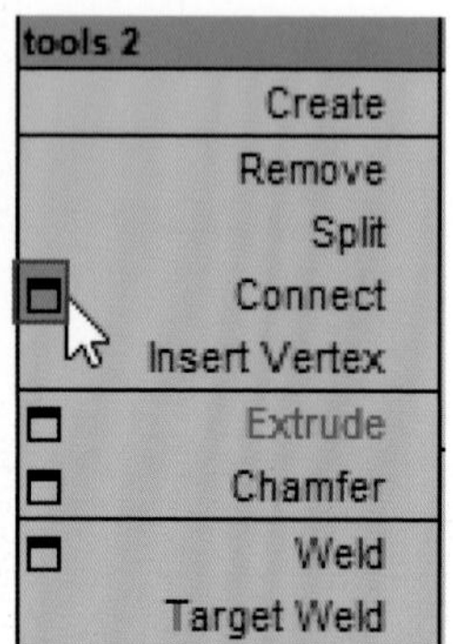

⑩ 段數設定 4，按下打勾。

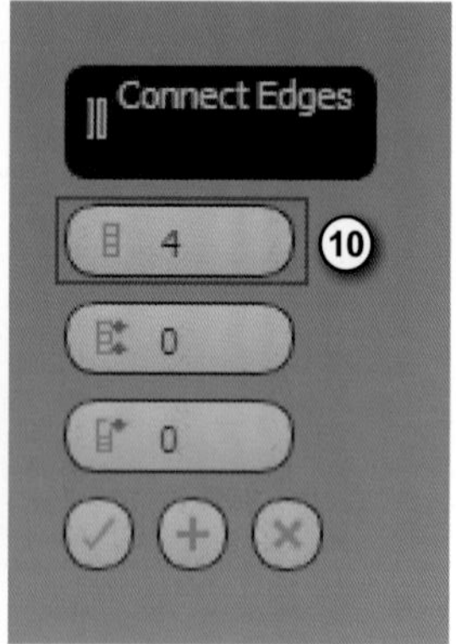

⑪ 選一條直邊，按下 Alt+R 鍵選取全部的直邊，按右鍵→【Connect（連接）】左側按鈕。

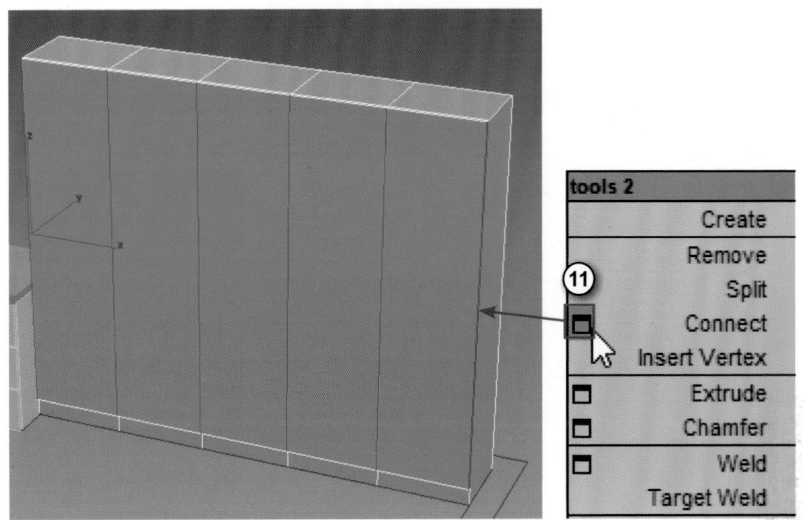

⑫ 段數輸入 5，按下打勾。

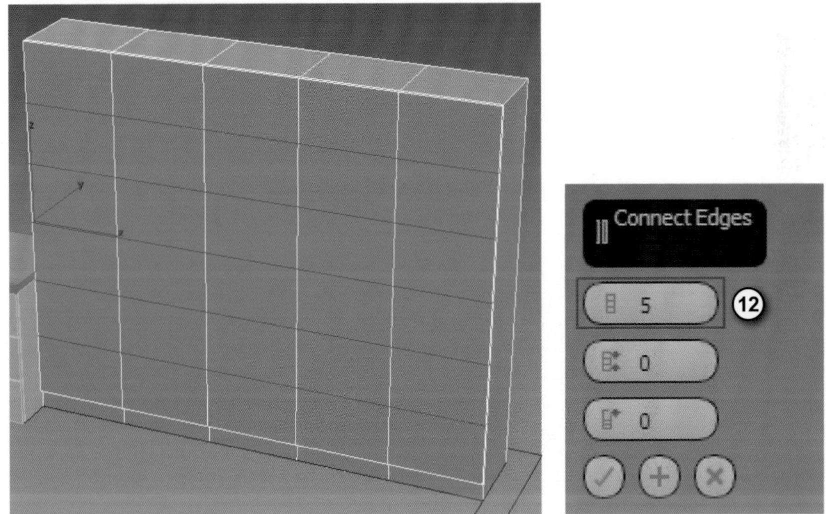

⑬ 按 4 數字鍵進入面層級，選取兩個面。按右鍵→【Inset（插入面）】左側按鈕。

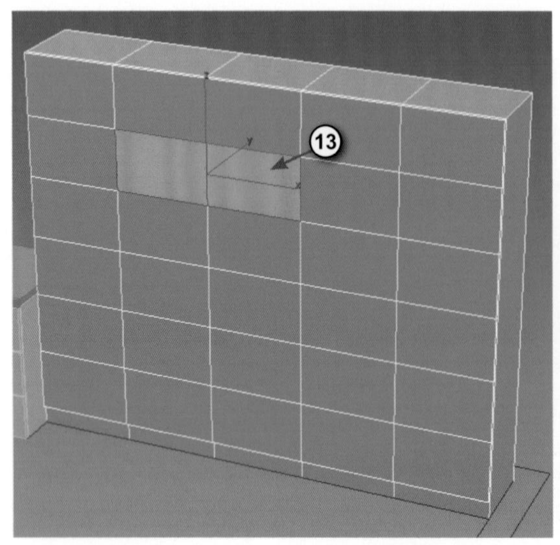

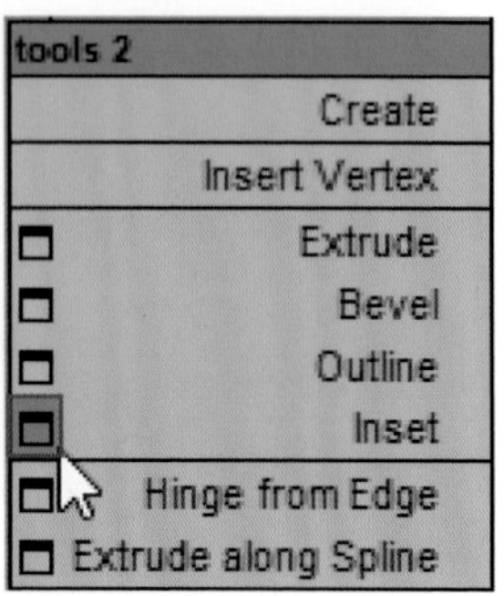

⑭ 模式選擇【Group（群組）】，偏移距離輸入 2，按下打勾。

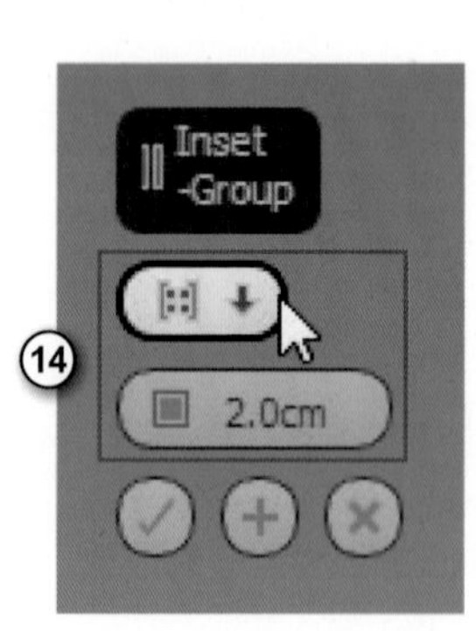

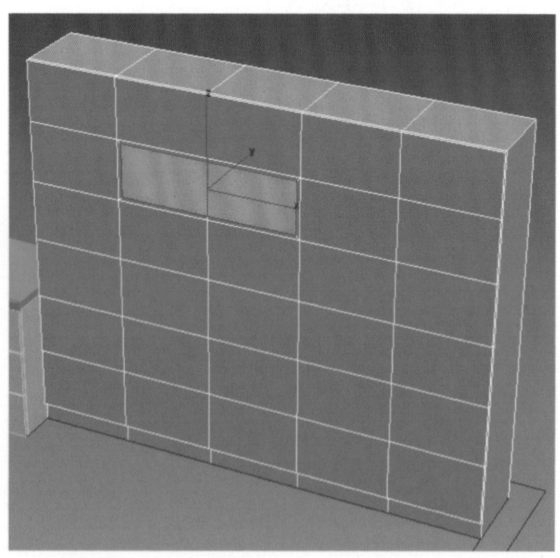

⑮ 再選取其他 8 個面。

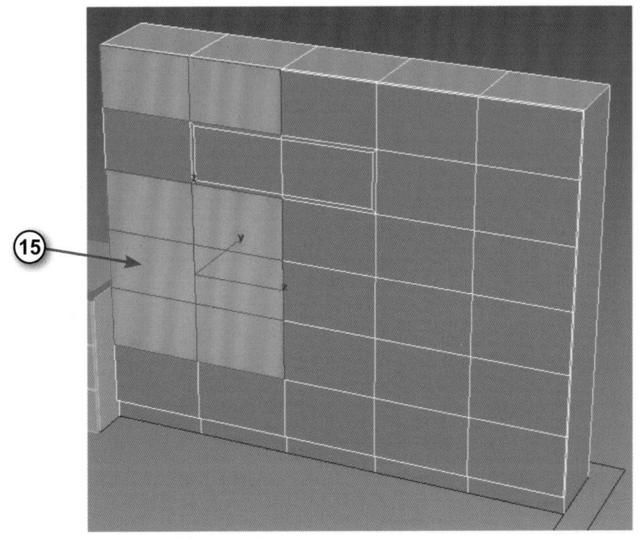

⑯ 重複【Inset（插入面）】指令，偏移距離輸入 2，因為上下兩區域沒有連在一起，所以會個別往內新增面。

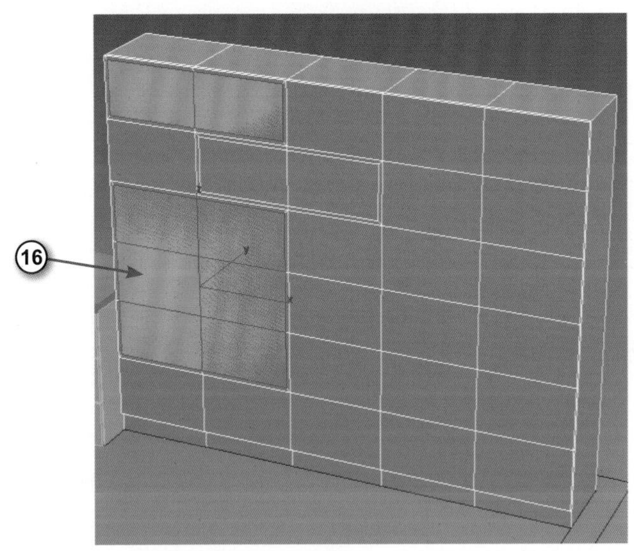

⑰ 選取其餘的面。

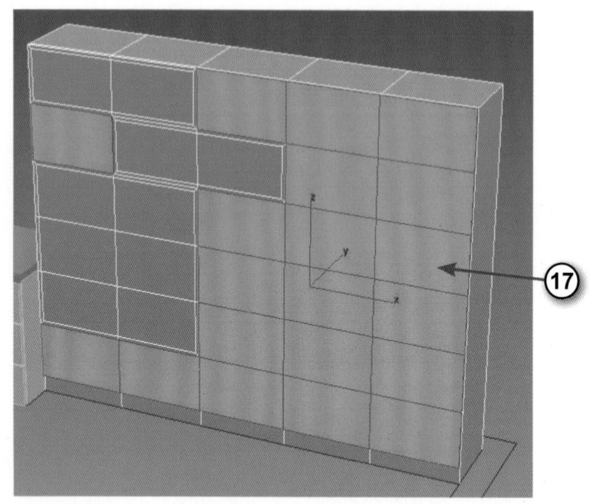

⑱ 按右鍵→【Inset（插入面）】左側按鈕，模式選擇【By Polygon（個別面）】，偏移距離輸入 2，按下打勾。

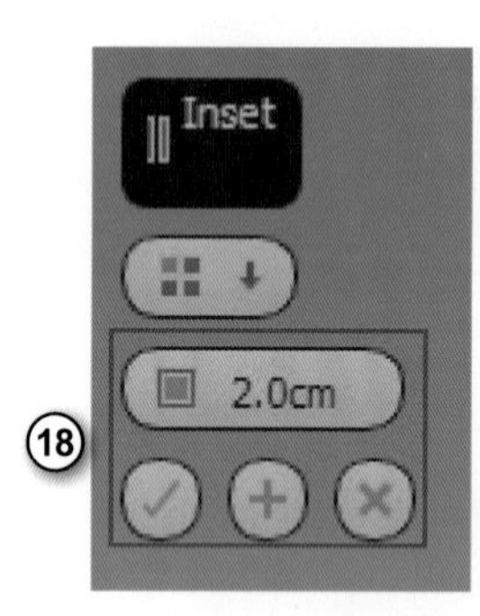

⑲ 按右鍵→【Extrude（擠出）】左側按鈕，擠出值輸入 -39，按下打勾。

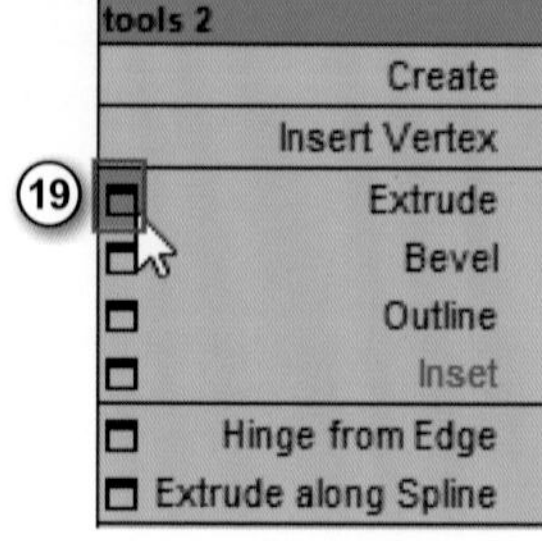

⑳ 完成圖。

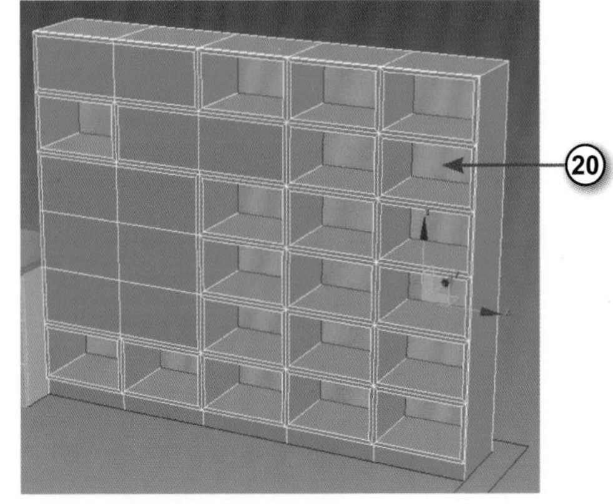

㉑ 選取之前的 10 個面，按右鍵→【Extrude（擠出）】左側按鈕。

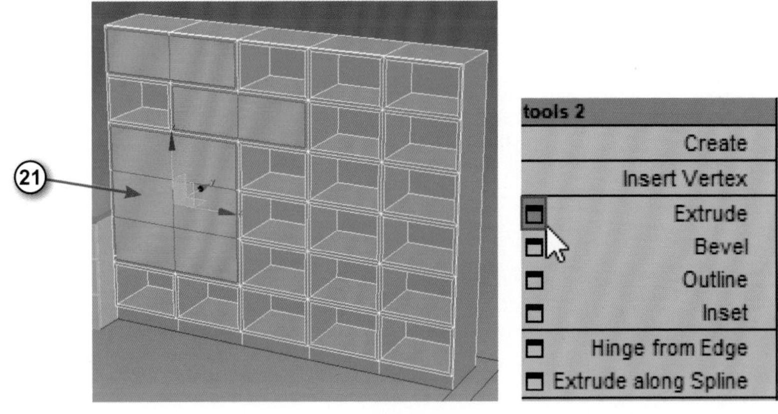

㉒ 擠出值輸入 2，按下打勾。完成書房所有櫃體的建立。

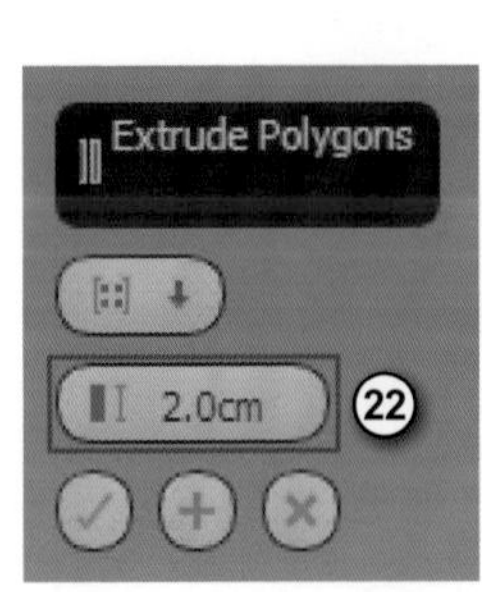

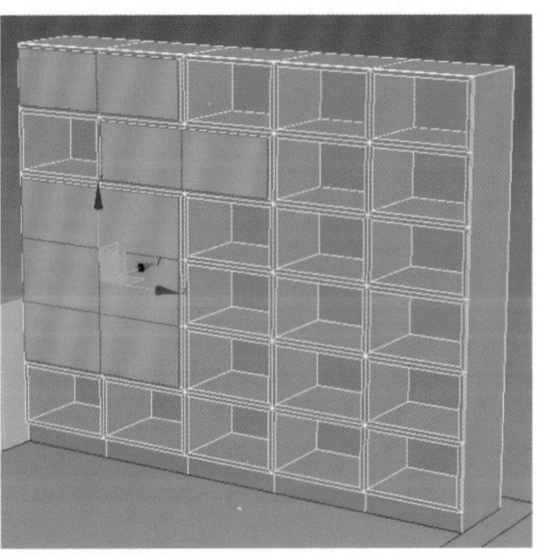

5-4 匯入模型與相機建立

匯入模型

❶ 開啟牆面圖層的眼睛。

❷ 點擊【Plane】，繪製一個平面作為地板。長寬的段數皆為 1。

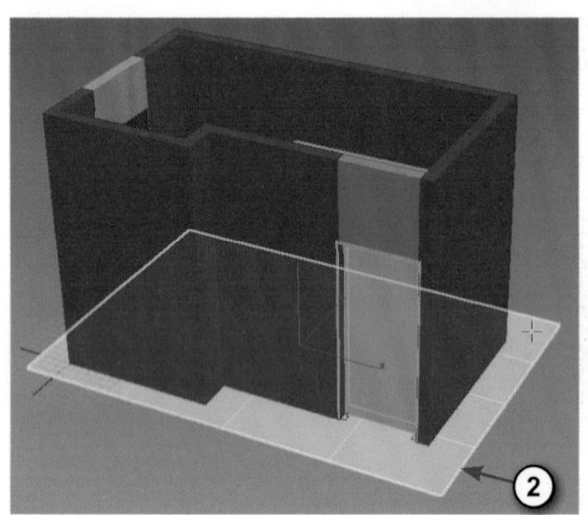

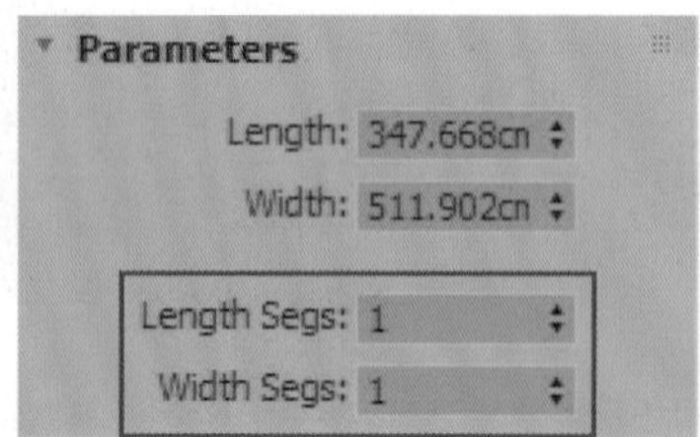

❸ 將平面往上複製，模式選擇【Copy】。

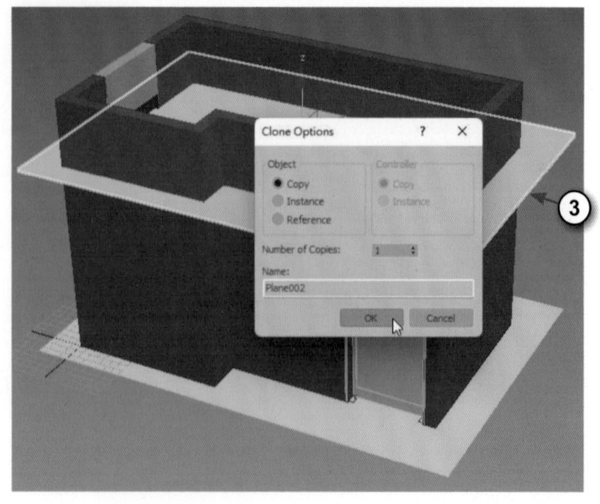

④ 在 Z 軸座標輸入 265 的高度，按下 Enter 鍵。

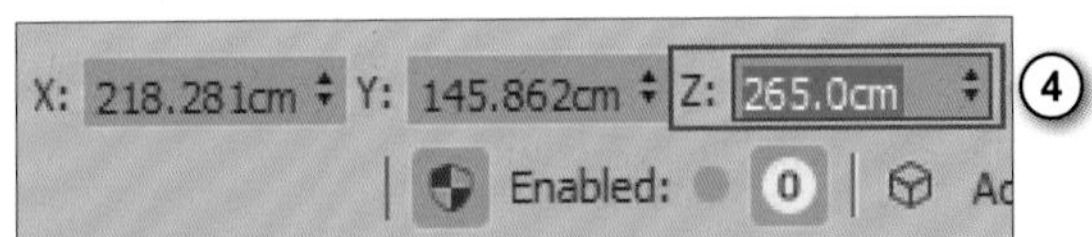

⑤ 選取範例檔〈嵌燈 .max〉，從檔案總管拖曳到 3ds Max 中。

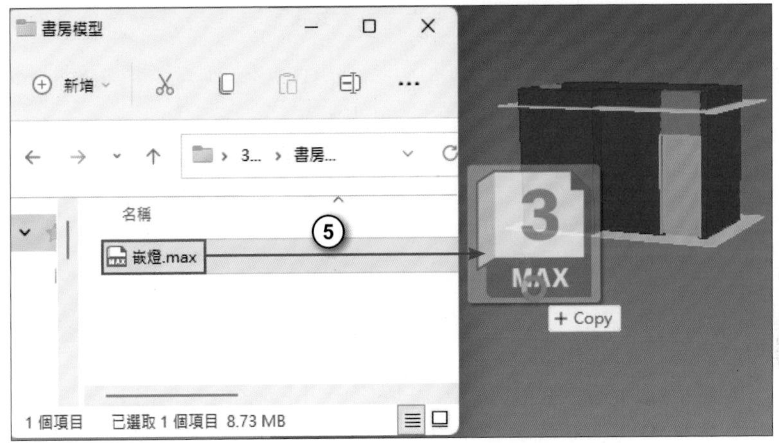

⑥ 選擇【Merge File】匯入模型。

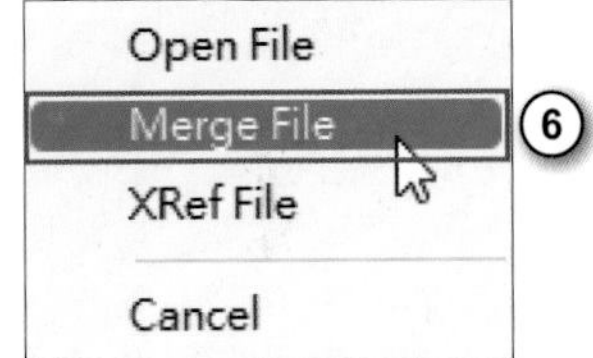

⑦ 按 T 切到上視圖，將嵌燈移到書房內並複製一個。按 F 切到前視圖，確認嵌燈在天花板的位置，發光處不能埋入天花板內。

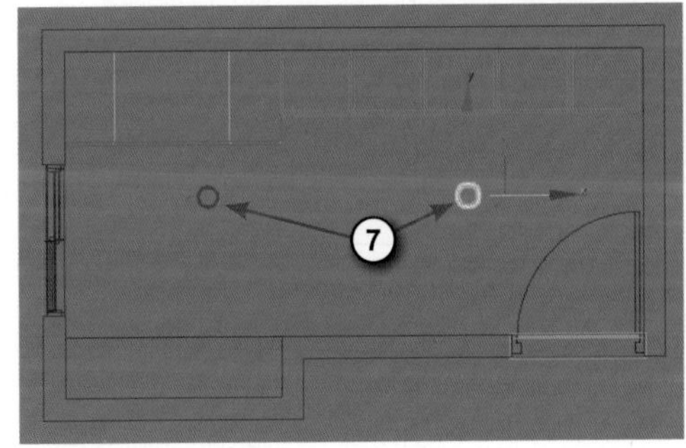

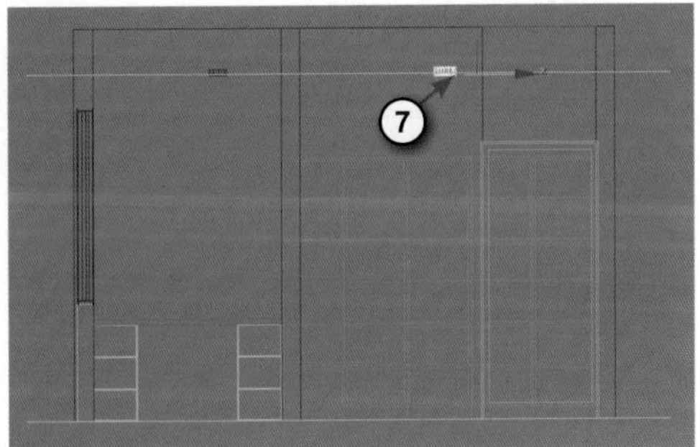

相機建立

❶ 在創建面板→【Camera（相機）】→【Physical（物理相機）】。按 T 切到上視圖，從書房外按住滑鼠左鍵往書櫃拖曳。

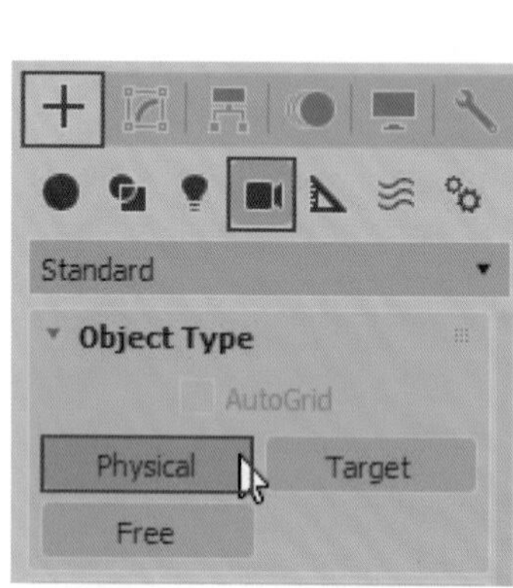

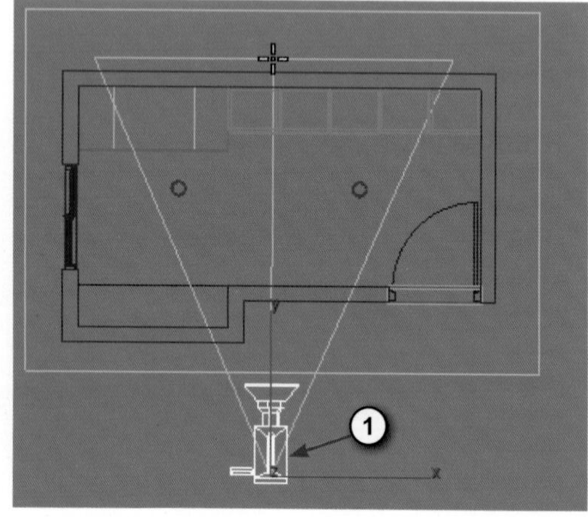

❷ 書房空間較小，無法拍攝全貌，可以降低【Focal Length】為 28，使視角更廣，須注意數字太小空間會扭曲。

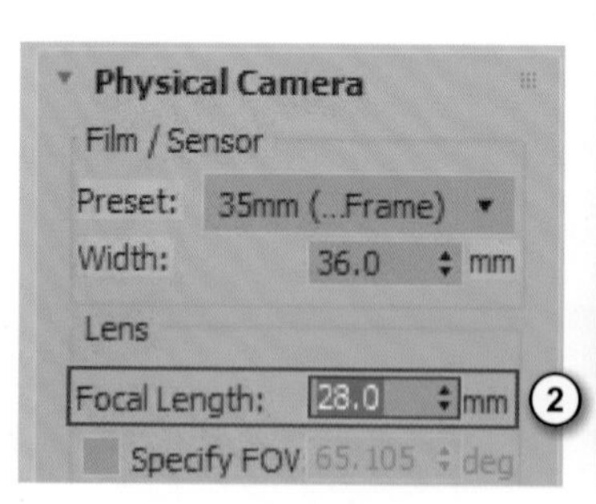

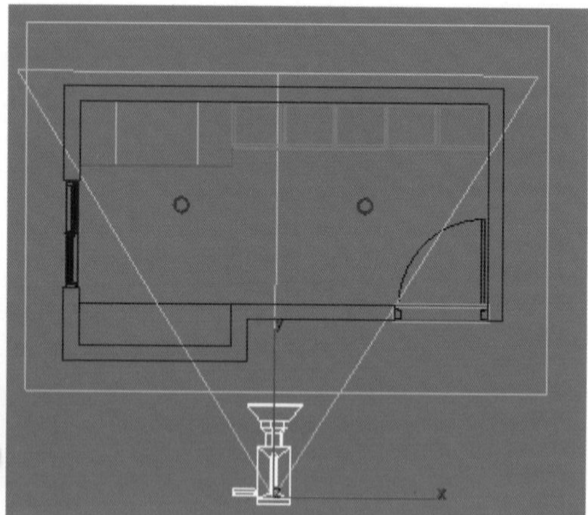

❸ 攝影機位置就是眼睛觀看的位置，會被牆面擋住。在修改面板，展開【Miscellaneous（雜項）】→【Clipping Planes（裁剪平面）】→勾選【Enable（啟用）】，【Near】輸入 303，距離相機 303 的位置出現紅色平面，紅色平面到相機之間會被裁剪。

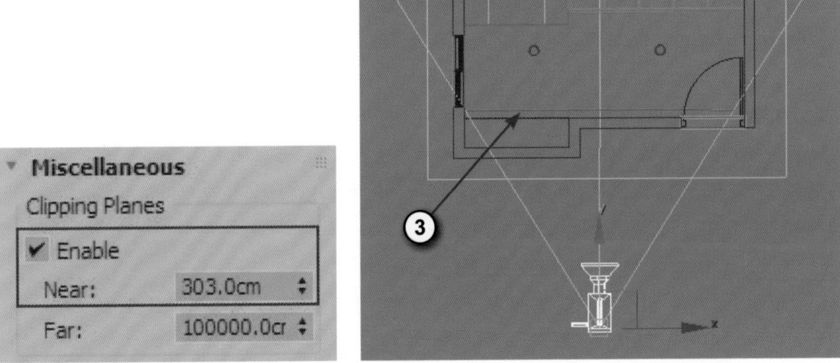

❹ 按 C 進入相機視角，按 Shift+F 開啟安全框，也就是彩現範圍。

❺ 利用滑鼠中鍵平移畫面到書房中間。

❻ 按 Alt+W，從其他視窗調整相機位置。

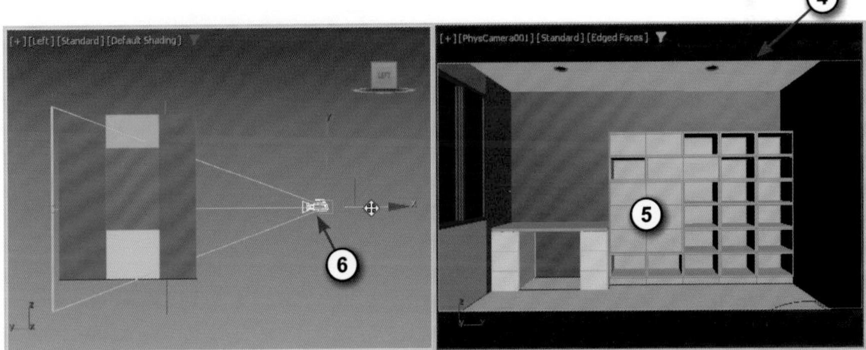

❼ 按 P 離開相機視角，右上角出現視圖方塊，此時環轉或平移視角，不會影響到相機。

5-5 Arnold 材質

牆面

❶ 按下 M 開啟材質編輯器，選第一個材質球，點擊【Physical Material】，切換為【Standard Surface】材質類型。

❷ 點擊【Base】下方色板，調成牆面顏色。【Specular】反光強度設為 0.5，【Roughness】粗糙度為 0.8。

❸ 選取全部牆面，點擊【 】指定材質給牆面。

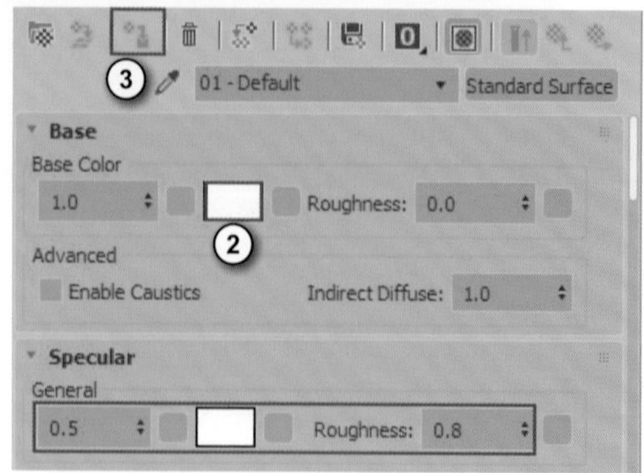

④ 完成圖。

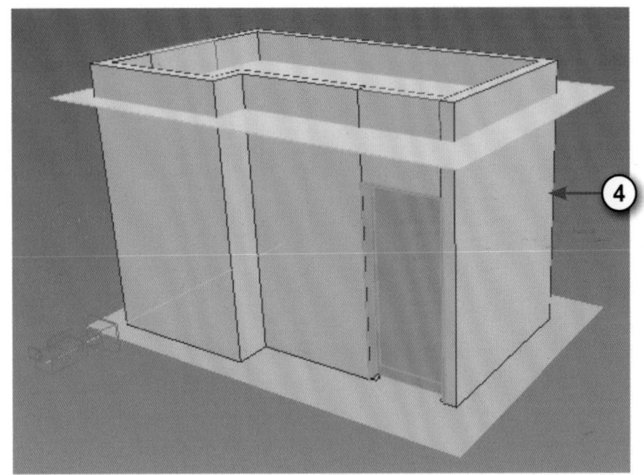

門窗

① 在材質球上按右鍵→【6x4】，同時看到 24 個材質球。

② 選一個新的材質球，材質類型選擇【Standard Surface】。

③ 點擊【Base】下方色板，調成窗框顏色。【Specular】反光強度設為 1，【Roughness】粗糙度為 0.2。將材質指定給整個窗戶。

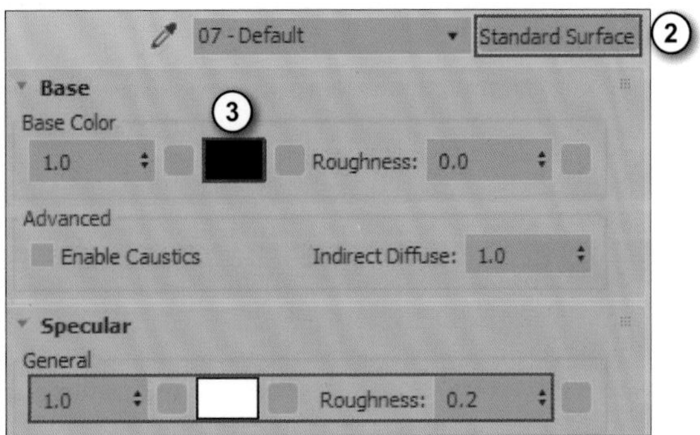

4. 選一個新的材質球，材質類型選擇【Standard Surface】。

5. 點擊【Base】下方色板，調成玻璃顏色。【Specular】反光強度設為 1，【Roughness】粗糙度為 0.01。

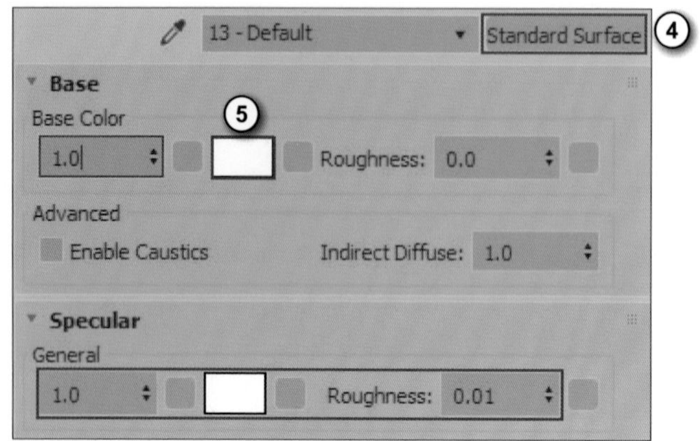

6. 【Transmission】數值為 1，使材質變透明。

7. 選取窗戶，按右鍵→【Convert to】→【Convert to Editable Poly】，進入【Element（元素層級）】，選取玻璃。將透明材質指定給玻璃。

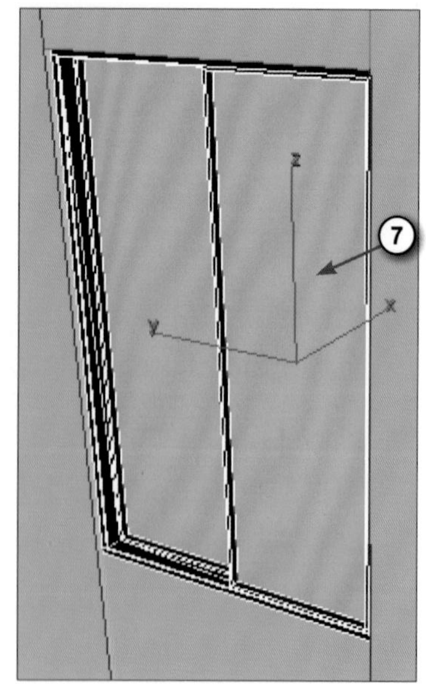

書櫃與 UVW Map 修改器

❶ 選一個新的材質球，材質類型選擇【Standard Surface】。

❷ 點擊【Base】下方色板，調成白色。【Specular】反光強度設為 1，【Roughness】粗糙度為 0.2。隱藏牆面結構，將材質指定給書桌檯面。

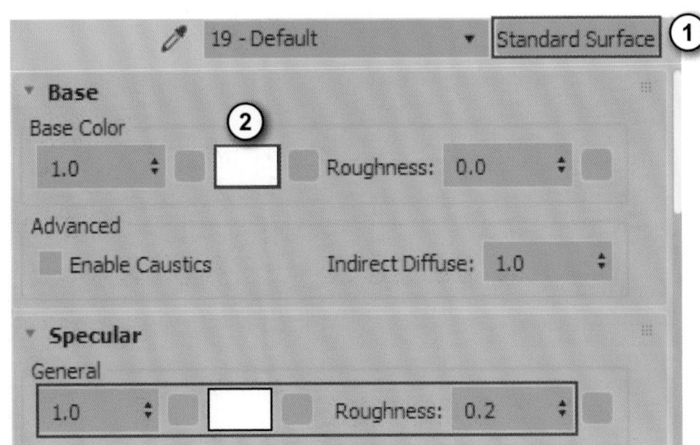

❸ 將書櫃轉為 Poly，進入【Polygon（面層級）】，選取凸出的八個面。

❹ 按【Grow】擴增選取。將白色材質也指定給面。

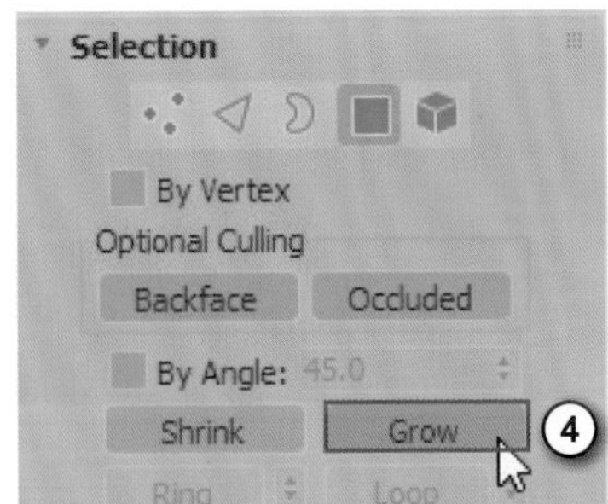

❺ 點擊【Edit（編輯）】→【Select Invert（反轉選取）】。

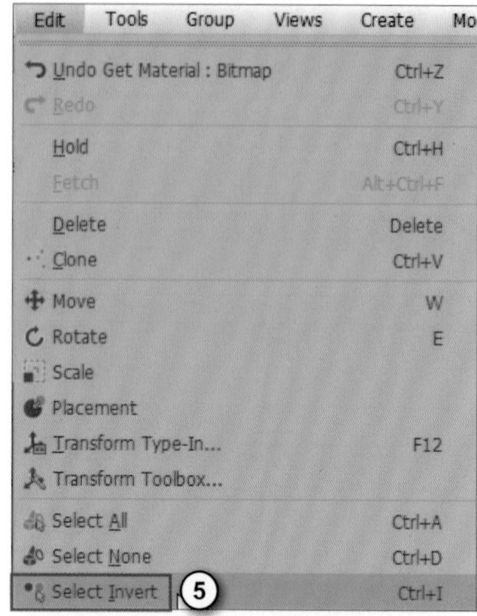

❻ 如右圖。

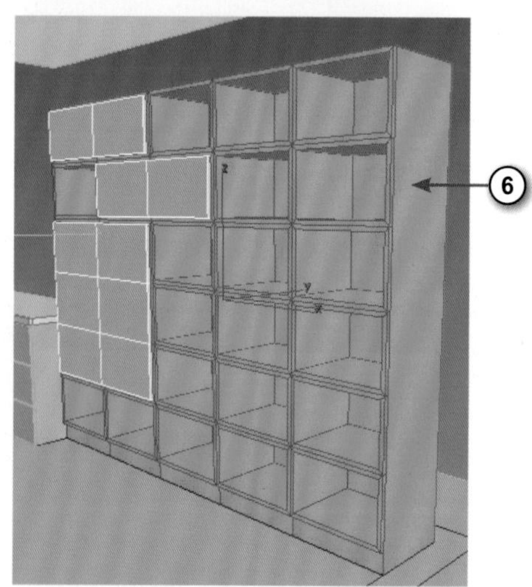

❼ 選一個新的材質球，材質類型選擇【Standard Surface】。

❽ 點擊【Base】色板右側的小按鈕，選擇【General（一般）】內的【Bitmap（點陣圖）】，再選範例檔〈木紋 .jpg〉。

❾【Specular】反光強度設為 1，【Roughness】粗糙度為 0.35。將材質指定給已經選取的面。

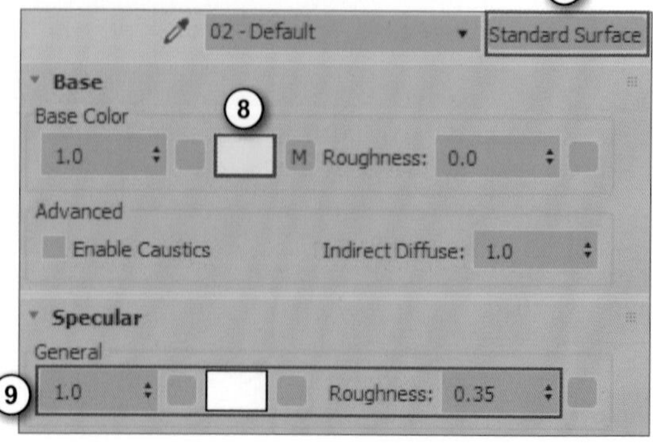

⑩ 點擊【Editable Poly】離開子層級，點擊【Modifier List】→加入【UVW Map】修改器→進入【Gizmo】子層級來調整貼圖的大小、位置與角度。

⑪【Mapping】依據形狀來選擇貼圖模式，櫃子為方形，可選擇【Box】。

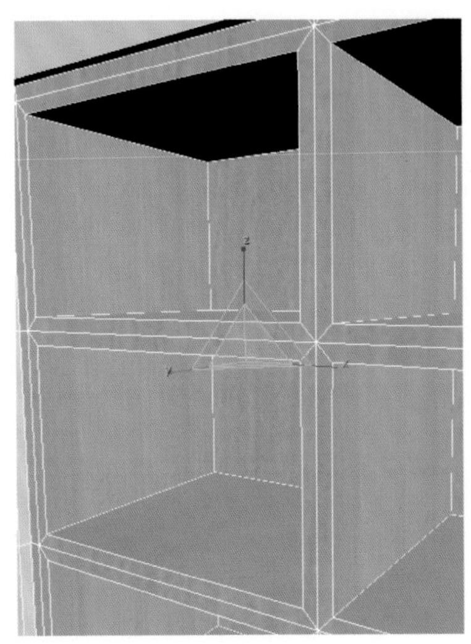

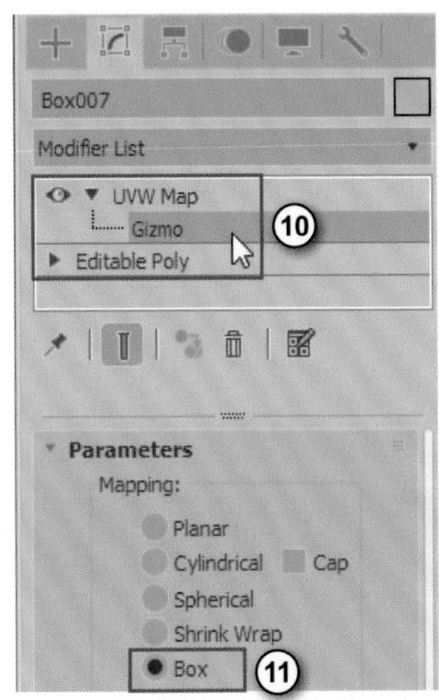

⑫ 按 A 鍵，開啟角度鎖點。右鍵點擊鎖點按鈕，【Angle】設定 90 度。

⑬ 將木紋旋轉 90 度。

⑭ 往 XYZ 三個方向調整貼圖大小。

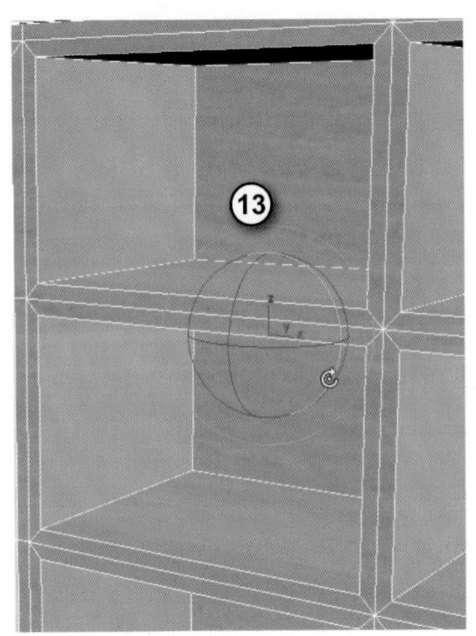

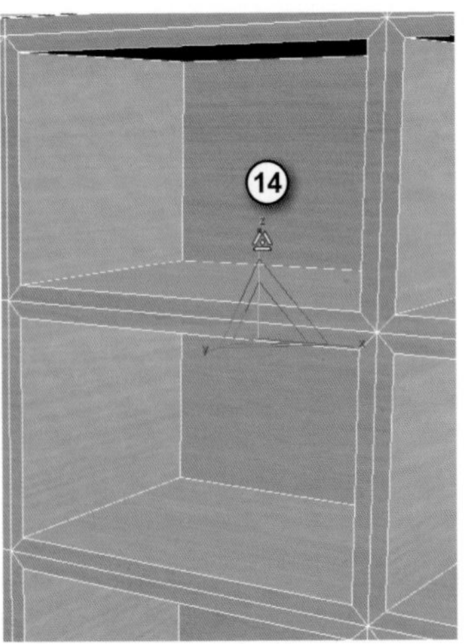

⑮ 點擊【UVW Map】離開子層級。

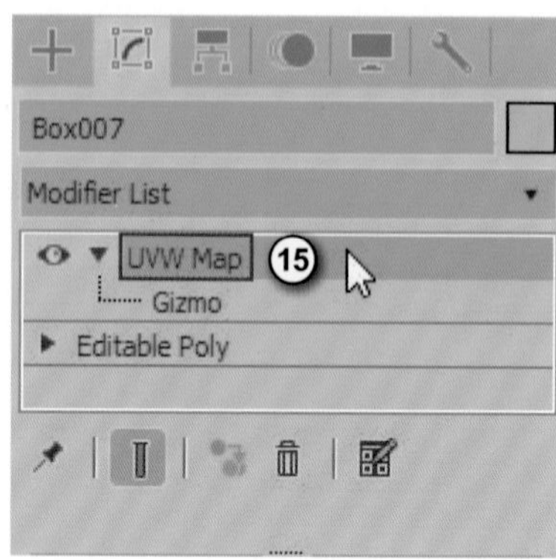

⑯ 依照相同方式，貼其他木紋給書桌與地板。

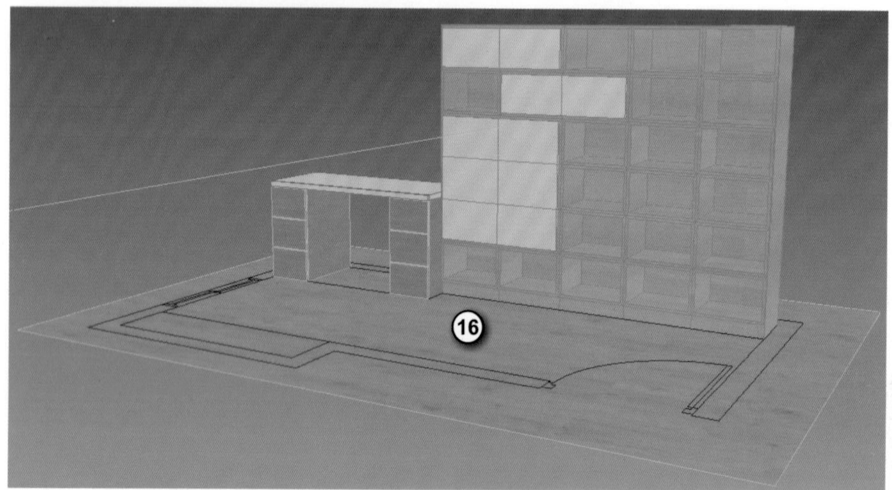

5-6 Arnold 燈光

嵌燈燈光

❶ 在創建面板→點擊【Light（燈光）】→下拉選單【Arnold】→【Arnold Light】。

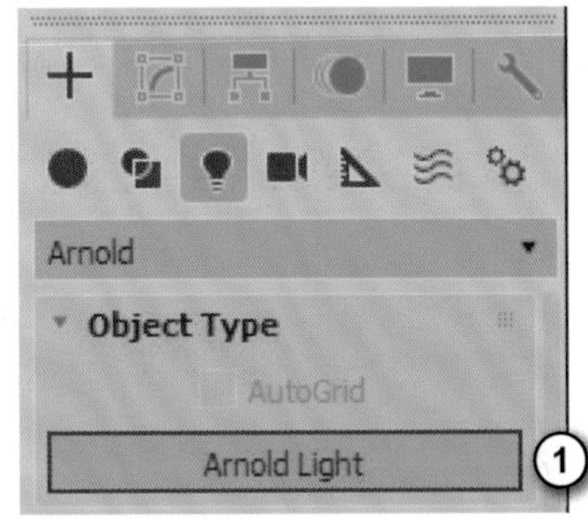

❷ 按 T 切到上視圖，在嵌燈位置點擊左鍵建立一個 Arnold 燈光。

❸ 按 F 切到前視圖，將燈光複製為兩個，放置在嵌燈下方。

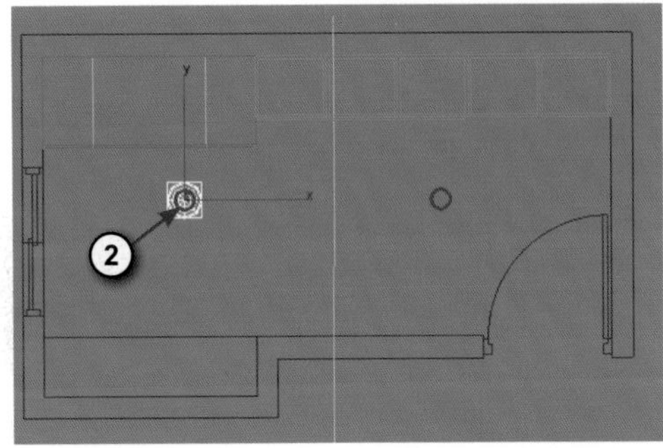

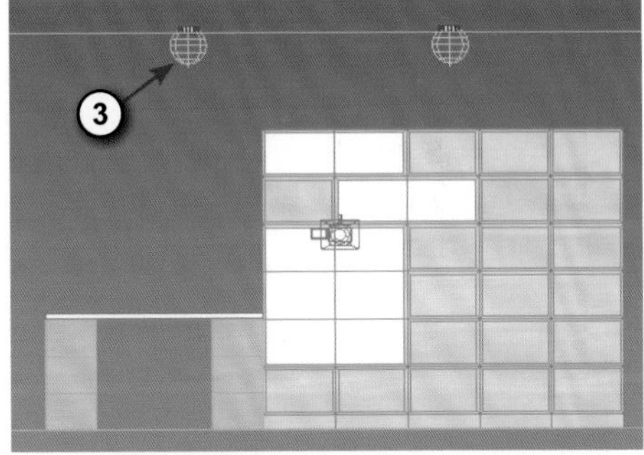

❹ 在修改面板，【Type（類型）】選擇【Photometric】，點擊【...】按鈕選擇〈7.IES〉，不同的 IES 檔會有不一樣的光形。

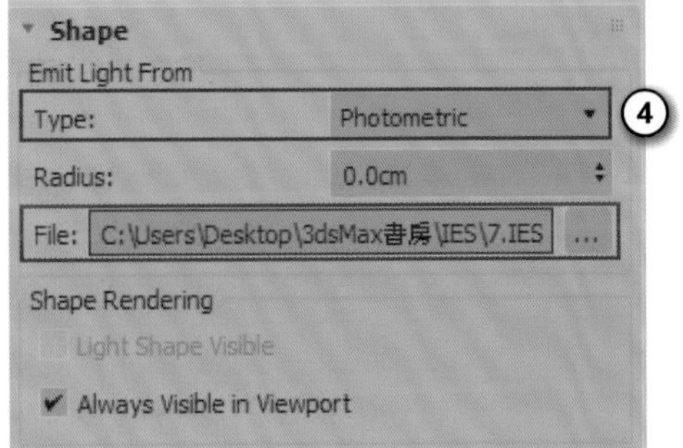

5. 選擇【Kelvin】調整色溫，數值越高偏冷色，數值越低偏暖色。

6. 【Exposure（曝光）】為 16，【Intensity（強度）】為 2，兩者皆影響亮度。

7. 【Samples】數值越高可減少雜點，但彩現越久。

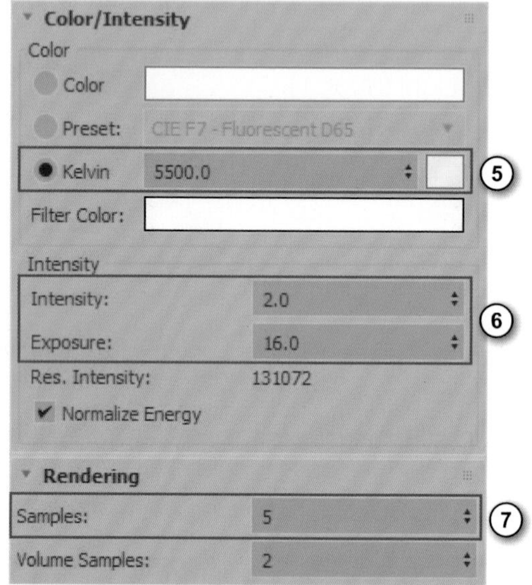

戶外光線

1. 點擊【Arnold Light】，按 L 切到左視圖，在窗口建立燈光。

2. 按 T 切到上視圖，將燈光移到窗外，作為戶外光線。

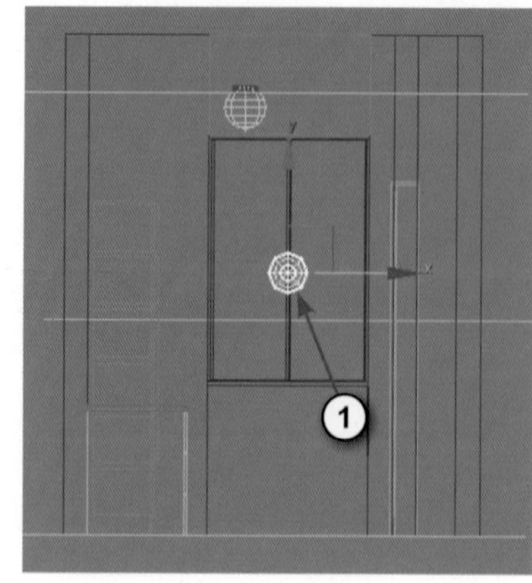

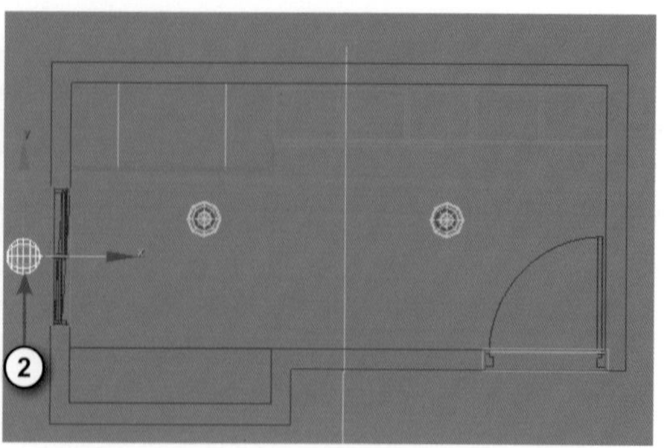

③ 在修改面板，【Type（類型）】選擇【Quad（平面光）】，【Quad X】與【Quad Y】控制平面的大小。

④ 選擇【Kelvin】，色溫為 8500。

⑤【Exposure（曝光）】為 1，【Intensity（強度）】為 1。

⑥【Samples】為 5。

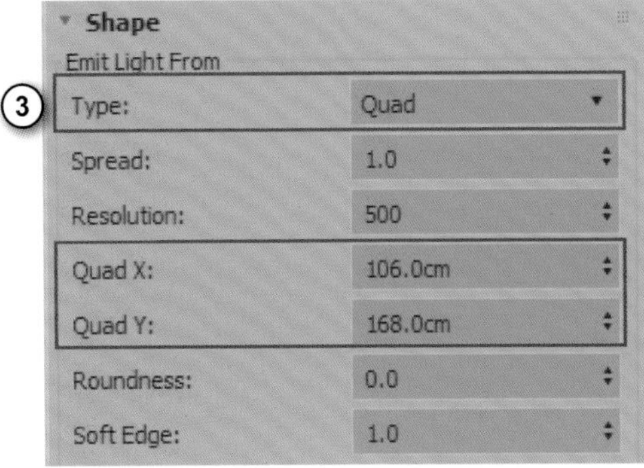

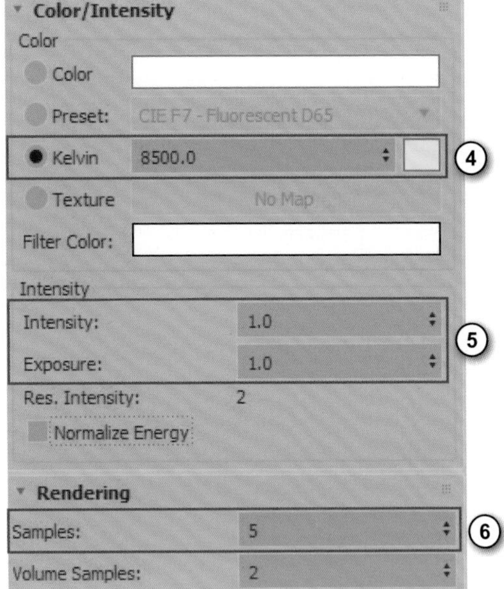

HDR 環境光

① 點擊【Arnold Light】，在屋外任意位置建立燈光。

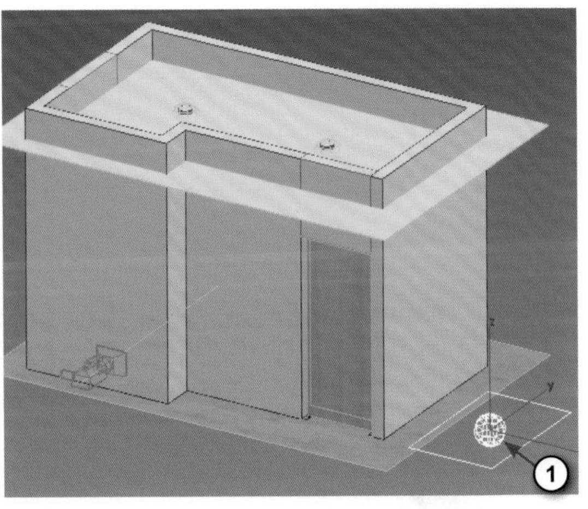

❷ 在修改面板，【Type（類型）】選擇【Skydome】，勾選【Light Shape Visible（燈光形狀可見）】場景較亮。

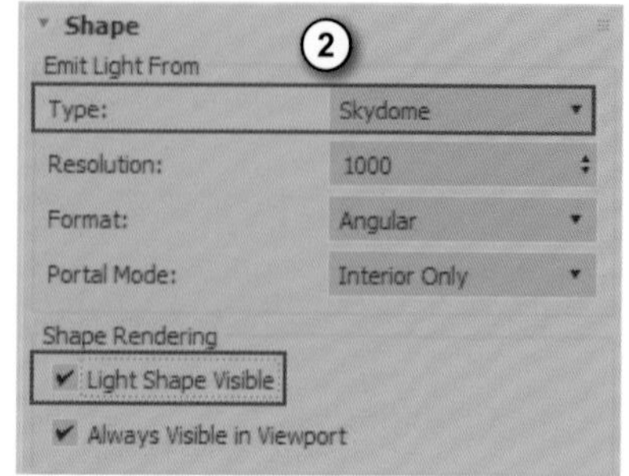

❸ 選擇【Texture】，點擊【No Map】，展開【OSL】→【Environment】→選擇【HDRI Environment】，使用範例檔〈potsdamer_platz_2k.hdr〉，使材質反射出此 hdr 檔案的環境。

❹【Exposure（曝光）】為 1，【Intensity（強度）】為 2。

❺【Samples】為 5。

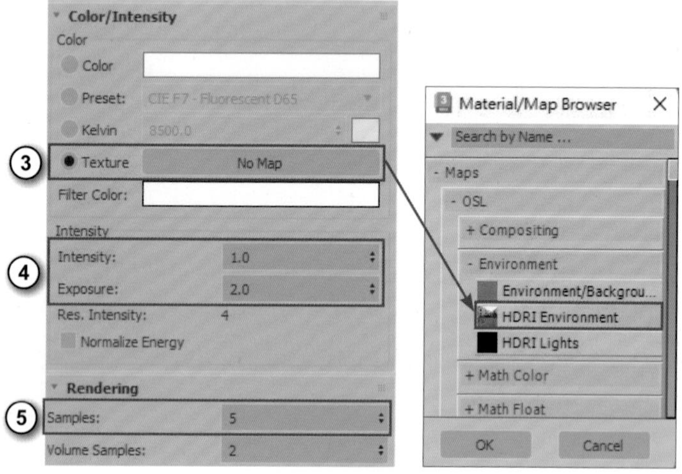

❻ 按數字 8 開啟環境設定，將【OSL:HDRI Environment】拖曳到【none】，使背景出現，複製模式選【Instance】。

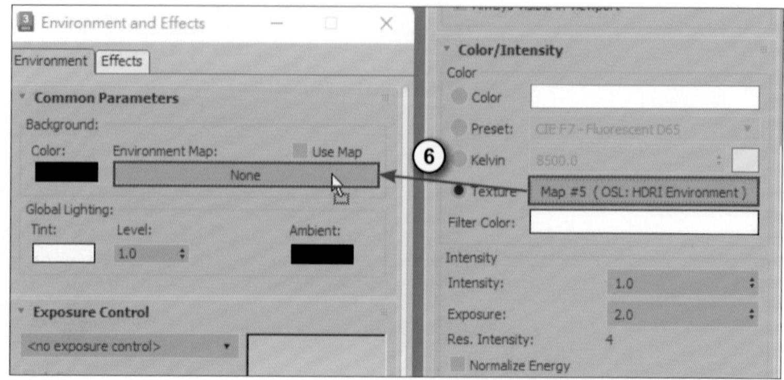

⑦ 再將【OSL:HDRI Environment】拖曳到材質球，複製模式選【Instance】，可在此處設定參數，【Rotation】可旋轉角度。

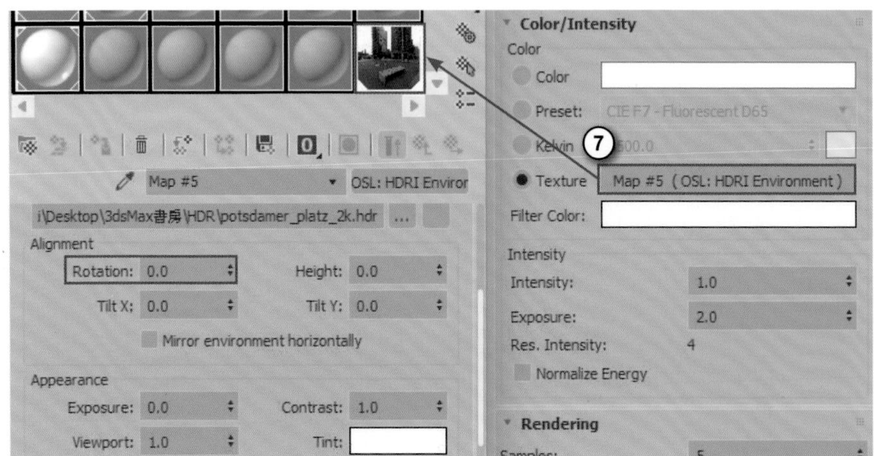

⑧ 按 C 鍵進入相機視角，按 Shift+Q 彩現，完成如下圖，窗外可看見景色。

5-7 Arnold 渲染

Arnold 降噪器

❶ 按 F10 開啟彩現設定視窗，在【Common】下方找到【Render Output（彩現輸出）】，點擊【Files】。

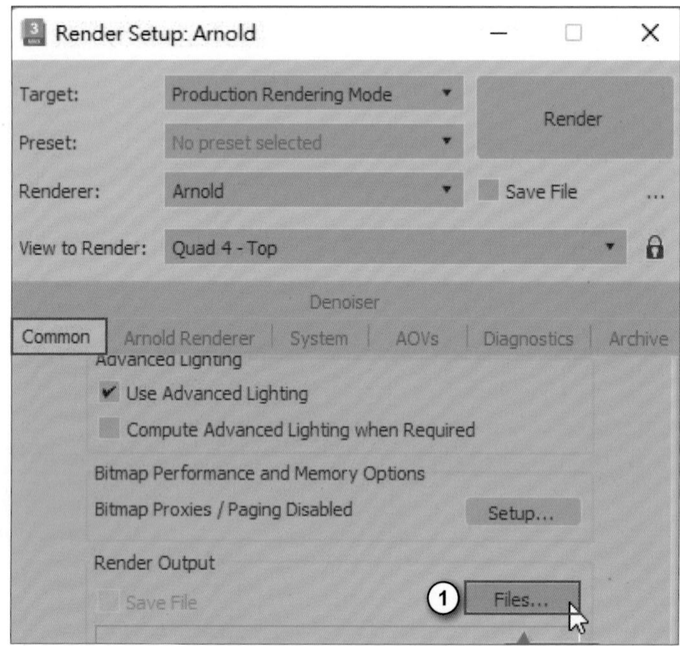

❷ 設定彩現後存檔位置，【File name】輸入存檔名稱，【Save as type（存檔類型）】一定要選擇【OpenEXR】才能使用降噪器。

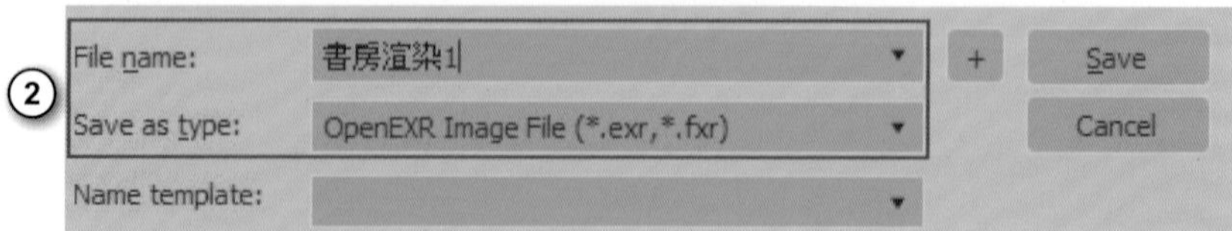

❸ 完成如下圖，彩現後會自動存檔在此位置。(若之後需要關閉此功能，取消勾選 Save File 即可。)

❹ 在彩現設定視窗中，點擊【Denoiser（降噪器）】，勾選【Output Denoising AOVs】。

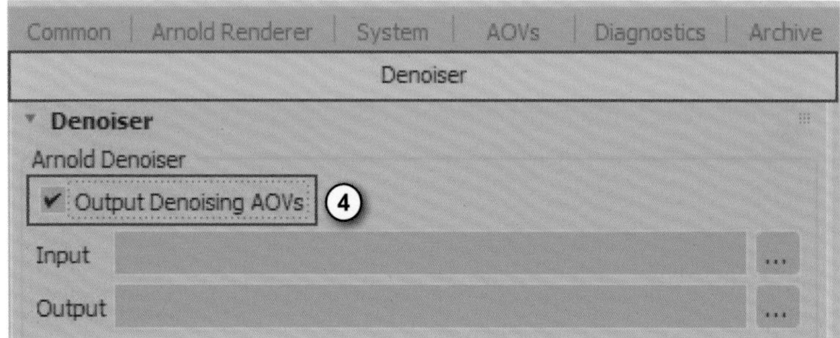

❺ 按下 Shift+Q 彩現後，在存檔位置出現 _Noice_Input 的檔名。

6 在彩現設定視窗中，點擊【Input】右側的【...】按鈕，選擇之前彩現產生的〈書房渲染 1_Noice_Input.exr〉檔案。

7 點擊【Output】右側的【...】按鈕，設定降噪後的存檔位置。

8 點擊【Denoise】開始降噪處理，完成後下方出現 Denoising complete 訊息。

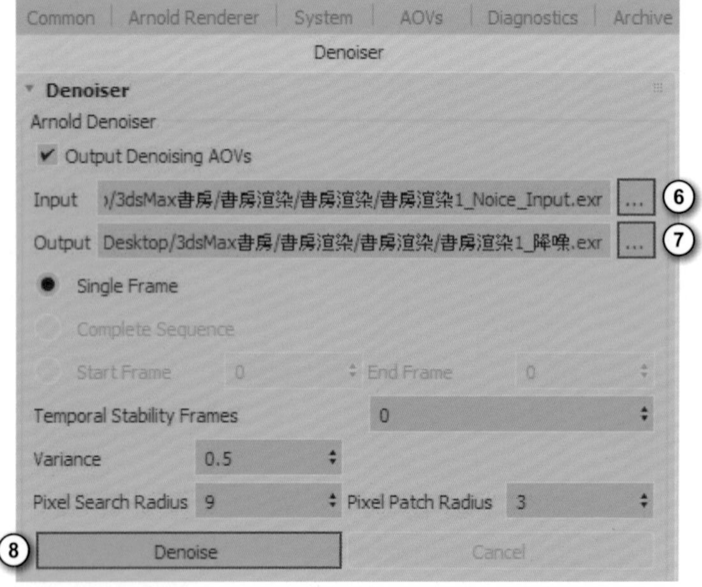

9 使用 Photoshop 軟體開啟 EXR 類型的檔案，點擊【檔案】→【轉存】→【轉存為】存成需要的格式。

匯入與放置家具

❶ 將範例檔〈家具與飾品 .max〉拖曳到 3ds Max 中，選擇【Merge File（匯入檔案）】。

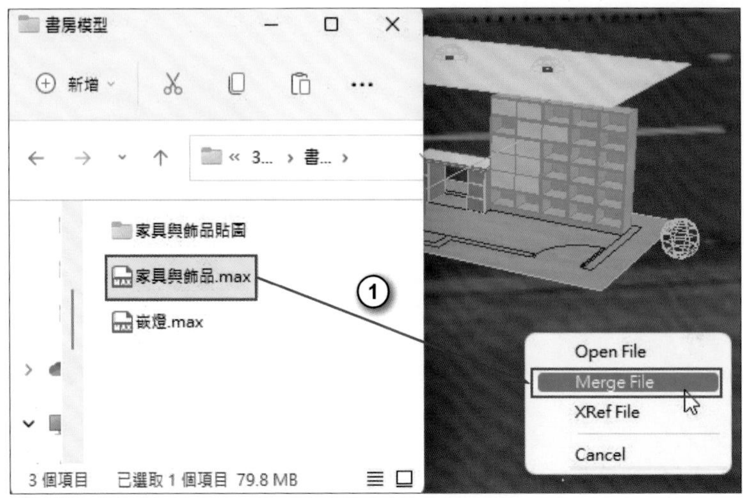

❷ 按 T 切到上視圖，移動至合適位置。

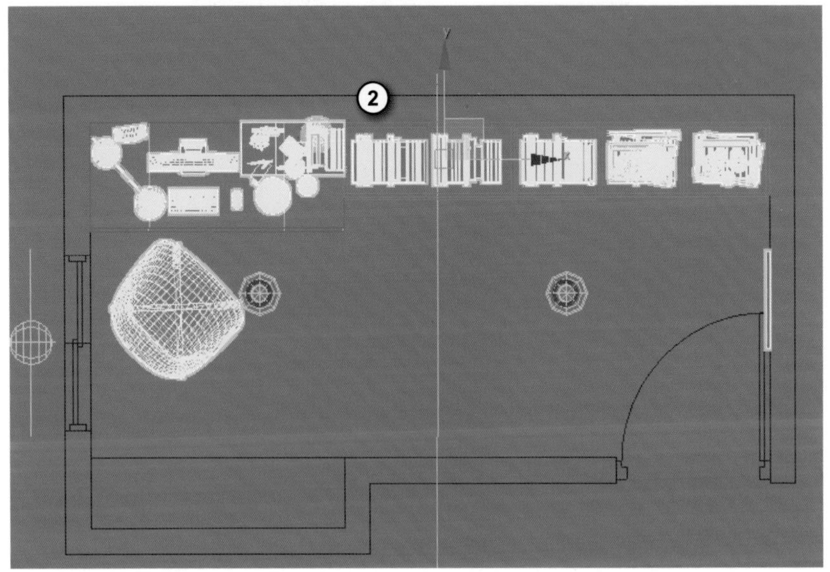

③ 按 F 切到前視圖，確認物品沒有懸空。

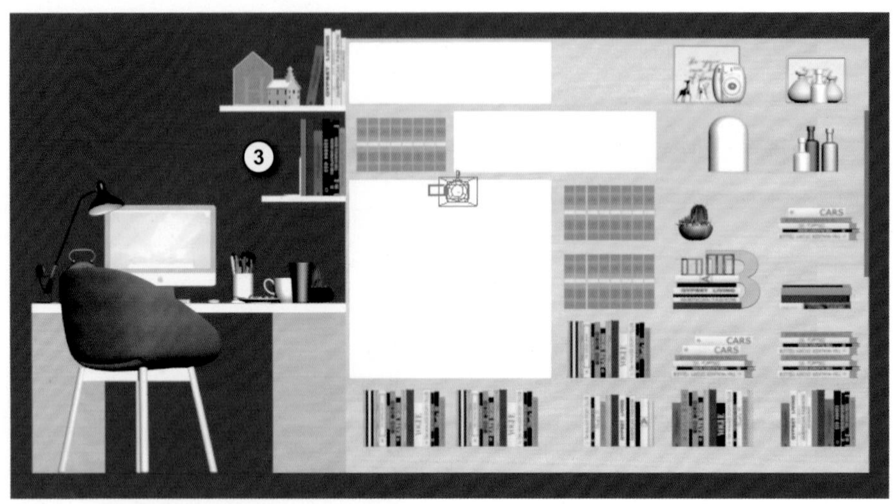

④ 按 F10 開啟彩現設定視窗。在【Common】下方設定彩現的【Width（寬）】與【Height（高）】。

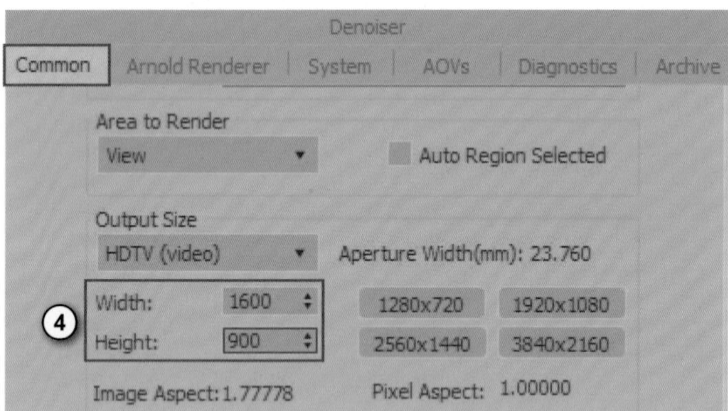

⑤ 在【Arnold Renderer】下方增加【Diffuse】與【Specular】的【Sampler(取樣)】與【Ray Depth(光線深度)】數值，使材質表面與反射的品質增加。

⑥【Ray Limit Total(光線限制總數)】要大於全部【Ray Depth】的總和，以右圖來說，就是 2+2+8 的總和。

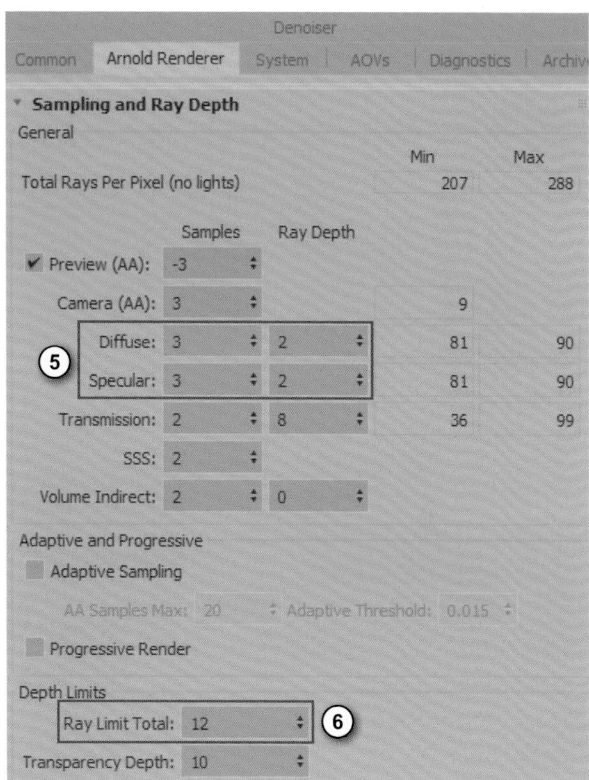

⑦ 按下 Shift+Q 彩現如下圖，牆壁有許多雜點。

⑧ 重複降噪器的操作，得到如下圖。

Photoshop 後製

① 使用 Photoshop 開啟〈書房渲染 1_ 降噪 .exr〉渲染圖。點擊【影像】→【模式】→【16 位元 / 色版】。

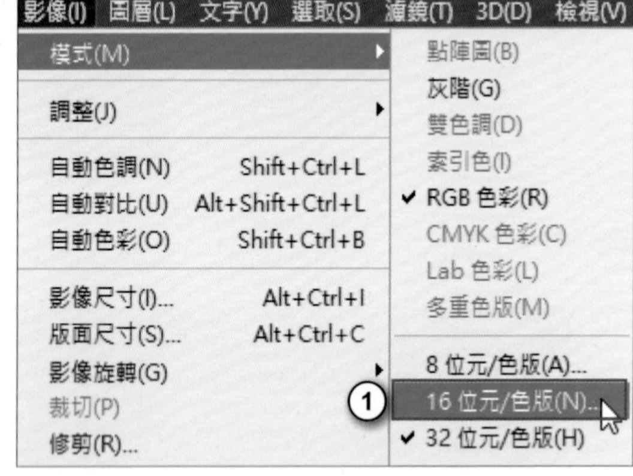

② 方法選擇【曝光度與 Gamma】，按下【確定】。

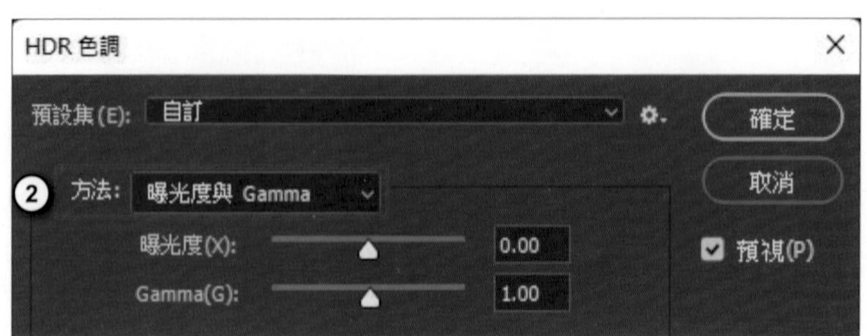

3 在圖層面板，選取「背景圖層」，按 Ctrl+J 複製出「圖層 1」。

4 選取「圖層 1」，混合模式選擇【柔光】，畫面較有立體感。

5 點擊【濾鏡】→【模糊】→【高斯模糊】。

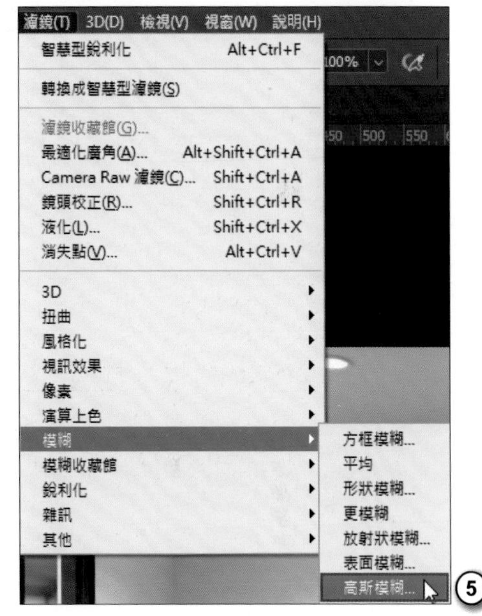

6 強度稍微模糊即可。

7. 選取「圖層 1」，按 Ctrl+E 向下合併圖層。

8. 點擊【濾鏡】→【銳利化】→【智慧型銳利化】。

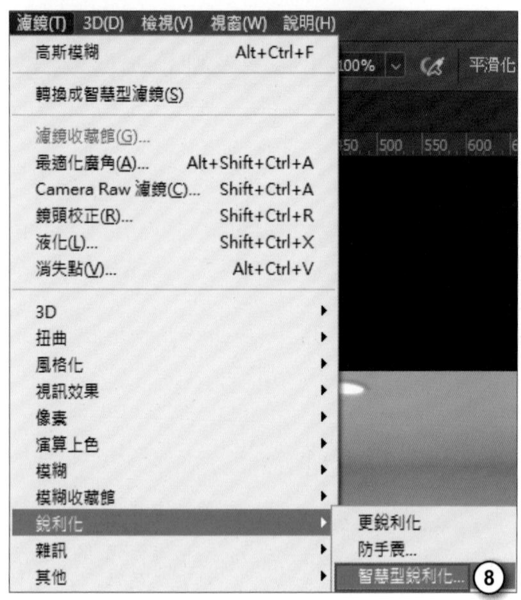

9. 按下【確定】。

⑩ 點擊【影像】→【調整】→【陰影 / 亮部】。

⑪【陰影】調整陰影處不會太暗，【亮部】調整明亮處不會曝光。

⑫ 除了【陰影 / 亮部】，也可以使用【亮度 / 對比】調整整體亮度、【自然飽和度】調整過於鮮豔的顏色。最後點擊【檔案】→【轉存】→【快速轉存為 PNG】。

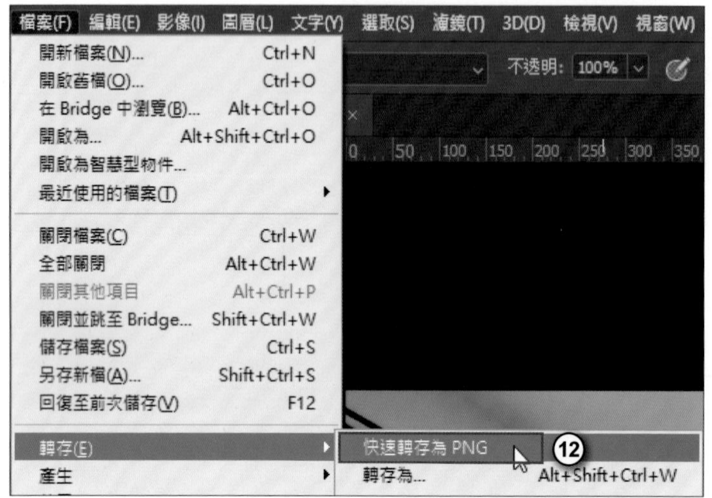

⑬ 完成圖。

VRay 材質

6-1 以 VRay 為基礎的設定
6-2 VRay 材質設定

6-1 以 VRay 為基礎的設定

VRay 是室內設計的主要渲染器，需要另外安裝，可到 https://www.chaos.com/ 官網下載試用版。

❶ 在官網右上角，點擊【Try】，再按下【Start your trial】。

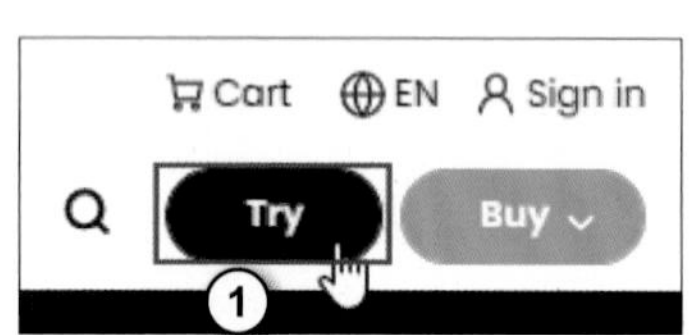

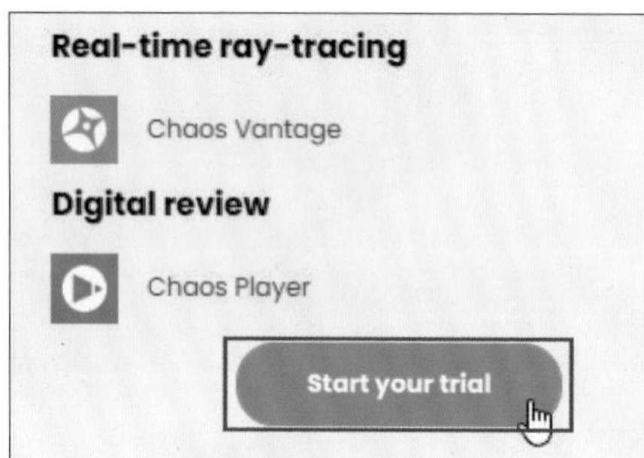

❷ 可以註冊帳號或點擊【Continue with Google】登入。

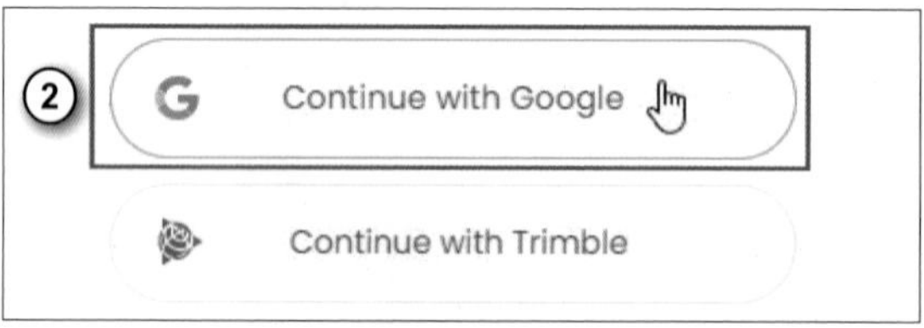

❸ 填寫一些資料，在第二步驟選擇【V-Ray】。

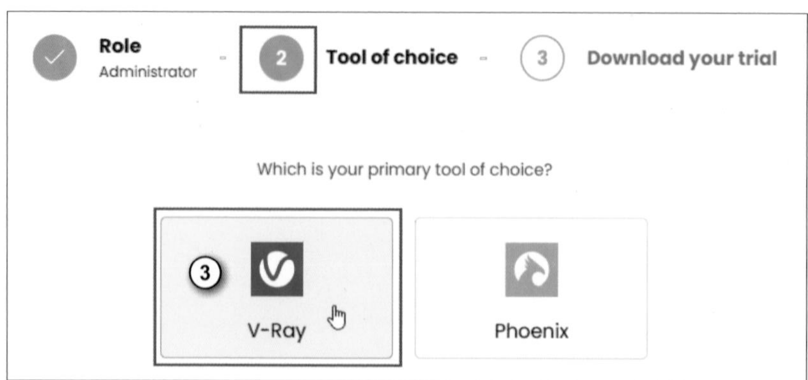

④ 許多軟體皆可以安裝 VRay，此處選擇【3ds Max】，按下【Continue】繼續。

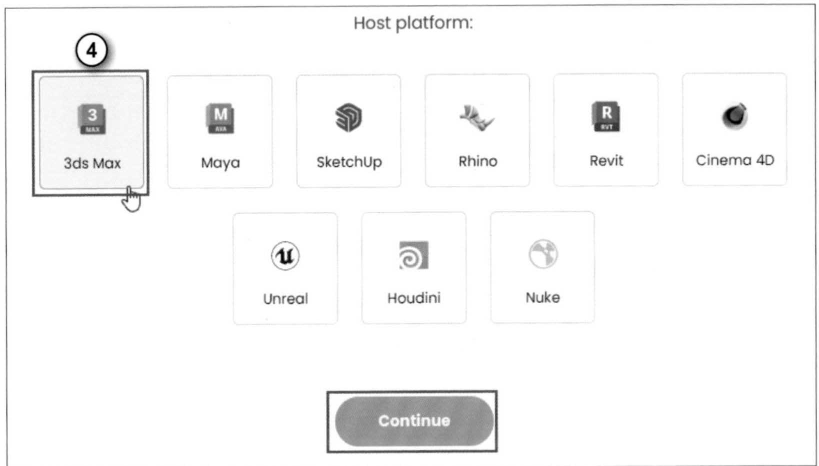

⑤ 按下【Download trial】。

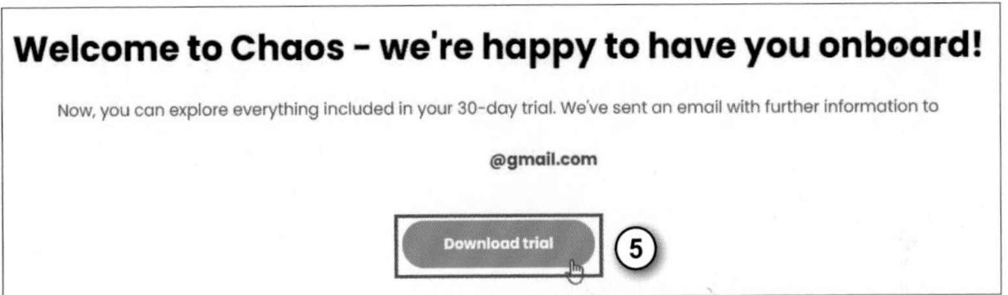

⑥ 選擇【V-Ray for 3ds Max】。

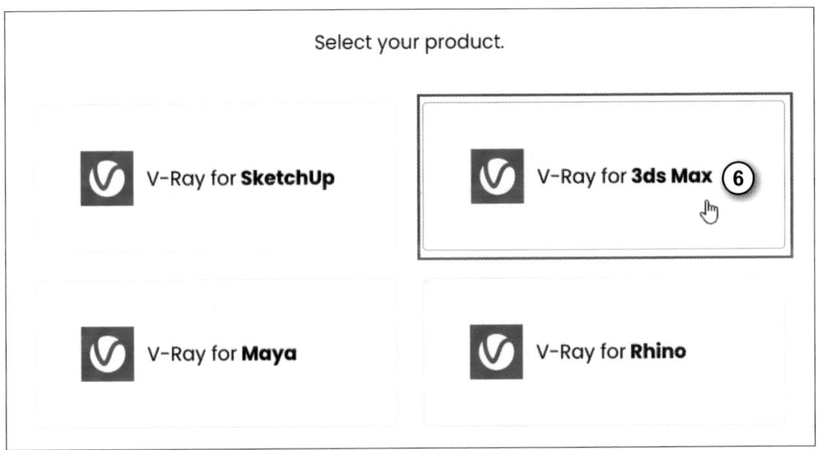

❼ 選擇 3ds Max 使用的版本為【2023】。

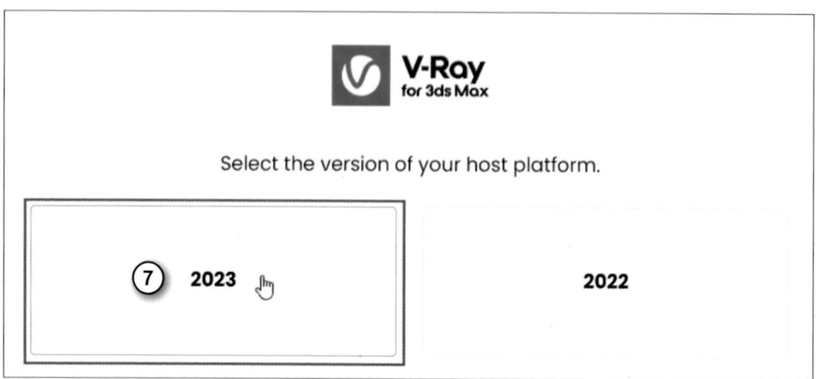

❽ 再選擇 VRay 的版本，先勾選【Show all versions】可看見全部版本，本書使用的版本為 VRay6，後方的 hotfix 為小版本，差異不大。

❾ 安裝完後開啟 3ds Max，點擊【Customize（自訂）】→【Custom Defaults Switcher】。

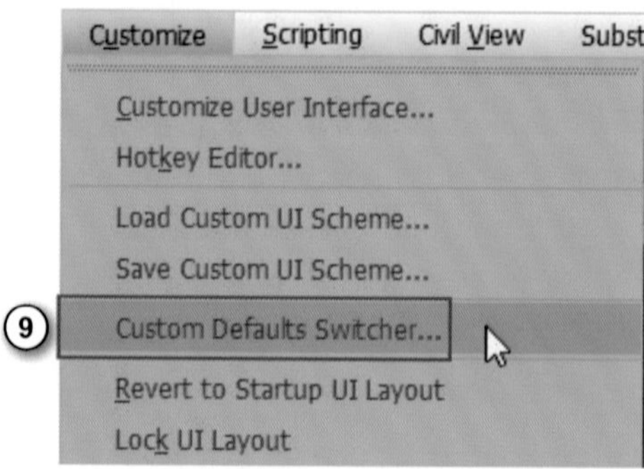

⑩ 選取【max.vray】，按【Set】並重開軟體以完成設定。

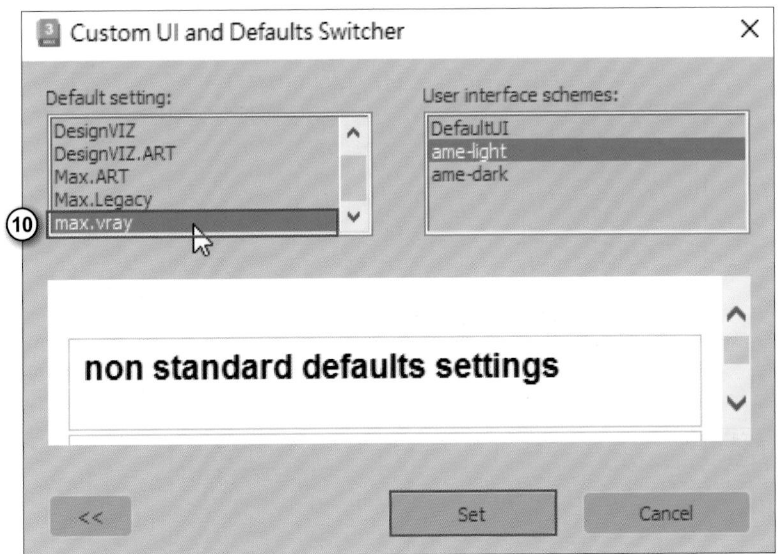

⑪ 按 F10 鍵，【Renderer（渲染器）】會變成【V-Ray6】。

⑫ 按下「M」鍵或點擊工具列的【 】開啟材質編輯器。

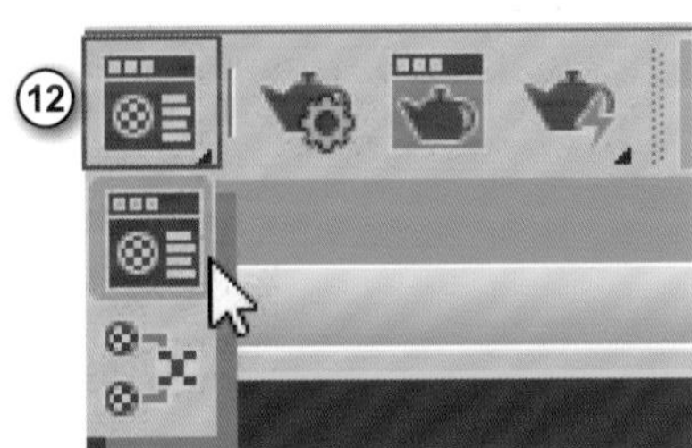

⑬ 材質球會變成彩色的，預設材質為 VRayMtl 一般材質，也是最常使用的。

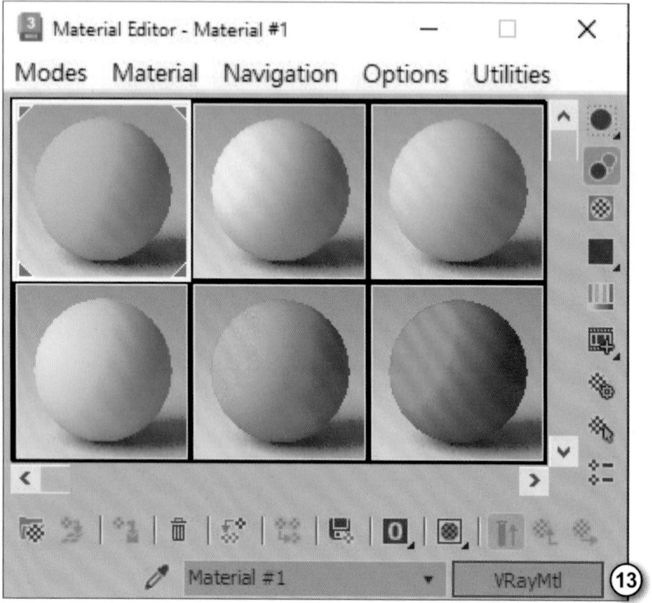

6-2 VRay 材質設定

3ds Max 材質編輯器基本操作已在 4-2 章節介紹，此處不重複說明。

Diffuse 漫射

1. 開啟範例檔〈6-2_VRay 材質設定 .max〉，場景中有一個已經貼上【VRayMtl】材質的茶壺、平面、燈光。

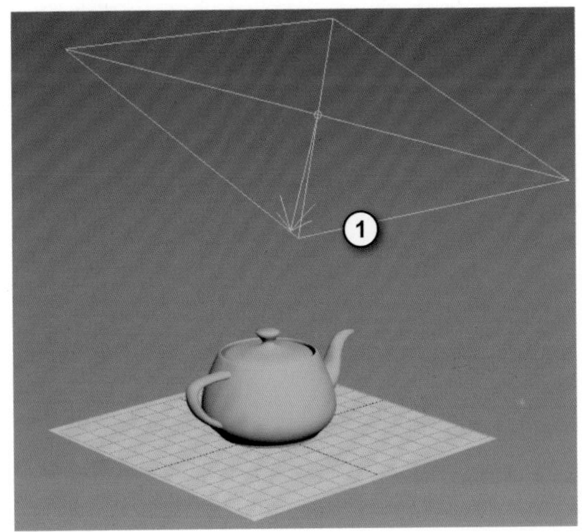

2. 按下「F9」鍵或「Shift+F9」或點擊工具列的【 】圖示，彩現原始結果，VRay 預設沒有反光。(渲染時按下 Esc 鍵可立刻停止渲染)

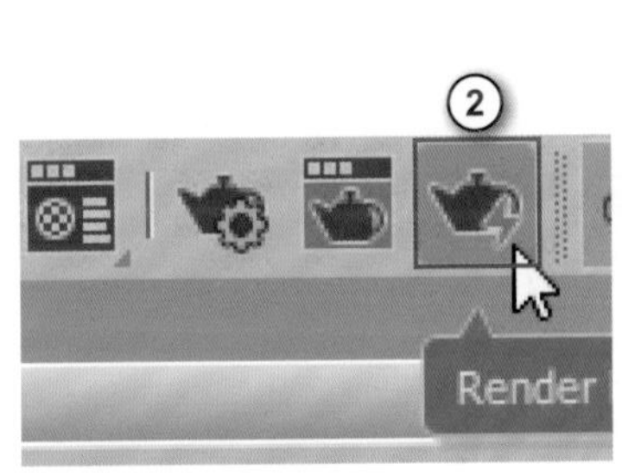

❸ 選左上角材質球，此材質球已經指定給茶壺。

❹ 點擊【Diffuse（漫射）】右側的顏色色版。

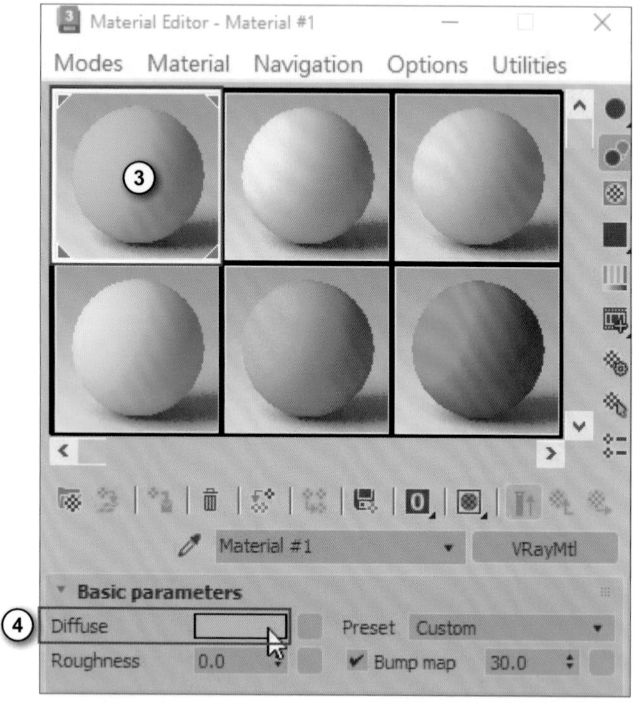

❺ 左側調整一個顏色。

❻ 再調整白色程度。

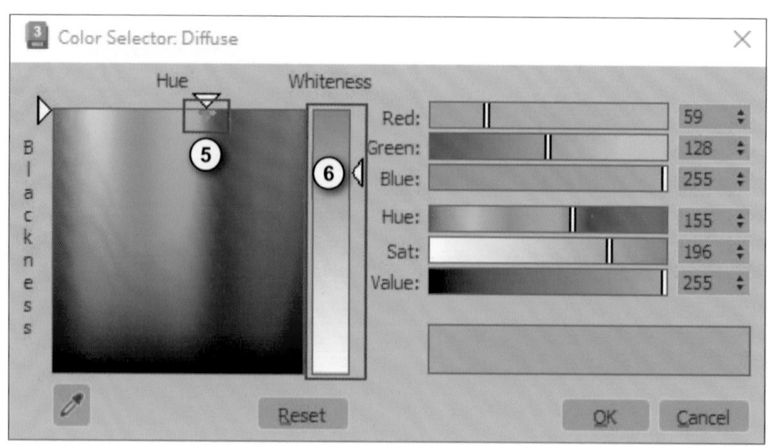

⑦ 按下「F9」鍵或「Shift+F9」彩現後，茶壺表面變色。

⑧ 點擊色版右側按鈕，可以添加貼圖。

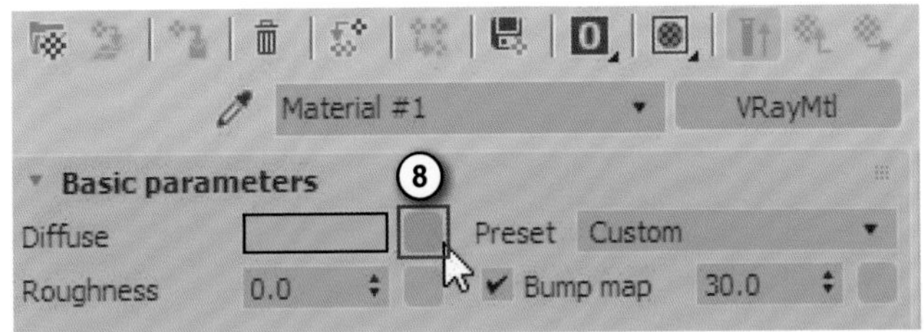

⑨ 選取【Maps（貼圖）】→【General（一般的）】→【Bitmap（點陣圖）】，按下【OK】，並選擇範例檔的〈木紋 .jpg〉。

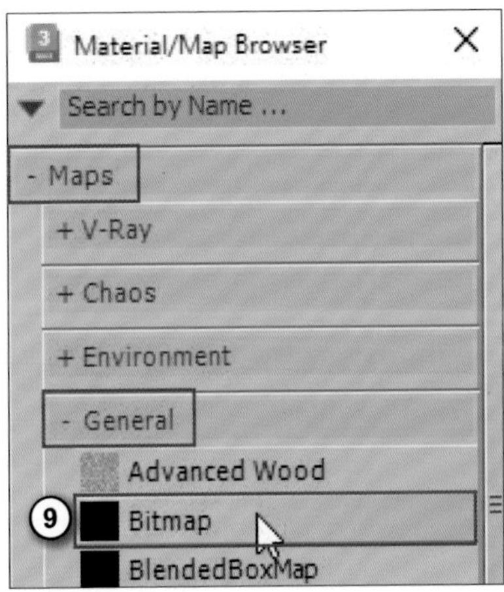

⑩ 按下「F9」鍵或「Shift+F9」彩現後，茶壺呈現木紋。

⑪ 而軟體畫面中的茶壺沒有出現木紋，是因為要開啟【 】才會顯示貼圖。

⑫ 步驟 9 選完木紋貼圖後，材質編輯器會進入貼圖設定，點擊【 】回到上一層，也就是回到材質的設定。

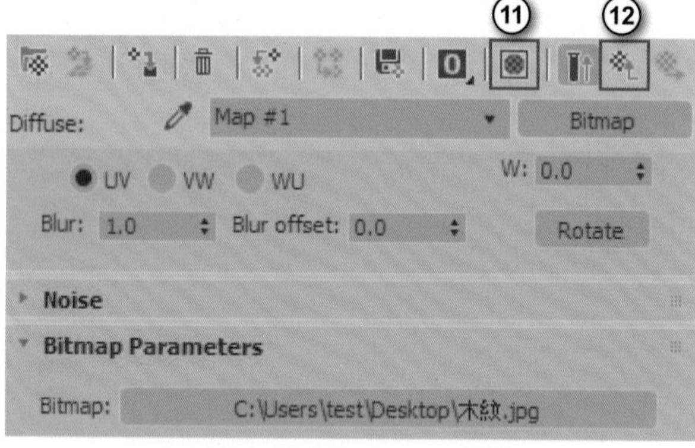

⑬ 貼圖欄位出現 M，表示目前有使用貼圖。拖曳 M 按鈕到【Bump map（凸紋貼圖）】右側的按鈕，可以增加凹凸紋路的效果，按鈕左側的凸紋強度設為 100。

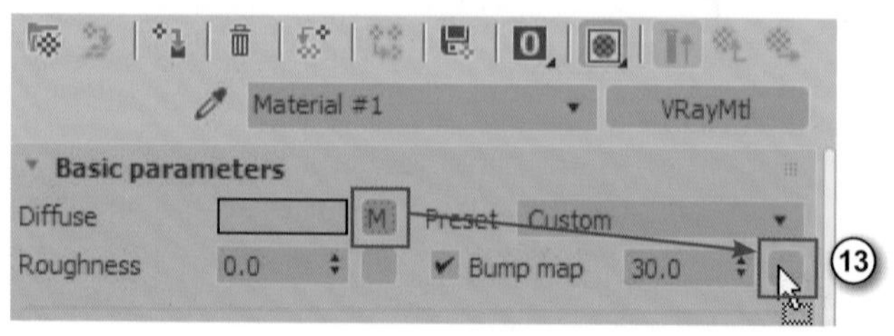

⑭ 複製模式選擇【Instance】，表示兩個貼圖的設定會一致。

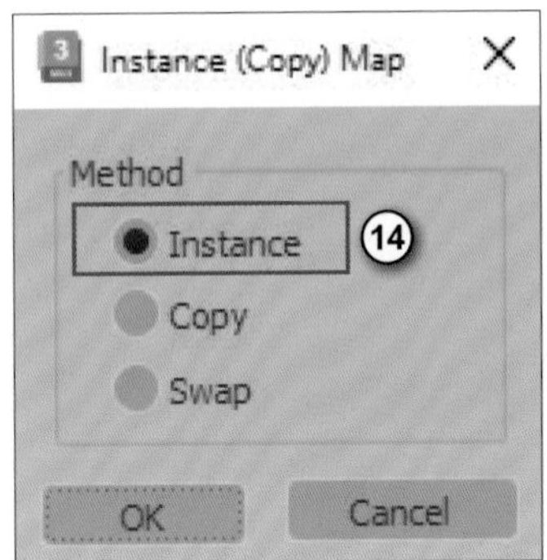

⑮ 彩現後如下圖。

⑯ 分別在兩個 M 按鈕上按右鍵→【Cut（剪下）】，移除貼圖。

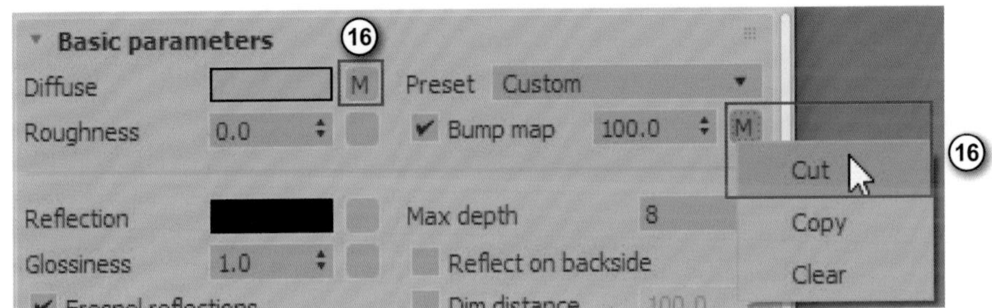

Reflection 反射

❶ 點擊 Reflection 右側的白色色版。

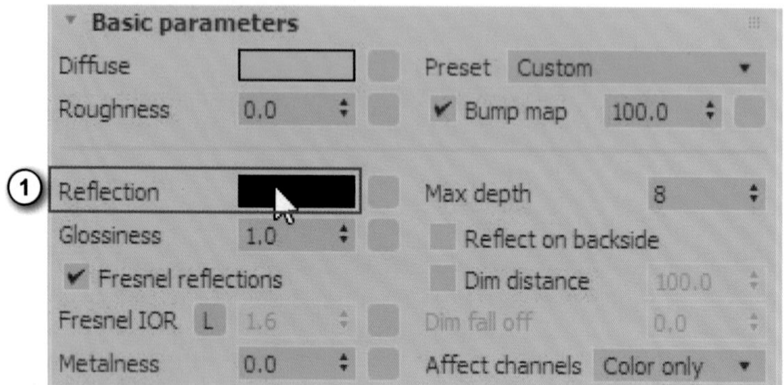

❷ 可以調整反射程度，白色為反射最強，黑色等於沒有反射，此處調成白色。

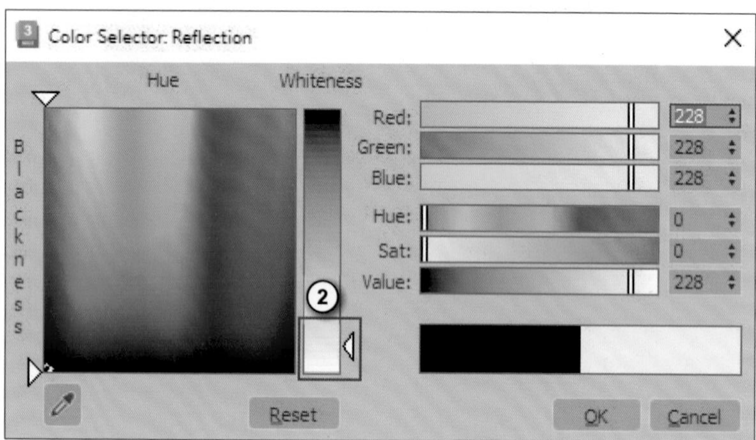

③ 彩現後，茶壺反射增強，像是塑膠或陶瓷，但還不像金屬。

④【Glossiness】是指光澤度或模糊反射，數值介於 0 至 1 之間，數值越小，則反光處越模糊，此處調整 0.6。

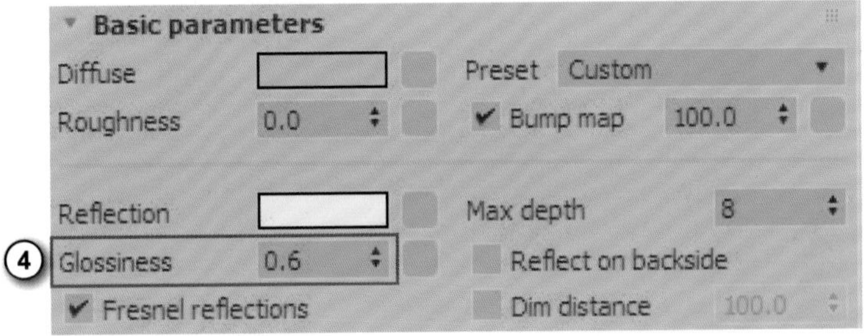

⑤ 彩現後，反光點擴散開來，類似橡膠。

6 【Metalness（金屬度）】介於 0 至 1 之間，數值越高越像金屬，此處調整 1。【Glossiness（光澤度）】保持 0.6。

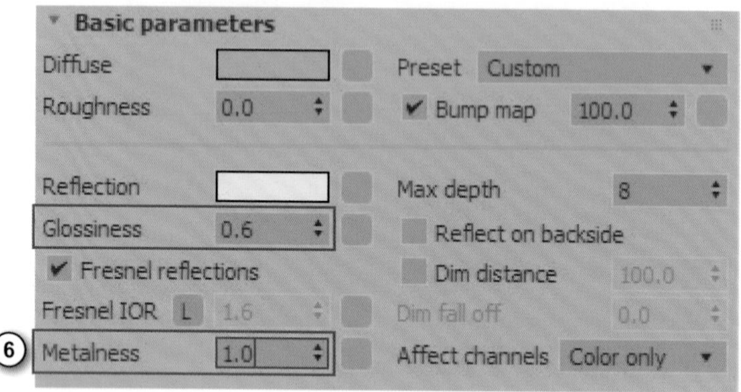

7 彩現後，像是霧面金屬。

8 【Metalness（金屬度）】保持 1，【Glossiness（光澤度）】升高為 1。

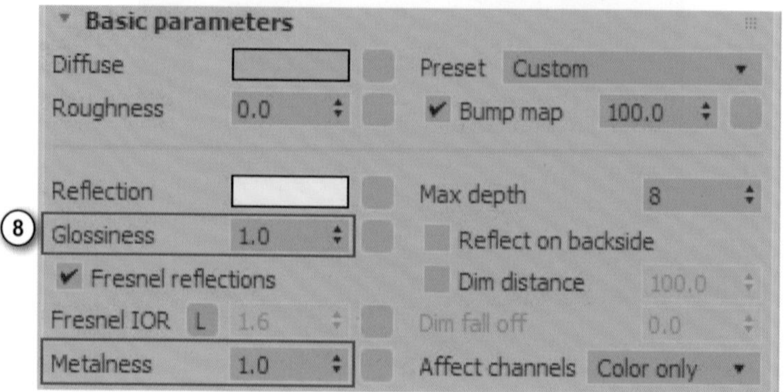

⑨ 彩現後，茶壺變成光滑的金屬。(金屬會反射周遭的黑色背景，可將白色平面放大，畫面較清楚)

Refraction 折射效果

① 折射會有透明的效果，反射太強會無法看出透明效果，需要先將【Metalness (金屬度)】降低為 0。

② 點擊 Refraction 右側的色版，調為白色，使物件完全透明。

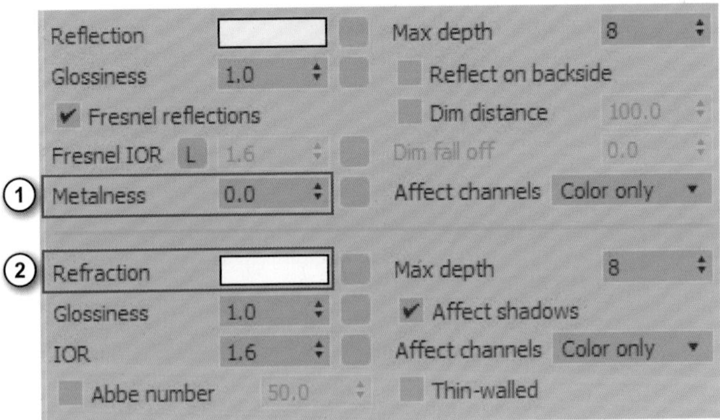

❸ 彩現後，茶壺完全透明，Diffuse 的顏色也會看不見。

❹ 在 Refraction 下方的【Fog color（霧顏色）】調為淺綠色。

	Translucency	None	Illumination	Uniform
4	Fog color		Scatter color	
	Depth (cm)	1.0	SSS amount	1.0

❺ 彩現後，茶壺變成淺綠色玻璃。

❻【Depth（cm）】會影響顏色的強度，數值越高顏色越淺，茶壺更透明。

	Translucency	None	Illumination	Uniform
	Fog color		Scatter color	
6	Depth (cm)	10.0	SSS amount	1.0

⑦ 彩現後如下圖。

⑧ 在 Refraction 下方的【Glossiness（光澤度）】從 1 調為 0.8，使透明玻璃變成磨紗玻璃的效果。

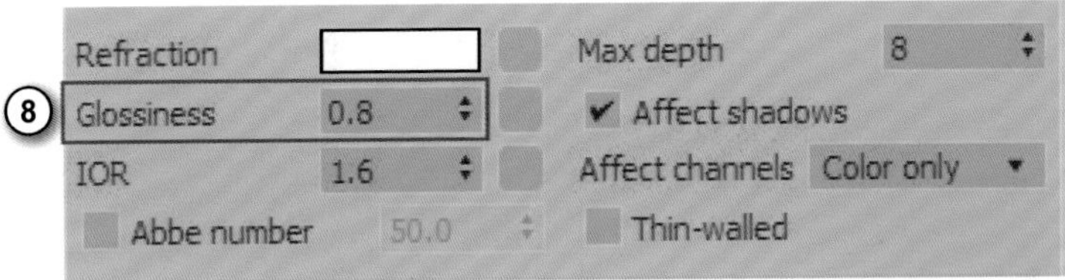

⑨ 彩現後如下圖。

Emission 發光效果

❶ 點擊【VRayMtl】材質，換成其他材質。

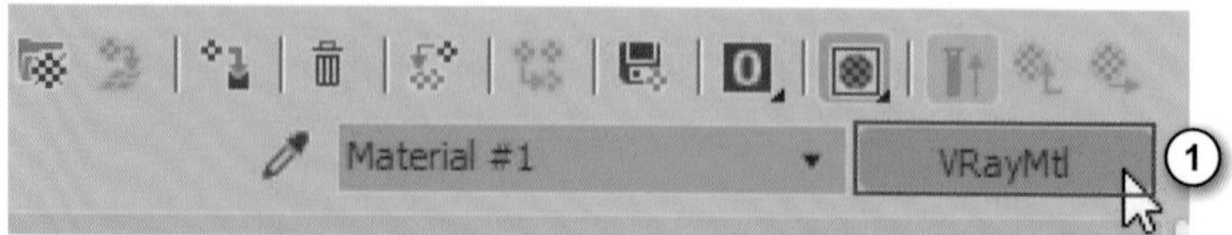

❷ 點擊【Materials（材質）】→【V-Ray】→【VRayLightMtl】發光材質。

❸ 調整 Color 右側的發光顏色，發光強度設定為 1.2。

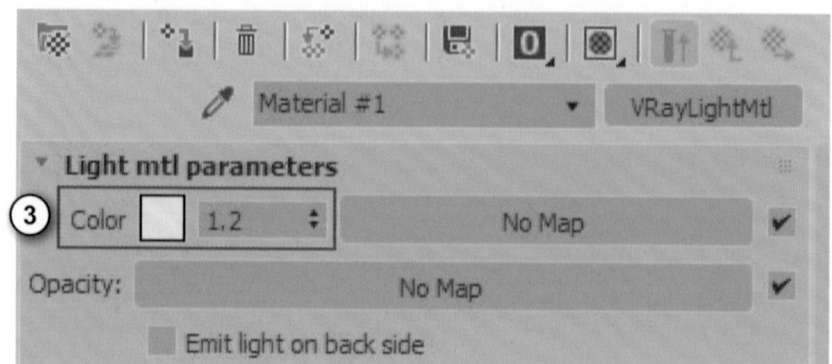

④ 彩現後如下圖。3ds Max 的面分為正面與背面，建立方塊、茶壺的基本物件時，方塊外側為正面，方塊內為背面，茶壺的壺蓋與瓶口可以看到內側並沒有發光。

⑤ 勾選【Emit light on back side】可以使背面也發光。

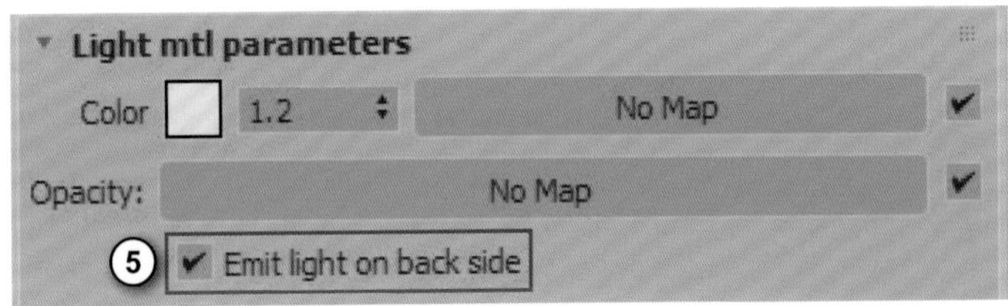

⑥ 彩現後如下圖。

VRay 燈光

7-1 VRay 燈光設定

7-1 VRay 燈光設定

Plane Light（平面光）

❶ 開啟範例檔〈7-1_VRay 燈光設定 .max〉，場景中的茶壺與空間殼皆有指定材質。按 F9 渲染會一片漆黑，因為使用 VRay 渲染器時，場景中不能沒有光源。

❷ 在工具列左側按下滑鼠右鍵→確認已勾選【V-Ray Toolbar】工具列。

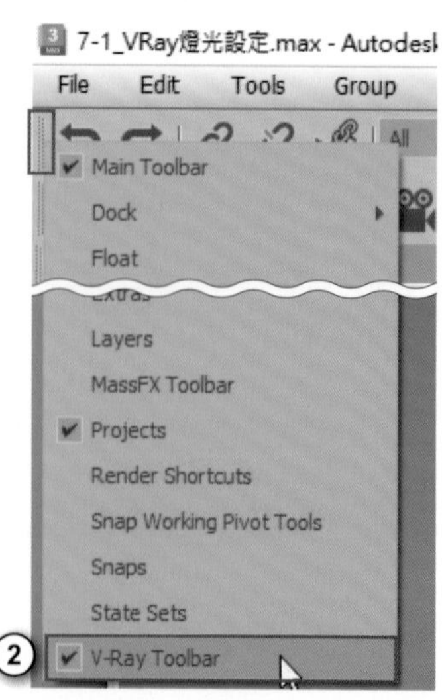

③ 在 VRay 工具列中，點擊【 (Plane Light)】建立平面光。

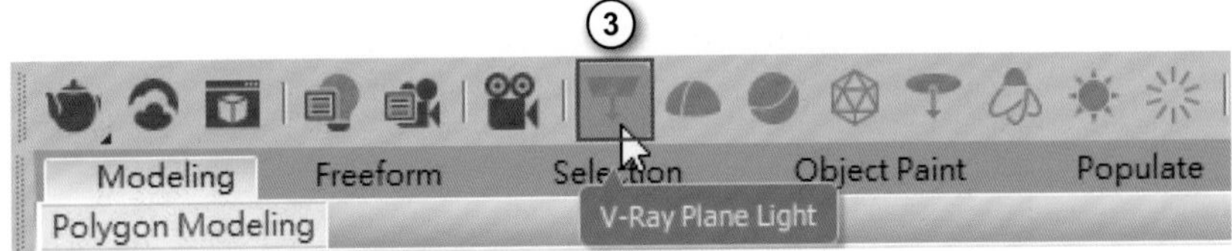

④ 按住滑鼠左鍵拖曳矩形的燈光，右鍵結束。

⑤ 將燈光往上移動，燈光的箭頭是指照明方向。

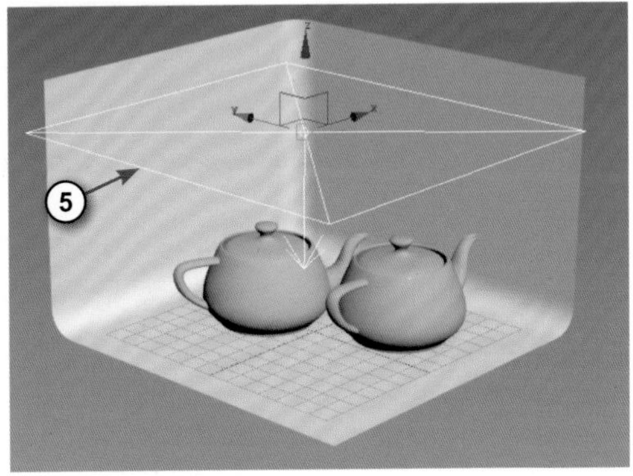

⑥ 在修改面板中，【Multiplier】可以控制燈光的亮度，數值越大越亮，【Color】設定燈光顏色。(燈光尺寸也會影響亮度，尺寸越大越亮)

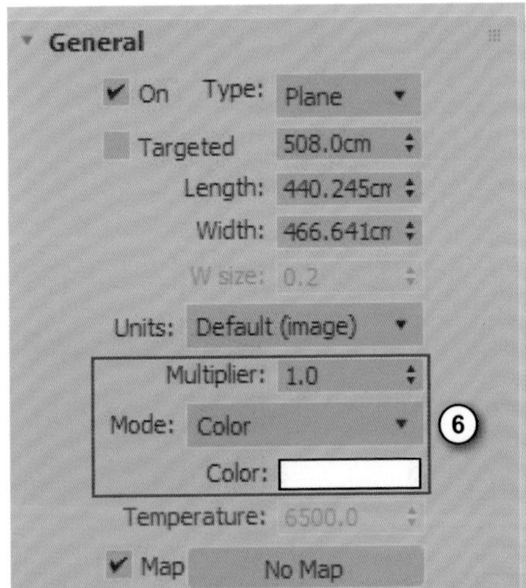

❼ 彩現後如下圖。

❽ 在修改面板中，勾選【Double-sided（雙向）】使兩個方向皆發光。勾選【Invisible（不可見）】彩現時看不見燈光。

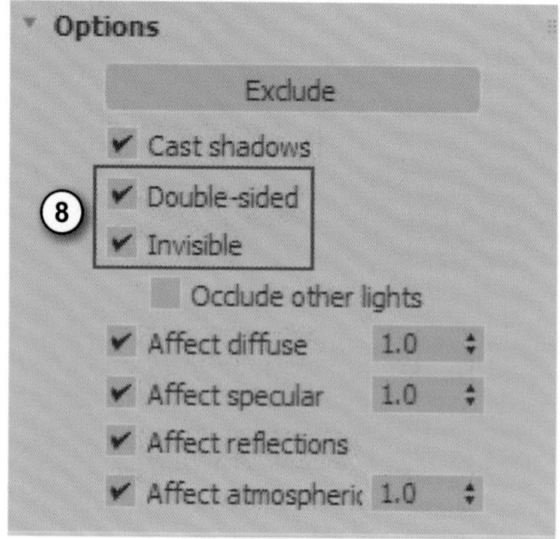

❾ 彩現後如下圖，平面光上方也變亮，且看不見平面光。

Dome Light（半球燈）

❶ 刪除平面光，在 VRay 工具列中，點擊【 (Dome Light)】建立半球光，主要用於環境光。

❷ 在場景中任意位置放置燈光，位置不會影響燈光效果。

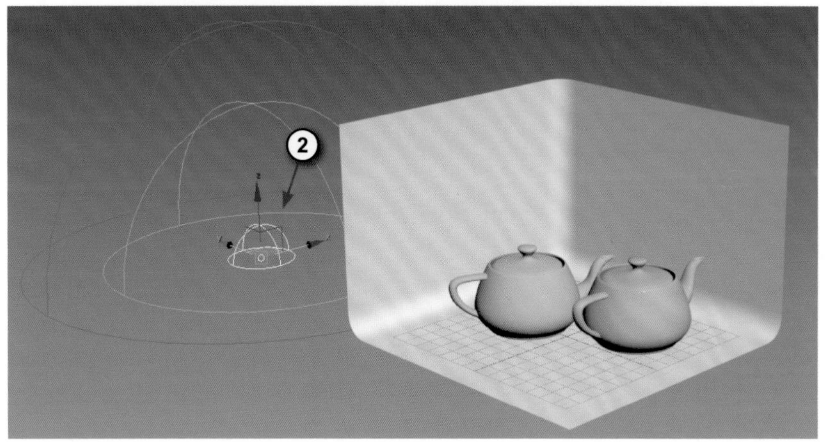

❸ 在修改面板，點擊【No Map】，點擊【Maps】→【V-Ray】→【VRayBitmap】貼圖，選擇範例檔〈modern_buildings_2_2k.hdr〉。（注意不是 jpg 檔案，HDR 檔案可至 https://polyhaven.com/ 網站下載）

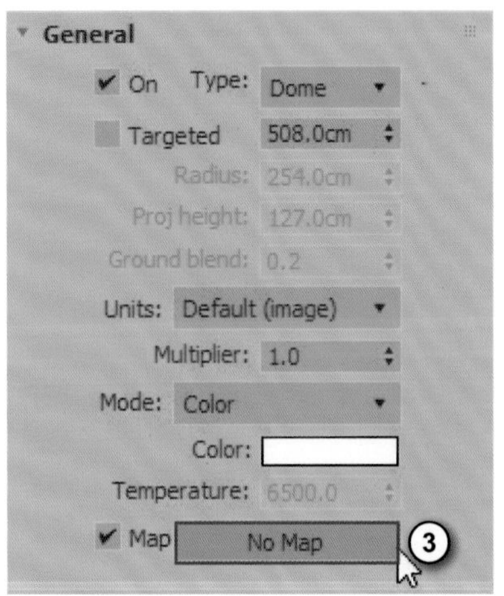

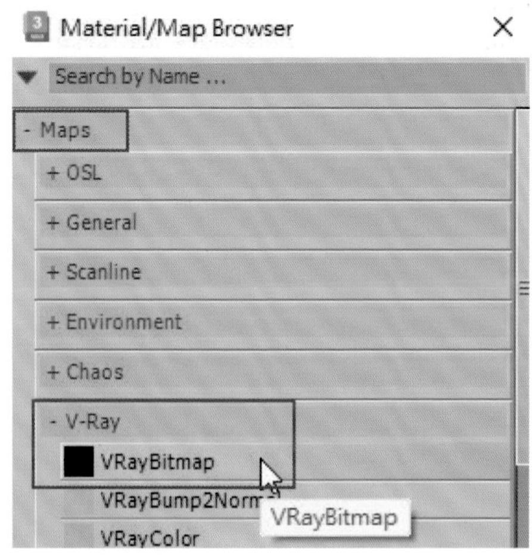

④ 彩現後如下圖，茶壺反射出 HDR 貼圖的場景。

⑤ 按 M 鍵開啟材質編輯器，將 HDR 貼圖拖曳到材質球，就能控制圖片的參數。

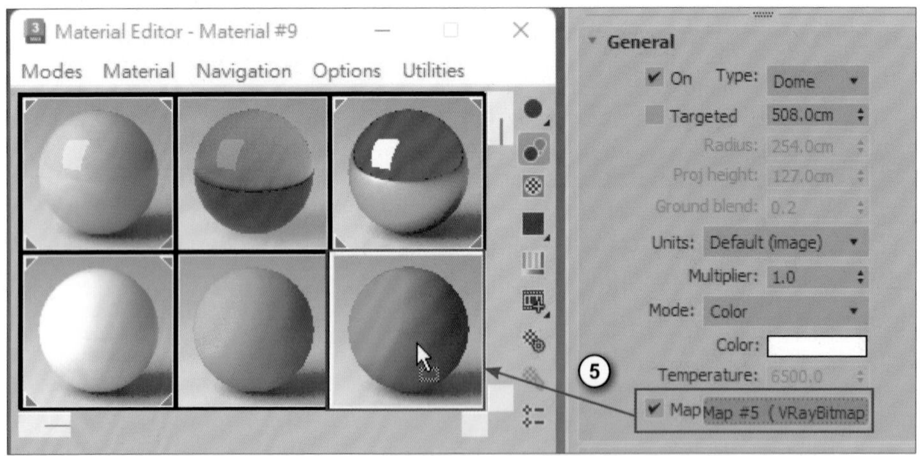

⑥ 複製模式選擇【Instance】。

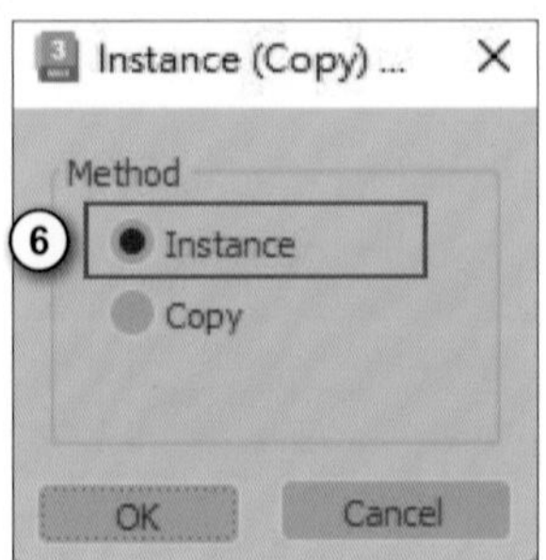

⑦ 點擊【 ... 】可以更換 HDR 檔案。

⑧【Horiz. rotation】調整水平旋轉，【Vert. rotation】調整垂直旋轉，【Flip horizontally】可作水平翻轉。

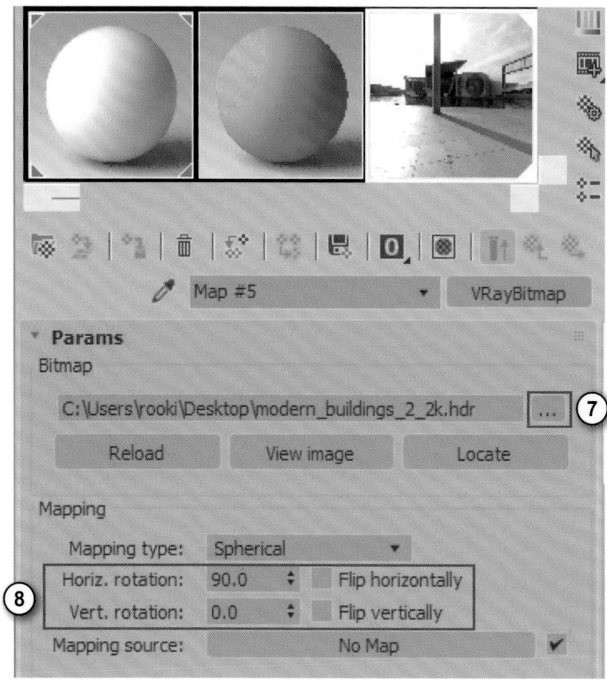

⑨ 彩現後如下圖，背景角度不同，照明方向也不同。

⑩【Overall mult】可以調整整體亮度，數值越高越亮，此處調為 0.3。

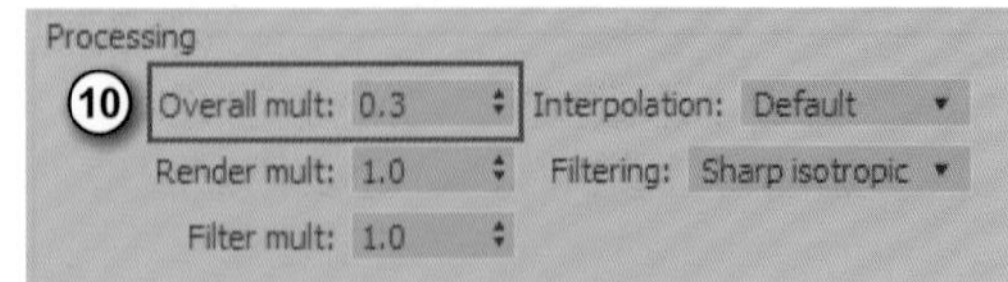

⑪ 彩現後如下圖，畫面已經沒有曝光的情。

⑫ 彩現可以看到背景，但軟體畫面沒有出現，可以點擊功能表的【Views（視圖）】→【Viewport Background（視圖背景）】→【Environment Background（環境背景）】。

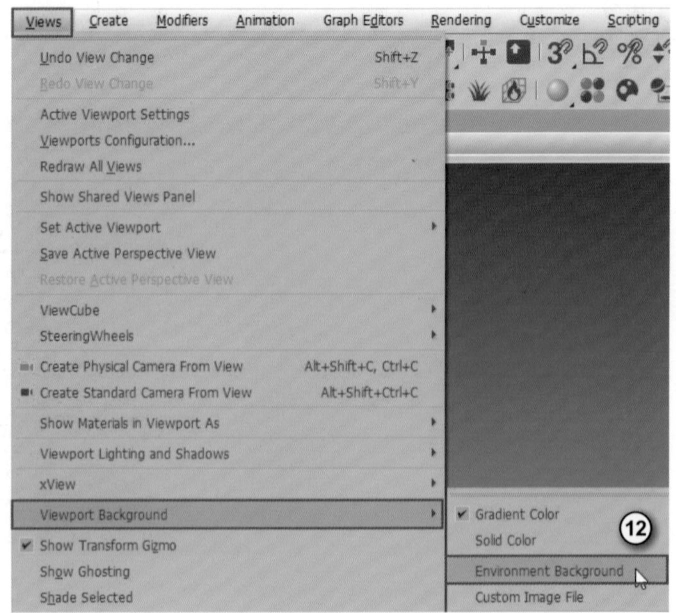

⑬ 按下數字 8 開啟環境視窗，將 HDR 的材質球拖曳到【Environment Map（環境貼圖）】下方的【None】欄位，複製模式選擇【Instance】。

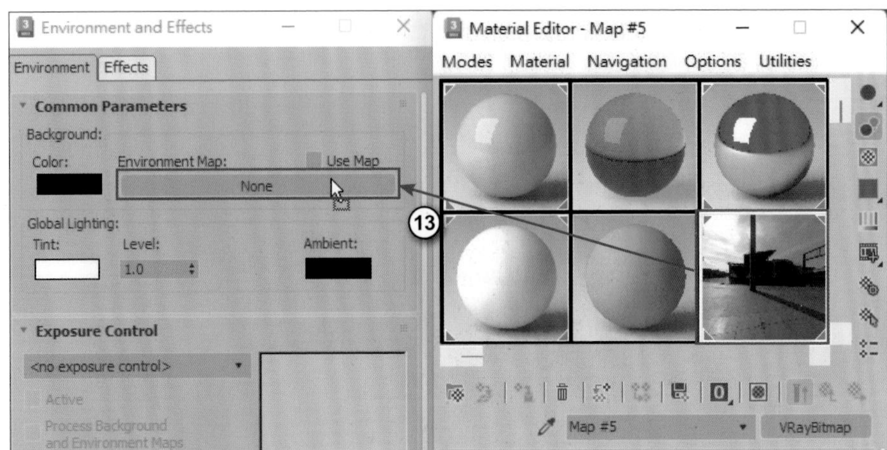

⑭ 還轉視角，已經可以看見背景。

⑮ 刪除半球光，按下數字 8，在【Environment Map（環境貼圖）】的欄位按下右鍵→【Cut（剪下）】，使背景消失。

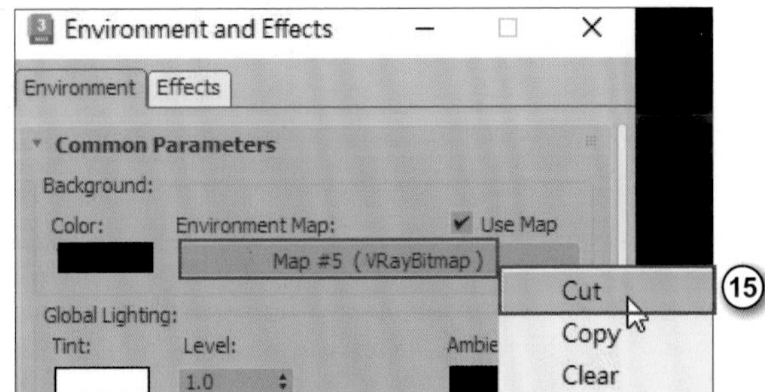

⑯ 點擊功能表的【Views（視圖）】→【Viewport Background（視圖背景）】→【Gradient Color（漸層色）】，恢復灰色漸層的畫面。

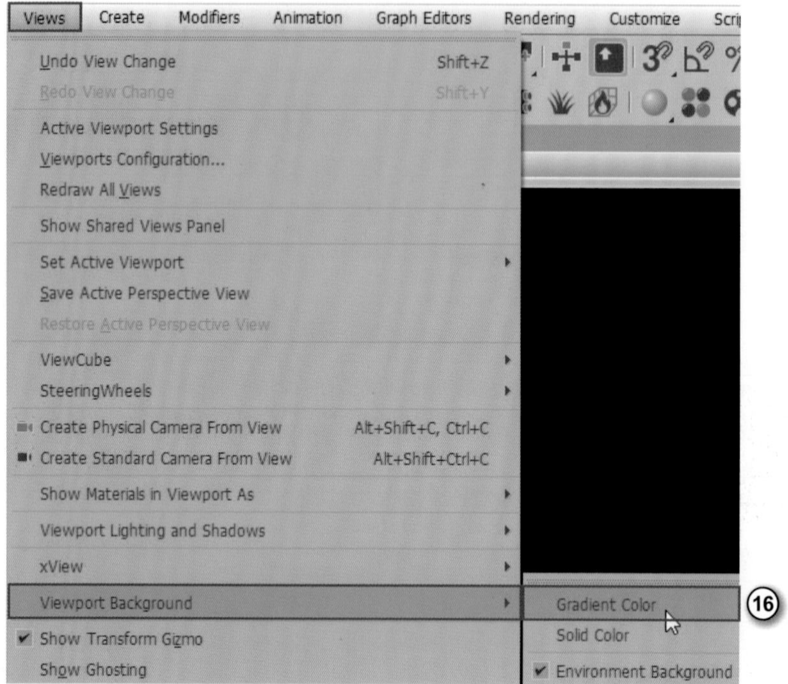

Sphere Light（球型光）

① 刪除半球光，在 VRay 工具列中，點擊【 （Sphere Light）】建立球形光，修改面板的設定與平面光相同。

❷ 按住滑鼠左鍵拖曳球的形狀，按右鍵結束，將球形光往上移動。

❸ 在修改面板中，【Multiplier】燈光強度設為 12，數值越大越亮，任意設定【Color】顏色。(球形光的大小也會影響亮度，尺寸越大越亮。)

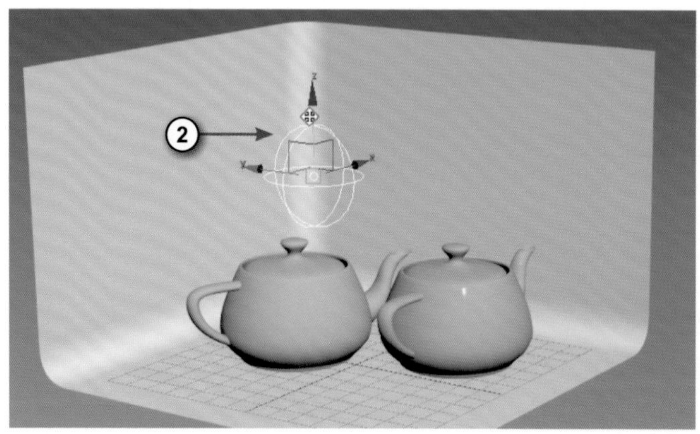

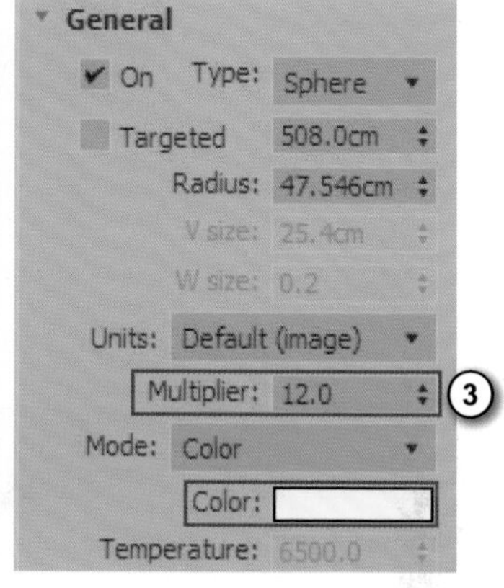

❹ 彩現後如下圖所示。

IES 光

❶ 刪除球形光，在 VRay 工具列中，點擊【 (IES)】建立 IES 光，可以使用不同的 IES 檔案彩現出不同光線的效果。

❷ 按 F 切換到前視圖，在牆邊按住左鍵往下拖曳建立一個 IES，上方的球是燈光，下方的矩形是燈光照射目標點。

❸ 在修改面板，點擊【Ies file】下方的【None】，選擇範例檔〈03.IES〉。

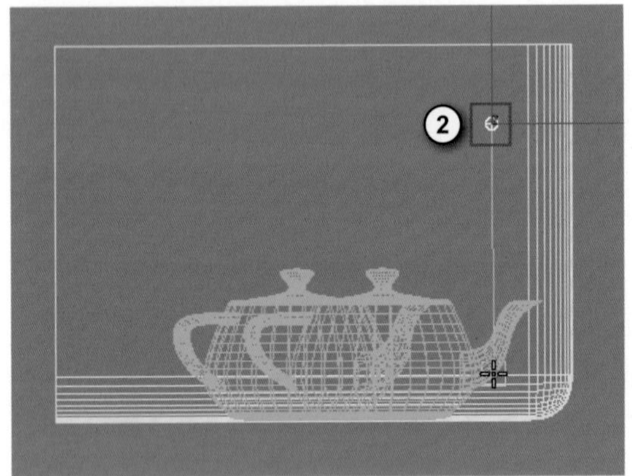

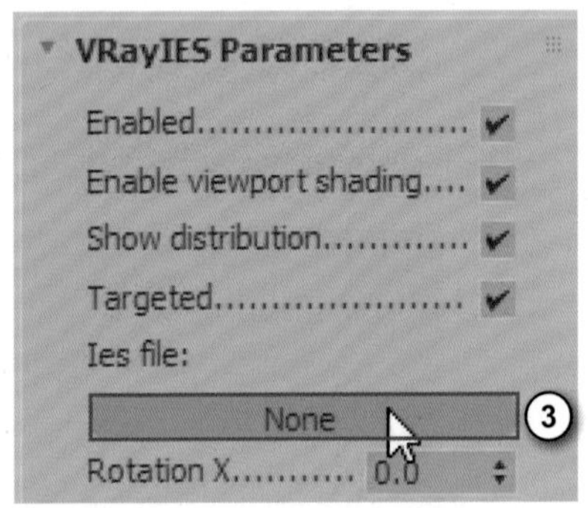

❹ 燈光與模型重疊不容易選取，可以開啟篩選器的下拉選單，從【All】切換為【Lights】，只能選取到燈光。

❺ 按 T 切換到上視圖。即使框選大範圍，也只會選到 IES，此時已經選到燈光與目標點。

❻ 移動燈光位置並複製一個。

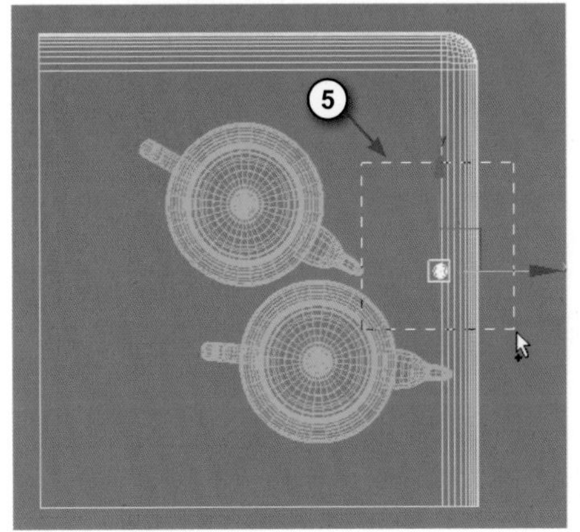

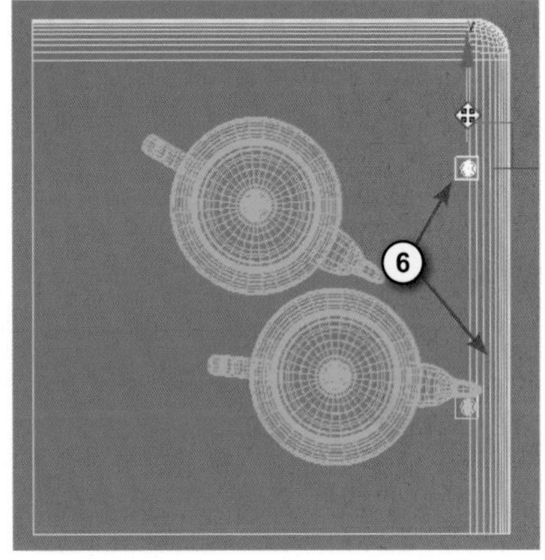

❼ 開啟篩選器的下拉選單，切換回【All】，此時所有物件皆可選取。

❽ 選取燈光，注意不能選到目標點，在修改面板才會出現參數。

❾【Color】可設定顏色，【Intensity value】設定燈光強度 8000。

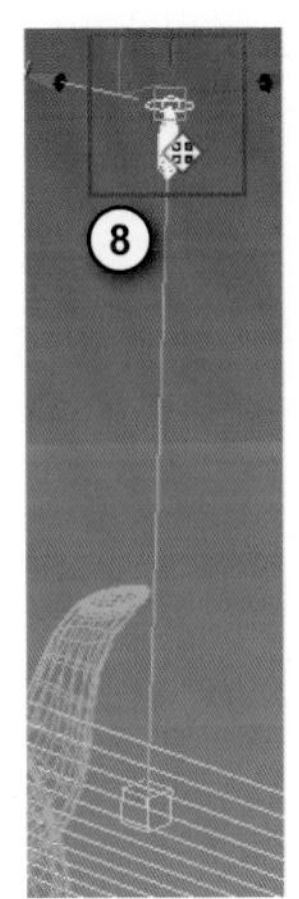

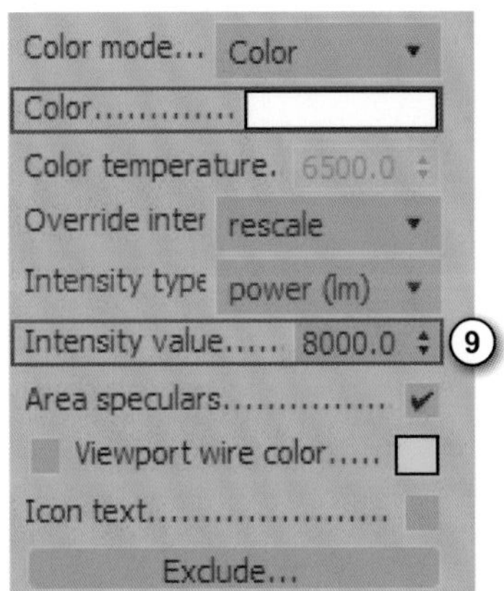

⑩ 彩現後如下圖，牆上出現光的形狀。（IES 沒有照射到牆面不會出現形狀）

⑪ 在修改面板中，點擊【Ies file】下方的【03】，更換〈04.IES〉檔案。

⑫【Intensity value】設定燈光強度 4000，不同的 IES 檔，燈光強度不同。

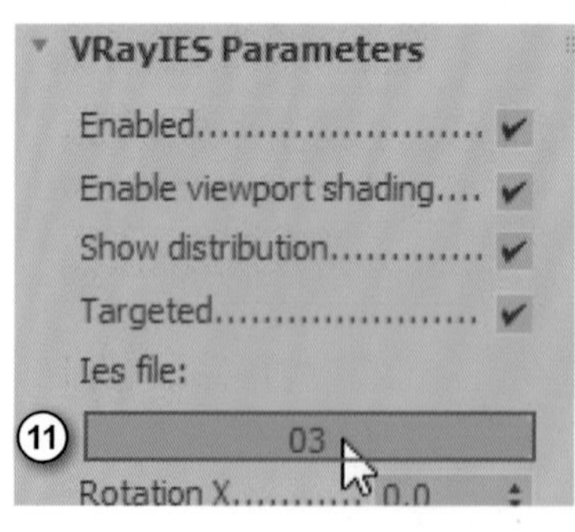

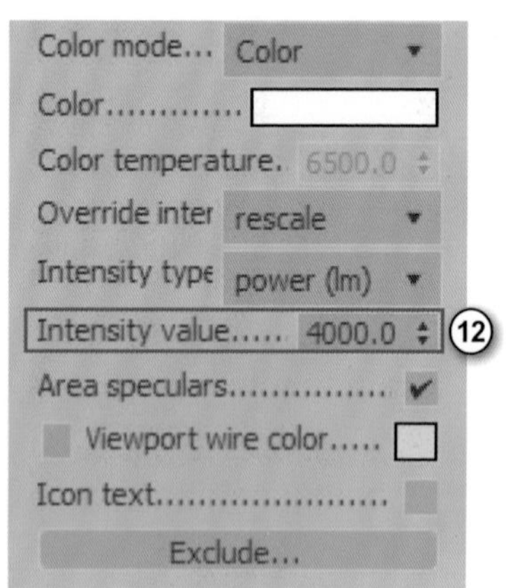

⑬ 單獨選取燈光的目標點，靠近牆面，變更燈光方向。

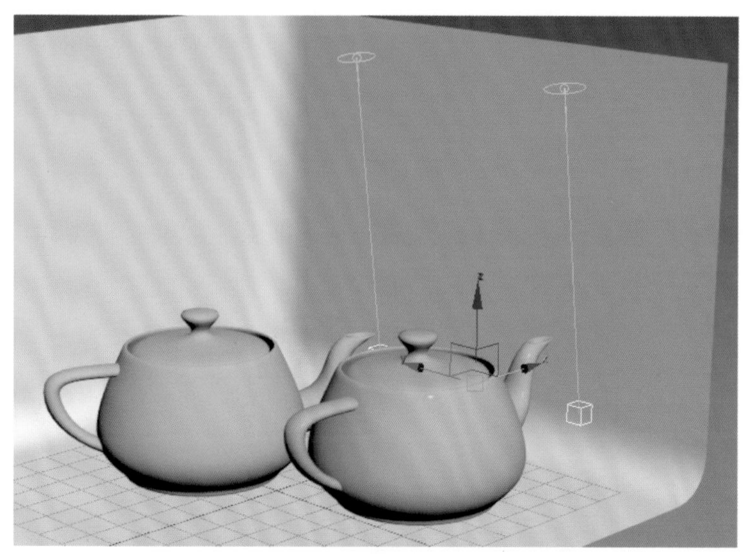

⑭ 彩現後如下圖。

Sun（太陽）

❶ 刪除 IES 燈光。在 VRay 工具列中，點擊【 ☀（Sun）】建立太陽，可以模擬太陽與天空。

❷ 按 F 切換到前視圖，按住滑鼠左鍵從上往下拖曳，上方的圓形為太陽，下方的矩形為照射目標。

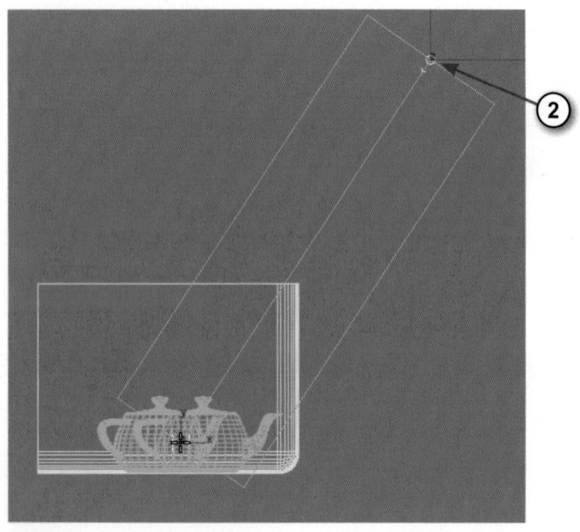

❸ 此時會詢問是否要加入 VRaySky environment map（天空環境貼圖），選擇【是】。

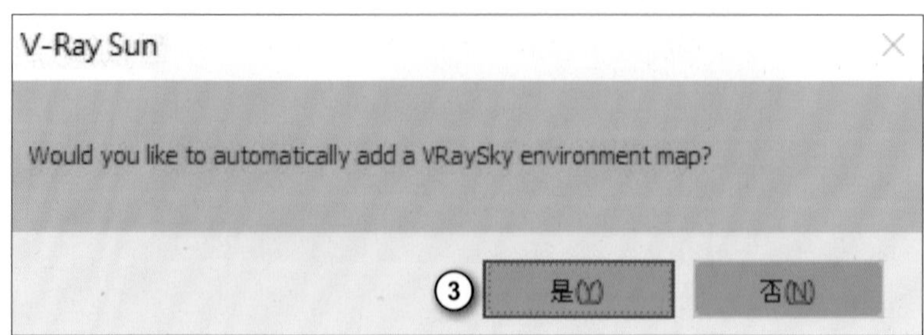

④ 在修改面板中,【Intensity multiplier】太陽的強度倍數設為 0.03,數值太高彩現會變成白色,彩現圖如右圖。

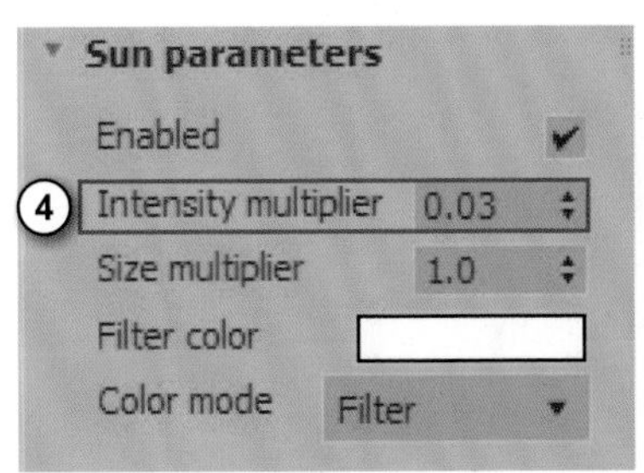

⑤【Size multiplier】太陽尺寸倍數設定為 30,太陽越大,陰影越柔和。

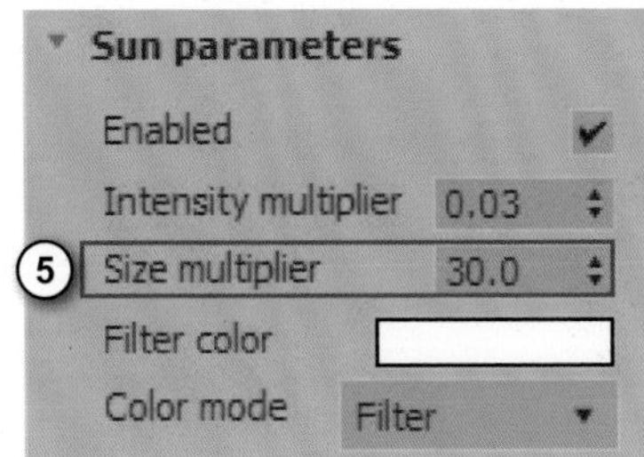

⑥ 彩現後如下圖。

⑦ 將太陽往下移動，注意不要選取到目標點。

⑧ 彩現後變成黃昏效果，太陽位置會影響日照方向與時間。

⑨ 刪除太陽後，天空依然存在，必須按下數字 8，在【Environment Map】的欄位按下右鍵→【Cut（剪下）】，使天空貼圖消失。

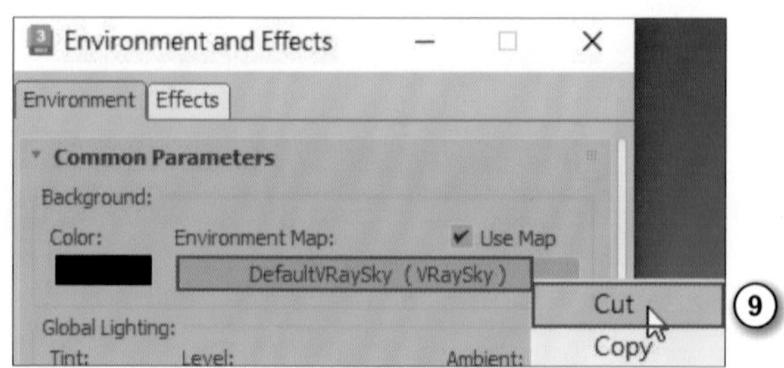

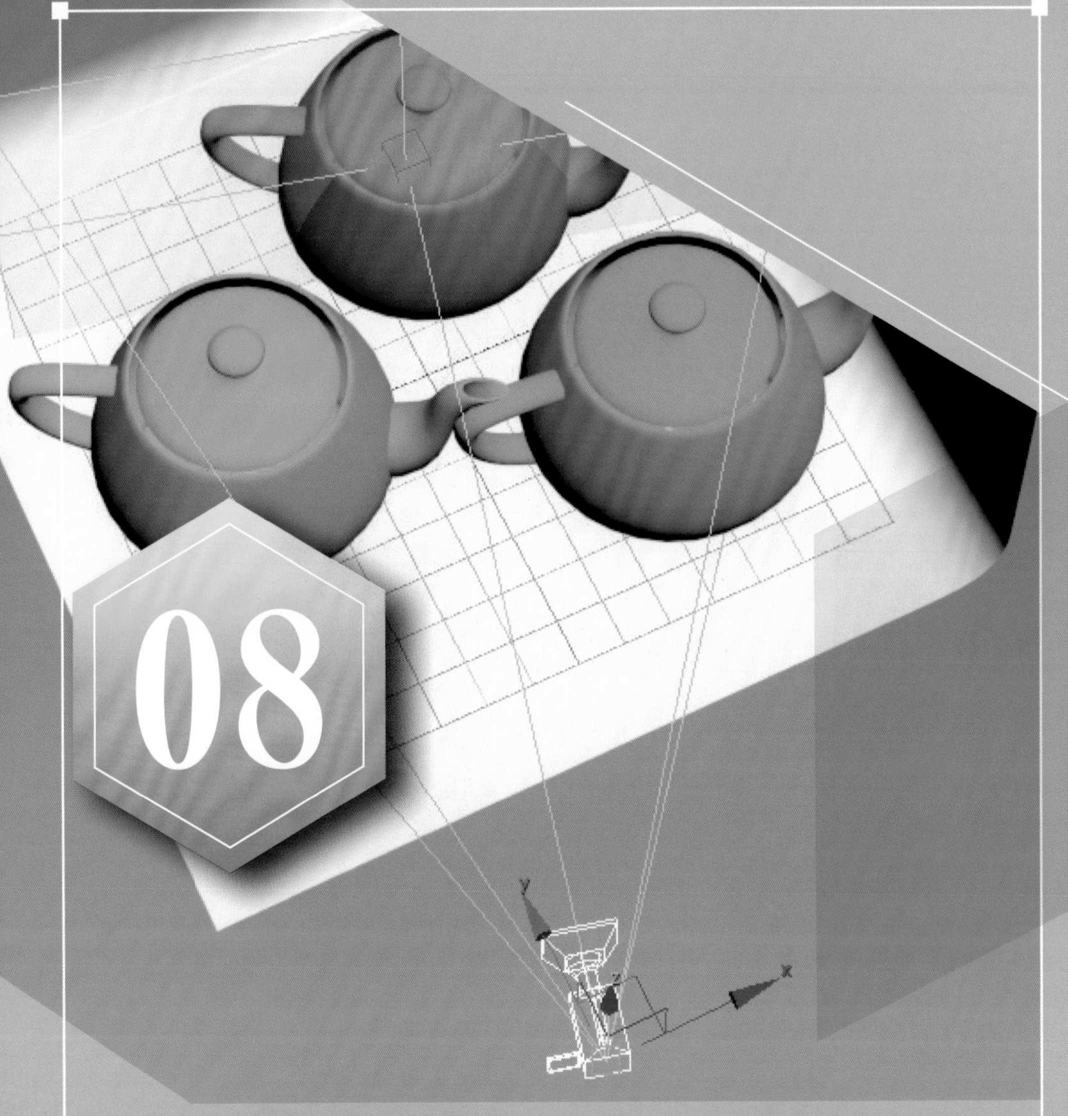

VRay 渲染與相機

8-1 VRay 渲染
8-2 物理相機

8-1 VRay 渲染

彩現視窗

1. 開啟範例檔〈8-1_VRay 渲染 .max〉，場景有茶壺與空間殼，茶壺材質設定模糊反射的效果，太陽強度調低，亮度不足容易有雜點，可以觀察彩現設定的差異。

2. 按下 F9 鍵彩現後如下圖。

③ 在彩現視窗中，點擊【　】按鈕。

④ 按住滑鼠左鍵框選矩形範圍。

⑤ 再點擊【　】按鈕，可以只彩現部分區域，若按住滑鼠左鍵框選其他區域，需重新彩現才有效果。再次點擊【　】取消矩形範圍。

⑥ 開啟【　】功能，彩現時會優先彩現滑鼠所在區域，適合測試彩現時，不需要等整張圖彩現完畢即可知道結果。按 Esc 鍵停止彩現。

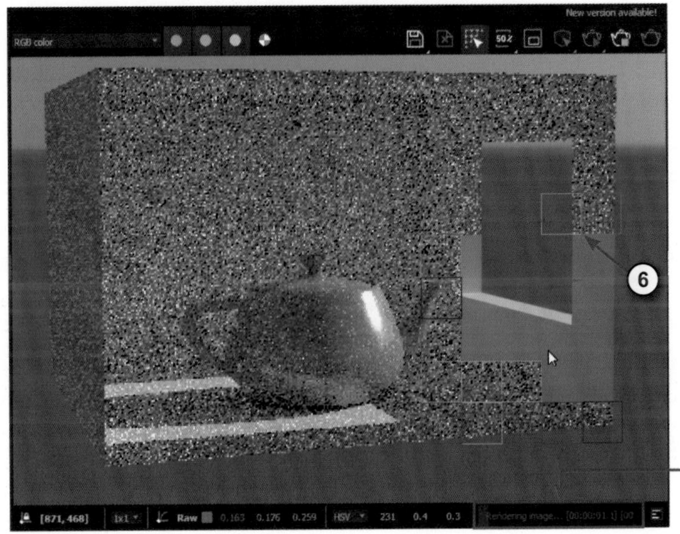

彩現時間

⑦ 彩現視窗只有一個，每次彩現會覆蓋上一次的彩現圖，點擊【Image】→【Duplicate to host frame buffer】可以複製彩現圖，用來比較新舊彩現的差異。

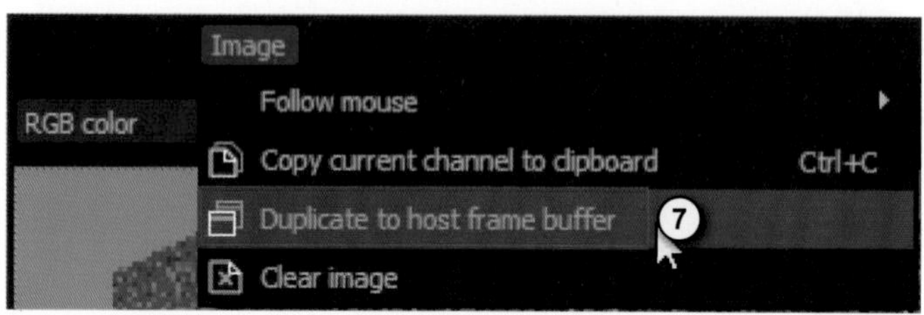

⑧ 點擊【 】儲存彩現圖。

⑨【File name】自訂圖片名稱，【Save as type】設定圖片格式，按下【Save】。

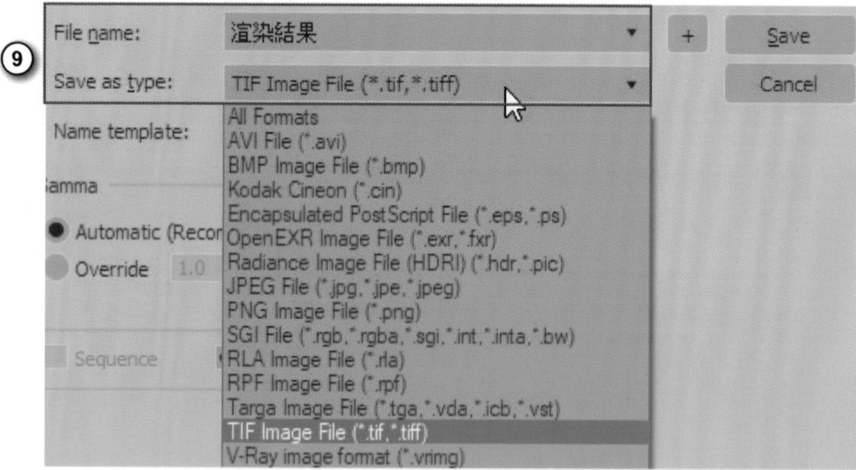

⑩ 點擊 VRay 工具列的【 】按鈕，可以在不彩現的情況，直接開啟彩現視窗。

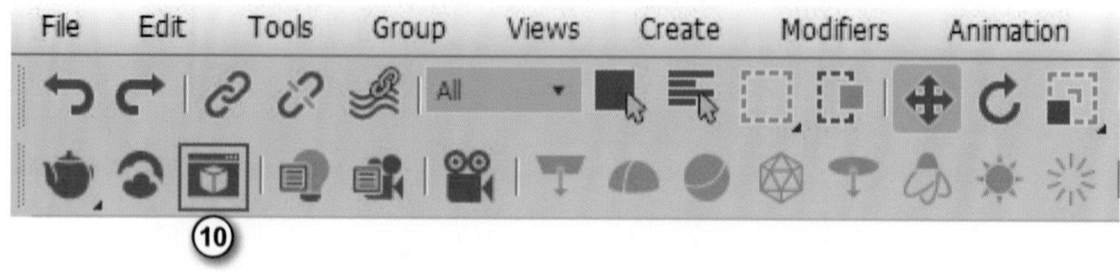

⑪ 點擊【 】按鈕可以即時渲染，點擊【 】停止。

彩現設定 - Antialiasing 抗鋸齒

① 延續上一小節的檔案，按下 F10 鍵或【 】按鈕開啟彩現設定。

② 點擊【V-Ray】。

③ 在【Image sampler（Antialiasing）】下方的【Min shading rate】，以及【Bucket image sampler】下方的【Max subdivs】皆會影響渲染圖像的品質，數值越高，品質好，彩現慢。

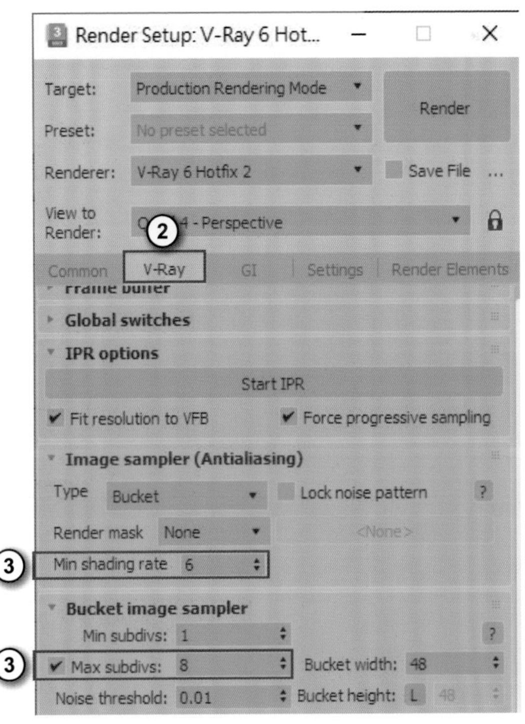

④ 取消勾選【Max subdivs（最大細分值）】。

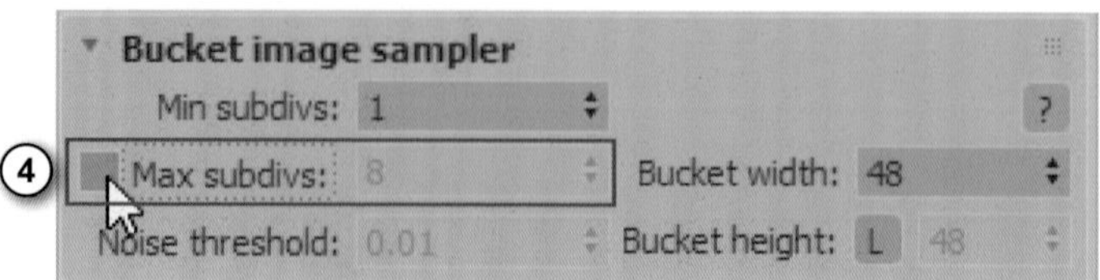

⑤ 彩現後如下圖，有許多雜點，彩現速度快，適合還未完成最終成品時，在測試階段使用的選項。

⑥ 勾選【Max subdivs】。將【Noise threshold】設為 0.1，雜點較多。

⑦ 將【Noise threshold】設為 0.005，數值越小，雜點越少。

彩現設定 - Global illumination 全局照明

① 點擊【GI】。

② 當光線照射某一物件，即使沒有直接被光線照射，也不會是完全黑暗的，是因為光線會反彈，在【Global illumination（全局照明）】下方，【Primary engine】可以設定第一次反彈的效果，【Secondary engine】可以設定第二次以後反彈的效果。

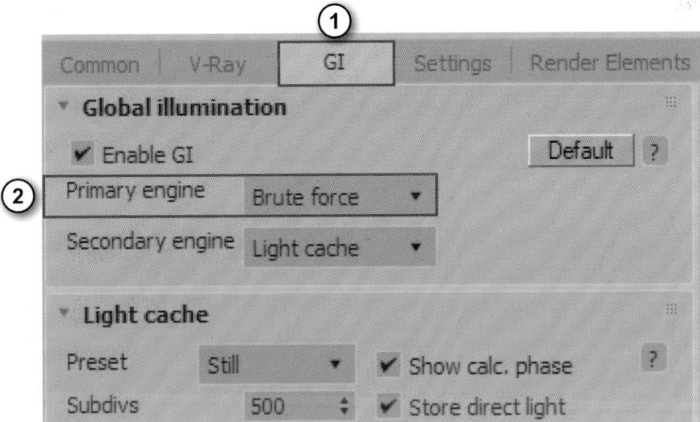

③ 當【Primary engine】設定為【Brute force】，彩現時，許多矩形的位置計算完會直接顯示結果。

④ 當【Primary engine】設定為【Irradiance map】，彩現時，會先初步彩現一次，呈現模糊狀態，再彩現第二次才會完成。

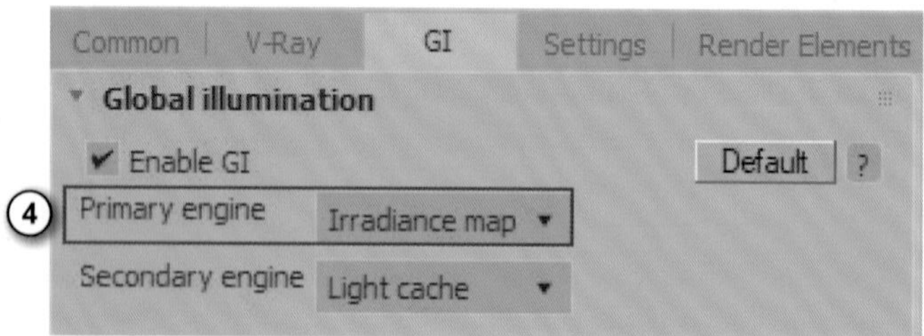

⑤ 彩現如下圖。

⑥ 彩現設定中，【Irradiance map】可以設定細節參數，【Current preset】為內建的預設等級，測試彩現可使用【Very low（非常低）】，彩現最後成品可使用【Medium（中等）】或【High（高）】，且【Subdivs（細分值）】降低為 30。

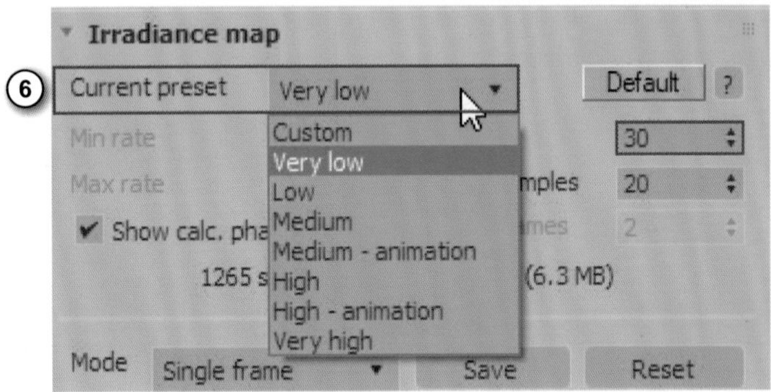

⑦【Light cache】也可以設定細節參數，【Subdivs（細分值）】測試彩現可設定 200，彩現最後成品可設定 1000 以上。

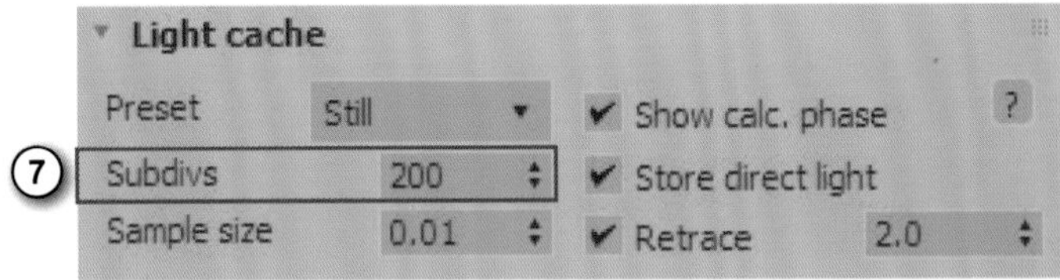

彩現設定 - Ambient Occlusion（AO）

① 點擊【Default（預設）】按鈕，會切換為【Advanced（進階）】模式，顯示更多的參數。

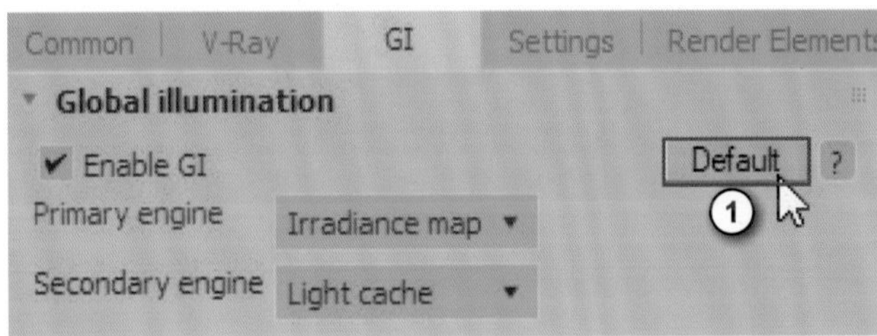

② 勾選【Amb. occlusion】開啟功能，0.8 為強度，【Radius】為範圍大小。

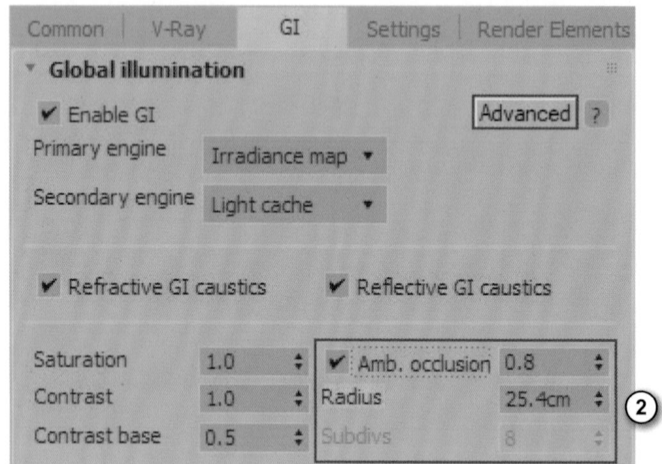

③ 彩現後如下圖，Ambient Occlusion 可以使彩現的明暗效果更加明顯，尤其是陰影處。

彩現設定 - Denoiser 降噪

❶ 點擊【V-Ray】→【Bucket image sampler】→取消勾選【Max subdivs】，使測試彩現的結果更明顯。

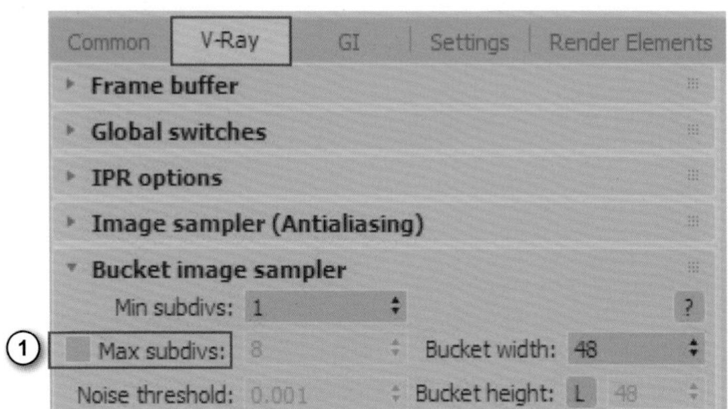

❷ 點擊【Render Elements（渲染元素）】→【Add（加入）】，可以增加要渲染的元素。

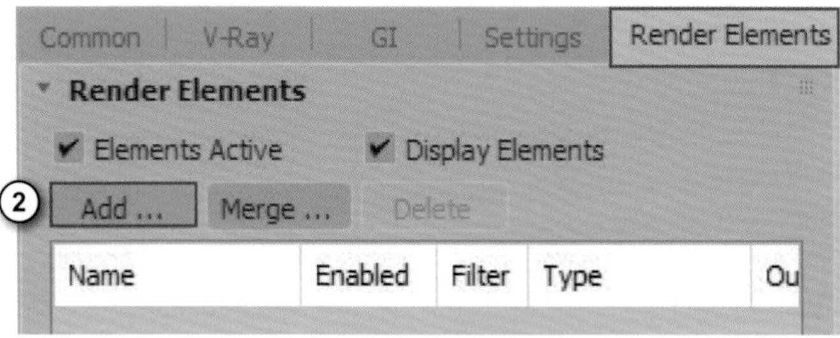

③ 選取【VRay Denoiser】有減少雜點的效果。

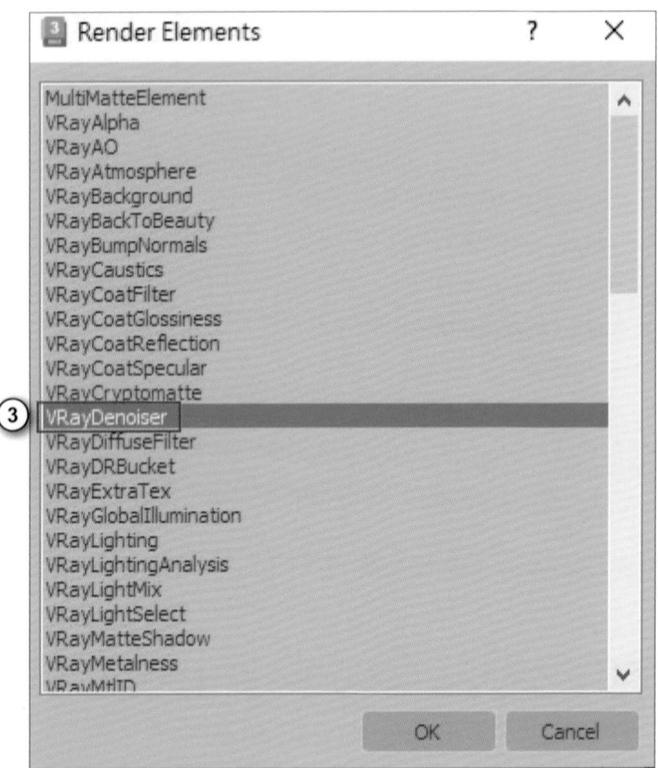

④ 彩現後如下圖，右圖為放大圖。

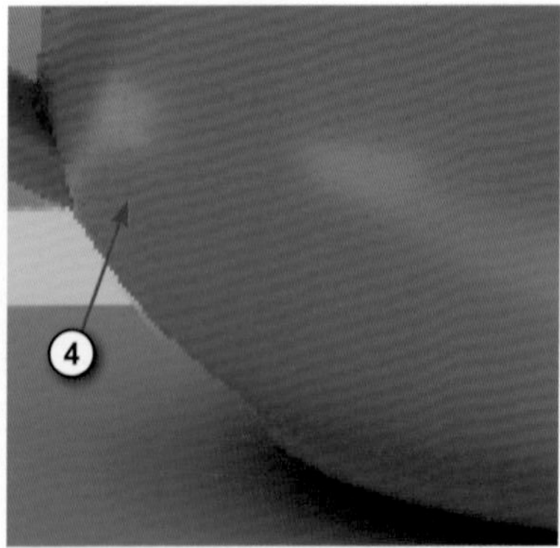

⑤ 在彩現視窗右側，點擊【Denoiser】左側的【 】，隱藏減少雜點的效果。

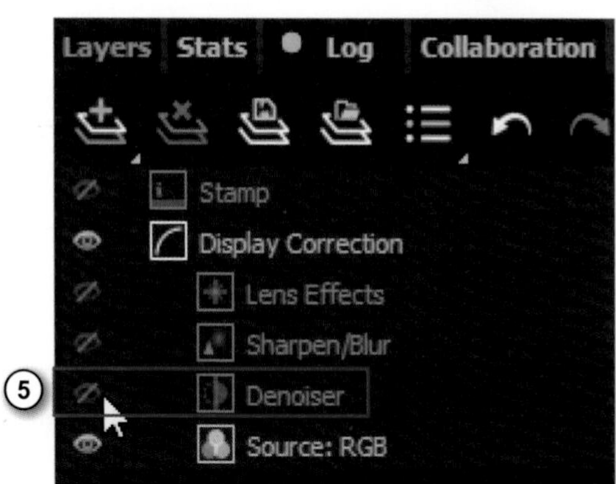

⑥ 畫面變化如下圖。

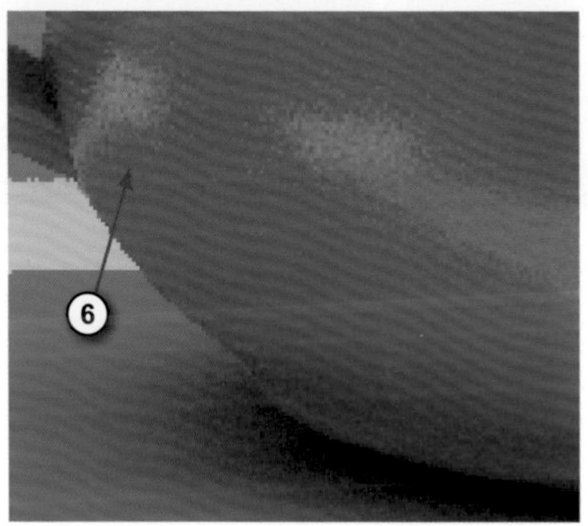

簡易後製

❶ 在彩現視窗右側，點擊【 (Create Layer)】可以增加不同效果的圖層，不用匯入 Photoshop 後製軟體，就能快速後製，最常使用的是【Exposure（曝光）】。

❷ 選取圖層中出現的【Exposure（曝光）】圖層，下方會出現曝光的參數。

❸【Exposure】參數可以調整整體亮度。

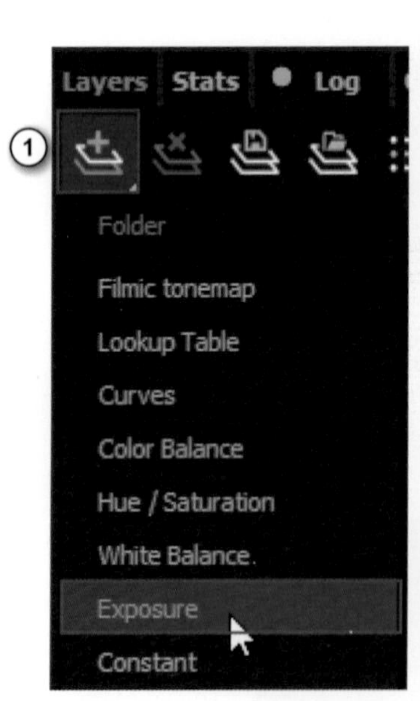

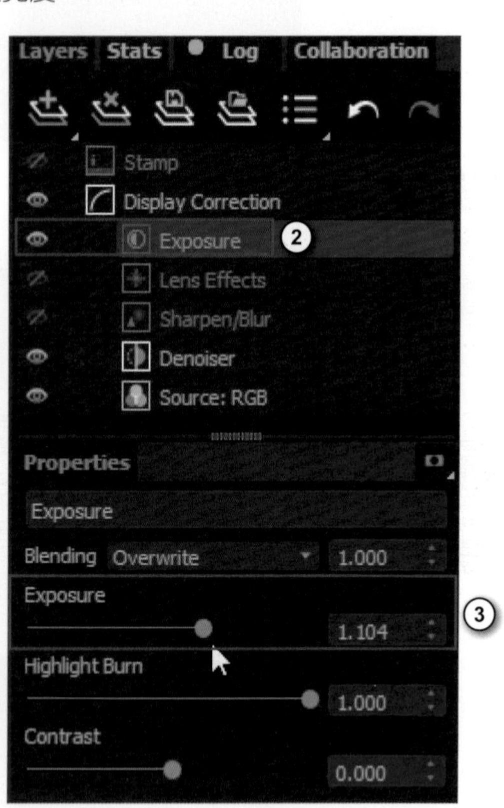

④ 變化如下圖所示，【Exposure】數值往右越亮，往左越暗。

⑤【Highlight Burn】可以調整高光處，數值往左調整減少曝光情形。

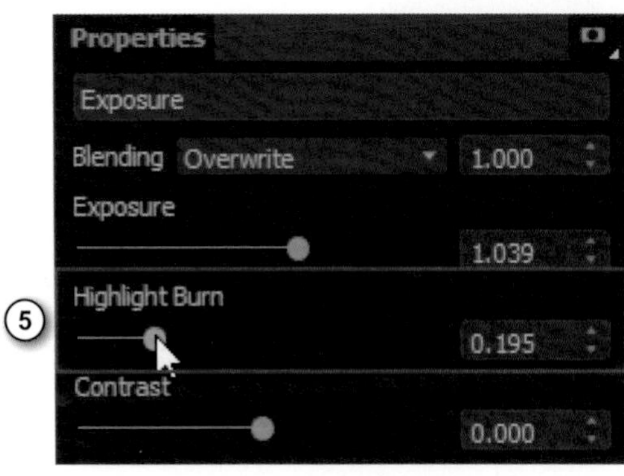

⑥【Contrast】調整顏色對比，數值往右增加立體感，但數值太高效果不真實。

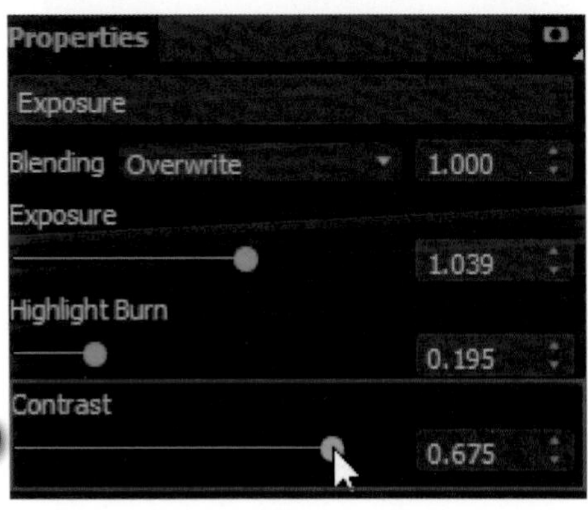

7 將【Len Effects】左側眼睛開啟，勾選【Enable bloom/glare】啟用光暈效果，增加【Intensity】、調高【Bloom】與減少【Threshold】皆會使光暈效果更明顯。

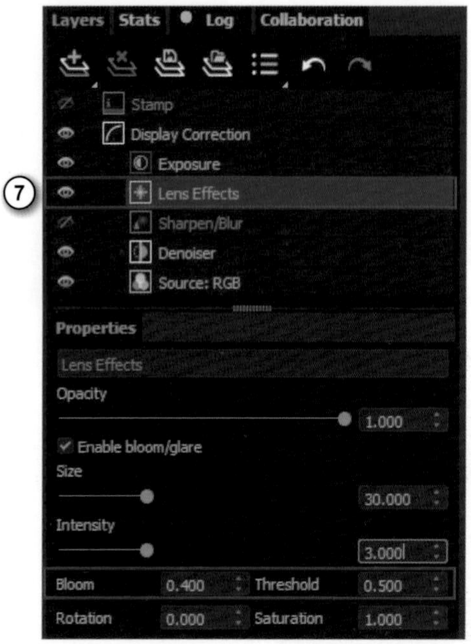

彩現尺寸

1 按下 Shift+F 鍵開啟安全框，此為彩現的範圍。

❷ 按下 F10 鍵開啟彩現設定，點擊【Common】，此為共同設定，不論使用何種渲染器，都會有這個設定。

❸ 點擊【Output Size（輸出尺寸）】的下拉選單，有許多寬與高的比例可以選擇。

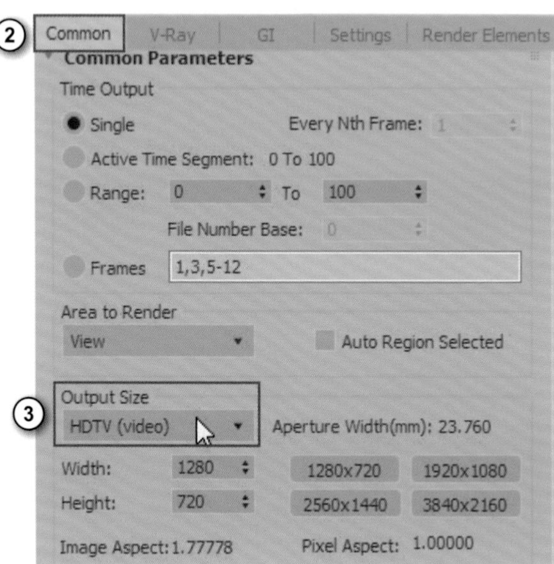

❹【Output Size（輸出尺寸）】設定為【Custom（自訂）】，可以自由輸入【Width（寬）】與【Height（高）】的尺寸。

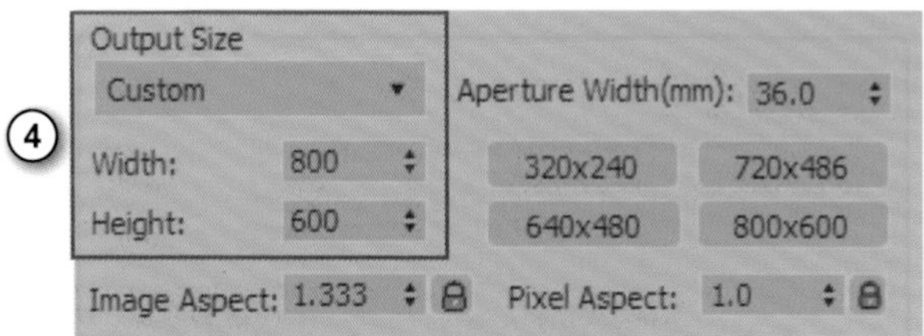

❺ 點擊【🔒】鎖住目前的比例，【Width】輸入 1600，則【Height】會依照比例修正。

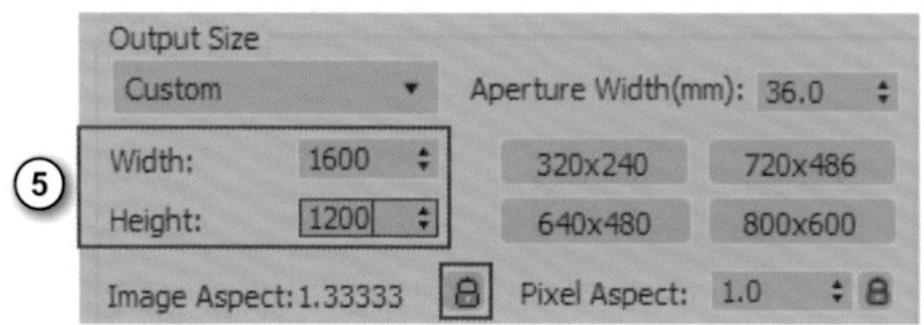

8-2 物理相機

建立方式

❶ 開啟範例檔〈8-2_ 物理相機 .max〉。

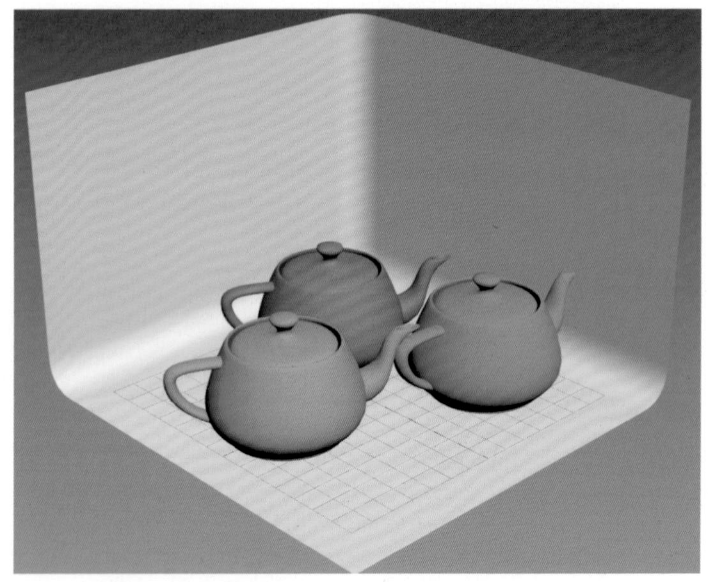

❷ 相機有兩種建立方式，第一種是按 T 鍵切換到上視圖，點擊【Create（創建）】→【Camera（攝影機）】→【Standard（標準）】→【Physical（物理相機）】。

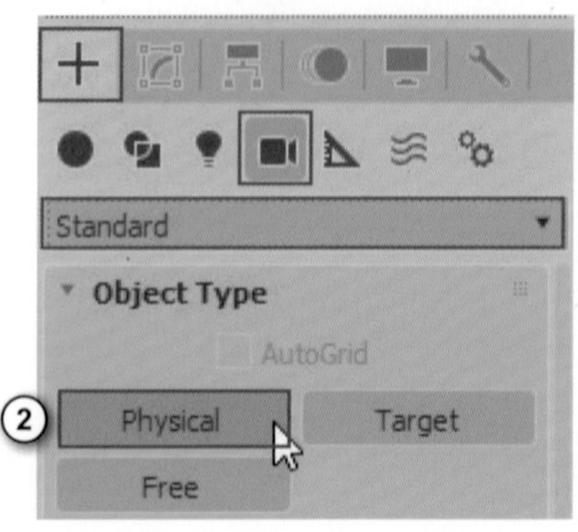

③ 按住滑鼠左鍵從相機位置往茶壺拖曳，在地面上建立相機。

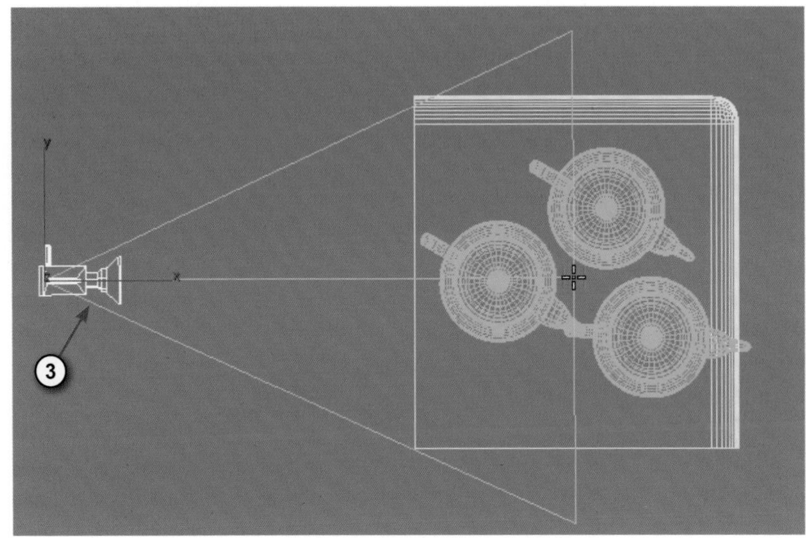

④ 按下 C 鍵進入相機視角，原本右上角的視圖方塊會消失。

⑤ 左上角會顯示目前在【physCamera001】的相機視角。

⑥ 按住滑鼠中鍵平移視角至如下圖所示。

7 點擊視窗右下角的【 】，在畫面中按住滑鼠左鍵可以左右旋轉視角，按右鍵結束指令。

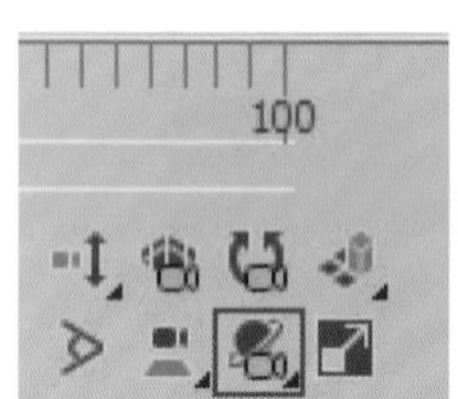

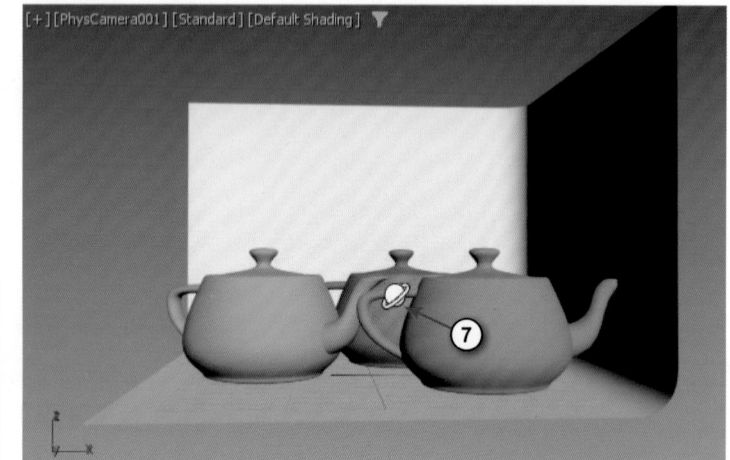

8 點擊視窗右下角的【 】，在畫面中按住滑鼠左鍵可以上下拉遠或拉近，按右鍵結束指令。

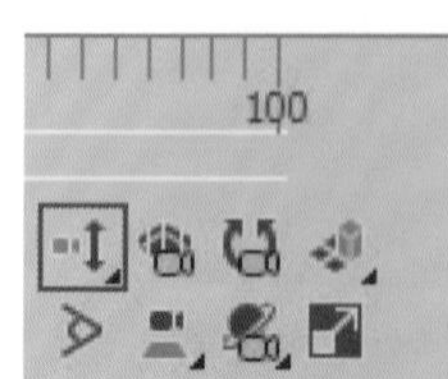

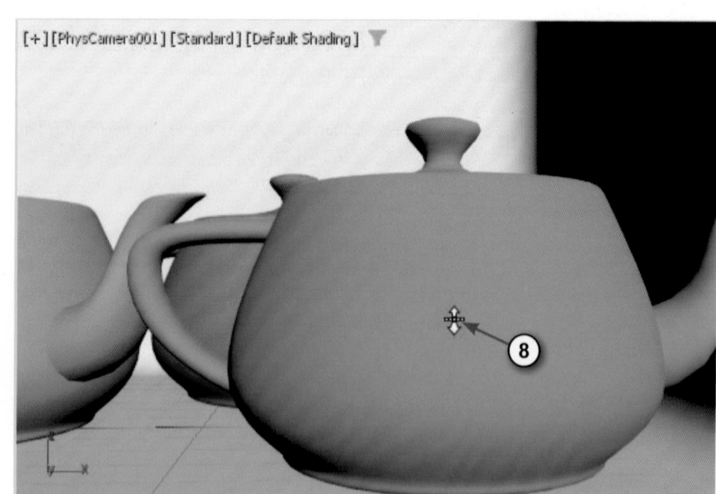

⑨ 第二種建立相機方式，必須按下 P 鍵離開相機視角並變成透視視角才能建立。

⑩ 先調整到想建立相機的視角。

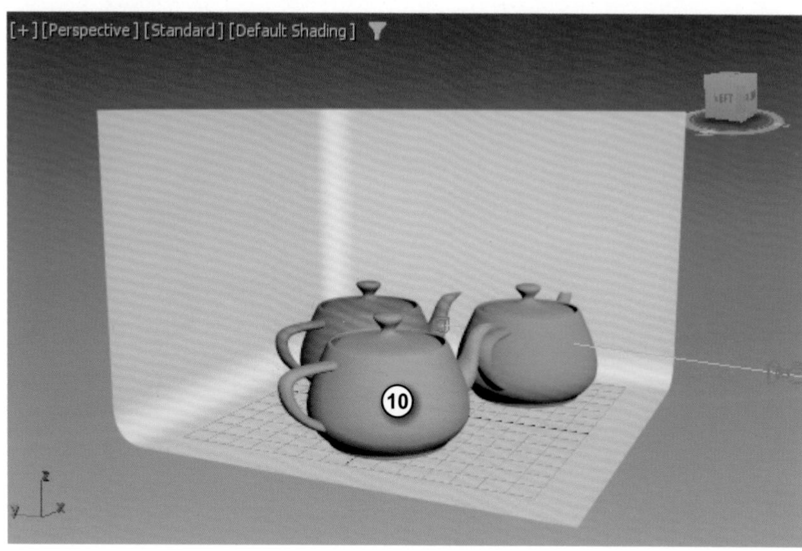

⑪ 按下 Ctrl+C 鍵即可建立相機，並直接進入相機視角，如下圖，左上方顯示【PhysCamera002】。

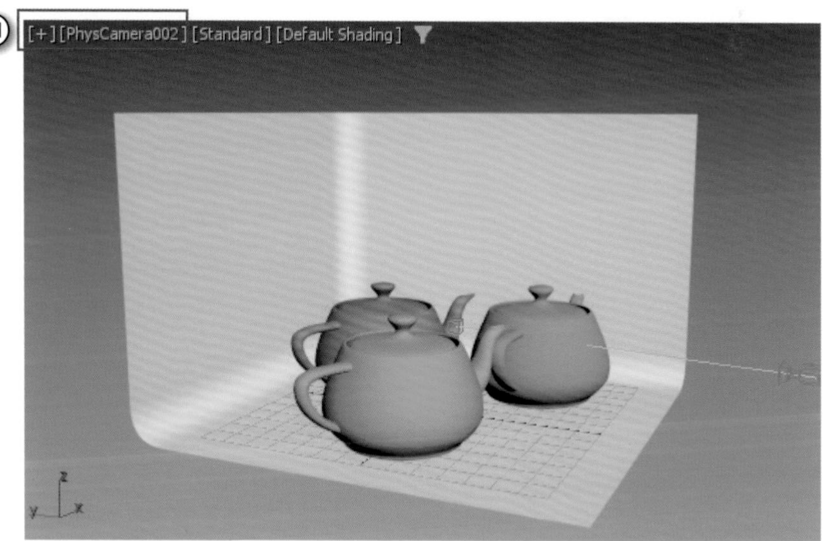

⑫ 按下 P 鍵離開相機視角後，會發現目前有兩台相機。

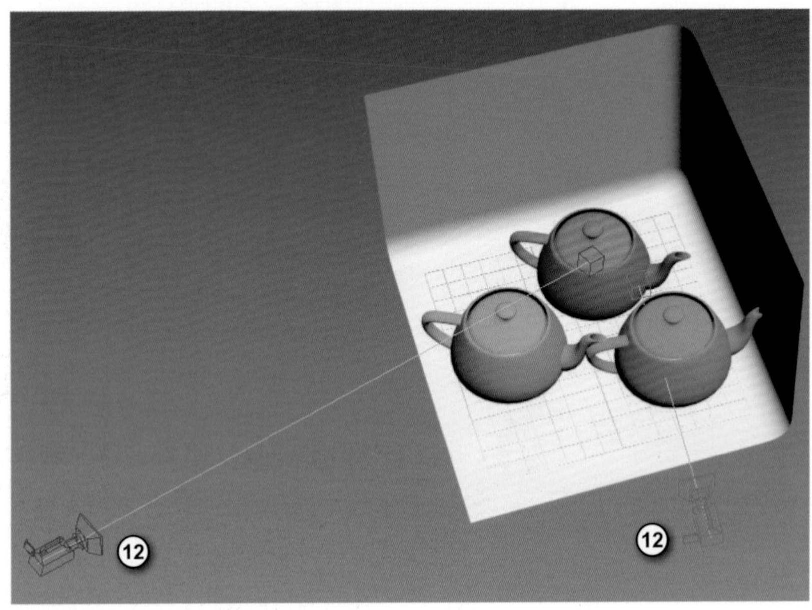

⑬ 有多台相機時，按下 C 鍵進入相機視角，會出現相機清單以供選擇。

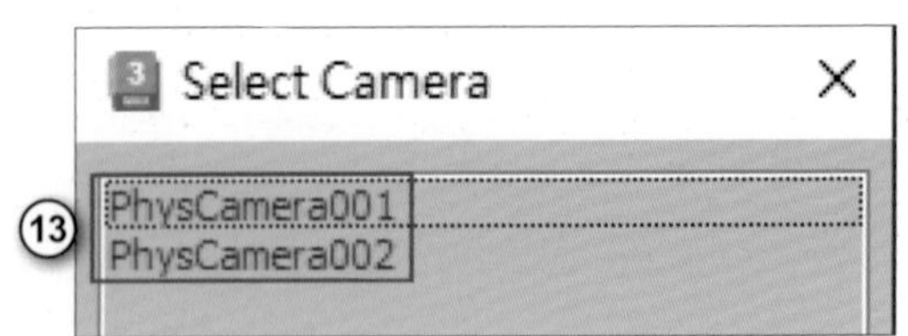

⑭ 也可以先選取一台相機。

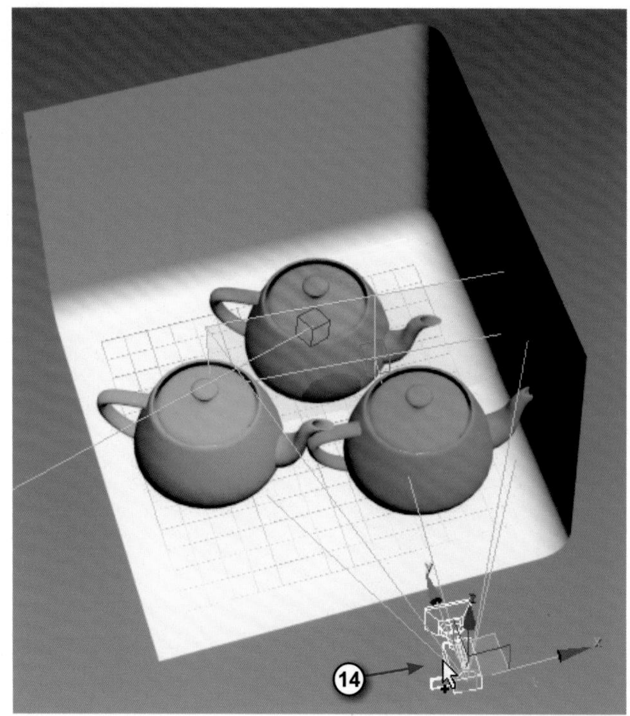

⑮ 按下 C 鍵進入選取相機的視角。

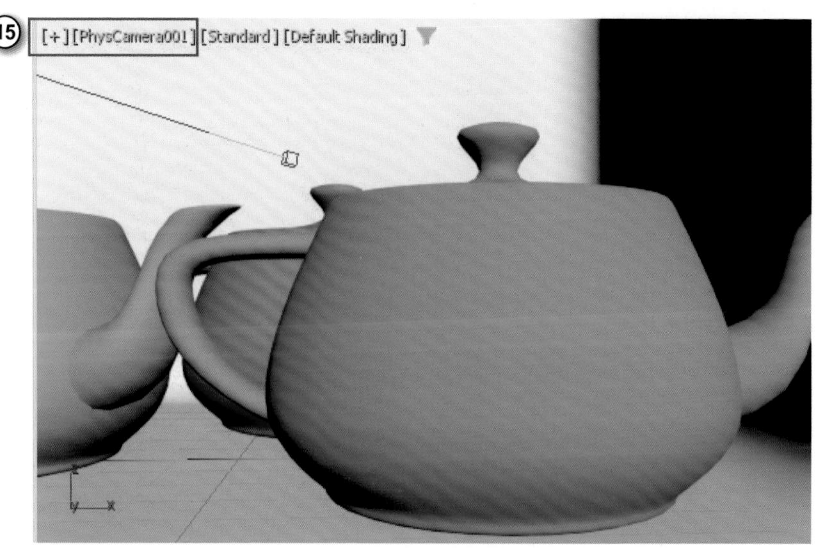

臥室空間設計

9-1 匯入臥室平面圖
9-2 臥室結構
9-3 櫃體製作
9-4 天花板與相機
9-5 材質設定
9-6 燈光設定與彩現

9-1 匯入臥室平面圖

匯入 CAD 平面圖

❶ 點擊功能表【File（檔案）】→【Reset（重置）】。

❷ 點擊功能表【Customize（自訂）】→【Units Setup（單位設定）】。

❸【Display Unit Scale（顯示單位比例）】選擇【Metric（公制）】，下拉選單選擇【Centimeters（公分）】。

❹ 點擊【System Unit Scale（系統單位比例）】。

❺ 系統單位也選擇【Centimeters（公分）】。

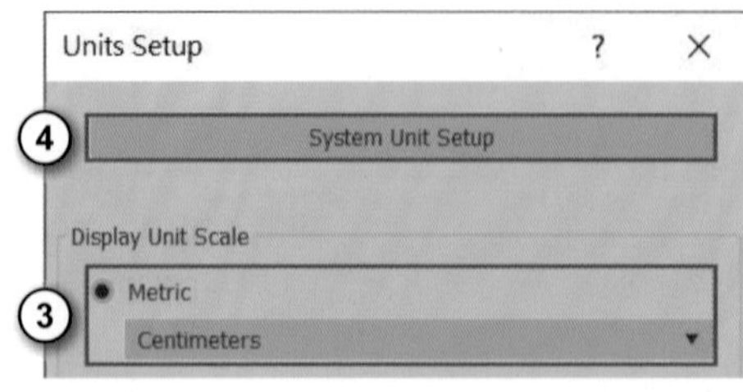

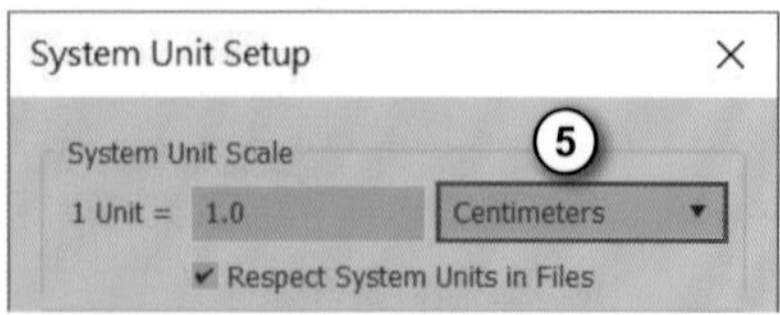

❻ 點擊功能表【File（檔案）】→【Import（匯入）】→【Import（匯入）】，選擇範例檔〈臥室平面圖 .dwg〉。

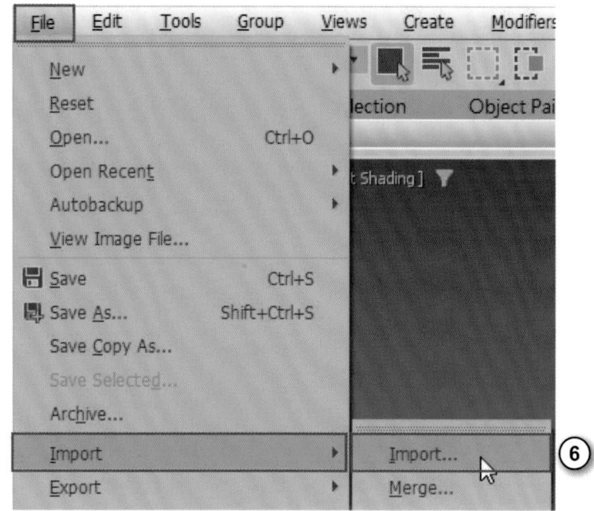

❼ 開啟後會出現匯入設定的視窗，勾選【Rescale（重訂比例）】，將【Incoming file units（傳入檔案的單位）】的尺寸更改為【Centimeters（公分）】，可以用正確的單位來匯入平面圖。（若〈平面圖 .dwg〉的繪製單位為公分，則設定 Centimeters，若繪製單位為公釐，則設定 Millimeters）。

❽ 在【Derive AutoCAD Primitives by】欄位內，下拉式選單中選取【Layer】以圖層來區分物件。

❾ 再將【Weld nearby vertices（焊接鄰近點）】勾選，按下【OK】鍵匯入臥室平面圖。

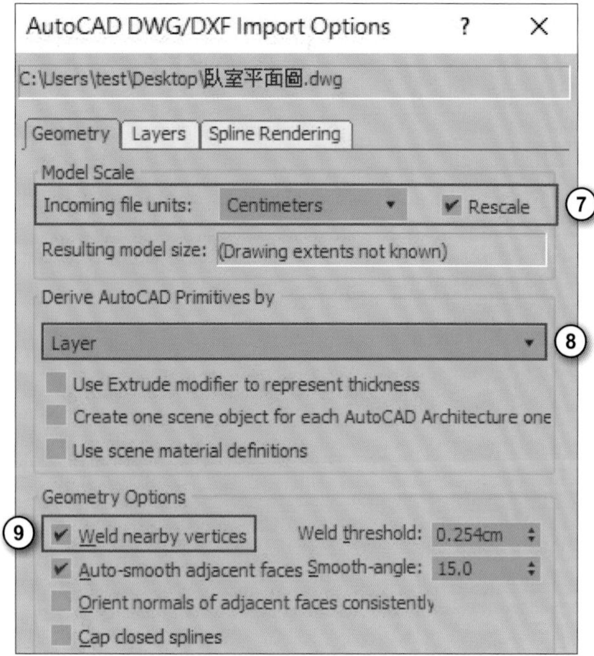

⑩ 按下 Z 鍵可以看見平面圖，選取匯入的平面圖，按下「W」切換移動指令，以滑鼠右鍵點擊下方 X、Y、Z 座標的【 ⬍ 】按鈕，使座標歸零。若匯入的平面圖位置離原點很遠，移動到原點會比較容易繪製模型。

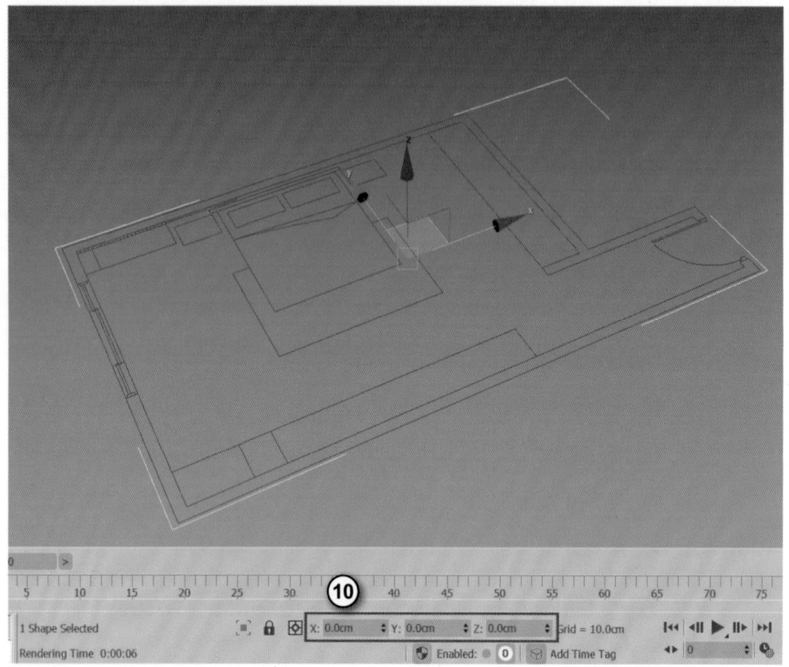

9-2 臥室結構

牆面繪製

❶ 開啟【3 (物件鎖點)】，右鍵點擊【3】設定，勾選【Vertex (頂點)】，其餘不勾選。按下「T」切換上視圖，在【Create (創建面板)】中，點擊【Line (線)】，描繪平面圖的兩個封閉的牆線。

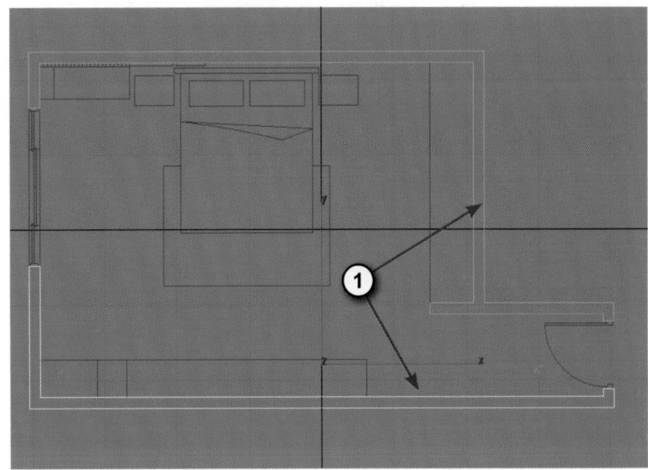

❷ 點擊工具列的【 】開啟場景清單，點擊 Layer:0 左邊的眼睛，隱藏臥室平面圖。完成的牆線段應該如右圖所示。再次點擊眼睛，可顯示平面圖。

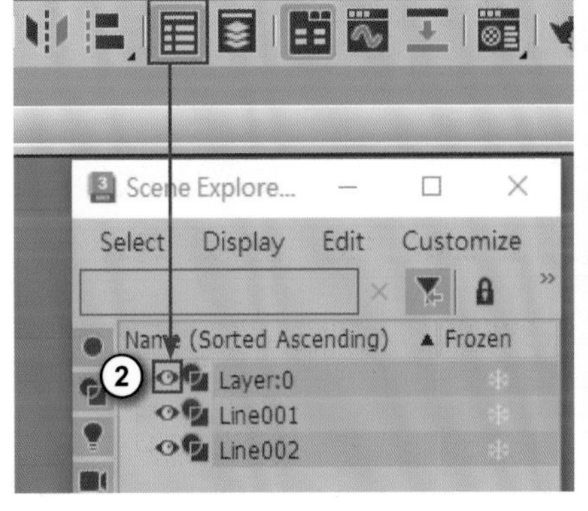

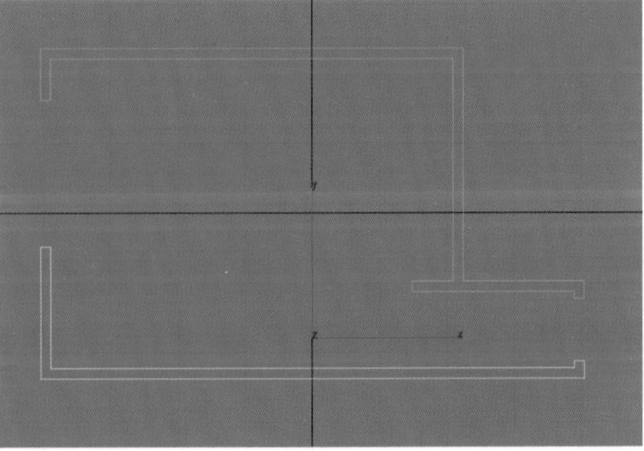

3 選取兩個牆線段，在修改面板中點擊【Modifier List（修改器清單）】，加入【Extrude（擠出）】修改器，【Amount（擠出值）】輸入「280」。

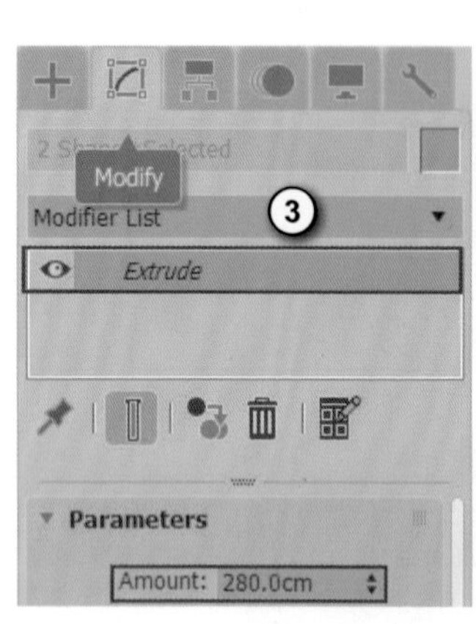

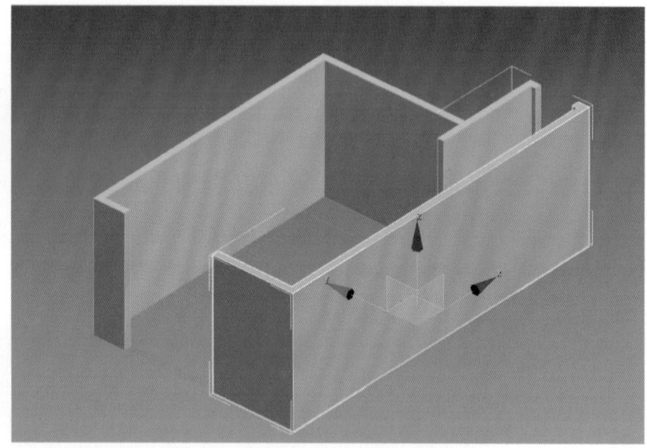

4 按下「Shift+J」可顯示或隱藏物件的白色外框。

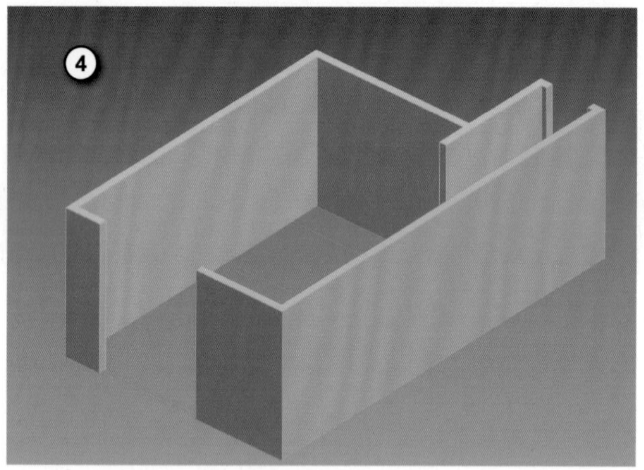

窗戶繪製

1. 在【Create（創建面板）】中，點擊【Box（方塊）】指令，鎖點至平面圖的窗戶位置，繪製一個方塊後，設定【Height（高度）】為「20」。

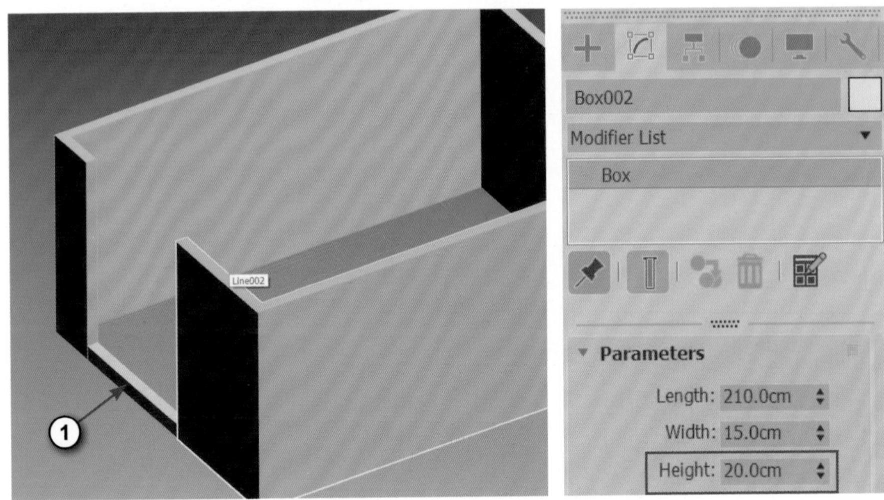

2. 點擊【Box（方塊）】指令，鎖點至第一個方塊上面的對角點，繪製第二個方塊，設定【Height（高度）】為「210」。

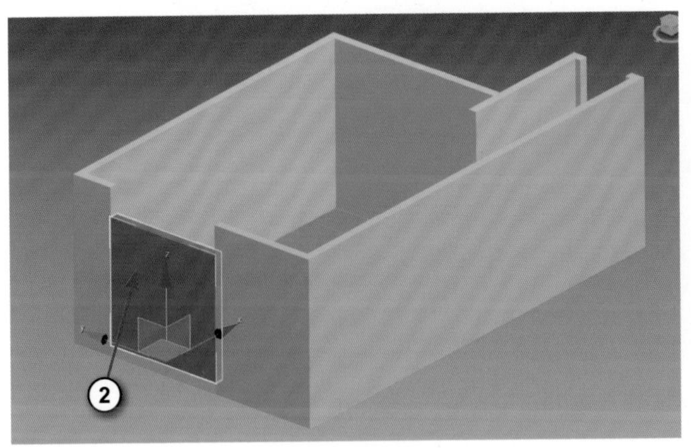

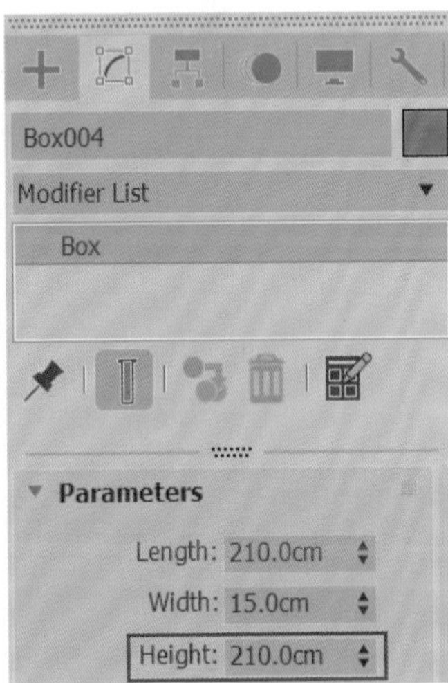

③ 點擊【Box（方塊）】指令，鎖點至第二個方塊上面的對角點，繪製第三個方塊，設定【Height（高度）】為「50」。

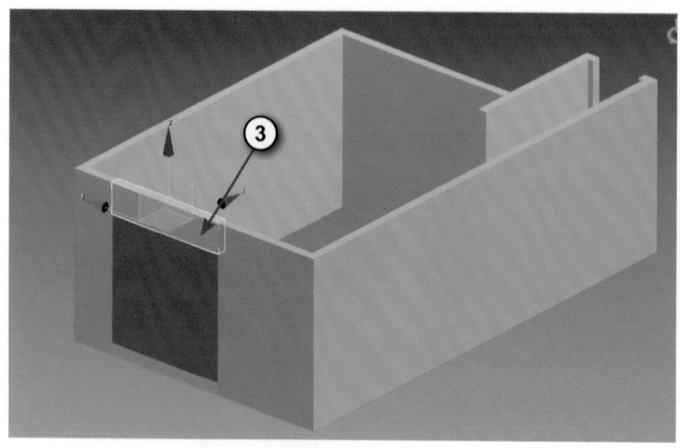

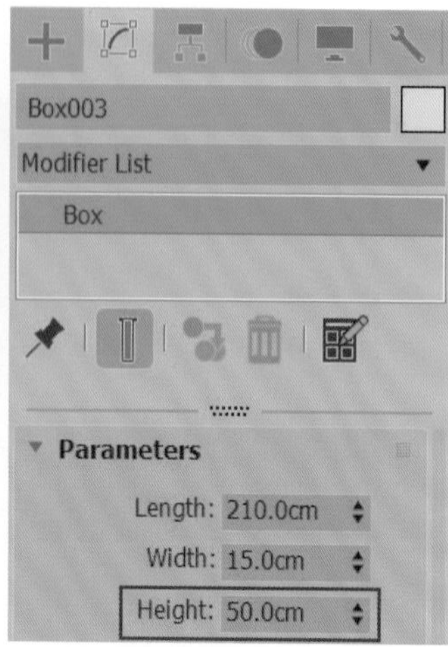

④ 選取中間的方塊來製作窗框，點擊右鍵【Convert To】→【Convert to Editable Poly】轉成可編輯多邊形。

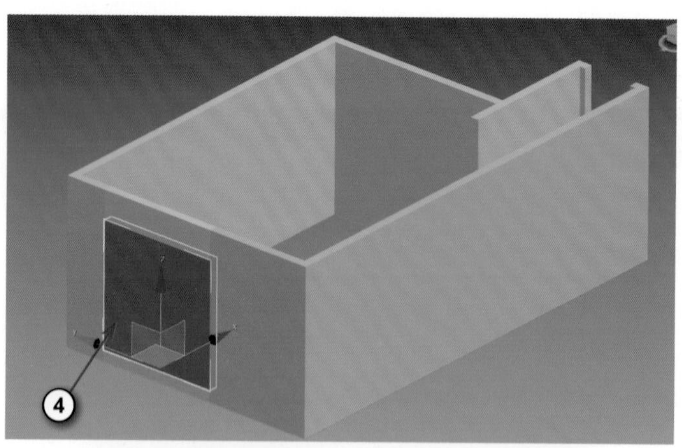

⑤ 在【Modify（修改面板）】，點擊【■】進入【Polygon（面層級）】，選到窗戶的正反兩個面。

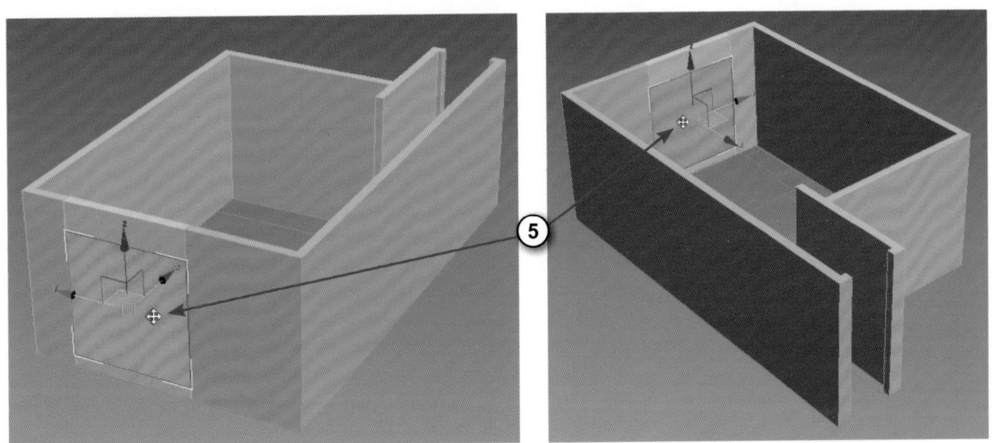

⑥ 按下滑鼠右鍵→點擊【Inset（插入面）】左邊的小按鈕。

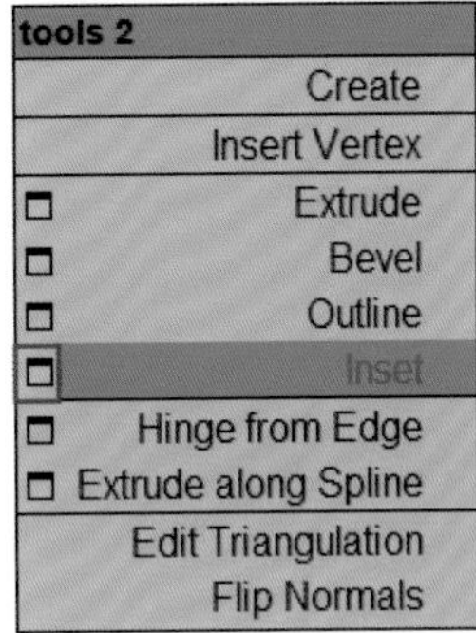

⑦ 間距輸入「5」，點擊✓按鈕完成。

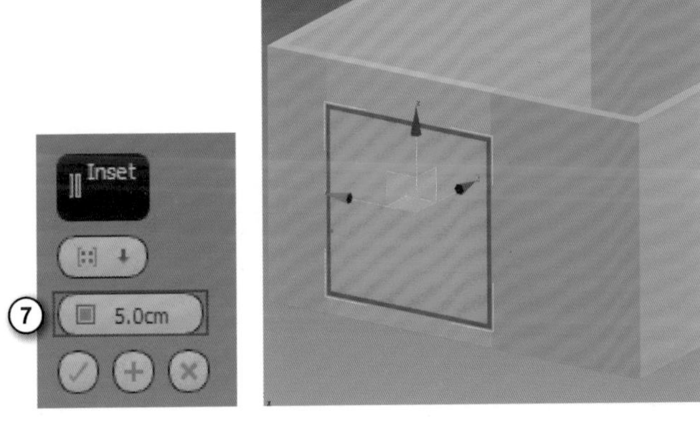

⑧ 在【Modify（修改面板）】，點擊【Bridge（橋接）】連接兩個面，完成窗框。

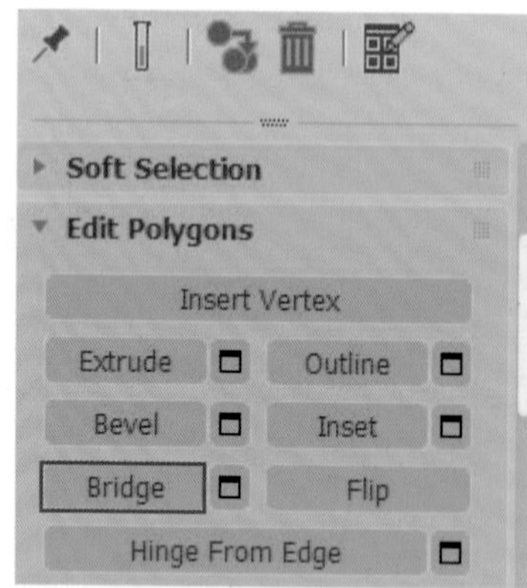

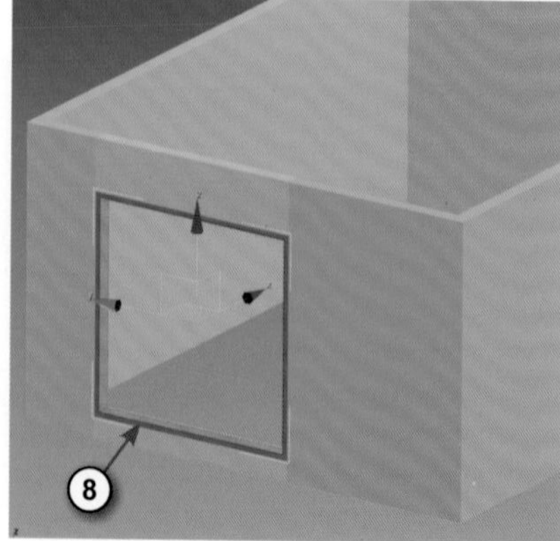

⑨ 右鍵點擊【3】設定，勾選【Vertex（頂點）】，其餘不勾選。

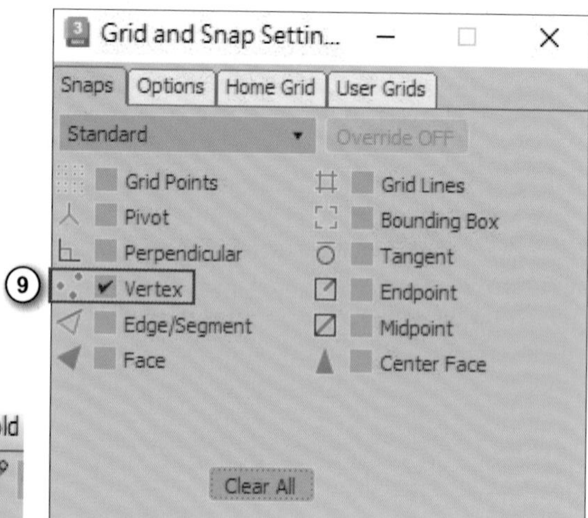

⑩ 按下「T」切換上視圖，在【Create（創建面板）】中，點擊【Rectangle（矩形）】，描繪窗戶平面。

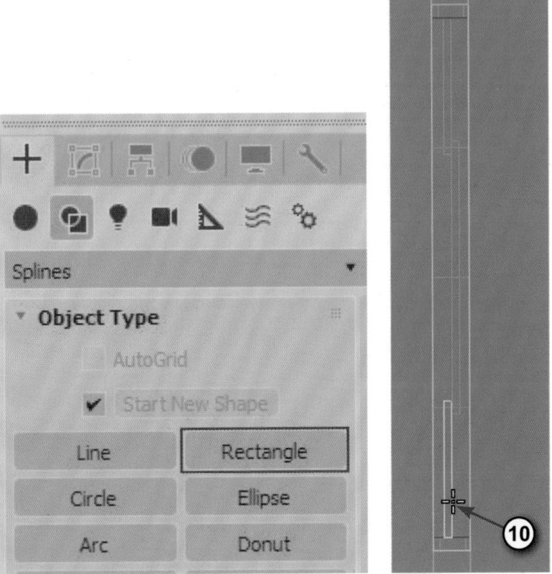

⑪ 在修改面板中，點擊【Modifier List（修改器清單）】，加入【Extrude（擠出）】修改器，【Amount（擠出值）】輸入「200」。按 W 鍵來移動物件，在 Z 座標輸入「25」往上移動 25。

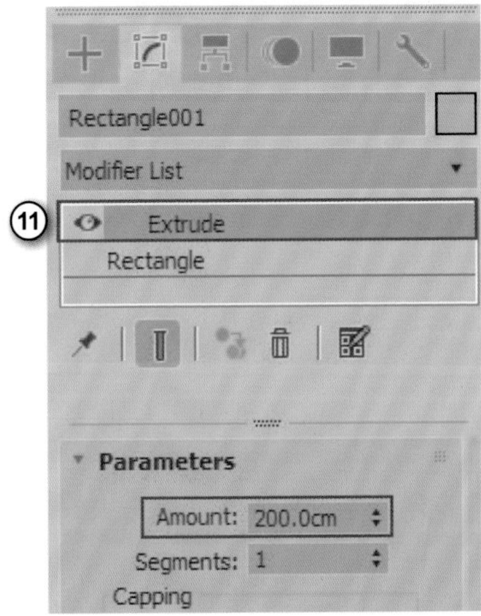

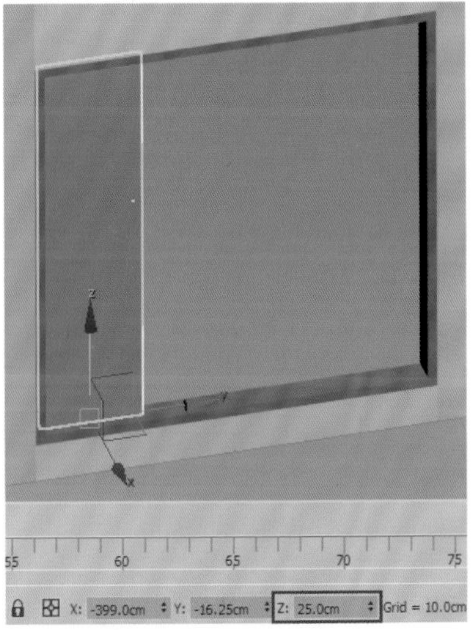

⑫ 接下來將方塊製作成窗框，點擊右鍵【Convert To】→【Convert to Editable Poly】轉成可編輯多邊形。

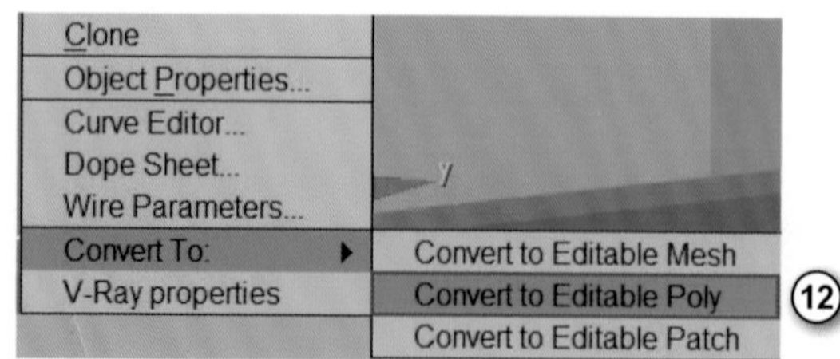

⑬ 在【Modify（修改面板）】，點擊【 】進入【Polygon（面層級）】，選到窗戶的正反兩個面，按下滑鼠右鍵→點擊【Inset（插入面）】左側的小按鈕，設定數值為「5」。

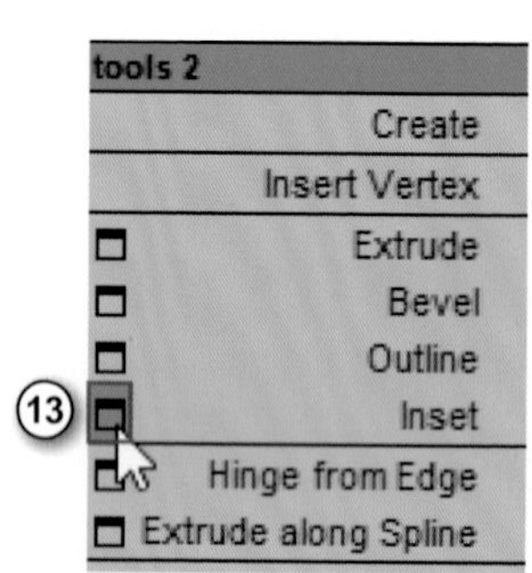

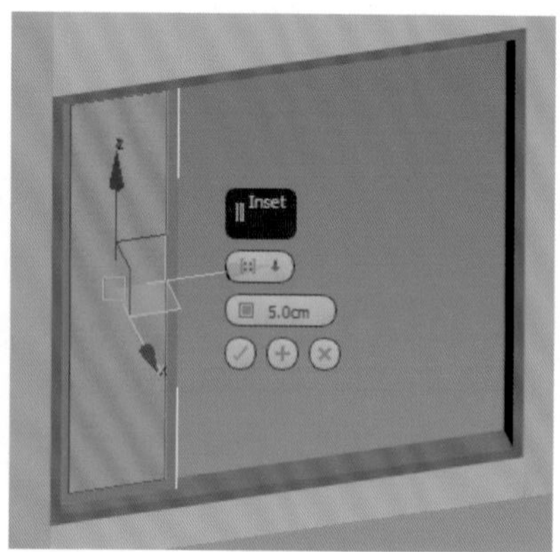

⑭ 在【Modify（修改面板）】，點擊【Bridge（橋接）】連接兩個面，完成玻璃外框。

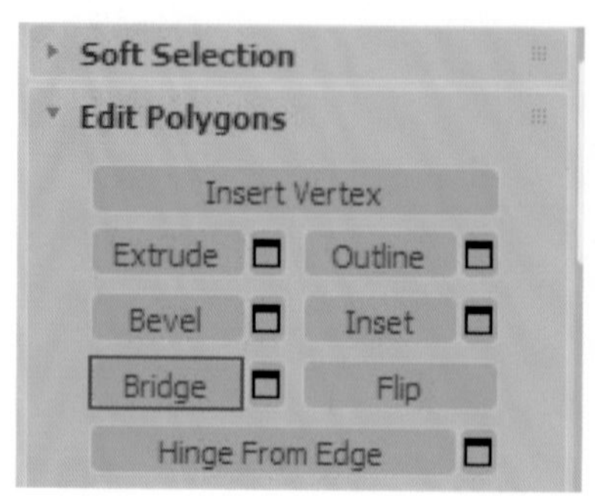

⑮ 在【Create（創建面板）】→【Shape（形狀）】→點擊【Rectangle（矩形）】。按下「L」切換左視圖，點擊窗框內的左上角與右下角頂點，繪製矩形。

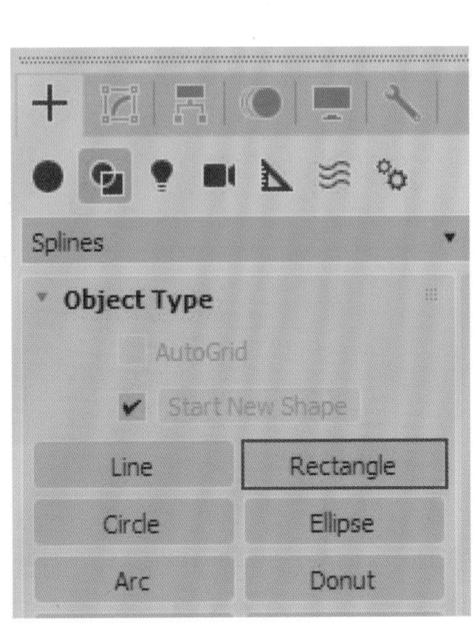

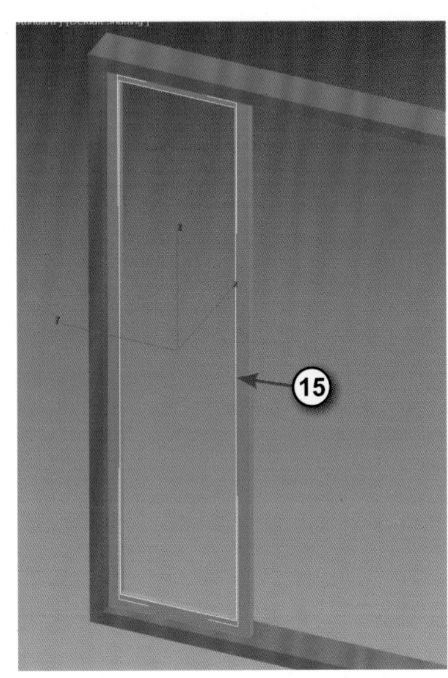

⑯ 加入【Extrude（擠出）】修改器，並在【Amount】輸入「-1」，完成窗戶玻璃。

⑰ 選取窗框與玻璃。

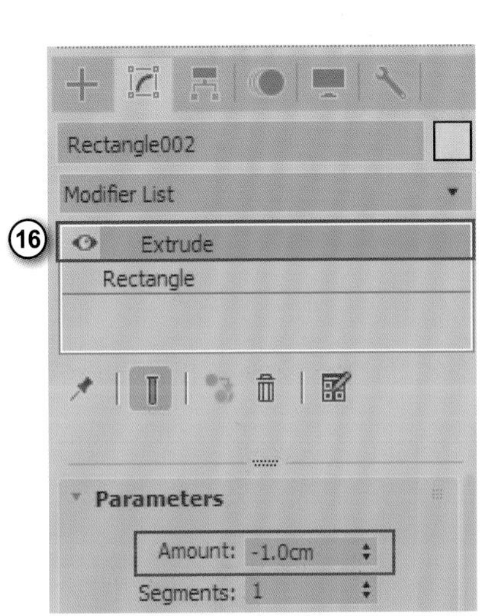

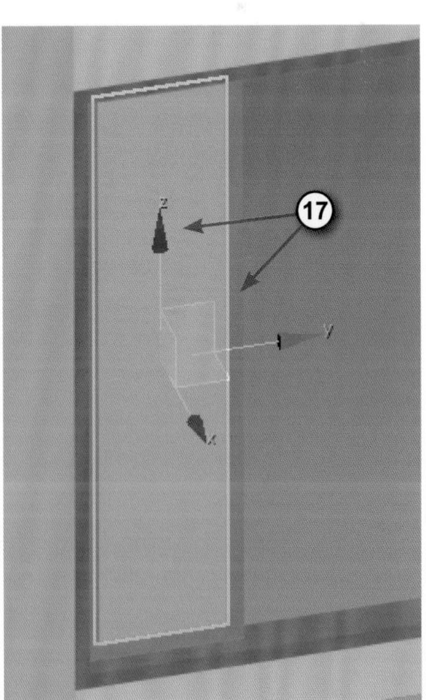

18 點擊【 】鎖住選取。

19 左鍵按住【 】按鈕不放，滑鼠移動到【 （2.5D 鎖點）】再放開。右鍵點擊【 】設定，勾選【Vertext（頂點）】，其餘不勾選。

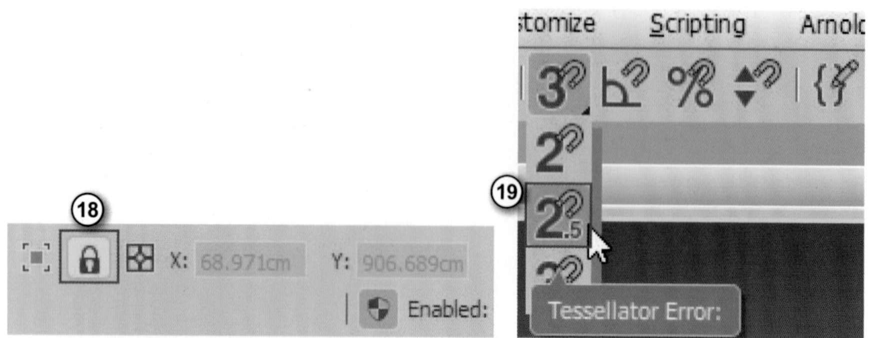

20 按下「T」切換上視圖，按住「Shift」鍵，拖曳窗框左下角點，鎖點至右上角點，複製窗框與玻璃，複製模式選擇【Instance（分身）】。

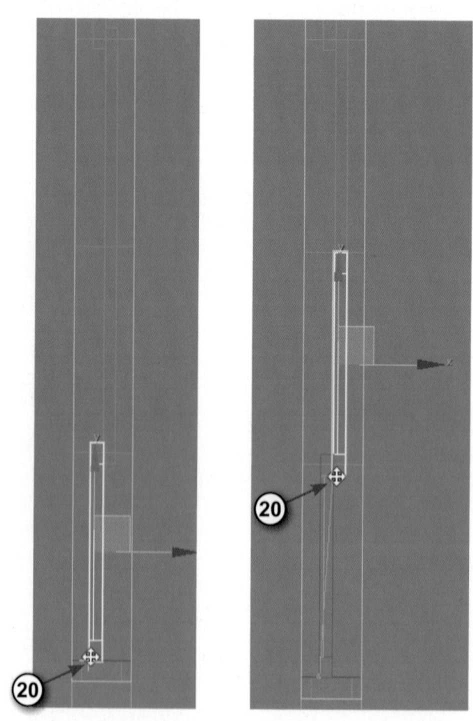

㉑ 依照平面圖的位置，複製共四個窗戶，完成臥室結構。

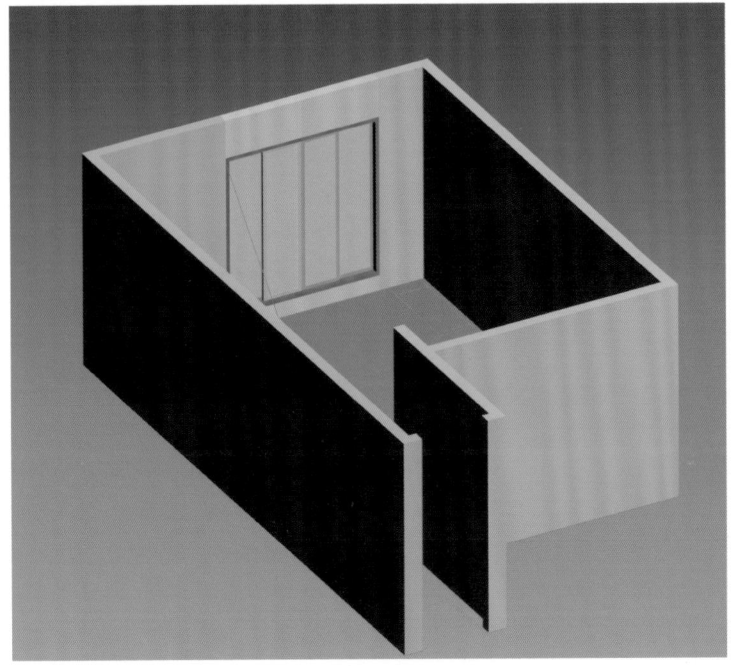

9-3 櫃體製作

衣櫃

1. 在衣櫃位置繪製另一個方塊，Height 輸入 250，按下滑鼠右鍵→【Convert To】→【Convert to Editable Poly】，將方塊轉為可編輯多邊形。

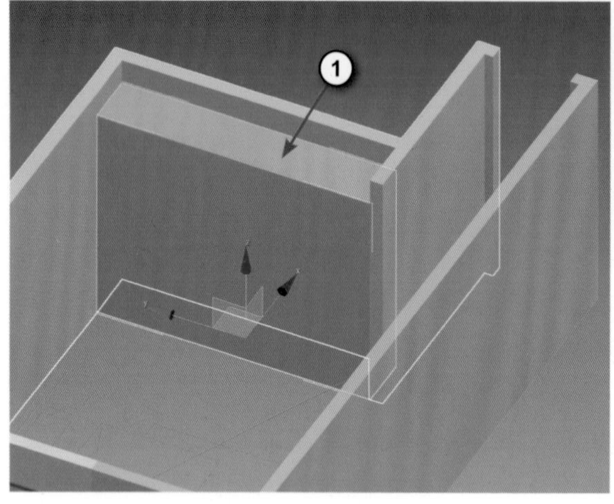

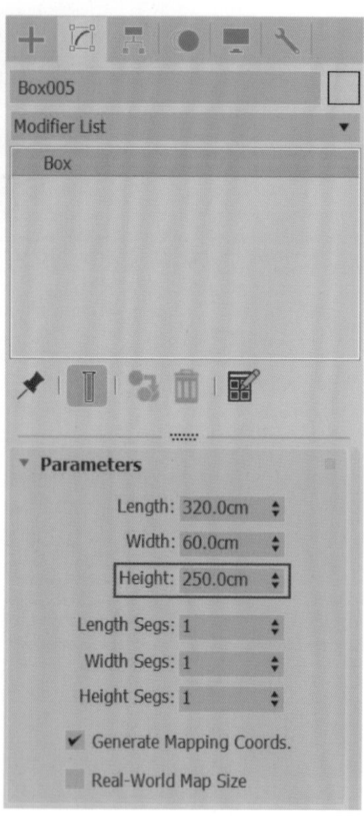

② 在修改面板中，點擊【■】進入【Polygon（面層級）】，選取櫃子前方的面，點擊右鍵→點擊【Inset（插入面）】左邊的小按鈕，間距輸入「5」，點擊✓按鈕。

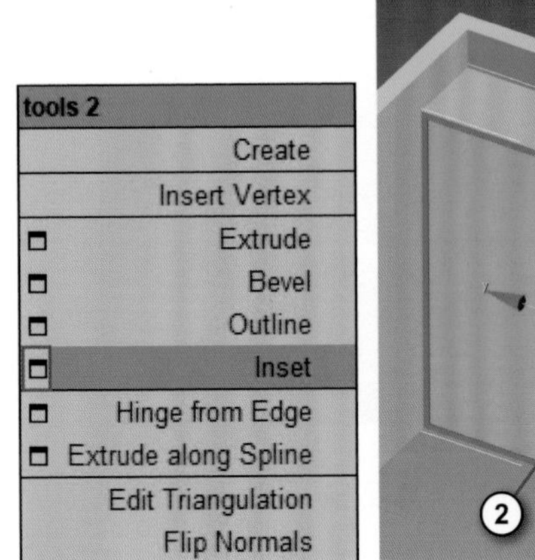

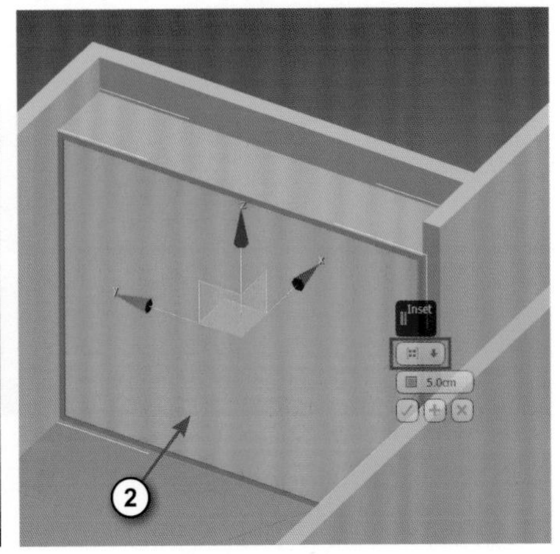

③ 點擊【◁】進入【Edge（邊層級）】，選取上下兩條邊，如圖所示。

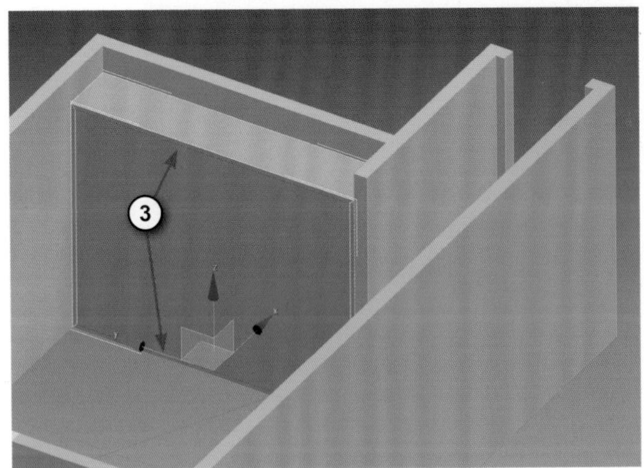

④ 按下滑鼠右鍵→點擊【Connect（連接）】左邊的小按鈕，分割數量輸入「3」。

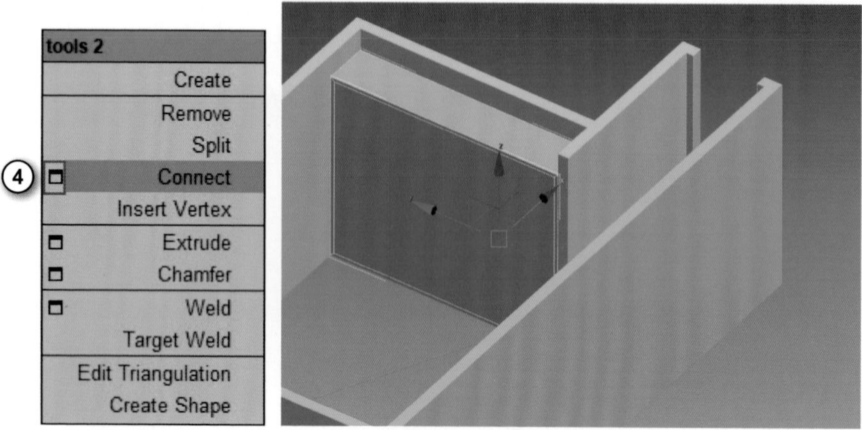

⑤ 點擊【 】進入【Polygon（面層級）】，選取櫃子前方的四個面。按下滑鼠右鍵→點擊【Extrude（擠出）】左邊的小按鈕。

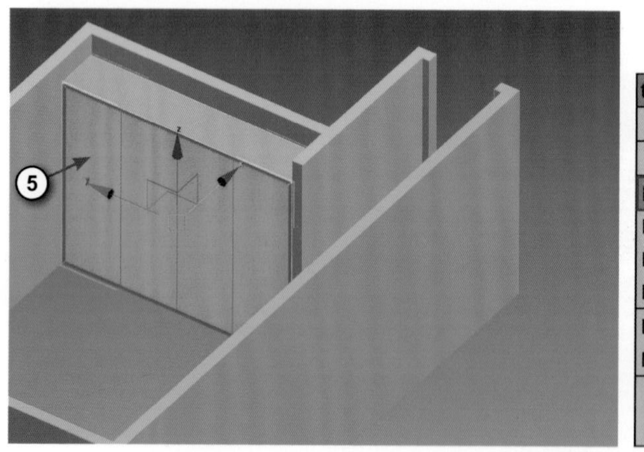

⑥ 擠出值輸入「-2」，點擊◎按鈕。

⑦ 選取左右兩個面，如圖所示。按下滑鼠右鍵→點擊【Extrude（擠出）】左邊的小按鈕。

⑧ 擠出值輸入「-5」，點擊◎按鈕。

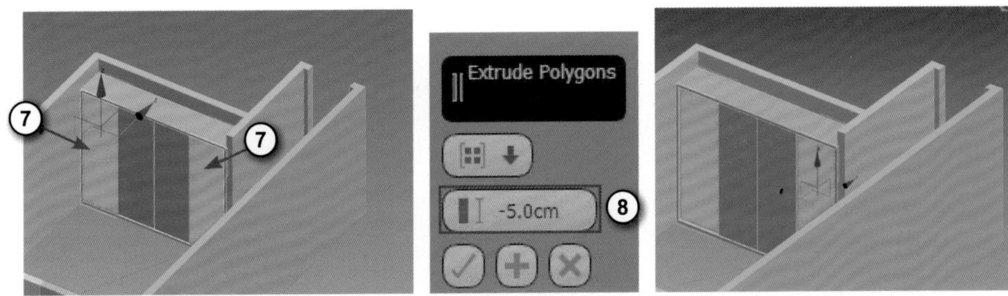

⑨ 再選前面的四個面，按下滑鼠右鍵→點擊【Inset（插入面）】左邊的小按鈕。

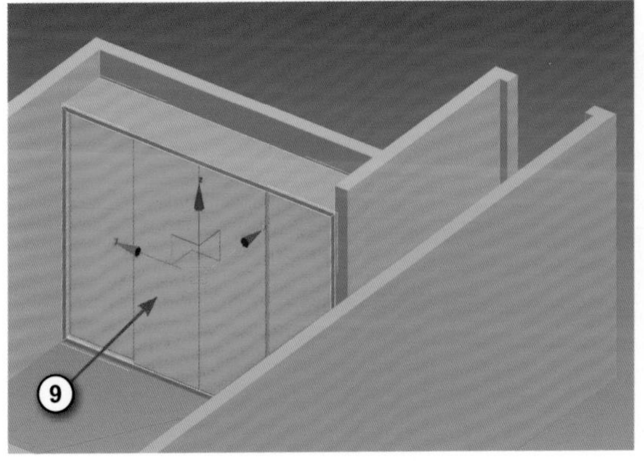

tools 2
Create
Insert Vertex
Extrude
Bevel
Outline
Inset
Hinge from Edge
Extrude along Spline
Edit Triangulation
Flip Normals

⑩ 模式選擇【By Polygon（個別面）】，間距輸入「3」，點擊✓按鈕。

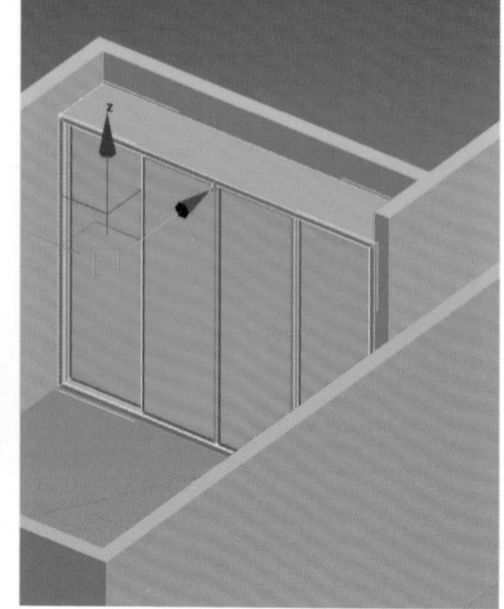
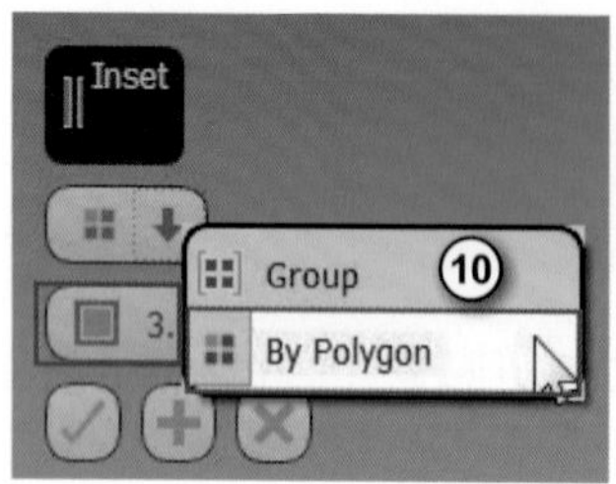

⑪ 按下滑鼠右鍵→點擊【Extrude（擠出）】左邊的小按鈕，擠出值輸入「-1」，點擊✓按鈕完成衣櫃。

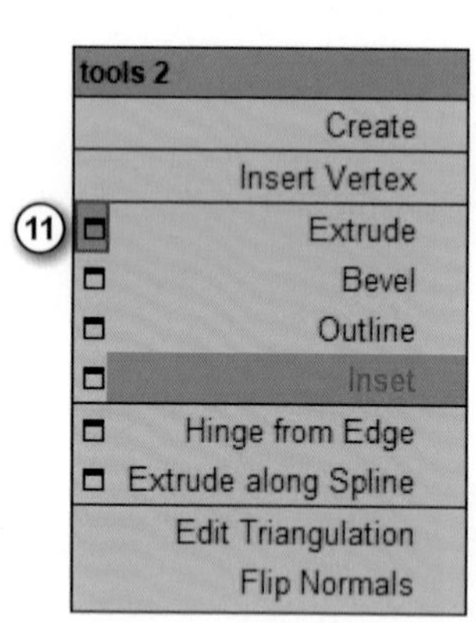

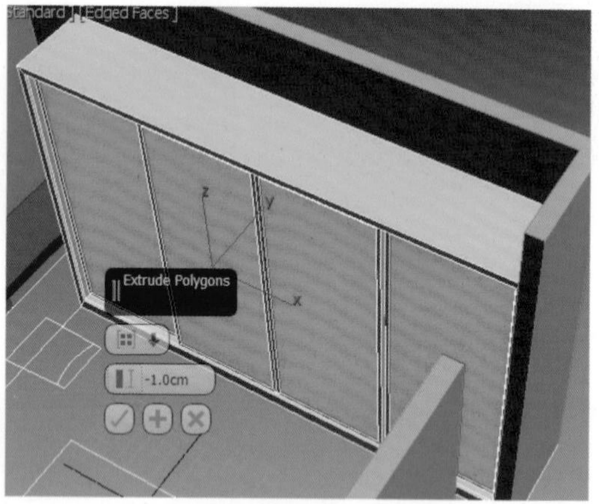

梳妝台

❶ 開啟【2.5（物件鎖點）】，按下「T」切換上視圖，在【Create（創建面板）】中，點擊【Rectangle（矩形）】指令，鎖點至平面圖的梳妝台位置，繪製一個矩形。

❷ 選取矩形，在修改面板中點擊【Modifier List（修改器清單）】，加入【Extrude（擠出）】修改器，【Amount（擠出值）】輸入「250」。

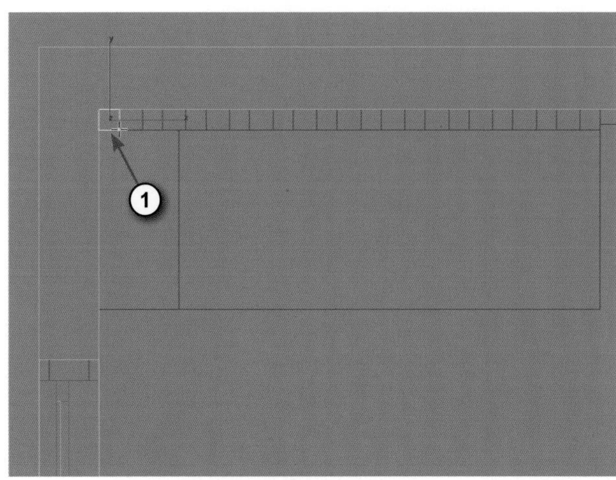

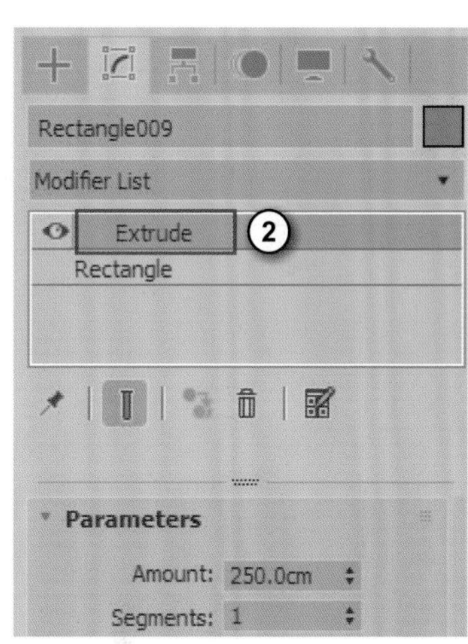

❸ 開啟【3（物件鎖點）】，按住 Shift+ 滑鼠左鍵以物件點對點方式複製移動，選擇【Instance（複製）】，【Number Copies】數量為 11，點擊【OK】。

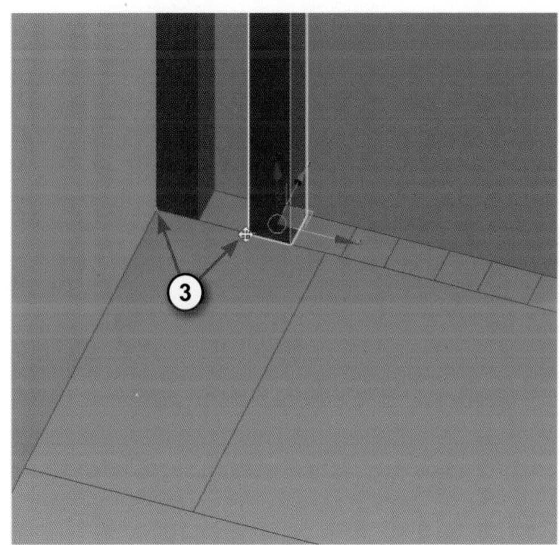

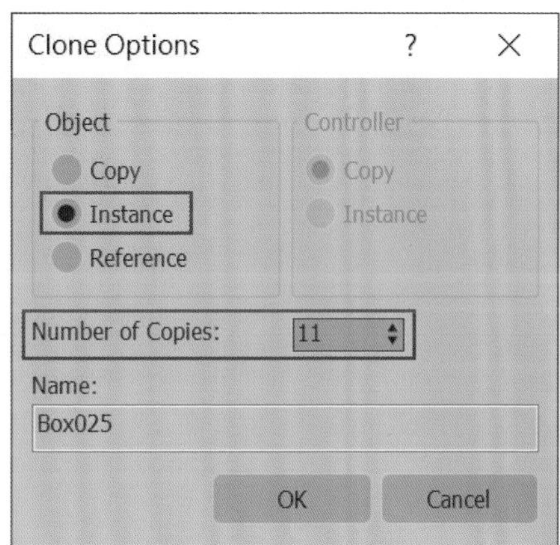

4 在【Create（創建面板）】中，點擊【Box（方塊）】指令，依照平面圖繪製梳妝台，【Height（高度）】設定 20，Z 座標輸入 70。

5 在【Create（創建面板）】中，點擊【Box（方塊）】指令，鎖點至平面圖的化妝櫃位置，繪製一個方塊後，設定【Height（高度）】為「160」，如左圖。開啟鎖點模式，移動到梳妝台上，如右圖。

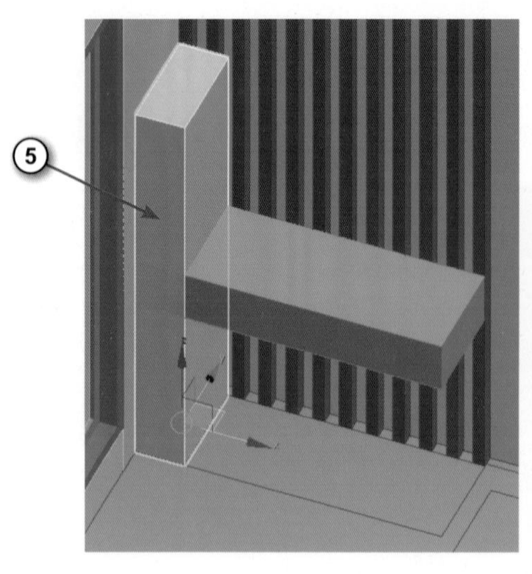

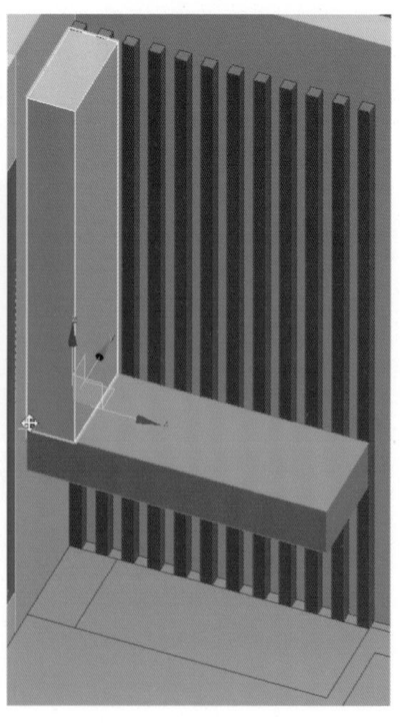

⑥ 選取櫃體的方塊來製作隔板，點擊右鍵【Convert To】→【Convert to Editable Poly】轉成可編輯多邊形，在【Modify（修改面板）】，點擊【 】進入【Poly（面層級）】，選到櫃體的面。

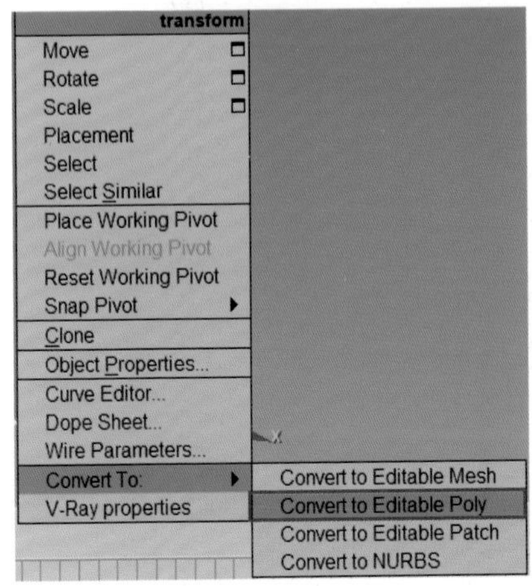

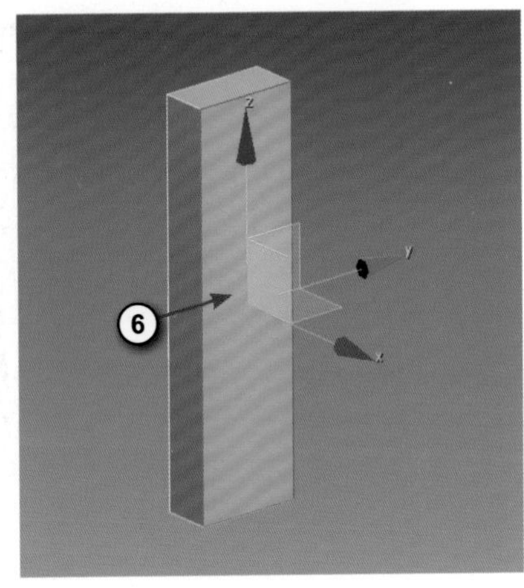

TIPS

選取物件，按下 Alt+Q 鍵隔離物件，按下滑鼠右鍵→【End Isolate】結束隔離。

⑦ 按下滑鼠右鍵→點擊【Inset（插入面）】左邊的小按鈕，間距輸入「3」，點擊按鈕完成。

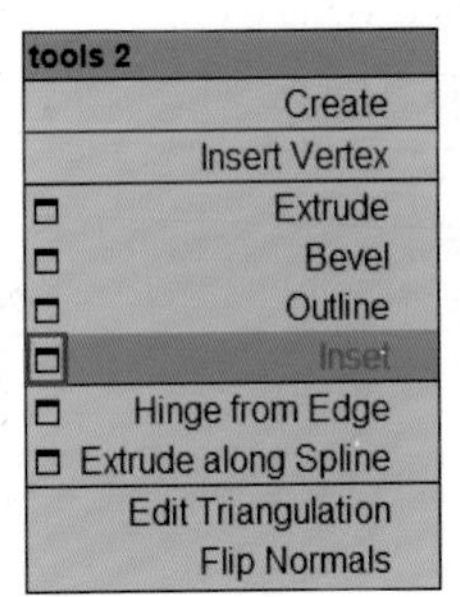

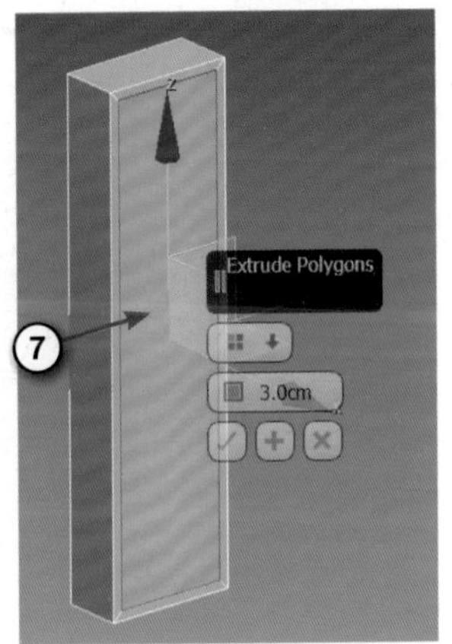

⑧ 點擊【 】進入【Edge（邊層級）】，選取左右兩條邊，如圖所示。按下滑鼠右鍵→點擊【Connect（連接）】左邊的小按鈕，分割數量輸入「3」。

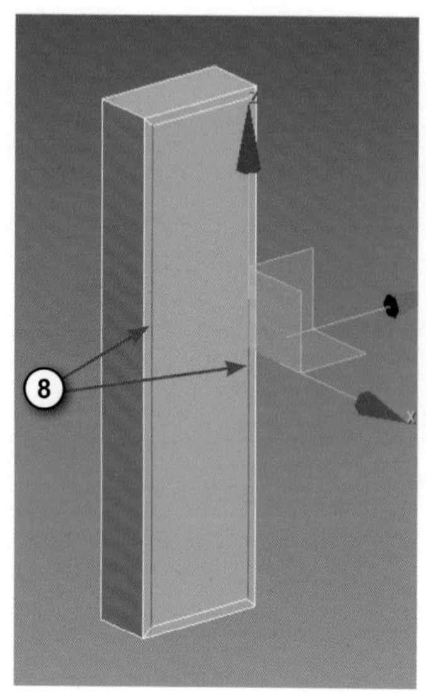

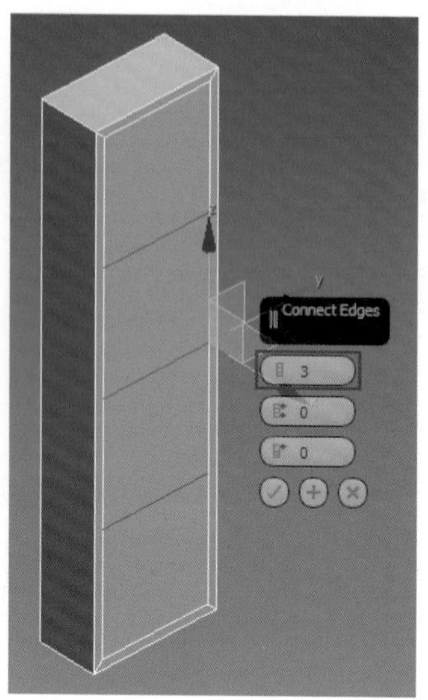

⑨ 點擊【 】進入【Polygon（面層級）】，選取櫃子前方的三個面。按下滑鼠右鍵→點擊 Inset（插入面）】左邊的小按鈕，模式選擇【By Polygon（個別面）】，間距輸入「3」，點擊 ✓ 按鈕。

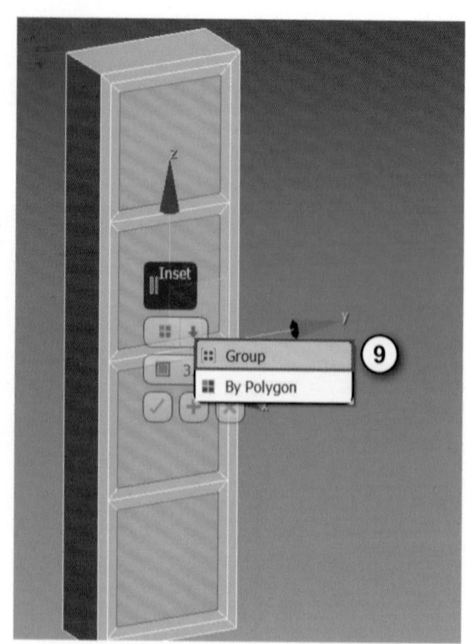

⑩ 選取櫃體上下四個面，如圖所示。按下滑鼠右鍵→點擊【Extrude（擠出）】左邊的小按鈕擠出值輸入「-15」，點擊 ✓ 按鈕完成書櫃。點擊按鈕完成書櫃。

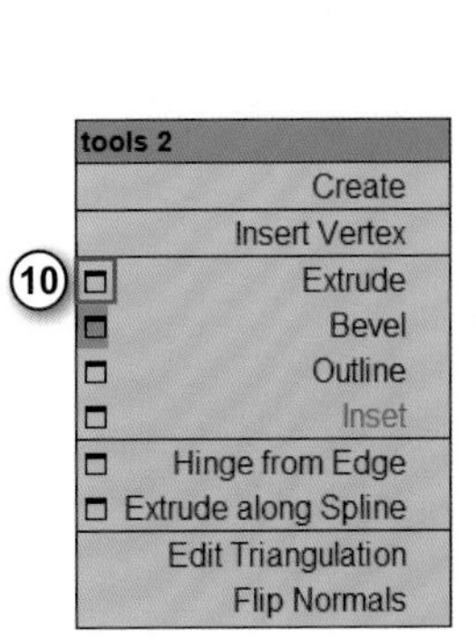

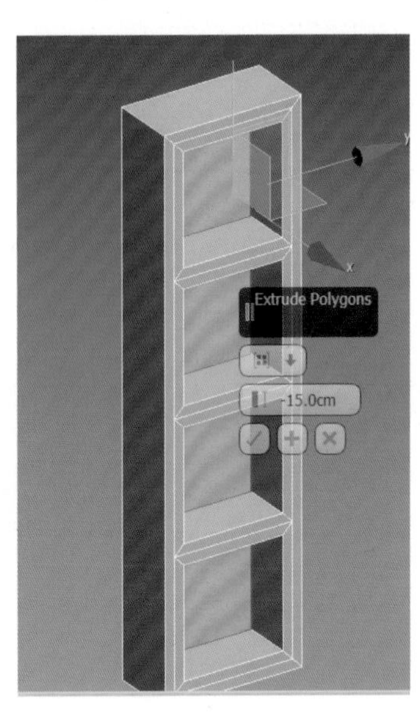

⑪ 依照平面圖位置，繪製兩個方塊，方塊高度鎖點至與梳妝台同高。梳妝台完成如下圖。

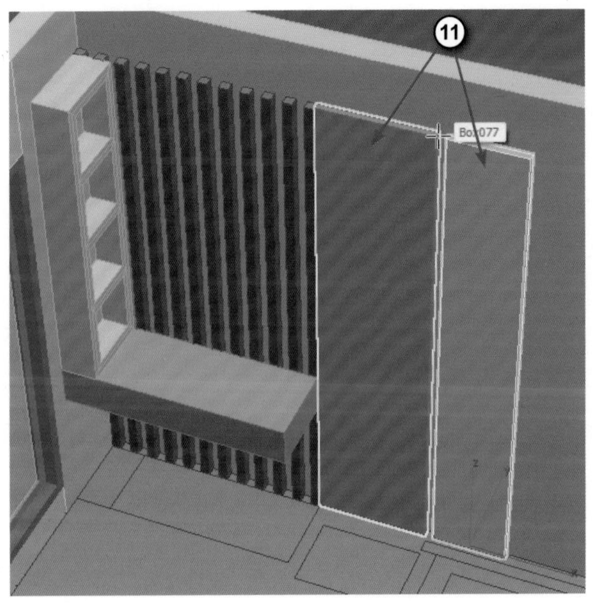

匯入家具

❶ 匯入範例檔〈椅子 .max〉、〈床 .max〉與〈床頭櫃 .max〉。若出現下圖視窗，表示材質名稱重複，勾選【Apply to All Duplicates（套用至所有重複的）】，點擊【Auto-Rename Merged Material（自動重新命名）】。

Duplicate Material Name

A material name assigned to a merging object is a duplicate of a material in the scene.
Do you want to:

Rename Merged Material: 04

Use Merged Material ☑ Apply to All Duplicates

Use Scene Material

Auto-Rename Merged Material ①

❷ 按 T 鍵切到上視圖，將床與床頭櫃移動到梳妝台右側，椅子在梳妝台前。

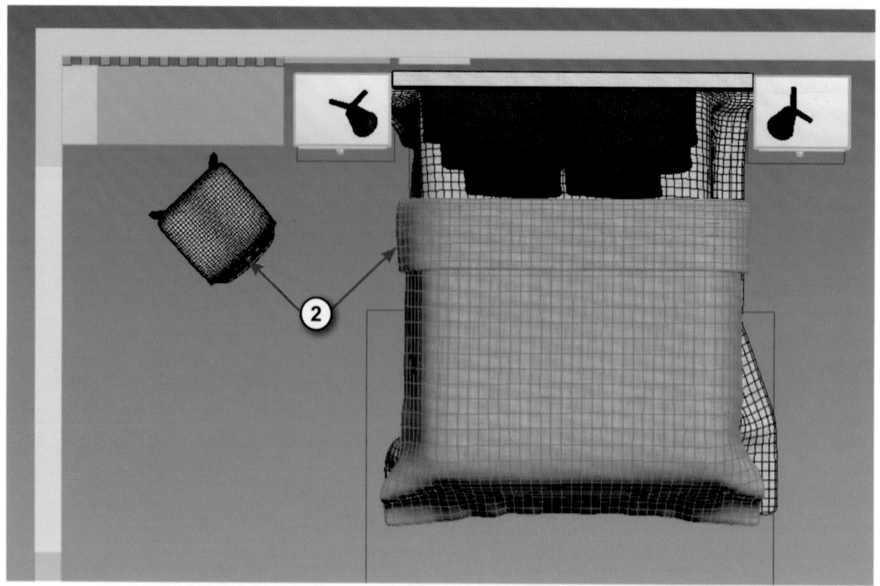

3 按 F 鍵切到前視圖，按 F3 線框模式，確認家具貼在地面上，沒有懸空。

9-4 天花板與相機

天花板與地面

① 選牆面，按 Alt+Q 鍵隔離牆面。

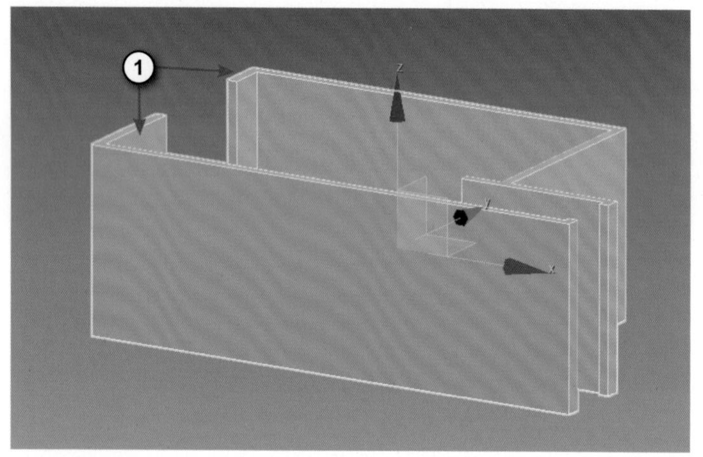

② 開啟 3D 鎖點 ，在【Create（創建面板）】→點擊【Line（線）】。鎖點至牆內角點，繪製天花板形狀，最後將線段封閉出現一個視窗，選擇 Yes。

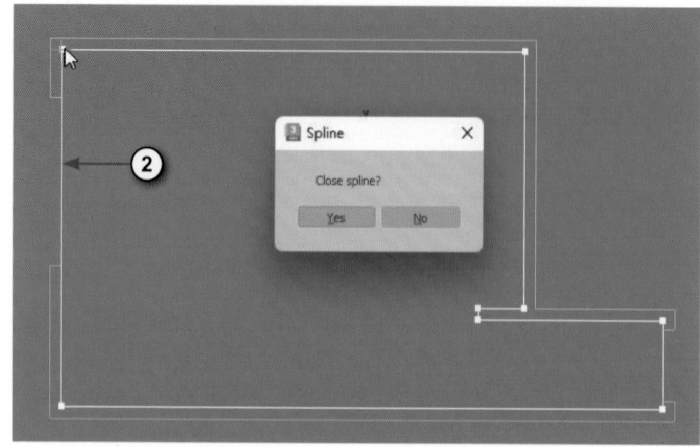

③ 在【Modify（修改面板）】，加入【Extrude（擠出）】修改器，在【Amount（擠出值）】將線段擠出，輸入「-30」。作為牆面天花板。

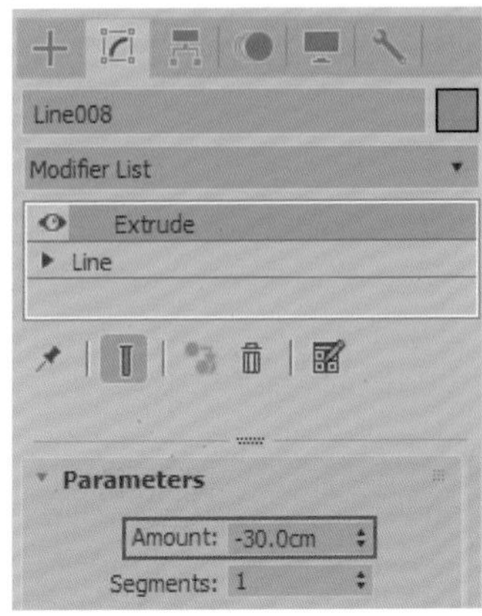

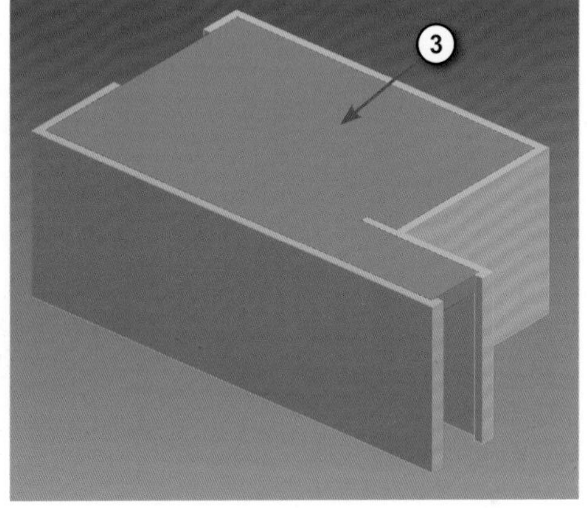

④ 用相同方式來建立地板，點擊【Line（線）】繪製地板範圍，並封閉線段，再加上【Extrude（擠出）】修改器，【Amount（擠出值）】輸入 -5。

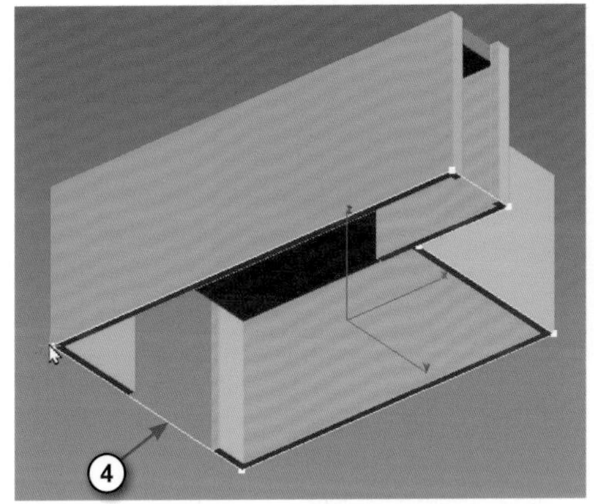

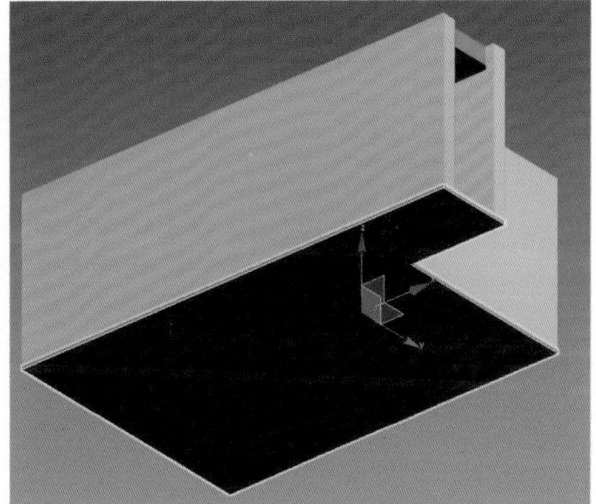

⑤ 按下滑鼠右鍵→【End Isolate（結束隔離）】。

⑥ 按 F 切到前視圖，使用【Rectangle（矩形）】，從格柵到衣櫃上方繪製矩形。

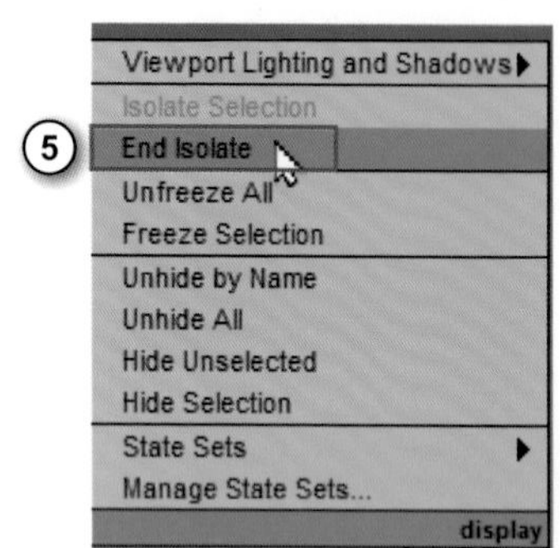

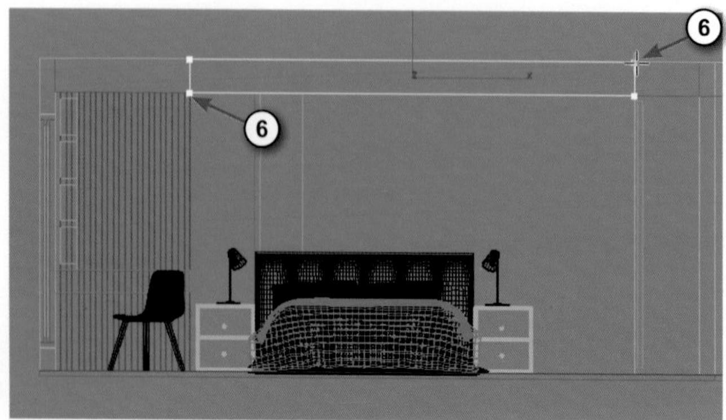

⑦ 關閉鎖點，矩形往下移動一些。

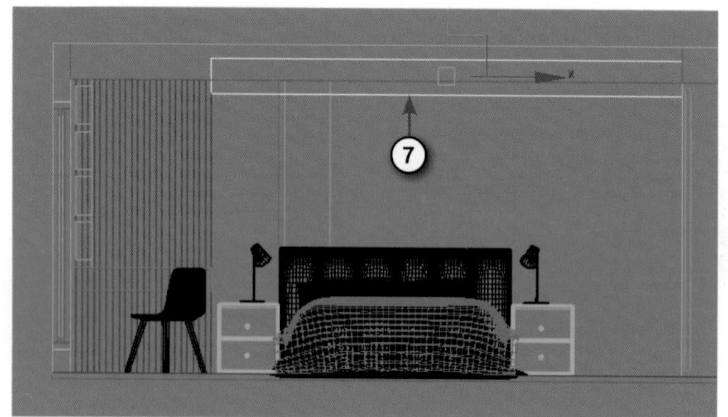

⑧ 加上【Extrude（擠出）】修改器，【Amount（擠出值）】輸入 -80，凸出牆壁即可。

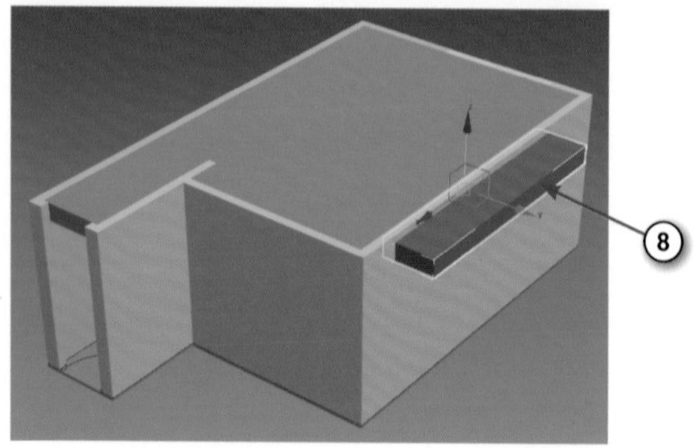

⑨ 先選取天花板。

⑩ 在創建面板，下拉選單選擇【Compound Objects】，點擊【ProBoolean（超級布林運算）】。

⑪ 選擇【Subtraction（差集）】模式，點擊【Start Picking（挑選）】。

⑫ 選取小方塊，可以將天花板挖除小方塊的區域，按右鍵結束指令。

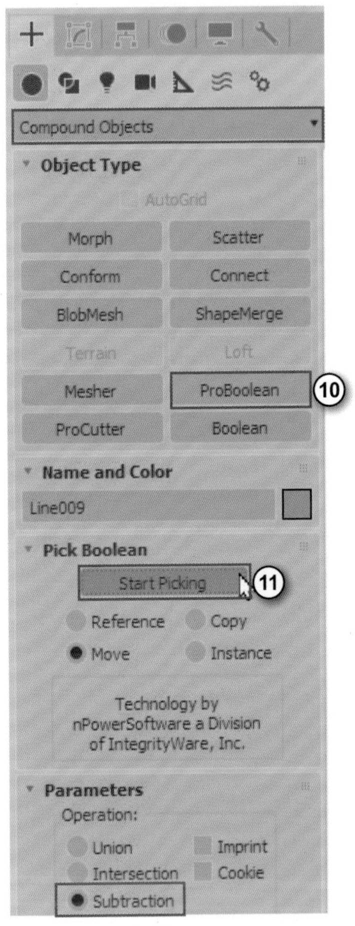

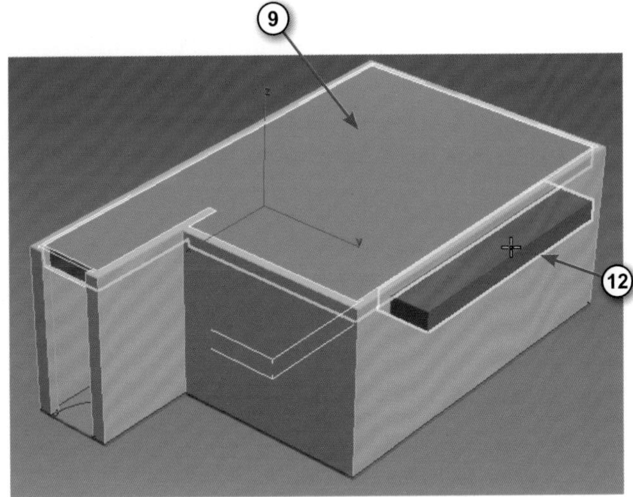

建立相機

❶ 按下「T」切換前視圖，點擊【Create（創建面板）】→【Camera（相機）】→點擊【Physical（物理相機）】。按住左鍵拖曳建立相機。

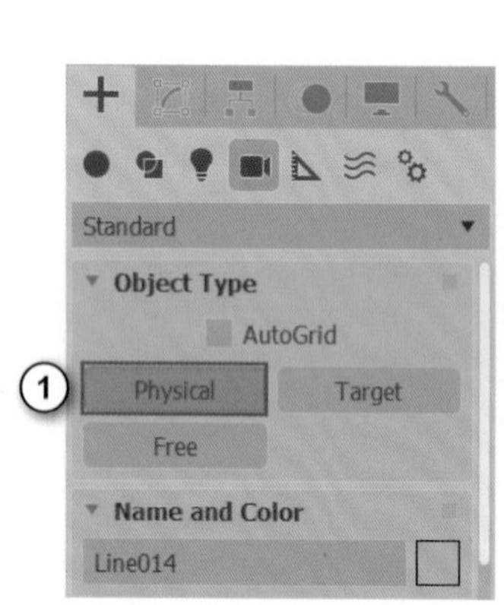

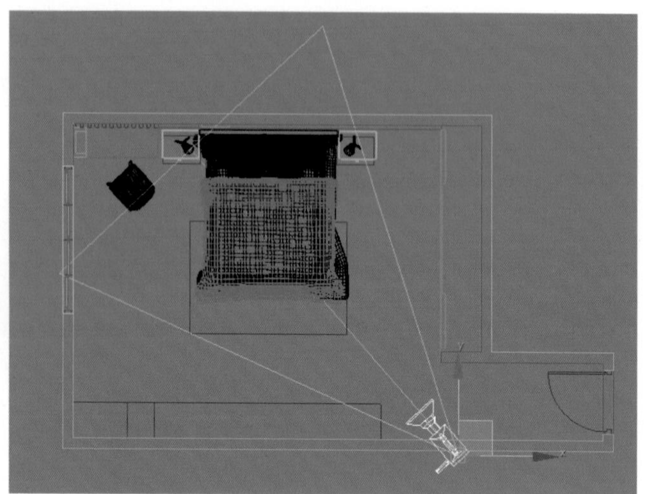

❷ 在修改面板中，【Focal Length】輸入「28」，數值越小視野越廣角，但數值太小畫面會扭曲。

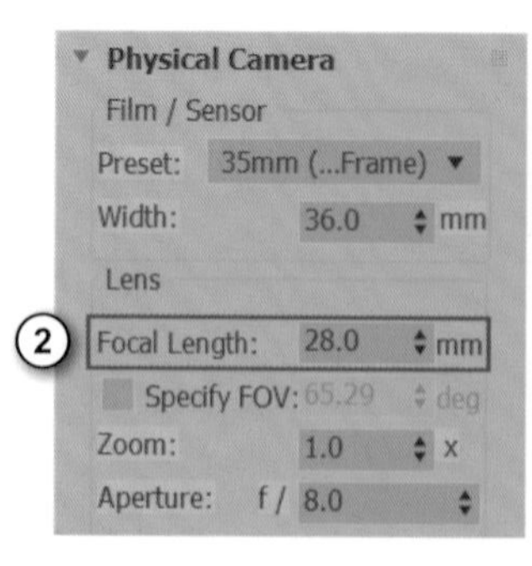

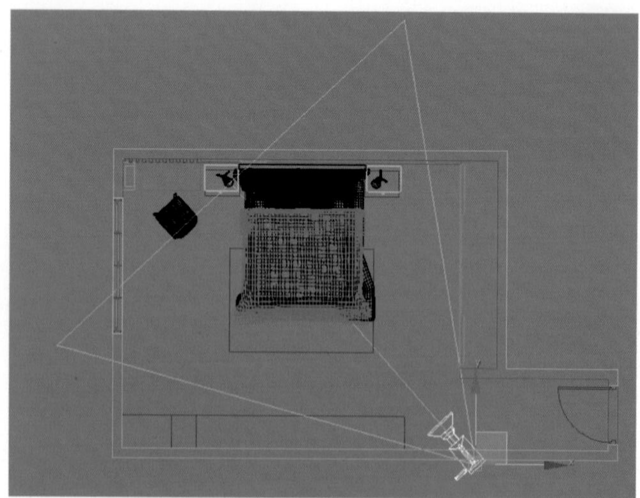

❸ 展開【Miscellaneous（雜項）】，勾選 Clipping Planes（裁剪平面）下方的【Enable（啟用）】，調整【Near（近裁剪）】的數值，使紅色裁剪平面在牆面的左側，相機視角不會被牆面遮住。

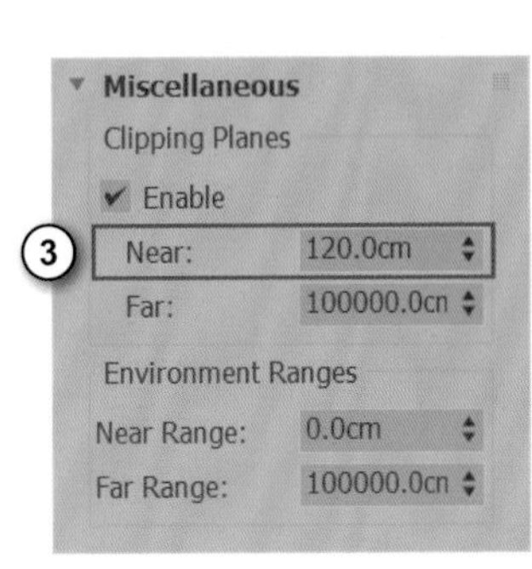

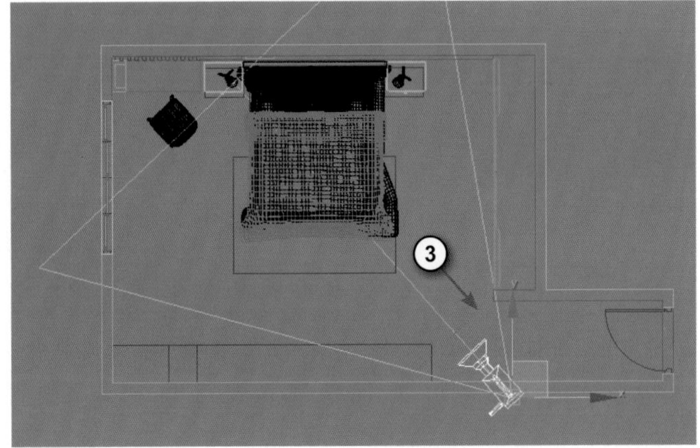

❹ 按下「C」進入相機視角，按下「Shift+F」鍵開啟安全框，安全框為彩現實際範圍。

❺ 按住滑鼠中鍵可平移調整視角。在右下角狀態列，點擊【 】或【 】，在畫面中按住左鍵上下拖曳，可以前後移動相機或環轉視角，滑鼠右鍵結束指令。

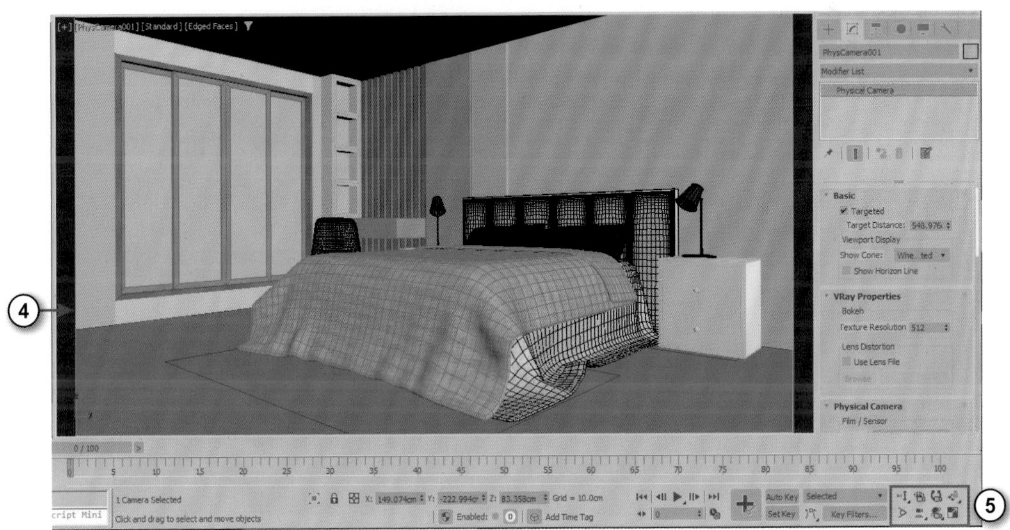

❻ 按下「P」離開相機視角。

9-5 材質設定

牆面、天花板與地板

1. 按下「M」或點擊工具列的【 】開啟材質編輯器，若材質皆為灰色球，請做步驟 2，若材質為彩色球，則直接跳至步驟 3。

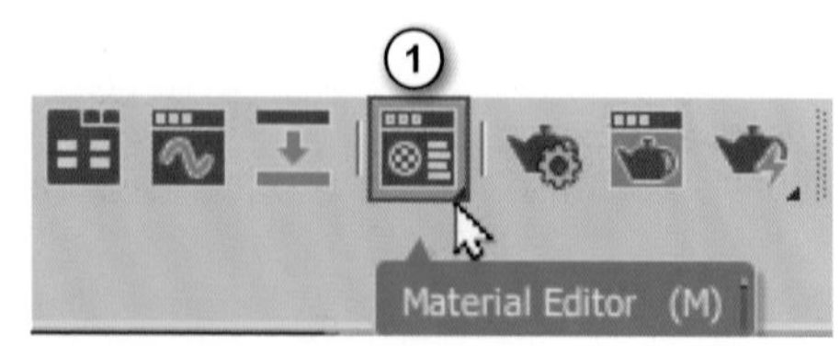

2. 點擊【Customize】→【Custom Defaults Switcher】，選擇【max.vray】後按【Set】並重啟 3ds Max。點擊【Utilities（公用程式）】→【Reset Material Editor Slots（重置材質槽）】，此時材質球已變成彩色球（VRayMtl 材質）。

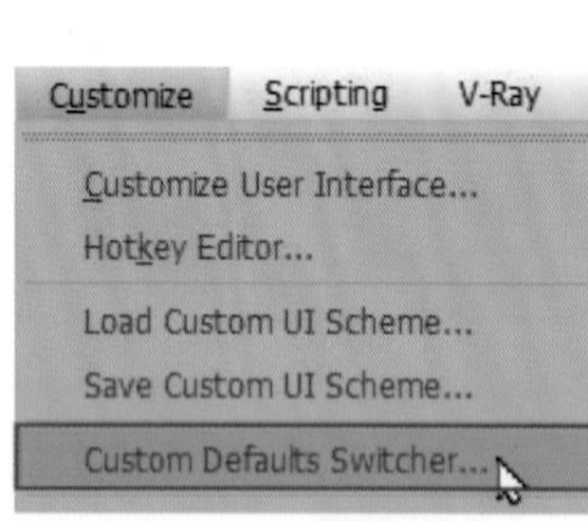

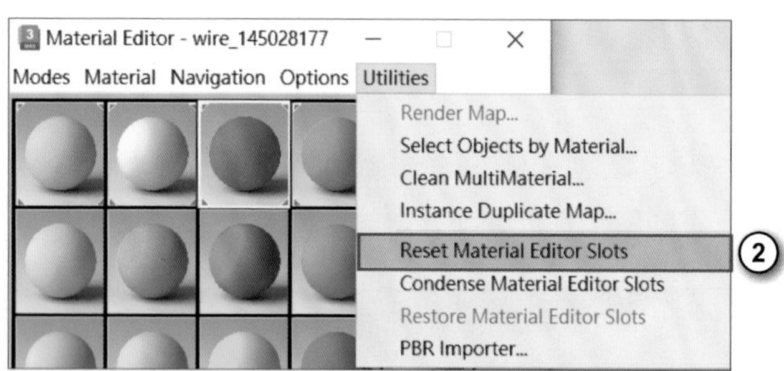

3. 選取一顆材質球，點擊【Diffuse】右邊的顏色色板，調整牆面顏色。

4. 選取所有牆面，點擊材質編輯器中的【 】，將材質指定給牆面。

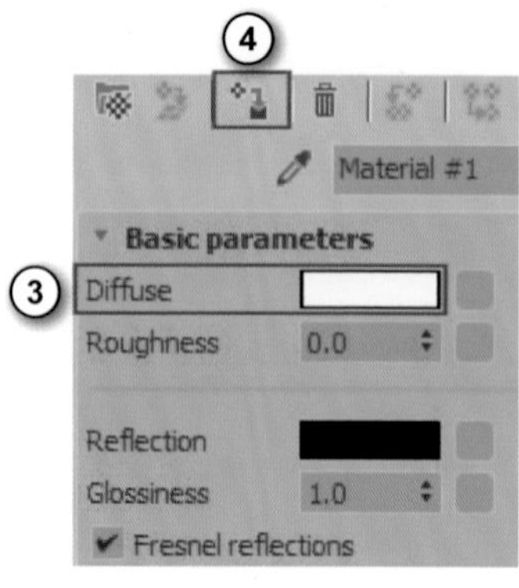

落地窗與玻璃

1. 選一顆新的材質球製作窗框材質，點擊【Diffuse】右側的色板，設定深灰色。
2. 點擊【Reflection】右側的色板，設定中灰色，使窗框會反射。【Glossiness】輸入「0.8」，將此材質貼給窗框。

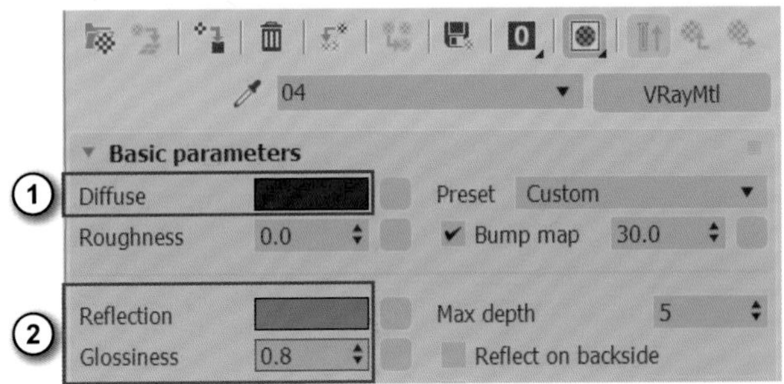

3. 選一顆新的材質球製作玻璃材質，點擊【Diffuse】右側的色板，設定白色或淺藍色。
4. 點擊【Reflection（反射）】右側的色板，設定灰色，使玻璃會反射，【Glossiness】為 1，不會變成霧玻璃。
5. 點擊【Refraction（折射）】右側的色板，設定接近白色，使玻璃很透明。將此材質指定給玻璃。

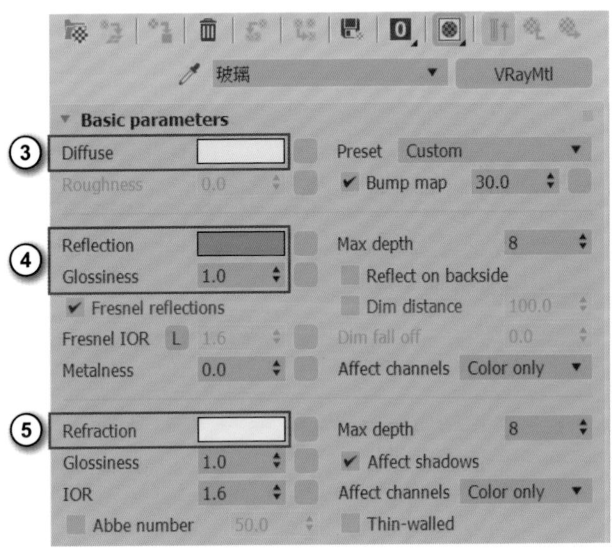

❻ 完成圖。

梳妝台

❶ 選一顆新的材質球，點擊【Diffuse（漫射）】色板右側的小按鈕，展開【General】，選擇【Bitmap】後，選擇光碟範例檔〈木紋 2.jpg〉。

❷ 點擊【 】回上一層。

❸ 點擊【Reflection（反射）】右側的色板，調整為中灰或深灰色，使木紋有反射效果。在【Glossiness】內輸入「0.8」。

❹ 將此材質貼給梳妝櫃，並點擊【 】按鈕顯示貼圖。

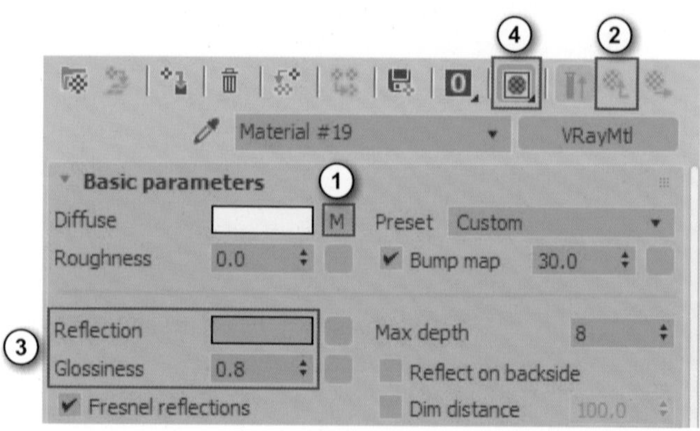

❺ 選取櫃子，加入【UVW Map】修改器，Mapping（映射方式）選擇【Box】，並進入【Gizmo】子層級調整適當的木紋大小。

❻ 請運用相同方式設定木紋材質給格柵造型。

❼ 選一個新材質球，【Diffuse】顏色設定為白色，【Reflection】反射顏色設定為中灰色，【Glossiness】輸入 0.9，將此材質指定給梳妝台。

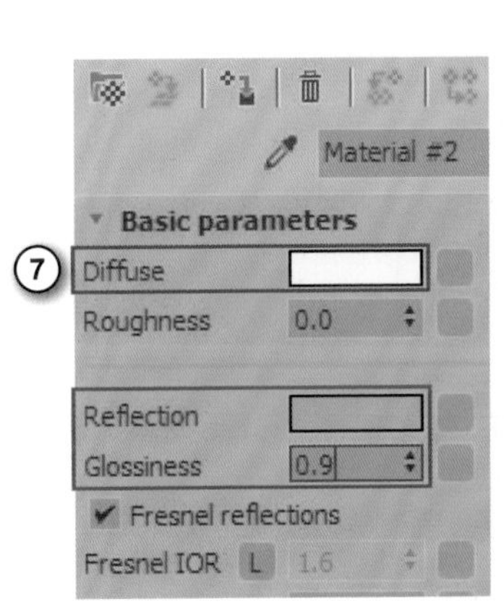

地板

① 選一個新材質球，點擊【Diffuse】右側小按鈕，選擇【Bitmap】並選圖片〈地板 .jpg〉，將【M】圖片拖曳到【Bump map】右側按鈕，增加凸紋效果。

② 【Reflection】反射顏色設定為中灰色，【Glossiness】輸入 0.8，將此材質指定給地板。

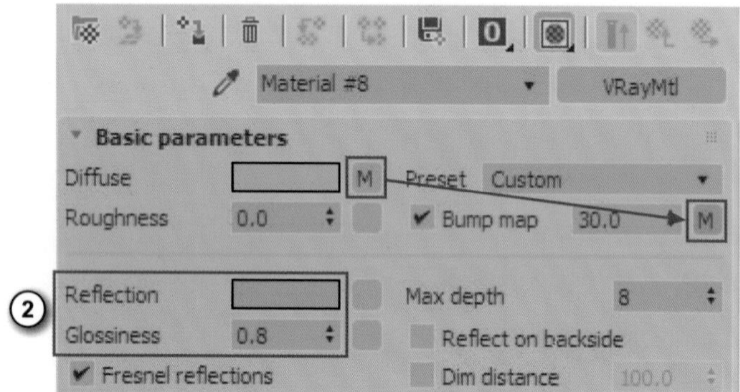

③ 將地板加入【UVW Map】修改器，【Mapping:】選擇【Box】，進入【Gizmo】子層級調整適當的紋路大小。

9-6 燈光設定與彩現

檯燈

1. 在 VRay 工具列，點擊【Sphere Light（球型光）】。

2. 按下「T」切換到上視圖，在檯燈位置繪製球型光。

3. 按下「F」切換到前視圖，將球型光往上移動到檯燈位置，並複製給另一個檯燈，模式選擇【Instance】。

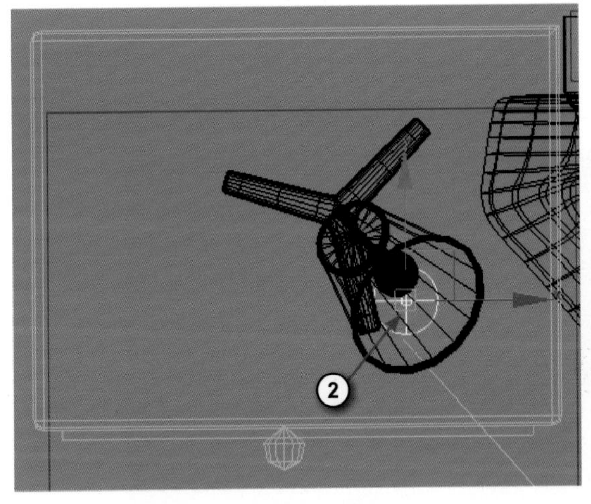

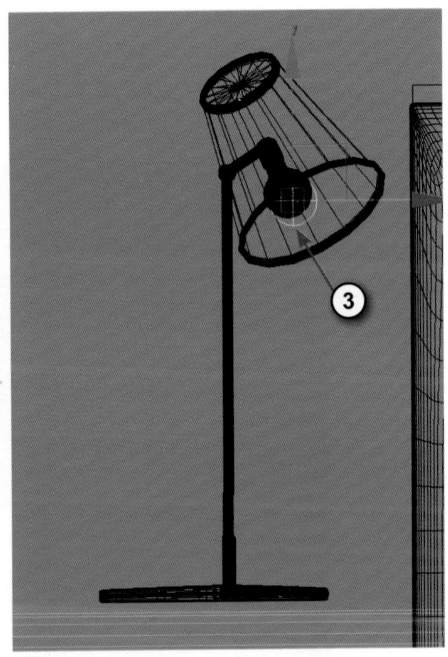

4 在修改面板，點擊 Color 右側的色板，設定燈光顏色。【Multiplier】輸入「30」，數值越高亮度越強。

5 點擊【Options（選項）】展開面板，勾選【Invisible（不可見）】。

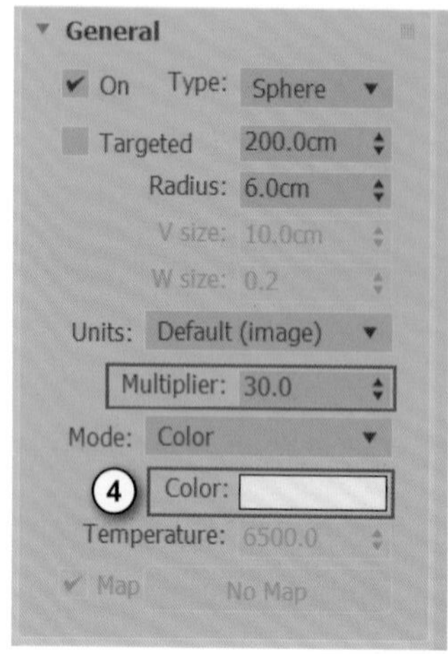

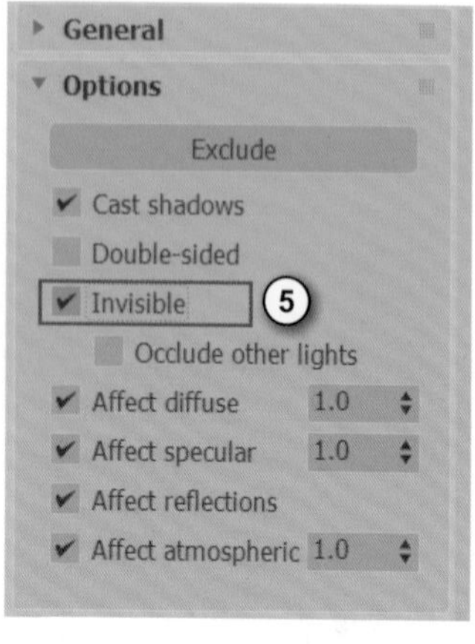

6 按下「F9」彩現，完成圖。（在測試階段，不需要等彩現結束，確認燈光效果後即可按 Esc 結束彩現。）

層板燈

1. 在 VRay 工具列，點擊【Plane Light（平面光）】。

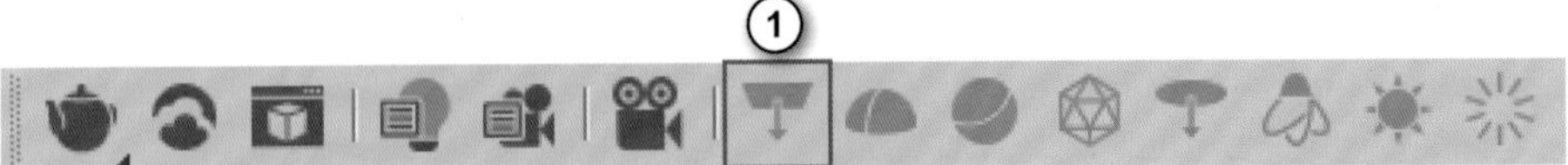

2. 按下「T」切換到上視圖，在天花板的凹槽繪製平面光。（若家具有點多，可先隱藏起來）

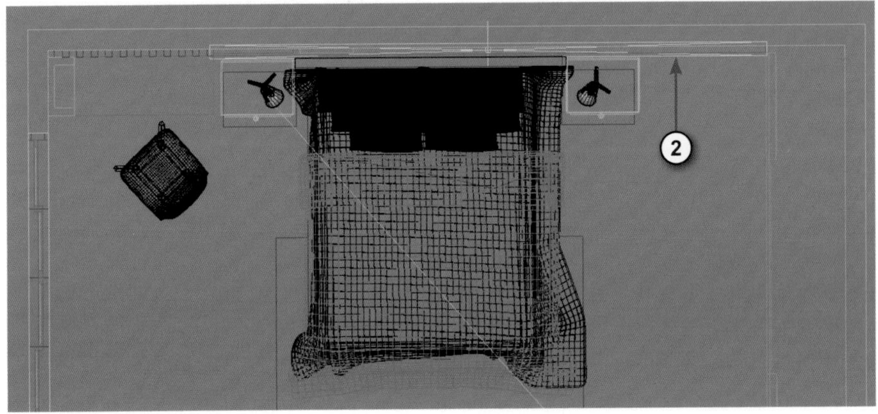

3. 按下「F」切換到前視圖，將平面光往上移動到天花板的凹槽中間。

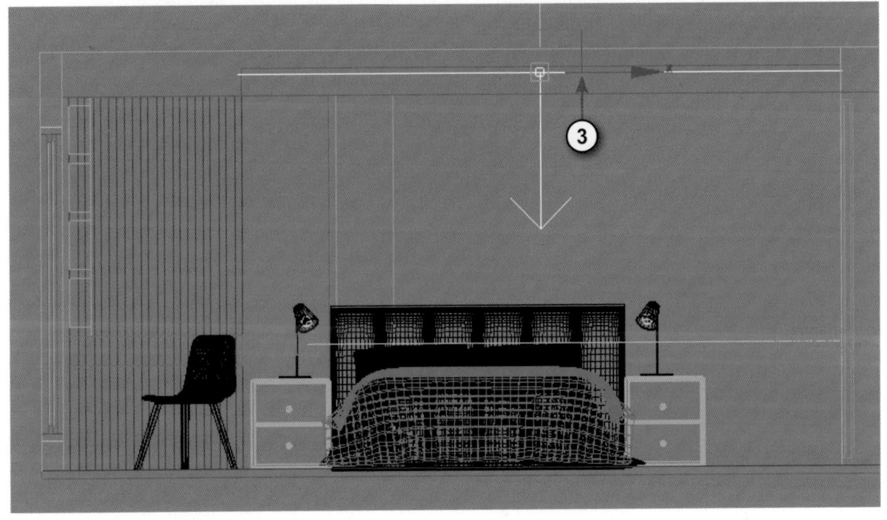

④ 在修改面板，點擊 Color 右側的色板，設定燈光顏色。【Multiplier】輸入「35」，數值越高亮度越強。

⑤ 點擊【Options（選項）】展開面板，勾選【Invisible（不可見）】，使彩現時不會看到平面光的矩形形狀。

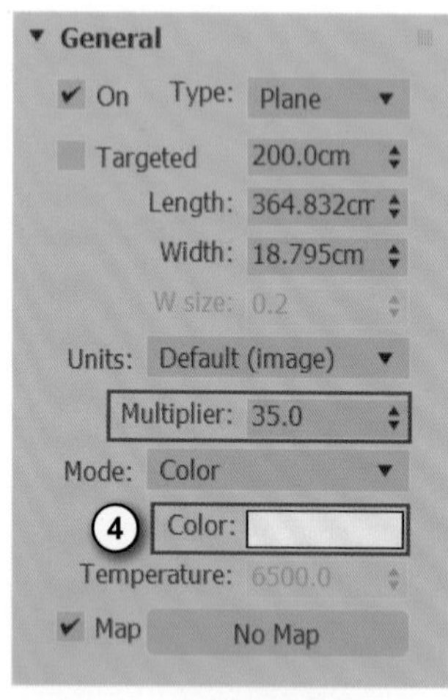

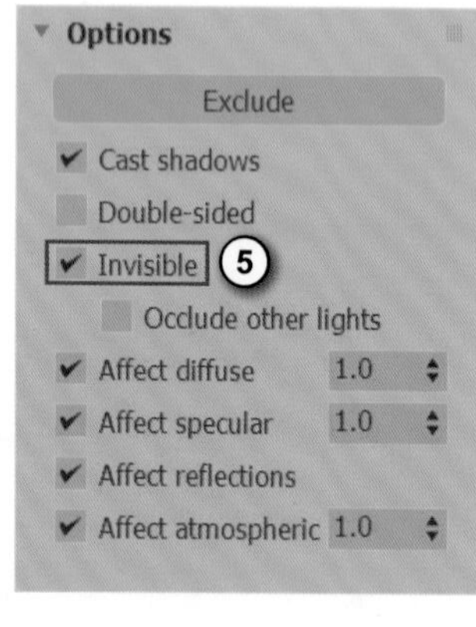

⑥ 按下「F9」彩現，完成圖。

嵌燈

❶ 匯入範例檔〈嵌燈 .max〉並選取，點擊【Group】→【Open】開啟群組，選取中間的圓柱。

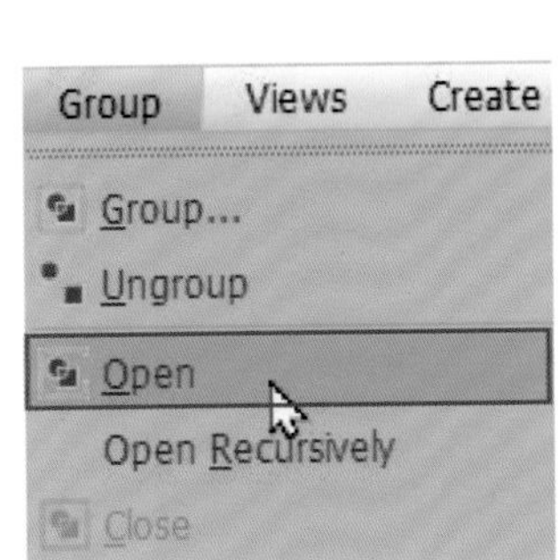

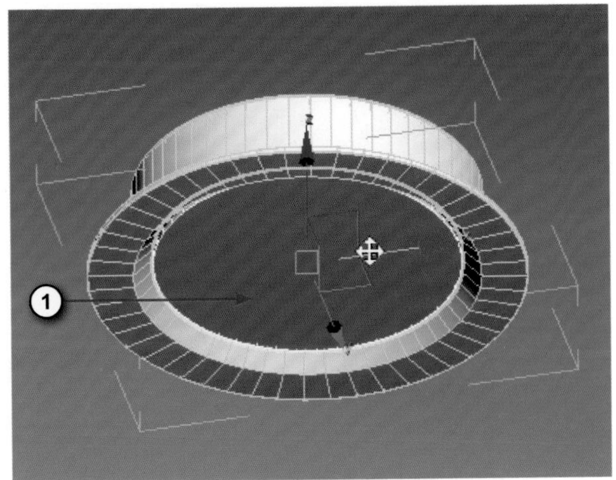

❷ 選一個新材質球，點擊右側的【VRayMtl】→變更為【VRayLightMtl】材質類型。

❸ 調整顏色與發光強度，將材質指定給圓柱。

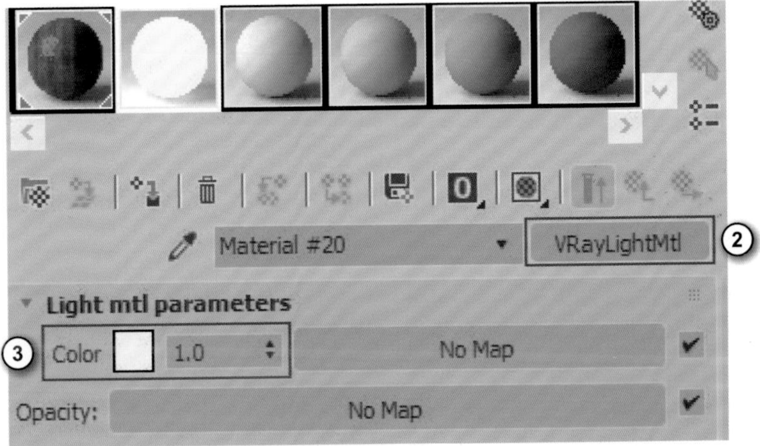

❹ 點擊【Group】→【Close】關閉群組。

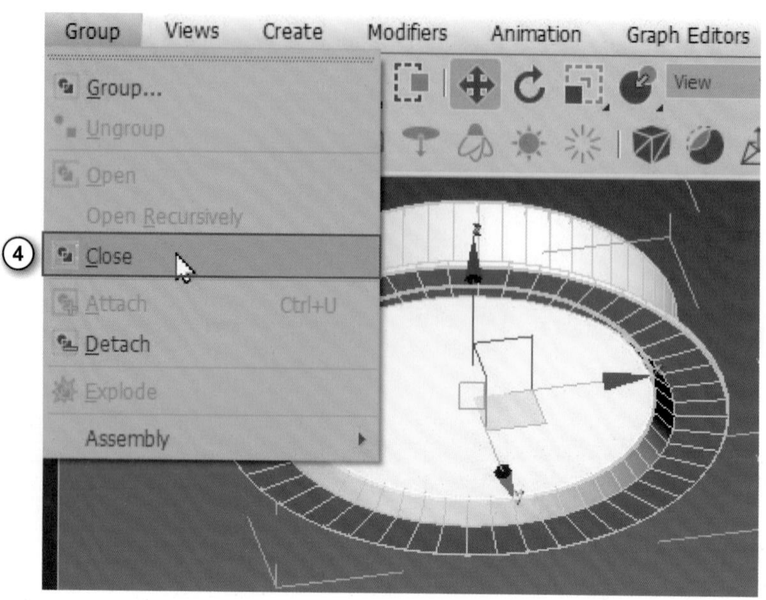

❺ 按 T 切換上視圖，將嵌燈移動到臥室內。

❻ 按 F 切換前視圖，將嵌燈移動到天花板下，注意不要埋到天花板內。

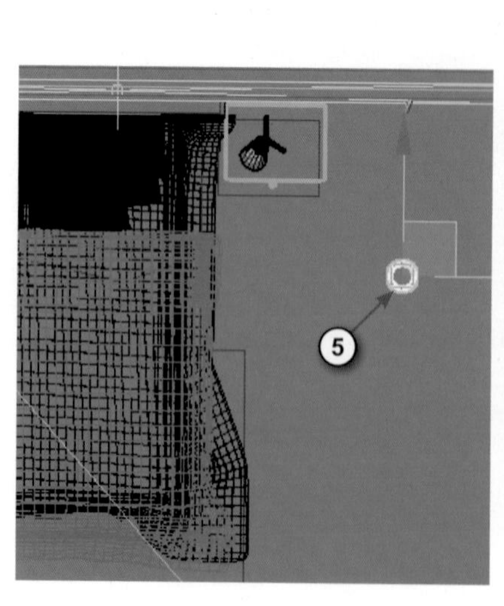

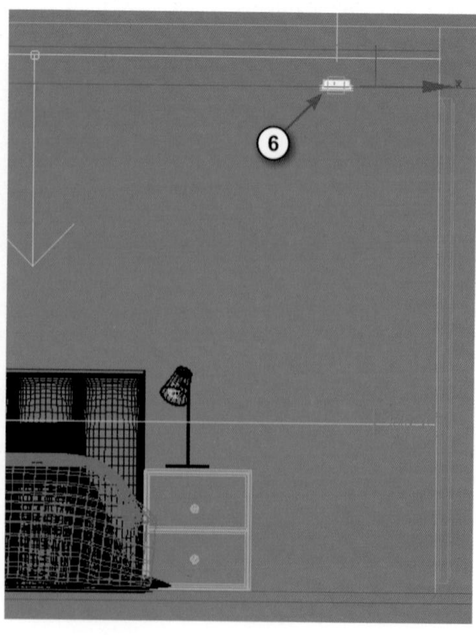

7 在 VRay 工具列，點擊【Vray IES】。

8 從嵌燈下方，按住左鍵往下拖曳，建立 IES 燈光。

9 在修改面板，點擊【Ies file】下方按鈕，選擇〈108.ies〉，設定顏色與【Intensity value】燈光強度。

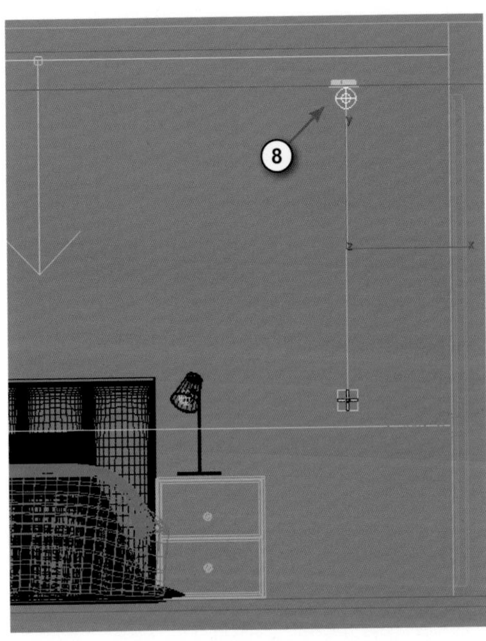

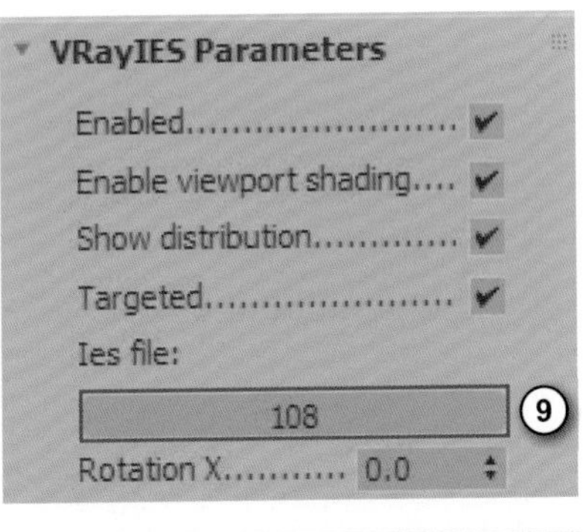

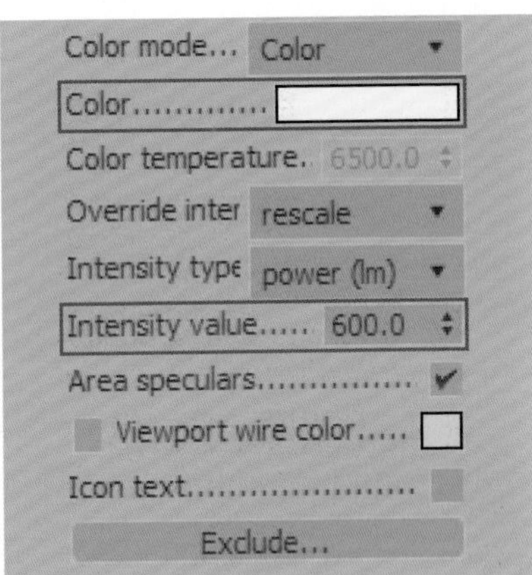

⑩ 按 T 切換上視圖，將 IES 燈移動到嵌燈下方，再將 IES 與嵌燈複製多個。

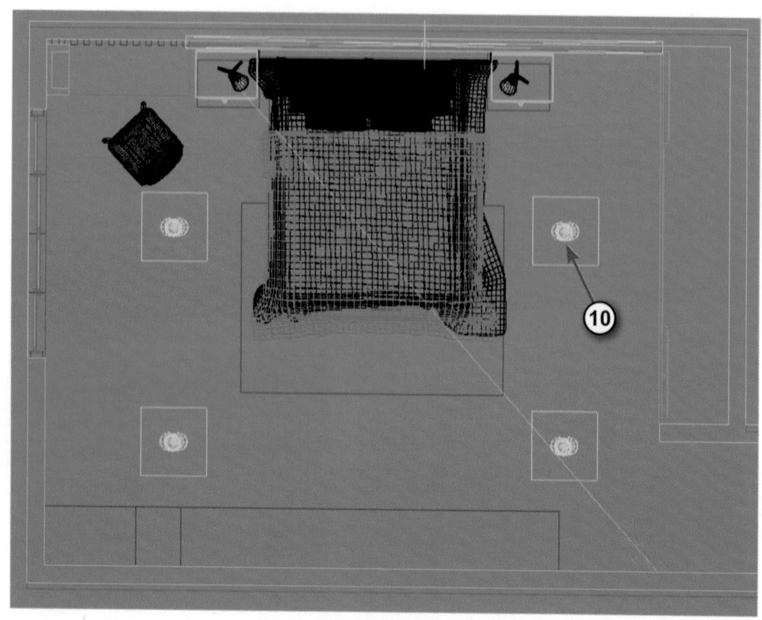

⑪ 按 F9 彩現

太陽光

❶ 在 VRay 工具列，點擊【Vray Sun】。

❷ 按 F 切換前視圖，按住左鍵由左往右拖曳，建立太陽，跳出視窗選擇【是】，會自動增加天空貼圖。

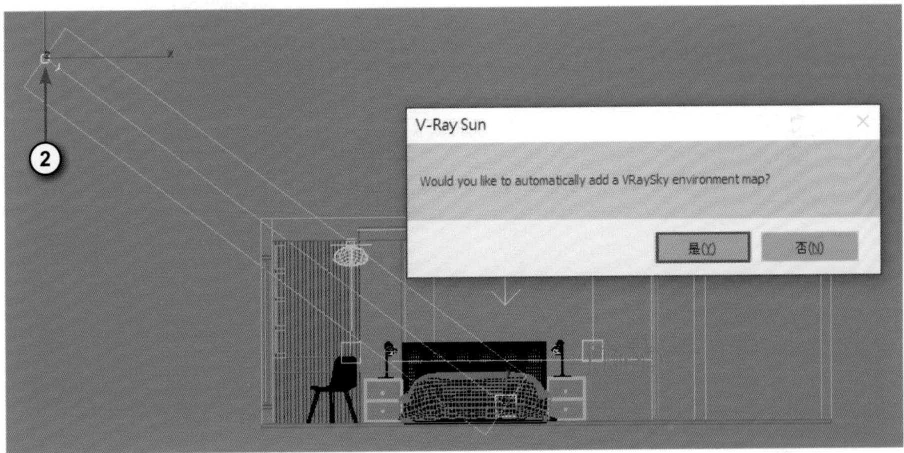

❸ 按 T 切換上視圖，調整太陽照射方向。

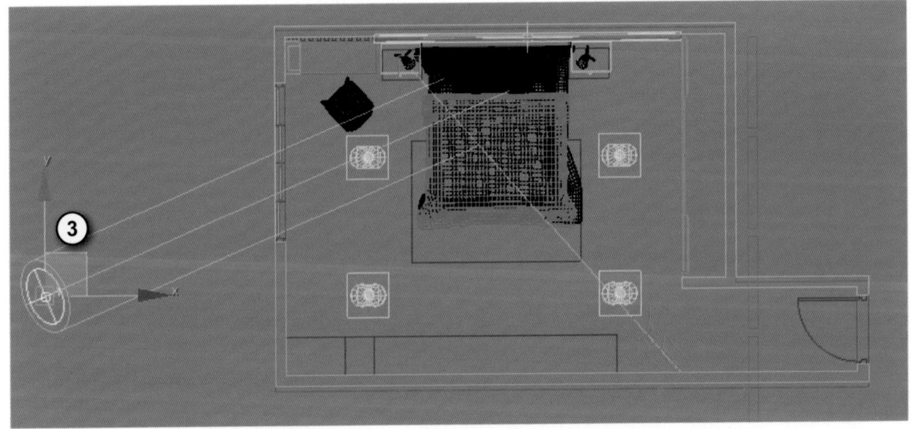

④ 在修改面板，【Intensity multiplier（強度）】輸入 0.02，【Size multiplier（尺寸）】輸入 2。

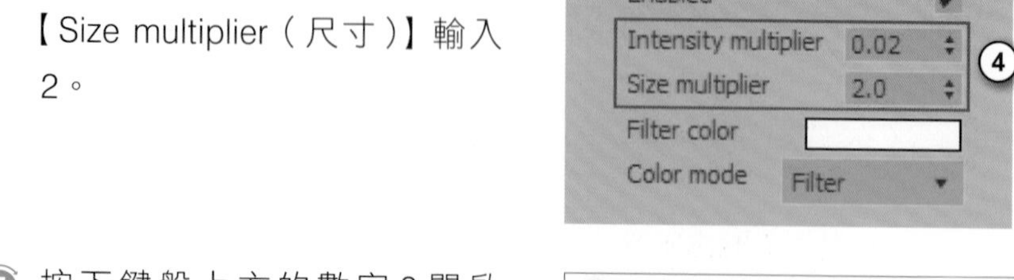

⑤ 按下鍵盤上方的數字 8 開啟環境設定，可以看到新增的【VRaySky】天空貼圖。

⑥ 將【Exposure Control（曝光控制）】設定為【no】，關閉建立相機時產生的曝光控制。

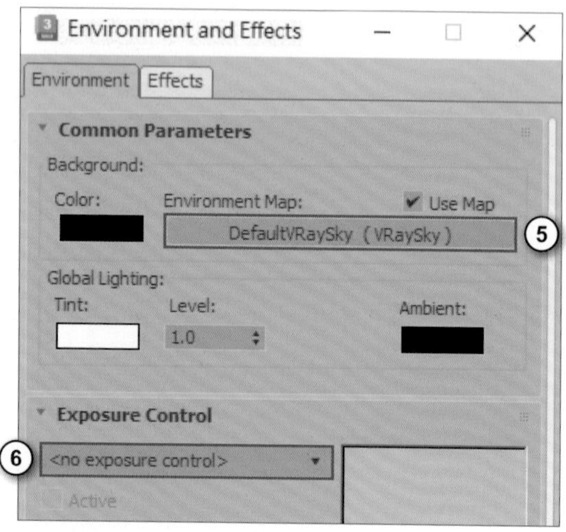

⑦ 按下 F9 彩現，確認太陽位置與強度，目前還是太暗，可以再調整平面光、檯燈、嵌燈的燈光強度。

彩現

❶ 按下「F10」或點擊【 】開啟彩現設定。在 Common（共同）面板中，【Output Size】可以選擇不同的長寬比例。

❷【Width（寬度）】輸入「1280」。

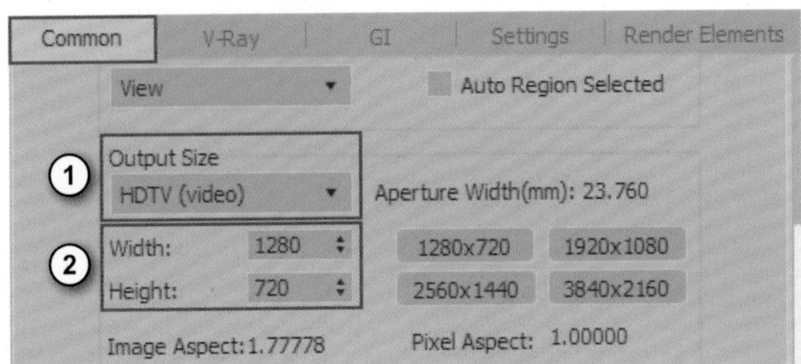

❸ 在 GI 面板下的 Global illumination（全局照明）中，Primary engine 設定為【Irradiance map】。點擊【Default（預設）】按鈕切換為【Advanced（進階）】模式。

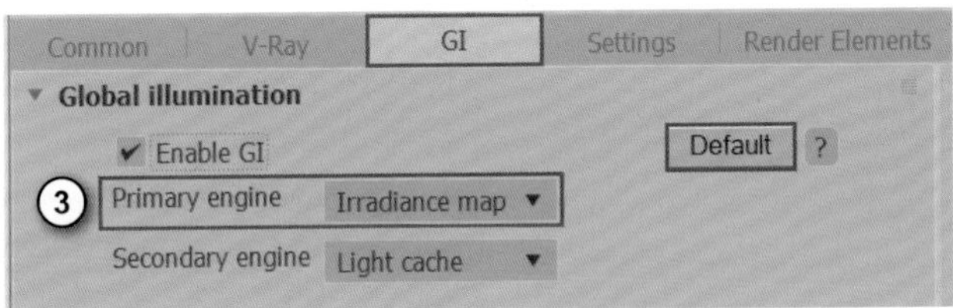

❹ 勾選【Amb. occlusion（環境遮蔽）】，後面數值輸入「0.4」，數值越高陰影越黑。【Radius（半徑）】輸入「200」。

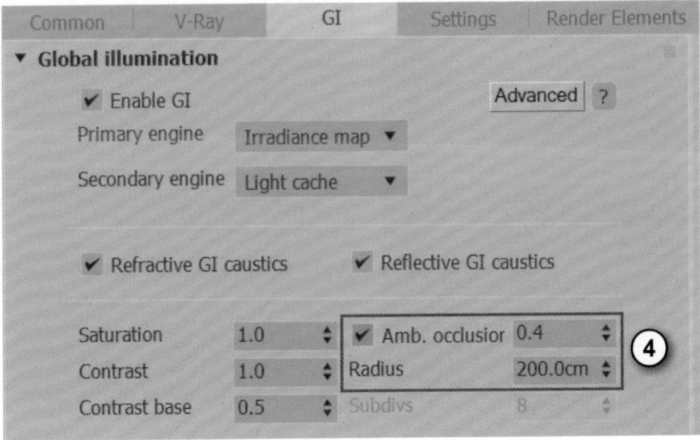

5 按下「F9」彩現，完成圖。

6 在彩現視窗中，點擊【 (建立圖層)】→【Expourse (曝光)】，做圖片的後製調整。

7 【Exposure】可增加曝光亮度，【Highlight Burn】可避免過於曝光，【Contrast】可增加顏色對比，增加立體感。

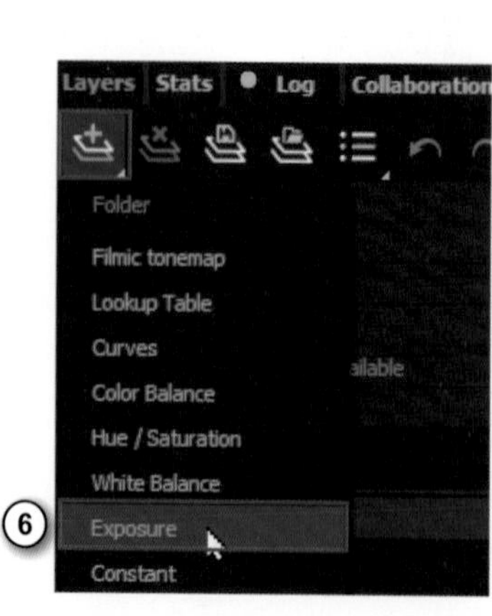

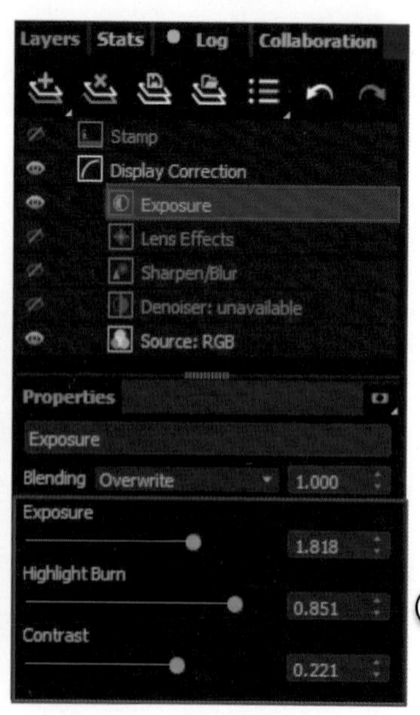

⑧ 點擊【 】儲存彩現圖。

⑨【Save as type（儲存類型）】選擇【PNG】,【File name】輸入圖片檔案名稱，點擊【Save】儲存，取消勾選【Alpha channel】避免天空變成透明的，再按【OK】。

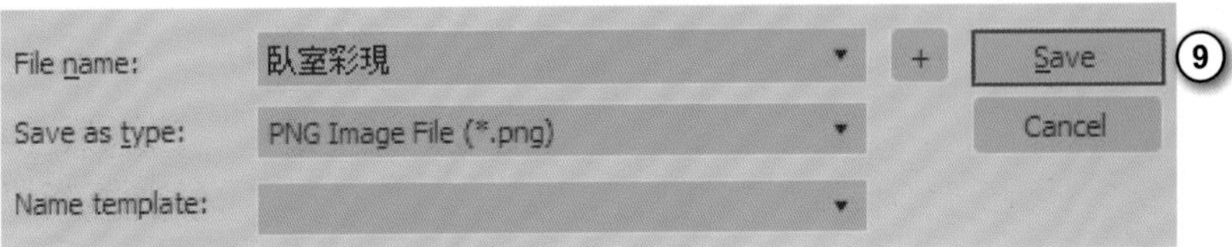

⑩ 完成圖。

⑪ 可以參考第 5-7 小節匯入家具的方式，匯入並擺放飾品。（錄影教學中會附上匯入模型常見狀況的解決方式）

⑫ 也可以參考第 5-7 小節 Photoshop 的後製方式，調整整體色調。

3ds Max 2022~2023 室內設計速繪與 V-Ray 絕佳亮眼展現

作　　者：邱聰倚 / 姚家琦 / 劉庭佑
企劃編輯：石辰蓁
文字編輯：詹祐甯
設計裝幀：張寶莉
發 行 人：廖文良

發 行 所：碁峰資訊股份有限公司
地　　址：台北市南港區三重路 66 號 7 樓之 6
電　　話：(02)2788-2408
傳　　真：(02)8192-4433
網　　站：www.gotop.com.tw
書　　號：AEU017100
版　　次：2023 年 06 月初版
建議售價：NT$520

國家圖書館出版品預行編目資料

3ds Max 2022~2023 室內設計速繪與 V-Ray 絕佳亮眼展現 / 邱聰倚, 姚家琦, 劉庭佑著. -- 初版. -- 臺北市：碁峰資訊, 2023.06
面；　公分
ISBN 978-626-324-521-1(平裝)
1.CST：3D STUDIO MAX(電腦程式)　2.CST：室內設計
3.CST：電腦動畫　4.CST：電腦繪圖
967.029　　112007090

讀者服務

- 感謝您購買碁峰圖書，如果您對本書的內容或表達上有不清楚的地方或其他建議，請至碁峰網站：「聯絡我們」\「圖書問題」留下您所購買之書籍及問題。（請註明購買書籍之書號及書名，以及問題頁數，以便能儘快為您處理）
http://www.gotop.com.tw
- 售後服務僅限書籍本身內容，若是軟、硬體問題，請您直接與軟體廠商聯絡。
- 若於購買書籍後發現有破損、缺頁、裝訂錯誤之問題，請直接將書寄回更換，並註明您的姓名、連絡電話及地址，將有專人與您連絡補寄商品。